52395.

INSTRUCTIONS CHRESTIENNES
SUR
LES MYSTERES DE N. SEIGNEUR
JESUS-CHRIST,
ET
SUR LES PRINCIPALES FESTES
DE L'ANNÉE.

Contenant les Instructions sur les mysteres, & sur les Evangiles & Epîtres du Carême & du temps de Pâques, & sur les principales Fêtes des Saints qui tombent en ce temps.

TOME SECOND.

A PARIS,
Chez ANDRE' PRALARD, ruë S. Jacques, à l'Occasion.

M. DC. XCII.
Avec Privilege du Roy, & Approbations.

TABLE DES INSTRUCTIONS contenuës en ce second Volume.

Pour le Mercredy des Cendres.

I. DE l'obligation à la penitence, à l'ouverture du Carême.   page 1
II. Evang. Lorsque vous jeûnez, ne soyez point tristes, &c. Matth. chap. 6.   8
III. Epist. Convertissez-vous à moy de tout vôtre cœur. Joël. 2.   17

Pour le Jeudy aprés les Cendres.

I. Evang. JESUS étant entré dans Capharnaüm, un Centenier vint le prier de guerir son serviteur malade. Matth. 8.   23

Pour le Vendredy aprés les Cendres.

I. Ev. Mais pour moy je vous dis: Aimez vos ennemis. Matth. chap. 5.   31

Pour le Samedy d'aprés les Cendres.

Le soir étant venu, le vaisseau où étoient les disciples étoit au milieu de la mer, & JESUS-CHRIST étoit seul sur la terre ferme. Marc. 6.   39

Pour le I. Dimanche de Caresme.

I. Evang. JESUS fut conduit par l'Esprit dans le desert, pour y être tenté par le demon. Matth. 4.   46

á ij

Table des Instructions

II. Epist. *Nous vous exhortons de ne pas recevoir en vain la grace de Dieu.* 2. Corinth. 6. 62

Pour le Lundy de la I. semaine de Caresme.

I. Ev. *Lorsque le Fils de l'homme viendra dans sa majesté, & tous ses Anges avec luy, &c.* Matth. c. 25. 71

Pour le Mardy de la I. semaine de Caresme.

I. Ev. *Ma maison est une maison de priere.* Matth. 21. 80

Pour le Mercredy de la I. semaine de Caresme.

I. Ev. *Les Ninivites s'éleveront en jugement contre cette race, parce qu'à la prédication de Jonas ils ont fait penitence.* Matth. 12. 89

Pour le Jeudy de la I. semaine de Caresme.

I. Ev. *Seigneur Fils de David, ayez pitié de moy: Ma fille est extrèmement tourmentée par un démon.* Matth. 15. 97

II. Ev. *Une femme Chananéenne sortant du pays de Tyr & de Sidon, cria à* Jesus: *Fils de David ayez pitié de moy.* Matth. 15. 105

Pour le Vendredy de la I. semaine de Caresme.

I. Ev. *Il y avoit auprés de la Piscine une grande multitude de malades, qui attendoient que l'Ange eût remué l'eau.* Jean. 5. 124

Pour le II. Dimanche de Caresme.

I. Ev. Jesus *prit avec luy Pierre, Jacques, & Jean son frere; & les ayant menez sur une haute montagne, il se transfigura devant eux.* Matth. 17. 132

II. Epistre. *Mes freres, nous vous prions & vous*

du second Volume.
conjurons au nom du Seigneur Jesus. 1. Thessal. 4. 141

POUR LE LUNDY DE LA II. SEMAINE DE CARESME.

I. Ev. *Je m'en vas, & vous me chercherez, & vous mourrez dans vôtre péché.* Iean. chap. 8.   146

POUR LE MARDY DE LA II. SEMAINE DE CARESME.

I. Ev. *Les Scribes & les Pharisiens sont assis sur la Chaire de Moyse.* Matth. 23.   155

POUR LE MERCREDY DE LA II. SEMAINE DE CARESME.

On peut voir sur l'Evangile de ce jour, qui est de la mere des enfans de Zebedée, S. Jacques & S. Iean, ce qui est sur la Fête de S. Iacques le majeur le vingt-cinquiéme de Iuillet. Tom. 4. p. 431.

POUR LE JEUDY DE LA II. SEMAINE DE CARESME.

I. Ev. *Mon Fils vous avez reçû le bien dans vôtre vie, & Lazare n'y a reçû que du mal.* Luc. 16. 163

POUR LE VENDREDY DE LA II. SEMAINE DE CARESME.

I. Ev. *Il y avoit un Pere de famille qui avoit planté une vigne, &c.* S. Matth. chap. 21.   175

POUR LE SAMEDY DE LA II. SEMAINE DE CARESME.

I. Ev. *L'Enfant prodigue étant revenu à soy, dit: Je me leveray, & iray trouver mon pere, &c.* Luc. 15. 182

POUR LE III. DIMANCHE DE CARESME.

II. Ev. *Lorsque le fort étant bien armé garde sa demeure, il conserve en paix ce qu'il possede.* Luc. 11. 197

II. Epist. *Soyez les imitateurs de Dieu, & marchez, &c.* Ephes. 5.   206

POUR LE LUNDY DE LA III. SEMAINE DE CAR.

I. *Vous me direz sans doute: Medecin, guerissez-vous*

vous-même. Luc. 4. 217

Pour le Mardy de la III. semaine de Caresme.

I. Ev. *Si vôtre frere péche contre vous, reprenez-le.* Matth. 18. 225

Pour le Mercredy de la III. semaine de Caresme.

I. Ev. *En vain ces personnes m'honorent, puisqu'ils enseignent une doctrine toute humaine.* Mat. 15. 232

Pour le Ieudy de la III. semaine de Caresme.

I. Ev. *Iesus sortant de la Synagogue, entra dans la maison de Pierre.* Luc. chap. 4. 240

Pour le Vendredy de la III. semaine de Caresme.

I. Ev. *Le Fils de Dieu étant prés d'un puits, il vint une Femme de Samarie puiser de l'eau, à laquelle il dit : Donnez-moy à boire.* Iean. 4. 246

Pour le Samedy de la III. semaine de Caresme.

Jesus *alla à la montagne des Oliviers, & les Juifs luy amenerent une femme surprise en adultere.* Jean. 8. 256

Pour le IV. Dimanche de Caresme.

I. Ev. *Comment pourrons-nous avoir assez de pain pour nourrir un si grand peuple ?* Jean. chap. 6. 262

II. Ep. *Il est écrit qu'Abraham a eu deux Fils, &c.* Galat. 4. 271

Pour le Lundy de la IV. semaine de Caresme.

Voyez l'Evangile du Mardy de la I. semaine.

Pour le Mercredy de la IV. semaine de Caresme.

I. Ev. *Cet aveugle étant allé se laver où luy avoit dit le Fils de Dieu, revint ayant recouvré la vûë.* Iean. 9. 278

du second Volume.

Pour le Ieudy de la IV. semaine de
Caresme.

Voyez le XV. Dimanche aprés la Pentecôte, dans le cinquiéme volume. p. 27.

Pour le Vendredy de la IV. semaine
de Caresme.

I. Ev. *Le Lazare nôtre amy dort, mais je m'en vas le réveiller de son sommeil.* Iean. 11. 286

Pour le Samedy de la IV. semaine de
Caresme.

I. Ev. *Ie suis la lumiere du monde. Celuy qui me suit ne marchera point dans les ténébres ; mais il aura la lumiere de la vie.* Jean. 8. 295

Pour le Dimanche de la Passion.

I. Ev. *Celuy qui est à Dieu, entend avec soûmission la parole de Dieu.* Iean. 8. 301

II. Epist. Jesus-Christ *étant le Pontife des biens futurs.* Hebr. 9. 316

Pour le Mardy de la semaine de la
Passion.

I. Ev. *Puisque vous faites des choses si merveilleuses, faites-vous connoître à tout le monde.* Iean. 7. 322

Pour le Jeudy de la semaine de la
Passion.

I. Ev. *Beaucoup de pechez luy sont pardonnez, parce qu'elle a beaucoup aimé.* Luc. 7. 330

Pour le Vendredy de la semaine de la
Passion.

Où il est parlé aussi de Nôtre-Dame de Pitié, dont on fait la Fête à Paris le même jour.

Les Pontifes & les Pharisiens assemblerent un Concile. Jean. 7. 339

L'Evangile du Samedy de devant les Rameaux est le même que celuy du Dimanche qui le suit.

Table des Instructions
Pour le Dimanche des Rameaux.
I. Ev. *Dites à la fille de Sion : Vôtre Roy vous vient trouver étant doux & pacifique.* Matth. 21. 346

II. *La Passion de nôtre Seigneur* Jesus-Christ *selon saint Matthieu.* 353

III. Ep. *Ayez profondément gravé dans le cœur le même sentiment que* Jesus-Christ *a fait voir dans sa vie & dans sa mort.* Philipp. 2. 384

Pour le Lundy de la semaine sainte.
Six jours avant la Fête de Pâque, &c. Jean. chap. 12. 391

Pour le Mardy de la semaine sainte.
I. *La Passion de nôtre Seigneur* Jesus-Christ *selon S. Marc.* 398

Pour le Mercredy de la semaine sainte.
I. *La Passion de nôtre Seigneur* Jesus-Christ, *selon S. Luc.* 416

I. Parole.
Mon Pere, s'il est possible que ce Calice passe de moy. 417

II. Parole.
Veillez & priez, afin que vous ne tombiez point dans la tentation. 420

III. Parole.
Judas, venez-vous trahir le Fils de l'Homme par un baiser ? 422

IV. Parole.
Voulez-vous m'empêcher de boire le Calice que mon Pere m'a donné. 425

V. Parole.
Estes-vous le Christ ? *Je le suis.* 427

du second Volume.
VI. PAROLE.
Mon Royaume n'est pas de ce monde. 428
VII. PAROLE.
Ne pleurez point sur moy, pleurez sur vous-mêmes. 430
POUR LE JEUDY DE LA SEMAINE SAINTE.
I. Ev. *La Cene étant faite, & le démon ayant déja mis au cœur de Judas, &c.* Jean. 13. 438
REFLEXIONS SUR L'AGNEAU PASCHAL. 443
POUR LE VENDREDY SAINT.
La Passion de Nôtre Seigneur JESUS-CHRIST *selon saint Jean.* 463

JARDIN. 464
PIERRE. 467
JUDAS. 470
FUITE DES APÔTRES. 471
CAÏPHE. 475
CONDAMNATION PAR LES PRESTRES. 478
LE RENONCEMENT DE S. PIERRE. 478
LA CONVERSION DE S. PIERRE. 481
PILATE. 483
BARABAS. 486
FLAGELLATION. 487
COURONNEMENT D'ESPINES. 489
ECCE HOMO. 491
CONDAMNATION DU SAUVEUR. 493
PORTEMENT DE LA CROIX. 297
LE CALVAIRE. 499

POUR LE VENDREDY DE LA SEMAINE SAINTE.
II. PASSION. *Filles de Jerusalem, ne pleurez point sur moy.* Luc. 23. 505
I. PAROLE.
Mon Pere, pardonnez-leur, parce qu'ils ne sçavent ce qu'ils font. 510

Table des Instructions
II. PAROLE.
Vous serez aujourd'huy dans le Paradis avec moy. 512
III. PAROLE.
Femme ! voilà vôtre Fils. 515
IV. PAROLE.
Mon Dieu, mon Dieu ! pourquoy m'avez-vous delaissé ? 517
V. PAROLE.
J'ay soif. 518
VI. PAROLE.
Tout est consommé. 519
VII. PAROLE.
Mon Pere ! je mets mon esprit entre vos mains. 521

POUR LE SAMEDY DE LA SEMAINE SAINTE.

I. EVANG. *Marie Magdeleine, & une autre Marie vinrent au sepulchre du Sauveur.* Matth. 28. 526

POUR LE JOUR DE PASQUE.

I. *Si vous êtes ressuscitez avec* JESUS CHRIST, *cherchez les choses d'en haut, où est* JESUS-CHRIST. 536

II. JESUS-CHRIST *à été obeïssant jusques à la mort. C'est pourquoy Dieu l'a élevé dans le comble de la gloire.* Philipp. 2. 544

III. Ev. *Allez dire à ses Disciples & à Pierre, qu'il sera devant vous dans la Galilée.* S. Marc. 16. 554

IV. *Nous avons été dans le Baptême ensevelis avec* JESUS-CHRIST, *pour mourir, afin que comme* JESUS-CHRIST *est ressuscité des morts par la gloire de son Pere, nous marchions aussi dans une nouvelle vie.* Rom. 6. 564

V. EPISTR. *Purifiez-vous de ce qui reste du vieux levain.* 1. Cor. 5. 573

du second Volume.

POUR LE LENDEMAIN DE PASQUE.

I. Ev. *Quel est le sujet dont vous vous entretenez dans vôtre voyage, & quelle est la cause de vôtre tristesse.* S. Luc. 24.   579

POUR LE MARDY DE PASQUE.

I. Ev. *Jesus vint paroître tout d'un coup au milieu de ses Disciples, & il leur dit: La paix soit avec vous.* S. Luc. 24.   587

POUR LE JEUDY DE LA SEMAINE DE PASQUE.

I. Ev. *Pourquoy cherchez vous parmi les morts celuy qui est vivant?*   596

POUR LA SEMAINE DE PASQUE.

Vivons maintenant, non plus dans le vieux levain, mais dans les azymes, & les pains purs qui nous marquent la sincerité & la verité. 1. Corinth. 3.   603

POUR L'OCTAVE DE PASQUE, ou le Dimanche de Quasimodo.

I. Ev. *Jesus vint au milieu de ses Disciples, & il leur dit: La paix soit avec vous.* Jean. 20.   611

II. Ev. *Jesus se trouva au milieu de ses Disciples, & il dit: La paix soit avec vous.* Jean. 20.   624

III. Ev. *Tout ce qui est né de Dieu, surmonte le monde, &c.* 1. Jean. 5. 4.   640

TABLE DES INSTRUCTIONS
POUR LES FESTES DES SAINTS.

POUR LE JOUR DE S. MATTHIAS.

I. *Seigneur montrez celuy que vous avez choisi.* Act. 1.   654

Table des Instructions.

Pour le jour de S. Gregoire.
I. *Il a été une lampe ardente & luisante.* Jean. 669

Pour le jour de S. Joseph.
I. *Toutes les Nations de la terre seront benies en vôtre race & en vôtre Fils.* Genes. 22. 685
II. *Je desire que vous soyez sages dans le bien, & simples dans le mal.* Rom. 16. 695
III. *Des vertus de saint Ioseph.* 705

Pour le jour de S. Benoist.
I. *Heureux celuy qui ne s'est point laissé aller au conseil des méchans.* Psal. 12. 712
II. *Il sera semblable à un homme sage, qui bâtit sa maison sur la pierre.* Matth. 7. 725
III. *Je ne suis pas venu pour faire ma volonté.* En S. Jean. chap. 6. 735
IV. *Imitez-moy comme moy-même j'imite Jesus-Christ*, Gal. chap. 5. 745

Pour l'Annonciation de la Vierge.
I. *Je vous saluë, Marie pleine de grace, le Seigneur est avec vous.* Luc. 1. 757
II. *Je vous saluë, ô Vierge pleine de grace, le Seigneur est avec vous.* Luc. 1. 766
III. *Je vous saluë, ô Vierge qui étes pleine de grace ! Le Seigneur est avec vous.* Luc. 1. 777
IV. *Je vous saluë Marie pleine de grace.* Luc. 1. 786

Pour le jour de S. Ambroise.
Vous étes la lumiere du monde. Matth. 5. 794

Fin de la table des Instructions du second Tome.

INSTRUCTIONS

INSTRUCTIONS
CHRESTIENNES.

POUR LE MECREDY
DES CENDRES
A l'ouverture du Caresme.

'EST par une conduite admirable de l'Esprit de Dieu que l'Eglise sainte qui veille toûjours pour le salut de ses enfans, choisit ce temps sacré du Caresme pour les porter à r'entrer dans eux, & à s'engager volontairement dans les exercices de la penitence. Car encore qu'il soit vray, selon que nous l'enseigne le saint Concile de Trente, que toute la vie du Chrêtien devroit estre une penitence continuelle: *Tota vita Christiani continua pœnitentia esse debet.* Neanmoins c'est par une grande sagesse & par une grande misericorde de Dieu tout

ensemble, que l'Eglise considerant la foiblesse de ses enfans, s'accommode à eux comme une bonne mere, & tasche de les porter à faire au moins durant une petite partie de l'année, ce qu'ils devroient faire toute l'année.

Que si nous considerons la difference qui se trouve entre la conduite dont l'Eglise se sert aujourd'huy, & celle dont elle s'est servie autrefois à l'égard de ses enfans, lorsqu'ils sont tombez dans les grands crimes, nous admirerons combien elle a esté obligée de se relascher de son ancienne discipline; & tout ensemble combien les hommes sont ingrats, qui appellent une severité insupportable, cette condescendance avec laquelle l'Eglise les traitte, en ne les portant particulierement à une penitence plus rigoureuse que durant ces quarante jours.

Nous voyons par la suite des Conciles de l'Eglise, & particulierement par les lettres canoniques de Saint Basile, avec quelle exactitude alors on ordonnoit la penitence pour tous les pechez capitaux, & qui tuënt l'ame d'un seul coup, comme parlent les Peres, *peccata quæ uno ictu animam perimunt.* Car ce Saint nous apprend, & avec luy toute l'Eglise d'Orient qui a canonisé ses lettres sur ce sujet, & en a fait ses regles & ses canons, qu'alors on ordonnoit jusqu'à quatre ans, & quelquefois sept ans de penitence pour une simple fornication, onze ans pour les parjures, quinze ans pour un adultere, & vingt ans pour un homicide.

Telle estoit alors la discipline de l'Eglise qui estoit indubitablement tres-sainte, puisque ceux qui la conduisoient en ces temps heureux, estoient des hommes admirables, remplis de l'Esprit de Dieu, qui se sont rendus illustres par leur vertu durant leur vie, & par leurs miracles aprés leur mort. Depuis

Pour le Mecredy des Cendres.

ce temps les hommes s'estant beaucoup relaschez dans la suite des siecles, l'Eglise a esté contrainte de relascher aussi beaucoup de cette discipline; non qu'elle ne la jugeast aussi utile qu'elle avoit esté autrefois, puisque le saint Esprit qui en a esté l'auteur, est infaillible dans ses reglemens & immuable dans ses desseins; mais parce qu'elle voyoit que ses enfans n'estoient pas aussi bien disposez à la suivre qu'ils l'avoient esté autrefois.

C'est pourquoy après divers changemens qui sont arrivez dans la discipline, celuy qu'on peut appeller le dernier de tous selon l'intention de l'Eglise, est qu'au lieu de plusieurs années qu'on passoit à faire penitence, elle a ordonné qu'on la fist au moins durant le Caresme, pour se disposer ainsi à la reconciliation au Jeudy absolu, & à la communion du saint temps de Pasques.

C'est ce que nous apprenons dans la sacrée Tradition de l'Eglise, & dans la suite des saints Conciles, parmy lesquels est inseré un excellent capitulaire de Theodulphe Evesque d'Orleans qui vivoit à la fin du VIII. siecle, en 797. Ce grand Evesque representant la maniere en laquelle les Fidéles doivent faire penitence à l'entrée du Caresme, en parle en ces termes au chapitre 36. *Les Fidéles auront soin de prendre la semaine qui precede immediatement celle où commence le Caresme, pour venir confesser leurs pechez aux Prestres, & recevoir d'eux l'ordre & le reglement de leur penitence.* HEBDOMADA *unâ ante initium Quadragesima, confessiones Sacerdotibus danda sunt, pœnitentia accipienda.* Dans ces paroles nous pouvons remarquer des choses de grande importance.

1. Nous voyons que ce grand personnage qui ne doit pas seulement estre écouté en ce lieu comme

A ij

proposant quelques ordonnances qu'il auroit faites en la maniere qu'il luy auroit plû, mais comme le témoin de la discipline qui s'observoit alors ordinairement parmy les fidéles ; ce grand personnage, dis-je, estoit bien éloigné de croire que des Chrétiens dussent s'abandonner à ces divertissemens, à ces folies, & à ces réjoüissances criminelles, ou tout au moins payennes que nous avons vûës avec douleur la semaine passée, & particulierement ces trois derniers jours ; puisqu'au contraire il veut que les Chrétiens choisissent cette même semaine pour quitter toutes les pensées du monde, & ne s'occuper qu'à rechercher les medecins celestes, afin de recevoir d'eux les remedes necessaires à la guerison de leurs ames.

2. Nous apprenons que le dessein de l'Eglise est que l'on commence dés l'entrée du Caresme à se confesser, non pour faire simplement ce que plusieurs font, qui confessent leurs fautes avec la mesme facilité qu'ils les commettent, & qui pensent aussi peu à Dieu, aprés qu'ils s'imaginent qu'il leur a remis leur peché, qu'ils y ont peu pensé quand ils l'ont commis. Mais il ordonne qu'ils confesseront leurs fautes pour recevoir non l'absolution, mais la penitence ; *pœnitentia accipienda;* c'est-à-dire, qu'ils apprendront du Prestre l'ordre & la maniere en laquelle ils doivent travailler pour appaiser la justice de Dieu, & pour recevoir de luy la grace d'une conversion sincere.

Et cette expression qui nous apprend l'ordre veritable de la penitence, ne se remarque pas seulement au temps de ce grand Evesque, qui estoit, comme nous avons dit, à la fin du VIII. siecle ; mais nous voyons encore qu'au milieu du XII. siecle, Saint Bernard luy-mesme en use de la mesme sorte, & confirme que la mesme discipline s'observoit encore dans l'Eglise, lorsque parlant des desordres qui estoient dans l'Angleterre avant que saint Malachie dont il fait l'histoire, y eust rétablie la discipline, il use de ces termes: *Il n'y avoit personne qui demandast penitence*; ce qui estoit le propre de ceux qui se confessoient, *ou qui la donnast*, c'est-à-dire qui en prescrivist l'ordre & le reglement, ce qui estoit l'office des Prestres & des Confesseurs: NEMO *erat qui pœnitentiam daret aut acciperet*.

La premiere chose donc qu'il faut faire pour bien entrer dans ce saint temps de Caresme, c'est de commencer dés aujourd'huy à r'entrer en soy-mesme, à detester sa mauvaise vie, à reformer ses mœurs, & à employer tous ces saints jours selon la veritable intention de l'Eglise, pour nous disposer à recevoir les fruits de la mort & de la resurrection du Sauveur du monde. C'est ce que le même Theodulphe nous enseigne encore clairement au même endroit que nous venons de citer: *Les Fidéles entreront dans ce temps sacré du Caresme, travaillant à purifier leurs ames pour se disposer au saint temps de Pasque, & se renouvellant par la penitence qui est un second baptême*. FIDELES *sic ingredientes in beate Quadragesima tempus, mundis & purificatis mentibus ad sanctum Pascha accedant, & per pœnitentiam se renovent, quæ est secundus baptismus*.

Pour entrer donc dans une pratique si sainte & si necessaire; premierement, selon la parole du Prophete Roy, il faut éviter le mal, & ensuite faire le bien. Car le moyen qu'un homme puisse estre veritablement gueri, s'il se fait tous les jours de nouvelles playes? Il faut donc commencer par quitter le mal. Et pour cela chacun doit considerer celuy auquel il est le plus sujet, & mettre la main sur sa playe pour tâcher premierement de ne l'aggrandir pas ou de ne l'envenimer pas de nouveau, afin qu'elle puisse estre guerie.

Et pour ne parler icy entre plusieurs desordres, que d'un seul, parce qu'il est trés-ordinaire & trés-important ; comment ceux-là esperent-ils de pouvoir avoir quelque part à la benediction qui est renfermée dans ce saint temps, & ensuite aux graces & à la communion de Pasque, qui continuëront encore à jurer & à blasphemer le saint nom de Dieu comme ils ont fait jusques à cette heure ? A quoy vous servira-t-il d'estre baptisez, & de porter le nom de Chrêtiens, si vous ne vous servez de la connoissance que vous avez du vray Dieu, que pour blasphemer son nom terrible & adorable, & le profaner à tout moment dans vos entretiens impies, qui auroient souvent fait rougir les Payens mêmes & les idolâtres ? Quel avantage en cecy avez-vous au dessus d'eux : sinon qu'au lieu qu'ils blasphemoient par le nom d'un faux Dieu & d'une idole, vous blasphemez vous autres par le nom du Dieu veritable qui a fait le ciel & la terre, surpassant autant les Payens en impieté que vous les surpassez en lumiere & en connoissance ?

Mais il ne suffit pas d'éviter le mal comme nous avons dit, il faut ensuite faire le bien. Il ne suffit pas de ne se point blesser, & de ne se point rendre malade; il faut encore se nourrir pour pouvoir vivre. La premiere chose donc qu'il faut faire, & l'obligation la plus grande & la plus indispensable de tous les Chrêtiens, c'est de faire l'aumosne. Et si on y est obligé tout le temps de l'année, on l'est beaucoup davantage en ce saint temps de Caresme. C'est ce que nous apprenons non seulement par les saints Docteurs de l'Eglise, mais encore par l'exemple du grand Saint Loüis, dont on peut dire qu'il a esté très-Chrétien sans comparaison plus glorieusement par sa haute sainteté, que par le titre auguste qui est commun à tous les Rois de ce grand royaume. Car il est marqué dans l'histoire de sa vie qu'ayant accoûtumé de nourrir toûjours à sa table six-vingts pauvres, il en nourrissoit douze-vingts au temps du Caresme.

C'est donc en ce temps particulierement qu'il faut redoubler les aumosnes, selon la parole de JESUS-CHRIST: *Date & dabitur vobis*: DONNEZ & on vous donnera. Sur quoy Saint Augustin dit excellemment: *Réjoüissez le pauvre en luy donnant, afin que Dieu vous réjoüisse aussi en vous donnant: Le pauvre est pauvre à vostre égard, & vous estes pauvre à l'égard de Dieu: Que si vous méprisez le pauvre qui a besoin de vous, comment Dieu ne vous méprisera-t-il pas aussi lorsque vous luy demanderez tous vos besoins?* GAUDEAT *indigens de dato tuo, ut & tu gaudeas de dato Dei: Eget ille ad te, & tu ad Deum. Tu contemnis egentem tui, Deus non te contemnet egentem sui?*

Aprés cette obligation generale de faire l'aumosne, ayons soin de nous acquitter de tous nos autres devoirs.

Que chacun voye ce que Dieu demande de luy, afin qu'il luy rende ses devoirs avec grand soin. Que tout le Caresme nous soit une préparation au jour de Pasque. Fuyons le vice, faisons penitence, aimons les pauvres, afin qu'aprés cette vie si courte, nous en trouvions une vraiment heureuse.

A iiij

POUR LE MECREDY DES CENDRES.

Cùm jejunatis, nolite fieri, sicut hypocritæ, tristes.
Matth. cap. 6.

Lorsque vous jeusnez, ne soyez point tristes, &c.

AINT Bernard remarque avec grande raison que le jeusne du sacré temps de Caresme, dans lequel nous entrons, est en cela different des autres jeusnes des Religieux, que ceux-là sont particuliers à un petit nombre de personnes, au lieu que celuy-cy se peut appeller le jeusne public & general de toute l'Eglise. C'est aussi ce qui nous doit porter à le recevoir avec une reverence & une affection toute particuliere, comme estant une devotion que l'on peut nommer catholique & universelle aussi bien que l'Eglise, puisqu'ayant commencé avec elle, elle enferme comme elle tous les temps & tous les lieux où JESUS-CHRIST est adoré par ceux qui luy sont veritablement fidéles. Le dessein de l'Eglise en ce temps est de fortifier autant l'esprit par la divine parole qui est sa nourriture, que d'affoiblir le corps par le jeusne & par l'abstinence qui est son remede.

I.

Le Fils de Dieu estant venu sur la terre pour regler toutes nos actions par son exemple, & afin que sa vie fût le modele de la nostre, il nous a voulu apprendre par la maniere dont il est entré dans son jeusne, ce que nous devions faire pour l'imiter dans cet exercice si utile & si necessaire pour nostre salut. C'est pour cette raison que les Evangelistes nous voulant marquer son entrée dans le desert, se sont servi de trois expressions differentes, qui nous representent excellemment le besoin que nous avons de la grace de Dieu, pour faire saintement les actions qui d'elles-mêmes sont saintes. Car Saint Matthieu dit *Matth. 4.* de cette entrée dans le desert : J E S U S *fut conduit dans le desert par le Saint Esprit :* Ce qui marque la premiere operation de la grace, qui nous montre le chemin, & nous y conduit aprés nous l'avoir montré. Saint Luc l'explique plus fortement en disant : *Le Saint Esprit le poussa dans le desert :* Et Saint *Luc. 4.* Marc use encore d'une expression plus forte en disant : *Le Saint Esprit l'emporta aussi-tost dans le* *Marc. 1.* *desert :* EXPULIT *eum in desertum.*

Toutes ces expressions qui nous marquent si clairement la puissance de la grace dans nous, nous font voir combien les hommes sont mal instruits, & combien ils usent mal de la lumiere que l'Eglise leur a donnée, lorsque se voyant engagez à jeusner dans ce saint temps, ils considerent cette obligation comme une croix, & comme une peine insupportable. Et cela vient particulierement de deux causes ; l'une, qu'ils ne se considerent point comme Chrétiens & comme fidéles ; & l'autre, qu'ils ne connoissent point la grace de Dieu, ou qu'ils n'y mettent point leur confiance s'ils la connoissent.

Premierement ils ne considerent point qu'ils sont Chrétiens, c'est-à-dire qu'ils doivent juger des choses par la foy, se conduire par la foy, vivre par la foy. Car comme c'est le propre des payens, & de ceux qui ne connoissent point Dieu, de se conduire par la lumiere de la raison ; c'est le propre des Chrétiens de se conduire par la lumiere de la foy.

Si donc lorsque vous estes malade, lorsque vous avez par exemple une fiévre un peu dangereuse, vous souffrez qu'un medecin vous commande de jeusner, & vous luy obeïssez exactement dans des choses trés-penibles : pourquoy n'obeïssez-vous pas de même à Dieu, lorsqu'il vous commande par son Eglise d'observer ce saint jeusne, comme un remede trés-salutaire pour les maladies de vôtre ame ?

On dira peut-être que l'on sent la maladie du corps, & que c'est ce qui porte à souffrir tout pour être gueri : mais que l'on ne sent point la maladie de l'ame, & qu'on a peine à se resoudre de souffrir un mal sensible, pour guerir un autre mal qui est insensible. Mais sans s'arrester aux suites dangereuses de ce sentiment, qui va à la ruine entiere de la Religion, dont les principaux objets sont insensibles & invisibles ; lorsque l'on communie, & que l'on reçoit la sainte Hostie, sent-on sensiblement que l'on reçoit réellement le corps adorable du Fils de Dieu ? L'œil voit-il autre chose que du pain ? & la langue goûte-t-elle autre chose que du pain ordinaire.

Si donc on renonce à ses sens en cette rencontre ; si l'on juge de ce qu'on voit, non par les sens ny par la raison, mais par la foy que Dieu a donnée, qui fait que l'on voit en quelque sorte ce qui est invisible, sans s'arrester à ce qui est visible ; pourquoy ne fait-on pas le même à l'égard du jeusne, & des remedes sensibles que l'Eglise offre pour guerir les maux qui sont insensibles ?

Que l'on demande donc à Dieu dans ce saint temps qu'il nous fasse la grace de goûter la douceur qui est renfermée dans le jeusne. Car se pourroit-il faire que les personnes du monde trouvassent une malheureuse joye dans leurs excés de bouche, & que ceux qui s'en privent par un esprit de penitence, ne trouvassent pas infiniment plus de consolation dans cette abstinence ? Si cela estoit, les saints Peres auroient-ils parlé si avantageusement du jeusne, & S. Chrysostome auroit-il dit, qu'il fait que les Chrestiens qui s'y appliquent, excellent en toutes sorte de vertus; que d'hommes qu'ils sont il les change en Anges, & que dans une chair fragile il les rend capables de combattre contre les esprits de tenebres ? Et on ne peut rien faire de plus avantageux aux Chrestiens à l'entrée de ce saint temps qui est aussi un temps de priere, que de les exhorter au jeusne, puisque le jeusne aide & soustient la priere, & que celuy qui jeusne en priant, ne prie point lâchement ny avec indécence. Avec cette vertu, dit saint Chrysostome, il est plus ardent que le feu, & il s'éleve au-dessus de toute la terre; & ce sont, ajoûte-t-il, ces ames qui sont terribles au demon, & qui resistent avec courage aux tentations, ausquelles tout Chrestien se doit preparer à l'entrée de cette sainte quarantaine.

La seconde chose qui fait trouver le Caresme penible, c'est qu'on ne connoist pas assez la puissance de la grace, ou qu'on n'a pas assez de soin de l'attirer dans soy-même, & de l'invoquer. C'est pour cette raison, comme nous disions tantost, que saint Luc a dit du Fils de Dieu : *Agebatur à Spiritu in desertum* : Que le saint Esprit *le poussa* dans le desert, qui est la même expression dont se sert saint Paul, lorsqu'il dit: *Ceux-là sont enfans de Dieu qui sont poussez par l'Esprit de Dieu* : QUICUMQUE *Spiritu Dei aguntur, ii sunt Filii Dei.*

Luc 4 1.

Rom. 8.

Cela nous fait voir combien la grace agit puissamment dans l'ame, & combien est veritable cette parole de Jesus-Christ dans l'Evangile : *Si vous pouvez croire, tout est possible à celuy qui croit.* Parce qu'ainsi que saint Augustin dit excellemment, *La foy obtient ce que la loy commande :* Quod lex imperat, fides impetrat. C'est la différence des commandemens de Dieu & des hommes. Un Medecin qui vous commande de jeusner dans vostre fiévre, ne vous peut donner ny la force, ny la volonté de jeusner. Mais Dieu nous fait faire par sa grace ce qu'il nous commande de faire par sa loy.

Son Esprit saint nous pousse & nous entraîne par une agreable violence, ensorte que nous trouvons nostre plaisir & nostre joye à suivre son impression & ses mouvemens. Il commence en nous toutes nos bonnes œuvres, dont il est veritablement le principe ; & il faut que ce soit luy qui nous fasse ainsi agir si nous voulons que nos actions ayent d'heureuses suites. Ainsi plus un homme a de grace, plus il reçoit de mouvemens de l'Esprit de Dieu, qui luy fait trouver un plaisir si doux dans le bien qu'il luy fait faire, qu'il regarderoit comme une perte les moindres interruptions dans ses bonnes œuvres. Il seroit important que l'on se fortifiast dans la connoissance & dans l'amour de cette verité à l'entrée de ce saint temps ; & on reconnoistroit alors que si l'on y trouvoit quelque chose de penible, ce seroit parce que l'on auroit peu de l'Esprit qui fait trouver de la joye dans les plus grands maux & qui nous adoucit toutes nos peines.

II.

Aprés avoir veu l'esprit & la maniere en laquelle nous devons entrer dans le jeusne, nous y ajoûterons maintenant les conditions qui doivent l'accompagner, que nous prendrons des paroles du Sauveur dans l'Evangile que l'Eglise fait toûjours lire le premier jour de Caresme. Car aprés avoir dit, Que nous ne ressemblions pas aux hypocrites qui se défigurent le visage, afin que les hommes connoissent qu'ils jeusnent, il ajoûte : *Pour vous lorsque vous jeusnez, répandez des parfums sur vostre teste, & lavez-vous le visage, afin qu'on ne s'apperçoive pas que vous jeusniez.* Ces paroles sont toutes mysterieuses & pleines d'une excellente instruction : *Unge caput tuum.* La teste, selon saint Augustin, signifie souvent dans l'Ecriture la partie superieure de l'ame, qui est la plus élevée, comme la teste est la partie la plus haute de nostre corps. Cette onction que nous y devons répandre, nous marque proprement l'onction de la grace du saint Esprit, qui se répandant dans nous comme une huile toute divine, *oleum effusum nomen tuum*, a la force d'a- Cant. 1. doucir les choses qui paroissent les plus penibles, comme l'huile exterieure & sensible, adoucit les playes lorsqu'elles causent de la douleur.

C'est la maniere en laquelle saint Bernard explique ces paroles, lorsqu'il dit : *La teste nous marque la* Serm. cap. in. *partie la plus interieure & la plus spirituelle de l'a-* jejun. 6. *me qui est remplie d'onction dans le jeusne, lorsqu'-elle y trouve un plaisir & une joye toute spirituelle* ; CAPUT *est mens interior quæ tunc ungitur, in jejunio, cùm spiritualiter in eo delectatur.* C'est par cette onction, ajoûte le mesme Saint, que l'on peut éviter toute la peine que l'on pourroit ressentir dans le jeusne. *Celuy qui a peine,* dit-il, *à supporter le jeusne, a besoin d'attirer dans son ame cette onction toute sainte & toute divine,* QUI *jejunat cum impatientia, huic opus est ut caput ungat.*

Mais comment pourrons-nous obtenir cette onction celeste qui nous est si necessaire pour sanctifier nostre jeusne, sinon comme toutes les autres graces, par la priere ? Car le jeusne & la priere sont inseparables. C'est pourquoy le Fils de Dieu les a joints, lorsqu'il a dit parlant aux Apostres : *Ces* *demons qui sont si difficiles à chasser des hommes, ne* *peuvent estre chassez que par la priere & le jeusne.* Aussi saint Bernard a trés-bien dit : *Le jeusne for-* *tifie la priere, & la priere sanctifie le jeusne :* JE-JUNIUM *orationem roborat, oratio sanctificat je-* *junium.*

<small>Marc. 9. 28.</small>
<small>Bern. in Qua-drag serm. 4.</small>

Aprés cette onction interieure du cœur, que le Fils de Dieu demande de nous pour sanctifier nôtre jeusne, il ajoûte, *qu'il faut aussi laver son visa-* *ge.* Ce qui nous apprend que c'est peu de chose de s'abstenir du manger, qui de soy-même est une chose permise ; si on ne s'abstient à plus forte raison des choses mauvaises, qui sont toûjours deffenduës par la loy de Dieu.

Et cecy ne s'entend pas seulement de s'abstenir des pechez ; mais encore beaucoup plus d'en combattre le principe & la racine ; de nous opposer à ce que desire nostre amour propre, nostre propre jugement, nostre propre volonté, d'observer dans nous tout ce qui peut déplaire à Dieu ; & d'accompagner ainsi nostre jeusne par toute sorte de bonnes œuvres. Car c'est en quoy les hommes se trompent d'ordinaire, que de plusieurs moyens que Dieu a establis pour nostre salut, ils n'en employent qu'un ou deux, & negligent les autres ; au lieu que le grand effet qu'ils doivent attendre de toutes leurs bonnes œuvres, est attaché à la liaison de tous ces moyens qui doivent tous concourir ensemble pour attirer sur eux la grace du Ciel.

Ainsi ils se plaignent de s'estre mis en devoir d'obtenir la grace, sans neanmoins l'avoir obtenuë, ne considerant pas qu'ils sont plus coupables

Pour le Mecredy des Cendres. EVANG.

d'avoir négligé une partie des moyens que Dieu nous a prescrits pour aller à luy, qu'ils ne sont louables d'en avoir employé quelques-uns qui sont inutiles sans les autres.

Que si nous voulons reconnoistre maintenant ce que c'est que *laver le visage* de l'ame, dont parle l'Evangile, & cette maniere de purifier le cœur par les bonnes œuvres, qui doit toûjours accompagner le jeusne; nous pouvons l'apprendre du S. Esprit même parlant par la bouche d'Isaïe.

Car Dieu se plaignant des Juifs, leur dit qu'il ne considere point tous leurs jeusnes, & toutes les peines du corps qu'ils y peuvent endurer, parce qu'ils y font toûjours leur propre volonté comme auparavant. Mais voicy le jeusne, dit-il, que je vous demande : *Rompez les chaisnes & les liens qui vous engagent dans l'iniquité* : Combattez ces mauvaises habitudes dont vous estes esclave, & qui vous empeschent de vous élever à Dieu.

Chacun n'a qu'à considerer quelles sont les passions qui les dominent davantage. Les uns sont sujets à la colere, les autres à la vanité, les autres à la molesse. Chacun a ses liens & ses chaisnes qui l'emporteront dans le mal, s'il ne fait effort pour s'en dégager. Car c'est un poids qui nous attire toûjours en bas. C'est pourquoy le Prophete ajoûte : *Défaites-vous de ces fardeaux qui vous accablent*, & qui vous entraînent toûjours en bas. En vain vous voulez vous élever à Dieu par le jeusne, si vos passions vous abaissent toûjours contre la terre. SOLVE *fasciculos deprimentes.*

Et afin que nous puissions obtenir cette grace de Dieu, le Prophete ajoûte : *Lorsque vous répandrez vostre ame & les affections de vostre cœur sur* le pauvre, vostre lumiere paroistra au milieu des ténebres : *Cùm effuderis esurienti animam tuam, orietur in tenebris lux tua.* Il ne se contente pas de dire qu'on assiste le pauvre ; mais il veut qu'on l'aime jusqu'à luy donner non seulement son bien, mais son cœur. *Cùm effuderis esurienti animam tuam.*

Entrons donc dans des sentimens si chrestiens, renouvellons en nous dans ce saint temps l'esprit de la pieté. Embrassons avec joye le remede salutaire de la penitence que l'on nous y offre. Jeusnons ; mais jeusnons avec joye ; & rendons nostre jeusne le plus chrestien que nous le pourrons. Accompagnons-le d'aumosnes qui sortent d'une plenitude de charité interieure. Aimons les pauvres, comme des moyens que Dieu a mis en quelque sorte entre nos mains pour nous donner lieu d'attirer sur nous ses misericordes. Repandons sur eux nos biens avec une profusion sainte, qui nous attire ces thresors celestes que le Fils de Dieu dans la fin de nostre Evangile nous exhorte d'amasser. Elevons-nous au-dessus de nos bassesses accoustumées. Que nos cœurs soient toûjours arrestez en Dieu. Regardons-le comme nostre thresor unique, afin que nous l'aimions, que nous en fassions le sujet de toutes nos pensées ; & que nous le retrouvions heureusement un jour, lorsque tout le reste de la terre nous aura abandonnez.

POUR

POUR LE MECREDY-
DES CENDRES.

Convertimini ad me in toto corde vestro.
Joël. 2.

Convertissez-vous à moy de tout vostre cœur.

ADMIRONS dans ces paroles la misericorde de Dieu, qui nous invite à la penitence. Bien loin de nous punir de nos pechez selon qu'ils le méritoient, il nous montre les richesses de la bonté qu'il a pour nous par sa longue attente. Il n'a pas ainsi attendu les Anges rebelles. Aussi-tost qu'ils ont peché, il les a précipitez dans les enfers. Il n'a pas aussi differé de punir Adam. Il l'a chassé de son Paradis aussi-tost aprés son crime. Mais maintenant il attend, il dissimule, comme on le recconnoist aujourd'huy à la Messe: *Dissimulans peccata hominum*: il les tolere long-temps, & quelquefois jusqu'à l'extréme vieillesse.

Quoy que cette misericorde soit grande en soy, elle est neanmoins petite en comparaison des autres; puisque si elle estoit seule, elle nous seroit inutile, & ne serviroit même qu'à rendre nostre condamnation plus grande. C'est ce que nous marque saint Paul par cette parole terrible: *Méprisez-vous les* Rom. cap. 2. *richesses de la bonté & de la douceur de Dieu? Ne sçavez-vous pas que la patience de Dieu nous invite à la*

pnitence ? Et vous au contraire par la dureté & l'impénitence de voſtre cœur, vous vous amaſſez des threſors de colere au jour de la colere ; au lieu des threſors de miſericorde que vous mépriſez. D'où vient cét horrible aveuglement, ſinon *de la dureté*, dit ſaint Paul, *& de l'impénitence de voſtre cœur* ? Et qui rompra cette dureté, ſinon celuy qui a rompu & fait fendre les pierres dans ſa paſſion ? Qui donnera un cœur pénitent, ſinon celuy qui s'eſt acquis par la gloire de ſa reſurrection, un empire ſur tous les cœurs ?

Rom. 2.

Ainſi la ſeconde miſericorde plus grande que la premiere, & qui fait que cette premiere n'eſt pas infructueuſe & ne ſe change pas en arreſt de mort, eſt celle qui nous convertit veritablement, & qui nous fait faire pénitence, ſans laquelle l'attente de Dieu ne ſert point, mais nuit beaucoup. Dieu donc par ſa bonté nous fait crier aujourd'huy par ſon Prophete : *Convertiſſez-vous à moy de tout voſtre cœur*, & par une bonté encore plus grande, il opere cette converſion dans nous, il la rend veritable, & il la diſtingue de ces autres converſions qui ne ſe font qu'en apparence.

Nous devons ſans doute avoir une grande reconnoiſſance de cette grace, ſi Dieu nous l'a faite ; & bien prendre garde que ce mot de *converſion* enferme en ſoy un changement & un retour. Car le péché n'eſtant autre choſe qu'un déreglement & un égarement de l'ame qui ſe détourne de ſon createur pour s'attacher à la créature, la converſion doit eſtre neceſſairement un retour de cette même ame vers Dieu, dans lequel changeant de deſirs, d'affections, & de penſées, elle ſe ſepare de la créature à laquelle elle s'eſtoit attachée auparavant, & s'efforce de s'attacher à Dieu qu'elle avoit abandonné.

C'est pourquoy Dieu nous marque par son Prophete que cette conversion doit estre du *cœur* ; pour nous montrer qu'il faut que le cœur change, & que le cœur changeant, la vie doit aussi changer : *Muta cor, & mutabitur opus.* Et il nous marque de plus, qu'elle doit estre *de tout le cœur* : *Convertimini ad me* IN TOTO CORDE VESTRO ; pour nous apprendre que nostre conversion doit estre pleine, & qu'elle ne doit pas estre une chose passagere, mais un renoncement parfait à soy-même, & un retour entier vers Dieu. Cette conversion est proprement l'ouvrage de Dieu, qui par sa misericorde anéantit l'ame, afin qu'elle sorte d'elle-même, & qu'elle se convertisse à luy.

Et il est bon de remarquer qu'il ne suffit pas pour rendre une conversion veritable, de remédier au présent, si l'on n'a soin en même temps de satisfaire à Dieu pour le passé. Il faut pleurer, il faut gémir de ses péchez, il faut témoigner à Dieu le regret sincere que l'on en a, par toutes sortes de bonnes œuvres, & particulierement par le soin que l'on prend de se retirer des occasions de les commettre à l'avenir, en se souvenant de cette parole : *Nous avons besoin en ce temps non seulement de faire pénitence, mais de nous abstenir de tout mal.* Opus *est non modò pœnitentiâ, verùm etiam continentiâ.* Voilà tous les degrez de la grande misericorde de Dieu dans la conversion d'une ame, selon cette parole de David, *Psal. 50. Ayez pitié de moy, Seigneur, selon vostre grande misericorde.*

Et il y a quatre effets de cette grande misericorde qui en sont comme les filles : Le premier est, que Dieu envoye des amertumes : Le second, qu'il oste les occasions : Le troisiéme, qu'il donne la force de resister ; & le dernier, qu'il guérisse entierement le

Instructions Chrestiennes,
fond du cœur. *Quatuor filiæ magnæ misericordiæ, quæ sunt immissio amaritudinis, subtractio opportunitatis, virtus resistendi, & sanitas affectionis.*

Car Dieu voyant un homme engagé dans le peché, & voulant le convertir, tantost il luy envoye par misericorde des amertumes qui remplissent son esprit, & qui en chassent le plaisir pernicieux du peché; tantost il oste les occasions, & ne permet pas que la foiblesse soit tentée; tantost il luy donne la force de resister; ce qui est encore une plus grande grace : de sorte que ressentant la tentation, il s'y oppose & n'y consent point : ou enfin il guérit entierement le fond du cœur; ce qui est le comble de la perfection, & alors la tentation est tout à fait vaincuë; de sorte que non seulement il n'y consent pas, mais qu'il ne la ressent pas mesme.

La veuë de ces graces de Dieu devroit nous empescher d'entrer dans une certaine tristesse sombre que nous ressentons d'ordinaire lorsqu'on nous parle de conversion. Nous devrions continuellement soûpirer vers Dieu, afin qu'il nous réveillast de nostre assoupissement, pendant que nous avons encore le temps de travailler à nostre salut. C'est avec ce ressentiment que nous devrions entrer dans ce saint temps de Caresme, & entreprendre avec joie le jeûne que l'Eglise nous y donne, comme un remede trés-salutaire pour nous guérir.

S. Chrisost. hom. 4. ad pop. Ant.

Semons donc des larmes dans ce temps de larmes, afin de moissonner la joye selon que David nous le promet. La pluye ne fait pas tant pousser les plantes de la terre, que les larmes de la pénitence font pousser les semences de la pieté que Dieu a mises dans nos ames. Déchirons nos cœurs comme le Prophete nous y exhorte, & non pas nos vétemens. Entrons jusques dans le fond de nos ames, pour en arracher tout ce qu'il y a d'impur aux yeux de Dieu. Si nous ne nous servons avantageusement de ce temps pour répandre des larmes, & pour nous renouveller lorsque le jeusne nous y exhorte par luy-même, quand pourrons-nous entrer dans des sentimens de componction ? Sera-ce lorsque ce temps de pénitence sera passé, où nous aurons plus à craindre le relaschement & la dissipation que nous causent mille soins exterieurs, qu'un nouvel accroissement de pieté ?

Ne nous affligeons donc point de ce temps de tristesse & de larmes. Rendons-en plutost graces à Dieu, puisqu'il peut estre si utile pour nos ames. Travaillons-y à faire croistre en nous toutes les vertus, à fléchir la colere de Dieu, & à forcer les membres de nostre corps de servir d'armes pour la justice. Que nos yeux, nos mains, nos pieds, nostre langue, & nostre cœur, ne s'employent plus que pour la vertu. Car que nous serviroit-il de nous abstenir des viandes, si nous n'avions soin dans cette abstinence exterieure de déraciner nos vices ? *Hom. 1. Ibid.*

Nous jeusnons tous aujourd'huy, & nous allons ce soir couvrir nostre table d'une maniere bien differente de celle d'hier, & qui est bien plus digne d'un Chrestien. Qui seroit assez heureux pour pouvoir dire de luy-même, qu'il a aussi bien changé sa vie que sa table, & que cette difference de nourriture est accompagnée d'une differente maniere de vie ?

Il y a des personnes qui ont de l'émulation à qui jeusnera davantage. Les uns passent un jour, les autres en passent deux sans manger. Il y en a qui non seulement rejettent le vin & l'huile ; mais qui renoncent generalement à tout, & se réduisent au pain & à l'eau pendant tout le Caresme. Pour nous, si nous n'avons pas le courage & le zele de ces personnes, ayons une autre émulation, qui est de faire

B. iij

mieux la guerre à nos mauvaises habitudes, de mortifier davantage nos inclinations corrompuës, & de nous abstenir plus exactement de tout ce qui sera vicieux.

Car ce seroit une extravagance bien déplorable, de nous attacher si fort au retranchement des choses qui sont innocentes par elles-mêmes, & de ne pas travailler en même temps à retrancher ce qui nous est absolument deffendu par la loy de Dieu. Nous vous conjurons donc de commencer à montrer que le Caresme vous est utile, par le changement de vostre vie; & nous esperons que si vous avez soin de vous rendre ce jeusne utile, vous appaiserez Dieu, & que vous détournerez sa colere de dessus vous.

Je vous le dis encore une fois, ne craignez point ce temps comme un temps pénible. Vous y trouverez certainement de grands avantages & desconsolations que nous n'avons pas dans le reste de l'année. Nous nous y assemblons tous les jours pour écouter ensemble la parole de l'Evangile. Nous nous entr'excitons en nous voyant les uns les autres. Nous offrons nos larmes à Dieu tous ensemble, & nous tâchons tous ensemble de l'appaiser par nos gemissemens & par nos prieres. Toutes ces choses doivent addoucir la peine de nostre jeusne, si l'on peut dire neanmoins qu'il y ait de la peine à jeusner, puisque nous y devons estre accoutumez depuis si long-temps.

Hom. 6. Je voudrois au contraire que vous jugeàssiez par la facilité que vous trouverez à jeusner, de celle que vous auriez à vous corriger de vos défauts, si vous vouliez vous accoûtumer à prendre une habitude contraire. Car je vous demande qui des deux est le plus aisé, ou par exemple de ne point jurer durant tout un jour; ou de souffrir la faim durant tout un jour, & de se contenter au soir d'un peu de pain & d'un peu d'eau?

Cependant la coûtume a tant de force, que lorsque le Caresme est venu, quelque incommodez que nous soyons, & quelques instances que tous nos amis nous fassent, d'user du vin, ou de quelqu'autre viande que le jeusne nous défend ; nous aimerions mieux souffrir les dernieres extremitez, que de nous resoudre à prendre une nourriture que ce temps sacré nous interdit. Quelque pente que nous y sentions de nous-mêmes, & quelque desir que la chair en ait ; nous sommes neanmoins resolus à tout plûtôt que d'en user ; parce que nous nous sommes établis dans cette observance par une longue habitude. Il vous en arriveroit de même dans tous vos défauts. Si vous aviez pris une coûtume contraire, rien ne seroit capable à l'avenir de vous y faire retomber, comme vous sentez qu'il n'y a rien qui puisse vous faire violer la sainteté de ce sacré jeusne.

POUR LE JEUDY
APRE'S LES CENDRES.

Cùm introïsset Jesus Capharnaum, accessit ad eum Centurio rogans eum. *Matth.* 8.

JESUS estant entré dans Capharnaum, un Centenier vint le prier de guerir son serviteur malade.

L'Humilité du Centenier a paru si admirable à l'Eglise, qu'elle nous la propose comme le modéle de la nostre. Mais son dessein en nous la proposant est de nous la faire imiter, non seulement en paroles ny en gestes, mais par une véritable impression de cette vertu. Car il n'y a rien de plus aisé que d'avoir des paroles humbles dans la bouche, sans être humble au dedans de l'ame. Il faut donc que cette vertu soit véritablement établie au fond du cœur, dans la vûë de la haute Majesté de Dieu, & de nôtre bassesse infinie. C'est ce que Saint Paulin recommandoit admirablement dans une lettre qu'il écrivoit à une Dame, où l'on peut dire qu'il a ramassé toutes les régles de la vie chrétienne la plus parfaite : *Humilitatem sequere, non quæ simulatur gestu corporis, aut fracta voce verborum, sed quæ puro affectu cordis exprimitur.* AFFERMISSEZ-VOUS *dans l'humilité*, dit-il, *non dans cette humilité feinte qui affecte de paroître telle par des gestes étudiez, ou par des paroles recherchées, mais dans cette humilité véritable qui vient du fond, du sentiment d'un cœur pur & humble.* Car comme il ajoûte, il y a bien de la différence entre posséder cette vertu ou n'en avoir que l'apparence. *Aliud enim est virtutem habere, aliud virtutis similitudinem.* Pour nous affermir donc dans une vertu qui nous est si nécessaire, nous considérerons,

I. Quelles sont nos maladies, & combien nous desirons peu d'en être guéris.

II. Nous verrons combien l'obéïssance que nous rendons à Dieu est imparfaite, lorsque nous la comparerons avec l'idée que le bienheureux Centenier avoit de cette vertu que l'on peut appeller un des principaux effets de l'humilité.

I.

Une des causes les plus ordinaires pourquoy nous perdons si souvent l'humilité du cœur, & que nous nous élevons en nous-mêmes, est que nous ne considérons pas assez nôtre misére intérieure & la maladie de nos ames. C'est pourquoy il semble que

Pour le Jeudy après les Cendres. EVANG. 25
l'Eglise nous propose cet Evangile à l'entrée du Carefme, pour nous apprendre à nous confidérer tous comme ce ferviteur malade, & à comprendre quelle eſt la paralyſie de l'ame que nous devons nous efforcer de guérir par le remede de la pénitence qu'elle nous propoſe dans ce faint temps. Car c'eſt maintenant plus que jamais que nous devons avoir recours à la priere, afin d'attirer de la miféricorde de Dieu l'Eſprit qui nous faſſe agir, & qui répande la vie & le mouvement dans nos ames.

Cependant quoy que nos miféres ſoient ſi grandes, quoy que nos maladies ſoient ſi deſeſperées ; quoy que nous ſoyons *miférablement tourmentez* par le démon, comme ce ferviteur du Centenier : *Et miſerè torquetur* ; on peut dire neanmoins que par une ſtupidité qui eſt encore plus grande que ne l'eſt nôtre maladie, nous ne ſentons rien de nôtre état, ſi Dieu luy-même ne nous ouvre les yeux pour nous le faire connoître ; & que nous ne deſirons point nôtre guériſon, ſi Dieu ne forme luy-même ce deſir en nous.

Il faut que ſa miféricorde produiſe ce double effet dans nous, c'eſt-à-dire, qu'elle faſſe luire un rayon de ſa lumiere dans nos cœurs, pour nous faire connoître à nous-mêmes dans toutes nos miféres ; & que par une autre grace encore plus grande, elle nous faſſe deſirer de guérir, & nous aide à acquerir cette guériſon. Car que nous ſerviroit-il que Dieu nous fîſt connoître nos maux, ſi en même temps il n'excitoit nôtre volonté pour nous efforcer d'en ſortir ? Ne nous traitteroit-il pas encore comme il a traitté les Juifs, à qui il a donné la Loy pour les convaincre de leurs péchez ; mais à qui il n'a pas donné en même temps ſa grace pour les porter à s'en délivrer ?

C'est ce qui fut marqué par cette admirable figure du buisson ardent. Dieu donnoit à ce peuple la lumiere de sa vérité & le feu de ses miracles, mais il ne consumoit point leurs épines ; au lieu que maintenant, selon la remarque de Saint Augustin, il n'est plus seulement *Doctor*, Docteur comme autrefois pour nous apprendre quelles sont nos foiblesses, mais il est encore *Adjutor*, & qu'il nous assiste de son secours tout-puissant pour nous aider à en sortir.

Plus donc il répand sa grace & son Esprit dans une ame, plus elle connoît ses maladies intérieures & elle desire d'en sortir : & comme elle voit qu'elle a besoin d'une lumiere continuelle, elle comprend de même qu'elle a besoin d'une guérison continuelle.

Aussi l'on voit combien tous les Saints, & particulierement David dans ses Pseaumes demandoit à Dieu ces deux choses, sa lumière pour l'éclairer dans ses ténébres, & son secours pour le guérir de ses maladies. *Faciem tuam illumina super servum tuum : illumina oculos meos, ne unquam obdormiam in morte : Deus meus illumina tenebras meas.* FAITES *luire vôtre visage sur moy : Eclairez mes yeux, de peur que je ne m'endorme d'un sommeil de mort : Seigneur mon Dieu éclairez mes ténébres :* & pour marquer en même temps que comme le mal est continuel, on a besoin aussi d'un remede continuel, il dit par tout : *Seigneur, sauvez-moy, guérissez-moy : Dites à mon ame : je suis ton salut : Dic animæ meæ : salus tua ego sum.*

Nous pouvons dire donc en suivant nôtre Evangile, que nous aurons reçû de Dieu cette lumiere intérieure qui nous fera connoître nos ténébres, lorsque nôtre ame sera toute abatuë sous la main de

Pour le Jeudy aprés les Cendres. EVANG. 27

Dieu, & qu'à l'imitation du Centenier, nous nous croirons indignes que JESUS-CHRIST entre dans nous, que nous serons tout pénétrez du sentiment de sa grandeur, & que nous ne le regarderons qu'avec une frayeur respectueuse, en reconnoissant au fond de nôtre cœur nôtre extrême indignité & nôtre profonde misére. Plus nous nous croirons comme luy indignes que le Sauveur pense à nous, plus il y pensera : plus nous le prierons de ne venir pas chez nous, plus il remplira nos ames de ses dons; *Quanto humilior, tanto capacior, tanto plenior* ; parce que ce divin Maître de l'humilité ne remplit que les humbles, & il ne trouve que dans eux un lieu pour reposer sa tête. *Etenim magister ille humilitatis filius hominis jam invenerat in ejus pectore ubi caput reclinaret.* *Aug. de temp. serm. 74. & in Is. 36.*

II.

Mais si le sentiment de nos maux intérieurs est un des meilleurs moyens pour acquerir l'humilité, & si le desir sincére de la guérison est ce qui est le plus capable de nous tenir humiliez devant Dieu, comme on le voit par l'exemple du Centenier, qui doit nous exciter à desirer autant la guérison de nôtre ame, qu'il desiroit celle de son serviteur : nous pouvons dire de même en considérant cet homme admirable ; que l'obéïssance est la plus grande preuve que nous sommes humbles, & que nous nous flattons en vain d'avoir de l'humilité, si nous ne sommes obéïssans. Car on voit dans l'Evangile qu'il ne se souvient qu'il est grand que pour s'humilier davantage sous JESUS-CHRIST, & pour prendre de sa dignité même un nouveau sujet de s'abaisser. Il semble réduire toute la vertu chrétienne à obéïr, à dépendre absolument de Dieu, à suivre ponctuellement ses ordres, à ne point raisonner sur sa conduite, à se mettre seulement en peine de se rendre dignes par une bonne vie d'être conduits par luy, par les secrettes impressions de sa grace, & par la lumiere de ceux qu'il a chargez du soin de nos ames.

C'est ce qui fait dire à Saint Augustin lorsqu'il considére cet homme admirable, que son exemple nous excite puissamment *à l'obeïssance, qui est dans une créature raisonnable la mere & la gardienne fidéle de toutes les vertus; puisque l'homme a esté créé de telle sorte, que tout son bonheur maintenant est d'être soûmis à Dieu, comme au contraire tout son malheur est de faire sa propre volonté & non pas la volonté de celuy qui l'a créé.* OBEDIENTIA *commendata est, quæ virtus in creatura rationali, mater quodammodo est omnium custosque virtutum, quandoquidem sic facta est, ut ei subditam esse sit utile, perniciosum autem suam, non ejus, à quo creata est, facere voluntatem.*

de Civ. Dei, lib. 12. c. 2.

On n'ignore pas les peines que l'on trouve quelquefois à obéïr, & combien l'orgueil qui est si naturel à l'homme, luy fait trouver de difficulté à se soumettre à la volonté d'un autre. Une lumiere toute ténébreuse qui nous porte à nous soulever, combat une autre lumière divine qui nous porte à nous assujettir, une lumière de mort combat une lumière de vie; ce qui fait dire si souvent à Saint Augustin : *Mon Dieu, que ce soit vôtre lumière qui me parle intérieurement dans l'ame, & non pas mes propres ténèbres. Lux tua non tenebra mea loquantur mihi.*

Aug. Confes. lib. 10. c. 10.

Ce qui est à plaindre, c'est que ce sont quelquefois les personnes les plus avancées qui ont plus de peine à obéïr. Car on voit que dans les commencemens de la conversion, on est d'ordinaire plus soumis, &

Pour le Jeudy après les Cendres. EVANG. 29
que ce n'eſt que dans la ſuite qu'il ſemble que l'on
veuille ſe ſouſtraire de ce joug, contre ce que Saint
Paul dit en écrivant aux Hebreux, *Que le juſte vit
de la foy* qui l'aſſujettit à Dieu; mais que *s'il ſe ſouſ-
trait de cet aſſujettiſſement, il ne ſera plus agréable à
Dieu.* QUÒD *ſi ſubtraxerit ſe, non placebit animæ* Heb. c. 10.
*mea : Nos autem non ſumus ſubtractionis filii in per-
ditionem, ſed fidei in acquiſitionem animæ.*

C'eſt-là la playe qui fait gémir toutes les ames qui
penſent ſérieuſement à leur ſalut. Mais qu'elles ne
ſe troublent point, & que ſi elles conſidérent d'un
côté la grandeur de ce mal, qu'elles jettent en même temps de l'autre les yeux ſur la grandeur du remede que Dieu a mis entre leurs mains. Que plus
elles ſentent de peine à obéïr, plus elles s'opiniâ-
trent au contraire à vouloir obéïr. Qu'elles s'occu-
pent continuellement l'eſprit de cette vertu. *Mens
juſti meditatur obedientiam :* & qu'elles peſent ſoli-
dement quel avantage c'eſt que de pouvoir dire que
l'on obéït à Dieu même, en obéïſſant à une perſonne en qui on ne regarde que luy ſeul.

Qu'elles ſe nourriſſent de cette parole des Saints
Peres, qui ont dit de Dieu que les commandemens
qu'il nous faiſoit, étoient la plus grande grace qu'il
nous pût faire. *Cujus imperium ipſum beneficium eſt.*
Car Dieu ne nous commande rien pour ſon avantage particulier, mais uniquement pour le nôtre. Et
c'eſt en cela, comme diſent les Saints Peres, qu'il
eſt véritablement maître, puiſqu'il n'a aucun beſoin
de nos ſervices, & que nous avons beſoin qu'il nous
commande : *Neque enim Deus jubet quod ſibi proſit,
ſed ei cui jubet. Ideo verè eſt Dominus qui ſervo non
indiget & quo ſervus indiget.*

Que chacun donc rentre en ſoy-même dans la
vûë de cet Evangile, & que la conſidération de cet

humble Centenier fasse trembler les plus parfaits, & encourage en même temps ceux qui sans faire une profession publique & apparente de pieté, servent Dieu quelquefois mieux dans un état commun où elles luy rendent un culte secret & inconnu à tout le monde. Car les paroles de JESUS-CHRIST doivent faire ces deux differens effets : *Je n'ay point trouvé dans Israel même une foy pareille à celle de cet homme ; & je vous dis qu'il en viendra plusieurs de l'orient & de l'occident qui se reposeront avec Abraham, Isaac & Jacob, pendant que les enfans du Royaume seront chassez & rejettez.* Il y a tous les jours des personnes dans le monde qui se sauvent comme les vaisseaux se sauvent quelquefois dans une mer pleine de tempestes ; & il y a des personnes Religieuses mêmes qui peuvent se perdre comme un vaisseau peut se perdre dans une mer calme. Les premiers travaillent sans cesse pour surmonter leurs périls, & arrivent enfin au port ; les autres laissent entrer l'eau de toutes parts dans leur vaisseau, & il coule à fond. L'état des premiers est un état imparfait, mais leur vertu est parfaite. L'état des autres au contraire est un état parfait, mais leur vertu est imparfaite. Ainsi que personne ne se croye en asseûrance ; que chacun s'affermisse de plus en plus dans l'humilité, & qu'il témoigne à Dieu sa foy, comme le Centenier, par la promptitude & la ponctualité de son obéïssance.

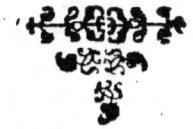

POUR LE VENDREDY
APRE'S LES CENDRES.

Ego autem dico vobis : Diligite inimicos vestros.
Matth. cap. 5.

Mais pour moy je vous dis : Aimez vos ennemis.

IL y a peu de personnes qui pensent aussi sérieusement qu'ils le devroient, à ce grand commandement de la loy nouvelle que Jesus-Christ nous fait dans l'Evangile de ce jour. Mais on peut dire avec verité, qu'il y en a encore beaucoup moins qui le pratiquent. Les personnes mêmes qui sont le plus avancées dans la pieté, & qui connoissent le mieux l'importance de ce précepte, croyent faire presque une œuvre de surérogation en l'observant. Tant il est vray qu'il est difficile de persuader à l'orgueil de l'homme, qu'il doit aimer véritablement ses ennemis, & chercher à faire du bien à tous ceux qui ne pensent qu'à luy faire souffrir du mal.

L'Eglise donc nous veut apprendre à l'entrée de ce saint temps, que l'amour des ennemis est une de nos obligations; & que c'est un commandement, qui étant contraire aux sentimens de la chair & du sang, & inconnu aux Payens & même aux Juifs, a esté reservé à Jesus-Christ, qui l'a le premier enseigné par sa parole sacrée durant sa vie, & qui nous en a donné ensuite luy-même l'exemple à sa mort.

C'est pourquoy tout le monde a part icy : & comme il n'y a gueres de personne qui puisse passer cette miserable vie qui n'est qu'une tentation sur la terre, sans trouver quelqu'un qui luy fasse quelque peine, & qui luy témoigne de la mauvaise volonté; il n'y en a gueres aussi qui n'ait occasion de pratiquer ce grand précepte de l'Evangile de ce jour, & d'écouter Jesus-Christ, qui luy dit aujourd'huy ces paroles étonnantes : *Ego autem dico vobis : Diligite inimicos vestros.* Vous avez des personnes qui vous inquiettent ; vos sentimens naturels vous portent à les haïr ; mais moy qui suis vôtre Dieu, je vous ordonne de les aimer, *Diligite inimicos vestros.* C'est pourquoy pour mieux comprendre aujourd'huy l'obligation d'aimer nos ennemis ; nous ferons deux ou trois réflexions sur ces paroles du Sauveur ; & nous tâcherons de montrer que nous devons regarder nos ennemis.

I. Avec un esprit de foy.
II. Avec un esprit d'humilité.
III. Avec un esprit de charité.

I.

Ego autem dico vobis : Diligite inimicos vestros : Il est visible que l'instinct de la foy nous porte de luy-même à aimer nos ennemis. Car c'est elle qui nous apprend qu'ils ne sont que les instrumens de Dieu, dont sa justice se couvre pour nous châtier & pour nous purifier. Elle nous represente qu'ils sont dans la main de Dieu, comme un ferrement dans la main du Medecin, qui s'en sert pour couper ce qu'il voit de pourriture dans nous, pour nous guérir.

Nous attribuons assez aisément à Dieu ce qui nous arrive par les créatures insensibles & inanimées. Qu'une pierre tombe sur la tête d'un homme,

Pour le Vendredy d'aprés les Cendres.

me, qu'une poutre l'écrase, ou qu'il luy arrive quelque accident semblable ; nous n'avons pas de peine alors de remonter à la volonté de Dieu comme à la premiere cause du mal qui luy est arrivé. Mais nous avons plus de peine à rapporter à Dieu ce que nous souffrons par les hommes, parce que nous ignorons le pouvoir que Dieu a sur la volonté des méchans. Car encore qu'il ne soit pas l'auteur des péchez qu'ils commettent, il se sert neanmoins de leurs péchez mêmes pour le bien de ses élûs.

On auroit peine à se laisser persuader de cette verité si l'Esprit de Dieu ne l'avoit fait marquer clairement dans son Ecriture, qui dit que Dieu changea le cœur des Egyptiens, quoy qu'il n'eût aucune part à leur malice, & qu'il fit qu'ils n'eurent plus que de la haine & de l'aversion pour son peuple. *Convertit* Psal. 77. *cor eorum ut odirent populum ejus.* Aussi Job sçut bien reconnoître dans la malignité du démon même la puissance & la volonté de Dieu ; & selon la remarque de S. Augustin, il ne dit pas dans la perte de tout ce qu'il avoit : Dieu me l'a donné, le démon me l'a ôté : mais, Dieu me l'a donné, & c'est encore Dieu qui me l'a ôté : *Dominus dedit, Dominus abstulit.* Iob. cap. 3.

David fit voir ensuite dans la personne de Semeï qu'il étoit parfaitement instruit de cette verité ; & celuy dont il n'étoit que la figure, je veux dire JESUS-CHRIST le véritable David, le dit clairement à Pilate par ces paroles que nous pouvons dire à tous ceux qui nous affligent en quelque maniere que ce soit : *Vous n'auriez aucune puissance* Ioan. c. 19. *sur moy si Dieu ne vous l'avoit donnée.*

Pourquoy donc si les hommes ne se mettent jamais en colere contre les instrumens de la justice des hommes : Pourquoy si ceux qui ont esté condamnez le plus injustement, ne s'en prennent point à ceux qui executent contre eux ces arrests injustes ; pourquoi, dis-je, nous plaindrons-nous des maux que nos ennemis nous font, puisqu'ils ne font en cela qu'executer l'arrest de Dieu contre nous, qui ne peut être que trés-juste ?

Tâchons donc lorsque quelqu'un nous fait sentir sa mauvaise volonté, de r'entrer aussi-tôt dans nous-mêmes, pour ne regarder que Dieu comme la premiere cause aussi bien de tous nos maux que de tous nos biens. Réveillons en nous cet esprit de foy qui est la vie du juste, comme dit le Saint Esprit : *Justus autem ex fide vivit.* Pratiquons ce qu'a dit un grand Saint, que toute la vertu Chrêtienne consiste en ces deux mots : *In recessu animæ* ; c'est-à-dire, dans la retraite de l'ame en elle-même, qui la met dans une séparation de tout ce qui est humain, des vaines pensées, des vaines craintes, des vains raisonnemens, des vaines précautions, des vaines conjectures, & enfin de tout ce qui nous pourroit empescher d'envisager les choses par l'esprit de la foy, qui nous apprend qu'un cheveu ne tombe pas de nôtre tête sans la permission de Dieu.

<small>Rom. c. 1. 17.</small>

<small>Aug. in Pj. 26.</small>

Elevons nos cœurs en haut comme on nous y exhorte souvent : *Ibi sit mens*, dit Saint Augustin, *& hic erit requies.* Qu*e* nôtre esprit soit dans le ciel, & nous serons en repos sur la terre. Reposons-nous de tout sur la Providence de Dieu, puisqu'il nous assûre qu'il a soin de nous. Qu'avons-nous à craindre ayant un si puissant protecteur, dit Saint Augustin ? Que tous les hommes se bandent s'ils veulent contre moy pour me persécuter. Je n'ay rien à craindre, puisque tout au plus ils cherchent ma mort, & que rien ne peut mourir en moy que ce qui est mortel. Mon ennemy peut bien exercer ses violences sur mon corps, mais il y a quelque chose sur quoy il ne peut étendre son pouvoir, & c'est le lieu où habite mon Dieu : *Ubi habitat Deus meus.* Un Chrêtien ne doit donc rien craindre que de perdre Dieu; car avec Dieu il est plus fort que tout le monde.

II.

Mais après avoir regardé nos ennemis avec cet esprit de foy, qui nous oblige à les considerer comme les instrumens de Dieu; l'humilité ne nous oblige pas moins encore à étouffer dans nous tous nos ressentimens contre ceux qui nous font ou qui nous veulent du mal. Car nous considerant en qualité de pécheurs, nous méritons que toutes les créatures se soulevent contre nous, & qu'elles vengent sur nous les offenses que nous avons commises contre Dieu. C'est l'Ecriture qui assûre elle-même que toute la terre s'élevera un jour contre les méchans, & qu'elle prendra les interests de Dieu contre eux : *Pugnabit* Sap. c. 5. v. 21 *pro eo orbis terrarum contra insensatos.*

En effet tout le ressentiment que nous pouvons avoir contre nos ennemis ne vient que d'orgueil, parce que nous croyons être quelque chose de grand. Si nous nous méprisions véritablement, nous ne serions point choquez de ceux qui nous méprisent. Nous serions au contraire d'accord avec eux.

Quand le néant où nous a reduits le premier péché ne nous persuaderoit pas de cette verité, tant d'autres que nous y avons ajoûtez depuis, ne devroient que trop nous en persuader. Car qui est celuy qui peut penser avec quelque application au mépris qu'il a fait de Dieu en tant de manieres, à l'abus qu'il a fait si souvent de ses graces, à la témerité avec laquelle il a si souvent violé sa loy, sans avoüer en même temps qu'il mérite que Dieu le méprise luy-même, & qu'il le rende un objet de mépris à tous les hommes ?

Mais quand nous serions les plus innocentes créatures du monde, nous ne devrions pas même alors trouver mauvais que les hommes nous humiliassent, & qu'ils nous traitassent mal. La seule qualité de Chrêtien nous engage assez à cela par elle-même, & puisque le Fils de Dieu a dit de luy, qu'il falloit, *oportuit*, qu'il passât par les mépris & les insultes de ses ennemis; ne devons-nous pas reconnoître que si nous voulons être ses disciples, nôtre partage en ce monde sont les peines & les afflictions ? Car que pouvons-nous souffrir que JESUS-CHRIST n'ait souffert ? & lorsque nous jettons les yeux sur la maniere dont il a été traitté des hommes, ne devons-nous pas nous dire ce qu'il a dit luy-même : *Si le bois verd a été traitté de cette sorte, comment le doit être le bois sec ?* Si *in viridi ligno hæc faciunt, in arido quid fiet ?*

Luc. c. 13.

Imitons donc Saint Paulin, qui étant averti par quelques-uns de ses amis, que sa vie trop particuliere & trop humble le rendoit méprisable; leur répondit qu'il prioit Dieu d'éloigner de luy tous ses faux amis, qui vouloient bien qu'il fût Chrétien, mais qu'il ne portât point l'opprobre de JESUS-CHRIST & la confusion de la croix. C'est dans ces pensées que nous devons entrer lorsque nous voyons que les hommes nous traittent mal. Nous devons nous souvenir que ces mauvais traittemens nous sont en quelque sorte devenus nécessaires pour nôtre salut, puisqu'il n'y a point d'autre voye pour aller au ciel que celle de la confusion & de la souffrance. Ainsi recevons avec soûmission d'esprit, & même avec joye, tout ce qui nous arrive de la part de ceux qui ont de la mauvaise volonté contre nous,

& ménageons-le comme une chose infiniment précieuse.

III.

Le troisiéme regard que nous devons avoir pour nos ennemis, est un regard de charité. Car nous la devons à tout le monde, & encore plus aux ennemis qu'aux autres, parce qu'ils sont plus malades, & qu'ils se font plus de mal qu'ils ne nous en font à nous-mêmes. Si nous avons donc quelque ressentiment dans les peines qu'ils nous font, que ce ne soit que pour regretter le tort qu'ils se font plûtôt à eux, & pour en gémir devant Dieu. Pleurons de ce qu'ils font des choses si indignes de leur qualité de Chrétiens. Car c'est en cela qu'un Saint a dit que consistoit une partie de la pieté chrétienne, d'être touché des desordres des hommes, parce que ce sont nos fréres, ou pour mieux dire, nos propres membres.

C'est dans cette vûë que nous devons tâcher de couvrir leurs fautes autant que nous le pouvons, comme nous tâchons de couvrir les nôtres, & rechercher ce qu'il y a de bon & d'estimable dans eux pour les honorer. Car il n'y a gueres de personnes si imparfaites qui n'ayent quelque chose de loüable, & le propre effet de la charité, est de couvrir les défauts en découvrant les vertus qui sont quelquefois cachées sous des imperfections plus apparentes que veritables. C'est pourquoy en les regardant de cette maniere, c'est-à-dire, en couvrant le mal qui est dans eux & non pas en le loüant, nous aurons plus de facilité à leur témoigner toute la douceur & toute l'affection qui leur sera possible.

Tout nôtre but dans ces bons offices dont nous tâcherons de les prévenir, doit être de tâcher de les faire retourner à Dieu qui est nôtre commun pere,

Aug. in Pſ. 30.

Cet homme que vous haïſſez, dit Saint Auguſtin, eſt homme comme vous êtes homme. Il a une ame » comme vous en avez une. Vous êtes tous deux tirez » de la même terre, & animez par le même ſouffle de » Dieu. Pourquoy donc n'aimez-vous pas vôtre fre-» re ? Pourquoy ne vous efforcez-vous pas de le porter » à aimer Dieu ? Si on aime un boufon ſur un theatre, » on deſire que tout le monde l'aime. Plus on ſent de » chaleur pour luy, plus on a d'empreſſement pour le » faire aimer des autres. Que devons-nous donc fai-» re à l'égard de Dieu, lorſque nous l'aimons ? Que » ne tâchons-nous de convertir nos ennemis afin » qu'ils aiment avec nous celuy qui eſt l'unique objet » de nôtre amour ; & qu'ils ſoient compagnons du » même bonheur que nous poſſedons ? Puiſque tous » les maux qu'ils nous peuvent faire, ne peuvent nous » nuire, n'en ayons nul reſſentiment, mais ayons de » la compaſſion pour eux : *Non eos timeamus quia nobis quod diligimus auferre non poſſunt, ſed miſereamur potiùs, ut ad Deum converſi, nos tanquam ſocios tanti boni diligant.*

Quand nous ne conſidererions que la charité que nous nous devons à nous-mêmes, nous devrions aimer nos ennemis, parce qu'ils nous ſervent quelquefois plus que nos amis. Ceux qui nous aiment nous trompent le plus ſouvent par leurs flatteries, & ils nous déguiſent ce que nous ſommes ; au lieu que ceux qui ne nous aiment pas, nous diſent plus librement la verité : *Sicut amici adulantes pervertunt, ſic inimici litigantes plerumque corrigunt.* Ainſi nous ne devons plus aimer ceux qui nous haïſſent, comme étant nos ennemis, mais comme étant nos plus grands amis, puiſqu'ils nous ſont plus utiles que nos amis mêmes.

POUR LE SAMEDY
D'APRE'S LES CENDRES.

Cùm sero factum esset. *Marc. 6.*

Le soir étant venu, le vaisseau où étoient les disciples étoit au milieu de la mer, & JESUS-CHRIST étoit seul sur la terre ferme.

L'EGLISE nous propose aujourd'huy cét Evangile pour nous faire comprendre à l'entrée de ce saint tems du Caresme, quel est l'état où nous sommes pendant cette vie, & à combien d'agitations & de travaux nous serons sujets pendant qu'elle durera. Le plus grand malheur qui puisse nous arriver au milieu de ces tempestes, est de ne les connoître point, & de nous persuader au contraire que nous sommes dans le calme. Ainsi nous verrons,

I. Combien nous devons prier Dieu qu'il ouvre nos yeux pour nous faire comprendre les périls dont nous sommes environnez dans le monde.

II. Combien nous devons soupirer vers JESUS-CHRIST afin qu'il nous en délivre.

III. La confiance que nous devons avoir dans sa misericorde pour nous soûtenir pendant ces agitations & ces tempestes.

I.

Ce que nous avons dit être de plus affligeant pendant les périls où nous sommes exposez à tous momens dans cette vie, est le peu de connoissance &

le peu de sentiment que nous en avons. Le démon qui les suscite de toutes parts nous en ôte en même temps la connoissance, afin que nous périssions sans nous en appercevoir, & que nous croyïons joüir d'un profond calme au milieu de l'orage. *In pace sunt omnia quæ possidet.*

C'est la difference qu'il y a des tempestes visibles de la mer avec les tempestes des ames. Les tempestes visibles se voyent & se sentent. Les Apôtres comprenoient l'état pénible où l'Evangile nous marque qu'ils étoient; mais nous ne comprenons pas celuy où nous sommes. Nous sommes aveugles, dit Saint Augustin. Nous croyons que les vents ne nous sont contraires que lorsqu'il s'éleve des maux & des afflictions dans le monde : & c'est au contraire le plus souvent lorsque tout y est calme, & que tout y est riant, que nous souffrons de plus dangereuses secousses. *Putatis esse ventum contrarium quando est seculi adversitas : quando autem temporali felicitate seculum arridet, quasi non est ventus contrarius.*

Aug. in Matth. ser. 5 1.

Ce qui est encore de plus à plaindre est que sur la mer les tempestes ne sont pas continuelles. Il y a des changemens de temps qui y donnent du relâche. Les vents n'y sont pas toûjours contraires, & lorsque la tempeste est dans sa plus grande violence, c'est alors le plus souvent qu'elle est sur le point d'être suivie du plus grand calme. Mais dans les tempestes intérieures & souvent extérieures que le démon nous suscite, il n'y a point de tréve. Comme sa fureur contre nous ne dort jamais, les efforts aussi qu'il fait pour nous perdre ne finissent point, & c'est, comme nous avons déja dit, lorsque nous croyons que tout est en paix, que souvent l'agitation est plus grande & plus dangereuse. Entrez dans vôtre cœur, dit Saint Augustin, pour comprendre si cela est vray. Que chacun interroge sa conscience, qu'il voye les passions qui le déchirent, & qui l'entraînent presque malgré luy, sans qu'il *s*y puisse resister, comme il arrive souvent que le vent est si grand que nous sommes contraints de céder malgré nous, sans pouvoir resister à sa violence. *Interroga tuam cupidi-*   *Aug. Ibid.* *tatem, vide si non te subvertit ventus interior.*

Nous devrions donc à l'entrée de ce saint temps reformer nos jugemens & avoir une autre idée des choses que nous n'en avons. Nous regardons, par exemple, ce temps du Carême où nous entrons, comme un temps pénible, & plusieurs au contraire étoient assez malheureux pour considerer les jours qui l'ont precedé, comme des jours de divertissemens & de réjoüissance. Cependant c'étoit alors que nous devions le plus gemir, comme c'est en ce temps-cy que nous aurions plus sujet de nous consoler.

De quoy nous sert-il de nous voiler les yeux pour ne pas envisager le péril dans lequel nous sommes ? En est-il moins grand pour ne le pas vouloir voir ? Qui n'admireroit la brutalité des gens qui se trouvant dans le milieu d'une furieuse tempeste, ne penseroient qu'à s'y divertir, afin de s'oster de devant les yeux la pensée de la mort qui les menace & qui leur est toute presente ? On ne voit point cette stupidité & cette insensibilité dans les périls d'une tempeste exterieure. On sçait au contraire que jamais on ne pense plus à Dieu qu'en ce temps-là, & que c'est à luy seul que l'on a recours, parce que l'on ne peut espérer aucun autre secours d'ailleurs : *Deficientibus omnibus consiliis, dimissis humanis omnibus adjutoriis & viribus sola restat nautis intentio deprecandi & voces ad Deum fundendi.* Que ne regardons nous cét état comme une image de celuy où nous sommes continuellement, & qui nous figure l'ardeur avec laquelle nous devrions pousser nos soupirs & nos gemissemens vers Dieu, afin qu'il nous sauve de ce naufrage de nos ames, dont il n'y a que sa misericorde qui nous puisse délivrer ?

II.

C'est ce qui donne entrée dans le second point de cette instruction, qui est le regard & le desir continuel où nous devons estre de JESUS-CHRIST pendant que les tempestes durent. Il a bien voulu pour nôtre consolation souffrir luy-même ces agitations, & comme il l'avoit marqué autrefois par son Prophete Jonas, il a été jetté dans la mer agitée pour sauver le monde de son naufrage. Mais aprés qu'il a été enfermé pendant trois jours dans la terre, comme Jonas dans la baleine, il est maintenant sur la terre ferme, comme il parut à ses Apôtres, & il regarde nos peines avec un œil de compassion.

Ainsi nôtre occupation pendant nos travaux doit être de ne soupirer que vers JESUS-CHRIST, & de ne desirer que luy. C'est de tendre toûjours les bras vers luy, afin que comme il a pris part à nos tempêtes, il nous donne aussi part à son repos. *Tranquillus Deus tranquillat omnia*, dit S. Bernard, *& quietum aspicere, quiescere est.* La tranquillité toute divine qu'il possede nous rend tranquilles nous mesmes, & le regard d'un Dieu paisible nous établit dans la paix.

On peut dire même qu'une des raisons qu'il a en permettant ces tempestes, est de nous élever à luy, & de nous détacher de la terre, où nous serions bien plus en danger de nous attacher, si nous n'y trouvions rien que d'heureux. Car comme le remarquent si souvent les SS. Peres, si lors même que Dieu mêle tant d'amertumes dans nos fausses douceurs, qu'il nous fait si souvent sentir des afflictions dans le monde, qu'il permet que les hommes

Pour le Samedy d'après les Cendres. 43

se soulevent en mille manieres contre nous, & nous persecutent d'une maniere si déraisonnable, nous ne laissons pas neanmoins d'aimer encore le monde, & d'avoir tant de peine à en retirer nostre affection, que seroit-ce si la violence de ces tempestes ne nous obligeoit de temps en temps à penser à Dieu, & à crier vers luy afin qu'il nous en delivre.

C'est pourquoy nous devons benir la misericorde de Dieu qui se sert divinement de ce remede amer pour nous faire retourner à luy, & pour nous empécher de regarder un lieu de passage comme nôtre veritable patrie. Nous serions plus à plaindre si nous n'avions rien à souffrir, & nostre plus grand mal seroit de n'avoir aucun mal. Mais lorsque nous voyons icy nôtre paix traversée en tant de differentes manieres, nous voyons combien cela nous porte naturellement à tendre vers un lieu où nous n'aurons plus rien à craindre. Si un vaisseau avoit du sentiment, combien soupireroit-il vers le rivage, lorsqu'il est agité au milieu des flots ? Ne serions-nous pas aussi insensibles que le bois, si lorsque tant de tempestes nous environnent, nous ne concevions une nouvelle ardeur pour cette terre bienheureuse où nous goûterons une paix stable, qui ne sera plus sujette aux agitations & aux perils.

C'est ce que le venerable Bede nous recommandoit lorsqu'en expliquant cét Evangile, il dit : Efforçons-nous, mes Freres, d'arriver bien-tôt au Ciel comme dans un port tranquille, & gemissons icy de telle sorte vers JESUS-CHRIST qui nous regarde & qui est témoin de nos peines & de nos travaux, qu'après qu'il aura calmé les tempestes, il nous fasse bien-tôt goûter la paix asseurée de nôtre bienheureuse patrie. *Ad quietem patriæ cœlestis quasi ad fidam litoris stationem pervenire conemur, sedatisque* Beda in c. cap. Marc.

tempeſtatibus maris ad terræ ſtabilitatem ſecuritatem-que veniamus.

III.

Ce que nous venons de dire nous met dans noſtre dernier point, où nous ferons voir la confiance que nous devons avoir dans le Sauveur pour nous ſoûtenir pendant la tempeſte. C'eſt luy-même qui nous le commande, & nous voyons dans nôtre Evangile que la premiere parole qu'il dit à ſes Apôtres, c'eſt celle-cy, *Ayez confiance.* Si nous perdions cette confiance, nous ſerions ſemblables à un Pilote qui perdroit le gouvernail au milieu de la tempeſte. La foy que nous devons avoir en JESUS-CHRIST doit nous ſoûtenir de telle ſorte que quand nous verrions toutes les puiſſances de la terre ſoulevées contre nous, comme des flots irritez, nous devrions croire qu'au moindre mot qu'il prononcera, tout deviendra calme, par cette puiſſance ſouveraine qui luy fait fouler la mer ſous ſes pieds. Si cela n'étoit de la ſorte, en quel état l'Egliſe auroit-elle deja été reduite ? ignorons-nous les perſecutions qui ſe ſont ſoulevées contre elle, qui l'auroient indubitablement abiſmée, ſi celuy qui la ſoutenoit n'étoit plus puiſſant que le monde, & s'il n'avoit dit à ſes diſciples : *Vous aurez des peines & des afflictions dans le monde : mais ayez confiance en moy, j'ay vaincu le monde :* IN *mundo preſſuram habebitis : ſed confidite, ego vici mundum.*

Les maux donc que nous ſentons, bien loin de nous abbatre, doivent au contraire relever nôtre confiance. Il y a long-temps que les Chrétiens auroient ceſſé, ſi JESUS-CHRIST n'avoit fait voir en les ſecourant contre leurs ennemis viſibles & inviſibles, qu'il eſt tout puiſſant, & que d'un mot il peut renverſer tout ce qui nuit à ceux

Pour le Samedy d'après les Cendres.

qui le servent. Il nous asseure luy-mesme qu'il regarde du haut du ciel toutes nos peines ; & qu'il n'a les yeux ouverts que pour nous considerer. Il veut voir si nous luy serons fideles. Il veut nous accoûtumer & nous endurcir au travail. Il ne veut pas que nous nous laissions aller à une vie molle. Sa bonté paternelle veut que nous fuyïons la paresse & la negligence, afin que les membres ayent quelque rapport avec leur chef, & que JESUS-CHRIST ayant mené une vie si laborieuse, ceux qui sont à luy ne vivent pas dans les delices.

Preparons-nous donc aux maux, mais ne perdons pas dans ces maux la confiance que nous devons avoir en celuy qui nous en delivrera. Que nos perils, comme dit souvent saint Augustin, nous fassent goûter & aimer de plus en plus celuy qui nous y soûtient & qui nous en tire : *Ipsa pericula dulciorem nobis faciunt liberantem.* Regardons-le comme nous sçavons qu'il nous regarde : & en nous tenant fermement attachez à luy, foulons aux pieds le monde & l'enfer, & méprisons la violence des flots les plus agitez : *Disce calcare seculum, memento fidere in Christo.* Et s'il nous arrive comme à saint Pierre d'être ébranlez dans nôtre foy, & de nous laisser aller à des mouvemens de crainte, crions aussi-tôt comme cét Apôtre : *Seigneur je peris, soutenez-moy.* S I *motus est pes* *tuus, si titubas, si mergi incipis, dic : Domine* in Matth. *perec.*

POUR LE I. DIMANCHE
DE CARESME

Ductus est Jesus à Spiritu in desertum, ut tentaretur à diabolo. *Matthæi* 4.

JESUS fut conduit par l'Esprit dans le desert, pour y estre tenté par le demon.

SI toute la vie du Chrétien doit être une vie de foy selon l'Apôtre, nous pouvons dire que c'est particulierement en ce temps sacré auquel nous entrons, que nous devons prendre une disposition si sainte, & nous conduire par une lumiere si divine.

L'Eglise comme une mere charitable & affectionnée pour le bien de ses enfans, nous propose dés l'entrée de ce sacré jeûne de quarante jours, l'Evangile qui nous represente JESUS-CHRIST dans le desert jeûnant durant l'espace du même temps ; pour nous animer par un si grand exemple à un exercice si saint & si salutaire ; en nous faisant voir que comme son jeûne a été le modele du nôtre, le nôtre aussi doit être une imitation quoy que foible & imparfaite du sien.

Car y ayant une liaison merveilleuse selon l'Ecriture, & saint Augustin, entre JESUS-CHRIST & l'Eglise, l'Epoux & l'Epouse, le chef & les membres : il faut aussi que comme le chef étant infini-

Pour le I. Dim. de Caresme. ÉVANG.   47

ment saint par luy-même, n'a travaillé dans toutes les actions de sa vie, que pour la sanctification des membres, les membres aussi travaillent sans cesse pour se conformer en tout ce qu'ils pourront à la sainteté du chef, selon cette parole de l'Ecriture rapportée par l'Apôtre S. Pierre: *Sancti estote,* *quoniam ego Sanctus sum* : SOYEZ Saints, parce que je suis Saint. 1. Petr. c. 1. v. 15.

Mais comme tout ce jeûne de quarante jours serviroit peu de soy-même, s'il n'étoit accompagné de toutes les autres circonstances qui doivent le rendre agreable aux yeux de Dieu ; l'Église aussi nous propose dans ce même Evangile ce que nous devons faire pour le sanctifier, & pour rendre nôtre jeûne vraiment conforme à celuy de JESUS-CHRIST.

C'est pourquoy nous y remarquerons,

I. Comment le Sauveur se retirant dans le desert pour y jeûner, nous donne en même temps un parfait modele de la vie Chrétienne ; comment il nous apprend que cette vie est une vie de combat, & qu'il faut se retirer du monde autant qu'il nous est possible pour pouvoir combatre.

II. Nous verrons le grand sujet de confiance que nous avons, en ce que le Sauveur a bien voulu luy-même étre tenté, & en même tems l'artifice secret & caché avec lequel le demon le tente, qui est l'image de la maniere en laquelle il tente les gens de bien.

III. Enfin nous verrons par l'exemple de JESUS-CHRIST même en ce combat, tout ce que nous devons faire pour resister à toutes les tentations de nôtre ennemy.

Instructions Chrestiennes.

I.

Comme il est certain que le Sauveur n'a fait toutes les actions de sa vie que pour nous regler dans les nôtres, & pour nous instruire encore plus par son exemple que par ses paroles : nous devons considerer avec grand soin toutes les circonstances qui les accompagnent, pour bien remarquer le dessein qu'il a eu, & l'instruction qu'il nous a voulu donner lorsqu'il les a faites. C'est pourquoy l'Eglise nous proposant aujourd'huy cette retraite du Fils de Dieu dans le desert, nous devons faire une attention particuliere sur le temps auquel il y est entré.

Car nous apprenons de l'Evangile, que ce fut aussi-tost aprés son baptême qu'il se retira de la sorte : pour nous montrer que comme il n'a receu indubitablement le baptême qu'à cause de nous, n'ayant pas besoin de se purifier luy qui étoit la pureté même, il ne s'est aussi retiré que pour nous apprendre combien nous devons aimer la retraite & la separation du monde. Mais cette circonstance de son baptême qui l'a precedée est d'autant plus à considerer, qu'elle nous fait voir clairement, qu'il a voulu apprendre aux Chrétiens, qu'aussi-tost qu'ils ont receu le baptême ils se doivent considerer, par cette qualité même qu'ils portent de disciples & d'enfans de JESUS-CHRIST, par ce renoncement qu'ils ont fait au monde & à toutes ses pompes, & par cette vie nouvelle de l'homme nouveau & celeste à laquelle ils se sont engagez, ils se doivent, dis-je, considerer comme obligez à se retirer sans cesse du commerce des hommes, & de tous les biens de la terre, pour ne s'attacher qu'à la recherche de Dieu & des biens du Ciel.

Et cette obligation n'est pas seulement fondée ou
sur

sur l'exemple de Jesus-Christ, ou sur les promesses qu'on a faites à Dieu dans le batême : mais encore sur la foiblesse & la langueur qui demeure dans l'ame, après même qu'elle a receu la grace & l'innocence par le saint Batême. Car encore qu'il soit vray que nous renaissons alors en Jesus-Christ, & que nous devenons en luy une nouvelle creature : neanmoins comme la concupiscence qui est la source de tous les pechez demeure toûjours en nous, après même que tous les pechez ont été effacez par ce Sacrement, elle entretient toûjours dans nous une langueur, qui nous fera retomber dans nôtre premier déreglement, si nous n'avons soin d'éviter tout ce qui peut la fortifier, & donner au démon cette ouverture qu'il cherche, pour r'entrer dans l'ame d'où il a été chassé.

C'est ce que S. Augustin nous aprend, lorsqu'il dit parlant du Batême : *Nunquid quia deleta est iniquitas, ideo ablata est infirmitas ?* Dieu ôte-t-il de l'ame toute la foiblesse par le batême, encore qu'il soit vray qu'il efface tous les pechez ? Et ensuite il explique au long comment l'ame demeure toûjours languissante & a besoin de remedes continuels, je dis dans l'innocence même, pour s'empêcher de retomber dans cette maladie mortelle, & pour se guerir peu à peu, jusqu'à ce qu'elle reçoive la plenitude & la perfection de la santé dans l'autre vie.

Aug. de verb. Apost. ser. 6. c. 9.

Que si la retraite a été ainsi jugée necessaire à ceux mêmes qui avoient receu tant des graces, & une si grande force pour se soutenir parmy les perils ausquels ils pouvoient être exposez dans le monde : que devons-nous dire de ceux qui ont perdu tous ces grands dons, & qui sont tombez dans une foiblesse aussi extrême, que leur chute d'un état si saint

Tome II.   D

& si relevé est selon l'Evangile, terrible & épouventable? *Erit ruina domûs illius magna.* Cette maison du Chrétien fondée sur la grace & sur l'innocence du batême, ne peut tomber de cét état par les crimes que l'on commet ensuite, que par une chûte, & par une ruine entiere.

Si nous considerons le peu de sentiment qu'ont les hommes de cette perte & de ce violement de leur batême, il nous semblera que cette verité soit une fable. Mais c'est en cette rencontre que nous devons écouter cét oracle du Fils de Dieu : *Ne jugez point selon l'aparence, mais portez un jugement juste de toutes choses.* Quel est ce jugement juste, dit saint Bernard ? *Justum judicium est judicium fidei, quia justus ex fide vivit.* Le jugement juste c'est le jugement de la foy, parce que le juste vit de la foy.

Il est donc constant selon la parole de la verité même, que la chûte aprés le batême est épouventable : Dieu-même nous l'assûre, quoy que les hommes ne le croyent pas. Mais il est aisé que les hommes qui ne sont que tenebres & que mensonge, ne croyent pas ce qui est veritable : au lieu qu'il est impossible que la verité même ne soit pas veritable. Cette ruïne de l'ame déchûë de la grace du batême est indubitablement trés-grande, & dans la plûpart des hommes elle se trouve multipliée en un grand nombre de chûtes & de rechûtes, de pechez sur pechez, & de playes sur playes, qui ont reduit l'ame dans le dernier degré de l'abbatement & de la langueur.

C'est pourquoy le Fils de Dieu entrant dans le desert aussi-tôt aprés son batême, nous a monté que tous les batisez qui sont vraiment touchez de la grace qu'ils ont reçûë, doivent chercher la

Joan. 7.
Bern. in Cant. serm. 18.

retraite pour la conserver, & se separer du monde autant qu'ils peuvent : Combien plus le doivent faire ceux qui ont reçû tant de playes mortelles, & qui s'étant perdus tant de fois dans le commerce & la corruption du monde, doivent le haïr, d'autant plus, qu'ils le reconnoissent par une malheureuse & funeste experience, pour l'ennemy de Dieu, & pour l'empoisonneur & l'homicide des ames ?

Quoy si vous avez une maladie ou une blessûre qui paroisse dangereuse, vous vous bannissez aussitôt volontairement de toutes les compagnies du monde, vous vous retirez dans vôtre chambre, & vous vous tenez dans un lit. Vous avez l'esprit tout occupé & tout possedé de vôtre mal. Vous ne pensez qu'à y apporter quelque remede. Et lorsqu'il s'agit du salut de vôtre ame, & de guerir des playes si profondes, vous croirez le pouvoir faire en vivant dans les compagnies comme auparavant, au milieu des troubles & des tumultes du siecle.

Comment seroit-il possible que les innocens fussent obligez à se retirer, & que les coupables ne le fussent pas ? Qu'on demeurât foible aprés la force même qu'on a reçûë dans le batême, comme nous le venons de voir par saint Augustin, & que cette foiblesse nous obligeât à nous retirer autant qu'il nous seroit possible ; & qu'on demeurât tellement fort aprés les playes mortelles que le peché a faites dans nos ames, qu'on pût subsister au milieu du monde, où régne ce même ennemy qui nous a blessez ? C'est pourquoy une des plus grandes marques qu'une ame est vraiment touchée de Dieu, & qu'elle a un regret sincere de sa vie passée, c'est lorsqu'elle aime à se retirer.

Et nous pouvons dire aujourd'huy en l'honneur

de cette retraite du Sauveur, qu'un des plus grands regrets qui demeurera à l'ame à l'heure de sa mort, sera de ne s'être pas assez retirée durant sa vie pour fuïr le monde, & pour ne s'unir qu'à Dieu seul. Cela sera d'autant plus vray, que toute la liaison qu'elle avoit avec le monde, étant alors rompuë en un moment, elle se verra obligée de paroître devant Dieu dans une effroyable solitude, n'étant accompagnée d'aucun de ses plus proches, & de ceux qu'elle avoit le plus aimez, & étant abandonnée de ce corps même qu'elle laisse aux vers & à la terre, & pour lequel elle a si souvent abandonné Dieu.

C'est pourquoy nous devrions aimer & rechercher sans cesse la retraite, pour nous preparer à cette derniere solitude de la mort, en portant gravées dans nostre cœur ces paroles excellentes du Roy Prophete : *Singulariter sum ego, donec transeam.* Je me tiens toûjours seul durant ma vie, en attendant ce passage effroyable de l'heure de la mort, dans lequel je me trouveray tout seul.

Psal. 140.

Que si vous desirez alors d'avoir quelque compagnie, joignez à vostre retraite les bonnes œuvres; puisqu'il n'y a qu'elles seules qui vous accompagneront, selon la parole de l'Ecriture : *Opera enim illorum sequuntur illos.*

Apoc. c. 20.

C'est dans cette vûë que les riches devroient faire aux pauvres de grandes aumônes, & ne se mettre pas tant en peine de ceux à qui ils doivent laisser leur bien aprés leur mort, que de ceux à qui ils le doivent donner durant leur vie, afin qu'il les suive par le merite de leur charité, & les accompagne à cette heure épouvantable, lorsqu'ils seront abandonnez de tout le monde, & qu'ils seront obligez de paroître devant un Juge qui les jugera sur l'administration de leur bien, non par les regles que les hommes ont inventées, mais par celles qu'il leur a prescrites dans son Evangile.

Cette retraite de Jesus-Christ est encore plus particulierement le modele des Ecclesiastiques, & de ceux qui doivent entrer dans le ministere du sacerdoce & dans les charges de l'Eglise. Car Jesus-Christ s'est ainsi retiré, pour se disposer à la prédication qu'il devoit faire ensuite, pour laquelle il étoit venu au monde. Ce qui montre à ceux qui aprés avoir perdu la grace du batême entrent dans les sacrez Ordres, combien ils doivent se purifier auparavant par la retraite & la penitence, puisque les simples Fideles qui sont encore dans cette premiere innocence, doivent eux-mêmes rechercher la retraite & la penitence pour les raisons qu'on vient de voir.

II.

Jesus-Christ nous ayant montré que le jeûne doit être accompagné de retraite, il nous fait voir aussi-tost que cette retraite sera sans doute accompagnée de tentation. Et si cela nous paroist d'abord étrange, parce qu'il pourroit sembler que l'effet du jeûne & de la retraite seroit de nous exempter de toutes les tentations: nous devons au contraire reconnoître en cela même combien ces exercices sont saints & salutaires; puisqu'ils nous mettent en état tout ensemble, & d'être combatus par le demon, & de le vaincre dans ce combat.

Car les personnes du monde qui vivent par l'esprit du monde, ne sentent aucune tentation ny aucun combat, parce qu'elles sont déja vaincuës. Un Roy qui vient avec une armée, n'assiege point les villes qu'il possede déja. Ainsi le demon assiege & tente les gens de bien, comme des ennemis qui le combattent. Mais il regne en paix dans ceux qui vivent par l'esprit du monde dont il est le Prince, comme dans des esclaves qui luy sont soûmis. C'est donc déja une grande grace que de commencer à ressentir la guerre qu'il nous fait, & à combattre; parce que si on persevere, on demeurera sans doute victorieux.

Et cecy est d'autant plus vray que JESUS-CHRIST même n'a permis au démon de le tenter, qu'afin de le vaincre, & de nous le donner tout vaincu, & lié de chaînes, comme un geant qui étant terrassé & enchaîné de la sorte, pût être foulé aux pieds par les foibles. *Il a été tenté*, dit Saint Jerôme, *pour vaincre le démon, & ensuite le faire fouler aux pieds de ses disciples.* UT *diabolum vinceret, & discipulis conculcandum traderet.* Voilà un grand sujet de confiance, & qui doit bien consoler ces ames qui se découragent aisément, qui s'inquietent trop de leurs fautes, qui s'étonnent des tentations dont le démon les attaque, & qui s'abbattent sans cesse de ce qu'elles n'avancent pas dans la vertu. Et quoy que cela semble d'abord une perfection, on peut dire neanmoins que souvent cette tentation est pire que leurs autres tentations qui leur font peine, parce qu'elle est plus subtile & plus couverte des apparences de la vraye vertu. Ces ames donc ont besoin de deux choses : 1. qu'on leur fasse voir leur mal : 2. qu'on y apporte du remede & qu'on les console. Car en effet le fond du cœur est à Dieu. Mais elles se trompent en ce qu'elles s'imaginent que les fautes legeres dans lesquelles elles tombent, les doivent étonner. Elles ne considerent pas que le Sage dit : Que le juste tombe sept fois le jour ; Que les Apôtres nous assûrent qu'ils commettoient eux-mêmes beaucoup de fautes, *in multis offendi-*

Hieron. in Matth.

vus omnes, & que le Prêtre quelque saint qu'il soit, dit à Dieu à l'Autel: *Qu'il offre le sacrifice pour ses pechez innombrables.* Ce qui nous montre que ce seroit une grande présomption à nous, de vouloir tout d'un coup devenir plus saints que les Saints mêmes.

Secondement, ces ames se trompent en ce qu'elles s'imaginent que ce soit une vertu & une humilité que de perdre la confiance, & de s'abbattre ainsi dans ses fautes. La vraye vertu porte toûjours la paix avec soy, puisqu'elle est l'effet de la grace, dont la paix est inséparable, selon Saint Paul, *Gratia vobis & pax*. La vraye humilité n'inquiete jamais. Elle ôte plûtôt l'inquietude, & calme les ames dans leurs plus grands troubles. Ainsi ce n'est point une humilité, mais une pusillanimité qui naît d'amour propre, & d'un orgueil secret, qui fait que nous ne pouvons souffrir d'être tentez ny de ressentir nôtre misere.

Comme donc c'est un manque d'humilité que de ne pouvoir souffrir les fautes & les foiblesses des autres; c'est aussi un manque d'humilité, que de ne pouvoir souffrir les nôtres. Et ce qui montre encore que cet abbatement ne vient point d'humilité, c'est que la vraye humilité est toûjours parfaitement soumise & obéïssante, au lieu que ces personnes ont grande peine à se soumettre, s'imaginant toûjours qu'on ne les connoît pas, & qu'elles sont beaucoup plus coupables qu'on ne le croit. Elles ne peuvent presque se resoudre pour cette raison, d'approcher des Sacremens, dont elles se croyent trop indignes. Ainsi ce sont des malades qui croyent mieux connoître leur mal que leur medecin, & qui veulent conduire ceux qui les conduisent.

On ne peut ne pas admirer comment ces ames ne s'apperçoivent point du piege que le demon leur tend par la perte de confiance & par ces inquietudes dans lesquelles il les entretient, en considerant qu'elles les portent insensiblement à la défiance, & sinon à perdre tout-à-fait, au moins à affoiblir extrémement l'esperance qu'elles doivent avoir en Dieu. Car la foy n'est pas plus essentielle à la religion que l'esperance; & comme on ne peut être sauvé sans la foy, aussi c'est par l'esperance que nous sommes sauvez, selon saint Paul : *Spe salvi facti sumus*.

Rom. cap. 5.

Si donc vous considerez comme un blaspheme le moindre doute contre la foy, & si vous auriez horreur de la moindre pensée qui vous viendroit, par exemple que JESUS-CHRIST ne fût pas vrayment present dans l'Eucharistie, comment n'avez-vous point horreur de tout ce qui s'oppose à l'esperance que vous devez avoir en Dieu, & d'être dans un état que vous dites vous-mêmes apprehender, qu'il ne vous porte à l'heure de la mort jusqu'à perdre l'esperance, c'est à-dire dans le plus grand & le plus detestable de tous les crimes. Car le desespoir de Judas a été un plus grand crime que sa trahison; puisque c'est le desespoir proprement qui l'a perdu, au lieu que l'esperance de JESUS-CHRIST a sauvé ceux-mêmes qui l'avoient crucifié. C'est pourquoy il ne faut pas s'étonner si sainte Therese dit que le demon a perdu un grand nombre d'ames par cette pusillanimité & par ce trouble.

Pour remedier à un si grand mal, ces ames 1. doivent se consoler en ce que Dieu leur a donné une crainte particuliere de l'offenser, & un grand soin de leur salut; ce qui est en effet une bonne chose. Mais il s'agit de la bien regler, parce que tout ce que nous venons de dire, fait bien voir que leur état est dangereux dans ses suites, mais non pas qu'il soit mauvais en elles, parce qu'elles souffrent plûtôt le mal qui s'y trouve qu'elles ne le commettent. Seulement elles doivent s'étudier à être vrayment humbles, en croyant le conseil qu'on leur donne, & en ne se conduisant point par leur propre esprit.

2. Elles doivent considerer qu'elles s'inquietent par une imagination très-fausse, en croyant que Dieu ne les assistera pas de sa grace dans leurs tentations, à cause de leurs pechez journaliers; puisqu'il s'ensuivroit qu'il ne l'auroit pas dû donner à tous les Saints qui commettoient tous les jours quantité de fautes qui pouvoient passer pour d'autant plus grandes, qu'ils avoient plus de force pour les éviter.

III.

Il nous reste maintenant à considerer comment nous devons vaincre le démon à l'exemple du Fils de Dieu dans cet Evangile. Le premier moyen qu'il nous enseigne, c'est d'avoir comme luy une ferme foy en Dieu, en attendant qu'il nous soulage luy-même dans nos besoins. On le voit dans l'Evangile. Il est marqué qu'aussi-tôt que JESUS-CHRIST eut repoussé ces tentations du démon, les Anges vinrent luy apporter eux-mêmes ce qui luy étoit necessaire. Ainsi nous devons croire que les Anges descendroient plûtôt visiblement du ciel, comme ils ont fait en faveur de JESUS-CHRIST & de plusieurs Saints, que de laisser perir dans la necessité ceux qui n'esperent qu'en Dieu seul.

Et cecy nous donne une grande instruction, pour nous apprendre que pour quelque necessité que ce puisse être, pour quelque specieux pretexte qu'on se puisse feindre, il n'est jamais permis de se retirer tant soit peu de l'ordre de Dieu. Car s'il y eut jamais une necessité légitime de faire une chose qui n'est pas mauvaise de soy-même, comme un miracle à celuy qui en a le don; c'est celle-cy, puisque JESUS-CHRIST étoit dans un extrême besoin, & que le démon ne luy proposoit point quelque viande délicate, mais du pain seulement pour remedier à cette pressante necessité. Et cependant il ne le fait pas, pour nous apprendre, dit Saint Augustin, que nous devons être tellement maîtres de tous nos desirs, que nous ne cedions pas à l'extrémité même de la faim; *ut nec fami cedatur*.

Et les ames saintes doivent bien considérer cette verité, pour ne recevoir jamais en quelque necessité qu'elles puissent être, aucun bien qu'on leur puisse presenter, si elles ne reconnoissent par la qualité du bien, par les circonstances & la disposition de la personne, que c'est Dieu même qui le leur envoye. Car autrement s'il y a la moindre chose qui ne soit pas selon Dieu en le recevant, elles le doivent rejetter de tout leur cœur, & s'exposer plûtost mille fois à mourir de faim, que de le recevoir; puisque comme elles aimeroient mieux mourir que de blesser en rien la chasteté, elles doivent faire la même chose pour ne point blesser la pauvreté vrayment Chrêtienne & Evangelique.

Et ce qui les doit fortifier dans cette résolution, est que ce n'est point pour l'ordinaire dans ces besoins extrêmes qui n'arrivent presque jamais, qu'on reçoit ainsi du bien que l'on ne devroit pas recevoir; mais c'est le plus souvent pour de fausses necessitez que nôtre vanité secrete nous represente, pour paroître plus que nous ne devrions, dans les choses qui ne sont ny necessaires, ny même proportionnées

Pour le I. Dim. de Caresme. EVANG.

à l'état humble & pauvre que nous avons embrassé.

2. JESUS-CHRIST n'oppose icy au démon que les simples paroles de l'Ecriture, ne luy ayant dit aucune parole de luy-même, mais luy en ayant cité trois du vieux Testament, pour nous apprendre, dit S. Chrysostome, qu'il ne faut point raisonner dans les tentations, ny dans les veritez de Dieu, mais demeurer ferme sur l'immobilité de sa parole.

Le troisiéme moyen de vaincre de démon, c'est la priere continuelle, à l'imitation du Sauveur, qui a passé ces quarante jours dans la priere, pour nous apprendre qu'elle doit être toûjours jointe à la retraite & au jeûne. Car ayant trois sortes d'ennemis, les uns hors de nous, les autres dans nôtre corps, & les troisiémes dans nôtre ame; la separation nous défend des premiers, qui sont les hommes dont la compagnie nous est dangereuse; le jeûne nous preserve des seconds, qui sont les liens du corps & des sens; & la priere nous preserve des troisiémes, qui sont les passions secrettes & imperceptibles de l'ame. C'est pourquoy nous devons rappeller les deux premiers exercices à ce troisiéme, aimant la retraite & le jeûne, afin de pouvoir nous unir à Dieu par la priere.

Aussi Saint Bernard montre excellemment comment ces vertus sont liées & comme enchaînées les unes avec les autres : *La premiere*, dit-il, *obtient de Dieu la vertu de jeûner, & le jeûne obtient de Dieu la grace de prier.* ORATIO *virtutem impetrat jejunandi, & jejunium gratiam promeretur orandi.* Il faut donc joindre ces choses ensemble, puis qu'ainsi qu'ajoûte le même Pere : *Le jeûne fortifie la priere, & la priere sanctifie le jeûne.* Afin donc que nôtre priere soit reçûë de Dieu, il faut qu'elle soit accompagnée premierement de foy, & en second lieu de confiance. La foy nous apprend à connoître les

Bern. de div. serm. 27.

perils qui nous environnent, les ennemis qui nous menacent, & l'impuissance dans laquelle nous sommes de leur resister.

Car qui osera se croire en seureté dans cette vie, puisque nous apprenons par l'Evangile de ce jour, que ceux mêmes qui sont dans la retraite, dans les jeûnes & dans la priere, ne laissent pas d'ère tentez par le démon ; & que s'il n'a pas épargné le chef même de l'Eglise, il n'a garde d'épargner ses membres ? Il faut donc que nôtre priere soit accompagnée de cette foy, afin que reconnoissant la force de ceux qui nous combattent, nous ayons recours à la grace toute puissante de nôtre Sauveur. Car comme dit trésbien S. Augustin : *La grandeur même du peril où nous nous voyons, nous fait aimer davantage cette main souveraine qui nous en délivre*: IPSA *pericula nostra dulciorem nobis faciunt liberantem.*

Aug. in Psal. 30.

Travaillons donc à entrer par nôtre jeûne dans la dévotion de toute l'Eglise. Car elle s'unit maintenant en corps, pour obtenir par son abstinence & par sa penitence durant ces saints jours, une misericorde & une grace de Dieu, qui puisse expier toutes les fautes que nous avons commises en toute l'année. Que si nous considerions bien quel est le jeûne qui se fait aujourd'huy, au prix de celuy que toute l'Eglise a pratiqué durant plus de douze siecles, nous rougirions sans doute de nous voir si lâches dans un exercice si saint & si salutaire.

Car je ne parle point icy maintenant de tant de personnes qui ne s'abstiennent pas seulement durant ce saint temps des viandes défenduës, ou qui se contentant de s'en abstenir, ne se mettent nullement en peine de jeûner. Ces personnes ne meritent pas qu'on se souvienne seulement d'eux lorsque l'on parle de Dieu, puisqu'ils témoignent ne se plus souvenir de luy, & avoir entierement oublié leur salut. Car comment pourroient-ils être touchez par la parole d'un particulier, si toute l'Eglise en corps ne les émeut pas, lorsqu'elle leur parle en ce saint temps par la voix de ses actions, & par l'exemple de sa penitence & de son jeûne.

Je parle même de ceux qui jeûnent plus exactement; & je dis que si nous comparions le jeûne qui se pratique aujourd'huy, avec celuy qui se pratiquoit encore dans le douziéme siécle au temps de Saint Bernard, nous rougirions de nôtre lâcheté & de nôtre foiblesse, en considérant que les playes du peché n'étant pas moindres aujourd'huy qu'elles étoient alors, nous sommes neanmoins si éloignez d'employer aujourd'huy pour les guerir, les remedes qu'ils employoient de leur temps.

Car nous voyons que Saint Bernard parlant à ses Religieux dans un sermon qu'il fait à l'entrée du Carême, leur dit que jusqu'alors ils avoient jeûné seuls jusqu'à None; mais que desormais les Rois & les Princes, le Clergé & le peuple, les riches & les pauvres, jeûneront jusqu'à Vespres aussi bien qu'eux : *Hactenus usque ad nonam jejunavimus soli, nunc usque ad Vesperam jejunabunt nobiscum pariter universi Reges & Principes, Clerus & populus, simul in unum dives & pauper.* Aprés cela jugeons quelle estime nous devons faire de nôtre jeûne, si du temps de Saint Bernard les Rois mêmes, les Princes, & les Grands du monde, jeûnoient le Carême beaucoup plus austerement que ne font aujourd'huy les personnes religieuses?

POUR LE I. DIMANCHE
DE CARESME.

Hortamur vos, ne in vacuum gratiam Dei recipiatis, 2. *Corinth.* 6.

Nous vous exhortons de ne pas recevoir en vain la grace de Dieu.

Cecy est tiré de S. Chryfost.

SAINT Paul representant aux Chrétiens les graces que Dieu leur a faites, & craignant que cette vûë ne les jettât dans la paresse, il les étonne par ces paroles : *Ne recevez point*, dit-il, *la grace de Dieu en vain*. Ne vous relâchez point, parce que Dieu est bon. Plus il use de misericorde envers vous, plus efforcez-vous de luy plaire. N'abusez pas de ses graces : Ne les recevez pas en vain. C'est ce qu'il dit ailleurs : *La charité de Dieu nous presse*. Nous craignons qu'après tant de marques que nous avons de son amour, nous ne tombions dans la paresse : que nous ne fassions rien qui soit digne d'un Dieu qui nous aime tant ; & qu'au lieu d'espérer de luy de nouvelles graces, il ne punisse trés-severement l'abus que nous aurons fait de celles que nous avons déja reçûës.

Voicy maintenant le temps favorable, voicy maintenant le jour du salut. Ne perdons pas inutilement un temps si heureux, & vivons de telle sorte que nôtre ferveur réponde à la grace que nous recevons. Soyons sensibles à la bonté de Dieu. Il pouvoit exiger cela de nous fans nous faire des prieres. Aprés nous avoir rachetez comme des efclaves par le fang de fon Fils unique, il avoit droit de nous commander abfolument tout ce qui luy plaît. Nous autres, dit S. Paul, qui fommes fes miniftres & fes cooperateurs, nous nous contentons de même de vous exhorter en fon nom, & de vous prier de recevoir un prefent que l'on vous offre. *Ne recevez pas en vain la grace de Dieu.*

Celuy-là reçoit la grace de Dieu en vain, qui aprés s'être purifiez de fes pechez, les commet encore. Toutes les graces de Dieu nous font devenuës inutiles quand nous rendons nôtre vie impure. Elles font même par une jufte punition, que Dieu vengeant nôtre ingratitude, nous fommes pires aprés l'abus de fes graces; & qu'aprés le mépris de la verité que nous connoiffions, nous nous plongeons de plus en plus dans le péché. Saint Paul n'ofe le dire clairement de peur de trop étonner ce peuple. Il fe contente de l'exhorter de ne pas recevoir en vain la grace de Dieu.

Le temps favorable, dont il parle, eft ce temps de grace où nous pouvons obtenir le pardon de nos pechez, & acquerir la fanctification de nos ames. Nous devrions acheter ce temps par de grands travaux, & le chercher avec beaucoup de peines. Et il s'offre au contraire à nous fans que nous y ayons penfé, pour nous apporter la remiffion de nos fautes. Ne laiffons point perdre une occafion fi précieufe. Reglons nôtre vie pendant que nous le pouvons. *Nous vous exhortons de ne pas recevoir la grace de Dieu en vain.*

Ne donnons à perfonne aucun fujet de fe bleffer, afin que nôtre miniftere ne foit point deshonoré. La marque la plus excellente d'une vie sans tache, selon S. Paul est de ne donner à personne aucun sujet de se blesser. Il explique ensuite en particulier, par quels degrez les Chrétiens peuvent venir à ce haut degré de vertu.

Par une grande patience. Cette vertu est par tout marquée en tête ; parce qu'elle est le fondement des autres vertus. Saint Paul veut que cette patience soit *grande*. Ce n'est point avoir cette patience, que de souffrir seulement une ou deux incommoditez, & de ne point souffrir les autres. C'est pour ce sujet que ce saint Apôtre rapporte comme une foule de maux, qui tous ensemble sont comme l'exercice de la patience.

Dans les playes, dans les prisons, dans les seditions. Chacun de ces maux en particulier seroit trés-penible à supporter. Les foüets, ou les chaînes, ou les seditions sont des maux presqu'insupportables. Lors donc qu'ils viennent fondre ensemble sur une même personne, il faut une grande force pour ne point se laisser abattre.

Dans les travaux, dans les veilles, dans les jeûnes, dans la chasteté. Saint Paul outre les maux qu'il souffroit par une violence étrangere, marque encore ceux qu'il s'imposoit volontairement luy-même. Ce mot de *travaux* enferme toutes les fatigues qu'il enduroit, lorsqu'il couroit de ville en ville pour y annoncer la foy, qu'il travailloit de ses mains pour se nourrir, & qu'il passoit les nuits entieres, ou à instruire les Chrétiens, ou à gagner dequoy vivre. Ces travaux étoient d'autant plus penibles, que ce saint homme n'interrompoit point pour cela ses jeûnes, quoy que mille jeûnes fussent moins considerables que ce qu'il faisoit. Il entend par la *chasteté*, ou la pureté du corps, ou la sincerité cérité dans ses actions, ou son desinteressement dans la prédication de l'Evangile.

Dans une longue attente, dans la douceur, dans le saint Esprit. La douceur est le caractere d'une ame vrayment Chrétienne, qui étant comme irritée de toutes parts, souffre neanmoins tout sans se plaindre & sans rien perdre de sa paix. Mais cette douceur aussi bien que toutes les autres vertus, doit avoir son principe & sa source dans le *Saint Esprit*, que l'Apôtre nomme ensuite de tout ce qu'il vient de rapporter. Il prouve icy la verité de sa mission & de son apostolat par l'abondance du Saint Esprit qu'il possedoit; mais il marque en même temps que c'étoit par ses grands travaux & par tant de souffrances, qu'il attiroit & qu'il entretenoit le Saint Esprit dans son cœur.

Dans une charité non feinte. C'étoit cette charité qui étoit comme la mere feconde de tous les autres biens que cet Apôtre possedoit. C'est elle qui l'a rendu aussi grand qu'il a été, & qui attiroit en luy la plenitude du Saint Esprit, avec le secours duquel il n'y avoit rien qu'il ne pût trés-facilement acquerir.

Dans la parole de la verité. Saint Paul a soin en plusieurs endroits de ses Epîtres, de marquer qu'il n'a point alteré ny falsifié la parole de Dieu, & qu'il l'a prêchée sans déguisement.

Dans la force de Dieu. L'Apôtre fait icy ce qu'il fait par tout ailleurs. Il rapporte à Dieu seul & à sa toute-puissance tout ce qu'il a fait. Comme il avoit dit plusieurs choses qui pouvoient paroître luy être trés-avantageuses, il a soin de s'humilier aussi-tôt, & d'en attribuer toute la gloire à Dieu, à la *force* duquel il confesse être redevable de tout le bien qu'il a fait, & de tout le mal qu'il a enduré.

Par les armes de justice à droit & à gauche. Qui peut comprendre le courage de ce grand Apôtre? Il regardoit les afflictions comme des *armes*. Bien loin de s'en laisser abbattre, il s'en servoit pour en devenir plus fort.

Par la gloire & par l'infamie ; par la bonne ou la mauvaise reputation. La gloire que nous rendent les hommes, dit Saint Paul, nous est aussi un exercice de vertu. Il est glorieux de pouvoir souffrir le mépris & les opprobres sans s'abbatre. Mais il faut bien plus de force, pour ne point s'élever des loüanges & de l'estime que l'on fait de nous. C'est pourquoy Saint Paul se glorifie autant de la bonne que de la mauvaise reputation ; parce qu'il se servoit autant de l'une que de l'autre, pour faire croître sa vertu. Et comment peut-on dire que la gloire que les hommes rendent à la pieté devienne une *arme*, sinon parce qu'elle excite les disciples, & que l'honneur qu'ils voyent qu'on rend à leurs maîtres, les anime au bien ? Dieu pour établir l'Evangile se servoit de deux choses opposées. Lorsque Saint Paul étoit dans le mépris & dans les chaînes, ces chaînes contribuoient à l'avancement de la prédication : *Ce qui m'est arrivé*, dit-il en parlant de ses liens, *a servi à l'affermissement de l'Evangile, & mes chaînes ont rempli plusieurs d'une telle assurance, qu'ils annoncent la parole de Dieu sans aucune crainte.* Lorsqu'il étoit dans l'estime & dans la gloire, sa gloire animoit tous les Fidéles à la vertu : ainsi il servoit Dieu veritablement par l'infamie & par la gloire. Il souffroit non seulement les maux du corps, mais encore les médisances dont il étoit noirci par ses ennemis. Car il faut remarquer que les impostures dont on nous deshonore, font souvent plus d'impression sur nous, que les mauvais

Pour le I. Dim. de Caresme. EPÎTRE.

traittemens qui n'affligent que le corps.

 Le Prophete Jeremie aprés avoir souffert tant de persecutions & tant de violences dans sa chair, avoüe qu'il perd courage, & qu'il est abbatu sous le poids des peines qu'il souffre dans son esprit, en voyant les calomnies dont on le deshonoroit. La douleur profonde qu'il en ressent l'oblige de s'écrier : *Je ne prophetizeray plus, & je ne diray plus rien de la part de Dieu.* David en plusieurs endroits témoigne être sensiblement touché de ces médisances. Isaïe de même aprés avoir exhorté les hommes à souffrir plusieurs maux qu'il rapporte, dit ensuite : Ne craignez point les opprobres des hommes, & ne soyez point touchez de leurs calomnies.

 C'est pourquoy JESUS-CHRIST dit à ses Apôtres : *Lorsque les hommes diront faussement contre vous toutes sortes de maux : Réjoüissez-vous alors, & soyez transportez de joye, parce que vous en recevrez une grande récompense dans le ciel.* Il n'auroit point parlé de la sorte, ny promis une si grande récompense à ceux qui souffrent ces calomnies, si elles n'étoient trés-penibles. Aussi plusieurs se sont laissé abbattre par la médisance ; & Job sur son fumier étoit plus sensible aux reproches de ses amis, qu'aux vers qui devoroient sa chair. Car rien n'abbat davantage ceux qui sont déja dans la douleur, qu'une parole picquante. Ce n'est donc pas sans sujet que Saint Paul met les médisances au nombre de ses plus grands travaux, lorsqu'il dit : *Par la gloire & l'ignominie.*

 Comme étant à toute heure prests à mourir ; & neanmoins nous vivons. Saint Paul nous marque icy d'un côté, quelle étoit la puissance de Dieu, qui

Matth. c. 5.

E ij

retiroit ses Apôtres d'un péril continuel de mort ; & de l'autre, quelle étoit la patience de ses serviteurs. Car il ne tient pas à nos persecuteurs, dit-il, que nous ne mourions à toute heure. Il n'y a que la souveraine puissance de Dieu qui nous empêche de mourir, & qui nous arrache malgré eux d'entre leurs mains. Il marque ensuite pourquoy Dieu donne quelquefois tant de pouvoir à leurs persecuteurs, lorsqu'il ajoûte :

Comme des personnes que Dieu châtie, mais qu'il ne met pas à mort. Ces paroles nous montrent l'avantage que nous retirons des persecutions dés icy même, avant les récompenses du ciel, puisque nos ennemis malgré eux, nous servent à nous purifier de nos fautes.

Nous paroissons tristes, & nous sommes toûjours dans la joye. Les infidéles & les gens du monde croyent que nous sommes toûjours dans la tristesse ; mais nous les plaignons dans le jugement qu'ils font de nous, puisque dans nos maux mêmes nous goûtons une joye ineffable que Dieu verse dans nos cœurs. Saint Paul ne dit pas seulement : Nous sommes dans la joye ; mais nous sommes *toûjours* dans la joye. Y a-t-il donc rien de semblable à la Religion chrétienne, qui tire les biens des maux, les plaisirs des douleurs, & un excés de joye d'un excés d'affliction ?

Ce saint Apôtre nous apprend à nous rehausser au dessus des pensées des hommes, & à nous rire de leurs sentimens. Qu'ils nous regardent tant qu'ils voudront, comme des personnes miserables ; nous sommes assûrez qu'ils se trompent. L'œil malade ne peut voir l'éclat du Soleil ; & l'ame obscurcie par le peché ne peut goûter les delices interieures du Chrétien. Il n'y a que les sages qui puissent bien juger de tout : & ils mettent la tristesse & la joye en des choses bien differentes que les autres hommes. Les hommes ne voyent que nos souffrances : ils ne voyent pas pourquoy nous souffrons. Ainsi ne voyant en nous que des maux, sans comprendre les biens que nous attendons, il ne faut pas s'étonner qu'il nous jugent miserables.

Lors donc que nous souffrons pour JESUS-CHRIST, souffrons non seulement avec courage, mais avec joye. Si nous jeûnons, trouvons dans les jeûnes le même plaisir que les autres trouvent dans les festins. Si on nous outrage, soyons dans la même joye que si on publioit nos loüanges. Si nous donnons de grandes aumônes, soyons comme les avares lorsqu'ils ont fait quelque grand gain. Representons-nous dans tout ce que nous faisons, non le travail qui l'accompagne, mais la récompense qui le doit suivre ; & ne perdons point de vûë JESUS-CHRIST, qui est la fin de tous nos travaux. Cette vûë nous portera à embrasser les maux avec joye, & nous établira dans une paix qui durera pendant toute nôtre vie.

Rien n'est si puissant pour rendre l'homme heureux que la bonne conscience. C'est elle qui faisoit sentir à Saint Paul une joye continuelle, quoy qu'il fût dans de continuelles souffrances ; au lieu que les hommes aujourd'huy ne souffrant rien, ne laissent pas d'être toûjours tristes, parce qu'ils ne peuvent penser à Dieu & à leur salut sans trouver dans leur conscience des sujets de craindre. Saint Paul avoit tous les jours la mort presente devant les yeux ; il souffroit la faim & la soif ; & non seulement il ne s'en affligeoit pas, mais il en tiroit même un sujet de gloire. Et nous lorsque nous sommes pressez par la pauvreté, nous nous laissons aussi-tôt abbatre par la tristesse.

Jusqu'à quand serons-nous enfans? Il faut être tristes, non lorsque nous sommes pauvres, mais lorsque nous offençons Dieu. C'est le peché qui merite que nous pleurions : nous devons nous rire de tout le reste. Dirons-nous que ce n'est pas la pauvreté qui nous afflige, mais le mépris que l'on fait de nous? Mais jusqu'où a été le mépris que l'on a fait de Saint Paul? N'a-t-il pas passé dans l'esprit de la plûpart du monde, comme un homme de neant? Mais Saint Paul étoit Saint Paul, dites-vous. Il est vray; mais vous reconnoissez par là que ce n'est point cette bassesse par elle-même qui vous afflige; mais la seule foiblesse de vôtre esprit. Ne pleurons donc plus nôtre pauvreté, ny le mépris qu'on fait de nous, mais nôtre propre foiblesse; ou plûtôt ne nous pleurons pas, mais corrigeons-nous, & entrons dans la joye.

POUR LE LUNDY
DE LA I. SEMAINE DE CARESME.

Cùm venerit Filius hominis in majestate sua, &c.
Matth. c. 25.

Lorsque le Fils de l'homme viendra dans sa majesté, & tous ses Anges avec luy, &c.

LE jugement dernier, dont le Fils de Dieu nous represente icy un tableau luy-même, est un de ces objets touchans dont on aime mieux s'occuper l'esprit en secret, que d'en parler aux autres. Car on peut dire qu'il n'y aura rien de si terrible que ce dernier jour, & quelque idée que nous nous efforcions de nous en former, elle sera sans comparaison au dessous de la verité. Cependant ce qui est horrible, la plûpart des hommes passent leur vie, non seulement sans l'appréhender, mais sans même y penser. Ils vivent dans le mépris d'un Dieu, qui sera alors leur Juge, & qui les invitant maintenant à se convertir à luy, ne trouve en eux que des impénitens & des rebelles. Il a bien voulu pour faire un effort sur la dureté de nos cœurs, nous tracer luy-même une idée de cette derniere sentence, & nous sommes insensibles à ses menaces. Nous oublions ces terribles veritez aussi-tôt que nous les avons entenduës. Il semble que nous craignions qu'elles ne troublent nôtre malheureuse paix. Nous n'y voulons point penser pendant la santé ; nous fuyons de nous en occuper pendant la maladie, & nous attendons que la mort se montre de prés, pour commencer à craindre ce que nôtre paresse nous a presqu'enfin rendu inévitable, & ce que nous devions appréhender plus sensiblement pendant toute nôtre vie.

Comprenons donc aujourd'huy quelle est la charité de l'Eglise qui à l'entrée de la premiere semaine du plus saint temps de l'année tâche de nous imprimer dans le cœur le sentiment d'une crainte si salutaire : & en suivant l'esprit de cette sainte Mere voyons l'effet que le jugement dernier doit produire en nous. Puisque JESUS-CHRIST semble avoir luy-même divisé ce grand sujet, nous le suivrons : & comme il partagera alors tout le monde en deux parties, nous partagerons aussi cette instruction en deux points.

Nous verrons dans le premier le sujet qu'ont de trembler les plus justes mêmes dans la vûë du dernier jugement.

Et nous verrons dans le II. avec quelle frayeur doivent y penser ceux qui vivent dans l'oubli de Dieu & de leur salut.

I.

Pour commencer donc à faire voir les sujets de crainte dont doivent être pénétrez les plus saints mêmes lorsqu'ils pensent au jugement, on doit remarquer que JESUS-CHRIST ne témoigne point icy que ceux qu'il mettra à sa gauche, & qu'il condamnera à des flammes éternelles, ayent été des Payens & des Idolâtres. C'étoient des Chrétiens qui faisoient profession de l'adorer & de croire en luy, qui pouvoient faire de bonnes œuvres, qui jeûnoient, peut-être, qui prioient, & se mortifioient ; mais qui n'ont pas eû la charité, non en la blessant par quelque action criminelle, mais simplement en ne faisant pas tout le bien qui se presentoit à faire.

On peut dire icy que c'est pour expliquer cét Evangile que saint Paul dit : *Quand je parlerois le langage des hommes & des Anges, si je n'ay la charité je ne suis rien.* Car ce n'est pas assez à un Chrétien de fuïr le mal, il faut encore faire le bien. On doit se souvenir que JESUS-CHRIST n'accuse point icy ceux qu'il rejette d'avoir volé le bien des pauvres, mais seulement de ne leur avoir pas donné de leur bien. C'est la verité elle-même qui en nous aprenant de quelle maniere elle nous jugera, nous fait voir qu'il suffira alors pour nous perdre, d'avoir manqué à quelques œuvres de charité. Et cependant qui peut s'assûrer de n'avoir omis pas une de celles qu'il devoit faire ?

C'est donc là ce qui doit tenir les plus justes mêmes dans la frayeur. C'est là ce qui faisoit dire autrefois à saint Augustin, qui paroissoit tout penetré de ce jugement redoutable : Hélas ! encore qu'un homme de bien voye l'innocence de sa conscience, quel jugement peut-il sçavoir que portera de luy celuy qui ne peut être trompé ? Il est vray qu'il a donné de bon cœur de son pain aux pauvres, qu'il a de bon cœur donné des vêtemens à ceux qui n'en avoient point, & que la charité interieure luy a fait produire au dehors plusieurs bonnes œuvres : cependant il n'y a point de conscience si pure qui ne tremble aux approches de ce Juge. *Quamvis bonus habeat bonam conscientiam, unde scit quomodo judicet ille qui à nemine fallitur ? Fregit panem esurienti ex corde, vestivit nudum ex corde ; de olea interiore fecit opera bona, & tamen in isto judicio trepidat bona conscientia.*

Ce qui doit nous affermir encore dans cette crainte, est que l'on voit dans les deux paraboles precedentes, que ny les vierges folles, ny ce serviteur paresseux ne sont point condamnez pour avoir fait quelque mal. Les Vierges folles sont rejettées, parce qu'elles n'avoient pas l'huile qui marque la charité ; & ce serviteur est condamné aux tenebres exterieures, parce qu'il n'avoit pas fait profiter par la charité le talent qu'il avoit reçû. Cependant ce qui perd la plûpart des Chrétiens, est qu'aprés tant d'instructions contraires, ils ne laissent pas de se persuader qu'il suffit de s'abstenir des pechez les plus considerables, sans penser à s'établir dans l'amour de Dieu & du prochain, & dans la pratique des bonnes œuvres.

Ne nous laissons pas aller à cét aveuglement. Imprimons dans nôtre cœur cette verité à laquelle les hommes pensent peu, qu'il ne suffit pas à un Chrétien d'éviter des vices & des fautes grossieres, ny d'être comme cette maison de l'Evangile qui est *couverte* de beaucoup de vertus apparentes, qui est ornée par beaucoup d'exercices de penitence, mais qui neanmoins est *vuide, vacantem,* c'est-à-dire, selon les Peres, qui n'a point la charité. Disons-nous sans cesse à nous-mêmes de la charité du prochain, aprés ce que le Fils de Dieu nous assûre luy-même qu'il dira à son jugement : *Hoc si fiat sufficit : si adsit plena sunt omnia, si absit inania sunt omnia.* Si j'ay la charité du prochain, cela suffit ; si elle me manque, tout ce que je puis faire d'ailleurs m'est inutile.

Il est d'autant plus important de nous examiner sur ce point, que nous ne nous appercevons pas aisément de ces defauts ny de ces omissions. On voit bien si on jeûne moins qu'on ne devroit. On reconnoît plus facilement si on parle ou si l'on mange trop ; mais on s'apperçoit plus difficilement des fautes que l'on commet contre la charité : & cependant comme il paroît icy, c'est là le tout du Chrétien ; & tout manque à celuy à qui elle manque.

Mais avant que de finir ce point, où nous avons vû les sujets de trembler qu'ont les plus justes mêmes dans la vûë du jugement de Dieu, nous ne pouvons ne pas faire voir encore le sujet de la profonde humilité qu'ils doivent trouver dans les paroles mêmes dont Jesus-Christ couronnera leurs bonnes œuvres : *Possedez le royaume, qui vous a été préparé dès le commencement du monde.* Car il ne faut que cette seule expression du Fils de Dieu, pour faire rentrer en eux-mêmes ceux qui prétendent à ce bienheureux Royaume. Ils doivent avouër qu'ils n'ont de part à cette grace que celle que Dieu leur a faite, & que toutes leurs œuvres ne sont rien : Que tout est venu de Dieu & de son decret éternel : Qu'il les a aimez dans l'éternité avant la création du monde lorsqu'il ne voyoit encore en eux que des crimes : Qu'il est mort pour eux dans le cours des temps, lorsqu'il ne voyoit encore en eux que des crimes, & qu'il les a convertis aprés les avoir créez, lorsqu'il ne voyoit encore en eux que des crimes. Il n'y a rien qui soit plus capable d'affermir les ames dans l'humilité, que d'avoir cette pensée fondée sur la parole que Jesus-Christ dit aux bons dans nôtre Evangile, & de remonter à la premiere des graces de Dieu, & à la source de tous ses dons.

Et pour nous confirmer dans cette humilité, saint Augustin nous dit encore ces admirables paroles : Si ce Juge terrible lorsqu'il viendra juger les hommes, vouloit nous juger à la rigueur, qui trouveroit-il qu'il pût absoudre ? Mais comme il seroit difficile, nous dit-il, que je vous sauvasse, si j'examinois vôtre vie avec trop de severité, entrez dans mon Royaume, non parce que vous n'avez pas peché, mais parce que vous m'avez donné l'aumône : *Difficile est ut si examinem vos & appendam vos, & scruter diligentissimè facta vestra, non inveniam unde vos damnem. Sed ite in regnum. Esurivi enim & dedistis mihi manducare. Non ergo itis in regnum quia non peccastis, sed quia peccata vestra eleemosynis redemistis.*

Aug. de temp. serm. 59.

II.

Que si les justes mêmes, comme nous venons de voir, ont tant de sujets de craindre ce dernier jugement, que devons-nous dire des méchans & des reprouvez ? Dans quels sentimens entreront-ils lorsqu'ils se verront à la gauche, exposez pour jamais à la colere & à l'indignation de leur Juge ? Le visage redoutable dont ils seront contraints de soûtenir les regards, ne leur sera-t-il pas mille fois plus insupportable que tous les feux de l'enfer ? Nous avons trop peu de foy pour comprendre cette verité. Si nous en avions davantage, nous en serions plus épouvantez.

Mais le but du Fils de Dieu dans cét Evangile, n'est pas d'exciter dans les cœurs des craintes imparfaites qui se passent aussi-tôt aprés sans produire aucun changement. Ces craintes sont des craintes d'enfans, qui se dissipent aussi-tôt qu'ils ne voyent plus ce qui les épouvantoit. Ce ne sont point des craintes d'hommes raisonnables qui les portent à prévenir par sagesse ce qu'ils ont reconnu être si terrible. Cependant Saint Bernard ne craint point de dire une parole qui doit épouvanter ceux qui ne sont point frappez de ces veritez : *Hæc fratres mei qui pavet, cavet ; nam qui negligit, incidit.*

Aussi la réponse que font ceux que Dieu rejettera, témoigne une grande surprise, & nous fait voir qu'il y aura beaucoup de personnes qui se seront étrangement trompées, & qui ayant eu beaucoup de lumiere & de pénétration pour toutes leurs affaires temporelles, n'auront été aveugles que dans celles de leur salut, pour lesquelles neanmoins ils devoient avoir plus d'application & de soin. Ils s'étonneront eux-mêmes comment ils ne voyoient pas les veritez les plus claires, & comment tout ce qu'on leur disoit de l'Evangile faisoit si peu d'impression sur leur cœur.

C'est pourquoy ceux qui n'ont que du rebut pour les pauvres, & qui méprisent toutes les exhortations qu'on leur fait pour les porter à les assister, doivent apprendre dans cet Evangile ce qu'ils ont à craindre pour l'avenir. Qu'ils voyent icy avec tremblement que Jesus-Christ paroît aimer les pauvres de telle sorte qu'il ne se souviendra en son jugement que du bien qu'on leur aura fait ou qu'on leur aura refusé. Il faut que des Chrétiens qui sçavent que Jesus-Christ ne rougit point de se revêtir de la personne des pauvres, soient bien hardis pour les mépriser, & pour les traitter avec cet air indifferent & dédaignant, qui fait gémir le ciel & la terre.

On ne verra jamais mieux qu'alors, la verité de cette parole : *Que l'on jugera sans misericorde celuy qui n'aura point fait misericorde.* On invoquera la bonté d'un Dieu qui aura les oreilles bouchées pour ceux qui les auront bouché au cry des pauvres. Et ce qui sera de plus sensible aux méchans, c'est qu'ils reconnoîtront par la bouche de Dieu même qu'ils auront été les auteurs de leur perte, & que leur propre dureté leur aura attiré la dureté d'un Juge qui leur sera inexorable. *Intelligemus unicuique hominum supplicium fieri de peccato suo, & ejus iniquitatem in pœnam converti.* Leur douleur sera de voir que le jugement que JESUS-CHRIST fera d'eux alors à la face de toute la terre, se sera fait invisiblement sans qu'ils y pensassent, pendant tous les jours de leur vie. Ils verront que toutes leurs indifferences, & tous leurs mépris auront été marquez de Dieu ; de sorte qu'ils seront réduits à un silence forcé, & que leur conscience propre préviendra l'Arrest de leur Juge.

Mais Saint Augustin fait encore icy une reflexion qui doit épouvanter ceux qui étant touchez de ces veritez & qui comprenant qu'ils doivent faire l'aumône, en font quelques-unes d'un bien qui ne leur appartient pas & qui n'est que le fruit de leurs injustices. Ces personnes peuvent appaiser pour un temps les remords de leur conscience, mais ils n'appaisent pas pour cela la colere de leur Juge. Je vous demandois l'aumône, leur dira le Fils de Dieu, mais je ne vous la demandois pas du bien d'autruy. Si en revêtant les pauvres vous croyïez me revêtir, vous deviez vous souvenir aussi qu'en les dépoüillant vous me dépoüilliez moy-même. C'est pourquoy, dit Saint Augustin, si vous faites l'aumône, faites-là d'un bien qui soit veritablement à vous. Car il vaudroit beaucoup mieux ne point faire l'aumône, que de la faire d'un bien qui ne vous appartiendroit pas. *Si habes, da de tuo; si non habes,*

Pour le Lundy de la I. *sem. de Caresme.* Ev. 79
melius nulli dabis quàm alteros spoliabis. Intellige stulte, quoniam si quando pascis Christianum, pascis Christum; quando spolias Christianum, spolias Christum.

Prions Dieu que ces grandes veritez faffent quelque impreffion fur nôtre cœur. Faifons mifericorde, afin qu'on nous faffe mifericorde. Penfons ferieufement à ce grand jour, qui eft comme le dernier objet de nôtre foy, puifque tout le refte qui avoit été prédit, a déja été accomply; prévenons la colere du Juge redoutable, lorfque nous le pouvons encore; & craignons cette parole de tonnerre qu'il lancera fur les méchans: *Allez maudits au feu éternel.* S'il y a maintenant, dit Saint Bernard, quelque chofe qui nous faffe de la peine dans ce que JESUS-CHRIST nous commande & que nous ayons peine à fupporter, ne penfons-nous point comment nous pourrons fupporter le poids de cette parole foudroyante: *Verbum crucis modò audire gravamur; verùm pondus verbi illius quomodo sustinebimus?* Bern. tom. 4. p. 58.

POUR LE MARDY
DE LA I. SEMAINE DE CARESME.

Domus mea domus orationis est. Matth. 21.

Ma maison est une maison de priere.

'E V A N G I L E que l'Eglise nous propose aujourd'huy, nous represente que Jesus-Christ ayant chassé du Temple les vendeurs & les acheteurs, leur dit transporté de zele & d'une sainte colere, *Que sa maison est une maison de priere, & qu'ils l'avoient renduë au contraire une retraite de voleurs.* Pour tirer de ces paroles du Sauveur l'instruction necessaire pour l'édification de nos ames, nous considererons,

I. Pourquoy l'Eglise est appellée en general une maison de priere ; & comment cette qualité se doit trouver en chaque Fidéle.

II. Qui sont ceux que l'on peut dire être les acheteurs & les vendeurs dans l'Eglise.

I.

L'Eglise n'a guere de qualité qui luy soit plus propre que celle que Jesus-Christ luy donne en ce jour, en l'appellant *maison de priere.* Car comme elle seule se peut appeller la maison de la foy, on peut dire aussi qu'elle est seule la maison de priere ; la priere n'étant autre chose que le premier fruit qui naît de la racine de la foy. C'est pourquoy

Pour le Mardy de la I. *sem. de Carême.* 81
pourquoy selon le grand Saint Augustin, l'Apôtre dit que nous sommes sanctifiez par la foy, & non par les œuvres, parce que tout ce qui se fait avant la foy, ne peut servir à nôtre justification. Il faut que la foy nous soit donnée la premiere, afin que par elle & par les prieres qu'elle forme dans nôtre cœur, nous obtenions la vraye justice.

L'Eglise donc est la maison de la foy & de la priere. Mais ce qui se dit d'elle en general, se doit encore verifier en particulier de chaque Fidéle, puisque chaque Fidele, est la maison de Dieu & le Temple où habite Jesus-Christ. C'est pourquoy pour ce qui regarde la foy, Saint Paul a dit de chacun des vrais Chrétiens : *Le juste vit de* Rom. cap. 1. *la foy.* Et pour ce qui regarde la priere, Jesus-Christ a dit à tous ses vrais disciples : *Il faut* Luc. cap. 18. *toûjours prier & ne pas se lasser.*

Ce principe donc établi sur les mêmes fondemens sur lesquels toute l'Eglise est établie, nous apprend que chaque Fidéle doit vivre sans cesse par l'esprit de foy & par l'esprit de priere ; c'est-à-dire qu'il ne doit point considerer les choses de la terre mais celles du ciel, les choses passageres & muables, mais les immuables & les éternelles, & qu'aprés cette vive impression que la foy luy aura donnée, il doit s'abaisser profondément devant Dieu, en reconnoissant que luy seul peut répandre une lumiere dans son esprit, qui luy fasse discerner les vrais biens d'avec les maux ; & une chaleur dans sa volonté qui luy fasse embrasser ces mêmes biens, que sa lumiere luy aura fait reconnoître.

C'est pourquoy toute l'Eglise comme étant la maison de la priere, offre sans cesse des prieres pu-

Tome II. F

bliques à Dieu, pour apprendre à tous ses enfans le besoin qu'ils ont de prier sans cesse & en public & en particulier, afin d'obtenir de luy ce pain de grace dont nous avons besoin chaque jour : *Panem quotidianum*, comme dit JESUS-CHRIST : cette assistance dont nous avons besoin sans cesse, *adjutorium quotidianum*, comme ont dit les Papes : cette grace qui nous doit être donnée pour chaque action, *gratia ad singulos actus datur*, comme ont dit les Conciles.

Mais nous pouvons faire icy une reflexion importante touchant ce besoin de la grace qui se trouve également dans tous les Fidéles. Car il est vray que tous ceux qui ont quelque sentiment de pieté reconnoissent comme par le seul sens commun de la foy, qu'il nous est impossible d'avancer le moindre pas dans la voye de Dieu, sans un mouvement particulier de sa grace & de son esprit. C'est pourquoy si ce sont des personnes qui fassent profession de devotion, ils ont soin d'assister avec reverence aux prieres publiques de l'Eglise. Ils en font eux-mêmes souvent de particulieres. Ils ajoûtent même à cela des exercices & des œuvres de charité, & ils témoignent beaucoup de respect pour les choses saintes : de sorte qu'il semble qu'on peut dire avec raison de ces personnes, qu'ils sont une maison de foy & une maison de priere.

Mais si l'on vient à les considerer autant dans la disposition de leur cœur, & dans la conduite de leur vie & de leurs actions, que dans le reglement exterieur de leur pieté, on trouvera que si d'une part ils témoignent par leurs prieres attendre tout de la misericorde de Dieu, ils témoignent de l'autre par les entreprises importantes dans lesquelles ils s'engagent sans le consulter, qu'ils s'appuyent plûtôt sur eux-mêmes, & sur leur prudence humaine, que sur l'assistance de sa grace, & sur la protection de sa main toute-puissante.

Ainsi vous verrez des personnes qui croyent fermement qu'ils ont besoin de la grace de Dieu pour avoir de bonnes pensées, pour bien entendre la sainte Messe, pour être attentifs à Dieu dans la priere, pour avoir de la patience dans les pertes & dans les maux, comme ils ont soin aussi de la luy demander en toutes ces occasions. Mais lorsqu'il s'agit de ces rencontres importantes, dans lesquelles il faudroit rendre témoignage à Dieu de la sincerité & de la fidelité avec laquelle on est à luy : lorsqu'il s'agit de choisir un genre de vie, de s'engager dans un état ou dans une charge d'où dépend souvent nôtre salut ou nôtre damnation éternelle : lorsqu'il s'agit pour ceux qui ont famille, d'engager un jeune homme dans une charge de judicature, dont il est souvent très-incapable selon les hommes mêmes, & presque toûjours selon Dieu : lorsqu'il s'agit de pousser des enfans dans l'Eglise, qui non seulement n'ont point la vertu necessaire à une condition si sainte, mais qui sont souvent même dans le déreglement & dans le desordre, & de les y pousser pour leur faire perdre ainsi la part à leur bien qui leur étoit naturellement acquis, & leur faire usurper les biens de l'Eglise, qu'ils ne peuvent posseder que par un larcin & un sacrilege : lorsqu'il s'agit de pousser des enfans en religion qui n'en ont aucune envie, & d'empescher d'autres d'y entrer, qui y sont visiblement appellez de Dieu ; dans toutes ces rencontres, où ces personnes devroient témoigner leur vertu à Dieu, & l'invoquer par leurs prieres, afin qu'il les conduisît par son Esprit, & qu'il les délivrât de toute ambition & de toute cupidité, on voit que toute leur pieté & toute leur dévotion leur devient inutile, & qu'ils font sans scrupule des choses qui leur feroient horreur à eux-mêmes, s'ils suivoient la lumiere de Dieu, & les premieres regles de la foy.

De sorte qu'on peut dire veritablement de ces personnes ce que le Fils de Dieu disoit des Pharisiens : *Ils ont peur d'avaler un moucheron, & ils avalent un chameau.* Ils font scrupule de faire de petites choses sans consulter Dieu, & ils font les plus grandes sans le consulter. Dieu est leur Dieu dans l'Eglise, & le monde est leur Dieu dans leur maison & dans la conduite de leur famille. Ils sacrifient leurs prieres à Dieu, & ils sacrifient leurs enfans au monde.

Ils desirent bien que Dieu les assiste dans leurs entreprises. Ils souhaitent qu'il donne sa benediction à ce mariage qu'ils desirent : ils le prient de répandre sa grace sur leurs fonctions. Mais ils seroient bien fâchez qu'on les obligeât à ne point contracter ce mariage, qu'on les empeschât d'entrer dans cette charge, ou de faire ces fonctions. Ils ne veulent pas s'accommoder à la volonté de Dieu. Ils veulent que ce soit Dieu luy-même qui s'accommode à leur volonté ; qu'il approuve leur ambition, & qu'il autorise leur vanité ou leur avarice.

Psal. 19. C'est de ces personnes que Dieu se plaint, lorsqu'il dit par David : *Avez-vous crû, ô injuste, que je me rendrois semblable à vous ?* Et ce crime semble en quelque sorte plus grand que celuy de Lucifer. Car au lieu que Lucifer vouloit être semblable au Trés-haut : ceux-cy au contraire veulent que le Trés-haut soit semblable à eux. Dieu cesseroit d'être Dieu, s'il étoit capable d'approuver ces interêts &

ces desseins ambitieux, ou de donner sa benediction à ces entreprises toutes humaines. Sa toute-puissance va jusqu'à déraciner la cupidité de nos cœurs, pour y planter la charité, & non à favoriser dans nous nôtre propre concupiscence. Comme il est juste, il faut necessairement qu'il haïsse, qu'il condamne & qu'il punisse l'injustice, & cependant nous ne voulons pas qu'il le fasse.

II.

Le Fils de Dieu aprés avoir dit ces premieres paroles : *Ma maison est une maison de priere*, ajoûte : *Mais vous l'avez renduë une retraite de voleurs.*

Il n'est pas difficile de juger qui sont ces voleurs que le Fils de Dieu a marquez par ces paroles, puisque Jesus-Christ l'apprend en un autre endroit de son Evangile, lorsqu'il dit : *Celuy qui n'en-* *Ioan. cap. 10.* *tre point dans la bergerie*, c'est-à-dire dans l'Eglise, *par la porte veritable*, qui n'est autre chose qu'une veritable vocation, *mais qui y monte par quelqu'autre endroit que ce soit*, c'est-à-dire par avarice, ou par ambition, ou par une voye toute seculiere & toute humaine : *celuy-là est un larron & un voleur.* Car si ceux-là sont appellez voleurs qui dérobent le bien des hommes ; à combien plus forte raison ceuxlà doivent-ils passer pour voleurs, qui usurpent une chose aussi sainte qu'est le sacerdoce de Jesus-Christ même ?

Mais que font ces voleurs dans l'Eglise ? Ils y font ce que faisoient dans le Temple ceux que Jesus-Christ en chasse aujourd'huy. Ils y vendent les choses saintes aux mauvais Chrétiens qui les achetent. Car ce qui est arrivé dans ce Temple des Juifs, n'a été selon tous les Peres, qu'une figure de ce qui arrive maintenant parmi nous. Et certes il ne faut pas s'étonner que ceux qui ont dérobé ce saint ministere, selon la parole du Fils de Dieu, *ille fur est & latro*, en vendent ensuite les fonctions, & qu'ils fassent un commerce & un trafic de la pieté, selon Saint Paul, *Existimantes quæstum esse pietatem*.

1. Tim. c. 6. v. 5.

Je ne m'areste point icy sur les desordres les plus grossiers, comme sont tous les abus & les sacrileges qui se commettent dans le trafic des benefices. Je regarde seulement ce qui touche plus particulierement tous les Chrétiens, & qui est plus important pour leur conduite & pour leur salut.

Car que font autre chose que vendre les fonctions du saint ministere, ceux qui étant les ministres de JESUS-CHRIST, & les dispensateurs de ses mysteres, comme dit Saint Paul, & devant être fidéles dans cette charge, ne soûtiennent pas l'autorité de Dieu qui leur a été confiée ? Au lieu de n'admettre à la reconciliation de sa misericorde, que ceux qui par une sincere conversion de cœur, & par des fruits dignes de penitence, s'efforcent de satisfaire aux loix & aux regles de sa justice, ils se relâchent pour des interests humains dans le desir de plaire, ou dans la crainte de déplaire à quelques personnes.

Ce sont ces medecins spirituels contre qui Saint Cyprien parle avec tant de force, qui se contentent seulement de couvrir un ulcere, dont la corruption penetre jusques dans les moüelles & dans les entrailles. Et c'est d'eux que parle le Prophete, lorsqu'il dit : *Mon peuple, ceux qui te veulent faire passer pour heureux dans tes maux & dans tes pechez se trompent, & détournent tes pas de la droite voye*.

Is. c. 3. v. 12.

Le Fils de Dieu disoit autrefois à ses Disciples : *Comme vous avez reçû gratuitement le ministere de*

Matth. c. 10.

l'Evangile, dispensez-le aussi gratuitement. Ainsi ceux qui n'ont reçû ce ministere que de Dieu seul, comme ils n'ont que Dieu pour principe, ils n'ont aussi que luy pour fin de leurs actions, & ils ne veulent avoir que luy pour leur récompense.

Mais ceux au contraire qui y sont entrez par eux-mêmes, & qui l'ont usurpé, comme parle l'Evangile, se regardant eux-mêmes dans ce ministere, le considerant comme leur étant venu d'eux. Ils s'en élevent comme d'un bien propre, & ils le vendent en quelque sorte pour des interests grossiers & humains, afin de vivre en paix avec tous les hommes, d'être estimez de tout le monde, d'éviter d'être haïs & persecutez, & d'être du nombre de ces Pasteurs, qui étant benis des hommes sont maudits par la voix du Fils de Dieu, lorsqu'il dit à ses Apôtres : *Malheur à vous lorsque les hommes vous beniront : Væ cùm benedixerint vobis homines.* Mat. c. 52. v. 10.

Mais nous pouvons dire avec verité, ce que nous ne disons neanmoins qu'avec douleur, que s'il y en a plusieurs dans l'Eglise qui vendent ainsi les fonctions d'un ministere si sacré, c'est parce qu'il y en a aussi plusieurs qui veulent acheter d'eux ce qui ne se peut ny vendre ny acheter, qu'à la ruine & à la condamnation tant de ceux qui achetent que de ceux qui vendent.

Car que font autre chose dans l'Eglise ceux qui veulent se servir ou de leurs richesses, ou de leur puissance, ou de leur crédit, pour séduire ceux mêmes qui les devroient empescher d'être séduits que de vouloir comme acheter des ministres de JESUS-CHRIST, une reconciliation & une paix, que Saint Cyprien dit excellemment, être inutile à ceux qui la reçoivent, & pernicieuse à ceux qui la donnent ?

Et c'est ce qui nous fait voir avec combien de raison JESUS-CHRIST a donné une si grande malediction aux richesses dans l'Evangile. Car non seulement on ne s'en sert à autre chose dans le monde, que pour le luxe & la vanité, & pour commettre une infinité de crimes ; mais aprés que par elles on a percé son ame de toutes sortes de playes, on se sert d'elles encore, pour corrompre les medecins qui nous doivent guerir, afin qu'ils étouffent tous les remords de nôtre conscience, & qu'ils nous ravissent l'unique remede qui nous reste dans nos maux, qui est celuy d'une penitence sincere.

Surquoy Saint Augustin dit une chose excellente, expliquant l'Evangile des dix Vierges. Car il soûtient que l'huile des lampes des vierges folles, qui sembloit y entretenir quelque lumiere, n'étoit que les flatteries de ceux qui les avoient trompées, en leur persuadant que leurs fausses vertus étoient veritables, selon cette parole de l'Ecriture : *Que je n'aye point la tête parfumée de l'huile du pecheur*, c'est-à-dire, que je ne sois point seduit par ses fausses loüanges.

Psal. 139.

C'est pourquoy il ajoûte que quand les Vierges sages leur disent : *Allez plûtôt à ceux qui en vendent*, c'est comme une insulte secrete par laquelle elles leur disent en les condamnant : Dequoy vous servent maintenant les flatteries que des hommes trompeurs vous ont venduës, & que vous avez achetées d'eux en voulant bien être trompées ?

Voilà les maux que JESUS-CHRIST nous apprend aujourd'huy à pleurer & à bannir de nôtre cœur. Prions-le de nous aider luy-même à le faire ; & s'il ne le peut autrement, comme dit Saint Jerôme sur cet endroit, qu'en prenant le foüet en main, souffrons des playes qu'il ne nous fait que pour nous guetir & pour rendre le temple de nôtre cœur pur & agréable à ses yeux.

POUR LE MECREDY
DE LA
I. SEMAINE DE CARESME.

Viri Ninivitæ surgent in judicio cum generatione ista. Matth. 12.

Les Ninivites s'éleveront en jugement contre cette race, parce qu'à la prédication de Jonas ils ont fait penitence.

Nous voyons par cet Evangile, & par celuy que l'Eglise nous representoit encore il n'y a que deux jours, combien il nous est important de nous occuper l'esprit du jugement dernier ; & de prévoir de loin tout ce qui nous arrivera dans ce redoutable jour. L'Evangile de Lundy nous faisoit voir quelle seroit la Sentence de nôtre Juge contre les méchans, & de quelle maniere il leur reprocheroit luy-même leurs pechez & leurs omissions. Mais nous voyons de plus en celuy de ce jour, que JESUS-CHRIST ne sera pas le seul Juge qui nous condamnera ; mais qu'une infinité d'autres Juges s'éleveront contre nous pour nous faire rougir de nos infidelitez, & pour nous reprocher nôtre impenitence. Comme ce sont des veritez qui doivent indubitablement arriver un jour, il est d'une extrême importance de nous en nourrir maintenant, & de voir en cét Evangile,

I. Ce que les Pasteurs de l'Eglise y doivent apprendre pour leur conduite.

II. Ce que les Chrétiens impénitens doivent craindre.

I.

Les Pasteurs de l'Eglise devroient considerer dans l'Evangile de ce jour à quoy ils sont particulierement destinez, & quelle doit être la principale de leurs fonctions. Car on peut dire qu'ils sont proprement établis de Dieu pour continuer dans l'Eglise ce que les Propheres ont fait dans l'ancienne Loy, & ce que les Apôtres à l'imitation de JESUS-CHRIST ont fait dans la nouvelle. On voit par le seul exemple de Jonas, sans parler des autres Prophetes, que Dieu l'avoit particulierement appliqué à la prédication de la penitence : comme JESUS-CHRIST dans ce même Evangile témoigne que ce qu'il a eû pour but dans toutes ses predications étoit d'inciter les hommes à faire penitence & à sortir de leur mauvaise vie. Ninive seroit toûjours demeurée dans ses desordres, si la voix de Jonas ou de quelque autre Prophete ne l'eût fait sortir de son assoupissement : comme on a vû depuis dans la suite de tous les siecles, qu'une infinité de personnes seroient demeurées dans le dereglement & dans le vice, si Dieu ne s'étoit servy de la voix de quelqu'un de ses ministres pour les convertir.

Il seroit donc à souhaiter que ceux que Dieu a appellez à la conduite des ames entrassent serieusement en ce jour dans la vûë de la principale de leurs obligations, & que bien loin de chercher leurs interests & leurs avantages dans ce ministere de charité, bien loin de chercher leur gloire & leur reputation dans cet employ d'humilité, ils ne cherchaſſent que le ſalut de ceux que Dieu a confiez à leur ſoin, & qu'ils rapportaſſent toutes leurs penſées à une ſolide & veritable converſion. Toute autre vûë les éloigne de leur but, & ils reconnoîtront enfin eux-mêmes qu'en ne ſuivant pas cette route ils n'étoient que des conducteurs aveugles qui conduiſoient d'autres aveugles.

Auſſi l'on voit par l'exemple de tous les Prophetes dans l'ancienne Loy, & par celuy des Apôtres & de ceux qui leur ont ſuccedé dans la nouvelle, que leur plus grande douleur a été de voir que leurs peuples demeuroient dans l'impénitence; comme leur plus grande joye a été de voir qu'ils tâchoient de laver leurs péchez dans l'eau de leurs larmes, & de corriger les défauts de leur premiere vie, par une conduite plus ſainte & par des actions plus innocentes. *Qui donnera de l'eau à mes yeux,* Ierem. c. 9. dit Jeremie, *& je pleureray nuit & jour mon peuple qui ne ſe pleure pas luy-même?* Et l'on voit de même que JESUS-CHRIST que ce ſaint Prophete figuroit en tant de manieres, a pleuré une ville impenitente, & a oublié ſes propres maux pour ne ſe ſouvenir que de ceux qui tomberoient ſur Jeruſalem, parce qu'elle n'écoutoit pas la voix de celuy qui l'invitoit à ſe convertir.

Saint Jerôme étoit tellement occupé de cette grande verité, qu'il ne craint pas de dire que cette parole de Jeremie, *Murs de Sion, répandez des larmes,* doit s'entendre *des Paſteurs de l'Egliſe,* qui en ſont comme les *murs* & les fortereſſes : Pleurez donc, leur dit ce ſaint Docteur en expliquant ce paſſage du Prophete, verſez des torrens de larmes, afin d'exciter ainſi à pleurer ceux qui juſques-là étoient demeurez dans l'endurciſſement du cœur,

& qui n'avoient aucun sentiment de penitence. *Proferte lacrymas ut dura corda peccantium vestris lacrymis provocetis ad fletum.*

On n'ignore pas que souvent les peuples sont insensibles à tout ce qu'on leur dit sur ce sujet, & qu'une des choses qui rend le fardeau des Pasteurs plus penible & plus insupportable est le peu d'effet de leurs predications. Ils ne s'en doivent pas étonner, puisque JESUS-CHRIST se plaint luy-même dans cét Evangile, que tout ce qu'il a fait & dit aux Juifs pour les porter à la penitence a été inutile pour leur conversion, & pour produire dans eux ces sentimens de penitence qu'il a tâché de leur imprimer dés la premiere predication de son Evangile : *Pœnitemini & credite Evangelio* : Faites penitence & croyez l'Evangile.

Aprés cét exemple on ne doit plus être surpris que les plus saints Pasteurs de l'Eglise ne fassent pas beaucoup de fruit parmy les peuples, & la plainte que JESUS-CHRIST fait aujourd'huy, doit être leur consolation. Mais cela n'empéche pas qu'ils ne doivent examiner, s'il n'y a rien eu de leur part qui ait contribué à ce peu d'effet de leurs paroles, & s'ils ont eu soin de les soûtenir assez de leur exemple, qui agit toûjours plus efficacement que la voix. Car que leur serviroit de faire de beaux discours pour montrer aux autres qu'ils doivent faire penitence, s'ils ne faisoient pas penitence eux-mêmes, & si leur vie combattoit tout ce qu'ils disent ? Quand l'un bâtit & l'autre détruit, quel édifice peut-on élever ? *Plus clamat vita quàm lingua*, LA vie, dit saint Augustin, *jette un son bien plus penetrant que ne peut faire la parole* ; & les peuples sont toûjours bien plus portez à faire ce qu'ils voyent faire à leurs Pasteurs, qu'à écouter ce qu'ils leur disent.

Il peut donc arriver quelquefois que la source de l'impenitence des peuples est l'impenitence des Pasteurs mêmes, qui en faisant de grands éloges de la penitence lorsqu'ils la recommandent à leurs peuples, sont selon l'expression de saint Paul, comme un airain resonnant & comme une tymbale retentissante ; parce que leurs discours ne sortent point d'un fond de charité qui les brûle les premiers eux-mêmes, afin qu'ils puissent ensuite porter le feu dans les autres. C'est pourquoy encore que ce que les Juifs dans nôtre Evangile disent au Fils de Dieu lorsqu'ils luy demandent un signe & une preuve de sa vocation pour leur faire voir que c'étoit Dieu qui l'avoit envoyé luy-même pour faire & dire ce qu'il faisoit ; encore, dis-je, que cette demande soit la conviction de l'endurcissement de ces cœurs impenitens ; on pourroit dire neanmoins qu'une pareille demande pourroit surprendre quelquefois les predicateurs de l'Evangile, si on la leur faisoit, & qu'ils auroient peut-être peine à donner des marques que c'est Dieu qui les envoye, & qu'ils ne se sont point appellez eux-mêmes à ce plus grand employ qui soit dans le monde.

II.

Que si les instructions que les Pasteurs doivent tirer de cét Evangile sont si importantes, & si elles sont pour eux le sujet d'une si grande crainte ; celles que les particuliers y trouveront, ne les doivent pas moins étonner. Car JESUS-CHRIST propose aujourd'huy à tous les Chrétiens, aussi bien qu'aux Juifs ausquels il parloit alors, des Juges qui les condamneront de leur impenitence, & de la dureté qu'ils ont pour toutes les paroles & pour toutes les menaces du Fils de Dieu & de ceux dont il se sert pour nous inviter à nous convertir.

Nous n'avons peut-être jamais bien pensé une seule fois à cét endroit de l'Evangile qui nous regarde tous, & nous n'avons peut-être jamais remarqué dans la comparaison que le Sauveur fait de nous & de nôtre dureté avec la prompte obéïssance des Ninivites, ce que nous avons à appréhender dans le dernier jugement. Car à moins que de dire que nous ne sommes point pecheurs, que nous sommes justes, & que nous n'avons aucun besoin de penitence, ce qui seroit une impieté qui irriteroit peut-être plus Dieu que tous les crimes qu'auroient pû commettre les Ninivites, examinons nous-mêmes si en ne disant pas cela, nous ne vivons pas neanmoins de telle sorte qu'il semble qu'en effet nous en soyons persuadez.

Qui fait aujourd'huy penitence ? Qui la fait avec les larmes & les jeûnes des Ninivites ? Qui la fait avec cette profonde crainte & cette haute idée de la grandeur des redoutables jugemens de Dieu ? Qui la fait avec cette même promptitude qu'ils temoignerent ? Un homme inconnu, que la tempête avoit jetté sur leurs bords ; qui n'avoit rien d'apparent dans sa personne, qui ne soûtenoit ce qu'il disoit par aucun miracle, qui faisoit des menaces qui nous passeroient à nous autres pour des folies si on nous disoit quelque chose de semblable, qui menace toute une grande ville d'être renversée dans quarante jours si elle ne faisoit penitence, cet homme, dis-je, que l'on puniroit peut-être aujourd'huy comme un perturbateur du repos public, qui troubleroit l'Etat & les consciences, cet homme neanmoins est crû, ses menaces sont appréhendées, & le Prince même de cette grande ville ne se croit pas deshonoré d'écouter ce Prophete, ni de quitter sa pourpre Royale pour se coucher dans la poussiere & dans la cendre ?

Cependant comme le Sauveur nous le dit luy-même dans cét Evangile, JESUS-CHRIST est-il moins que Jonas ? La menace qu'il nous fait des feux de l'enfer, est-elle moindre que celle de la destruction d'une ville ? Ses paroles sont-elles moins severes ; & le desir qu'il a de nous faire éviter les maux qui nous menacent, est-il moins grand que n'étoit le desir qu'avoit Jonas de sauver Ninive, ou plûtôt que celuy que Dieu-même avoit de la sauver par la penitence ?

Que dirons-nous donc après cela de l'impenitence des Chrétiens ? Que dirons-nous de cette dureté qu'ils ont pour tous les avertissemens qu'on leur donne ? Ne devons-nous pas reconnoître la verité de ce que dit saint Jerôme, qu'il n'y a rien qui offense autant Dieu que l'impenitence, & que c'est le seul de tous les crimes qui ne mérite point de pardon ? *Nihil ita repugnat Deo quàm cor impenitens. Solum crimen est quod veniam consequi non potest.* Hieron. epist. lib. 11. epist. ad Sabinianum.

Qu'ils dissimulent tant qu'ils voudront ces veritez étonnantes, qu'ils abusent d'un temps precieux que Dieu leur offre encore ; qu'ils negligent même celuy de cette sainte quarantaine, & qu'ils ne cherchent qu'à s'en décharger le plus qu'ils pourront comme d'un penible fardeau, ils ne feront pas pour cela que toutes les menaces de JESUS-CHRIST soient vaines, & ils seront forcez de soûtenir au Jugement les reproches d'une infinité de gens qui s'eleveront contre leur incredulité, & qui leur feront voir qu'ils auroient été plus dociles & plus obéïssans aux saintes remontrances qu'on leur faisoit.

Ils trouveront des personnes qui de leur temps & dans le même siecle qu'ils vivoient, auront fléchi Dieu par la penitence, auront cru les Predicateurs qu'il leur envoyoit, auront donné des marques publiques de leur douleur, & qui auront fait un si bon usage d'un petit rayon de lumiere que Dieu faisoit luire sur eux, qu'ils seront devenus dignes ensuite de passer comme les Ninivites, pour les maistres & pour les juges des autres, & de pouvoir dire comme David ce saint Roy penitent qui crut tout d'un coup à la parole de Nathan, comme Ninive crut à celle de Jonas : *Docebo iniquos vias tuas* : J'APPRENDRAY *aux injustes quelles sont les voyes par lesquels ils doivent retourner à vous, & les impies se convertiront.*

Ainsi nous pouvons dire aujourd'huy des Ninivites que JESUS-CHRIST loüe, ce que le Bienheureux vieillard Simeon dit autrefois de JESUS-CHRIST même, qu'ils seront *la ruine & la resurrection de plusieurs* ; puisque selon que l'explique S. Jerôme, ils seront *la resurrection* de ceux qui étant touchez de leur exemple, apprendront d'eux comment ils doivent fléchir Dieu ; & ils seront au contraire *la ruine* d'une infinité d'autres personnes qui n'auront eû que de la dureté pour tout ce qu'on leur representoit des jugemens de Dieu, & qui seront morts dans l'impenitence. *In ruinam scilicet impœnitentium, & in resurrectionem eorum qui agunt pœnitentiam.*

Hieron. epist. epist. 10.

POUR

POUR LE JEUDY DE LA I. SEMAINE DE CARÊME.
PREMIERE INSTRUCTION.

Miserere mei Domine Fili David : Filia mea malè
à dæmonio vexatur. *Matth.* 15.

*Seigneur Fils de David, ayez pitié de moy : Ma fille
est extrémement tourmentée par un démon.*

IL n'appartient qu'à Dieu d'avoir presentés les choses futures, & de tracer dans une action qui se passe presentement, ce qui ne doit arriver qu'aprés beaucoup d'années, ou beaucoup de siecles. C'est ainsi que tout le vieux Testament est, selon S. Paul, une image de la loy nouvelle ; où l'Esprit de Dieu a dépeint par la bouche de Moyse, de David & des Prophetes, les mysteres qui ne sont arrivez qu'aprés l'incarnation du Fils de Dieu, & l'établissement de son Eglise.

Mais ce que Dieu a fait dans l'ancienne loy, Jesus-Christ l'a fait dans son Evangile ; ainsi qu'il paroist clairement par cét Evangile de la Chananée. Car cette femme qui étoit étrangere, est une excellente figure des Gentils ; & Jesus-Christ refuse d'abord de guerir sa fille, comme l'Evangile n'a point été prêché d'abord aux Gentils, mais seu-

G

lement après qu'il a été rejetté par les Juifs. Les Saints Pères ont remarqué plusieurs rapports entre cette femme & l'Eglise dont elle est l'image, parmy lesquels il faut choisir ceux qui sont les plus utiles pour l'instruction des ames, comme à été sa foy ardente, sa priere pleine de confiance, & son humilité à souffrir tant de rebuts.

Le Fils de Dieu, dit nôtre Evangile, étant allé vers les villes de Tyr & de Sidon, il arriva qu'une femme Chananéenne sortant de ce païs, vint se presenter à luy en criant: *Seigneur fils de David, ayez pitié de moy: j'ay une fille qui est extrémement tourmentée par le démon.* Cette femme marque trés-bien l'état d'une ame vraiment touchée de Dieu, qui luy vient representer la misere extréme dans laquelle elle a été reduite par le peché, qui a établi dans elle la domination & la tyrannie du demon. C'est pourquoy S. Jerôme dit que la fille de la Chananée nous represente l'ame de chaque Chrétien, qui doit s'addresser au Fils de Dieu, & luy dire: *Seigneur ayez pitié de moy, mon ame est extrémement tourmentée par le demon.*

Aussi il est marqué qu'elle ne parla pas seulement au Fils de Dieu, mais qu'elle cria, *clamavit*: ce qui nous apprend que la priere veritable comme saint Augustin nous l'enseigne, est ce cry du cœur dont parle le Prophete Roy, lorsqu'il dit: *J'ay crié à Dieu de tout mon cœur en luy disant: Seigneur exaucez-moy*: Car comme ajoûte ce Pere, *Nous prions avec un cry du cœur, lorsque toute nôtre ame est attentive à nôtre priere.* T u n c *in corde clamatur quando aliunde non cogitatur.*

Cette disposition si sainte naît dans nous du grand ressentiment que nous avons de nôtre misere, & marque outre cela, comme ajoûte ce saint Docteur,

Aug. in ps. 118. Conc. 29 init.

que l'ame souhaite & demande à Dieu avec grande ardeur ce qu'elle luy demande, esperant qu'il luy accordera l'effet de sa priere.

Voilà le modéle de tous ceux qui veulent obtenir de Dieu la guerison de leurs ames. Car on n'obtient rien que par la priere; mais par une priere qui soit non seulement une voix, mais un cry, non de l'esprit, mais du cœur; qui soit digne de la majesté de Dieu auquel on parle, & de la grandeur des choses qu'on luy demande. Cependant S. Augustin ne craint pas de dire que toute priere pour être bonne & agreable à Dieu, doit être semblable à celle de cette femme: *Sive voce, sive silentio oremus, corde clamandum est*: Soit *que nous prions en parlant, ou sans parler*, c'est-à-dire, soit que nôtre priere soit vocale ou mentale, *il faut prier avec ce cry du cœur*.

Aug. ibid.

Qui ne croiroit que le Fils de Dieu entendant une priere si fervente, ne l'exauçât sur le champ; & cependant il ne luy répond pas seulement une parole; *Non respondit ei verbum*: Et cette femme est si éloignée de se fâcher ou de se rebuter pour ce traitement, que sans perdre courage, ny témoigner la moindre émotion, elle continuë à crier comme auparavant, de sorte que les Apôtres mêmes étant touchez de sa perseverance, deviennent ses intercesseurs auprés du Fils de Dieu.

C'est une grande instruction pour les ames qui reviennent à Dieu aprés leur égarement. Ils apprennent par cét exemple qu'ils ne doivent pas prétendre de retourner à Dieu avec la même facilité avec laquelle ils l'ont abandonné en péchant. Ils ne doivent pas trouver mauvais que ceux à qui ils s'adressent, & qui tiennent à leur égard la place de Jesus-Christ, ne les reçoivent pas d'abord & les différent pour un tems, afin de voir s'ils viennent à eux par un mouvement humain qui n'est que passager, ou par un mouvement de Dieu qui soit ferme & stable dans leur esprit.

Les hommes mêmes ont besoin qu'on les traite de la sorte. Car souvent ils ne se connoissent pas, ils sont en danger de se tromper eux-mêmes, s'ils ne trouvent une personne qui par une lumiere de Dieu, puisse juger du fond de leur ame. Or comme il n'y a rien de si clair ny de si imperceptible que les replis du cœur de l'homme, que l'Ecriture appelle un abysme impenetrable à toute autre lumiere qu'à celle de Dieu; il faut souvent beaucoup de tems pour le sonder autant qu'il faut, & pour découvrir, en voyant, non seulement parler, mais agir un homme, quel est le principe de ses actions.

C'est pourquoy il faut alors que ces personnes imitent cette sainte femme. Elle voit que le Fils de Dieu persiste à la rebuter. Il répond aux Apôtres qui intercedoient pour elle, qu'il n'avoit été envoyé qu'aux brebis de la maison d'Israël. Cependant elle persiste à s'humilier devant luy. Elle se prosterne à ses pieds, en luy disant: *Mon Dieu aidez-moy*. Son humilité ne peut être vaincuë ny ébranlée, parce qu'elle est fondée sur une foy ferme & inébranlable.

Ce qui fait que nous nous rebutons des moindres difficultez, & que nous trouvons en un moment que nôtre humilité nous abandonne, & se change ou en une impatience, ou en un refroidissement, c'est que nous ne croyons qu'à demy les choses pour lesquelles nous avions crû d'abord nous devoir humilier. Ainsi le moindre obstacle qui se presente à nous, nous fait changer de mouvement & de pensée.

Car pourquoy cette femme a-t-elle été si ardente & si immobile dans sa priere, sinon parce qu'elle avoit une foy vive de l'estat malheureux où étoit sa fille, & de la bonté toute puissante du Fils de Dieu ? Plus il l'humilioit, plus elle persistoit à s'humilier, parce qu'elle étoit persuadée de l'extrême misere de sa fille, & de l'extrême besoin qu'elle avoit de son assistance. Nous voyons de même les pauvres souffrir tous nos rebuts, & perseverer toûjours à s'abbaisser devant nous, parce que le ressentiment de leur pauvreté les presse, & qu'ayant necessairement besoin de secours, ils croyent ne le pouvoir trouver que dans la compassion & la charité de ceux qu'ils prient.

Cette femme s'étant ainsi jettée aux pieds du Fils de Dieu pour l'adorer, non seulement il ne témoigne pas être touché de cette foy si soumise, si humble & si perseverante ; mais il la repousse de nouveau avec des paroles qui pourroient sembler aigres & injurieuses. *Il n'est pas juste,* luy dit-il, *de prendre le pain des enfans pour le donner aux chiens.*

Qui n'auroit crû que la patience de cette femme se seroit enfin lassée, & auroit pû même s'irriter en quelque sorte, recevant aprés tant de soumissions une parole qui paroissoit luy être si desavantageuse, & luy retrancher tout-à-fait l'esperance d'obtenir du Fils de Dieu, ce qu'elle luy demandoit avec tant d'ardeur.

Cependant elle est si éloignée d'être touchée de ces rebuts, & de s'offenser que le Fils de Dieu témoignât au dehors la traiter avec tant de mépris & de dureté ; qu'au contraire, elle reçoit trés-volontiers cette parole injurieuse qu'il avoit dite, & reconnoît qu'elle est trés-veritable. Elle se met volontairement au rang des bêtes & des chiens qui sont dans la maison de leur maître. Elle confirme ce qu'il avoit dit comme pour la rejetter avec mépris. Elle luy demande en demeurant dans ses mêmes termes, que comme les chiens mangent les miettes qui tombent sous la table des enfans, il fasse pour elle cette faveur unique qu'elle luy demande, parmy ce grand nombre de miracles qu'il faisoit tous les jours en faveur des Juifs, qui étoient le peuple & les enfans du vray Dieu.

Voilà une image admirable de la maniere en laquelle les pénitens doivent s'approcher du Fils de Dieu. Car il est aisé de faire voir que l'Ecriture les met toûjours au rang de ces animaux, comme saint Pierre le témoigne, lorsqu'il dit du Chrétien retombé aprés son batême : *Que c'est un chien retourné à son vomissement.* Ce qui est conforme à ce commandement exprés du Sauveur : *Ne donnez point le Saint aux chiens.* Nous voyons donc dépeinte excellemment dans l'humilité de cette femme la maniere en laquelle les pecheurs doivent s'humilier devant le Sauveur.

1. Peri. c. 2.

Matth. 10.

1. En ce qu'elle se met volontairement au nombre des bêtes, & se sepate elle-même de la table des enfans. C'est ce qui a fait dire à S. Augustin :
„ Qu'aussi-tôt qu'un homme est vraiment touché du
„ regret de ses péchez, il rentre dans le fond de son
„ cœur, & que montant en quelque sorte sur le tri-
„ bunal de sa conscience, il se rend luy-même contre
„ luy-même l'accusateur, le témoin, & le juge ; se
„ condamne par avance pour empêcher son éternelle
„ condamnation, prononce la sentence contre luy-
„ même, & se juge indigne de la participation du
„ corps de JESUS-CHRIST : *Talis ab eo sententia proferatur, ut se indignum judicet participatione corporis & sanguinis Domini.*

Aug. Hom. 50. c. 4.

La seconde chose que nous apprenons dans l'humilité de cette sainte femme, c'est qu'elle ne se juge pas seulement indigne de manger à la table le pain des enfans, mais qu'elle souhaite avec ardeur les miettes qui en tombent. Et cecy est une instruction très-importante.

On trouve quelquefois des personnes qui sont prêts de se separer volontairement du pain celeste du Sauveur. Mais après s'en être separez, ils n'en desirent point les miettes. Ils se relâchent peu à peu, & tombent dans une indifference des choses de leur salut. Ce n'est pas ainsi qu'agit la Chananée. Si elle a une grande humilité pour se juger indigne du pain du ciel, elle a aussi une grande foy pour en demander les miettes, parce qu'elle les croit necessaires pour la nourriture de son ame.

C'est pourquoy un saint Docteur de l'Eglise fait dire à un penitent à l'imitation de cette femme : *Je ne me viens pas mettre hardiment à la table des enfans ; mais je demande seulement les miettes du pain qu'ils mangent* : Non mensam invada, sed micas quaro. Ainsi on ne peut se separer utilement de la communion comme en étant indigne, qu'en travaillant en même tems avec grande ardeur pour s'en rendre digne.

Car la Communion en soy est une excellente chose. C'est toute la félicité de la terre. C'est l'arbre de vie du paradis de l'Eglise. Plût à Dieu que tous les Fidéles pussent communier trés-souvent. Plût à Dieu qu'ils pussent communier tous les jours. Si donc on se separe par necessité d'un si grand bien, il faut en même tems travailler à s'en rapprocher, en levant tous les obstacles qui ne permettent pas que nous usions encore de ce pain celeste, & en nous nourrissant cependant de la priere, des aumônes, & des bonnes œuvres, comme d'un soûtien qui est plus proportionné à nôtre foiblesse.

Troisiémement, non seulement cette femme desire ces miettes, mais elle considere les Juifs comme ses maîtres. Elle met entre-eux & elle une aussi grande difference, qu'il y a entre les enfans d'une maison, & les animaux qui mangent les miettes qui tombent sous leur table. Cette humilité est si prodigieuse, de dire qu'un pecheur retombé dans son vomissement, considere les autres comme ses maîtres & comme les enfans de Dieu, & luy comme un chien qui se tient heureux de ramasser leurs miettes, qu'à peine les hommes sont capables, je ne dis pas de la pratiquer, mais seulement de l'écouter & de l'entendre : tant cette image vivante qui en a été tracée dans nôtre Evangile par les actions de cette femme, & par la bouche de la verité même, est disproportionnée à leur élévement & à leur orgueil.

Mais nous pouvons dire en cette rencontre ce que le Fils de Dieu a dit en d'autres semblables : *Que celuy-là entende qui a reçeu des oreilles pour entendre.* On ne peut apprendre cette grande verité que de Dieu-même, comme c'est de luy seul que cette sainte femme l'avoit apprise. Aussi nous voyons que le Sauveur s'écrie, comme admirant cette humilité si profonde & perseverante : *O femme, vôtre foy est grande !* Il ne la louë pas tant qu'il se louë luy-même, puisqu'il louë en elle le don de sa grace. Heureuses les ames vrayment humbles, puisqu'elles sont l'objet de l'admiration de Dieu, lorsqu'elles le sont du mépris des hommes.

Matth. c. 13.

POUR LE JEUDY
DE LA
I. SEMAINE DE CARESME.
SECONDE INSTRUCTION.

Mulier Chananæa à finibus illis egressa clamavit: Fili David miserere mei. Matth. 15.

Une femme Chananéenne sortant du pays de Tyr & de Sidon, cria à Jesus: *Fils de David*

Omme l'Eglise qui est conduite par le Saint Esprit, en ce temps sacré de son jeûne, substituë à la nourriture du corps la parole de Dieu, qui est la nourriture de l'ame, & choisit dans l'Evangile ù il n'y a rien que de miraculeux & de divin, les actions & les paroles du Fils de Dieu, qui paroissent les plus propres pour réveiller la foy & la pieté de ses enfans : on doit suivre sa sagesse & sa conduite, en choisissant parmi les Evangiles qu'elle nous propose en cette semaine des Quatre-temps, celuy qui paroît plus propre pour l'instruction des mœurs.

Cet Evangile est celuy de la Chananée, qui étant Payenne, a figuré toute l'Eglise qui devoit sortir des Gentils & des Payens, & nous a fait voir, qu'au lieu que les Juifs par leur orgueil, d'enfans de Dieu qu'ils étoient, sont devenus ses ennemis ; les Payens au contraire dont l'Eglise a été formée, par l'humilité profonde marquée dans celle de cette femme, sont devenus d'ennemis de Dieu ses vrais enfans ; pour nous apprendre que depuis que Dieu est descendu du ciel & s'est fait homme par une humilité infinie, la porte du ciel sera toûjours fermée aux superbes pour n'être jamais ouverte qu'aux humbles.

Pour tirer donc quelques instructions de cet Evangile, nous en suivrons l'ordre même & les circonstances principales, selon la coûtume des Saints Peres dans leurs homelies. Et nous y verrons par tout la playe profonde qui nous oblige à crier vers Dieu du fond du cœur, & la foy humble & perseverante avec laquelle nous nous devons approcher de JESUS-CHRIST, comme du Sauveur & du medecin des ames.

Mulier Chananæa à finibus illis egressa. Cette femme sort de son pays, qui étoit un pays idolâtre. Elle fait ce que Dieu commanda à Abraham de faire, lorsqu'il l'appella à son service, en luy disant : *Egredere de terra tua* : SORTEZ *de vôtre pays*, qui étoit comme le pays de cette femme, un pays d'infidéles & d'idolâtres. Et quoy que l'Evangile ne dise autre chose de cette femme, sinon qu'elle sortit d'un pays d'idolatrie, sans nous marquer qu'elle en sortit par une inspiration particuliere de JESUS-CHRIST : neanmoins nous apprenons par ce que l'Ecriture dit d'Abraham, qui est le pere & le modele de tous les Fidéles, qu'elle n'en est sortie que par une secrete prévention de la grace.

15. Gen. c. 53.

C'est la grace que Dieu fait aux ames qu'il tire du monde, où les Chrétiens mêmes aux yeux de Dieu & des Anges, sont si souvent idolâtres en tant de manieres, & se font autant d'idoles dans le cœur, qu'ils y nourrissent de passions. Il les fait sortir de cette terre malheureuse où Dieu est si peu connu, & où le Dieu du siécle se fait adorer; afin qu'il les rende ses temples vivans, & qu'il trouve en eux de veritables adorateurs.

Mais comme il y a un monde exterieur, corporel & visible, il y en a un autre interieur, spirituel & invisible; & lors même que nous quittons ce premier, nous apportons dans nous ce second; sinon dans tous ses effets & dans toutes ses passions, au moins dans la racine & dans le principe qui les produit, qui subsiste dans nous jusqu'à nôtre mort. Aprés que Dieu nous a fait sortir du monde, il faut travailler à faire sortir le monde de nous. Il faut demander souvent à Dieu qu'il nous dise au fond du cœur comme il a dit à cette femme: *Egredere de terra tua.* Sortez de tout ce qu'il y a dans vous de terrestre, de vos mauvaises inclinations, de vos secretes repugnances, de vos negligences volontaires. Et c'est ce qui nous oblige à crier comme cette femme: *Clamavit: Jesu fili David miserere mei.*

Le cry du cœur est tellement propre aux Fideles, & leur est devenu d'une obligation si indispensable, qu'on peut dire qu'il est enfermé necessairement dans l'essence & le fondement du Christianisme. Car toute la Religion Chrétienne, comme dit si souvent Saint Augustin, est fondée proprement sur la foy de la chute & de la maladie mortelle de l'homme, & de la necessité d'un Sauveur qui le guerisse. Ce cry du cœur est proprement la voix des enfans d'Adam, qui se sentant pressez du joug du peché, & du poids des miseres qui les accablent, s'adressent à Dieu pour luy demander misericorde, & pour implorer son secours par leurs gemissemens & leurs larmes.

C'est en cela principalement que Saint Augustin met la difference des deux états d'Adam si contraires & si opposez; l'un de son innocence & de son bonheur, l'autre de son peché & de sa chute. Ce Saint donne à chacun de ces deux états une priere qui luy est propre. La priere d'Adam innocent & bienheureux étoit une loüange continuelle de Dieu, & une admiration du Créateur dans l'excellence & la beauté des créatures; & la priere d'Adam pécheur & banni, est un cri continuel vers Dieu dans la douleur & le ressentiment de sa misere. *O Adam*, dit-il, *vôtre priere dans le Paradis n'étoit pas un cri de douleur, mais une loüange d'admiration: elle n'étoit pas le gemissement d'un miserable, mais la joye & les délices d'un bienheureux. Mais maintenant que vous êtes chassé par vôtre desobéïssance de ce jardin délicieux, tout ce qui vous reste est de crier à celuy que vous avez offensé. Dieu vous a abandonné quand vous êtes devenu superbe, il s'approchera de vous quand vous serez humble.* IN *paradiso non clamabas, sed laudabas; non gemebas, sed fruebaris. Foris positus clama: Propinquat tribulanti qui deseruit superbientem.*

{*Aug. in Psal. 29. conc. 1.*}

C'est l'état malheureux des enfans d'Adam que David a ressenti si vivement dans luy-même. Il ne parle presque en tous ses Pseaumes que de ses cris, de ses clameurs, de ses rugissemens: *Rugiebam à gemitu cordis mei.*

{*Psal. 37.*}

C'est une chose touchante que de voir comment il fait passer dans ses paroles le mouvement de son cœur; & en combien de manieres differentes il represente au dehors cette playe & cette extrême misere qu'il ressentoit au dedans: tantôt il se considere comme un pauvre & un mendiant: *Ego autem mendicus sum & pauper*: tantôt comme un malade qui languit dans la douleur: *Defecit in dolore vita mea*:

{*Psal. 38.*}

{*Psal. 9.*}

Pour le Jeudy de la I. sem. de Carême. 109

tantôt comme un homme dont les os sont brisez & tout dessechez : *Dum confringuntur ossa mea* ; *ossa mea sicut cremium aruerunt* ; tantôt comme ayant l'esprit tout saisi de frayeur & tout obscurci de ténèbres : *Timor & tremor venerunt super me, & contexerunt me tenebræ :* Tantôt comme une personne qui se trouve au milieu de la tempête, & qui voit déja des flots de la mer qui s'ouvrent pour l'ensevelir : *Veni in altitudinem maris, & tempestas demersit me* ; tantôt comme étant déja tombé dans le précipice, & ne luy restant plus qu'une foible voix pour crier à Dieu du profond de cet abîme : *De profundis clamavi ad te Domine.*

Psal. 41.
Psal. 101.

Psal. 63.

Psal. 68.

Psal. 138.

Plût à Dieu que nous eussions un aussi vif ressentiment de l'état miserable où nous sommes tous, qu'avoit ce Prophete. On seroit dispensé de nous exhorter maintenant à la priere. Mais c'est en cela que nôtre stupidité & nôtre insensibilité est incompréhensible, que croyant tous que nous avons dans nous-mêmes la playe qui faisoit crier David, nul de nous neanmoins ne crie à Dieu comme David.

Cependant c'est la regle excellente que Saint Augustin nous a prescrite, de considerer toutes les expressions de ce Prophete, comme des images de ce qui se passe en nôtre cœur : de nous transformer en quelque sorte dans tous les mouvemens & toutes les passions divines que le Saint Esprit forme dans luy, de craindre quand il craint, de gémir quand il gémit ; & d'attirer par nos pleurs le secours du ciel, lorsque nous voyons qu'il l'implore par la voix de ses larmes : *Vocem fletûs mei.*

Psal. 6.

D'où vient donc cette difference qui se trouve entre nous & ce Prophete ? D'où vient que nos actions sont si dissemblables à nôtre créance ? C'est que ce Prophete avoit une foy vive de ce qu'il disoit, &

que la nôtre est presque toute morte & toute éteinte. Il se consideroit comme accablé de misere, comme percé de douleur, comme tombé dans l'abysme; mais en disant ces choses il les ressentoit, & les ressentoit encore plus vivement qu'il ne les disoit. Pour nous, nous disons après luy ces mêmes choses, mais sans les ressentir. Les mêmes paroles sont passées de sa bouche dans la nôtre; mais la même foy n'est point passée de son cœur dans le nôtre.

Car le propre de la foy est de nous porter à la priere, qui en est comme la premiere fleur & le premier fruit. *C'est la foy qui prie*, dit Saint Augustin, *& Dieu l'a donnée à celuy qui ne le prioit point encore, afin qu'il le pût prier.* FIDES orat, qua data est non oranti. Ce même Saint passe si avant, qu'il dit que nous ne sommes Chrétiens que pour prier. *Ceux qui croyent en Dieu comme ils doivent, ne croyent en luy que pour l'invoquer.* AD hoc credunt qui rectè credunt, ut invocent eum in quem crediderunt.

Aug. epist. 105.

De sorte, selon ce Saint, qu'en vain on croit en Dieu si on ne l'invoque, puisqu'on ne croit en luy que pour l'invoquer. C'est ainsi que s'explique fort bien la parole de Saint Paul: *Que le juste vit de la foy*; parce que la foy le porte naturellement à la priere, & par la priere il obtient toutes les graces qui le préservent de la mort du peché, & qui le font vivre de la vie de Dieu.

Rom. c. 1.

C'est cette foy qui nous applique en particulier la connoissance que nous n'avions auparavant qu'en general, de la foiblesse & de la maladie de l'homme. C'est cette foy qui nous fait sentir avec le même Apôtre cette loy de la chair opposée à la loy de l'esprit, ce poids & cette pente effroyable vers le peché & les creatures, qui combat sans cesse le regne de Dieu en nous; cette source de mort qui se répand

Pour le Jeudy de la I. sem. de Carême. 111
en *des torrens d'iniquité*, comme dit David, & qui nous menace à tout moment de nous entraîner dans une éternelle mort; opposée à cette source d'eau vive que le Sauveur nous promet dans l'Evangile, qui descend du ciel dans l'ame, & qui fait rejaillir les eaux jusques dans le ciel. C'est cette foy qui nous fait dire avec David : *Sauvez-moy, mon Dieu, parce que les eaux* du peché & de la mort *ont penetré jusques dans mon ame.* C'est cette foy qui nous fait dire avec Saint Paul : *Qui me délivrera de ce corps de mort ?* C'est cette foy qui nous fait dire avec la Chananée : *Fils de David, ayez pitié de moy ; mon ame est malheureusement tourmentée par le démon.*

Psal. 17.

Psal. 68.

Rom. 6.

Cette femme étoit touchée de compassion pour la maladie de sa fille. Soyons touchez de compassion pour la maladie de nos ames. Elle reconnoissoit que c'étoit le démon qui tourmentoit sa fille. Reconnoissons que c'est le démon qui nous tourmente. Car c'est la différence qu'il y a entre les maladies exterieures & corporelles, & les maladies interieures & spirituelles. Dans celles-là il n'y a que les causes naturelles qui agissent ; mais dans celles-cy, c'est le démon qui agit. Un air infecté, une vapeur contagieuse cause la peste, sans que le démon s'y mêle, & sans qu'il répande cette contagion d'un corps à un autre. Mais nous avons dans le cœur une peste interieure, comme l'appelle S. Augustin, *pestis interior,* & c'est le démon qui l'ayant d'abord formée dans l'homme l'y nourrit & l'y enflamme sans cesse, & qui répand d'esprit en esprit cet air de mort & cette malignité contagieuse, qui tuë plus d'ames que les plus grandes pestes ne tuënt de corps. C'est pourquoy S. Augustin appelle la concupiscence : *La racine d'une impureté ancienne & hereditaire que le démon a plantée dans l'ame.* ANTIQUA *stirps immun-*

Aug. in Psal. 30.

ditia quam diabolus plantavit in homine.

Ayant donc dans nous une maladie si effroyable, & un ennemi si puissant & si dangereux qui l'augmente & qui l'envehime sans cesse, comment ne crions-nous point à tout moment à Dieu qui peut seul arrêter ce mal, & vaincre cet ennemi : *Ayez pitié de moy ; mon ame est tourmentée par le démon ?*

Je sçay que ce qui nous empesche d'ordinaire de nous adresser à Dieu avec cette ferveur, & qui rend nos prieres si languissantes, c'est qu'il nous semble que Dieu nous traite comme le Sauveur traite cette femme ; qu'il neglige nos prieres, & qu'il ne répond point aux demandes que nous luy faisons : *Non respondit ei verbum.* Mais s'il nous arrive ce qui luy arrive ; c'est à nous aussi à faire ce qu'elle fait, puisque c'est pour cela que JESUS-CHRIST nous la propose comme un modéle de l'ardeur & de la perseverance avec laquelle nous le devons importuner, jusqu'à ce qu'il nous accorde ce que nous luy demandons.

Car peut-on s'ennuyer des retardemens dont Dieu use quelquefois pour nous exaucer, si nous considerons ce que nous sommes, quel est celuy que nous prions, & combien grand est ce que nous luy demandons ? *Quis, quem, quidve petis ?* dit Saint Augustin ; nous ne sommes dignes que de supplices. Ce que nous demandons à Dieu est aussi grand que luy-même : *Petis aliquid à Deo ; & hoc aliquid, ipse Deus est :* & cependant nous nous ennuyons de ce qu'il ne nous exauce pas aussi-tôt que nous le luy demandons.

Aug. Ibid.

Traitons-nous les hommes comme nous traitons Dieu ? Si un Prince étoit assez bon pour faire esperer à un pauvre une des premieres dignitez de son Royaume, & qu'il luy ordonnât pour cela de la luy demander ;

Pour le Jeudy de la I. sem. de Carême. 113
demander ; ce pauvre pourroit-il être assez déraisonnable & assez insensé, pour s'ennuyer si le Prince avoit jugé à propos de differer quelque temps à la luy donner ? La moindre des graces que nous demandons à Dieu est infiniment plus estimable que tout ce qu'il y a sur la terre ; & cependant nous la demandons comme si elle nous étoit duë ; & nous nous ennuyons de la demander, si l'on differe quelque temps de nous l'accorder.

Doit-on chercher une plus grande cause de l'indignité qui est en nous pour recevoir cette grace, que de voir que l'on traite Dieu si indignement ? Vous êtes pauvre. Demandez en pauvre ; c'est-à-dire avec l'humilité, la douceur, la patience, & la perseverance d'un pauvre ; & Dieu tôt ou tard vous exaucera : *Patientia pauperum non peribit in finem.* Mais *Psal. 9.* être pauvre & être impatient & superbe, c'est en même temps avoir besoin de secours, & s'en rendre tout-à-fait indigne.

Ainsi à quelles extremitez réduisons-nous Dieu, & quelles violences faisons-nous à sa bonté ? Il veut nous aider. Il nous commande même de luy demander ses graces. Il n'exige de nous que la reconnoissance de nôtre indignité ; & c'est même pour nous faire entrer plus aisément dans cette humble reconnoissance qu'il differe de nous aider. Et cependant nous nous opposons à ses desseins par nôtre impatience. Nous mettons des bornes à ses misericordes qui n'en ont point. Nous faisons rentrer dans luy-même ses richesses & ses dons qu'il alloit répandre sur nous ; & nôtre orgueil nous ferme la porte de ses graces, que sa bonté nous avoit ouverte.

C'est la misere de l'homme que S. Augustin déplore d'une maniere si touchante, lorsqu'il dit : *Il n'y a* *Aug. in Ps. 8.* *rien de plus miserable que l'homme; il n'y a rien de plus*

Tome II. H

superbe que l'homme. Il n'y a rien de plus digne de compassion que l'homme ; il n'y a rien de plus indigne de compassion que l'homme. Car qu'y a-t-il de plus digne de compassion qu'un miserable, & qu'y a-t-il de plus indigne de compassion qu'un miserable qui est superbe dans sa misere ? *Nihil homine miserius, nihil superbius : nihil misericordiâ dignius, nihil misericordiâ indignius. Quid enim tam dignum misericordiâ quàm miser, & quid tam indignum misericordiâ quàm superbus miser ?* Si l'homme étant pauvre étoit au moins humble, sa pauvreté exciteroit la compassion de Dieu, & son humilité la meriteroit. Mais étant tout ensemble pauvre & superbe, Dieu n'a point pitié de luy comme pauvre, parce qu'il ne le peut souffrir comme superbe : *Pauperem superbum abominabitur Dominus.*

Ce n'est pas là l'exemple que nous donne la Chananée. Elle crie à Jesus-Christ, & Jesus-Christ ne l'écoute point. Il ne daigne pas seulement luy répondre. Elle continuë à prier, & les Apôtres intercedent pour elle. Le Fils de Dieu ne leur répond que pour l'exclure encore davantage, en leur disant : *qu'il n'est venu que pour les Juifs*, & non pour les Payens. Cependant elle ne s'impatiente point de tous ces rebuts. Elle ne se décourage point. Elle est possedée du sentiment de son indignité & de sa bassesse : & plus elle se voit méprisée, plus elle redouble sa foy.

Il y a quelquefois des personnes qui s'imaginent que Dieu les ait abandonnées, quoy qu'on les assure du contraire. Ils ont peine à se rendre à ce qu'on leur dit pour dissiper leurs troubles & leurs défiances ; & dans cette fausse persuasion, ils se laissent aller au découragement, & semblent agir comme si la foy & l'esperance étoient éteintes en elles. Mais voicy une

Pour le Jeudy de la I. sem. de Carême. 115

femme qui ne s'abbat point, qui ne se décourage point, & qui ne se croit point rejettée de Dieu, lorsque Dieu l'assure luy-même qui l'a rejettée.

Il luy dit qu'elle est Payenne, & qu'il n'est point venu pour les Payens. Elle demeure neanmoins persuadée qu'il est venu pour elle, & que quelque refus qu'il luy fasse, elle aura part à ses graces. Plus il la rejette, plus elle le poursuit. Elle s'affermit contre les rebuts. Elle croit contre ce qu'elle voit : elle espere contre l'esperance. Elle dit comme Job : *Quand il m'auroit tuée, j'espereray en luy. Elle vient se jetter à ses pieds & l'adorer*, en luy disant : *Seigneur aidez-moy.*

Voilà le modéle du culte souverain & de la plus haute veneration que nous devons à Dieu, qui est de luy rendre hommage sans cesse, en quelque maniere qu'il nous traite, de demeurer fermes & inébranlables dans la soûmission à ses ordres, de dépendre absolument de sa volonté, de respecter sa conduite, d'attendre ses momens, de nous abandonner à sa providence & à sa sagesse, & de nous tenir trop heureux, lors même qu'il semble ne nous pas écouter, qu'il nous souffre au moins en sa présence; & qu'il veuille bien recevoir nos adorations & nos hommages.

C'est-là l'humilité que Dieu demande de nous, & dont il nous donne un si grand exemple dans la foy de cette femme; selon que S. Augustin nous la represente en ces termes: *Elle crioit dans l'ardeur qu'elle demandoit; elle frappoit puissamment à la porte de la misericorde.* JESUS-CHRIST *ne daignoit pas même la regarder, non pour luy refuser la misericorde qu'elle demandoit; mais pour nous donner un modéle d'humilité.* CLAMABAT *avida impetrandi beneficii, fortiterque pulsabat: & dissimulabatur à Christo; non ut*

H ij

misericordia negaretur, sed ut humilitas commendaretur.

Cecy nous fait voir que nous nous trompons beaucoup, de croire que Dieu n'agrée pas nos prieres, lorsqu'il ne nous donne pas quelque marque sensible que nous ayons été exaucez ; puisque nous voyons au contraire que le Sauveur qui semble avoir oublié cette femme, qui ne daigne pas même l'écouter, ny luy parler, qui dissimule de l'entendre, dit *Saint Augustin* : *Dissimulabatur à medico* ; est neanmoins trés-resolu de l'exaucer. Les suspensions dont il use à son égard, sont de veritables faveurs. Cette dissimulation apparente est une addresse de sa bonté. Ces silences sont des paroles ; ces rebuts sont des graces, & lorsqu'il la rejette de luy avec plus de mépris, & qu'il y ajoûte même une injure, il est tout prest de récompenser sa foy, d'admirer sa perseverance, & de couronner son humilité.

Voilà le tableau visible de la conduite invisible dont Dieu se sert envers ses enfans, que Saint Paul appelle les enfans de la foy. Il ne les exauce pas tout d'un coup. Mais en differant de les exaucer, il les exauce en effet. Ces suspensions & ces retardemens dont il use à leur égard, exercent leur foy, éprouvent leur patience, & leur inspirent un plus grand sentiment de leur indignité, qui les rendant vraiment humbles, les rend dignes d'être exaucez.

C'est pourquoy Saint Augustin s'étant objecté un passage de l'Ecriture qui paroît contraire à ce que nous disons : *Vous ne m'aurez pas si-tôt invoqué que je vous exauceray* ; y répond divinement en ces termes : *Dieu ne laisse pas de nous secourir*, dit-il, *lorsqu'il differe de nous secourir. Le retardement de son secours est un secours ; suspendant son assistance, c'est en cela même qu'il nous assiste, puisque s'il accomplis-*

Aug. de verb. Dom. serm. 4. c. 3.

Pour le Jeudy de la I. sem. de Carême.

soit les desirs impatiens & précipitez que nous avons de guerir, nous ne pourrions recevoir de luy qu'une guerison imparfaite & précipitée. SED Deus & cùm differt adest, & quòd differt adest, & differendo adest, ne præproperam dum implet voluntatem, perfectam non impleat sanitatem.

Aprés cela il est inutile d'exhorter les Chrétiens à la priere, & à fuïr les tiedeurs & les negligences où l'on tombe lorsqu'on n'en sent pas les effets sensibles. Cette femme les y exhorte assez. Elle ne parle pas simplement, mais elle crie. Elle a crié devant JESUS-CHRIST & devant les Apôtres. Elle crie encore dans l'Evangile, & ce cri de la foy formé dans son cœur par le Saint Esprit, se fera entendre dans la succession de tous les siécles.

Ne seroit-ce pas un sujet de rougir à des Chrétiens, qu'ils ne fissent pas ce que fait une femme Payenne ? Et les Payens, comme enseigne Saint Augustin sur cet Evangile, ayant été marquez par les pierres dont Dieu devoit susciter des enfans à Abraham, ne peut-on pas dire en cette rencontre, que si les enfans de Dieu se taisent & ne luy parlent point dans leurs prieres, les pierres crieront : *Si isti tacuerint, lapides clamabunt ?*

Ce temps même si sacré du Carême les y exhorte particulierement. Le jeûne & la priere ont toûjours été inséparables. Car le jeûne fortifie la priere, & la priere sanctifie le jeûne. Et ce seroit peu pour eux d'offrir leurs corps à Dieu par le jeûne & les exercices de la penitence, comme une victime sainte qui luy doit plaire, s'ils n'avoient soin en même temps d'y joindre *ce culte raisonnable & spirituel* que nous ordonne Saint Paul, dont la priere humble & fidéle est comme l'essence & le cœur.

Mais les dernieres paroles de cette femme meritent une attention toute particuliere, & on ne les peut lire sans être touché. Le Fils de Dieu l'ayant rejettée plusieurs fois, & luy disant enfin comme pour l'exclure absolument: *Qu'il n'étoit pas juste de donner aux chiens le pain des enfans*, non seulement elle ne s'offense pas de cette injure, mais elle l'accepte de tout son cœur, & s'en sert même pour le presser avec plus d'instance, & comme pour le forcer à luy accorder ce qu'elle demande: *Il est vray, Seigneur, je ne suis qu'une chienne ; mais les chiens au moins mangent les miettes qui tombent sous la table de leurs maitres.*

Ces paroles, comme dit Saint Augustin meriteroient plus d'être meditées que d'être expliquées. Comme elles sont nées de l'effusion du cœur de cette femme on peut dire aussi que la vertu & l'impression divine qu'elles renferment, ne peut être penetrée que par le cœur. Pour comprendre en quelque sorte l'humilité prodigieuse que cette femme fait paroître dans ces paroles, nous n'avons qu'à considerer les états principaux d'humilité que le Fils de Dieu nous a décrits luy-même dans l'Evangile.

On sçait qu'il nous ordonne qu'étant invitez aux nopces, c'est-à-dire à l'Eglise, nous nous tenions dans la derniere place. Cette humilité est grande en effet, & elle est d'autant plus considerable, que c'est JESUS-CHRIST luy-même qui nous l'enseigne. Mais neanmoins c'est là l'humilité des enfans. Car il faut être enfant de Dieu pour être assis à sa table ; & quoy qu'on soit au dernier rang, on ne laisse pas d'être au rang des enfans.

Le Fils de Dieu representant ailleurs tous les Chrétiens comme les serviteurs du Pere de famille, dit que celuy qui veut être le premier d'entre eux, doit s'estimer le dernier. Cette humilité est grande encore ; mais neanmoins quoy que ce soit un grand rabaissement que d'être au dessous de tous les autres, c'est un grand honneur que d'être le serviteur d'un si grand maître.

Mais cette femme sort de ces deux rangs pour en composer comme un troisième qui luy est particulier. Elle n'a garde d'aspirer au rang des enfans. Elle n'ose aussi se mettre au nombre des serviteurs. Elle se réduit à celuy des bêtes. Les enfans sont assis à la table, & mangent le pain du pere. Les serviteurs ont aussi leur table, & mangent du pain qui a servi aux enfans. Mais celle-cy se contente d'être sous la table, & se tient trop heureuse d'y ramasser avec les chiens les moindres miettes qui tombent.

Il faut avoüer que l'humilité de cette femme ne pouvoit aller plus loin. Les autres sont humbles en les comparant avec ceux qui sont superbes : mais celle-cy est excessivement humble, en la comparant avec les plus humbles. Et il est vray de dire qu'aprés même qu'une personne sera réduite à un des rangs d'humilité qu'à marquez le Fils de Dieu, il faudra qu'elle descende par plusieurs degrez, pour venir enfin jusques dans cet abîme d'humilité où cette femme est réduite.

Mais ce qui est encore plus considerable, c'est que ce n'est pas simplement elle qui s'est mise par son choix en cet état ; ce qui seroit neanmoins beaucoup, étant fait avec une veritable sincerité. Mais de trouver bon qu'on la traite comme une chienne, que l'on fonde sur ce reproche le refus qu'on luy fait de sa demande, & d'agréer qu'on la rebute en cette maniere injurieuse devant tout le monde ; c'est la preuve d'une humilité qui est incomprehensible à l'esprit des hommes. Car on sçait assez qu'il y a une difference presque infinie entre former simplement

H iiij

dans nous des pensées qui nous rabaissent, & souffrir qu'on nous rabaisse effectivement. Nous voulons bien quelquefois nous humilier nous-mêmes, mais nous ne voulons point que les autres nous humilient.

Et je ne doute pas qu'il n'y ait beaucoup de personnes qui font profession de pieté qui se font mis souvent en esprit au rang de cette femme, qui neanmoins auroient une peine extrême si on les traitoit d'une maniere beaucoup moins injurieuse que celle dont elle a été traitée.

C'est pourquoy c'est avec grande raison que le Fils de Dieu s'écrie : *O mulier, magna est fides tua !* O humilité vrayment grande puisqu'elle est admirée par celuy qui est infiniment humble ! O heureuse femme qui est loüée par la bouche de Dieu même ! Saint Paul dit que JESUS-CHRIST au dernier jugement rendra à chacun la loüange qu'il aura meritée. Mais icy le Fils de Dieu prévient son jugement pour loüer cette femme devant tout le monde, comme il l'avoit luy-même si profondément abaissée devant tout le monde.

Mais ne nous vient-il point en l'esprit qu'au lieu que le Sauveur admire en cet Evangile l'humilité de cette femme, il admire peut-être aujourd'huy l'orgueil & la présomption des Chrétiens ? Car ne seroit-il pas bien raisonnable qu'il trouvât dans ses enfans, dans ceux qu'il a regenerez par son sang & par son Esprit, une humilité aussi grande que celle qu'il avoit trouvée dans une Payenne ? Et cependant qui est aujourd'huy celuy qui osât croire, je dis pas qu'il fût arrivé, mais qu'il approchât du degré d'humilité où cette femme s'est aneantie ?

C'est là neanmoins proprement la fin pour laquelle nous sommes Chrétiens. On cherche quelquefois avec beaucoup d'empreſſement la vie parfaite. Mais la vie la plus parfaite eſt celle qui eſt la plus humble. S'il y a des femmes mariées dans le monde qui ſoient aux yeux de Dieu plus humbles que les vierges retirées dans des monaſteres, elles ſont plus parfaites que les vierges.

S'il y en a qui au milieu des engagemens du monde, parmy les afflictions de la pauvreté, parmy les perſecutions de leurs proches, parmy les mépris & les rebuts des hommes, parmy les injures de ceux qui les devroient aſſiſter, embraſſent de tout leur cœur cét état où Dieu les met, & s'abaiſſent d'autant plus qu'il les abaiſſe : celles-là certainement ſont plus ſemblables à la Chananée que les vierges qui font profeſſion d'une vie ſi ſainte, & ainſi ſont plus parfaites que les vierges.

C'eſt pourquoy les vierges conſacrées à Dieu doivent craindre qu'il n'arrive que pendant que ces perſonnes conſiderent les ames religieuſes comme dans un rang d'honneur & de vertu ſans comparaiſon au-deſſus d'elles, qu'elles les regardent comme les filles & les épouſes de JESUS-CHRIST, qu'elles eſperent beaucoup de graces par le ſecours de leurs prieres ; & qu'en ſe comparant avec elles, elles ſe regardent comme des chiens, & ſe tiendroient heureuſes de ramaſſer les miettes qui tombent de leur table, c'eſt-à-dire, d'avoir quelque petite part à tant de graces, à tant d'aſſiſtances, à tant d'avis, à tant d'inſtructions, à tant de bons exemples qu'elles ont : ces vierges doivent craindre, dis-je, que JESUS-CHRIST qui voit le fond des cœurs, & qui juge des choſes par le dedans & non par le dehors, ne leur diſe encore en admirant la fidelité & la patience de ces perſonnes cachées dans le monde : *O mulier, magna eſt fides tua!* O femme, vôtre foy

& vôtre humilité est grande ; & qu'il ne dise au contraire quelquefois à quelques-unes de ces vierges, en les voyant si peu fondées dans la charité qui ne s'enfle point, qui ne s'aigrit point, & qui souffre tout : *O virgo, parva est fides tua ?* O VIERGE, *vôtre foy est bien petite.*

Ainsi que ces personnes consacrées à Dieu conservent l'avantage où il a plû à Dieu de les mettre. Le monde est le lieu de la vanité. La religion est le lieu de l'humilité. Il seroit bien étrange que se trouvant quelquefois des personnes humbles parmy les superbes ; il s'en trouvât au contraire quelques-unes qui devinssent superbes parmy les humbles.

C'est ce qu'aprehendoit le grand S. Gregoire, lorsque considerant les relâchemens qui arrivent quelquefois dans les maisons religieuses, il ne craint pas de dire, que comme la Chananée qui étoit Payenne, est devenuë la condamnation des Juifs, aussi il se trouvera dans le dernier Jugement des personnes seculieres, qui couvriront de honte & de confusion les personnes Religieuses : *La foy des Gentils sera la conviction de l'infidelité des Juifs, & l'humilité des personnes seculieres sera la confusion de l'orgueil des personnes religieuses* : *Ex actione Gentilium redarguetur vita Judæorum, & ex actione secularium confundetur vita religiosorum.*

Greg. in Job. lib. 1. c. 6.

Mais elles éviteront ce malheur, & elles se conserveront dans les avantages si particuliers de leur état si saint, si elles ont soin de bien considerer l'exemple de la Chananée, & en même tems l'exemple de celuy qui luy a imprimé dans le cœur cette humilité qu'il a admirée, & qui s'est loüé luy-même en la loüant. Nous ne pouvions trouver tantôt un degré d'humilité qui fût aussi bas que celuy de cette femme. Mais nous en trouvons dans JESUS-CHRIST un qui est encore plus bas. La Chananée a dit : *Je suis une chienne*, & non une femme ; le Fils de Dieu a dit : *Je suis un ver, & non un homme.* Les chiens sont au moins traitez comme des animaux, & sont souvent même aimez des hommes ; mais le ver est foulé aux pieds de tous. C'est pourquoy ayant dit qu'il est un ver, il ajoûte : *Je suis l'opprobre des hommes.*

Psal. 21.

C'est là l'humilité d'un Dieu. Et certes il étoit bien raisonnable, comme a dit un Pere de l'Eglise Grecque, que Dieu parut aussi grand dans ses abbaissemens que dans sa gloire ; que voulant s'humilier il s'humiliât en Dieu, & que son humilité surpassât autant celle des hommes, qu'il est luy-même au-dessus des hommes. C'est donc luy qui doit être nôtre modéle, & qui nous enseigne, que puisqu'il a été d'autant plus humble qu'il étoit plus grand ; plus nôtre état nous élevera au-dessus des autres, plus aussi nôtre humilité devra être élevée au-dessus de la leur.

Aussi c'est luy qui adressant sa voix encore plus aux parfaits qu'au commun des Chrétiens, leur crie : *Apprenez*, non seulement de la Chananée, mais *de moy, que je suis humble de cœur.* Mais ce qui nous doit consoler & encourager, c'est que lorsqu'il a parlé de la sorte, il n'a pas voulu dire simplement, Apprenez à être humbles par mon exemple, ce qui certainement ne pouvoit suffire ; mais il a voulu dire, comme l'explique un Pere de l'Eglise Grecque : Apprenez de la presence de mon Esprit, de l'infusion de ma lumiere, & de l'operation efficace de ma grace dans vos ames, que je suis doux & humble de cœur ; & que comme c'est moy qui commande aux hommes d'être humbles, c'est moy aussi qui leur inspire une humilité qui ait quelque rapport avec la mienne.

POUR LE VENDREDY
DE LA I. SEMAINE DE CAREME.

Jacebat multitudo magna languentium expectantium aquæ motum. *Joan.* 5.

Il y avoit auprés de la Piscine une grande multitude de malades, qui attendoient que l'Ange eût remué l'eau.

Our tirer de ce grand miracle que fait aujourd'huy le Fils de Dieu, & qui est l'image de nôtre justification, les instructions excellentes qui y sont renfermées, nous considererons,

I. Comment à l'imitation de ce malade de nôtre Evangile nous devons reconnoître la maladie de nôtre ame.

II. Comment nous devons avoir une volonté sincere & veritable de guerir.

III. Ce que c'est que de se lever, & de porter son lit, selon les paroles mysterieuses que JESUS-CHRIST a dites à ce malade.

I.

Il y avoit à Jerusalem, dit le texte de nôtre Evangile, une Piscine qui étoit environnée de cinq galeries, dans lesquelles étoit couchée une grande multitude de malades, d'aveugles, de boiteux, &

d'autres qui étoient devenus secs & hétiques, qui attendoient que l'eau eût été remuée, parce que l'Ange du Seigneur descendant en un certain temps dans la piscine, remuoit l'eau. Et alors celuy des malades qui y entroit le premier, étoit gueri de quelque maladie qu'il pût avoir.

Voilà la lettre de nôtre Evangile, il en faut maintenant rechercher l'esprit. Premierement il est indubitable que ce malade representoit toute l'Eglise, & par consequent chacun de nous qui en sommes les membres. C'est ce qui a fait dire à Saint Augustin, expliquant ces paroles du Pseaume : *Ego sum pauper & dolens* : JE *suis pauvre & malade* ; c'est tout le corps de JESUS-CHRIST, dit-il, c'est-à-dire toute l'Eglise, qui addresse ces paroles à Dieu *Tout le corps de* JESUS-CHRIST *en ce monde est un pauvre & un malade accablé de douleur.* TOTUM *corpus Christi hoc dicit. Corpus Christi in hac terra pauper est & dolens.* <small>Psal. 68. Aug. in Psal. 88.</small>

Aussi nous pouvons dire que tous les Chrétiens sont compris sous les trois especes de malades qui sont nommez dans nôtre Evangile. Car il est dit que les uns étoient aveugles, les autres boiteux, & les troisiémes secs & hétiques. Les *aveugles* proprement marquent ceux qui étant enchantez des plaisirs du monde, sont frapez de Dieu d'un aveuglement funeste par lequel ils ne discernent plus ce qu'ils font, & prennent les ténébres pour la lumiere. Ce sont ces personnes que dépeint le Sage lorsqu'il dit : *La voye des méchans est remplie de ténébres ; ils tombent souvent sans qu'ils le sçachent.* <small>Prov. c. 3.</small>

Les *boiteux* marquent proprement ces personnes qui font profession de pieté, mais de telle sorte que leur cœur est partagé entre Dieu & le monde. Ils veulent faire ce que JESUS-CHRIST assure qu'on ne peut faire, qui est de servir deux maîtres. C'est de ceux-là que le Roy Prophete dit excellemment : *Des enfans étrangers & illegitimes m'ont dit faussement qu'ils étoient mes enfans, & étant semblables à des boiteux, tous leurs pas ont été tortus & dereglez.*

C'est pourquoy le Prophete Elie étant émû autrefois d'une sainte indignation contre les Juifs, dont le cœur étoit divisé & partagé de la sorte, leur dit : *Jusqu'à quand serez-vous semblables à des boiteux, qui vont tantôt d'un côté, & tantôt de l'autre ? Si le Seigneur est vôtre Dieu, donnez-vous tout à luy. Et si Baal est vôtre Dieu, donnez-vous tout à luy.* Comme s'il eût dit par avance la parole de JESUS-CHRIST, dans l'Evangile : *Vous ne pouvez servir deux maîtres, Dieu & le demon.* Soyez tout à l'un, ou tout à l'autre.

Les troisiémes qui ont le corps *sec & hetique*, nous representent ceux qui veulent être à Dieu, & qui ont même déja reçû des graces de luy, mais qui n'étant pas assez soigneux de l'invoquer, & d'avoir recours à luy, sont encore foibles & languissans. C'est l'état que David nous marque, lorsqu'il dit : *J'ay été frappé du chaud comme le foin : & mon cœur est devenu tout sec, parce que j'ay oublié de manger mon pain.*

Voilà l'image de nos maladies ; & le premier moyen d'en guerir, est de reconnoître qu'on est malade. Il faut donc premierement venir à Dieu comme des aveugles, & luy dire : *Mon Dieu, éclairez mes tenebres.* Il faut venir à Dieu comme des boiteux, & luy dire avec le même Prophete : *Faites que je marche droit en me conduisant selon vos paroles.* Enfin il faut aller à Dieu comme étant tout secs & arides, & luy dire avec le même Roy : *Sicut adipe & pinguedine repleatur anima mea :*

Donnez *à mon ame la force & la vigueur d'une parfaite santé.*

Secondement, il faut reconnoître que si l'Ange ne décend du ciel pour remuër l'eau, c'est-à-dire, pour remuër le cœur, il est impossible d'être guery. C'est ce qui trompe extrémement les hommes. Ils s'imaginent qu'ils pourront revenir à Dieu avec la même facilité qu'ils se sont separez de luy. Ils ne considerent pas cét oracle de Jesus-Christ qui est infaillible : *Nul ne peut venir à moy, si mon Pere ne l'entraîne par un mouvement de grace.*

Ainsi on met toute sa confiance aux Sacremens, sans se mettre en peine de la preparation qui y est necessaire, & sans se souvenir que l'Eglise chante du premier de nos Sacremens : *Qu'il est aussi bien la mort des méchans*, c'est-à-dire, de tous ceux qui s'en approchent indignement, *que la vie des bons.*

Car comme il ne suffisoit pas à ces malades pour être gueris, de se jetter dans l'eau de cette Piscine, mais qu'il falloit auparavant que l'Ange l'eût remuée ; ainsi il ne suffit pas d'aler aux Sacremens qui sont comme la Piscine salutaire de nos ames, si auparavant Dieu n'a remué nôtre cœur pour nous disposer à les recevoir.

II.

Le Fils de Dieu parmy ce grand nombre de malades, en voyant un qui étoit là depuis trente-huit ans, luy dit : *Voulez-vous être gueri ?* Cette demande pourroit d'abord sembler inutile, si le Fils de Dieu n'avoit voulu que guerir cét homme simplement, sans figurer par sa maladie celle de nos ames. Car qui doute qu'un homme très-malade, & depuis long-tems, ne veüille, & ne souhaite ardemment d'être guery ? Mais si cela est vray des maladies du corps, le contraire se rencontre dans les maladies de l'ame.

Car les personnes qui sont engagées dans l'amour du monde, non seulement ne veulent pas guerir, mais ils ne veulent pas même croire qu'ils sont malades; & ils sont pour l'ordinaire dans cét état déplorable que décrit saint Augustin, lorsqu'il dit : *Il n'y a point de maladie plus incurable que celle d'un homme qui croit être sain lorsqu'il est malade.* NEMO *est insanabilior eo qui sibi sanus videtur.* C'est pourquoy la premiere grace que Dieu fait à ces personnes, c'est de leur faire sentir leurs playes & leurs maladies. Et la seconde est de leur donner un desir veritable d'être gueris.

Et cette volonté veritable de guerir se trouve rarement, je ne dis pas seulement dans les grands pecheurs; mais dans ceux mêmes qui ont déja commencé à servir Dieu, & qui font une profession particuliere d'être à luy. Car comme dit trés-bien saint Augustin, vouloir être guery de ses playes, n'est pas seulement le desirer foiblement & imparfaitement, mais c'est *le vouloir fortement & entierement* : FORTITER *& plenè* : en avoir une pleine & une entiere volonté, & non pas avoir une volonté partagée; *Une volonté qui s'éleve d'une part à Dieu, & qui de l'autre retombe dans sa foiblesse & dans ses mauvaises inclinations* : VOLUNTATEM *parte assurgente cum alia parte cadente luctantem.*

Ainsi il y a deux volontez dans ces personnes; une volonté vieille, & une volonté nouvelle; une volonté charnelle, & une volonté spirituelle; une volonté de peché & une volonté de grace. Et quoy que cette volonté charnelle & corrompuë n'ait pas en effet le dessus dans les ames qui sont à Dieu; neanmoins elle affoiblit souvent d'une telle sorte la
volonté

volonté sainte & spirituelle que Dieu leur a donnée, qu'ils ne veulent point en effet être guéris en cette maniere que saint Augustin demande, c'est-à-dire, *fortiter & plenè*, par une pleine & entiere volonté. C'est pourquoy ils n'obtiennent point de Dieu cette parfaite guerison de leurs playes.

La premiere chose qu'il faut dire quand on reconnoît qu'on n'a pas encore cette volonté, c'est de ne pas imiter ces personnes, qui demeurent toûjours dans le même état, & qui ne se mettent point en peine de travailler pour eux-mêmes, parce, disent-ils, qu'ils se sentent tout froids, qu'ils n'ont point la grace, & qu'ils n'ont pas encore une veritable volonté de servir Dieu.

Cét état est trés-dangereux, & tout-à-fait contraire à ce que nous voyons dans nôtre Evangile. Car tout ce grand nombre de malades qui s'amassoit autour de cette Piscine, sçavoit qu'il n'y en auroit qu'un seul d'eux tous qui seroit guery, & neanmoins ils s'y faisoient tous porter, & y demeuroient avec incommodité, quoy qu'ils sceussent que le bien que tous desiroient, ne pouvoit être possedé que d'un seul. Si donc vous voulez faire voir que vous pensez à vôtre salut, usez des moyens que l'Eglise vous presente, & particulierement en ce saint tems, qui est un tems de benediction & de salut.

Agissez comme un veritable enfant de l'Eglise. Prenez part aux jeûnes, aux prieres & à la devotion publique & generale de vôtre mere. Il n'est pas besoin de vous mettre en peine pour cela, si vous avez une volonté pleine & entiere de guerir. Car Dieu s'est reservé la connoissance du fond de nos cœurs, mais il nous a commandé de faire les bonnes œuvres : *Hoc fac & vives* : FAITES *cela, & vous vivrez.*

Que si vous dites : J'ay commencé souvent à faire ces choses, & je n'en suis pas devenu meilleur. Je vous réponds avec nôtre Evangile : Avez-vous fait cela trente-huit ans durant, comme ce malade qui venoit tous les ans inutilement à la Piscine ; & cependant il y revint la trente-neuviéme année, & il fut guery ?

Enfin vous étes dans l'Eglise, dans laquelle vous faites profession de croire qu'elle a le pouvoir de remettre les pechez. Comme vous dites : *Je croy qu'il y a un Dieu* ; vous dites aussi, *Je croy la remission des pechez.* Si donc vous étes Chrétien, si vous étes vray fidéle, croyez & esperez : *Découvrez à Dieu vôtre état & vôtre misere, & esperez en luy, & luy-même agira dans vôtre cœur.* IPSE FACIET.

III.

Aprés avoir vû ce que demande le Fils de Dieu à ce malade, afin qu'il soit en état d'être guery, voyons maintenant la maniere en laquelle le Fils de Dieu le guerit. *Levez-vous, & emportez vôtre lit.* S. Augustin explique trés-bien ce qui est marqué par ce lit, sur ces paroles du Pseaume : *Que le Seigneur daigne le secourir sur le lit de sa douleur :* Le lit de douleur, dit ce Saint, c'est la foiblesse & l'infirmité de la chair. LECTUS *doloris infirmitas est carnis.* Et nous pouvons dire encore, qu'heureux sont ceux à qui ce lit est un lit de douleur.

Car il y en a beaucoup à qui les inclinations de la chair & de la nature corrompuë sont un lit de plaisir, puisqu'ils se plaisent à les satisfaire au lieu de travailler à les détruire. Je ne parle pas icy des inclinations criminelles. Je parle de celles qui subsistent même dans les gens de bien, & dans ceux qui sont

Aug. in Psal. 40.

guéris miraculeusement comme ce malade de nôtre Evangile.

Cependant la vraye marque qu'on est gueri, c'est de haïr ce lit & cette foiblesse de la chair, de n'y mettre point son repos, mais de s'efforcer toûjours de luy resister. Car si on se plaît dans cette foiblesse, on est encore malade, on est encore couché sur ce lit. Mais si on en a de l'aversion, si on est fâché quand on s'y est laissé aller, si on travaille pour s'en dégager, alors on n'est pas couché sur ce lit, mais au contraire on a la force de le porter comme ce malade.

C'est ce que S. Augustin dit trés-bien: *Votre lit vous portoit lorsque vous étiez malade; mais maintenant étant sain vous portez votre lit:* PORTABAT te lectus, nunc tu porta lectum tuum. Pour entrer donc en cét état, il faut que ce lit de nos mauvaises inclinations nous devienne un lit de douleur, en nous souvenant de cette excellente parole de S. Augustin: *La plus grande douleur que nous puissions recevoir parmy la misere de cette vie, c'est de voir que comme l'esprit est toûjours opposé à la chair, la chair aussi combat toûjours contre l'esprit.* NON aliunde tantum dolorem habet humana miseria, quàm inde quòd caro concupiscit adversùs spiritum, & spiritus adversùs carnem.

―――――――――――

L'Evangile du Samedy de la I. semaine de Carême est le même que celuy du Dimanche qui le suit.

POUR LE II. DIMANCHE
DE CARESME.

Assumpsit Jesus Petrum, & Jacobum, & Joannem fratrem ejus, & transfiguratus est ante eos.
Matthai 17.

Jesus *prit avec luy Pierre, Jaques, & Jean son frere; & les ayant menez sur une haute montagne, il se transfigura devant eux.*

C'Est avec une grande raison que l'Eglise conduite par le saint Esprit, aprés nous avoir representé il y a huit jours le Sauveur combattant dans le desert contre le démon, nous le represente maintenant sur le Thabor, avec un visage resplendissant comme le Soleil, faisant paroître sa gloire devant ses disciples. Car encore que ces deux états semblent opposez l'un à l'autre, ils s'allient neanmoins parfaitement dans le dessein que l'Eglise se propose, puisqu'ayant appris par le premier à ses enfans, qu'entrant au service de Dieu, comme dit le Sage, ils doivent se preparer à la tentation: que cette vie est une vie de combat; & qu'ils doivent embrasser le jeûne & la retraite, pour y vaincre le démon, selon l'exemple, & avec le secours du Sauveur: Elle leur apprend maintenant qu'ils ne doivent point s'abatre dans ces exercices pénibles; mais relever leur esprit & leur cœur par la consideration de la gloire, que le même Sauveur fait voir aujourd'huy, s'aſſûrant, ſelon la parole du grand Apôtre, que s'ils ſont compagnons de ſes combats, ils le ſeront auſſi de ſa gloire. C'eſt pourquoy nous tâcherons de faire voir aujourd'huy,

I. Que cette retraite qui nous étoit propoſée il y a huit jours, doit être accompagnée premierement de la priere, & d'une priere qui faſſe en nous un effet proportionné à celuy qui paroît aujourd'huy en JESUS CHRIST transfiguré enſuite de ſa priere.

II. Nous montrerons que le travail de nôtre penitence doit être toûjours accompagné de confiance & de joye, comme le Sauveur aujourd'huy allie ſa gloire avec ſa croix, faiſant voir l'une, & parlant de l'autre.

III. Nous ferons voir ſelon cette voix de tonnerre que le Pere fait entendre du ciel, que nous ne devons écouter que JESUS-CHRIST, qui eſt le maître veritable de la loy nouvelle.

I.

La retraite dont le Fils de Dieu nous donnoit l'exemple il y a huit jours, eſt une choſe ſans doute tres-importante, & neceſſaire même à tous ceux qui veulent vraiment ſervir Dieu, & penſer ſerieuſement à leur ſalut. Car encore que tous ne puiſſent pas ſe retirer d'une même ſorte, tous neanmoins le doivent faire autant qu'ils le peuvent, tâchant de ſe retirer & de ſe détacher toûjours du monde & d'eux-mêmes pour s'unir à Dieu de plus en plus.

Mais cette retraite ne ſeroit qu'une retraite humaine & de Philoſophe, ſi on n'avoit ſoin en même tems de la ſanctifier & de la conſacrer en quelque ſorte par la priere. Car ſi la retraite nous ſepare du monde, la priere nous ſepare de nous-mêmes. L'une est comme le lit où se doit mettre le malade pour recouvrer la santé ; l'autre le mene au medecin qui luy fait voir ses playes, & qui luy donne les remedes pour les guerir.

C'est ce que nous voyons aujourd'huy marqué excellemment dans nôtre Evangile. Jesus-Christ se retire seulement avec trois de ses disciples sur une montagne, où il se met en priere. Ensuite de sa priere son visage devient lumineux, comme il est marqué expressément dans saint Luc : *Son visage vint tout autre, & parut éclatant de lumiere lorsqu'il prioit.*

Voicy donc ce que nous apprend aujourd'huy le Fils de Dieu par son exemple. Il nous montre que comme c'est en vain que nous jeûnons, si nous ne soûtenons nôtre jeûne par la retraite ; c'est en vain aussi que nous nous retirons, si nous ne soûtenons & ne sanctifions nôtre retraite par nôtre priere. Car pourquoy nous retirons-nous, sinon pour nous guerir de nos blessures ? Et comment nous adresserons-nous autrement à luy que par la priere ?

Mais il faut remarquer qu'il y a cette difference entre Dieu & les hommes, qu'un homme parlant à un autre homme peut trouver aisément des paroles pour luy representer l'indigence dans laquelle il est, & pour luy demander le secours dont il a besoin : mais Dieu au contraire est si grand, que les hommes ne peuvent d'eux-mêmes trouver des paroles pour exprimer leur misere, & le secours qu'ils luy demandent ; de sorte que la premiere grace qu'il leur fait, est de leur faire demander sa grace, comme dit saint Fulgence : *Opus gratiæ, desiderium gratiæ est :* C'est *déja avoir reçû un grand don, que de luy pouvoir demander ses dons.*

C'est ce que l'Apôtre saint Paul nous enseigne,

lorsqu'il dit : *Nous ne sçavons ny ce que nous devons demander, ny la maniere en laquelle nous le devons demander.* Et c'est ce que l'Eglise nous confirme encore dans ses prieres publiques, lorsqu'elle dit à Dieu : *Faites nous demander ce qui vous est agreable, afin de nous accorder ce que nous vous demandons.* ET *ut petentibus desiderata concedas, fac eos qua tibi sunt placita postulare.*

Cecy peut-être d'abord paroîtra étrange, puisqu'il semble si facile de parler à Dieu en luy adressant quelques prieres. Mais saint Augustin répond à cecy excellemment : *Combien y en a-t-il dont la bouche parle à Dieu, & dont le cœur est muet ?* Et au contraire, ajoute-t-il : *Combien y en a-t-il dont le cœur pousse des cris vers Dieu, pendant que leur bouche est dans le silence ?* QUAM *multi sonant voce, & corde muti sunt ?* QUAM *multi tacent labiis & clamant affectu ?*

Ainsi pour ne dire que cette regle de la pierre, en l'honneur de celle qui a été cause de la Transfiguration du Fils de Dieu, qui est une regle qui enferme toutes les autres, nous devons nous appuyer toûjours sur cette verité constante, établie au même lieu par ce même Pere, que pour prier veritablement, *nous devons prier Dieu par les affections & non par les pensées :* AFFECTIBUS *orare debemus.* C'est le cœur qui prie, & non l'esprit ou la bouche. Et c'est ce qui a fait dire à ce S. Docteur, que souvent le cœur est muet, lorsque la bouche parle.

Mais alors il est trés-veritable que nous ne parlons point à Dieu, & que Dieu ne nous entend point ; puisque, comme ajoûte ce grand Docteur, *comme la bouche de l'homme parle à l'oreille de l'homme ; ainsi le cœur de l'homme parle à l'oreille de Dieu :* SICUT *os hominis loquitur ad aures hominis ; sic cor hominis ad aures Dei.* Puis donc que la priere est un mouvement du cœur, il n'y a que celuy qui peut remuër le cœur, qui nous puisse faire veritablement prier.

Delà vient que souvent en ne priant que par la bouche ou par l'esprit, nous nous trompons nous-mêmes; & le moyen de reconnoître cette tromperie, c'est de voir si la priere fait en nous l'effet qu'elle produit aujourd'huy dans le Sauveur. *Son visage devint tout autre en priant, & il parut tout éclatant de lumiere.*

Voulez-vous donc voir si vôtre priere est veritable, si c'est une priere du cœur, si elle est entenduë de celuy à qui on ne parle que par le cœur, & qui ne parle qu'au cœur; voyez si vôtre visage, c'est-à-dire, vôtre ame est transfigurée, si elle est remplie de la lumiere de Dieu, si vous aimez tout ce qu'il aime, si vous faites tout ce qu'il commande, si vous approuvez tout ce qu'il approuve, si vous condamnez tout ce qu'il condamne.

Voyez si tous vos vétemens sont blancs, c'est-à-dire, si toutes vos paroles & toutes vos actions sont faites en Dieu & pour Dieu, puisque nos vétemens doivent être blancs comme la neige, aprés être revenus du peché; selon cette parole de ce grand Roy penitent: *Vous me laverez & vous me purifierez par vôtre grace; & aprés cela je deviendray plus blanc que la neige.*

Psal. 50.

II.

La 2. chose que nous avons à remarquer dans ce mystere, c'est que le Fils de Dieu paroissant ainsi plein de gloire & de majesté, entre Moyse & Elie, il s'entretient avec eux de ses souffrances & de sa mort.

On ne s'arrête pas sur la raison pour laquelle ces

deux grands Saints ont paru plûtôt en ce jour avec le Fils de Dieu, que quelques autres du nombre des Patriarches. Saint Augustin la rapporte, en disant que c'est parce que Moïse marquoit la Loy, & Elie les Prophetes; & qu'ainsi paroissant avec Jesus-Christ, ils ont verifié cette parole que Saint Paul a dite depuis: *La justice de Dieu a paru maintenant, ayant reçû le témoignage de la Loy & des Prophetes:* De *la Loy* figurée en ce jour par Moïse; *des Prophetes* figurez par Elie.

On ne s'arrête donc point à cecy, pour considerer avec plus de soin dans ce grand mystere ce qui regarde particulierement l'édification des ames. Car il est remarquable que le Fils de Dieu étant dans cette grande gloire, n'en parle point, mais de ses souffrances, pour nous apprendre que d'une part toutes les lumieres & toutes les graces que nous pouvons recevoir de Dieu dans cette vie, se doivent rapporter à nous fortifier dans luy, en nous détachant de plus en plus de nous-mêmes, pour pouvoir souffrir avec paix & avec amour toutes les afflictions qui nous pourront arriver, & la mort même : & de l'autre, que parmi ces peines & ces travaux nous devons avoir toûjours dans l'esprit la gloire que Jesus-Christ nous a promise, pour nous soûtenir dans toutes les mauvaises rencontres, & pour nous fortifier dans toutes nos foiblesses.

C'est pourquoy les Saints Peres ont dit, qu'une des principales raisons pourquoy Jesus-Christ même durant sa vie a voulu montrer sa gloire à ses Apôtres, a été pour les fortifier contre le scandale qu'il prévoyoit leur devoir arriver par sa passion, & pour les animer aprés qu'ils auroient reçû son Esprit, à souffrir le martyre pour luy comme ils ont fait; & pour rassurer aprés par leur témoignage &

par leur exemple, tous les Martyrs & les Fidéles qui les devoient suivre.

C'est à quoy Saint Augustin même nous exhorte, en disant que comme les soldats ne s'exposent à tant de maux & à la mort même que par l'espérance de quelque butin ; & que comme les marchands ne traversent les mers, que parce qu'ils espérent de gagner beaucoup en s'exposant à ces périls : ainsi le Chrétien ne souffre les maux de ce monde, que parce qu'il espére les biens du ciel.

Et il ne faut pas s'imaginer par un vain scrupule, que ce soit servir Dieu en mercenaire, que de le servir de la sorte, puisque nous ne desirons pas en cela de Dieu quelque autre récompense distinguée de luy. Nous desirons que luy-même soit nôtre récompense, & qu'en détruisant en nous tout ce qui luy déplaît, il nous rende parfaitement unis à luy. C'est ce que le grand Apôtre nous apprend par l'exemple de Moïse. Aprés avoir dit de luy qu'il s'enfuit de l'Egypte, croyant que l'ignominie & les souffrances de JESUS-CHRIST étoient un plus grand trésor que toutes les richesses de l'Egypte, il ajoûte : *Car il consideroit la récompense dont Dieu devoit couronner ses peines.* Ce qui a fait encore dire au même Apôtre : *Soyez toûjours dans la joye à cause des biens que vous esperez. Ainsi vous conserverez la patience dans tous les maux.*

Il faut donc avoir sans cesse devant les yeux JESUS-CHRIST dans ses souffrances & dans sa gloire, comme il allie luy-même l'une & l'autre dans son admirable Transfiguration. Souffrons avec luy pour être glorifiez avec luy. C'est à quoy se rapporte cet excellent avis du Sage : *Lorsque vous êtes dans les biens, souvenez-vous des maux ; & lorsque vous êtes dans les maux, souvenez-vous des biens.*

Parlez plus sagement que Saint Pierre ne faisoit sur cette montagne, & dites dans les maux mêmes & dans les afflictions: *Seigneur, il nous est bon de demeurer dans la souffrance*, tant qu'il vous plaira nous faire souffrir.

III.

La troisiéme chose que nous devons considerer dans ce mystere, c'est le témoignage que le Pere Eternel rend à son Fils, en disant de luy: *Voicy mon Fils bien-aimé, dans lequel j'ay mis toute mon affection & toutes mes délices. Ecoutez-le.*

Il est extrémement remarquable, pour ceux que Dieu appelle au ministere de l'Eglise, que le Pere Eternel dit encore cette même parole du Sauveur, lorsqu'il est baptisé: *Voicy mon Fils bien-aimé, dans lequel j'ay mis toutes mes délices*; mais qu'il n'ajoûte pas comme icy: *Ipsum audite*: Ecoutez-le; pour nous apprendre que pour devenir le maître & le conducteur des ames dans l'Eglise, il ne suffit pas d'avoir simplement reçû la grace du batême & d'être devenus enfans de Dieu, qui est l'état que figuroit JESUS-CHRIST lorsqu'il voulut être batisé; mais qu'il faut outre cela qu'un homme soit rempli de la lumiere de Dieu, comme le Sauveur paroît sur cette montagne: qu'il ait les vêtemens blancs comme la neige, sinon par l'innocence du batême, qui est si rare en ce temps, au moins par une veritable penitence, & une longue suite de vertus & de bonnes œuvres, qui ait pû faire cet effet en luy: & qu'il faut être accompagné de Moïse & d'Elie, c'est-à-dire, avoir la science de la Loy & des Propheres, marquée par ces deux Saints, qui est toute renfermée dans la doctrine de l'Evangile, qui s'apprend beaucoup plus par le cœur que par l'esprit & par l'onction de Dieu, que par les raisonnemens des hommes ; afin qu'ayant JESUS-CHRIST présent dans luy, il soit de ceux dont le Sauveur a dit :

Luc. cap. 10. *Celuy qui vous écoute, m'écoute.*

Cecy explique la parole que le Pere dit aujourd'huy : *Ipsum audite*, qui montre.

1. Pour ceux qui conduisent, qu'ils ne doivent parler que par JESUS-CHRIST, par la doctrine de son Evangile, par les Conciles & les Saints Peres qui en sont les interpretes, par la Tradition qui en est la dépositaire. Celuy qui veut être maître des Fidéles doit être luy-même Disciple de JESUS-CHRIST ; ce qui a fait dire à Saint Augustin : *Nous sommes tous condisciples en cette école.* OMNES *in hac schola condiscipuli sumus.*

2. Pour ceux qui ont besoin de conduite, ils doivent bien peser cette parole du Pere : *Ipsum audite* ; que c'est JESUS-CHRIST qu'ils doivent écouter. Ainsi ils ne se doivent point laisser flatter & tromper par une fausse & une cruelle indulgence, comme dit Saint Cyprien ; mais n'écouter que ceux dans lesquels ils ont plus d'assurance que c'est JESUS-CHRIST qui parle.

3. Qu'ils ne doivent faire nul état de ce que le monde dit. Comme Dieu le Pere dit : Ecoutez JESUS-CHRIST ; si le démon prince du monde nous parloit, il nous diroit : Ecoutez le monde. Mais il faut rejetter avec horreur cette voix qui ne peut que nous séduire, pour écouter avec toute nôtre application la voix de JESUS-CHRIST seul, que le Pere nous propose aujourd'huy comme l'unique maître de ses Fidéles.

POUR LE II. DIMANCHE DE CARESME.

Fratres, oramus vos, & obsecramus in Domino JESU. 1. *Thessal.* 4.

Mes freres, nous vous prions & vous conjurons au nom du Seigneur JESUS.

AINT Paul souhaite que ses disciples se rendent agreables à Dieu, afin de meriter de luy d'avoir une vertu plus abondante ; c'est-à-dire, qu'ils ne se contentent plus d'accomplir les seuls préceptes de l'Evangile ; mais qu'ils portent leur zele encore au delà de ce que Dieu leur ordonne. Car c'est proprement en cela que consiste cette abondance de justice & de vertu ; de ne pas faire si précisément ce qui nous est commandé, mais de témoigner son affection en poussant plus loin les effets d'une bonne volonté. On témoigne alors qu'on ne fait point le bien en esclave, & seulement parce qu'on y est contraint ; mais que l'on agit en personne libre, & par un choix auquel on se détermine soy-même. Il faut que l'ame imite la terre, qui ne se contente pas de pousser ce qu'on y a semé ; mais qui fait encore paroître sa fertilité en produisant volontairement d'autres plantes. C'est peu de borner sa pieté à ne pas faire ce que Dieu défend ; cette abondance de bonnes œuvres à laquelle Saint Paul nous exhorte,

ne nous permet pas d'en demeurer là. Toute la vertu se divise en ces deux points ; à se retirer du mal & à pratiquer le bien. Il ne suffit pas pour être parfait de ne plus faire le mal ; ce n'est encore que l'entrée & le commencement de la perfection. Nous avons besoin de force ensuite pour passer outre.

Cependant Saint Paul est contraint de dire icy à ce peuple quels sont les vices les plus grossiers qu'il doit éviter. Et c'est avec raison qu'il use de cette conduite, puisque ces vices dont il parle ont été défendus de Dieu par le décalogue. On merite sans doute une severe punition lorsque l'on y tombe ; mais on ne merite pas de grandes loüanges, lorsque l'on ne les commet pas. Ces autres vertus qui sont d'une plus grande perfection, comme de renoncer à ses richesses, ne sont point des préceptes d'obligation ; & JESUS-CHRIST dit d'eux : *Que celuy qui peut le comprendre, le comprenne.* Il est donc vray-semblable que Saint Paul avoit laissé à ce peuple plusieurs commandemens lorsqu'il leur prêchoit l'Evangile, & qu'il veut par cette lettre les r'appeller dans leur devoir.

Vous sçavez les préceptes que je vous ay donnez par JESUS-CHRIST *nôtre Seigneur. Car la volonté de Dieu est que vous soyez Saints.* Jamais Saint Paul ne parle plus obscurément, que lorsqu'il parle de la matiere dont il parle en cet endroit. Il se sert toûjours d'expressions couvertes, comme lorsqu'il dit encore ailleurs : *Ayez la paix avec tous & la sanctification, sans laquelle personne ne verra Dieu.* Doit-on s'étonner que Saint Paul recommande par tout cette vertu à ses disciples, puisqu'il la recommande même à Timothée ? *Conservez-vous chaste*, luy dit-il. Ce n'est pas sans sujet que ce saint Apôtre recommandoit si fort cette vertu dans toutes ses Epîtres & à tous les peuples ; puisque le vice qu'elle combat est un vice détestable, qui est la source de tous les maux. Un pourceau qui s'est jetté dans la fange, ne remplit pas plus les lieux dans lesquels il entre, d'ordure & de puanteur, que ce vice remplit l'ame & tous les sens d'une saleté insupportable. C'est pourquoy Saint Paul l'attaque dans cette Epître avec tant de force, & il réduit toute la volonté de Dieu sur nous à nous en abstenir. Car il y a différentes sortes d'impuretez, & on blesse la chasteté en bien des manieres, & par beaucoup de plaisirs qui ne sont pas permis selon Dieu, quoy qu'ils paroissent innocens devant les hommes.

Afin que chacun possede le vase de son corps avec sanctification & avec honneur, & non dans la passion des desirs impurs, comme les Payens qui ne connoissent point Dieu. On ne possede son vase, c'est-à-dire son corps, que lorsqu'il est pur. Quand il est impur, c'est le peché qui le possede, puisqu'il ne fait plus ce que nous voulons, mais ce que le peché commande. C'est pourquoy Saint Paul dit : *Et non dans la passion des desirs impurs.* Ce saint Apôtre nous apprend par ces paroles, les moyens de devenir purs & chastes, qui sont d'éviter les passions & de retrancher les mauvais desirs. Car les délices, les richesses, la mollesse, l'oisiveté, la paresse, & les autres choses semblables, nous conduisent insensiblement & nous entraînent dans ces desirs déreglez, qui nous font ensuite tomber dans le crime.

Et que personne ne trompe ou ne surprenne son frere en aucune affaire. Nous appellons un homme nôtre *frere*, & nous ne laissons pas de l'outrager. Nôtre avarice & nos desirs nous emportent avec tant de violence, que nous n'épargnons pas celuy même que nous devrions aimer comme nôtre *frere.* Saint Paul n'a-t-il pas raison de nous faire rougir de honte, en nous disant qu'en ce point nous sommes semblables aux Payens qui ne connoissent point Dieu ? Mais si la honte ne nous retient, que la crainte nous épouvante, puisque Saint Paul dit ensuite que c'est Dieu luy-même qui se vange du tort que nous faisons à nos freres. Il ne laisse point nôtre injustice impunie, & le plaisir que nous prenons dans cette violence, ne peut égaler la rigueur avec laquelle nous en serons punis un jour.

Car Dieu nous a appellez non à l'impureté, mais à la sanctification. C'est pourquoy ce n'est point seulement parce que celuy qui vous a outragez est vôtre frere, que Dieu se vange de vous. Quand ce seroit un Payen & un Infidéle à qui vous auriez fait ce tort, il ne laisseroit pas de vous punir, parce que vous ayant appellé pour être Saint, & ne l'étant pas, vous deshonorez celuy qui vous a fait un si grand honneur. Dieu en nous punissant de ce que nous avons offensé nos freres, les vange moins qu'il ne se vange luy-même ; puisque nous le méprisons plus en luy desobéïssant, que nos freres en les offensant. Prenons donc garde à ces avis que Saint Paul donne à ceux qui sont engagez dans le monde. Que la pureté regne dans les mœurs des Chrétiens, & qu'ils se souviennent que Dieu les a appellez, non à l'impureté, mais à la sanctification. Détestons tout ce qui est impur. Punissons-nous lorsque nous tombons dans quelque desordre, ou plûtôt prévenons ce mal de bonne heure. On veut bien être chaste, & on ne veut pas s'abstenir de tout ce qui combat cette vertu.

Il y en a d'assez aveugles pour croire qu'ils pourront être purs, en se trouvant souvent aux theâtres, en repaissant leurs yeux de tous ces objets impudiques

Pour le II. *Dim. de Carême.* ÉPÎTRE. 145

ques qui s'y préfentent, en fréquentant des compagnies dangereufes, enfin en fe jettant au milieu des feux, & de tout ce qui excite ou qui nourrit l'impureté dans nos ames. Ils croyent que ces livres empoifonnez qu'ils lifent avec tant de plaifir, ces chanfons déteftables qu'ils entendent, ces geftes diffolus qu'ils voyent, ces hiftoires honteufes qu'on leur récite, ces vifites non neceffaires des femmes qui les bleffent dans le cœur par leurs habits, par leurs regards, par leurs agréemens, n'alterent point en eux cette divine vertu que Saint Paul nous recommande. C'eft une marque qu'ils font déja bien malades, puifqu'ils croyent qu'ils ne le font pas; & que bien loin de chercher des remedes à leurs bleffures, ils s'en font toûjours de nouvelles.

Rougiffons de la comparaifon que Saint Paul fait de nous en cet état, avec les infidéles qui ne connoiffent pas Dieu. Craignons d'être pires qu'eux, puifque les infidéles font fouvent plus chaftes que nous. Il nous eft aifé, fi nous le voulons, de vivre dans la pureté; il ne faut que nous éloigner de tout ce qui nous pourroit nuire. Mais fi nous ne voulons pas éviter le péril, nous y périrons.

Il n'y a rien de fi pénible qui ne nous devienne aifé, fi nous le voulons; comme il n'y a rien de fi aifé qui ne nous devienne pénible, fi nous ne le voulons pas: Tout dépend de cette bonne volonté. Tout confifte à vouloir, ou ne vouloir pas. C'eft pour ce fujet que Dieu nous punit trés-juftement du mal que nous commettons, ou qu'il nous récompenfe de nos bonnes œuvres, puifque nous meritons d'être punis lorfque nous ne voulons pas faire le bien, comme nous méritons d'être récompenfez, lorfque nous voulons bien le faire.

Tome II. K

POUR LE LUNDY

DE LA II. SEMAINE DE CARESME.

Ego vado & quæretis me, & in peccato vestro moriemini. *Joan. cap. 8.*

Je m'en vas, & vous me chercherez, & vous mourrez dans vôtre péché.

IL n'y a guere de parole plus terrible dans tout l'Evangile, que celle que l'Eglise nous propose aujourd'huy pour nous exciter à nous convertir à Dieu, & à ne pas abuser plus long-temps de la sainteté du temps où nous sommes. Ceux qui ont les oreilles du cœur, tremblent à cette menace du Fils de Dieu, comme au bruit d'un tonnerre épouvantable, & ils ne peuvent entendre sans frémir, cette parole: *Je m'en vas & vous me chercherez, & vous mourrez dans vôtre peché.*

Aussi l'on peut dire que celuy qui n'est pas étonné de cette menace est déja mort, & qu'il a le cœur aveuglé par l'enchantement du monde. Il est du nombre de ceux dont le Fils de Dieu dit dans nôtre Evangile: *Vos de deorsum estis:* Vous êtes tout plongez dans les desirs d'icy bas, & vous méprisez les avis de celuy qui est venu d'enhaut pour vous appeller à luy: *Ego de supernis sum*: C'est pourquoy pour examiner à fond cette parole & nous la rendre utile, nous y considererons trois choses.

I. L'abandonnement de Dieu: *Ego vado.*

II. La recherche inutile que nous faisons de Dieu: *Quæretis me.*

III. La mort dans le peché: *In peccato vestro moriemini.*

I.

Saint Augustin ne redit rien si souvent dans tous ses Ouvrages que cette maxime importante: qu'il n'y a point de plus grande peine du peché que le peché même. C'est pourquoy le Saint Esprit parlant par la bouche de David, & excitant la colere de Dieu contre les pecheurs, dit: *Appone iniquitatem super iniquitatem eorum:* FAITES *leur amasser iniquité sur iniquité:* Et Saint Paul dit que Dieu voulant punir l'ingratitude des anciens Philosophes, qui ayant connu Dieu ne l'avoient pas glorifié comme Dieu; dit *que Dieu les a livrez à un sens dépravé & corrompu, pour faire toute sorte de mal.* Psal. 68.

D'où Saint Augustin conclud, que c'est par le juste jugement de Dieu que les crimes sont vangez par d'autres crimes, & punis non seulement par des tourmens, mais encore par un accroissement de pechez: *Justo Dei judicio fit ut crimina criminibus vindicentur; & supplicia peccantium, non tantùm sint tormenta, sed etiam incrementa vitiorum.* Et ce n'est point en poussant les pécheurs dans le crime, dit le même Pere, ny en les contraignant de pecher que Dieu se vange d'eux de cette sorte: c'est seulement en abandonnant ceux qui meritent d'être abandonnez: *Peccata peccatis vindicat, non ad ea cogendo, sed dignos deseri deserendo.* Aug. lib. 5. contr. Iul. c. 5.

Voilà la grande punition de Dieu: *Ego vado,* JE M'EN VAS. *Gravis hæc pœna,* dit Saint Augustin, *si quis intelligat, & advertat oculis mentis.* Si nous ouvrions les yeux de l'esprit, nous trouverons cette punition épouvantable. Car que peut faire l'homme étant une fois abandonné de Dieu qui est sa lumiere, sinon des œuvres de ténèbres ? Que peut-il faire étant délaissé de celuy qui est sa vie, sinon des œuvres de mort ? Il faut donc que le peché qui oblige Dieu à abandonner ainsi l'homme, soit une chose horrible devant ses yeux. Car il ne le frappe point de cette playe s'il n'y est contraint par la dureté de l'homme, & il ne l'abandonne qu'après qu'il l'a abandonné.

Aug. serm. de Verb. *Numquam deserit hominem, nisi prius ab homine deseratur*

Mais ce nombre de pechez pour lesquels il l'abandonne nous est inconnu ; & c'est ce qui doit nous faire travailler à nôtre salut avec crainte & tremblement. Ce nombre n'est pas égal pour tous les hommes. Dieu n'exerce pas sur tous la même justice, comme il n'exerce pas sur tous la même misericorde. Il y a des pecheurs qu'il attend long-temps à penitence, & sur lesquels il exerce toute sa bonté, & verse toutes les richesses de sa grace pour les faire revenir à luy, quoy qu'inutilement quelquefois. Il y en a d'autres qu'il surprend pour parler de la sorte ; & dont le premier peché traîne après soy une longue suite de maux.

On ne doit point chercher d'autre cause de ces traitemens si differens que dans la profondeur des jugemens de Dieu qui sont toûjours justes, & toûjours terribles. De deux qui pechent il fait misericorde à l'un en le tirant de son peché, & il ne fait point d'injustice à l'autre en le laissant dans l'état

Rom. c. 11. où il s'est mis par sa propre volonté. *Cujus vult miseretur & quem vult indurat.*

Voilà ce que nous devons nous rappeller dans l'esprit, en écoutant aujourd'huy ces paroles du Fils de Dieu : *Ego vado* : Je m'en vas. Ceux à qui il les disoit n'étoient peut-être pas si coupables que la plûpart des Chrétiens, qui reconnoissent maintenant le Fils de Dieu, que les Juifs ne connoissoient pas, & qui l'adorent comme Dieu. Dieu s'en va de nous & nous quitte aprés que nous l'avons quitté, quelquefois par un péché qui nous paroît peu de chose.

Nous en avons un exemple dans l'Ecriture qui nous fait trembler. C'est du Roy Saül. Ce Prince étant prés de sa mort, il vit l'ombre de Samüel, qui luy dit que parce qu'il n'avoit pas obéï à la voix de Dieu, ny executé sa colere contre Amalec, le Seigneur l'avoit rejetté. Quoy Saül avoit fait mourir soixante & dix Prêtres revêtus de leurs habits sacerdotaux ; il avoit frappé la ville sacerdotale de Niobé, depuis le vieillard jusqu'à l'enfant de la mammelle ; il avoit cruellement persécuté David innocent : & ce Prophete passe ces cruautez monstrueuses pour ne luy reprocher qu'un peché qui paroissoit de misericorde, ou au moins trés-leger, en le comparant avec tant d'autres. Mais ce saint Prophete remontoit à la source. Il sçavoit que ce premier péché avoit été l'origine de tous les autres, & comme le premier anneau de cette longue chaîne de crimes qui l'avoient suivi.

Qui ne tremblera donc à la vûë de cet exemple ? Qui sçait si les péchez de sa vie passée ne le conduiront pas de même à une malheureuse fin ? Qui n'écoutera en tremblant cette parole de l'Ecriture : *De* Ecc'. c. 5. v. *propitiato peccato noli esse sine metu* : NE *dites point* 15. *trop que Dieu vous a pardonné vos péchez ; & ne laissez pas de craindre ?* Que sçavez-vous si Dieu en vous les pardonnant n'a rien diminué sur vous des conseils de sa misericorde, s'il vous fera les mêmes graces, & s'il vous conduira dans la voye du salut avec la même Providence qu'il faisoit avant que

K iij

vous l'eussiez offensé, & qu'il feroit encore si vous n'aviez pas péché, ou si après vôtre péché vous vous étiez converti à luy dans le brisement de vôtre cœur, & en le cherchant avec larmes, dix fois autant que vous l'aviez abandonné, comme parle l'Ecriture ? *Sic decies tantùm convertentes requiretis eum.*

Que ces veritez donc impriment la crainte dans nos cœurs : craignons tous cette parole ; *Ego vado* : JE M'EN VAS : & soyons persuadez que rien n'oblige plus Dieu à nous laisser de la sorte que lorsque nous méprisons nos péchez, parce qu'ils nous semblent légers, & que nous ne travaillons pas sérieusement à nous guerir de nos blessures.

II.

Ego vado & quaretis me : JE M'EN VAS *& vous me chercherez.* Quand l'homme est une fois abandonné de Dieu, & qu'il amasse péché sur péché, la seconde punition dont JESUS-CHRIST le menace est de chercher Dieu en vain. Cette menace est bien plus terrible que la premiere. Car que Dieu se retire de l'homme & qu'il l'abandonne aux passions de son cœur, il semble qu'il y ait encore quelque remede, qui est de chercher Dieu lorsqu'il se retire, de gémir & de pleurer devant luy, & de fuïr d'un Dieu irrité à un Dieu plein de miséricorde. Mais si en le cherchant on ne le trouve plus, s'il détourne ses oreilles pour ne pas entendre nos cris, qui ne craindra d'être rejetté de luy de la sorte ? *Et quaretis me.*

Mais que deviendront donc, direz-vous, tant de promesses qu'il nous fait par les Prophetes d'écouter les pécheurs à quelque heure qu'ils se convertissent à luy ? *Impietas impii non nocebit ei in quacumque die conversus fuerit ab impietate sua :* Il est vray que ces promesses nous consolent. Mais d'un autre côté ces

Ezech. cap. 3. v. 19.

menaces que Dieu nous fait par ces mêmes Prophetes nous épouvantent: *Puisque je vous ay appellez & que vous ne m'avez pas écouté; je vous rejetteray de devant ma face: vous jetterez des cris & des hurlemens par la douleur & le brisement de vos cœurs.* Il dit la même chose dans les Proverbes: *Je vous ay appellez & vous ne m'avez pas écouté: vous m'appellerez & je ne vous écouteray pas. Je vous ay tendu la main & vous ne m'avez pas regardé; vous me tendrez la vôtre & je ne vous regarderay pas. Je vous ay appellez au jour de la prosperité, & vous n'êtes pas venus: vous viendrez au jour de l'affliction & je ne vous recevray pas. Vous m'invoquerez & je ne vous écouteray pas.* Prov. c. 1.

Mais quoy, dira-t-on, les Prophetes sont-ils contraires aux Prophetes, & Dieu qui parle par eux, est-il contraire à luy-même? J'écouteray, je n'écouteray pas. On me trouvera, on ne me trouvera pas. L'impieté nuira au pécheur converti, & elle ne luy nuira pas. Quel moyen d'accorder ces contrarietez apparentes, sinon de dire qu'il y a deux manieres de chercher Dieu: l'une par laquelle on le trouve, & l'autre par laquelle on ne le trouve pas. On trouve Dieu lorsqu'on le cherche dans le sentiment d'une veritable penitence, lorsqu'on déteste le péché & qu'on s'en retire, & qu'on est resolu de faire de dignes fruits de penitence.

Mais cette maniere de chercher Dieu est un don de Dieu même, & un effet du Saint Esprit qui souffle où il luy plaît, avec une liberté divine, qui n'est redevable à personne. Il ne la donne pas à tous les pécheurs, mais seulement à ceux à qui il veut faire misericorde, & il la refuse à ceux qui méprisent sa voix & qui ne veulent changer de vie que lorsqu'il n'est plus temps de vivre.

La seconde maniere de chercher Dieu est lorsqu'aprés avoir vieilli dans le crime, on commence à craindre les jugemens de Dieu lorsqu'on est prest de mourir. Aprés avoir abusé de sa bonté toute sa vie, aprés l'avoir combattu par ses propres dons, on veut revenir à luy à l'heure de la mort. Mais JESUS-CHRIST dit à toutes ces personnes, hors un trés-petit nombre : vous me chercherez & vous ne me trouverez pas. *Quæretis me & non invenietis*. Ils auront beau le chercher alors : ils auront beau dire comme les Vierges folles : *Seigneur, Seigneur, ouvrez-nous*. Tout est fermé pour eux ; & souvent, ce qu'on n'oseroit dire si Dieu même ne le disoit, lors que ces personnes crient & invoquent Dieu, lors que tout le monde les loüe à leur mort, Dieu dit alors selon ses propres paroles, qu'il se rit d'eux & qu'il leur insulte : *Ego quoque in interitu vestro ridebo & subsannabo. Quæretis me & non invenietis.* Vous me chercherez alors & vous ne me trouverez pas.

Car il n'est pas aisé, dit Saint Augustin, de trouver dans l'affliction le secours de Dieu que l'on a tant méprisé pendant la prosperité : *Non facilè inveniuntur præsidia quæ non fuerunt in pace quæsita* ; & Saint Gregoire dit cette parole étonnante : *Aprés que l'ame a long-temps méprisé Dieu dans un état tranquille, il la rejette, & il ne l'écoute point lorsqu'elle l'invoque dans son plus grand trouble* : OMNIPOTENS *Deus sæpe ejus precem in perturbatione deserit qui præcepta illius in tranquillitate contemnit.*

III.

In peccato vestro moriemini: VOUS *mourrez dans vôtre péché*. On ne se mocque point de Dieu, dit Saint Paul. A proportion que nos péchez croissent, la punition que Dieu en tire croît aussi. Aprés avoir abandonné le pécheur pour le laisser vivre dans toutes sortes de dereglemens; *Ego vado*; aprés s'être laissé chercher par luy sans se laisser trouver; *quaeretis me*; enfin pour comble de sa vengeance il le laisse mourir dans son peché, *in peccato vestro moriemini.* Il meurt icy d'une mort malheureuse, & tombe dans une autre que l'Ecriture appelle une seconde mort, *mors secunda.* Mort horrible, dit saint Augustin, mort épouventable! & en cela differente de la premiere, qu'au lieu que la premiere mort chasse l'ame du corps malgré elle; cette seconde au contraire la retient malgré elle dans le corps. Ils invoqueront la mort, dit l'Ecriture, & la mort fuïra d'eux. *Prima mors animam nolentem pellit è corpore; secunda mors animam nolentem tenet in corpore. Vocabunt enim mortem, & mors fugiet ab eis.* Ainsi la premiere mort arrive lorsque l'ame ayant quitté Dieu, quitte ensuite son corps malgré elle; & la seconde lorsque l'ame étant abandonnée de Dieu, reprend malgré elle son corps pour luy communiquer tout le mal de la vie; sans le bien & la consolation de la mort.

C'est alors que s'accomplit cette parole de David: *Sicut oves in inferno positi sunt; mors depascet eos.* Ils sont en enfer comme des brebis qui servent de pâture à la mort: Et comme les Saints dans le ciel, dit saint Augustin, sont des brebis qui ont la vie pour Pasteur, c'est-à-dire JESUS-CHRIST: les pecheurs sont dans l'enfer comme des brebis qui ont la mort pour pasteur, c'est-à-dire le demon.

On ne peut penser à cét état sans trembler, & la crainte où nous sommes tous d'y pouvoir tomber, nous devroit retenir dans la frayeur. Tant que nous sommes en cette vie, nous sommes dans les tenebres. Nôtre cœur est un abysme impenetrable. Il ne se comprend pas luy-même. Nous ne pouvons dire si Dieu est en nous, ou s'il n'y est pas. *Si venerit ad* Iob. c. 9. v. 1.

dit Job, *non videbo eum*; ce qui tient les ames humbles dans une crainte salutaire qui est preferable à toute assurance. Quand à l'heure de la mort nôtre ame sort de ces tenebres, si elle voit que parmy les scandales de cette vie elle a conservé Dieu dans son corps; & si elle trouve alors le S. Esprit dans son cœur, comme un gage precieux de la vie; elle n'a plus rien à craindre; elle entre dans une joye ineffable, & elle s'écrie avec David, *Repletum est gaudio os nostrum*, Ma bouche est remplie des loüanges que je rends à la misericorde de Dieu.

Mais si en sortant de l'aveuglement de cette vie, elle trouve dans elle le peché écrit avec un poinçon de fer, si elle se voit abandonnée de Dieu pour jamais & déchûë du droit de l'heritage des enfans, qui peut comprendre le desespoir où elle entre : & quelle esperance luy peut-il rester, dit S. Chrysostome, de sortir du monde avec le peché, & d'aller en un lieu où l'on ne peut plus se dépoüiller du peché ? *Quæ spes cum peccatis migrasse ubi peccata non datur exuere ?*

Ainsi pour éviter ce malheur, & pour ne point mourir dans le peché, mourons au peché. Pour éviter une mort si funeste, entrons dans une autre mort plus heureuse. Le batême a fait cela une fois en nous faisant mourir, & en nous ensevelissant avec Jesus-Christ. Renouvellons cette premiere mort par la penitence. Mourons au peché; mourons à tous les desirs : mourons à toute affection du peché, afin de ne plus vivre que pour Dieu : *Existimate vos*

Rom. c. 8. *mortuos quidem esse peccato : viventes autem Deo.*

POUR LE MARDY
DE LA
II. SEMAINE DE CARESME.

Super Cathedram Moyſi ſederunt Scribæ & Phariſæi.

Les Scribes & les Phariſiens ſont aſſis ſur la Chaire de Moyſe. Matth. 23.

Nous pouvons dire que l'Evangile de ce jour eſt une des plus grandes marques que Jesus-Christ nous ait données dans ſa vie, de ſa moderation & de ſa Sageſſe. Il n'ignoroit pas qui eſtoient les Phariſiens. Outre le déreglement particulier de leurs maiſons, il ſçavoit encore combien ils luy eſtoient oppoſez, & combien ils combattoient à tout moment & en tout lieu, ſa doctrine & ſes miracles. Cependant lorſque ces perſonnes ne cherchoient qu'à le deshonorer lorſqu'ils tâchoient de détruire dans l'eſprit des peuples l'eſtime que ſa vie & la gravité de ſa predication s'y étoit acquiſe, il fait aux Chrétiens un commandement tout contraire, & il veut qu'en les conſiderant comme *étant aſſis ſur la chaire de Moyſe*, ils les honorent & les écoutent ſans ſe mettre en peine d'examiner ſi leur vie ne combat point leurs inſtructions & leurs paroles. Pour tirer donc d'icy quelque inſtruction, nous verrons en ſuivant l'eſprit du Fils de Dieu dans cét Evangile.

I. Que nous ne devons considerer dans ceux qui nous prêchent & qui nous instruisent, que Dieu même.

II. Le respect que nous devons avoir pour tous les Ministres de Dieu, encore qu'ils ne soûtiennent pas la grandeur de cét employ par la sainteté de leur vie.

I.

Il n'y a gueres de verité que l'on connoisse mieux ; & qu'en même tems on pratique plus mal que celle dont nous parlons maintenant, qui est que c'est Dieu même que nous devons considerer dans ceux qui nous parlent & qui nous instruisent. Nous sçavons tous par nôtre propre experience, combien la vûë des personnes qui nous parlent au dehors fait impression sur nous, & combien ou le penchant que nous avons pour elle, ou la secrette aversion que nous en avons font de differens effets dans nos esprits. C'est ce qui fait que nous nous conduisons tout humainement dans la chose du monde qui devroit être la plus sainte, & que nous ne traitons plus la parole de Dieu que comme la parole des hommes.

C'est pour s'opposer à ce grand mal, qui peut avoir de si dangereuses suites que JESUS-CHRIST nous dit formellement dans l'Evangile, que nous n'avons *qu'un seul maître*, qui est luy-même, & que son Pere pour nous confirmer en quelque sorte ce que son Fils avoit dit, fait entendre à sa Transfiguration cette voix étonnante : *C'est là mon Fils bien-aimé*, dit-il : ECOUTEZ-LE. Il peut bien s'associer quelques-uns qu'il choisit d'entre les hommes pour continuer par eux sur la terre l'office de Predicateur ; mais il veut que nous ne considerions que luy seul dans tous ceux qui sont assis sur la chaire de sa ve-

rité ; comme il vouloit que l'on ne confiderât en quelque forte que Moyfe, dans tous ceux qui étoient affis fur la chaire de Moyfe.

Auffi que l'on jette les yeux fur tous les Saints Pafteurs de l'Eglife ; on voit dans tous leurs écrits, & particulierement dans ceux de l'admirable faint Auguftin qu'ils ne craignoient rien tant à l'imitation des SS. Apôtres, finon que les peuples s'arrêtaffent à leurs perfonnes lorfqu'ils les inftruifoient, au lieu de paffer d'eux à JESUS-CHRIST, qui eft l'unique Maître de l'Eglife, qui feul peut toucher le cœur, & fous lequel ils fe tenoient profondément humiliez, quelque rang d'honneur que leur charge femblât leur donner aux yeux des hommes. Ils redifoient en quelque forte ce que le Pere Eternel a dit de fon Fils : ECOUTEZ-LE : *Ipfum audite* : Ne nous confiderez point nous-mêmes. Nous ne fommes que les vafes où l'on met comme en dépôt la femence de la verité pour la répandre fur la terre ; mais nous ne fommes rien par nous-mêmes, c'eft Dieu qui eft nôtre maître comme il eft le vôtre. Nous ne pouvons vous donner rien de bon s'il ne nous le donne le premier luy-même. ECOUTEZ-LE : Car fi vous n'écoutez que nous feuls, l'impreffion que nos paroles feront fur vous ne fera pas longue, & le fruit que vous tirerez de nos inftructions paffera bien-tôt.

C'eft donc dans cette vûë que ce Saint Docteur de l'Eglife, qui étoit fi humble dans cette profonde lumiere dont Dieu avoit éclairé fon efprit, confiderant toûjours JESUS-CHRIST comme le maître des cœurs, difoit de luy en méprifant & en abbaiffant en quelque forte tout ce que les hommes faifoient à l'exterieur : *Cathedram habet in cœlo qui corda docet* : comme s'il eût dit : Nous fommes affis fur ces chaires & nous faisons au dehors retentir une voix qui peut aller à vos oreilles : mais pour pénétrer vos cœurs, pour agir efficacement sur vos esprits, pour remuer & pour renouveller vos ames; il faut que celuy-là agisse, qui a sa chaire dans le ciel, & qui agit invisiblement sur les cœurs par l'effet secret de sa grace.

Il est bien vray comme nous l'avons déja dit, que comme Dieu dans la nature a pourvû qu'il y eût toujours un commerce secret entre les causes, qui fit agir les unes par la force & la vertu des autres; JESUS-CHRIST de même aprés avoir parlé, aprés avoir instruit les hommes pendant le cours de sa vie mortelle, a pourvû, en se retirant de nous, qu'il y eût des Pasteurs, des Apôtres & des Predicateurs, qui annonçassent de toutes parts son Evangile : mais nous ne devons les regarder que comme les Vicaires de JESUS-CHRIST, qui nous enseignent sa doctrine, qui sont assis sur sa chaire, qui continuent ce qu'il a commencé, & dont il se sert quand il luy plaît, pour imprimer dans ceux qu'il veut avec la predication de l'Evangile, son Esprit même, & pour nous rendre conformes à ses sentimens, à ses maximes & à sa conduite.

Etablissons-nous donc aujourd'huy dans cette importante verité. N'arrêtons pas nos yeux à ce qui paroît au dehors, ny aux Prêtres, ny aux Predicateurs. Et si JESUS-CHRIST vouloit en parlant aux Juifs, qui étoient charnels, qu'ils fussent si détachez de leurs sens, qu'en écoutant les Scribes & les Pharisiens, ils ne considerassent en leurs personnes que Moïse; que devons-nous dire maintenant, & combien nous recommande-t-il davantage, de n'écouter que luy dans tous ceux qui nous parlent de sa part? Les Predicateurs nous pourront au dehors faire retentir leur voix qui frappera nôtre oreille : mais lorsqu'ils nous exhorteront à aimer la pauvreté & à craindre les richesses : lorsqu'ils nous presseront de pardonner à nos ennemis ; lorsqu'ils nous feront voir la necessité de faire penitence : lorsqu'ils nous representeront combien l'état du Chrétien est un état d'humiliation & de souffrance, nous demeurerons sourds à ces grands objets, si ce Maître divin sur la chaire duquel sont assis ces Pasteurs, ne nous parle en même tems, & s'il ne remplit nôtre cœur de sa grace, pendant que ses Ministres remplissent nos oreilles de leur voix.

Et cela nous devroit faire voir quel crime commettroient ceux qui au lieu d'être en prêchant les cooperateurs de JESUS-CHRIST, pour tâcher au dehors d'imprimer dans les ames les mêmes sentimens qu'il y imprime au dedans, combattroient au contraire & détruiroient son ouvrage, seroient les ennemis de sa verité, les corrupteurs de son Evangile, & les introducteurs d'un Evangile nouveau, pour l'établissement duquel ils ne diroient pas ce que le Pere celeste a dit autrefois de son Fils : Ecoutez-le ; mais qui diroient au contraire, sinon de voix au moins par leur conduite : Non, n'écoutez pas JESUS-CHRIST ; mais écoutez-nous nous-mêmes : ne vous arrêtez pas à ce qu'il vous a dit du pardon de vos ennemis, de la pureté qu'il faut garder dans vos yeux & dans vos pensées, de la necessité de faire penitence, du renoncement que nous devons faire de nous-mêmes : mais écoutez plûtôt les adoucissemens que nous apportons à ces Maximes trop effrayantes. Plaise à Dieu de détourner de son Eglise des faux Prophetes de cette sorte. Il faut esperer que comme il aime uniquement cette chaste Epouse, il ne permettra pas une si funeste playe ;

& que ceux mêmes qui ne suivront pas fort exactement les regles de l'Evangile, ne laisseront pas d'apprendre aux autres à les pratiquer.

II.

Il seroit à souhaiter que nous n'eussions aucun besoin d'entrer dans le second point de cette instruction, & que les Ministres de JESUS-CHRIST & de son saint Evangile vécussent de telle sorte, qu'ils s'atirassent eux-mêmes l'estime & le respect de tous les hommes. On devroit desirer que ceux qui servent utilement les ames par leurs saints discours, vécussent en même temps de telle sorte, que le dereglement de leur vie ne nuisît point à la gravité de leurs paroles. Il n'y auroit rien de si avantageux & pour eux-mêmes & pour les peuples qui les écoutent & qui leur obéïssent, que cette union de leur vie avec leur voix,

Epist. lib. 2. epist. 12. ad Nepotianum.

selon cette parole celebre de Saint Jerôme : *Sacerdotis Christi os, mens, manusque concordent.*

Si ces personnes voyent que nonobstant le peu de reglement de leur vie Dieu ne laisse pas de se servir utilement de leur prédication pour le salut de quelques ames qui les écoutent avec simplicité & avec un esprit de foy ; ne doivent-ils pas juger de là, combien ils serviroient plus utilement leurs freres, s'ils faisoient eux-mêmes ce qu'ils disent aux autres?

Aug. de Doct. Christ.

Prosunt dicendo quæ non faciunt ; sed longè pluribus prodessent faciendo quæ dicunt.

Car la grande regle des Pasteurs de l'Eglise, c'est de pouvoir dire à tous ceux qui leur sont soumis, cette parole de Saint Paul : *Soyez mes imitateurs comme je le suis de* JESUS-CHRIST. *Imitatores mei estote sicut & ego Christi.*

Mais ce bonheur de voir tous les Pasteurs de l'Eglise prêcher encore plus par leur vie que par leurs paroles est une chose bien rare; & il n'y en a que trop de qui Jesus-Christ pourroit dire aujourd'huy ce qu'il dit dans l'Evangile des Scribes & des Pharisiens : Faites *ce qu'ils disent ; mais ne faites pas ce qu'ils font.* Et l'on peut dire que dans ces deux mots il renferme toute la conduite que les Fideles doivent tenir à l'égard de ces sortes de personnes.

Car il semble qu'il y avoit deux choses principalement à craindre dans ces rencontres : l'une que ces personnes parlant si bien, & donnant à l'exterieur des instructions si graves, n'engageassent insensiblement ceux qui les écouteroient à suivre leurs déreglemens ; & l'autre au contraire, qu'en concevant de l'horreur de la vie peu reglée de ces personnes, on n'eût en même tems de l'aversion contre leurs discours. Le Sauveur du monde nous invite à éviter ce double écüeil. Il ne nous ferme point les yeux pour ne pas voir l'irregularité de la conduite de ces personnes ; mais il nous les ouvre aussi pour voir la sainteté des veritez qu'ils annoncent. Ainsi selon la pensée admirable de saint Augustin, il nous apprend à cüeillir le fruit, mais en même tems il nous avertit de ne nous pas laisser picquer des épines dans lesquelles il est comme entrelassé. *Malus tibi prædicat, carpe uvam pendentem in sepe. Botrus implicitè inter uvas crevit, & de spinis non germinavit. Ergo solicitè carpe, ne cùm manum ad uvam mittis, spinis lacereris.*

On voit donc que cette regle si sage de ce saint Docteur fondée sur la parole de Jesus-Christ même, doit étouffer tous les sentimens peu respectueux que nous pourrions avoir de ces personnes, & ces froides excuses que l'on ne fait que trop souvent : Pourquoy feray-je ce que cet homme qui me prêche ne fait pas luy-même ? Qu'il commence le premier à pratiquer ce qu'il dit aux autres, & je le feray ensuite. *Faites ce qu'ils disent*, répond Jesus-Christ. *Qua dicunt facite.* Chacun répondra de soy au jugement ; & le mal qu'auront fait ceux qui prêchent la verité, ne sera pas la justification de ceux qui n'auront point pratiqué la verité qu'on leur prêche. Ainsi on écoute toujours avec fruit, comme dit saint Augustin, ceux mêmes qui ne portent point de bon fruit, & qui n'ont que des feüilles & dés paroles : *Audiuntur utiliter, etiamsi utiliter non agant.* Et cette seule consideration suffit pour nous tenir dans le respect qui est toujours dû à leur ministere, quoy qu'ils n'ayent pas soin eux-mêmes d'en soûtenir l'honneur par la sainteté de leur vie.

POUR LE MECREDY
DE LA II. SEMAINE DE CARESME.

On peut voir sur l'Evangile de ce jour, qui est de la mere des enfans de Zebedée, S. Jacques & S. Jean, ce qui est sur la feste de S. Jacques le majeur le vingt-cinquiéme de Juillet.

POUR LE JEUDY
DE LA II. SEMAINE DE CARESME.

Fili, recepisti bona in vita tua, & Lazarus similiter mala. Luc. 16.

Mon Fils vous avez reçû le bien dans vôtre vie, & Lazare n'y a reçû que du mal.

E Fils de Dieu sçachant quelle est la dureté du cœur de l'homme, & combien nous sommes peu touchez de tout ce qui nous doit arriver aprés cette vie, ne s'est pas contenté de nous faire entendre ses veritez divines, mais il a voulu nous les rendre sensibles & palpables en quelque sorte, & nous les faire voir de nos propres yeux.

C'est pourquoy aprés nous avoir enseigné souvent dans son Evangile, que les riches de ce monde sont trés-malheureux, & que les pauvres au contraire sont trés-heureux, il nous fait voir dans celuy de ce jour la fermeté & la verité immuable de ses divines paroles, en nous proposant d'une part un riche, qui ayant joüy de tous les biens de ce monde, tombe aprés sa mort en un extréme misere : & de l'autre un pauvre, qui ayant été accablé de maux, durant sa vie, entre aprés sa mort dans la possession des biens éternels.

Pour tirer donc d'un si grand exemple les fruits & les avantages qu'il renferme pour l'édification de nos ames, nous considererons,

L ij

I. Dans le mauvais riche deux choses ; l'une que joüissant simplement des biens de la vie, on se peut perdre dans les richesses, quoy que l'on ne commette point de crime ; l'autre que le monde est trés-dangereux pour les personnes mêmes qui pensent serieusement à y servir Dieu.

II. Nous considererons dans le Lazare un modele de la pauvreté & de la vie vraiment chrétienne, soit pour la pieté, soit pour l'humilité, soit pour la patience, & enfin pour tout ce qui nous peut mettre au nombre de ces pauvres bien-heureux, à qui le Sauveur promet de les faire Rois dans le ciel.

I.

Tout le monde connoît aisément que tous les vices & que tous les crimes nous bannissant du Royaume de Dieu, comme nous l'enseigne le grand Apôtre ; & les grandes richesses nous portant & nous aidant d'ordinaire à les commettre, il s'ensuit necessairement que les riches peuvent tomber dans le peché, & se perdre beaucoup plus aisément que les autres.

Mais il y a peu de personnes qui puissent comprendre comment un homme qui a beaucoup de bien legitimement acquis, peut sans tomber dans les vices grossiers & sans commettre de crimes, se perdre neanmoins pour avoir mis son bonheur à joüir de ses richesses. C'est pour cette raison que le Fils de Dieu nous donne un exemple de cette grande verité dans l'Evangile de ce jour, pour affermir par son authorité divine, ce qu'il prévoyoit que les hommes ne pourroient croire qu'avec beaucoup de peine.

Aug. de verb.
epist. ser. 19.

Car comme remarque fort bien saint Augustin : *Ce riche n'est point accusé d'avoir mal acquis son bien*;

Pour le Jeudy de la II. sem. de Carême.

ny d'avoir opprimé ou foulé les pauvres : il étoit riche en effet, mais il étoit riche d'un bien qui luy apparte-noit legitimement : Si vous voulez connoître quel a été le crime de ce riche, n'en cherchez point d'autres que ceux que la verité même a marquez en luy. *Non dixit Evangelium, calumniator, pauperum oppressor : Dives erat, de suo dives erat : Si vis audire crimen divitis illius, noli amplius quærere quàm audis à veritate.*

Or nous voyons premierement dans nôtre Evangile, que tout ce que Jesus-Christ marque en ce riche que l'on pût reprendre, c'est sa magnificence & son luxe dans ses habits & dans ses festins, ce qui passe pour une chose trés-innocente dans le monde. Et de plus, Abraham luy rendant la raison du supplice auquel il avoit été condamné, ne luy dit point que c'est parce qu'il avoit commis quelque crime, mais seulement : *Vous avez pris toutes vos aises & tout vôtre repos dans vôtre vie* : Ce qui est conforme à cette autre parole de Jesus-Christ, par laquelle il confirme clairement ce que nous disons : *Malheur à vous riches du monde.* Pourquoy ? Est-ce parce qu'ils sont vicieux ou violens & qu'ils oppriment les pauvres ? Nullement : *Parceque vous avez vôtre joye & vôtre consolation dans cette vie.*

Et cét état qui paroît presque innocent, est un desordre terrible, & la source de tous les vices. Car c'est se mettre en la place de Dieu, c'est se rendre sa derniere fin ; c'est joüir de la creature & user de Dieu, en le rapportant à elle ; c'est à dire, ravir à Dieu l'honneur qui n'est dû qu'à luy, pour le donner à la creature : ce que S. Augustin appelle, *uti fruendis, frui utendis.* Voilà donc la premiere chose qui nous montre combien les richesses nous sont dangereuses.

La seconde que nous y pouvons ajoûter, c'est qu'encore qu'un homme riche soit vraiment touché de Dieu, neanmoins s'il vit dans ses richesses & dans le monde, quoy qu'il tâche de ne plus aimer ny l'un ny l'autre, mais d'en user en vray Chrétien, pour ne plus joüir que de Dieu seul, il ne laissera pas de trouver de grands obstacles dans le cours de sa pieté, & dans le reglement de sa vie.

1. Parce qu'il y a une certaine mollesse & un certain affoiblissement attaché à cette vie, quoy que reglée, que l'on mene dans le monde, qui rend fort difficile l'execution de nos bons desseins, & que la rencontre des mêmes objets & des mêmes occasions, qui nous ont souvent blessez, & qui ont un rapport particulier à nôtre sensualité & à nôtre foiblesse, ne nous permet de travailler qu'avec grande peine à la guerison de nos playes.

2. Parce qu'il y a un air infecté & une corruption secrette & contagieuse dans le monde, & une impression particuliere du démon qui y régne & qui y domine, comme en étant le prince selon l'Ecriture, laquelle est entretenuë sans cesse par tant de mauvaises paroles que l'on y entend, & par tant de mauvaises actions que l'on y voit, quoy qu'elle soit trés-dangereuse à un homme encore languissant, & qui ne fait que sortir d'une grande maladie. C'est tout ce que les plus forts & les plus sains peuvent faire, que de conserver au milieu d'un air si contagieux la santé qu'ils ont acquise depuis long-tems. Comment donc une personne languissante y pourroit-elle recouvrer celle qu'elle a perduë?

3. Le démon voyant que nous ne pouvons plus être surpris par les pieges des vices grossiers, nous en dresse d'autres beaucoup plus subtils. Car il tâche de nous porter insensiblement, ou par les hom-

mes, ou par nous-mêmes, à une secrette complaisance de nôtre vertu ; ce qui luy est facile, nous trouvant dans un lieu où tout est dereglé & corrompu ; de sorte que les moins méchans y paroissent bons, & ceux qui commencent à vouloir devenir bons, y paroissent saints. Que si cette tentation est si dangereuse aux ames mêmes les plus parfaites & les plus avancées en vertu, combien le doit-elle être à ceux qui sont foibles ?

Comme donc nous voyons dans ce mauvais riche ce qu'un Chrétien doit craindre & ce qu'il doit fuïr, voyons maintenant dans le bienheureux Lazare, ce qu'il doit desirer & ce qu'il doit suivre.

II.

1. Le Lazare est mendiant. Il est plein d'ulceres. Il se tient à la porte du riche. Voilà proprement l'image du vray Chrétien. Il doit être pauvre d'esprit : *Je suis un homme qui voit & qui ressent sa pauvreté*, dit le Prophete, & le plus grand moyen de devenir riche devant Dieu, est de reconnoître en cette sorte que l'on est pauvre.

Non seulement il faut qu'il se connoisse pauvre, mais plein d'ulceres. Que nous marquent ces ulceres, sinon la confession & la reconnoissance de ses pechez, selon saint Augustin, & après luy saint Gregoire : *Les ulceres marquent la confession de nos pechez, qui pousse au dehors l'humeur maligne qui étoit renfermée au dedans:* ULCERA *sunt confessiones peccatorum, velut mali humores à visceribus intimis foras erumpentes.* Greg. hom. in Lazarum.

Il faut encore qu'il se tienne devant la porte du riche. Mais en cela la verité passe la figure, & nous sommes en ce point beaucoup plus heureux que le Lazare : que pour luy, il étoit couché à la porte d'un homme, & d'un homme impitoyable qui le laissoit sans secours, nonobstant toutes ses richesses : au lieu que pour nous autres, nous nous tenons comme des mendians à la porte d'un Dieu dont la bonté & les richesses sont infinies, & qui ne demande autre chose pour nous donner, sinon que nous voulions bien luy demander : *Omnis qui petit, accipit.* C'est pourquoy S. Augustin dit que nous sommes dans l'Eglise comme des pauvres couchez à la porte du grand pere de famille.

2. Le Lazare nous apprend que ce n'est pas assez de nous tenir devant Dieu, & de luy montrer nos playes ; mais qu'il faut outre cela le prier qu'il nous assiste. *Cupiebat saturari.* IL *desiroit.* Voilà la vraye priere interieure, sans laquelle l'exterieure serviroit de peu, ou de rien du tout. La vraye priere est le desir du cœur. *Le desir continuel*, dit saint Augustin, *est une priere continuelle.* CONTINUUM *desiderium continua oratio.*

<small>Aug. in Psal. 34.</small>

Et le même Pere nous marque excellemment que ce souhait du Lazare mendiant est la vraye priere, lorsqu'il dit : *Nous sommes tous mendians de Dieu lorsque nous prions. Quelque riche que vous soyez, vous étes mendiant de Dieu.* OMNES *quando oramus, mendici Dei sumus : Quantumcumque dives es, mendicus Dei es.*

Et comme ce bienheureux pauvre ne demandoit point autrement l'aumône au riche, qu'en luy montrant ses playes ; ainsi la meilleure priere que nous puissions faire à Dieu, & celle qui nous reste même lorsque nous ne sommes pas capables des autres, est de nous offrir à luy dans un humble & respectueux silence, & dans un ressentiment de nos playes profondes, qu'il nous a fait la grace de nous découvrir: & dont il nous fait esperer la guerison par les remedes de sa grace toute puissante.

3. *Il desiroit d'être rassasié des miettes.* Ce mot de *rassasier* ne signifie autre chose dans le Lazare, sinon qu'il eût crû être suffisamment rassasié, que de manger seulement les miettes qui tomboient de dessus la table du riche. Mais ce mot dans nous signifie beaucoup davantage. Car comme dit Saint Augustin au même lieu que nous avons déja cité : *Nous nous tenons comme des mendians dans l'Eglise devant la porte du grand Pere de famille. Nous demandons qu'on nous donne quelque chose, & ce que nous demandons c'est Dieu même* : PETENTES aliquid accipere, & hoc aliquid ipse Deus est.

Puis donc que c'est Dieu que nous demandons, nous ne le devons demander qu'afin d'en être pleinement rassasiez. Car je ne craindray point de dire, que voicy peut-être une des raisons les plus considerables & les moins connuës, pour laquelle les gens de bien mêmes, & qui veulent vivre icy en pauvres & en mendians, n'obtiennent point de Dieu ce qu'ils luy demandent, & n'avancent point, ou même s'affoiblissent dans la voye du salut. Ils ne considerent pas qu'ils demandent Dieu même à Dieu, en luy demandant sa grace, qui n'est autre que l'infusion & la présence de son Esprit dans nôtre cœur. Ils ne se contentent point de cela seul.

Ils n'ont pas soin de mettre en cela tout leur contentement & toute leur joye, & de ne penser qu'à joüir en paix d'un si grand bien qui enferme en soy tous les biens. Ils desirent encore autre chose. Ils ne rendent pas graces de ce don infini qu'ils ont reçû. Ils s'abbattent & s'attristent demesurément des défauts qu'ils reconnoissent encore en eux, au lieu de penser avec action de graces aux maux & aux périls terribles dont Dieu les a délivrez, & dont il les délivre encore à tout moment. Ainsi ils ne font jamais raffasiez de Dieu, & ne joüissent jamais de luy. C'est pourquoy ou il ne se donne point à eux, ou il ne s'y donne que trés-imparfaitement, comme ils le reçoivent aussi d'une maniere trés-imparfaite.

Et on pourroit dire à ces personnes cette parole excellente de Saint Augustin : *Avare, dequoy serez-vous content, si vous n'êtes pas content de la possession de Dieu même ?* AVARE *quid tibi sufficit, cui Deus non sufficit ?* Car il y a une avarice spirituelle, aussi bien qu'une avarice charnelle & humaine. Il y a une avarice des biens de l'ame, comme il y en a une des biens du corps. Et comme on peut dire fort bien qu'un pauvre, qui ayant reçû l'aumône & quelque assistance considerable, n'en témoigne aucun ressentiment ny aucune joye, mais demeure dans la tristesse & dans l'impatience de ce qu'il est pauvre, est un ingrat & un avare, qui ne desire autre chose que de sortir de sa pauvreté, & ne reconnoît pas seulement le bien qu'on luy fait : ainsi on peut dire la même chose de ces ames qui ne pensent qu'à recevoir, & jamais à ce qu'elles ont reçû, qui sont toûjours tristes du mal qu'elles font, & qui ne se réjoüissent jamais du bien que Dieu leur fait. Ces ames ne pensent point à se rassasier de Dieu, elles ne sont jamais contentes.

Il y en a d'autres qui tombent dans la même faute d'une autre maniere, en desirant tellement Dieu, qu'en même temps elles veulent joüir non de quelque chose mauvaise, mais de quelque autre chose qui n'est point luy, quoy qu'on la puisse faire pour luy, & dont elles veulent joüir au lieu de luy. Ainsi on s'attachera souvent à son employ présent, à une personne plûtôt qu'à une autre, à une lecture, à une

Pour le Jeudy de la II. sem. de Carême   171

étude qui est plus selon nôtre goût ; enfin à sa volonté plûtôt qu'à celle de Dieu.

4. *Cupiebat saturari de micis quæ cadebant de mensa divitis.* Il desiroit d'être rassasié des miettes qui tomboient de la table du riche.

1. Cecy nous marque trés-bien l'état des penitens, séparez de la communion de la table de JESUS-CHRIST. Et quoy que l'indulgence de l'Eglise nous permette de nous approcher plus souvent de cette table sacrée ; neanmoins il est bon, & sur tout en ce saint temps de Carême d'entrer dans cette disposition du Lazare & de la Chananée, en disant à Dieu dans nôtre cœur : *Etiam Domine ; nam & catelli comedunt de micis quæ cadunt de mensa dominorum suorum.* Que les ames innocentes qui sont vos vrais enfans, mon Dieu ! soient assis à vôtre table ; mais pour nous autres, nous serons trop heureux, si on nous met au rang des bêtes, nous laissant manger les miettes qui tombent de vôtre table sacrée ; c'est-à-dire, si vous nous faites participer en quelque chose aux graces que reçoivent ceux qui s'en approchent dignement.

2. Cecy nous montre l'estime que nous devons faire de la moindre faveur que nous recevons de Dieu, pour ne nous pas toûjours abbattre & attrister en nous-mêmes, puisque nous devons nous tenir trés-contens, & être pleinement rassasiez pour la moindre miette qu'il nous donnera de son sacré pain. Car la moindre grace est infiniment au dessus de nous, & est capable d'en attirer beaucoup d'autres plus grandes, si nous la recevons avec la foy, l'humilité, & la reconnoissance qu'elle merite. C'est ce qui a fait dire à Saint Augustin cette belle parole : *Ergo securi simus, & in tranquillitate cordis nutriamus bonam conscientiam de pane Domini :*   In Ps. 45.
p. 172. 3.

Tenons-nous *dans un saint repos, & nourrissons nôtre ame du pain de Dieu dans la tranquillité de nôtre cœur.*

Imitons donc ce grand exemple de la patience du Lazare, que l'on nous propose aujourd'huy.

Il est pauvre. Il est dans le besoin. Il l'expose; & on le méprise, on l'oublie. Il ne desire que les miettes de la table, & on ne les luy donne point. Mais Dieu sans doute luy gravoit dans le cœur la verité de ces paroles de David : *Non in finem oblivio erit pauperis* : LE *pauvre ne sera pas toûjours dans l'oubli.* Les hommes me méprisent, disoit ce bienheureux pauvre : mais Dieu ne me méprise pas. Les hommes m'oublient, mais Dieu ne m'a pas mis en oubli.

Psal. 9.

Si nous avions cette image devant les yeux, pourrions-nous nous plaindre de rien ? Pourrions-nous trouver pénible la pauvreté la plus pressante, & oserions-nous même nous dire pauvres, puisque Dieu prévient souvent tous nos besoins, & qu'il ne nous manque rien du necessaire, au lieu que tout manquoit à ce Saint ?

Non seulement il est pauvre, mais il est plein d'ulceres. Il est pressé de la faim : & on n'a point soin de le soulager. Il est plein d'ulceres ; & on ne le traite point pour les guerir. Voilà une extrême misere. Mais il a un remede dans tous ces maux, qui est une patience invincible, & une humble attente du secours de Dieu, qui luy faisoit dire dans le cœur : *Patientia pauperum non peribit in finem.*

Psal. 9.

Il consideroit dans la pauvreté de son corps l'indigence de son ame, & dans les ulceres de son corps les playes de son ame. C'est là proprement l'esprit de la pauvreté. C'est le sentiment de nos besoins intérieurs, qui nous doit soûtenir dans tous nos besoins extérieurs; comme c'est le sentiment des langueurs & des blessures de nôtre ame, qui nous doit soûtenir & rendre patiens dans toutes les maladies de nôtre corps.

Si nous entrons dans ce sentiment, nous serons vrayment pauvres, & nous trouverons une grande consolation dans cette pauvreté où Dieu nous a mis. Car si nous l'embrassons de tout le cœur, si nous nous privons volontairement de tout ce qui luy peut être contraire, nous trouverons que plus nous serons pauvres au dehors, plus nous serons riches au dedans; plus nous souffrirons paisiblement toutes les langueurs du corps, comme le Lazare, plus nous nous guerirons de toutes les maladies de nôtre ame.

C'est ce que le même Roy Prophete a marqué dans ces paroles : *Ego sum pauper & dolens :* JE *Psal. 21.* *suis pauvre, & dans la douleur.* SALUS *tua, Deus ! suscepit me :* MAIS *vous, mon Dieu, vous avez entrepris de me guerir.* Je suis pauvre. Il y a bien peu de personnes qui puissent dire veritablement cette parole. Car souvent on a l'habit & le nom de pauvre, & on n'en a pas l'esprit. On promet souvent de garder, c'est-à-dire, d'aimer la pauvreté, puisqu'on ne la peut garder qu'en l'aimant; & neanmoins on ne l'aime pas. On la rejette aussi-tôt qu'elle se fait un peu sentir. On ne l'aime que dans son absence, & quand elle se présente à nous, on se retire aussi-tôt d'elle.

Ego sum pauper & dolens : JE *suis pauvre & dans la douleur.* Celuy qui aime vrayment la pauvreté extérieure, obtiendra par cela même la connoissance & le sentiment de son indigence intérieure; &

ainsi il desirera comme le Lazare d'être rassasié des miettes qui tombent de la table non du mauvais riche, mais de Dieu; & il luy dira ce que nous venons de dire: *Non mensam invado, sed micas quaro*: Je n'ay pas la présomption de m'asseoir à la table de Dieu, mais je ne demande que des miettes. Que s'il est vraiment dans ce sentiment, Dieu luy fera connoître aussi les playes de son ame, afin qu'il les luy présente & qu'il les guerisse. *Salus tua, Deus suscepit me.*

C'est pourquoy le même Evangile qui nous représente le Lazare pauvre, méprisé & abandonné, plein d'ulceres, sans aucun secours, nous le représente ensuite dans le sein d'Abraham, pour nous marquer que sa pauvreté l'a rendu riche, & ses maladies passageres éternellement heureux.

Et Saint Augustin marque trés-bien que le Lazare pauvre a trouvé sa felicité dans le sein d'Abraham qui a été riche, pour montrer qu'Abraham luy-même a été pauvre d'esprit dans ses richesses; & qu'ainsi c'est la disposition du cœur qui fait les pauvres.

POUR LE VENDREDY
DE LA
II. SEMAINE DE CARESME.

Homo erat Paterfamilias qui plantavit vineam.
Matth. 21.

Il y avoit un Pere de famille qui avoit planté une vigne, &c. S. Matth. c. 21.

I.

Nous devons remarquer dans ce Pere de famille que l'Evangile de ce jour nous représente, le soin qu'il a de sa vigne, & l'application qu'il témoigne à faire de son côté tout ce qui est necessaire pour sa conservation. Cela devroit instruire ceux qui se chargent du soin de cultiver cette vigne, à n'entrer dans cet employ que lorsqu'ils sentent dans eux-mêmes assez de zéle pour répondre aux soins de ce Pere de famille. Qu'ils jugent eux-mêmes si ayant pris des personnes de journée pour travailler à leur vigne, ils seroient contens de leur travail, si au lieu de s'occuper précisément à ce qu'ils leur auroient commandé, ils ne pensoient au contraire qu'à se divertir, ou à faire toute autre chose que celle qu'ils devroient particulierement faire. Qu'ils ne refusent pas donc de s'examiner devant Dieu, pour voir sans se flatter s'ils s'appliquent autant qu'ils le doivent à cultiver sa vigne, & à luy faire porter de bon fruit.

Car la patience que ces ouvriers voyent dans le maître de cette vigne, selon qu'elle leur est marquée dans la parabole de l'Evangile de ce jour, ne doit pas leur être comme un piege qui les perde. Si Dieu dissimule leur négligence & leurs emportemens, c'est parce qu'il attend qu'ils se corrigent ; & l'on voit au contraire icy par un malheur que l'on ne peut assez déplorer que plus Dieu a de bonté & de patience, plus les serviteurs deviennent méchans. Ils tombent de précipice en précipice. Au lieu d'ouvrir les yeux aprés leurs premiers excés, ils en deviennent au contraire plus aveugles, & ils passent du meurtre des serviteurs, au meurtre du Fils même de leur maître.

Il seroit donc à souhaiter que ceux que cette parabole regarde plus particulierement, c'est-à-dire, ceux qui ont les emplois les plus importans dans la vigne du Seigneur, qui est l'Eglise, eussent au moins autant d'intelligence, que les Scribes & les Docteurs de la loy témoignerent en avoir icy en reconnoissant que cette parabole s'adressoit à eux. Ils devroient considerer en tremblant dans quel malheur se jettent ceux qui se regardent comme s'ils étoient les souverains maîtres de cette vigne, & comme s'ils ne devoient rendre aucun compte de leur administration : qui y disposent de tout absolument : qui méprisent ce qu'on leur dit de la part de celuy qui en est le legitime maître, qui prennent plaisir à faire sentir aux autres les effets de leur pouvoir, qui ne peuvent souffrir une parole un peu libre de ceux qui sont touchez des interests de Dieu, & qui enfin, selon la parole des Saints Peres, entrent dans l'heritage de JESUS-CHRIST par le meurtre de

JESUS-

JESUS-CHRIST même. *Potest vinea nomine Ecclesia signari, quam perversi demetunt, & autorem ejus in membris suis opprimendo vindemiant, quia creatoris nostri gratiam persequentes, dum quosdam de illa qui victi videbantur, rapiunt, quid aliud quàm botros animarum tollunt?* Greg. in Iob. lib. 6. c. 11.

Que ceux qui peuvent remarquer que cecy les touche, ouvrent le cœur à ces veritez, & qu'en écoutant JESUS-CHRIST parler dans cet Evangile, ils reconnoissent que c'est à eux qu'il parle ; *cognoverunt quòd ad ipsos diceret parabolam.* Et au lieu que ces Docteurs de la Loy ensuite de cette connoissance, s'emporterent encore plus furieusement contre JESUS-CHRIST qui leur ouvroit les yeux pour les avertir du danger où ils étoient ; que ceux au contraire qui reconnoîtront leur état dans cette parabole, entrent dans eux-mêmes avec une crainte profonde ; qu'ils appréhendent les menaces que l'on fait contre ces méchans serviteurs, *Malos malè perdet :* & qu'ils se hâtent de prévenir par une humble pénitence un malheur, qui sans cela leur sera inévitable.

II.

Mais sans s'étendre davantage sur les Pasteurs qui sont chargez du soin de la vigne du Seigneur que cette parabole de nôtre Evangile regarde plus, voyons maintenant ce que les particuliers y doivent considerer, & de quelle maniere ils doivent s'appliquer des veritez si étonnantes. C'est ce que Saint Bernard faisoit luy-même, lorsque se regardant comme une partie de cette vigne si cherie de Dieu, il déploroit amerement la négligence avec laquelle il s'accusoit de la laisser déperir. Dieu, disoit cet humble Pere, m'a donné une vigne à garder, & au lieu de m'y appliquer avec tout le soin que je devois, je l'ay laiſſée déperir : *Vineam meam non cuſtodivi.*

Ce Saint s'efforçant de faire enſorte que les autres entraſſent auſſi dans ces mêmes ſentimens, leur dit pour les inviter à pleurer avec luy la négligence avec laquelle ils ſe ſont appliquez à la garde de cette vigne : Toutes les fois que nous ne veillons pas ſur nous-mêmes, autant de fois nous laiſſons entrer le démon dans cette vigne pour la ravager. Tous les mouvemens de colere que nous ſentons, tous les mouvemens de vaine gloire qui nous emportent, tous les excés d'intemperance, toutes les langueurs de nôtre lâcheté ou de nôtre pareſſe ſont comme autant de vents differens, ou de bêtes dangereuſes qui arrachent & qui devorent les plus belles grappes de cette vigne. Quand nous ne nous tenons pas reſſerrez dans nôtre retraitte, quand nous courons ſans neceſſité de lieu en lieu, en des viſites non neceſſaires, quand nous nous expoſons trop librement au monde, ſans qu'il y ait pour cela une neceſſité inévitable, nous ſommes alors comme une vigne qui n'eſt plus fermée, & qui étant ſans murailles & ſans hayes eſt expoſée à tous ceux qui paſſent. Les neceſſitez mêmes de la vie, dont nous pouvons le moins nous diſpenſer, & les engagemens les plus juſtes qui nous lient à des occupations où nous ne pouvons manquer ſans offenſer Dieu, ſont comme autant de renards qui détruiſent nôtre vigne.

De plus nous négligeons ſouvent les avis que ce Pere de famille nous fait donner par ſes plus fidéles ſerviteurs, qui nous exhortent de la part de leur maître à prendre garde de bonne heure au compte que nous luy devons rendre. Nos Paſteurs, nos Directeurs nous parlent cent fois, & cent fois nous leur fermons les oreilles. Nous en concevons même quelquefois de l'aversion, parce que le danger où ils nous voyent prests de tomber, force en quelque sorte leur charité de nous parler avec une sévérité toute sainte. Toutes leurs remontrances nous deviennent inutiles: nous les foulons aux pieds, & nous ne voyons pas qu'après nous être accoûtumez à maltraiter les serviteurs de JESUS-CHRIST, nous traiterons ensuite JESUS-CHRIST même avec outrage.

Toutes ces vûës faisoient répandre à Saint Bernard des larmes, & jetter de profonds soupirs, afin d'attirer la misericorde de Dieu sur sa vigne, & de le porter à la vouloir garder luy-même: *Quibus ego lachrymis rigabo sterilitatem vineæ meæ*, JESU bone! *quos fasciculos sarmentorum in tuo quotidie sacrificio ustio contriti cordis mei, te teste, absumit.* *Bern. ser. 60. in Cant.*

Que si Dieu donc pour nous punir en Pere plûtôt qu'en Juge, de la négligence avec laquelle nous avons gardé nôtre vigne, si pour nous châtier de ce qu'au lieu du fruit qu'il exige de nous, nous ne luy présentons que des épines, comme dit Saint Augustin: *O anima spinosa & arida! si spinas non haberes, capiti creatoris spineam coronam non imponeres*; il nous laisse tomber dans quelque affliction, c'est alors qu'en regardant cette affliction comme *un pressoir*, nous devons veiller qu'il ne sorte de nous qu'une liqueur précieuse. *Noli esse aridus*, dit Saint Augustin, *ne de pressura nihil exeat*: Ne soyez point alors sec ny aride, de peur que ce pressoir où Dieu vous met ne vous trouve sans aucun suc. Si ce dernier effort de la misericorde de Dieu sur nous, ne nous étoit utile, nous devrions craindre qu'il ne nous traitât enfin comme il marque en nôtre Evangile qu'il traiteroit les Juifs, c'est-à-dire, qu'après avoir fait un si mauvais usage de ses graces, il ne les retirât pour les donner à d'autres qui s'en serviroient plus utilement que nous.

III.

Mais on ne peut omettre icy cette parole par laquelle JESUS-CHRIST termine nôtre Evangile : *Que veut dire ce qui est écrit : Que la pierre qui a été rejettée par ceux qui bâtissent, est devenuë la pierre angulaire ?* Car il fait voir sensiblement la folie de la sagesse humaine. Les Scribes & les Pharisiens se regardoient comme les maîtres Architectes de la maison que Dieu se bâtissoit sur la terre. Il n'y avoit qu'une seule pierre qu'ils ne vouloient point employer, & qu'ils rejettoient avec une obstination aveugle ; & il n'y avoit au contraire que cette seule pierre que Dieu vouloit employer, qu'il avoit choisie luy-même, qui devoit soûtenir tout l'édifice, & qui devoit réünir en elle-même les deux murailles qui étoient separées, c'est-à-dire la nation Judaïque & les Gentils.

Nous devons apprendre de là à craindre beaucoup de suivre nos pensées dans ce qui regarde Dieu, de peur qu'elles ne se trouvent contraires aux siennes, que nous ne gâtions son ouvrage au lieu de l'avancer, & qu'en rejettant ce qu'il approuve, nous n'approuvions ce qu'il rejette. Nous sommes les pierres qui composent la structure de cet édifice. Nôtre fondement doit être la pierre angulaire qui est JESUS-CHRIST. Nous devons demeurer fermes quand nous sommes une fois posez sur luy, & nous devons avoir une telle liaison avec toutes les autres, que nous ne nous en desunissions jamais.

Prenons garde également & de ne pas nous heurter contre cette pierre, & que cette pierre aussi ne tombe sur nous & ne nous brise. Ceux à qui JESUS-CHRIST est une pierre de scandale & qui ne peuvent souffrir sa doctrine, se heurtent contre cette pierre; & elle tombe sur ceux qui la remuent & la veulent faire changer de place, qui irritent Jesus-Christ par une vie contraire à sa doctrine, & qui s'en font un Juge au lieu d'un Sauveur.

Ecoutons donc avec une sainte frayeur des veritez si étonnantes. Tremblons lorsque nous voyons dans cette parabole le malheur & la réprobation des Juifs. Considerons ce que Saint Chrysostome remarque si sagement sur leur sujet, lorsqu'il dit en expliquant cette parabole, que c'est l'attache aux biens de la terre, & l'amour des choses présentes qui les a conduits insensiblement dans cet effroyable abîme. Apprenons de leur exemple, dit ce Saint Docteur, que rien ne fait tomber les hommes d'une chûte plus déplorable que l'attachement aux biens d'icy-bas; & que rien au contraire ne nous fait joüir plus paisiblement des biens de cette vie & de l'autre, que le mépris que nous témoignons de tout ce qui est sur la terre.

… … … … … … … … … … … … … … …

POUR LE SAMEDY
DE LA
II. SEMAINE DE CARÊME.

In se autem reversus dixit : Surgam, & ibo ad patrem, &c. *Lucæ* 15.

L'Enfant prodigue étant revenu à soy, dit : Je me leveray, & iray trouver mon pere, &c.

E Fils de Dieu sçachant que les hommes sont sans comparaison plus touchez des choses qu'ils voyent, que des paroles qu'ils entendent, après avoir donné en plusieurs endroits de son Evangile d'excellentes instructions touchant la pénitence, nous la rend en celuy-cy comme sensible en cette parabole qu'il nous propose, qui est toute pleine d'instruction & de mysteres.

Car il nous représente qu'un pere de famille ayant deux enfans, le plus jeune des deux luy ayant demandé la part de son bien, s'en alla dans un pays éloigné, où après avoir dépensé en débauches tout ce qu'il avoit, il tomba dans une extrême misere. Enfin étant revenu à soy, il se résolut d'aller trouver son pere, lequel l'ayant apperçû de loin, courut à luy, l'embrassa, le fit habiller comme son fils, & témoigna par un festin qu'il fit, la joye que son retour luy avoit causée.

Il est aisé de voir par toute la suite de cette parabole, qu'elle est un admirable tableau de la chûte du pécheur, & de son retour à Dieu par la pénitence. Mais pour la considerer avec plus d'ordre, nous y remarquerons particulierement quatre choses qui en font les principales parties.

I. D'où vient que l'homme abandonne Dieu.

II. Combien il se rend miserable en l'abandonnant.

III. Quelles sont les marques que Dieu l'a touché pour revenir veritablement à luy.

IV. Comment Dieu le reçoit, & comment il doit vivre aprés qu'il est rentré en grace.

I.

Les saints Peres entendent quelquefois par ces deux enfans du pere de famille, le premier homme qui s'est perdu, & l'Ange qui est demeuré ferme dans le service de Dieu. Quelquefois ils entendent par ces deux enfans le peuple Gentil & le peuple Juif. Et quelquefois aussi ils entendent les pénitens & les innocens. C'est à ce troisiéme sens auquel ils s'arrêtent plus, comme étant plus plein d'instructions que les deux autres.

On voit donc dés l'entrée de cette parabole, que le plus jeune de ces deux enfans, qui est l'image du pécheur, dit à son pere: *Donnez-moy la part du bien qui me regarde dans vôtre succession.* Ce que son pere ayant fait, il s'en va avec tout son bien, & le dissipe en luxe & en débauches. Voilà l'origine de tous les desordres de l'homme, le desir de l'indépendance, la haine de tout assujettissement, même de celuy qu'on doit à Dieu.

C'est ainsi qu'est tombé le premier homme, lorsqu'il a voulu être maître de soy-même. C'est ainsi que tombent ensuite tous ses enfans, qui sont heritiers de son orgueil, comme ils le sont de son péché

& de son supplice. C'est pourquoy l'Apôtre dit avec grande raison : *Lorsque vous étiez esclaves du péché, vous avez été libres de la justice.* Ce qui nous apprend que les hommes ne se rendent ainsi esclaves de leurs passions, que parce qu'ils considerent la justice & la loy de Dieu, comme un joug dont ils veulent se délivrer.

Rom. c. 6.

Car comme l'assujettissement à la volonté d'un pere est insupportable à un mauvais fils : & comme l'assujettissement à la volonté d'un maître est insupportable à un mauvais serviteur : ainsi l'assujettissement à la volonté & à la loy de Dieu, est insupportable à l'ame superbe, qui s'élevant d'orgueil veut devenir maîtresse d'elle-même, & n'obéïr plus qu'à sa passion.

Considerons les hommes qui tombent dans le péché. Voilà leur vraye disposition intérieure, quoy que souvent ils ne s'en apperçoivent pas. Car comme le Sage dit excellemment : *L'esprit s'éleve toûjours avant sa chute* ; & il ne tombe de la main de Dieu, que parce qu'il s'étoit élevé contre Dieu.

Prov. c. 25.

D'où arrive-t-il si souvent, que des hommes que Dieu touche dans un âge déja avancé, lorsqu'ils commencent à regarder derriere eux, & à jetter les yeux sur tout le cours de leur vie, n'y reconnoissent qu'un égarement perpetuel, & un éloignement de la veritable fin à laquelle ils devroient tendre, sinon de ce qu'ils n'ont pas été plûtôt maîtres d'eux-mêmes, qu'ils n'ont plus voulu avoir Dieu pour maître, & qu'ils luy ont dit par la secrette disposition de leur cœur : *Da mihi portionem substantiæ quæ me contingit :* DONNEZ-moy mon bien ; c'est-à-dire, tous les avantages de la nature & de la grace que vous m'avez donnez, & laissez-moy me gouverner à ma fantaisie ?

Mais qu'arrive-t-il à ces personnes, sinon ce qui arrive à cet enfant prodigue ? Il sort de chez son pere, il s'en va bien loin ; il se perd dans les débauches ; il dépense son bien en un moment ; il devient pauvre & miserable ; il se rend esclave d'un étranger & d'un inconnu ; on l'envoye garder les pourceaux ; & dans la faim qui le presse, il desire qu'on luy donne une partie de ce qu'on donne à ces bêtes, & il ne le peut obtenir.

Ainsi les hommes ne veulent point se soumettre à Dieu. Ils ne sont pas plûtôt en état de disposer d'eux-mêmes ; qu'au lieu de le consulter dans le genre de vie qu'ils choisissent, pour sçavoir si c'est par son ordre qu'ils s'engagent dans cet employ, dans cette condition, dans cette charge, dans ce mariage ; ils secoüent le joug de sa domination si legitime, & s'emportent aveuglément par tout où leur passion les conduit, sans se mettre en peine si ce qu'ils font plaît à Dieu, ou s'il luy déplaît ; & si c'est un chemin pour se sauver ou pour se perdre.

Mais que leur arrive-t-il ensuite ? Sont-ils devenus libres comme ils le souhaitoient ? Ils sont au contraire les derniers de tous les esclaves. Sont-ils devenus heureux comme ils le souhaitoient, & comme ils le prétendoient ? Ils sont au contraire trés-miserables, comme souvent eux-mêmes le reconnoissent ; & ils sont d'autant plus miserables, qu'ils aiment leur propre misere. C'est ce que Saint Augustin represente excellemment.

Considerez, dit-il, la servitude des vices. Un marchand s'en va jusqu'aux Indes pour trafiquer, pour gagner de l'argent. Il abandonne pere, mere, femmes, enfans, parens, amis, pour aller si loin, sans sçavoir s'il en reviendra jamais. Il est esclave de l'avarice. Elle le domine : *Domina avaritia jussit*: L'avarice l'a commandé. Il faut obéïr. Il expose sa vie à la mer, aux flots, aux tempêtes, aux naufrages, aux pirates : *Domina avaritia jussit*.

Et quoy, dit ce Pere admirablement, Dieu qui est vôtre veritable maître, vous commande de donner un verre d'eau à un pauvre qui est à vôtre porte, en vous promettant le ciel pour récompense, & vous ne luy obéïssez pas ? Et l'avarice dont vous vous êtes rendu esclave, vous commande d'aller au bout du monde pour gagner quelque bien ; en danger d'y perdre cent fois la vie, & vous luy obéïssez !

Mais on ne peut ne se pas arrêter icy : & en voyant la misere où est réduit cet enfant qui quitte son pere, il est bon de s'étendre sur l'effroyable peine dont Dieu punit toutes les ames qui se sont éloignées de luy, & sur la vengeance qu'il tire du crime qu'elles commettent en se revoltant contre luy.

C'est une maxime constante dans la doctrine de Saint Augustin, que le péché ne peut demeurer impuni. Car le pécheur autant qu'il est en son pouvoir, dit ce saint Pere, trouble l'ordre naturel que la loy éternelle a établi. *Quantum in ipso est, perturbat in se ordinem naturalem, quem lex æterna constituit.* Or il n'y a rien de plus juste que de rétablir l'ordre qui a été violé, & c'est par la peine qu'il est rétabli, selon cette excellente parole du même Pere : La peine, dit-il, remet l'ame pécheresse dans l'ordre, parce qu'elle la met en la place où il n'est pas honteux qu'elle soit, & où même elle fait partie de la beauté de l'univers, parce que la peine du péché en corrige la laideur. *Ut peccati dedecus emendet pœna peccati.*

Aug. lib. 22. contra Faustum. c. 27.

Aug. lib. 3. de lib. Ab.

Pour le Samedy de la II. sem. de Carême. 187

C'est pourquoy il dit encore dans le même livre : Les ames péchent si elles veulent ; mais si elles péchent elles deviennent miserables. Car si n'y ayant plus de péché, il y avoit de la misere, ou si même la misere précédoit le péché, ce seroit avec raison qu'on trouveroit du desordre dans l'ordre & l'administration de l'Univers. Que si au contraire il y avoit du péché & qu'il n'y eût point de misere ; l'iniquité des hommes troubleroit l'ordre de Dieu. Mais lorsque le bonheur suit ceux qui ne péchent point, la beauté du monde est parfaite ; & lorsque la misere suit ceux qui péchent, la beauté du monde est encore parfaite. *Animæ si velint peccant, si peccaverint* Ibid. c. 2. *misera fiunt : si enim peccatis earum detractis, miseria perseverat, aut etiam peccata præcedit, rectè deformari dicitur ordo atque administratio universitatis. Rursus si peccata fiant & desit miseria, nihilominus dehonestat ordinem iniquitas. Cùm autem non peccantibus adest beatitudo, perfecta est universitas: Cùm verò peccantibus adest miseria, nihilominus perfecta est universitas.*

C'est ce qui fait dire si souvent à ce Pere, que nos péchez ne pouvant demeurer impunis ; nous n'avons qu'un moyen pour empêcher que Dieu ne les punisse, qui est de le prévenir en les punissant nous-mêmes. *Præveni illum. Non vis ut ipse puniat, tu pu-* In Psa'. 44. *ni. Converte te ad punienda peccata tua, quia impunita esse peccata non possunt. Puniendum ergo erit à te, aut ab ipso.*

Et en un autre endroit. Il est, sans doute, dit-il, que le péché doit être puni. La punition & la condamnation sont dûës au péché. Il faut que le péché soit puni ou de vous ou de Dieu. Si c'est vous qui le punissez, il sera puni sans vous : mais si ce n'est pas vous qui le punissez, il sera puni avec vous.

Aug. serm. 3. de diverf. c. xit.

Peccatum sine dubitatione puniendum est. Hoc debetur peccato punitio, damnatio. Puniendum est peccatum aut à te, aut ab ipso. Si punitur à te, tunc punietur sine te : si verò à te non punitur, tecum punietur.

Mais Saint Augustin ne nous enseigne pas seulement que le péché ne peut demeurer sans punition ; parce que Dieu tôt ou tard fera sentir aux pécheurs les effets de sa justice. Il soûtient même que le péché n'est jamais un seul moment sans être puni, parce que les peines de l'autre vie ne font pas toute la punition du péché : ce n'en est que l'accomplissement & la manifestation. Mais dés cette vie même jamais le péché n'est sans peine. Celuy qui n'a pas rendu à Dieu ce qu'il luy devoit en faisant le bien, le luy rend en souffrant le mal. Et ces choses ne sont séparées par aucun intervale de temps.

Car il ne faut pas s'imaginer qu'en un temps le pécheur ne fasse pas ce qu'il doit faire, & qu'en un autre, il souffre ce qu'il doit souffrir. Cela est inséparable, ne se pouvant trouver aucune difformité dans la beauté de la nature universelle, non pas même pour un moment de temps ; ce qui arriveroit neanmoins, si la laideur du péché se trouvoit dans la nature, sans la beauté de la peine qui le met dans l'ordre.

Aug. lib. 3. de lib. Arb. c. 15.

Nullo temporis intervallo ista dividuntur, ut quasi alio tempore non faciat, quod debet, & alio patiatur quod debet, ne vel puncto temporis universalis pulchritudo turpetur, ut sit in ea peccati dedecus sine decore vindictae.

Il ne faut que considerer l'état où se trouve réduit l'enfant prodigue pour comprendre sensiblement cette verité. Mais Saint Augustin nous fait remarquer en divers lieux trois ou quatre sortes de ces peines inséparables du péché.

La 1. est le trouble de la conscience. Entre toutes

des peines de l'ame, dit ce Saint, la plus grande est le remords du peché qui trouble la conscience. Par tout où le pécheur se veut fuir, il se traîne après soy-même; & par tout où il se traîne, il se tourmente. *Inter omnes tribulationes animæ humanæ, nulla est* *In Psal.* 45. *major tribulatio quàm conscientia delictorum. Quocumque fugerit, se talem trahit post se, & quocumque talem traxerit se, cruciat se.*

Et il dit en un autre endroit: Les pechez tourmentent la conscience & punissent l'ame qui en péchant s'est privée de la lumiere de la justice, quand elle ne seroit point punie par ces douleurs que Dieu envoye à ceux qu'il veut corriger, ou qu'il reserve à ceux qui ne se corrigent point. *Vexant enim peccata* *Aug. lib.* 26. *cont. Faust.* *conscientiam, ipsique animæ nocent cùm luce justitiæ peccando privatur, etiamsi non consequantur dolores, qui vel corrigendis ingeruntur, vel non correctis ultimò reservantur.*

Que si la conscience est endurcie, tout homme qui a l'esprit sain, doit reconnoître que cét endurcissement est encore une plus grande peine de l'ame pecheresse. Car la stupidité aussi bien dans l'ame que dans le corps, est pire que la douleur même. *Stupor* *Ibid.* *non dolet,* dit S. Augustin, *amisit sensum doloris, tantò insanabilior, quantò pejor.*

La 2. sorte de peine qui accompagne le peché est l'inquietude de l'ame qui se tourne & se retourne de tous côtez sans pouvoir trouver le repos, parce que de quelque côté qu'elle se tourne, cette colombe ne trouve point où son pied se puisse reposer, jusques à ce qu'elle retourne à Dieu dans l'arche. Cela vient de l'immense capacité de l'ame qui ne peut être remplie que de Dieu seul: selon cette parole si belle & si commune de S. Augustin parlant à Dieu. *Vous* *Aug. conf. lib.* 1. *nous avez créez pour vous; & nôtre cœur est toûjours* de trouble & d'inquietude, jusqu'à ce qu'il trouve son repos en vous.

Et en un autre endroit du même livre. *Malheur à l'ame audacieuse*, dit-il, *qui en s'éloignant de vous, espere trouver quelque chose de meilleur que vous. Elle a beau se tourner & se retourner de tous côtez, elle ne trouve par tout que des inquietudes, & des déplaisirs. Car vous êtes son repos.* Ve anima audaci, quæ speravit si à te recessisset, se aliquid melius habituram. Versa & reversa in tergum & in latera, & in ventrem, & dura sunt omnia. Et tu solus requies.

Aug. lib. 6 Conf. c. 16.

Que s'il y en a qui ayent perdu le sentiment de cette peine, cét état est encore un plus grand supplice, qui fait que l'ame miserable est tellement engagée dans ses miseres, qu'elle ne pense point à son retour vers Dieu. D'où vient que S. Augustin dit encore : Le peché est toûjours accompagné de sa peine lors même qu'il semble impuni, parce qu'il faut qu'il arrive necessairement, ou que le pecheur ressente de la douleur pour avoir perdu un si grand bien : ou que s'il ne la ressent point, il soit frappé d'aveuglement. Nam & peccatum, quod inultum videtur, habet pedissequam pœnam suam, ut nemo de amisso Deo nisi aut amaritudine doleat, aut cæcitate non doleat.

Aug. lib. 6. Conf. c. 16.

Or ce seroit un horrible aveuglement de ne pas voir que l'aveuglement est une peine qui accompagne toutes les passions déreglées, comme dit encore S. Augustin. *Que vôtre conduite est admirable & secrette, ô Dieu de gloire & de majesté, qui demeurez en silence au plus haut des cieux, & qui selon la loy éternelle & immuable de vôtre justice, répandez de justes aveuglemens sur des passions injustes ?*

Aug. lib. 1. Conf. c. 18.

La 3. sorte de peine qui est la plus grande, la plus intime, & la plus inseparable du peché, est la perte du souverain bien. Car quoy que personne ne peche, qu'en voulant pecher ; nul neanmoins ne perd le souverain bien que malgré luy & ne le voulant pas perdre. Il n'y a personne qui ne voulût bien le posseder, si cela se pouvoit, avec ce qu'il recherche par son peché. Mais parce qu'il se détourne volontairement du bien qui ne peut compatir avec le déreglement du peché, de là il arrive qu'en quelque maniere il veut & il ne veut pas ; & qu'ainsi le peché & la peine du peché se trouvent ensemble.

Car le peché est comme le coup mortel par lequel l'ame se tuë, & la perte du souverain bien est sa mort même. De sorte que ce n'est pas tant le peché que la peine du peché qui est la mort de l'ame : selon cette menace de Dieu, qui a eu son effet aussi bien dans l'ame que dans le corps. *En quelque jour que vous mangerez de ce fruit, vous mourrez de mort.* Genes. 3.

Saint Augustin a marqué cette peine inseparable du peché, lorsqu'il a dit de la creature raisonnable : Qu'elle étoit heureuse en possedant Dieu, comme elle étoit malheureuse en le perdant. *Hoc adepto beata est, quo amisso misera est.* Et parlant du bien immuable qui est Dieu : Il est tellement, dit-il, le bien des creatures intelligentes, que sans luy elles ne sçauroient être que miserables. *Quod usque adeo bonum est eorum, ut sine eo miseros esse necesse sit.* Aug. lib. 12. de Civit. c. 1. Ibid.

Cette peine est suivie d'une autre. Car l'ame ne se reposant point en Dieu, il est necessaire qu'elle se repose en quelqu'autre objet qu'elle aime. Et ce ne peut être que dans la creature, dont le seul amour est une misere ; & la joüissance, une plus grande misere. Car plus elle en joüit avec plaisir & avec securité, plus elle s'y attache étroitement. D'où il arrive qu'elle ne peut en separer son amour pour le transporter en Dieu. *Car s'efforçant de le faire*, dit saint Augustin, *elle ressent de la douleur, comme si un homme vouloit retirer son pied d'entre les fers : & succombant à cette douleur, elle ne veut point quitter ces plaisirs qui la perdront pour jamais.*

C'est pourquoy il dit encore d'une maniere admirable : Tout homme est miserable lorsqu'il est engagé dans l'amour des choses mortelles. Il est déchiré lorsqu'il les perd. Il reconnoît alors & sent la misere, par laquelle il étoit déja miserable, avant même qu'il les eût perduës. *Miser est omnis animus vinctus amicitiâ rerum mortalium, & dilaniatur cum eas amittit, & tunc sentit miseriam quâ miser est, & antequam amittat eas.*

Aug. Conf. 4. c. 6.

Puis donc qu'il est impossible que l'ame se détournant de Dieu, ne se repose dans l'amour & dans la joüissance de quelque creature ; il est impossible aussi que par là même elle ne soit pas miserable. Et c'est ce qui fait voir principalement, dit ce Saint, quel bien est Dieu, de ce que nul qui se détourne de luy, ne peut être bien. *Hinc enim etiam maximè commendatur quale bonum sit Deus, quando nulli ab eo recedenti bene est.*

Aug. lib. 11. de Gen. ad litt. c. 4.

Et ce même Saint ne craint point de faire dire à Dieu en parlant à l'ame : Si vous vous trouvez bien en vous éloignant de moy, je ne suis pas vôtre bien. *Si recedis à me, & benè tibi est, ego non sum bonum tuum.*

Aug. in ps. 70.

III.

Mais aprés avoir vû l'effroyable état où se reduit elle-même l'ame qui s'éloigne de Dieu, voyons maintenant

maintenant le moyen de sortir de cét abysme de malheur, qui nous est décrit dans nôtre Evangile.

Estant rentré en luy-même, il commença à dire: Combien y a-t-il de mercenaires en la maison de mon pere, qui ont plus de pain qu'il ne leur en faut pour vivre ? & moy je meurs icy de faim : Il faut me lever d'icy, & aller trouver mon pere. Voilà l'état d'une ame que Dieu commence à toucher.

Car comme le pecheur est devenu tout terrestre, souvent il est émû d'abord par le sentiment de sa misere ; & reconnoissant la tyrannie du peché & du monde, il recherche à se donner à un maître plus doux & plus favorable. *Et in se reversus :* Il rentre dans luy pour avoir cette pensée, parce qu'en effet il faut que les hommes soient frappez d'une frenesie spirituelle & interieure pour ne ressentir pas dans ce joug de fer dont le monde les accable, la pesanteur de leurs chaînes, & la dureté de leur servitude.

Il faut donc que l'homme rentre dans soy, étant auparavant hors de luy-même. Mais qui luy donnera ce pouvoir ? Son cœur est devenu tout de pierre. A-t-il un second cœur pour amollir ce premier ? Son ame est devenuë toute foible & toute languissante. A-t-il une seconde ame pour guerir cette premiere ? Nul n'est plus fort que soy-même. Nul ne se peut donner ce qu'il n'a point. Ce qui doit changer & guerir la plus haute partie de l'homme, doit être necessairement au-dessus de l'homme. Et qui est au-dessus de l'homme, sinon Dieu seul, dit saint Augustin ? *Solus Deus supra animam :* L'ame de l'homme n'a que Dieu seul au-dessus d'elle. L'Ange est auprés d'elle non au-dessus d'elle.

Cette conversion donc, ce retour dans soy-même, vient de Dieu seul. *D'où l'enfant prodigue*, dit ce

Pere, auroit-il eû cette penſée de retourner ainſi vers ſon pere, ſi ſon pere même ne la luy avoit inſpirée? HANC *cogitationem unde habuiſſes, niſi eam ipſi Pater miſericordiſſimus inſpiraſſet?* Dans la parabole cela ne pouvoit pas arriver, parce que le pere abſent ne pouvoit pas agir ſur l'eſprit de ſon fils qui étoit abſent. Mais dans la verité cela ſe paſſe de la ſorte, parce que Dieu eſt preſent à ceux-mêmes qui ſont abſens de luy, & la bonne penſée ne peut venir que de luy.

Voilà la premiere choſe qui ſe doit trouver dans la veritable converſion. Il faut que ce ſoit Dieu qui touche le cœur & qui commence.

La ſeconde qui eſt plus ſenſible, & qui ſert de confirmation à cette premiere qui eſt toute inſenſible & toute cachée, c'eſt que l'ame diſe veritablement, ſincerement, & effectivement : *Je me leveray, & je m'en iray trouver mon pere.*

On voit quelquefois des perſonnes qui paroiſſent converties. Ce ſont des gens qui quittent les dèreglemens les plus groſſiers : mais ils n'ont point dit dans leur cœur : *Je me leveray*; Je ſortiray de cette baſſeſſe des paſſions de la terre, de cét état miſerable dont le Prophete dit : *Dieu releve un homme de deſſus la terre, & il le tire de deſſus un fumier.* Ainſi ils ne ſortent point en effet de leur miſere. Car un homme ne quitte point veritablement le monde, s'il ne le quitte comme un fumier. S'il ne le mépriſe, il l'aime encore ; & s'il l'aime encore, il en eſt encore eſclave : parce que tout amour rend eſclave de ce que l'on aime.

Pſal. 112.

Il y en a d'autres qui diſent bien en eux-mêmes ; *Je me leveray.* Ils ſe levent en quelque ſorte pour quitter cette baſſeſſe. Mais ils n'ajoûtent point : *Et j'iray trouver mon pere.* Ils quittent le monde, mais ils ne se quittent pas eux-mêmes. Ils ne veulent plus que le monde soit leur maître, mais ce n'est qu'afin qu'eux-mêmes deviennent leur maître.

Et cela arrive souvent aux personnes mêmes spirituelles. On méprise le monde, mais on s'aime soy-même, & on cherche sa propre estime dans ce mépris. On n'est plus au monde, mais on n'est point aussi à Dieu; & par conséquent on est encore au monde, puisque voulant être à soy, on est necessairement au prince du monde. Car il n'y a que la domination legitime de Dieu, qui nous delivre de la tyrannie du diable. Il faut necessairement prendre parti. Il faut necessairement être à l'un de ces deux maîtres. Il ne nous reste donc que de dire comme l'enfant prodigue: *Je me leveray, & j'iray trouver mon pere.* Il faut se quitter pour quitter la mort, & chercher Dieu pour trouver la vie.

IV.

La quatriéme chose que nous devons remarquer dans nôtre Evangile, c'est la joye avec laquelle ce bon pere, qui est l'image de Dieu, reçoit son fils, & la disposition de cœur avec laquelle ce fils entre & demeure dans la maison de son pere.

Pour cette joye que Dieu reçoit de la conversion veritable d'une ame, qui est marquée par ce festin mysterieux, & expliquée au long dans cette parabole, on ne s'y arrête pas maintenant, quoy que si d'une part les hommes du monde abusent aisément de ces marques de la bonté de Dieu s'imaginant que sans qu'ils changent de vie & d'affection, il ne laissera pas de leur faire une misericorde lâche & molle, indigne entierement de sa justice qui est infinie; de l'autre neanmoins les ames saintes & vraiment touchées de Dieu, y doivent trouver une consolation trés-solide & trés-chrétienne.

Mais ce qui est plus considerable & plus utile generalement pour toutes les ames, soit qu'elles commencent, soit qu'elles soient déja avancées dans le service de Dieu, c'est de considerer avec quel esprit cét enfant est rentré dans la maison de son pere ; & avec quel esprit il y est demeuré.

Car quel pensons-nous qu'il ait été à l'égard de son pere, voyant sa bonté si extréme en son endroit, voyant que non seulement il ne luy reprochoit pas le passé, mais qu'il le traittoit comme s'il avoit oublié toutes ses fautes, & qu'il le combloit de faveurs dont il étoit si indigne ? Que si son pere l'avoit voulu humilier en quelque chose en le mettant au dessous de ses autres freres, avec quelle joye, & avec quelle douceur auroit-il reçû ce traitement, sçachant combien cela étoit juste, & qu'il ne meritoit plus, comme il dit luy-même de porter le nom d'un de ses enfans ?

Et lorsqu'il auroit vû son frere aîné, selon qu'il est dit dans nôtre Evangile, témoigner son mécontentement de ce qu'on l'avoit reçû avec tant de marques de joye, & luy reprocher les desordres de sa vie passée ; n'est-il pas vray que non seulement il n'auroit point conçû d'aigreur contre luy, mais qu'il auroit crû même que ses reproches étoient trés-justes, & qu'il auroit conçû en même tems un desir de l'appaiser, en tâchant de le servir & de l'obliger en toute chose ? Je ne doute pas même qu'il n'ait respecté jusqu'aux serviteurs de son pere se croyant indigne d'être dans leur rang. Nous pouvons aussi considerer dans nos maux avec quelle paix l'enfant prodigue deviendroit malade dans la maison de son pere. Voilà l'image d'une ame vraiment penitente & vraiment humble ; & il semble que la vûë de la disposition si sainte de cét enfant retourné dans la maison de son pere, pourroit suffire pour regler toute nôtre vie.

POUR LE III. DIMANCHE DE CARESME.

Cùm fortis armatus custodit atrium suum, in pace sunt ea quæ possidet. *Luc. 11.*

Lorsque le fort étant bien armé garde sa demeure, il conserve en paix ce qu'il possede.

EVANGILE que l'Eglise nous propose aujourd'huy nous fait voir clairement la verité de cette parole d'un grand Saint, qu'il n'y a rien de plus étonnant, ny de plus consolant que la parole divine de l'Ecriture. Car d'une part nous y apprenons que le démon possede un empire & une domination terrible sur les hommes, ce qui nous doit extrémement étonner : & de l'autre, que JESUS-CHRIST est venu dans le monde pour vaincre le prince du monde, pour luy ravir ses esclaves d'entre les mains, & pour les assujettir à sa puissance, ce qui nous doit extremement consoler.

Mais cette parole sacrée n'en demeure pas encore là. Elle passe plus avant, & elle étonne en ce lieu plus qu'elle ne console, pour ne laisser pas les hommes dans cette fausse persuasion, qu'il leur suffit que JESUS-CHRIST ait chassé une fois le démon de leurs ames, pour se tenir dans une paix toute entiere. Car elle leur apprend qu'aprés même que le démon a été ainsi chassé de leurs cœurs, il trouve moyen d'y rentrer, & de les reduire dans une seconde servitude plus malheureuse sans comparaison que la premiere.

Afin donc de garder quelque ordre dans l'exposition de ces veritez, nous considererons,

I. Cette servitude dans laquelle le démon tient les ames, & cette paix qu'il leur donne, afin qu'elles aiment à le servir.

II. Comment JESUS-CHRIST les en délivre, & quelles sont les marques que cette délivrance est veritable.

III. Comment le démon rentre dans ces ames, & quelles sont les causes de cette seconde domination qu'il usurpe sur elles.

Lorsque le fort étant bien armé, garde sa maison, il conserve en paix tout ce qu'il possede. Ce fort indubitablement est le démon. Le Sauveur l'appelle *fort* avec grande raison, parce qu'ainsi qu'il est dit au livre de Job, il n'y a point de puissance sur la terre qui soit comparable à la sienne : *Non est potestas super terram quæ comparetur ei.* Aussi S. Paul, pour réveiller sans cesse nôtre foy par la consideration des ennemis si redoutables qui nous environnent, dit que nous n'avons pas à combattre contre la chair & le sang, c'est-à-dire, contre des hommes visibles tels que nous sommes ; mais contre des Esprits, *contra spiritualia nequitiæ,* qui ont une malice spirituelle & cachée, à laquelle l'homme ne peut resister par soy-même.

Que si nous devons craindre cét ennemy parce qu'il est si fort, si subtil, si spirituel, & si invincible, nous ne le devons pas moins craindre à cause de la maniere dont il est armé. *Cùm fortis armatus.* Car quelles sont ces armes du démon dans l'homme qu'il possede ? Ces armes sont l'homme même, qu'il pos-

sede avec un empire si absolu, qu'il regne tout ensemble dans sa volonté, dans son esprit, dans tous
ses sens, dans tout son corps. C'est pourquoy le
grand Apôtre faisant comme un commentaire sur
cette parole de l'Evangile dit : *Vous avez livré vô-* Rom. c. 8.
tre corps au démon, afin qu'il s'en servît comme de
ses armes pour vous porter dans les crimes.

Le démon étant ainsi armé, dit le Sauveur, possede en paix sa maison, c'est-à-dire, l'ame de l'homme
qui est son esclave. Ce qui nous montre clairement
qu'il y a dans l'ame une paix qui est formée par le
démon, lorsque possedant une fois le cœur, il trouve moyen d'étouffer tous les remords de conscience, qu'il en écarte toutes les bonnes pensées, &
qu'il enléve toutes les paroles divines qu'on y a se-
mées, comme il est marqué expressément par le
Sauveur, dans l'explication qu'il donne luy-même
de la parabole de la semence.

Cecy nous fait voir une chose terrible, qu'on n'o-
seroit pas seulement avoir en l'esprit, si nous ne
l'avions apprise de la verité même, qui est qu'il y
a dans l'ame de ceux qui ne sont pas à Dieu une paix
qui est formée par le démon, & que le démon y
entretient toûjours, afin qu'ils ne s'ennuyent point
d'être ses esclaves, & qu'il les tienne icy toûjours
assoûpis, jusqu'à l'heure de la mort.

Car d'où pense-t-on que vienne cette paix dont
parle l'Ecriture : *Cette paix de ceux qui annoncent* Ierem. c 18.
la paix aux hommes, lorsqu'en effet il n'y a aucune
paix pour eux ? Qui est l'auteur de la fausse paix,
sinon le pere de la fausseté & du mensonge, c'est-à-
dire le démon ? Aussi le Fils de Dieu dit à ses Apôtres : *Je vous donne ma paix, non en la maniere que* Ioan. 15.
la donne le monde. Le monde donc donne une paix,
qui est par consequent la paix du prince du monde,
dont parle nôtre Evangile.

Aussi d'où croit-on que lorsque nous sommes dans le dereglement d'esprit, nous nous opposons à la verité de Dieu qui est la seule veritable paix, sinon parce qu'il y a dans nous cette fausse paix qui est troublée par la verité de Dieu ? Etat funeste & déplorable, dit excellemment saint Prosper, qui fait que l'homme prend sa propre servitude pour une paix bienheureuse, & la verité de Dieu, qui seule le peut rendre libre, pour un trouble qu'on luy suscite, pour une guerre qu'on luy veut faire, & pour un joug insupportable qu'on luy voudroit imposer ! *Tantùm nocet error, ut juvet errare:* L'EGAREMENT *dans lequel nous sommes une fois entrez, nous aveugle d'une telle sorte, que nous le prenons aprés cela pour le chemin veritable*, dit S. Prosper.

Prosp. Carm. de Ingr. part. 3.

II.

Voilà quelle est la servitude de l'homme. Voyons maintenant ce qui l'en peut delivrer. *S'il arrive qu'un plus fort vienne attaquer ce fort qui étoit si bien armé, & en demeure victorieux, il luy ôte toutes ses armes.* Cela nous fait voir premierement combien il est difficile de se convertir à Dieu veritablement, & combien les hommes se trompent en s'imaginant qu'ils reviendront à Dieu dans leur vieillesse, ou à la fin de leur vie, quand ils le voudront.

Car ces paroles de JESUS-CHRIST nous montrent, que le démon possede tellement leurs ames, que non seulement ils ne sont pas assez forts pour se dégager de sa tyrannie, mais qu'ils ne font même aucun effort pour s'en retirer : Qu'ils sont comme des esclaves volontaires, qui prennent leur servitude pour une liberté ; & que non seulement ils ne combattent pas pour se délivrer, mais qu'ils sont prêts au contraire de combattre ceux qui voudroient entreprendre de les délivrer, & de les troubler dans cette fausse paix que le démon entretient dans eux.

Aussi nôtre Evangile marque expressément, *Si fortior eo supervenerit* : Il faut pour vaincre ce tyran qui est si fort, qu'il en survienne un autre plus fort que luy : ce qui marque excellemment la puissance de la grace de JESUS-CHRIST qui ne dépend point de nous, mais qui survient sans que le pecheur l'ait procurée, & qui le prévient par une misericorde toute gratuite. Nous voyons donc par la suite de ces paroles l'ordre de la conversion d'un homme.

Premierement il faut que Dieu luy persuade qu'il est luy seul capable de le tirer de la servitude par la toute-puissance de sa grace. Ainsi nous ne devons jamais nous imaginer que nous reviendrons à Dieu quand nous voudrons. Car c'est là proprement cette fausse paix que le démon entretient dans nous.

Secondement, il faut que JESUS-CHRIST venant dans l'ame, surmonte le démon : *Si fortior superveniens vicerit eum.* C'est ce qu'il a dit luy-même dans l'Evangile : *Ayez confiance en moy, j'ay vaincu le monde*, & par consequent le prince du monde. Et comment donc pouvons-nous dire qu'il suffira pour se convertir de confesser ses pechez à un Prêtre, & de continuer ensuite à faire tout ce qu'on faisoit auparavant ? JESUS-CHRIST nous dit qu'il est plus fort dans les ames que le démon ; & icy le démon est plus fort que JESUS-CHRIST, puisqu'il le chasse aussi-tôt de sa maison dans laquelle il étoit entré par la sainte Eucharistie. JESUS-CHRIST nous assûre que c'est luy qui surmonte dans les ames le démon ; & icy c'est le démon qui surmonte en quelque sorte JESUS-CHRIST, puisqu'il demeure toûjours le maître de celuy qu'il

Ioan c. 16.

avoit une fois rendu son esclave.

3. L'Evangile dit : *Universa arma ejus auferet :* IL *luy ravira toutes ses armes.* Nous avons vû que ces armes selon saint Paul, sont tous nos sens, & tous les membres de nôtre corps, dont le démon se sert pour nous faire offenser Dieu. Il faut donc voir si un homme qu'on prétend être converti & revenu à Dieu, consacre ensuite tout son esprit, tout son corps, toutes ses actions à Dieu, comme auparavant il les consacroit au monde. Car autrement il faut nous opposer à JESUS-CHRIST même qui nous donne ces marques de son entrée dans les ames.

4. Le Sauveur ajoûte : *Et spolia ejus distribuet :* IL *distribuera les dépoüilles du démon* ; c'est-à-dire, que JESUS-CHRIST s'étant rendu maître du cœur de l'homme, il luy donnera une lumiere, par laquelle il discernera aussi-tôt dans luy tout ce qui ne vient que de la vanité, de l'ambition, de la superfluité, enfin de l'esprit du monde, & de celuy qui en est le prince. Il se retranchera ensuite de toutes choses pour vivre dans l'état d'un vray Chrétien, c'est-à-dire, d'un homme qui se doit considerer comme banni dans le monde, & comme citoyen du ciel ; & il distribuera le reste aux membres de JESUS-CHRIST comme les dépoüilles de son ennemi.

Voilà les marques d'une conversion veritable, selon les paroles de JESUS-CHRIST même. Voilà les marques de sa victoire dans les ames, dont le grand Apôtre a dit : *Rendons graces à Dieu qui nous a donné la victoire par le Sauveur* ; puisque c'est combattre tout ensemble & l'Evangile & le sens commun, que de prétendre qu'on est converti, c'està-dire, qu'on est retourné à Dieu, lorsqu'on demeure toûjours dans le même état qu'on étoit auparavant.

III.

Mais aprés même que Dieu nous aura fait la grace de nous convertir sincerement à luy, nous ne devons pas pour cela nous tenir en seureté, & moins veiller à la garde de nôtre ame. Car nôtre Evangile nous apprend une verité terrible, & d'autant plus necessaire à sçavoir que le péril dont elle nous menace est plus grand.

Nous voyons qu'aprés que le démon a été chassé d'une ame que le Sauveur y est entré avec son Esprit, qu'il en a effacé les taches du péché, qu'il l'a éclairée de ses lumieres, & qu'il l'a ornée de ses graces & de ses dons : le démon neanmoins revient ensuite, & trouvant cette ame ornée & sanctifiée par les dons de Dieu, il prend sept autres démons avec luy, pires que luy, & rentre dans cette ame ; laquelle tombe en un pire état que celuy auquel elle étoit auparavant. *Et fiunt novissima hominis illius pejora prioribus.*

Et ce qui nous rend cette verité plus terrible, est que le Fils de Dieu ne marque pas icy une chûte de l'ame sensible & manifeste, lorsqu'elle tombe dans des péchez grossiers : comme il est clair par le premier sens même de cette parabole, attaché aux circonstances particulieres des personnes ausquelles il parloit, qui étoient les Juifs en general, & les Pharisiens en particulier.

Car il a voulu apprendre aux Juifs, qu'ils ne devoient point s'enfler d'orgueil, comme ils faisoient sous prétexte qu'ils adoroient seuls le vray Dieu d'entre tous les peuples du monde ; puis qu'encore que le démon eût été chassé d'eux, en ce qu'ils n'étoient plus idolâtres, il y étoit revenu neanmoins depuis par cet orgueil qu'ils avoient conçû de cette faveur même que Dieu leur avoit faite, de leur apprendre ſes loix & ſes ordonnances, & qu'ainſi ils étoient devenus pires que les Payens mêmes. Il vouloit de même apprendre aux Phariſiens, qu'encore qu'ils ne fuſſent pas dans les vices groſſiers, le démon neanmoins régnoit dans leur ame par cet orgueil avec lequel ils mépriſoient tous les autres, & les rendoit pires que les pécheurs publics, & publiquement reconnus pour tels.

Et cecy doit être une grande & une terrible inſtruction pour toutes les ames que Dieu a retirées des déreglemens ſenſibles, afin qu'elles prennent garde qu'aprés avoir été délivrées de la ſervitude du démon, il ne rentre dans elles d'une maniere d'autant plus dangereuſe, qu'elle eſt toute ſecrette & toute cachée; comme les Juifs & les Phariſiens non ſeulement ne croyoient pas que le démon eût aucun pouvoir ſur eux; mais ſe croyoient même élevez en vertu & en ſainteté au deſſus des autres. Et quoy que JESUS-CHRIST leur adreſſât alors particulierement cette parabole, neanmoins ſon deſſein principal étoit d'inſtruire par leur exemple toutes les ames qui devroient croire en luy dans ſon Egliſe.

Mais ce qui eſt de plus étonnant dans ce retour du démon dans l'ame, d'où il avoit été chaſſé; c'eſt que nous ne ſçaurions tirer aucune autre marque de ſa chute par les paroles du Fils de Dieu, ſinon que le démon la trouve vuide; *invenit eam vacantem*; & par cela ſeul il trouve moyen d'y rentrer, encore que ce ſoit une ame qui ait effacé toutes les taches de ſes péchez par une veritable pénitence: *Scopis mundatam*; & qui ſoit même ornée des dons & des graces du Saint Eſprit; *& ornatam*.

Pour le III. Dim. de Carême. Évang.

Nous apprenons d'icy qu'après même qu'on est avancé dans la vertu, il suffit de n'être pas sur ses gardes, & de ne pas veiller sur soy, pour retomber de nouveau dans les pieges de nôtre ennemi. Il ne suffit pas de quitter les occasions du péché, & de se retirer même extérieurement du monde, pour être en état de mieux servir Dieu. Cela est excellent; mais cela ne suffit pas.

Il faut après ces dispositions si saintes, avoir toûjours dans l'esprit cette parole d'un grand Saint qui vivoit dans les deserts de l'Egypte, éloigné de tout le commerce des hommes. *Totum consistit in animæ recessu.* Toute la vertu consiste non à retirer le corps du monde, mais à retirer l'ame du corps ; à retirer l'ame de l'ame même, c'est-à-dire, de tout ce qu'il y a de charnel, de déreglé, & de défectueux en elle, pour l'unir parfaitement à Dieu, & la rendre un même esprit avec luy.

La retraite extérieure est excellente, parce qu'elle nous dispose à l'intérieure ; mais si elle n'est jointe à celle-cy, elle ne servira souvent qu'à nous tromper. C'est ce que Saint Bernard nous represente excellemment en la personne même d'une ame religieuse qui tombe dans la negligence : *Ne regardant*, dit-il, *que l'extérieur & comme la surface de sa vie, il croit qu'elle est fort pure & fort reglée : il ne sent point ce ver caché au dedans de luy, qui luy ronge le cœur & les entrailles :* Exteriorem *superficiem intuens, salva sibi omnia suspicatur : non sentit vermem occultum, qui interiora corrodit.* Bern. in cap. jejun. ser. 2.

Et c'est en quoy cet état est pire que le premier déreglement où elle étoit, selon la parole du Fils de Dieu : *Fiunt novissima hominis illius pejora prioribus.* Parce qu'outre que l'ame est plus criminelle par son extrême ingratitude envers Dieu, qui l'avoit tirée de servitude & comblée de ses dons ; il est encore pire, parce qu'étant caché il est presque sans remede. Il faut donc pour éviter ce mal, veiller sans cesse & prier. *Vigilate & orate, ut non intretis in tentationem* ; & suivre ce grand avis de Saint Paul : *Nolite locum dare diabolo.* Il suffit de ne pas bien veiller à la garde d'une ville, pour y donner entrée à son ennemi. Soyons donc fidéles aux plus petites choses, afin de l'être aussi dans les grandes.

POUR LE III. DIMANCHE DE CARESME.

Estote imitatores Dei. *Ephes.* 5.

Soyez les imitateurs de Dieu, & marchez, &c.

SAINT Paul réduit l'abregé de toute la vertu, à *imiter* Dieu. Il veut qu'à son exemple, nous ayons des entrailles de charité envers tous nos freres. Il nous porte à considerer les graces que Dieu nous a déja faites ; parce que les considerations du passé sont plus puissantes sur nos esprits que celles de l'avenir. Imitez Dieu, dit-il, dans l'amour qu'il a témoigné pour nous, en nous envoyant son Fils ; & en le livrant pour nous à la mort. Il n'y a rien de plus glorieux à un homme que d'imiter Dieu. Et on ne l'imite jamais mieux, que par cette charité qui fait que nous pardonnons à nos freres les offenses qu'ils nous ont faites. Quand on ne remet que des dettes, on ne peut dire proprement qu'on imite Dieu ;

mais quand on remet des offenses, c'est alors qu'on en devient l'imitateur.

Mais ce que Saint Paul ajoûte ensuite, est encore pressant; *comme des enfans bien-aimez.* Vous avez, dit-il, une double obligation d'imiter Dieu, non seulement parce que vous en avez reçû beaucoup de graces, mais encore parce que vous êtes devenus ses enfans, *& ses enfans bien aimez.* Ce qu'il ajoûte, parce que tous les enfans n'imitent pas leur pere, mais ceux-là seulement qui sont aimez d'eux.

Marchez dans l'amour. C'est là le fondement de tout l'édifice spirituel. Quand la charité est fondée & affermie dans l'ame, elle en retranche la colere & l'indignation, & elle luy fait pardonner trés-facilement toutes les injures. Comme vous êtes devenu enfant de Dieu, parce qu'il vous a pardonné vos péchez; pardonnez aussi à vos freres, parce que vous êtes enfant de Dieu. Aimons la charité, puisque c'est par elle que nous avons acquis le salut, & que nous sommes devenus les enfans de ce divin Pere. Si nous pouvons procurer le salut des autres, faisons-le, & inspirons cette maxime à tout le monde: Pardonnez, afin que l'on vous pardonne. C'est là la marque d'un esprit reconnoissant, qui se souvient des graces que Dieu luy a faites, & qui après les témoignages qu'il a reçûs de sa bonté, tâche d'inspirer la charité dans tous hommes.

Comme Jesus-Christ nous a aimez. Vous pardonnez à vos amis, & Jesus-Christ a pardonné à ses ennemis. Si ce que Dieu nous a fait, passe sans comparaison tout ce que nous pouvons faire à nos freres, comment subsistera cette parole: *Comme Jesus-Christ nous a aimez,* si nous ne faisons encore du bien à nos ennemis? *Et qui s'est livré luy-même comme une offrande & comme une hostie à*

Dieu pour luy être d'une trés-agreable odeur. On voit donc icy que souffrir pour ses ennemis, c'est une hostie d'une agreable odeur, & une offrande qui plaît infiniment à Dieu, & que si nous mourons ainsi, nous deviendrons par cette bien-heureuse mort, un holocauste qu'il recevra avec joye. C'est en cela proprement que consiste l'imitation de Dieu, à laquelle Saint Paul nous exhorte dés l'entrée de cette Epître.

Que la fornication, que l'impureté, que l'avarice ne se nomment pas même parmi vous, comme cela est bienseant à des personnes saintes. Et pour arracher jusqu'à la racine de ces vices détestables, il défend aussi-tôt *tous les discours deshonnêtes, ou de bouffonnerie, ou de raillerie.* Ce sont ces discours libres & peu honnêtes qui conduisent insensiblement aux actions d'impureté. Si vous avez soin de retrancher de vous toutes ces paroles impures, vous éteindrez les flammes du vice. Qu'on n'en entende pas même parler parmi vous, dit Saint Paul, c'est-à-dire, qu'il n'y en paroisse aucune trace. Car ce sont, comme j'ay dit, les discours qui conduisent aux actions, & quand les paroles seront pures, les actions le seront aussi.

Et de peur qu'il ne parût trop austere en retranchant ces paroles de divertissement, il en rend la raison aussi-tôt en disant *qu'elles ne servent de rien.* Car dequoy sert une parole de raillerie? Tout ce qu'elle fait est qu'elle excite le monde à rire. On ne voit point dans les arts qu'un artisan s'occupe à ce qui ne regarde point son travail. Chacun d'eux ne fait que ce qui est de son métier, & rejette tout ce qui n'y sert de rien, comme luy étant inutile. Ainsi tout ce qui ne nous sert pas, doit être retranché de nous.

Le temps de cette vie n'est pas le temps de rire, mais de pleurer, & vous le consumez dans des discours de raillerie. Le diable fait tous ses efforts contre vous. Il fait continuellement la ronde pour chercher quelqu'un qu'il devore. Il grince les dents contre vous, & vous vous amusez à vous divertir à des sottises & à des inutilitez ? Comment pourrez-vous esperer de le vaincre de la sorte ? On est obligé de le dire, quoy qu'on ne le dise qu'avec larmes. Toute nôtre vie n'est qu'un jeu ; & il semble qu'elle ne soit qu'une comedie. Ce n'est pas ainsi que les Saints ont passé le temps.

Ecoutons ce que dit Saint Paul : *Je n'ay point cessé jour & nuit durant trois ans d'avertir en pleurant chacun de vous.* C'est là à quoy ce saint Apôtre employoit ses paroles, & non à dire des railleries. Voyons ce qu'il dit encore aux Corinthiens : *L'affliction & la douleur de mon cœur m'a pressé de vous écrire avec beaucoup de larmes. Qui est foible sans que je le sois ?* dit-il à ce même peuple, *qui est scandalisé sans que je brûle ? Nous autres qui sommes dans cette tente,* dit-il encore, *nous gemissons tous les jours dans le desir qui nous presse de sortir du monde.*

Et nous cependant, nous passons le temps dans les ris, & dans les jeux ? Vous êtes dans un temps de guerre, & vous ne pensez qu'à vous divertir ? Considerez l'état des soldats, lorsqu'ils sont prêts de combattre. Voyez s'ils n'ont pas peint sur leur visage le poids du péril où ils se trouvent. Le souci de l'esprit paroît au dehors. Leurs yeux sont arrêtez, & comme immobiles. Leur seule vûë donne je ne sçay quelle horreur. Leur crainte dans l'incertitude des évenemens, la vûë de la mort qui se présente à eux en tant de manieres, le silence profond qu'ils gardent, ne font que trop voir qu'ils ne pensent point à se divertir. Bien loin de se dire alors des paroles de railleries, il semble qu'ils ayent perdu l'usage de la langue.

Des hommes qui ne combattent que des ennemis visibles sont réduits à cet état ; & nous qui sçavons qu'une grande partie de nos combats consiste dans le reglement des paroles, nous souffrons d'être exposez de ce côté-là à nos ennemis, sans penser à nous fortifier contre leurs attaques ? Ignorons-nous combien le démon nous dresse de piéges, pour nous perdre par nos paroles ? Nous nous divertissons, nous entremélons nos discours d'enjouëment & de railleries, nous excitons le monde à rire, & cela nous passe pour rien, & souvent même nous en tirons vanité. Mais que ces paroles nous coûteront cher un jour !

Les Chrétiens ne regardent point le temps de cette vie comme un temps de joye. Il n'est tel que pour les personnes du monde. JESUS-CHRIST l'a dit luy-même : *Le monde se réjouïra, mais vous serez dans la tristesse.* En effet ne seroit-il pas indigne d'un disciple de JESUS-CHRIST, de s'abandonner à la joye, pendant que JESUS est attaché à une croix pour ses péchez ? On le couvre de crachats, il souffre les dernieres extremitez, pour vous tirer de vôtre misere profonde, & vous vivez dans les jeux ?

Mais parce que plusieurs font passer ces paroles de raillerie pour des choses indifferentes, & que dans cette pensée on travaille moins à les éviter, il est bon de s'étendre pour représenter combien ce mal est dangereux. Car c'est l'artifice du démon de faire en sorte qu'on méprise ces choses, & qu'elles nous semblent legeres. Elles ne semblent jamais

Iean. 1. 6.

telles à celuy qui confidere l'état d'un Chrétien, qui eft un état de fouffrance, d'affliction, de compaffion & de larmes.

David nous crie tous les jours : *Servez le Seigneur avec crainte, réjoüiffez-vous en luy avec tremblement:* Pfal. 2. Et nous cherchons à nous divertir par des paroles de bouffonnerie. Nous fommes hommes, & nous vivons encore en enfans. Nous ferons trop heureux fi en vivant dans une continuelle vigilance, nous pouvons nous fauver de tous les pieges de nos ennemis ; comment donc le pouvons-nous faire en nous laiffant aller à ces vains divertiffemens ?

Cette difpofition feule fuffit pour nous perdre. Il ne faut point d'autre ennemi qui s'en mette en peine. JESUS-CHRIST eft la gravité même. On ne le peut fervir & aimer en même temps ces fujets de rire. Tous ceux qui le fuivent fincerement ont un éloignement étrange de ces paroles que l'Apôtre nous défend. Dieu nous a donné une langue, non pour railler, mais pour chanter fes loüanges, & pour luy rendre de trés-humbles actions de graces.

Car fçachez & foyez trés-perfuadez que tout fornicateur, tout homme impur, ou tout avare, ce qui eft une idolatrie, n'aura aucune part dans le Royaume de JESUS-CHRIST *& de Dieu.* Il femble par ces paroles de Saint Paul, qu'il y avoit dés ce temps-là des perfonnes qui jettoient le peuple dans le relâchement, & qui imitant les faux Prophetes, vendoient pour un gain fordide tous les interefts de Dieu, & rendoient l'Evangile méprifable devant les hommes.

Je ne doute point qu'il n'y ait encore de ces perfonnes qui corrompent les ames par leurs erreurs. Car lorfqu'en fuivant l'Evangile, nous difons que celuy qui appellera fon frere fou, fera jetté dans

O ij

penser ; ils disent qu'il n'en sera rien. Quand selon S. Paul, nous disons que l'avarice est une idolatrie, ils répondent que cela n'est qu'une hyperbole. Ils font la même chose à l'égard des autres commandemens. Ce sont ces sortes de personnes que Saint Paul marque obscurément, lorsqu'il dit : *Sçachez & soyez persuadez que tout fornicateur n'aura aucune part dans le Royaume de* JESUS-CHRIST; & lorsqu'il ajoûte ensuite : *Que personne ne vous séduise par de vains discours*. On peut appeller veritablement *vains discours* ces discours qui ne plaisent que pour un temps, & qu'on reconnoît dans la suite avoir été des discours empoisonnez. C'est proprement être *séduit*, que de s'y laisser aller.

C'est à cause de ces choses, dit Saint Paul, *que la colere de Dieu vient sur les enfans de desobéïssance.* Il appelle *enfans de desobéïssance*, ceux qui se revoltent ouvertement, & qui font profession de ne point obéïr à Dieu.

N'ayez donc point de part avec eux. Car vous étiez autrefois ténébres, & vous êtes maintenant lumiere dans le Seigneur. On ne peut assez admirer la sagesse de ce saint Apôtre, dans les manieres differentes dont il se sert pour exhorter les Fidéles. Il les a excitez d'abord par l'exemple de JESUS-CHRIST. Soyez, dit-il, ses imitateurs, en vous entr'aimant l'un l'autre, & ne faisant tort à personne. Il les touche icy en leur représentant l'enfer qu'ils avoient merité, & dont Dieu les a délivrez. *Vous étiez autrefois ténébres. Quel fruit donc*, dit-il aux Romains, *retirez-vous de ces choses dont vous rougissez maintenant.*

Rom. 6.

Rappellez dans vôtre memoire vos premiers déréglemens. Souvenez-vous qui vous étiez autrefois, & qui vous êtes maintenant. Ne vous plongez plus dans vos desordres passez, & ne deshonorez point la grace que Dieu vous a faite. *Vous étiez autrefois ténébres; mais vous êtes maintenant lumiere dans le Seigneur.* Et ce changement ne vous est pas arrivé par vôtre puissance, mais par la bonté de Dieu. Vous meritiez que la colere de Dieu tombât sur vous, comme sur ces autres coupables dont nous parlons; mais maintenant vous ne le meritez plus. *Marchez comme des enfans de lumiere.*

Car le fruit de la lumiere est en toute justice, en toute bonté, & en toute verité. En toute bonté, ce qu'il dit contre les coleres: *En toute justice,* ce qu'il dit contre les avares: *En toute verité,* ce qu'il dit contre les faux divertissemens de la vie: choisissez la lumiere ou les ténébres; & tremblez à ce que vous dit saint Paul.

On regarde comme une hyperbole ce que ce Saint Apôtre dit, par exemple, que l'avarice est une idolatrie. Cependant ce n'est point une exaggeration. C'est la pure verité. L'avare renonce autant à Dieu que l'idolatre. C'est JESUS-CHRIST qui le dit: *Vous ne pouvez servir Dieu & l'argent.* Ceux qui sont esclaves de l'argent, renoncent au culte de Dieu. Et renoncer à Dieu, & rendre son culte à un métal inanimé, n'est-ce pas être adorateur des idoles?

Qu'on ne dise point qu'on n'a point fait des idoles, & qu'on ne leur a point élevé d'autels, ny offert d'encens; qu'on ne dise point qu'on est venu à l'Eglise, qu'on a élevé ses mains vers JESUS-CHRIST le Fils unique du Pere, qu'on a participé à ses mysteres sacrez, qu'on a part aux prieres & à la communion des Fidéles, qu'on fait toutes les autres choses que font les Chrétiens: c'est cela même qui est surprenant, qu'ayant goûté le don de Dieu, & éprouvé quelle est sa bonté, on ait pû renoncer à un maître si favorable pour s'assujettir à un si cruel tyran, & que faisant semblant d'honorer l'un, on soit veritablement l'esclave de l'autre.

Il vaudroit mieux quelquefois qu'on renonçât tout-à-fait à Jesus-Christ, que de causer les scandales que nous voyons. Que sert-il de ne se pas prosterner devant l'idole de l'argent, puisqu'on l'adore en luy sacrifiant tout son temps & tout son esprit ? Cette maniere de l'adorer est bien plus grande que l'autre, comme on adore bien mieux Dieu en faisant sa volonté depuis le matin jusqu'au soir, qu'en le priant par intervalles.

Ceux qui adorent les idoles, sont souvent en les adorant exempts de ces passions qui les ont fait adorer. Tel adore Mars, qui dompte souvent sa colere, quoy que ce soit la colere qui luy ait dressé des autels. Mais en adorant l'avarice on s'en rend l'esclave. On ne luy sacrifie pas des brebis & des bêtes, mais des hommes & des ames raisonnables, en faisant mourir les uns par la faim, & les autres par les imprécations qu'on les force de faire contre nos cruelles rapines.

Y a-t-il rien de plus horrible que ces sacrifices sanglans ? Qui a jamais vû égorger des ames ? L'autel de l'avarice n'est-il donc pas détestable ? Lorsque vous vous approchez de l'autel des autres idoles, on n'y sent, comme j'ay déja dit, que l'odeur du sang des bêtes. Mais l'autel de l'avarice regorge du sang des hommes mêmes. C'est un autel insatiable. Il veut tout ensemble l'ame de celuy qui est sacrifié, & l'ame de celuy qui sacrifie. C'est celuy qui sacrifie qui est le premier immolé, & un homme mort sacrifie un homme qui est en vie.

Saint Paul ne parle donc point par hyperbole,

lorsqu'il appelle l'avarice une idolâtrie. L'idolâtrie au lieu de Dieu adore les créatures de Dieu. Vous n'adorez pas même ses créatures, vous n'adorez que ce que vous avez créé vous-même, puisque Dieu n'a point fait l'avarice, & que c'est vôtre seule passion qui l'a fait naître.

Marchez donc comme des enfans de lumiere. Avertissez ceux de vos amis qui sont dans les ténèbres, de sortir de cet état malheureux. Tendez-leur la main pour les aider à les retirer. Empêchez-les de s'y plonger plus avant. Vous êtes lumiere, éclairez ceux qui sont dans cette nuit, dont Dieu vous a délivrez. C'est pour cela qu'il vous a donné une bouche & une langue, afin de redresser ceux de vos frères qui s'égarent, & non pour dire des paroles de bouffonnerie.

Il est indigne d'un homme, de n'avoir pas soin des autres hommes. Il n'y a que les animaux qui se traitent avec cette indifference, & qui ne se mettent point en peine du bien de ceux qui leur sont semblables. Cependant vous qui appellez Dieu vôtre Pere, & vôtre prochain vôtre frere, vous vous tenez dans le silence, lorsque vous luy voyez faire un crime, & vous préferez son amitié à son salut?

La plus grande marque de l'amitié, est de ne pas mépriser nos frères lorsqu'ils se perdent. S'ils sont aigris l'un contre l'autre, reconciliez-les. S'ils sont avares, reprenez-les. Si on leur fait tort, défendez-les. Vous vous obligez ainsi le premier vous-même. Nous ne sommes amis que pour nous servir l'un l'autre, en ce qui regarde nôtre véritable bien. Nous sommes souvent plus dociles pour écouter ce que nous disent nos amis, que ce que nos Pasteurs nous pourroient dire. Ils nous sont quelquefois suspects, mais un ami ne l'est jamais.

Travaillons donc à l'avenir au bien de nos freres,

& éclairons-les lorsqu'ils sont dans les ténébres. Pensons sérieusement à nôtre veritable conversion, dans un si saint temps. Voicy déja deux semaines du Carême qui sont passées. Mais je vous conjure de ne point considerer les temps, & de ne point conter les jours. Ce n'est pas avoir jeûné durant deux semaines, que de s'être simplement abstenu de quelque nourriture pendant ce temps. Mais c'est veritablement jeûner, que de joindre au jeûne du corps le jeûne des vices, & de s'engraisser des vertus. Supputons non les jours de nôtre jeûne, mais les avantages que nous en tirons.

Examinons si nous en sommes plus fervens, plus vigilans sur nous-mêmes, plus mortifiez, plus dégagez de nos défauts, & plus purifiez par la penitence. On s'entredemande quelquefois si on a pû jeûner tout le Carême ; combien on a pû garder de semaines, & on dit avec joye qu'on l'a fait entier. Mais quel fruit retirerons-nous d'avoir jeûné tout le Carême, si nous n'en sommes pas plus riches en toutes sortes de bonnes œuvres ?

Que les autres disent donc en se glorifiant : Je n'ay pas rompu un seul jour de jeûne. J'ay fait l Carême entier. Mais pour vous, dites : J'avois un ennemi, je me suis réconcilié avec luy : J'avois une détestable habitude de médire, & je m'en suis corrigé. J'étois dans une paresse insupportable, & j'ay un peu plus de ferveur. Un marchand ne devient pas riche seulement pour faire un long voyage de mer ; mais lorsqu'il remporte de son voyage plusieurs riches marchandises. Ainsi ce n'est point cette course du Carême qui nous est utile par elle seule, si nous n'avons soin d'en tirer de l'avantage. Si nôtre jeûne n'est qu'extérieur, il se dissipe aussi-tôt que Pâque est venu. Mais lorsqu'en jeûnant au de-

Pour le Lundy de la III. sem. de Carême. 217

hors, nôtre ame jeûne en même temps en s'abstenant de ses vices; ce jeûne subsiste toûjours, & nous en tirons un fruit qui ne finira jamais.

POUR LE LUNDY
DE LA
III. SEMAINE DE CARÊME.

Utique dicetis mihi : Medice, cura teipsum.
Luc. 4.

Vous me direz sans doute : Medecin, guerissez-vous vous-même.

'Est un des grands effets de la parole de Dieu, dit S. Augustin, que de nous découvrir les maladies de l'ame, qui sont souvent d'autant plus dangereuses, qu'elles sont plus secrettes & presqu'insensibles. L'Evangile d'aujourd'huy nous en fait voir un étrange exemple. Le Fils de Dieu vient dans la ville de Nazareth qu'il appelloit sa patrie, parce qu'il y avoit vécu fort long-tems. Il entre dans la Synagogue avec ses disciples. Il ouvre le Prophete Isaïe. Il tombe sur un endroit qui étoit une prédiction visible de ce qui paroissoit en sa personne. Il dit même à ce peuple, que ce qu'ils entendoient de leurs oreilles, étoit un accomplissement de cette Prophetie : *Hodie impleta est hac scriptura in auribus vestris.*

Et cependant au lieu qu'ils devoient concevoir un profond respect pour la personne du Fils de Dieu, ils s'irritent contre luy. Sa doctrine celeste qui auroit dû les édifier, les scandalize. Ils le menent au lieu le plus élevé de leur ville, pour le précipiter en bas ; & il faut qu'il fasse un miracle pour sortir d'entre leurs mains.

Quelle est cette passion si aveugle, & en même tems si cruelle qui transporte ces personnes, sinon l'envie ? C'est elle qui inspire aux hommes la haine de Dieu, & le meurtre d'un Dieu. Pour tirer donc d'un si grand exemple l'instruction qui nous est necessaire, nous considererons,

I. Combien l'envie est dangereuse, lorsqu'elle est dans le fond du cœur, comme étoit celle des habitans de Nazareth, & qu'elle attaque ceux qui nous disent la verité.

II. Combien elle est à craindre aux ames mêmes qui craignent Dieu, & qui aiment leur prochain ; mais dont l'amour est encore mêlé d'imperfection & de foiblesse.

I.

Pour bien connoître la nature de l'envie, il est bon de considerer la racine qui la produit. L'homme dans son origine avoit été creé pour aimer Dieu. Mais étant tombé dans le peché, il s'est détourné de Dieu qui avoit dû être son unique fin, pour se retourner vers luy, & il est devenu l'amateur & comme l'idolâtre de luy-même. En s'aimant de la sorte, il est devenu superbe. C'est pourquoy l'orgueil est defini par S. Augustin l'amour de nôtre propre excellence : *Superbia amor propria excellentia*. Comme on desire donc naturellement d'exceller au-dessus des autres, ou qu'on veut au moins que les autres n'aient point d'avantage au-dessus de nous, lorsque quelqu'un a des qualitez singulieres qui le distinguent du commun des hommes, on en conçoit aussi-tôt de l'envie, & on est d'autant plus jaloux, qu'on est plus superbe.

C'est cette envie qui a paru dés le commencement du monde dans Caïn contre Abel, qui s'est fait voir depuis dans Saül contre David, & qui est montée au plus haut comble où elle puisse monter dans les Juifs, & en particulier dans les habitans de Nazareth contre Jesus-Christ. Il est marqué dans nôtre Evangile qu'ils admiroient sa doctrine, que tout le monde luy rendoit témoignage, & qu'ils écoutoient avec un profond étonnement les paroles de grace qui sortoient de sa bouche. Comment donc se peut-il faire que de si grandes qualitez, qu'ils ne peuvent pas même s'empécher d'admirer & de loüer, ne produisent pas dans le cœur un respect sincere & un amour veritable ?

C'est qu'étant superbes ils sont jaloux. La sagesse de Jesus-Christ les offense, & sa vertu les irrite ; parce qu'ils croyent que son élévation les abbaisse, & qu'ayant été nourri dans leur ville comme l'un d'eux, ils ne peuvent souffrir qu'il ait un si grand avantage au-dessus d'eux. D'où vient, disent-ils, cette sagesse extraordinaire qui paroît en cet homme ? D'où vient qu'il fait de si grands miracles ? *Unde huic sapientia hæc & virtutes ?*

C'est cette même passion qui a aveuglé depuis les Scribes & les Pharisiens. Ils étoient les premiers d'entre les Juifs. Ils paroissoient parmi eux comme des modeles de vertu. Et cependant lorsque le peuple reveroit ses miracles, ils les attribuoient à la puissance des démons : & ils le vouloient faire passer pour un magicien, lorsque tout le monde l'honoroit comme un Prophete.

Cette même envie, qui s'est attaquée d'abord au Sauveur comme au chef de tous les Eleus, a répandu ensuite sa malignité contre ses Saints, dans lesquels il a retracé en quelque sorte la pureté de sa vie. Ils ont été méprisez, haïs, & persecutez comme il l'a été, & on a choisi des pretextes specieux pour les des-honorer, comme les Juifs ont fait contre JESUS-CHRIST, en l'accusant de violer la loy, d'exciter des troubles, & de séduire le peuple.

Il faut se deffendre sur toutes choses de cette peste secrette qui n'a pas craint de s'attaquer à Dieu-même, qui a mis le Saint des Saints au rang des scelerats, & qui l'a fait mourir entre deux voleurs. On a haï JESUS-CHRIST comme on a depuis haï saint Paul : *parce qu'il disoit la verité : Ergo inimicus factus sum vobis, verum dicens vobis ?*

Gal. cap. 4. v. 16.

Si nous ne pouvons pas encore nous délivrer de l'esclavage de nos passions, honorons au moins la vertu dans ceux en qui elle éclate, bien loin de concevoir de l'envie contre eux, & ne haïssons pas la verité qui est le remede qui nous doit guérir. On n'agit point d'une maniere si déraisonnable dans ce qui regarde le corps. Un homme malade ne porte point envie à un homme sain. Il aime au contraire en luy la santé qu'il desire pour luy-même, & il a du respect & de l'affection pour un medecin sage & habile, lorsqu'il espere qu'il pourra le tirer du mal qu'il souffre & luy conserver la vie.

Ainsi quelque foibles & quelque malades que nous soyons, ne nous envions pas à nous-mêmes ce qui doit être nôtre force & nôtre salut. C'est la verité qui a sanctifié ceux qui sont déja Saints. C'est la verité qui convertit les pecheurs. Ayons donc toûjours une grande veneration pour elle, & pour ceux qui la pratiquent, parce que c'est elle qui rompra toutes nos chaînes, & qui nous rendra libres de la liberté de JESUS-CHRIST. *Veritas liberabit vos.*

II.

Mais lorsque l'envie agit d'une maniere aussi visiblement injuste qu'elle paroît dans nôtre Evangile, il est plus aisé de l'éviter. Ceux qui ont une veritable crainte de Dieu, quand d'ailleurs ils seroient encore foibles, n'ont garde de se porter à ces grands excés, & ils detestent cette passion toutes les fois qu'elle se presente à eux avec un visage qui est si capable d'en imprimer de l'horreur. Mais comme l'envie est une maladie secrette & toute spirituelle, elle attaque souvent les ames pures, & ceux mêmes qui sont déja avancez dans la vertu, d'une maniere si insensible, qu'on ne s'apperçoit presque pas du mal qu'elle cause, ou au moins que si on l'entrevoit, il paroît souvent beaucoup moindre qu'il n'est en effet. Car cette maxime de saint Augustin est aussi terrible qu'elle est indubitable, que tout superbe est envieux; qu'on a toujours autant d'envie que d'orgueil, & que ces deux passions sont inseparables. Et cependant qui se peut croire exempt d'orgueil, & par consequent qui peut aussi se croire exempt de l'envie?

Entrons dans nôtre cœur, sondons nos pensées, interrogeons-nous nous-mêmes, & voyons si nous n'avons point quelque peine secrette de ce qu'une personne a non-seulement plus de suffisance & plus de capacité, qui sont des dons moins communs, & ausquels il y en a moins qui puissent prétendre; mais de ce qu'elle a plus de pieté & de vertu, & ensuite qu'on a pour elle une estime proportionnée à celle que merite un état si saint?

C'est pourquoy S. Bernard parlant à ses Religieux ne craint pas de leur dire cette parole qui d'abord paroît étonnante: *Rara virtus aliena virtuti non invidere.* C'est *une vertu bien rare que de voir sans envie la vertu d'un autre.* Si cette vertu est si rare, comme ce

Bern. serm. 12. in Cant.

Saint si éclairé nous en assure! il faut que le vice qui luy est contraire soit beaucoup plus commun que l'on ne pense.

En effet cette vertu étoit si rare dans la maison même de saint Bernard que l'on pouvoit appeller une maison de Saints, qu'il témoigne qu'après avoir dit ces paroles, quelques-uns de ses Religieux firent paroître une grande tristesse sur leur visage, & qu'ils jetterent de profonds soûpirs. *Quare facies quorumdam vestrûm deciderunt ad hunc sermonem? Nam alta suspiria testantur tristitiam animorum.*

Cette envie secrette se peut discerner, si on a soin de sonder le fond de son cœur. Car si on reconnoît en examinant sa disposition secrette ; qu'on n'a pas une affection sincere pour une personne dont la vertu est fort estimée, qu'on n'est pas fâché de luy voir faire quelque petite faute, afin que cette estime ne s'augmente pas ; que lorsqu'on remarque ces petits defauts, on se porte à conclure secretement qu'elle n'est donc pas peut-être si vertueuse qu'on s'imagine ; qu'on a quelque peine de voir qu'on la destine à un employ, dont on espere qu'avec le temps & avec la grace de Dieu, elle pourra devenir digne ; Lors, dis-je, que l'on remarque en soy ces pensées que l'on se dissimule presque, & qu'on n'oseroit envisager, on peut dire certainement, selon saint Bernard, que ce sont-là des attaques & des impressions de l'envie, quoy qu'on ne succombe pas à cette tentation, parce que l'on conserve toûjours la crainte de Dieu. Car si on avoit la vertu de la charité, opposée à cette envie, on se sentiroit dans une disposition toute contraire.

Et c'est ce que S. Bernard nous enseigne dans la suite des paroles que nous venons de citer. C'est une vertu bien rare, dit-il, que de voir sans envie la ver-

Bern. Serm. 49. in Cant. n. 3.

tû d'un autre. Et cependant bien loin d'en avoir la moindre envie, on devroit même en avoir de la joye. Nous devons nous réjoüir davantage de la vertu de nôtre prochain que de la nôtre, si elle est plus grande que la nôtre : Et plus elle est grande, plus nous en devons avoir de joye & d'affection pour luy. *Rara virtus aliena virtuti non invidere, nedum gaudere ad illam, & tantò plus quàm ad propriam quemque gratulari, quantò se perpenderit in virtute superatum.*

On voit une image de cette verité dans nôtre corps, qui est la figure du corps de l'Eglise, selon saint Paul. Il doit y avoir une liaison & une amitié entre les membres de Jesus-Christ, comme il y en a entre les membres du corps. La main ne porte point envie à l'œil, qui est une partie plus excellente qu'elle. Quand elle est malade, elle n'a point de peine que l'œil soit plus sain. Au contraire elle en a de la joye : & nous sommes bien aises alors que la vigueur d'une partie supplée à la foiblesse de l'autre.

C'est cette grande verité qui nous donne le moyen d'arracher de nôtre cœur jusqu'à la moindre racine de la passion de l'envie. Car si la vertu des autres est veritablement à nous, à cause de l'unité du corps de Jesus-Christ, comme l'œil est à la main pour laquelle il voit, à cause de l'unité de nôtre corps, nous ne pourrons être jaloux d'eux, comme nous ne pouvons être jaloux de nous-mêmes. Nous considererons tous leurs avantages comme les nôtres propres : & nous aurons d'autant plus de part à toutes les graces qu'ils recevront, que nous en ressentirons plus de joye.

Mais comme ces atteintes secrettes de l'envie dont nous avons parlé un peu auparavant, peuvent maintenant donner autant de scrupule aux ames pieuses, qu'elles en donnerent aux Religieux de saint Bernard, lorsqu'il leur dit cette verité, qui tira des larmes de leurs yeux, & des soûpirs de leur cœur; il est juste aussi qu'après leur avoir découvert la même langueur, nous leur presentions le même remede. C'est ce que saint Bernard fait en cette maniere.

Comment, dites-vous, puis-je avancer dans la vertu, puisque je porte envie à l'avancement de mon frere ? Il répond à ces personnes, pour les consoler. Si vous avez de la douleur de ce que vous sentez dans vous, vous ressentez l'envie, mais vous n'y consentez pas. C'est une passion qui se pourra guerir peu à peu, & non une action qui mérite d'être condamnée. *Si doles, quod invides, sentis, sed non consentis. Passio est quandoque sananda, non actio condemnanda.*

Saint Bernard suppose en parlant de cette sorte, que le cœur soit sain, & que l'on y condamne sincerement tout ce qui peut être opposé à Dieu. Aprés cela il veut qu'on travaille à déraciner cette passion par la vigilance, par la priere, & par les larmes, & que si on n'en peut éteindre tout le sentiment, on en soit d'autant plus humble en soy-même devant Dieu, & plus doux envers tous les autres. Aymons donc la charité & detestons la jalousie de tout nôtre cœur, puisque la charité est toute la vie de l'ame, & que l'envie a fait mourir même l'Auteur de la vie.

POUR LE MARDY
DE LA III. SEMAINE DE CARESME.

Si peccaverit in te frater tuus, corripe eum, &c.
Matth. 18.

Si vôtre frere peche contre vous, reprenez-le.

I.

LE commandement que JESUS-CHRIST établit icy, de faire la correction fraternelle, est fondé sur celuy qu'il nous a fait d'aimer nôtre prochain comme nous-mêmes. Car nous ne pouvons luy vouloir autant de bien qu'à nous, si nous ne desirons son salut ; & nous ne pouvons desirer sincerement son salut, si nous ne souhaitons qu'il fasse le bien, & si nous ne l'aidons, autant qu'il nous est possible, à sortir du mal. Nous devons avoir plus de charité pour l'ame que pour le corps ; & si c'est tuer un homme, que de ne le pas assister dans le dernier besoin où il se trouve reduit, comme l'assure saint Ambroise, *Si non pavisti, occidisti*, c'est visiblement tuer une ame, que de luy refuser le secours de nôtre parole, lorsque nous pouvons croire qu'elle luy seroit utile.

Lors donc que nous ne rendons pas à nôtre frere cét office de charité, nous nous rendons témoignage à nous-mêmes que nous manquons d'amour pour luy. Nous nous imaginons l'aimer pour Dieu, & nous ne l'aimons que pour nous-mêmes. Au lieu que l'intention du Fils de Dieu, lorsqu'on nous a offensez, & que nous ayons plus de pitié du mal que s'est fait nôtre frere, que de celuy qu'il nous a fait, nous faisons le contraire : La colere & le dépit nous transportent ; nous ne sommes occupez que de nous. Nous ne pensons non plus à son ame, ny au mal qu'il s'est fait, ny à celuy qu'il a commis contre Dieu, que s'il n'avoit point d'ame, & qu'il n'y eût point de Dieu.

Jesus-Christ nous commande de le reprendre entre nous & luy, & nous éclatons au contraire devant tout le monde. Nous luy dissimulons nôtre ressentiment, & nous portons nos plaintes & nos murmures à ceux qui ne peuvent y apporter de remede. S'il nous écoute, dit Jesus-Christ, nous aurons gagné nôtre frere ; & nous autres au contraire il semble que nous ne pensions qu'à le perdre, & non pas à le gagner. Nous voulons à la verité qu'il nous écoute, mais ce n'est que pour luy décharger nôtre cœur, & non pas pour guerir le sien. C'est pour nous contenter nous-mêmes, & non pas pour faire qu'il contente Dieu : c'est pour soulager nôtre passion, & non pas pour appaiser la sienne. Si nous cherchons des témoins de ce que nous luy voulons dire, ce n'est pas tant pour le convertir que pour le convaincre ; c'est pour l'abattre, & non pas pour le relever ; c'est pour nôtre gloire, & non pas pour celle de Dieu.

C'est pourquoy les saints Peres considerant en combien de manieres l'amour propre se glisse dans ces rencontres, ont eu raison de dire, que rien ne fait tant voir si un homme est spirituel, ou s'il ne l'est pas, que la maniere dont il se conduit envers ceux qui l'ont blessé. *Nihil sic probat spiritualem virum*, dit saint Augustin, *quemadmodum peccati alie-*

ni curatio. Car JESUS-CHRIST, comme remarque le même Pere, veut que lorsque l'on nous offense, nous soyons plus touchez, ainsi que nous l'avons déja dit, du mal que nôtre frere s'est fait luy-même, que de celuy qu'il nous a fait. Il veut que la tendresse de charité qu'il demande à tous les Chrétiens, nous porte alors à le plaindre & à chercher tous les moyens de le tirer de son peché. Si nous negligeons de le faire, dit-il, nous tombons dans une faute plus grande que toutes celles qu'il auroit pû avoir commis. *Si neglixeris, pejor es illo. Ille tibi injuriam faciendo, gravi se vulnere percussit, tu vulnus fratris tui contemnis. Tu vides eum perire, & negligis.* Aug. de Verb. Dom. in Matth. serm. 16.

JESUS-CHRIST pour nous encourager davantage à ce bon office de charité, nous dit qu'en agissant ainsi, *nous aurons gagné nôtre frere.* Il est si bon, qu'il semble vouloir nous attribuer ce gain d'une ame, comme s'il étoit à nous, & comme s'il ne venoit pas de luy. Cependant nous sommes assez persuadez de nôtre misere pour juger ce que ce seroit de nous, si Dieu ne se couvroit de nous, pour ainsi dire, afin de remedier aux ames qui auroient péché. Nous sommes trop heureux d'être les instrumens des moindres bonnes œuvres, qui sont toutes des dons & des ouvrages de son saint Esprit, qui s'empare de nôtre cœur, de nôtre main & de nôtre langue pour les remuer, & pour leur faire faire ce qu'il luy plaît. Nous devons donc de bon cœur renoncer à tout autre gain & à tout autre avantage sur la terre, pour ne penser qu'à celuy de pouvoir gagner quelque ame, puisqu'en travaillant au salut des autres, nous travaillons trés-avantageusement au nôtre même: *Si lucrifaciamus animam ejus, per alterius salutem nobis quoque acquiritur salus.* Hieron. in hunc locum.

C'est dans cette vûë que l'on peut remarquer que tout ce que Jesus-Christ dit dans cét Evangile, ne tend qu'à sauver celuy qui a offensé son frere, & non pas à le punir. Il veut pour cela que celuy qui a été offensé, aille trouver celuy dont il a reçû l'offense. Il veut que d'abord il aille seul. Si cela n'a point fait d'effet, il ordonne qu'aprés avoir tenté inutilement de le guérir étant seul, il ne mene d'abord avec luy que deux témoins, & non un grand nombre de personnes. Et s'il rejette leurs remonstrances, il ordonne alors qu'on en avertisse l'Eglise ; nous apprenant par tout ce procedé avec quelle sagesse nous devons éviter d'insulter au peché de nôtre frere.

Mais en voyant d'un côté la tendresse de charité avec laquelle nous devons nous appliquer au salut de nôtre frere, lorsqu'il nous a offensez, voyons de l'autre, si c'est nous qui avons été assez malheureux pour l'offenser, combien nous devons éviter d'être sourds à ses plaintes charitables, & de tomber dans une opiniâtreté qui nous rendroit inutiles toutes les remonstrances de l'Eglise même. Jesus-Christ n'a point donné d'armes temporelles à son Eglise : Il n'a ordonné ny prisons, ny punitions, ny supplices pour ses enfans rebelles. Elle n'a point d'autre peine que de retrancher de sa Communion celuy qui s'en est rendu indigne. C'est une peine bien douce & bien rude. Elle ne paroît rien aux sens, mais elle est épouventable aux sentimens de la foy. C'est un préjugé de l'Arrêt éternel de Jesus-Christ. Car comme il le dit dans nôtre Evangile, ce que ses Ministres auront lié sur la terre, sera lié dans le ciel. La Sentence du Juge invisible suivra celle des Juges visibles. Jesus-Christ est au milieu d'eux, lorsqu'ils s'assemblent en son nom. C'est luy qui fait tout ce qu'ils font ; & c'est luy qui confirme dans le Ciel ce qu'ils arrêtent sur la terre.

II.

Mais pour achever d'expliquer tout nôtre Evangile, il est important de dire un mot sur cette derniere parole du Fils de Dieu : *Où il y aura deux ou trois personnes assemblées en mon nom, je me trouveray au milieu d'eux.* Et on ne peut rien dire là-dessus de plus édifiant que de rapporter fidellement les paroles de saint Jean Chrysostome. Vous vous imaginez peut-être, dit ce saint Docteur, qu'il est aisé de trouver ainsi des personnes unies au nom de JESUS-CHRIST, mais je vous dis au contraire que cela ne se rencontre que très-rarement. JESUS-CHRIST promet qu'il se trouvera au milieu de ceux qui seront unis ensemble, non d'une union humaine & exterieure, mais interieure & divine. C'est comme s'il nous disoit : Lorsque deux ou trois personnes se lient ensemble, je seray au milieu d'eux, pourvû que d'ailleurs ils aient de la pieté & de la vertu, & que je sois le seul fondement de leur liaison.

Hom. 60. in Matth.

Mais nous voyons aujourd'huy dans la pluspart du monde des amitiez bien differentes, & qui ont un principe bien opposé. Les uns aiment, parce qu'on les aime, les autres parce qu'on les honore, les autres parce qu'on leur est utile, & pour d'autres sujets semblables. On ne s'entr'aime que par des interêts tout seculiers, & on a peine à trouver des amitiez veritables fondées en JESUS-CHRIST, & formées pour JESUS-CHRIST.

Ce n'est pas ainsi que l'Apôtre saint Paul aimoit ses amis ; son amour brûlant ne respiroit que JESUS-CHRIST. Et quoy qu'il ne vît pas dans ceux qu'il aimoit une correspondance de charité, il ne les en aimoit pas moins ; parce que son affection avoit jetté de si profondes racines dans son cœur, que rien ne la pouvoit ébranler. Mais hélas, on ne s'aime plus de cette sorte ! Si l'on considere bien aujourd'huy les amitiez des Chrétiens, on trouvera que l'origine en est entierement differente de celle de ce grand Apôtre. Je ne veux que vos cœurs pour témoins de ce que je dis. Si je les pouvois sonder, je vous ferois voir que dans cette grande multitude presque toutes nos amitiez ne sont établies que sur des intérêts bas, & ne s'entretiennent que par le commerce des necessitez de la vie.

Mais sans entrer dans cette discussion, vous reconnoîtrez cecy sans peine, si vous voulez examiner les differens sujets qui causent des divisions parmy vous, & qui vous rendent ennemis les uns des autres. Car lorsque l'amitié n'est fondée que sur des avantages humains & passagers, elle ne peut être ardente ny perpetuelle. Elle s'évanoüit au moindre mépris, au moindre intérêt, à la moindre jalousie, parce qu'elle n'est point attachée à l'ame par cette racine celeste, qui seule soûtient nos amitiez, & qui les rend fermes & inébranlables. Rien d'humain & de terrestre ne peut rompre un lien qui est tout spirituel. La charité que l'on se porte reciproquement en JESUS-CHRIST est solide, elle est constante, elle est invincible. Elle ne s'altere ny par les soupçons, ny par les calomnies, ny par les dangers, ny par la mort même. On verroit mille périls sans s'en étonner. Celuy qui n'aime que parce qu'on l'aime, cesse d'aimer aussi-tôt qu'il reçoit quelque mécontentement de son amy, mais icy cela n'arrive jamais, parce que selon saint Paul, *La charité ne périt point.* Car quel pretexte pourriez-vous alléguer pour avoir laissé périr la vôtre ? Direz-vous que ôtre amy ne vous a rendu que des mépris pour des déférences, & des injures pour de bons offices? Direz-vous qu'il vous a voulu ôter la vie? Si vôtre amitié a Jesus-Christ pour objet, c'est cela même qui l'affermira. Tout ce qui ruine les amitiez humaines, redouble & fortifie les chrétiennes. Vous me demandez comment cela se peut faire. C'est parce que l'ingratitude de vôtre ami vous devient le sujet d'une récompense infinie, & que plus il a d'aversion de vous, plus vous devez être touchez de compassion pour le secourir dans un si grand mal.

Il est donc clair que celuy qui aime veritablement dans la seule vûë de Jesus-Christ, ne cherche dans son amy ny la noblesse, ny les dignitez, ny les richesses, non pas même amour pour amour; mais qu'il aime sans intérêt, sans interruption, sans refroidissement, quand même son amy luy manqueroit de foy, quand il deviendroit son ennemy, quand il auroit resolu de le perdre: Jesus-Christ seul qu'il aime dans cette personne, soûtient tout, supplée à tout & suffit pour tout. Tant que celuy qui aime jette les yeux sur Jesus-Christ, son amitié demeure ferme.

C'est luy-même qui nous a donné le modéle de cette amitié toute divine. C'est luy qui a aimé des ennemis & des blasphemateurs qui le haïssoient à mort, qui ne pouvoient souffrir de le voir, qui étoient prêts à tous momens de courir aux pierres pour le lapider, & qui les a aimez de cette charité la plus sublime, qui va jusqu'à donner sa vie pour ceux que l'on aime. Soyons sans cesse attentifs à ce modéle: Imitons cette charité d'un Dieu: Retraçons dans nous cette amitié si genereuse, afin qu'ayant été les imitateurs de l'amour de Jesus-Christ, nous soyons aussi les heritiers de sa gloire.

POUR LE MECREDY
DE LA III. SEMAINE DE CARESME.

Sine causa colunt me, docentes doctrinas & mandata hominum. *Matth.* 15.

En vain ces personnes m'honorent, puisqu'ils enseignent une doctrine toute humaine.

UNE des grandes playes que le péché ait faites à la nature humaine, est qu'au lieu que dans l'état d'innocence l'homme étoit éclairé par la verité même de Dieu, qui brilloit sans cesse dans son ame, il est tombé au contraire par son péché dans des tenebres si épaisses, qu'il ignore souvent les choses qui luy sont le plus necessaires pour son salut.

Le Fils de Dieu en se faisant homme, a apporté le remede à un si grand mal. Il est venu pour éclairer le monde, dont il a dit qu'il étoit la lumiere, & pour l'éclairer par les rayons de la verité, puisqu'il étoit la verité même. Mais il s'est trouvé par une étrange suite de ce premier aveuglement, que les hommes se sont tellement attachez à leurs traditions humaines, qu'ils ont mieux aimé suivre les opinions qu'ils avoient inventées, que recevoir les veritez stables & éternelles que le Fils de Dieu leur vouloit apprendre. C'est dequoy Jesus-Christ se plaint dans nôtre Evangile. Et afin de tirer l'instruction qui y est renfermée, nous considererons,

I. Que selon la parole du Sauveur, il n'y a que Dieu parlant ou par son Ecriture, ou par son Evangile, qui doive être le maître des hommes.

II. En quel sens il est dit, que toute plante que le Pere n'a pas plantée, sera arrachée.

III. Que toute la pieté consiste à bien régler le fond du cœur, puisqu'il est dans nous la source de tout le bien & de tout le mal.

I.

Cet oracle de Saint Paul : *Que Dieu est veritable, & que tout homme est menteur,* s'étend beaucoup plus loin qu'il ne semble, & nous apprend que Dieu est l'unique principe de toute verité, & que l'homme par luy-même n'est que fausseté & que mensonge. *Rom. cap. 38. v. 4.*

C'est pourquoy avant l'Incarnation du Fils de Dieu, les plus sages d'entre les hommes, qui se sont voulu mêler d'éclairer les autres, tels qu'ont été les Philosophes Payens, n'ont été proprement, pour user des termes de nôtre Evangile, que *des guides aveugles qui conduisant d'autres aveugles sont tombez tous ensemble dans la fosse,* c'est-à-dire, dans l'enfer. Aussi Saint Paul parlant aux Payens convertis, n'a pas craint de dire que ces Philosophes qui avoient acquis tant de gloire parmi les hommes, *ont eû le cœur rempli de ténébres, & qu'ils sont devenus fous, en s'attribuant le nom & qualité de Sages.* *Matth. c. 15. Rom. cap. 1.*

Ce n'est pas neanmoins que ces Philosophes n'ayent connu en effet beaucoup de choses, puisque Saint Paul dit luy-même que Dieu s'étoit fait connoître à eux. Mais ils ont si mal usé de cette science que Dieu leur avoit donnée, & ont mêlé les veritez que Dieu leur avoit découvertes, parmi tant de faussetez qu'ils y ont ajoûtées, qu'ils étoient plus propres à empoisonner & à corrompre le monde par leur doctrine, qu'à le guérir de son ignorance & de ses erreurs.

Les hommes donc avoient besoin d'un maître,

& il falloit que ce fût Dieu même qui fût leur maître, parce que la verité seule les pouvoit guerir, & qu'il n'y a que Dieu dont les discours soient entierement veritables, sans aucun mêlange de fausseté. La sagesse divine dit d'elle-même avec grande raison : *Tous mes discours sont pleins de verité & de justice, & il n'y a dans eux aucun déreglement ny aucune erreur.*

Prov. c. 8. v. 8.

Cela nous apprend que selon la parole du Sauveur, il n'y a qu'un maître, qui est JESUS-CHRIST. Ce qui se doit entendre de JESUS-CHRIST entant qu'il nous parle ou par l'Ecriture, ou par l'Eglise, ou par ses Ministres, qui sont ses organes, dont il dit luy-même : *Celuy qui vous écoute, m'écoute.*

Matth. 23.

Matth. 10.

Car c'est l'erreur des heretiques, de ne vouloir recevoir que l'Ecriture seule, qu'ils expliquent à leur fantaisie, pour regle & pour juge de la foy, & de ne reconnoître point pour juge l'Eglise, qui est la veritable interprete de cette même Écriture, dont Saint Augustin n'a pas craint de dire : *Je ne croirois pas l'Evangile même, si je n'y étois porté par l'autorité de l'Eglise Catholique.* Ego verò Evangelio non crederem, nisi me Catholicæ Ecclesiæ commoveret autoritas. Aussi, qui nous apprend que l'Evangile de Saint Mathieu, par exemple, est un veritable Evangile, sinon l'Eglise qui l'a ainsi déterminée, en rejettant en même temps plusieurs faux Evangiles, que des heretiques & d'autres personnes avoient voulu faire passer pour veritables ?

Aug. Epist. 72.

Toute la doctrine donc que nous recevons, soit pour nôtre foy, soit pour nos mœurs, doit être dérivée de l'Ecriture, & de la Tradition de l'Eglise, par les Conciles, les Papes, & les Saints Peres, selon que Saint Leon Pape nous l'enseigne, lorsqu'il dit : *L'autorité à laquelle nous déferons, est divine & nous* ne suivons qu'une doctrine divine. DIVINA *est autoritas cui credimus, divina est doctrina quam sequimur.* *Les magi-*
firm. 2. in
Transfig.

C'est pourquoy nous voyons que le Fils de Dieu dans nôtre Evangile, accuse les Scribes & les Pharisiens *d'avoir rendu la Loy de Dieu inutile & sans effet pour établir leurs traditions humaines.* Et il porte ce reproche jusqu'à tel point, qu'il ne craint pas de dire, qu'après cela *tout le culte qu'ils rendent à Dieu est vain & inutile.* Comme s'il disoit : S'ils me reconnoissent pour leur Dieu, ils me doivent aussi reconnoître pour leur précepteur & pour leur maître, puisqu'étant Dieu, je suis par consequent la verité & la sagesse, à laquelle il appartient proprement d'instruire les hommes.

Et il faut remarquer icy que Dieu le Pere sur la montagne de Thabor, ayant rendu un témoignage public au Sauveur qu'il étoit son veritable Fils, ajoûte aussi-tôt : *Ecoûtez-le* comme vôtre maître. Ainsi ayant publié qu'il étoit Fils de Dieu, il l'établit aussi-tôt pour maître des hommes.

Ce qui nous apprend que lorsque ceux qui conduisent les ames, inventent d'eux-mêmes les regles par lesquelles ils les conduisent, ils font une étrange injure au Fils de Dieu, puisqu'ils luy ravissent cette qualité de maître des hommes que son Pere luy a donnée, & se mettent en quelque façon à sa place, en ne conduisant plus les ames par son esprit, mais par le leur; ny par les regles qu'il leur a prescrites, mais par celles qu'ils ont inventées. C'est pourquoy il les appelle *des aveugles* dans nôtre Evangile, parce qu'ayant quitté la doctrine de JESUS-CHRIST qui s'appelle & qui est veritablement la lumiere du monde, ils ne peuvent trouver qu'une nuit obscure dans les ténébres de l'esprit humain.

C'est ce qui a fait dire à Saint Augustin cette parole célèbre : *Personne n'a de soy-même que le mensonge & le péché. Si l'homme a dans soy quelque verité & quelque justice, il faut necessairement que ce don soit venu en luy de cette source suprême, des eaux de laquelle nous devons être saintement alterez dans le desert aride de cette vie, afin qu'en recevant quelques goutes, nous puissions subsister dans nôtre voyage, & arriver enfin où nous tendons.*

Aug. in cap. 5. Ioan.

II.

La seconde parole que nous pouvons remarquer dans nôtre Evangile, est celle-cy. *Toute plante que mon Pere celeste n'aura point plantée, sera arrachée.* Cette parole se peut entendre en trois manieres.

1. On la peut entendre, comme Saint Chrysostome l'explique, de la doctrine qu'on dispense aux Fidéles. Si ce qu'on enseigne n'est venu de Dieu, & n'est comme une plante qu'il a plantée luy-même, il arrachera tout ce qu'on aura voulu planter dans les ames contre son commandement, & contre ses ordres. Et cecy nous apprend combien nous devons avoir soin de chercher des maîtres & des conducteurs *qui nous enseignent la voye de Dieu dans la verité*, comme il est dit dans l'Evangile, puisque Dieu menace d'arracher tout ce que luy-même n'aura pas planté.

Secondement, cette parole, selon Saint Jerôme, se peut entendre des personnes mêmes. Parce que tous les hommes étant comme des plantes, selon que l'a marqué le Fils de Dieu, lorsqu'il a dit : *Je suis la vigne, & vous en êtes les pampres* ; Il faut necessairement qu'appartenant à Dieu ou au démon, ils soient aussi plantez par l'un ou par l'autre. Et il est certain que cette verité devroit faire trembler la plûpart des hommes, s'ils consideroient jusqu'où s'étend cet oracle de l'Evangile. Car cela nous obli-

Ioan. cap. 15.

ge à bien penser tous en particulier, avant que de nous engager à quelque état, si c'est Dieu qui nous y appelle.

Une personne pense à prendre une charge, ou quelqu'autre engagement, ou ce qui est encore beaucoup plus dangereux, à entrer dans le ministere & dans les dignitez de l'Eglise ; s'il écoute l'Evangile avec respect & la pieté qu'il doit, il faut qu'il considere aussi-tôt : Qui est-ce qui me pousse à entrer dans l'Eglise, & à prendre rang parmi ses Ministres ? Est-ce Dieu ou moy-même qui m'y appelle ? Cherchay-je ses interêts, ou les miens ? Ma vie est-elle conforme à un ministere si saint ? Ay-je pleuré mes péchez avant que de penser à remettre les péchez des autres ? Enfin ay-je sujet de croire que ce soit Dieu même qui me met dans son Eglise comme une plante féconde, selon la parole du Pseaume : *Estant plantez dans la maison de Dieu*, & par con- *Psal.* 64. sequent de la main de Dieu, *ils y fleuriront & y porteront du fruit.*

Que si cela n'est pas, vous devez craindre cette menace terrible, que Dieu ne vous arrache du jardin de son Eglise, comme une plante qu'il n'y aura point plantée, selon que l'explique en ces termes le Roy Prophete : *Dieu vous arrachera du lieu où vous êtes, & vous déracinera* (c'est le mot même de nôtre Evangile) *de la terre des vivans.*

Troisiémement, cette parole se peut encore expliquer, selon Saint Augustin, des affections mêmes de l'esprit, & des actions que nous faisons par un mouvement de la concupiscence. Et cecy est une grande instruction pour les personnes avancées dans la vertu, afin qu'ils considerent bien tous les mouvemens de leur cœur, pour bien prendre garde si ce qu'ils veulent faire, peut passer pour une plante divine plantée de la main de Dieu même.

Je fçay que des perfonnes qui craignent Dieu, ne s'engageront pas aifément dans des actions tout-à-fait mauvaifes, & qui fe font connoître vifiblement pour des plantes du démon. Mais combien de fois fait-on des deffeins qui paroiffent tout de Dieu, & qui neanmoins font tout humains, parce qu'encore que le dehors & comme la matiere en foit bonne, neanmoins l'intention fecrette du cœur, qui en eft comme l'ame & la forme, n'eft point une plante du ciel, mais un rejetton de la concupifcence, qui eft appellée par Saint Auguftin : *Une plante d'impureté que le démon a plantée dans l'homme.* PLANTA *immunditiæ, quam diabolus plantavit in homine ?*

III.

La troifiéme chofe que nous pouvons remarquer dans nôtre Evangile, c'eft cette parole que JESUS-CHRIST dit enfuite : *Ce qui fort de la bouche fort du cœur, & c'eft-là proprement ce qui foüille l'homme.* Le Fils de Dieu par ces paroles fait voir premierement l'abus dans lequel étoient les Pharifiens, qui n'ayant foin que des chofes extérieures, comme de laver fouvent leurs mains, & d'obferver toutes les autres purifications légales, ne fe mettoient point en peine de fe purifier le cœur devant Dieu, & pour cette raifon fe fcandalifoient de voir que les difciples du Sauveur fuffent moins religieux qu'eux dans l'obfervation de leurs traditions humaines qu'ils préferoient à la Loy de Dieu.

Mais comme JESUS-CHRIST dans toutes fes actions & fes paroles, & fur tout en celles qu'il a fait écrire dans fon Evangile, ne regardoit que l'inftruction de fon Eglife, il nous apprend par ce qu'il dit alors, que nous devons avoir soin sur toutes choses, de regler le fond de nôtre cœur, comme étant la source de tout le bien ou de tout le mal qui est en nous. C'est ce qu'il dit en un autre endroit : *L'homme de bien tire du bon tresor de son cœur tout le* *Matth. c. 13.* *bien qu'il fait ; comme le méchant tire du mauvais tresor de son cœur tout le mal qu'il fait.*

Cela nous apprend que dans les desseins ou dans les actions les plus saintes, avant que de les entreprendre, ou lorsqu'on les fait, ou aprés les avoir faites, il faut souvent sonder le fond de son cœur, pour voir si nous faisons les choses qui sont bonnes d'elles-mêmes avec cette intention droite, cet œil simple, & cette pure intention que nous devons avoir, selon cette parole du Sage : *Gardez vôtre cœur avec* *Prov. c. 25.* *tout le soin possible, parce que c'est de luy que doit sortir vôtre veritable vie.*

Car au lieu que les hommes jugent de nôtre cœur qu'ils ne voyent pas, par les actions extérieures qu'ils voyent ; Dieu au contraire juge de nos œuvres par la disposition intérieure de nôtre cœur. Il juge du fruit par sa racine, & des ruisseaux par leur source. C'est pourquoy David sçachant parfaitement cette verité, disoit à Dieu : *Eprouvez-moy,* *Psal. 25.* *mon Dieu, & tentez-moy, brûlez mes reins & mon cœur.*

POUR LE JEUDY
DE LA III. SEMAINE DE CARESME.

Surgens Jesus de Synagoga introivit in domum Simonis. *Luc. cap.* 4.

Jesus sortant de la Synagogue, entra dans la maison de Pierre.

Toutes les actions de JESUS-CHRIST, ainsi que ses paroles, étoient mystérieuses. Il étoit venu pour une seule œuvre, qui étoit l'Eglise ; & il n'a point cessé d'y travailler depuis le premier jour de sa Prédication, jusques à la fin de sa vie. Il n'auroit point guéri de fiévres, comme il fait icy, s'il n'avoit pensé à consoler son Eglise. Aussi ce n'est pas sans raison que l'on marque icy le logis & la belle-mere de Saint Pierre, l'un & l'autre étant une figure de l'Eglise. Nous devons donc voir dans cette femme une image du malheureux état où le péché nous a réduits, & de cette fiévre intérieure que nous causent nos passions, & dont JESUS-CHRIST seul qui est ce grand medecin descendu du ciel pouvoit nous guérir. C'est luy seul qui pouvoit user d'un empire & d'un commandement absolu, pour dissiper cette maladie : *Et stans imperavit febri.* Ainsi nôtre guérison est un ouvrage qui n'appartient qu'à nôtre Liberateur : & comme nous avons besoin qu'il nous guérisse à tout moment, nous devons aussi le prier toûjours qu'il nous fasse cette grace.

Car

Pour le Jeudy de la III. sem. de Carême. 241

Car les Saints Peres regardant cette fiévre que l'Evangile marque dans la belle-mere de Saint Pierre comme la figure des péchez, qui font dans l'ame ce que la fiévre fait dans le corps, disent que dans l'un cette fiévre sera peut-être son avarice, que dans un autre ce sera l'amour des plaisirs, que dans un autre ce sera l'attache aux divertissemens, que dans un autre ce sera la recherche des vanitez & du luxe, & que dans un autre enfin ce sera l'aversion & la haine. *Sic avaritia, sic libido,* dit Saint Augustin, *sic odium, concupiscentia, luxuria, nugacitas spectaculorum febres sunt anima tua.* C'est pourquoy la premiere chose que chacun doit faire, est de bien reconnoître quelle est sa fiévre. Car tout le monde a la sienne. Et si on est assez heureux pour éviter les grands accés, on ne peut empêcher au moins les émotions qui conduisent insensiblement aux grandes maladies, lorsqu'on les néglige.

Aug. de de- thord. c. 8.

Quand nous avons reconnu nôtre maladie, & la passion qui domine en nous, nous devons la haïr, & ne pas l'aimer, comme font la plufpart des hommes : *Debes febrem odisse,* comme les malades que nous voyons, haïssent leur maladie, & souhaitent avec ardeur d'en être bien-tôt délivrez. Car c'est-là la difference des maladies de nos ames d'avec celles de nos corps. On aime ces premiers, on y trouve son plaisir, & on craint d'en être guéry. C'est pourquoy si nous croyons haïr nôtre mal, cette haine doit paroître au dehors, comme nous voyons tous les jours que les malades témoignent la haine qu'ils ont de leur fiévre par des marques extérieures, en s'abstenant de tout ce qui pourroit ou l'entretenir ou l'augmenter, en se faisant des violences pour prendre ce qui les peut guérir, en se soumettant à un medecin, & en observant ponctuelle-

Tome II. Q

ment tout ce qu'il ordonne. A moins de celà ne croyons point que nous ayons une veritable aversion de nos défauts ; mais que nous sommes au contraire dans le rang de tant de personnes qui étant malheureusement engagées dans l'amour du monde, non seulement ne souhaitent pas de guérir, mais ne veulent pas même reconnoître qu'ils sont malades, tombant dans le funeste état que Saint Augustin déploroit, lorsqu'il disoit qu'il n'y avoit personne qui fût plus incurable que celuy qui étant malade, croyoit être sain : *Nemo est insanabilior eo qui sibi sanus videtur*.

Quand on est en cet état, on ne pense point à s'addresser à JESUS-CHRIST, afin d'être guéri par la toute-puissance de sa grace. C'est pourquoy la premiere misericorde que Dieu fait à ces personnes, c'est de leur faire sentir leurs playes & leurs maladies, & la seconde est de leur donner un desir veritable d'être guéris. Car cette volonté veritable de guérir, se trouve rarement, je ne dis pas seulement dans les grands pecheurs, mais dans ceux mêmes qui servent Dieu. Vouloir être guéri, dit Saint Augustin, n'est pas seulement le desirer foiblement & imparfaitement, mais c'est le vouloir fortement & entierement, *fortiter & plenè*.

Et l'on voit delà, que l'on ne doit pas chercher des Directeurs complaisans, qui nous flattent dans nos vices, & qui nous y entretiennent. La paix que ces personnes garderoient à nôtre égard, seroit une paix cruelle. Plus ces personnes persecutent nos maux, plus l'amour qu'ils ont pour nous est solide, comme ceux d'entre les Medecins des corps, qui font mieux la guerre à la maladie, passent pour les plus habiles. *Est medicus febris persecutor ut sit hominis liberator*. On ne doit donc rien craindre davantage dans ses maux, que de trouver des personnes qui nous y entretiennent & qui nourrissent la malheureuse paix que nous y trouvons, sans que nôtre état nous fasse la moindre peine, & que nous étant fait une conscience à nôtre mode, rien ne soit plus capable de nous effrayer. Et ce qui est terrible, c'est que pour être dans cette malheureuse paix, que ny Dieu ny ses Ministres ne donnent pas, mais le démon & ceux dont il se sert pour séduire les ames, il n'est pas necessaire d'être abandonné à plusieurs crimes. Il suffit au démon d'être maître de nous par quelque endroit presque imperceptible, & par une passion secrette & cachée qui domine dans nôtre cœur; comme il n'est pas necessaire pour mourir qu'une personne ait en même temps plusieurs differentes maladies, puisque la fiévre seule peut le tuer.

II.

Mais nous ne pouvons mieux finir cette Instruction qu'en rapportant ce que Saint Chrysostome dit aprés avoir expliqué cet Evangile. Car exhortant les Chrétiens à prier pour les pécheurs, comme on voit icy que c'est Saint Pierre & les autres Disciples qui prient le Sauveur pour cette Femme, il leur représente que ces personnes sont presque dans la même insensibilité que des malades qui sont possedez d'une fiévre chaude extrêmement violente. Puis donc que ces personnes, dit ce saint Docteur, sont si insensibles, allons nous autres nous addresser à JESUS-CHRIST, pour le prier qu'il les guérisse. Vous qui êtes les amis de JESUS-CHRIST. Vous tous qui êtes ses Disciples, vous tous qui aimez ces malades, courez à JESUS-CHRIST, & priez-le pour ceux qui sont presque sans mouvement & sans vie. Si nous témoignons à Dieu se soin pour le salut des autres, il nous comblera nous-mêmes de biens. Ne me dites donc point, ajoûte ce saint Docteur, que l'on voit ce malade agir, qu'il paroît avec éclat & magnificence dans le monde, & que l'on ne voit rien au dehors de cette pourriture & de cette corruption de sa fiévre intérieure. Helas, si nous avions des yeux pour voir l'état d'une ame plongée dans les délices & dans le péché, nous comprendrions sans peine, qu'il vaudroit mieux être retenu de corps dans un lit par la maladie, que d'être enchaîné dans l'ame par ses passions. Il est donc bien juste que ceux qui ont de l'amitié pour ces personnes, pleurent & gémissent pour eux, puisqu'ils ne pleurent pas pour eux-mêmes. Voyez dans cet Evangile que Dieu accorde quelquefois la guérison de quelques personnes à la foy des autres. Quand il verra l'ardeur de vôtre foy & de vôtre charité, il fera en un moment ce que vous luy aurez demandé peut-être pendant un long-temps; comme on voit qu'il guérit icy si promptement cette Femme, que sans ressentir aucun reste de sa maladie passée, comme il arrive à ceux qui guérissent par des voyes toutes naturelles, elle est en état de servir celuy qui venoit de la guérir.

Mais la promptitude de la guérison de cette Femme, est un bonheur qui est rare. Il arrive rarement qu'une ame ainsi guérie n'ait plus aucun ressentiment de sa foiblesse, qui l'empêche d'entrer aussi-tôt dans le service de Dieu. C'est quelquefois même pour nous préserver d'une plus grande maladie, que ce divin Medecin des ames ne nous guérit pas si promptement. Il nous laisse quelques langueurs, afin de nous humilier. Si nous sentions toûjours dans nous une grande facilité pour le bien, il nous feroit facile de nous attribuer à nous-mêmes ce qui eſt à Dieu. C'eſt donc par une ſage conduite qu'il nous laiſſe toûjours quelque foibleſſe, afin que nous ſoyons toûjours dans la crainte, que le reſſentiment continuel de nos infirmitez nous faſſe toûjours pouſſer vers Dieu nos gémiſſemens & nos cris, & que ces cris continuels nous empêchent de tomber dans cette tiedeur qu'il condamne ſi fort dans l'Ecriture. Car il dit luy-même qu'il aimeroit mieux que nous fuſſions plûtôt tout-à-fait froids que tiedes, & il feroit peut-être à deſirer que les perſonnes tiedes tombaſſent dans quelque faute conſiderable, afin de rentrer en eux-mêmes, comme il feroit quelquefois à deſirer dans les maladies des corps que l'on tombât dans une fiévre un peu violente, & qui paſſeroit promptement, que d'être miné inſenſiblement par une fiévre lente, qui peu à peu le réduiroit à la mort.

POUR LE VENDREDY
DE LA III. SEMAINE DE CARESME.

Venit mulier de Samaria haurire aquam. Dicit ei JESUS : *Da mihi bibere.* Joann. 4.

Le Fils de Dieu étant prés d'un puits, il vint une Femme de Samarie puiser de l'eau, à laquelle il dit : Donnez-moy à boire.

'IL y a quelque endroit de l'Evangile qui nous fasse voir que les paroles en sont toutes mystérieuses & aussi sublimes dans la verité, qu'elles semblent basses en apparence ; nous pouvons dire que c'est particulierement l'entretien du Fils de Dieu avec la Samaritaine, que l'Eglise nous propose en ce jour. Car d'abord nous ne voyons en cette histoire que de petites circonstances, qui semblent ne nous promettre rien de grand.

Le Fils de Dieu est las. Il s'assit sur un puits. Une femme vient pour tirer de l'eau. Il luy demande à boire. Elle fait difficulté de luy en donner, sur la mauvaise intelligence qui étoit entre les Juifs & ceux de Samarie. Attendroit-on quelque grand mystere de ces petites choses, voyant principalement que JESUS-CHRIST parle à une femme, & à une femme simple & du peuple, à ce qui paroît, & même de mauvaise vie, comme nous voyons par la suite de l'Evangile ?

Cependant comme un excellent peintre ne se servant que d'une toile & de quelques couleurs communes & ordinaires, ne laisse pas d'en faire un tableau qui est admiré de tous ceux qui le voyent ; ainsi le Fils de Dieu a tellement ménagé toutes les circonstances de cette action, du puits sur lequel il étoit assis, de l'eau qu'il demandoit, & de cette femme à qui il parloit, qu'il en a fait une image toute divine de la Religion Chrétienne, qui a été admirée de tous les Saints Peres, ayant tous reconnu que cette femme a été la figure de l'Eglise, & que les entretiens du Fils de Dieu avec elle, nous representent ses plus grands mysteres.

Afin donc de choisir dans un si grand sujet ce qui sera le plus utile pour l'instruction de nos ames, nous considererons dans les principales choses que le Fils de Dieu a dites à cette femme toute la suite de la vie Chrétienne.

I. Ce que l'ame doit faire quand Dieu la touche, & quelles sont les marques de sa conversion.

II. Comment elle doit s'avancer dans la crainte de Dieu, en reconnoissant sa grace, & ne tendant qu'à luy seul.

III. Comment elle doit l'adorer en esprit & en verité, c'est-à-dire, par une charité sincere, qui est la fin & l'accomplissement de toute la Loy.

I.

Le Fils de Dieu étant fatigué du long chemin qu'il avoit fait, dit l'Evangile, s'assit sur le bord du puits & de la fontaine de Jacob. Et comme il se reposoit en ce lieu, il vint une femme de Samarie pour tirer de l'eau, à laquelle il dit : *Da mihi bibere.* DONNEZ-*moy à boire.*

Afin de ne vous arrêter qu'à ce qui regarde en

particulier l'édification des ames, cecy nous apprend que lorsque le Fils de Dieu veut toucher une ame, il commence souvent par un amour qu'il luy donne pour les pauvres, en luy inspirant un saint desir de les soulager dans leur misere. Car que fait le Fils de Dieu en disant à la Samaritaine : *Donnez-moy à boire*, sinon de luy demander l'aumône en quelque sorte, ainsi qu'il continuëra à le faire dans tout le cours de l'Eglise en la personne des pauvres, qui sont ses membres ?

Matth. c. 25. Et pour justifier cette verité, il ne faut que considerer ce qu'il dira luy-même à ses élûs au jour du jugement en leur donnant la couronne : *J'ay eu soif, & vous m'avez donné à boire.* Ainsi il dit à la Samaritaine : *Donnez-moy à boire* ; & il dit à ses élûs : *Vous m'avez donné à boire* ; faisant voir clairement qu'il les récompense pour luy avoir donné l'aumône qu'il avoit demandée à cette femme.

Voila donc la premiere instruction que nous trouvons dans nôtre Evangile, & le premier pas de la conversion des ames, sur tout à l'égard de ceux qui ont quelque bien, quoy que les plus pauvres soient obligez à être charitables dans le cœur, & à aider leurs freres en tout ce qu'ils peuvent.

Aug. in ps. 3. Mais cela regarde encore plus particulierement ceux qui ont quelque bien. Vous êtes pauvre, dit Saint Augustin, & JESUS-CHRIST est pauvre en la personne de ses membres. Vous luy demandez, & il vous demande. Vous luy demandez le pain de l'ame, & il vous demande le pain du corps. *Date, & dabitur vobis.* Si vous voulez qu'il vous donne, commencez par luy donner. Si vous voulez qu'il vous fasse misericorde, faites-luy misericorde à luy-même en la personne de ceux dont il vous dira en son Jugement: *Ce que vous avez fait à l'un de ces petits, vous l'avez fait à moy-même.*

Y a-t-il rien de plus juste, de plus raisonnable, & tout ensemble de plus avantageux aux hommes, que cette conduite de Dieu ? Et d'où vient donc qu'ils ne s'en servent pas ? Comment n'entrent-ils point dans cét azile sacré que la misericorde de Dieu leur presente, pour se délivrer de leurs pechez qui les accablent, & pour se garentir de sa colere qui les menace ?

C'est parce qu'ils sont en l'état auquel étoit la Samaritaine, lorsque le Fils de Dieu luy dit ensuite : *Si vous connoissiez le don de Dieu, & si vous sçaviez qui est celuy qui vous dit: Donnez-moy à boire: vous luy en auriez demandé à luy-même, & il vous auroit donné de l'eau vive.* Ils ne connoissent point en effet le don de Dieu. Ils ne sçavent qui est celuy qui leur demande l'aumône. Ils s'imaginent que c'est un homme, & c'est Dieu même. Ainsi en refusant un homme, ils refusent Dieu, & se mettent en état d'entendre au dernier Jugement de la bouche du souverain Juge : *J'ay eu soif, & vous ne m'avez point donné à boire.*

Mais remarquez que le Sauveur ne dit pas seulement à cette femme, que si elle avoit connu le don de Dieu, & si elle sçavoit qui est celuy qui luy demande à boire, elle luy en auroit donné avec joye ; mais qu'il ajoûte qu'elle-même luy auroit demandé à boire, & qu'il luy auroit donné de l'eau vive. Ce qui nous apprend que comme le premier degré de la conversion est l'amour des pauvres, le second est l'amour de la prière. Car Dieu ne donne qu'à ceux qui luy demandent ; & on ne luy demande utilement que lorsqu'on a reçû de luy le don de luy demander.

C'est la grande difference qu'il y a entre les pauvres & nous. Les pauvres ont par eux-mêmes la connoissance de leur misere, le desir d'en être délivrez, & la puissance de demander qu'on les en délivre. Pour nous, nous sommes si pauvres à l'égard de Dieu, que s'il ne nous prévient par sa grace, nous n'avons en nous ny la connoissance de nôtre pauvreté, ny le desir du secours de Dieu, ny le pouvoir de luy demander qu'il nous assiste. C'est ce qui a fait dire à saint Augustin : *Le desir de la grace est une grace* : IPSUM *desiderium gratiæ gratia est*. Et ailleurs : *Comme c'est Dieu qui exauce nos prieres, c'est luy aussi qui nous donne une affection pour le prier*. *Deus impertit nobis orationis & affectum & effectum*.

Aug. de Corrept. & grat. c. 2.

Aug. Epist. 105.

II.

La 2. chose que le Fils de Dieu dit à cette femme, qui nous marque le second degré de la pieté, est comprise dans ces paroles : *Tous ceux qui boirons de cette eau, auront encore soif ; mais celuy qui boira de l'eau que je luy donneray, n'aura jamais soif Et l'eau que je luy donneray deviendra dans luy une source d'eau rejaillissante en la vie éternelle*. Nous remarquons dans ces paroles deux choses trés-importantes :

Aug. in c. 4. Ioan.

Prov. c. 7.

La 1. Que les biens & les plaisirs du monde sont de faux biens & de faux plaisirs, qui ne contentent jamais ceux qui les possedent. Car comme dit saint Augustin : *L'eau qui étoit au fond de ce puits, & par conséquent dans un lieu obscur & tenebreux, marque les vains plaisirs du siécle*. AQUA *in puteo, voluptas sæculi est in profunditate tenebrosa*. Comme cette eau dans cette profondeur n'étoit point éclairée des rayons du soleil, ainsi ces faux plaisirs ne sont recherchez que par des ames frappées d'aveuglement, qui sont appellées par l'Apôtre, *Des enfans de la nuit, & de tenebres*, dont le Sage dit avec raison: *La voie & la conduite des méchans est pleine de tenebres : ils tombent lorsqu'ils s'y attendent le moins*.

Et comme on ne tiroit de l'eau de ce puits, qui étoit profond, qu'avec beaucoup de peine : cela nous marque aussi les peines & les travaux qui accompagnent la vie des méchans, qui leur seroit entierement insupportable, si la violence de leurs passions, dont ils sont comme enchantez, ne leur rendoit douces les choses les plus ameres. C'est pourquoy nous voyons qu'ils avoüent quelquefois qu'ils sont miserables, & neanmoins ils ne peuvent sortir de leur misere. Ils ne sont jamais contens, & ils desirent toûjours ce qu'ils n'ont pas, parce que ce qu'ils ont ne les satisfait jamais.

Il est bon que les ames saintes pensent quelquefois à cette misere épouvantable ; & qui est d'autant plus grande, qu'elle passe même pour la plus grande felicité de cette vie, afin qu'elles considerent de quel abysme Dieu les a tirées, & qu'elles se consolent dans les petits maux qu'elles souffrent, & qui leur acquierent le ciel, en considerant les maux horribles que souffrent souvent les gens du monde, & qui les précipitent ensuite dans les enfers.

La 2. chose que nous devons remarquer dans ces paroles, c'est que le Fils de Dieu dit que *ceux qui boiront de l'eau qu'il donnera*, qui marque la grace du saint Esprit, *n'auront jamais soif*. Ce qui ne veut pas dire qu'on ne souhaitera plus cette eau en cette vie, aprés qu'on en aura goûté ; puisqu'au contraire la Sagesse dit d'elle-même dans l'Ecriture : *Ceux qui boiront de l'eau que je leur feray boire, auront encore soif* : mais cela marque seulement que cette eau a une vertu dans elle de rassasier l'ame pleinement, & qu'ainsi ceux qui la boivent ne desirent rien autre chose, quoy qu'ils souhaitent d'en boire toûjours plus abondamment.

Sap. c. 8.

C'est-là proprement la marque d'une ame qui avance dans la vertu, d'être contente de Dieu, & de ne rechercher rien autre chose. Car après cela si on a quelque autre desir, on témoigne qu'on préfere la créature à Dieu, & on est du nombre de

Aug. in Psal. 30. Conc. 3. ceux ausquels Saint Augustin dit: *Avare, qu'y a-t-il qui vous puisse suffire, si Dieu même ne vous suffit pas? AVARE, quid tibi sufficit, cui Deus ipse non sufficit?*

Le moyen d'entrer dans cette disposition, c'est de faire ce que le Fils de Dieu dit ensuite: *Que cette eau de sa grace qu'il répand dans nous, devienne une source d'eau vive, qui rejaillisse jusques dans la vie éternelle.* Saint Bernard dit excellemment: Qu'ainsi que selon l'Ecriture tous les fleuves étant sortis de la mer, retournent à la mer pour couler de nouveau, aussi toutes les graces nous étant venuës du ciel, elles doivent retourner dans le ciel par nôtre humble reconnoissance, pour pouvoir de nouveau se répandre en nous.

C'est pourquoy la vraye humilité, selon ce Saint, consiste à faire en sorte que les dons de Dieu passent tellement par nos mains, lorsqu'il se sert de nous, comme de ses instrumens & de ses organes, que nous n'en retenions aucune partie. C'est ce que

Rom. c. 8. l'Apôtre nous apprend, lorsqu'il dit: *Nous n'avons pas reçû un esprit du monde;* c'est-à-dire un esprit d'orgueïl, *mais un esprit qui vient de Dieu, pour apprendre à reconnoître ses dons & ses graces.*

La troisième chose que le Fils de Dieu dit à la Samaritaine, qui nous marque le troisième état de l'ame, c'est cette parole si sainte & si importante: *Les veritables adorateurs adoreront le Pere en esprit &*

verité. Le culte en esprit & verité, qui est le culte vrayment chrétien, est opposé au culte charnel, plein d'ombres & de figures, qui étoit le culte Judaïque. Nous ne pouvons donc être vrayment Chrétiens, si nous n'adorons Dieu par ce culte qui est propre à la Religion Chrétienne.

Qu'est-ce qu'adorer ainsi Dieu en esprit? C'est l'adorer par un amour qui possede nôtre esprit, & qui penetre jusques dans le fond de nôtre cœur. Or il est impossible que nous ayons cet amour, si l'esprit de Dieu ne se saisit du nôtre, & ne nous détache de nôtre amour propre & de l'amour des creatures, pour nous tenir attachez à luy par sa charité. Qui l'adore ainsi en esprit, l'adore aussi en verité, parce qu'on ne l'adore veritablement, que lorsqu'on l'aime veritablement.

C'est ce culte que David souhaittoit d'avoir, lorsqu'il dit à Dieu: *Inspirez dans le fond de mon cœur* Psal. 50. *& de mes entrailles un esprit droit, un cœur nouveau.*

C'est le culte que Saint Paul demande aux Chrétiens, lorsqu'il leur dit: *Ne vous conformez point* Rom. c. 12. *à l'esprit du monde, mais soyez transformez en Dieu par un renouvellement de vôtre esprit.*

C'est ce culte que le même Apôtre reconnoissoit dans luy-même, lorsqu'il dit en parlant de luy: *Dieu que je sers en esprit,* c'est-à-dire, que j'aime & Rom. c. 1. que j'adore dans le fond de mon cœur, dans la plus haute partie de mon ame.

Aussi Saint Augustin expliquant ces paroles de David: *Vous tous qui craignez le Seigneur, loüez-le:* Aug. in. Qui est celuy, dit-il, qui loüe veritablement Dieu, Psal. 21. sinon celuy qui l'aime sincerement? Ainsi c'est comme si ce saint Prophete disoit: Vous qui craignez le Seigneur, aimez Dieu; car la pieté n'est autre chose que le culte & l'adoration de Dieu, & on n'adore Dieu qu'en l'aimant. *Quis Deum veraciter laudat, nisi qui sinceriter amat? Tantumdem ergo est ac si diceret: Qui timetis Dominum, amate Deum: Pietas enim cultus Dei est, nec colitur ille nisi amando.* Ce qu'il repete dans une excellente Lettre à saint Jérôme: *Quid autem est pietas, nisi Dei cultus, & unde ille colitur, nisi charitate?* Et ailleurs: *Quis cultus ejus, nisi amor ejus?*

August. Epist. 29. l. 2. de Trinit. cap. 4. l. 10. de Civit. Dei.

Le même Saint ayant expliqué dans la Cité de Dieu, en quoy consiste la vraye charité, fait voir divinement, qu'elle comprend tous les devoirs de la vie Chrétienne, tant envers Dieu, qu'envers nous-mêmes, & envers le prochain: Envers Dieu, parce qu'elle nous porte à le regarder comme la source de nôtre beatitude, & le but de tous nos desirs. *Ipse enim fons nostra beatitudinis, ipse omnis appetitionis est finis:* Envers nous-mêmes, parce que l'homme ne se peut veritablement aimer soy-même, qu'en rapportant tout à ce bien suprême, qui seul le peut rendre heureux: Et envers le prochain, parce que celuy qui sçait vrayment s'aimer soy-même, reconnoît que le vray amour du prochain ne consiste qu'à le porter, autant qu'il est en nôtre pouvoir, à aimer Dieu: *Scienti diligere seipsum cùm mandatur de proximo diligendo sicut seipsum, quid aliud mandatur, nisi ut ei, quantùm potest, commendet diligendum Deum? Ad hoc bonum debemus & à quibus diligimur duci, & quos diligimus ducere.* C'est le seul bien auquel ceux qui nous aiment, nous doivent porter, & auquel nous devons porter ceux que nous aimons.

De Civit. Dei lib. 10. cap. 12.

Aprés donc que ce Saint a ainsi expliqué tous les devoirs de la vertu Chrétienne renfermez dans ces deux commandemens d'amour, il conclud par ces excellentes paroles : *Voilà quel est le vray culte de Dieu, la vraye Religion, la vraye pieté, & l'adoration suprême qui n'est dûë qu'à Dieu.* C'est là l'hostie d'humilité & de loüange, comme il dit au même endroit, que nous luy devons continuellement immoler sur l'autel de nôtre cœur, par le feu d'une charité fervente. *Ei sacrificamus hostiam humilitatis & laudis, in ara cordis, igne fervida charitatis.*

C'est le plus agreable encens que nous luy puissions brûler, que de nous presenter devant luy, étant embrazez d'un saint & pieux amour : *Et suavissimum adolemus incensum, cùm in ejus conspectu pio sanctoque amore flagramus.* Aug. de Civit. Dei. l. 10. c. 4.

Aussi le même Saint parlant des Juifs, qui n'adoroient Dieu que pour des récompenses charnelles, fait voir qu'ils ne l'adoroient point veritablement. Ne cherchant Dieu, dit-il, que pour les biens de la terre, ce n'est pas en effet Dieu, mais ces biens qu'ils cherchoient, parce qu'en cette maniere, c'est n'adorer Dieu que par une crainte servile, non par un amour libre. Or adorer & servir Dieu de la sorte, n'est pas le servir : *Car on ne sert que ce que l'on aime.* C'est pourquoy Dieu étant meilleur & plus grand que toutes choses, il faut l'aimer plus que toutes choses pour le servir. *Qui propter beneficia terrena Deum quaerebant, non utique Deum, sed illa quaerebant : Quia eo modo timore servili, non liberali dilectione Deus colitur. Sic ergo Deus non colitur. Hoc enim colitur quod diligitur. Unde quia Deus rebus omnibus major & melior invenitur, plus omnibus diligendus est ut colatur.* Aug. in Psal. 77.

C'est donc là ce culte de Dieu que saint Augustin demandoit aux Fidéles, lorsqu'il dit : *Hoc colitur quod amatur. Non colitur Deus, nisi amando.*

On n'adore que ce que l'on aime. On n'adore Dieu qu'en l'aimant. Si donc nous voulons reconnoître si nous sommes vrayment Chrétiens, considerons si nous adorons & si nous aimons Dieu de la sorte. Par exemple une personne devant le calme, la prosperité, la santé, témoigne adorer Dieu en esprit & par amour. Aprés il survient une affliction, une tentation, une maladie, & aussi-tôt il se décourage. Il oublie ce qu'il est, d'où il vient, & à quoy il tend. Il n'a plus que des pensées humaines, & il ne desire que des consolations humaines. Où est donc ce culte interieur & spirituel ? *Omni tempore diligit qui amicus est*, dit le Sage ; Celuy qui aime, aime en tout temps.

POUR LE SAMEDY

DE LA III. SEMAINE DE CARESME

Perrexit Jesus in Montem Oliveti, & ecce adducunt ei, &c. *Joan.* 8.

Jesus *alla à la Montagne des Oliviers, & les Juifs luy amenerent une femme surprise en adultere.*

N doit considerer d'abord dans l'Evangile que l'Eglise nous propose dans ce jour, combien ceux qui se laissent aller à un faux zele, ont toujours d'envie contre ceux qui enseignent la voye de Dieu dans la pureté, & combien ils s'efforcent de leur tendre des piéges. Les Juifs se promettent icy, selon la remarque de saint Augustin, de faire tomber Jesus-Christ dans l'un de ces deux piéges qu'ils luy

Pour le Vendredy de la III. sem. de Carême. 257
luy tendoient, ou de le faire passer pour un violateur
de la Loy, s'il renvoyoit cette femme; ou de le décrier
parmy le peuple, comme un homme severe & impitoyable, s'il la condamnoit : *Ut si juberet occidi,
perderet mansuetudinis famam ; si autem juberet di-
mitti, incurreret blasphemiam, tanquam reprehensor
Legis calumniandus.* Il leur sembloit que le Sauveur
ne pouvoit éviter de tomber dans quelqu'un de ces *Aug. in Ps.*
deux maux, & ils s'applaudissoient sans doute de ce 50.
qu'ils avoient trouvé une invention si adroite pour
le décrier.

C'est ainsi, comme remarquent les SS. Peres, que
les méchans ont de tout temps dans l'Eglise dressé
des embusches aux bons. Ceux qui ont eû le cœur
tortu & corrompu, n'y ont souffert qu'avec peine
d'autres qui y marchoient avec une droiture qui
s'attiroit l'estime de tout le monde : Ceux qui y enseignoient l'erreur & le mensonge, ont persecuté
ceux qui y soûtenoient la verité : & ceux qui s'é-
garoient & qui ne disoient que des folies, se sont
déclarez ennemis de ceux qui régloient tous leurs
sentimens & toutes leurs paroles, selon la sagesse *Aug. Tract.*
de Dieu : *Perversitas rectitudini, falsitas veritati, cor-* 35. *in Ioan.*
ruptum cor cordi recto, stultitia sapientiæ insidiatur.

Apres cette premiere consideration, nous en ferons une autre qui est encore plus importante pour
le commun des Chrétiens, qui est qu'il paroît d'i-
cy que les hommes d'ordinaire sont plus touchez
des pechez du corps, qu'ils ne le sont de ceux de
l'esprit. Cependant quoy qu'ils exaggerent beaucoup ces premiers, sur tout lorsqu'il s'agit de les
condamner dans les autres, & non pas dans eux ;
il ne faut pas oublier que Dieu étant tout esprit,
pardonne bien plus facilement ces pechez grossiers,
qui blessent nos sens, que ceux qui sont plus de

Tome II. R

l'esprit. C'est ce qui nous oblige de veiller beaucoup sur nous, & de nous humilier profondement devant Dieu. Aussi nous devons nous souvenir que ce n'est pas tant la pureté du corps que le démon cherche à corrompre dans nous, que la pureté de l'esprit. C'est toûjours par celle-cy qu'il attaque l'homme; & il ne passe à l'autre corruption qu'aprés s'être assujetti l'ame. *Je crains*, dit saint Paul, *que comme le serpent a seduit Eve par sa finesse, il ne corrompe de même vôtre esprit, & ne luy fasse perdre la simplicité de* JESUS-CHRIST. Car ce serpent si dangereux, comme ajoûte S. Augustin, cét adultere si ancien, se met peu en peine de la pureté de la chair; c'est toûjours celle du cœur qu'il cherche à corrompre: *Serpens ille adulter antiquus virginitatem corrumpendam, non carnis, sed cordis inquirit; & sicut adulter homo lætatur inniquitia sua cum carnem corrumpit, sic & diabolus lætatur cum mentem corrumpit.* Lors donc que nous considerons icy cette Femme de nôtre Evangile, qui fut surprise en adultere, pensons à d'autres adulteres, à cét adultere invisible & spirituel, que Dieu deteste si fort dans ses Ecritures. Car depuis qu'une fois l'ame est devenuë l'épouse de JESUS-CHRIST par le Baptême, elle ne peut plus manquer de fidelité à son époux, qu'elle ne commette un adultere. Avec quelle confusion devons-nous donc nous presenter devant luy, aprés avoir violé par tant de crimes la fidelité que nous luy devions?

C'est ce sentiment de nos pechez interieurs, & de ces adulteres invisibles, qui nous doit porter à regarder les fautes grossieres où les autres tombent, avec un œil de compassion. Bien loin de nous emporter pour les décrier, nous devons au contraire être pleins de douceur pour les excuser, pour

Aug. de verb. Apost. 9.

les cacher, pour les pardonner. C'est pourquoy saint Augustin dit fort bien dans une de ses Lettres: Il est aisé de haïr les méchans, parce qu'ils sont méchans; tout le monde y a assez de pente, mais il est rare d'avoir en même temps assez de pieté pour les aimer, parce qu'ils sont hommes. On trouve assez peu de monde qui distingue l'homme d'avec le pecheur, qui le deteste comme pecheur, mais qui l'aime & le cherisse comme homme, & qui ainsi ait une haine d'autant plus juste pour son peché, qu'il souille & gâte l'homme qu'il aime. *Facile est atque proclive malos odisse, quia mali sunt; rarum autem & pium eosdem ipsos diligere quia homines sunt; ut in uno simul & culpam improbes & naturam approbes, ac propterea culpam justius oderis, quòd eâ fædatur natura quam diligis.* C'est être encore Juif & Pharisien, que d'être sans compassion pour ceux qui tombent dans ces sortes de fautes. L'esprit de JESUS-CHRIST, comme il le témoigne icy, est un esprit de douceur & de bonté, & ceux qui font une profession plus ouverte & plus publique de le servir & d'être à luy, doivent aussi avoir plus de part à cette douceur que les autres. C'est pourquoy les saints Peres ont témoigné estimer peu toutes les vertus, & mépriser même la pureté du corps des personnes qui vivent exterieurement dans l'Eglise, s'ils n'avoient soin en même temps d'avoir cette tendresse compatissante pour ceux qui tombent de ces chûtes grossieres & honteuses. Dequoy sert-il, dit saint Gregoire Pape, de donner un frein à sa chair, par la continence que l'on embrasse, si l'ame en même temps neglige de s'étendre dans l'amour du prochain par la compassion qu'elle en a? Car on ne doit compter pour rien la pureté de la chair, lorsqu'elle n'est pas accompagnée & comme re-

August. Epist. 54. ad Macced.

In Iob. l. 8. cap. 16.

haussée par la douceur de l'esprit. *Quid prodest per continentiam carnem restringere, si mens per compassionem nesciat se in amore proximi dilatare? Nulla namque est castitas carnis quam non commendat suavitas mentis.*

Pous nous exciter mieux à avoir plus cette compassion dans les fautes des autres, JESUS-CHRIST luy-même nous apprend ce que nous venons de dire un peu auparavant, qui est que nous devons dans ces rencontres jetter les yeux sur nous-mêmes, & nous representer nos pechez interieurs. C'est pour cela qu'il écrit de son doigt en terre, en presence des accusateurs de cette Femme. Il appaise leur fureur, dit saint Augustin, en faisant trembler leur conscience: *Repulit eos non infirma mulier adultera, sed adultera conscientia.* Il n'avoient des yeux que pour considerer le crime de cette adultere, & ils n'en avoient point pour considerer leurs propres crimes. Ils alleguent à JESUS-CHRIST Moïse & la Loy, & ils oublioient, comme dit saint Augustin, qu'ils étoient eux-mêmes les prevaricateurs des ordonnances de Moïse & de la Loy. *Adulteram videbant, se non perspiciebant. Prævaricatores Legis Legem implere cupiebant.* On voit dans cét exemple que souvent la confusion que les pecheurs ont de leurs grands excés les guérit, & que nôtre faux zele nous perd. Ces calomniateurs sont forcez malgré eux de rentrer en eux-mêmes. *Quomodo eos intromisit in se*, dit saint Augustin. Mais quoy qu'ils s'en retournent confus, ils ne demandent point pardon de leurs crimes, & au contraire cette Femme est guérie par la confusion même que ses ennemis luy font souffrir. *Adducentes erubuerunt nec veniam petiverunt; adducta confusa est & sanata.* Cette parole de terreur les épouvanta, comme elle doit épouvanter aussi tous ceux qui s'emportent trop contre les défauts des autres : *Que celuy qui est sans peché, jette le premier la pierre contre elle.* Parole de tonnerre, dit saint Augustin, qui brise ces cœurs de pierre : *Ad hoc verbum saxea corda transfossa.* Il est vray, leur dit Jesus-Christ, cette adultere mérite d'être punie ; mais non pas par ceux qui meriteroient aussi d'être punis. Que des pecheurs commencent donc à se condamner eux-mêmes. Qu'ils considerent cette pecheresse, s'ils veulent ; mais qu'en croyant en même temps ce qu'ils sont, ils cessent de s'animer contre elle, & qu'ils confessent plûtôt leurs desordres. *Si peccator, in peccatorem desine sævire, priùs confitere.*

Mais on ne peut s'empécher d'admirer icy la bonté du Fils de Dieu, lorsque tous ces accusateurs s'en étant allez, cette Femme adultere demeura seule avec luy. Dans quelle confusion & dans quelle crainte se trouva-t-elle, lorsqu'ayant vû tous ses ennemis s'en aller l'un aprés l'autre, par la force des reproches de leur conscience, elle se vit seule avec la pureté & l'innocence même ; & combien devoit-elle apprehender que celuy qui étoit veritablement sans peché, ne la condamnât. *Quantùm debuit timere mulier flagitiosa, ne illis discedentibus qui sua peccata cognoverunt, ut peccato parcerent alieno, illam justissimè jam ipse damnaret qui erat sine peccato ?* Cependant le Fils de Dieu ne la condamne point, pour faire voir la douceur de la loy Evangelique qu'il venoit établir dans le monde, & qui ne cherche que la conversion des pecheurs, au lieu que la loy de Moïse les condamnoit à la mort. Ce divin Sauveur qui n'étoit pas venu pour juger le monde, mais pour le sauver, vouloit apprendre par son exemple à tous les pasteurs de l'Eglise à avoir une grande compassion des pecheurs quand ils ne s'excusent point, & qu'ils ne nient pas leurs fautes, mais qu'ils attendent la misericorde dans l'humiliation & dans le silence. Plus ces personnes ont d'horreur des crimes, plus ils doivent avoir de compassion pour ceux qui y sont tombez. Ce qu'ils doivent tâcher de faire, n'est pas de les mettre entre les mains des Juges seculiers pour les perdre, mais de les remettre au contraire entre leurs mains propres, afin qu'ils se vangent d'eux-mêmes & qu'ils se punissent. Car ils doivent traitter les coupables, comme les Medecins traittent les malades. Ils doivent se faire aimer par leur douceur des plus grands pecheurs mêmes, afin que cét esprit de tendresse fasse que leurs avis soient mieux reçûs, & que les coupables entrent plus aisément dans les sentimens de pénitence qu'ils tâchent de leur inspirer.

POUR LE IV. DIMANCHE
DE CARESME.

Unde ememus panes ut manducent hi?
Joan. cap. 6.

Comment pourrons-nous avoir assez de pain pour nourrir un si grand peuple?

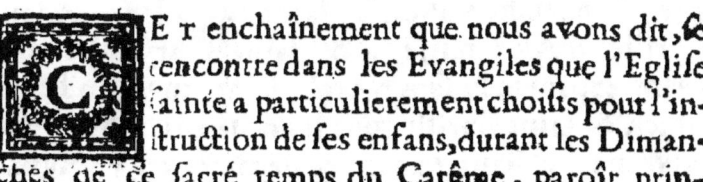

C E T enchaînement que nous avons dit, se rencontre dans les Evangiles que l'Eglise sainte a particulierement choisis pour l'instruction de ses enfans, durant les Dimanches de ce sacré temps du Carême, paroît principalement dans l'Evangile qu'elle nous propose en ce jour. Car aprés nous avoir fait voir au premier Dimanche, qu'en se retirant & jeûnant avec JESUS-CHRIST, on apprend à combattre & à vaincre le démon : dans le second, qu'étant ainsi retiré sur la montagne, c'est-à-dire, en fuyant le monde, en s'approchant du ciel, & en s'appliquant à la priere, on est transfiguré avec le Fils de Dieu, pour quitter toutes les actions & les affections du siécle, & entrer dans la joye & la vie de Dieu. Aprés nous avoir avertis Dimanche passé par des paroles terribles, du péril qu'il y a même dans la vie interieure, si on ne veille toûjours sur soy, & si on ne travaille à purifier le fond du cœur, pour empécher que le démon ne rentre de nouveau dans nôtre cœur, & ne nous mette dans un état pire que n'étoit le premier : aprés, dis-je, toutes ces excellentes instructions, l'Eglise comme une bonne mere console aujourd'huy ses enfans, en leur montrant par cette multiplication de pains dans le desert, l'abondance de benedictions & de graces, dont Dieu comble ceux qui se séparent de tous les soins des choses du monde, & qui le vont chercher dans la retraitte, pour y être nourris du pain de sa grace & de sa parole.

Et afin de ne rien dire de nous-mêmes, mais d'apprendre de la bouche des saints Docteurs de l'Eglise ce qui doit être utile pour l'édification des ames ; trois grands Saints ayant expliqué cét Evangile, saint Chrysostome, saint Augustin, & saint Cyrille d'Alexandrie : & saint Chrysostome en ayant expliqué le sens moral, saint Augustin le spirituel, & saint Cyrille tous les deux ensemble, nous suivrons particulierement ce dernier, en y joignant neanmoins ce qui nous paroîtra de plus utile dans les deux autres. Ainsi nous expliquerons tout ensemble le sens moral & le spirituel, & nous prendrons pour sujet de nôtre discours, selon la coûtume des anciens Peres, toute la suite de nôtre Evangile.

Afin de la mieux considerer, nous joindrons à ce qu'en a dit saint Jean, dont elle est prise, ce que nous en trouvons encore dans deux autres Evangelistes, qui sont S. Marc & S. Luc, qui commencent cette histoire de cette sorte.

I.

Le Sauveur ayant donné plusieurs instructions à un grand peuple qui l'étoit venu trouver, & ayant guéry ceux qui étoient malades parmy eux, comme le jour baissoit, & qu'il étoit déja tard, les Apôtres le vinrent trouver & luy dirent : Renvoyez tout ce peuple, afin qu'ils s'en aillent dans les villages d'icy autour, pour y achetter de quoy manger, parce que nous sommes icy dans un lieu desert. Le Sauveur leur répond : Il n'est pas necessaire qu'ils s'en aillent. Donnez-leur vous-mêmes à manger. A quoy saint Jean ajoûte que s'addressant à Philippe, il luy dit : Où trouverons-nous de l'argent pour acheter à manger à tout ce peuple ? Ce qu'il disoit, dit l'Evangeliste, pour le tenter, sçachant bien ce qu'il avoit resolu de faire. S. Philippe luy répondit : Quand nous achetterions du pain pour deux cent pieces d'argent, cela ne suffiroit pas pour en donner seulement à chacun d'eux un petit morceau.

Saint Cyrille remarque trés-bien que le Sauveur nous a voulu donner ce grand exemple de la charité que nous devons avoir pour nos freres, afin de nous apprendre, par ces actions mêmes, jusqu'où nous la devons étendre, & que nous ne devons pas nous resserrer aisément dans l'affection que nous leur devons. Et ce Saint remarque encore que l'Evangile ajoûte expressément à ce miracle toutes ces circonstances du peu de foy des Apôtres, & l'impossibilité qu'ils luy représentent du secours qu'il leur commandoit de donner à un si grand peuple, pour relever d'autant plus la puissance de Jesus-Christ, & tout ensemble pour nous montrer que nous nous excusons souvent pour ne point faire de charité, par des raisons qui paroissent justes en effet, quoy que neanmoins nous ne laissons pas de manquer à cette vertu, parce que si nous avions beaucoup de foy, nous ferions des choses qui paroîtront d'elles-mêmes impossibles. C'est pourquoy pour demeurer maintenant dans le sens moral, qui se présente à nous de luy-même, nous apprenons de ce miracle du Sauveur deux choses trés-importantes.

La premiere, que des personnes qui se sont données à luy pour le suivre dans la retraitte, comme ce peuple qui l'avoit suivi dans le desert, ne doivent avoir autre desir dans le cœur, ny autre pensée dans l'esprit, que d'écouter le Sauveur qui les instruit par la parole de vie, & qui ne les entretiendra d'autre chose que du Royaume que Dieu veut établir maintenant dans leur cœur par sa grace, & qu'il leur promet un jour dans le ciel par la participation de sa gloire, comme il est marqué formellement dans nôtre Evangile : *Loquebatur eis de Regno Dei.* IL *leur parloit du Royaume de Dieu.*

Ils ne doivent aussi desirer cette instruction de sa parole, que pour l'édification de leurs ames, & pour la guerison de leurs playes, comme l'Ecriture ajoûte aussi-tôt, en disant : *Et eos qui curâ indigebant, sanabat.* IL *guerissoit ceux qui avoient besoin de l'être.*

Et pour ce qui est des besoins temporels, quand ils seroient dans un lieu tout desert & abandonné, comme ce peuple, tant qu'ils demeureront fidéles à Dieu, Dieu sans doute leur sera fidéle, & verifiera dans eux cette parole qu'il nous a dite, & cette promesse qu'il nous a faite : *Cherchez premierement le Royaume & la justice de Dieu, & tout le reste vous sera donné comme par surcroît.*

Matth. c. 6.

Car, comme dit trés-bien Saint Augustin, pour nous rassurer dans ces défiances : *Quoy Dieu nourrit bien les scelerats, & il laissera mourir de faim les innocens & les justes ? Qui pascit latronem, non pascit innocentem ?* Il vous a nourri vous-même lorsque vous êtiez son ennemi, & que vous le combattiez par vôtre desobéïssance & vôtre revolte ; & il vous laissera périr maintenant, lorsque vous ne pensez qu'à luy obéïr & à luy plaire ? Mais il faut seulement demeurer fidéle, & ne chercher point d'autre appui que le sien. Il faut se tenir trop heureux d'entendre sa divine parole qui nourrit nôtre ame & qui guérit nos playes ; comme ce peuple luy étoit attaché de la sorte, sans vouloir sortir de ce desert pour aller chercher dequoy manger dans les villes.

Aug. in Psal. 61.

Les Apôtres eux-mêmes n'avoient point en cecy la foy qu'ils devoient avoir en la toute-puissance de JESUS-CHRIST. Ils s'imaginoient que ce lieu étant desert, & n'ayant point d'argent pour avoir du pain, il étoit impossible de nourrir ce peuple. Ils ne consideroient point non seulement que le Sauveur qui étoit avec eux, étoit tout-puissant, mais même que la foy qu'on a en luy est toute-puissante, comme il dit luy-même dans l'Evangile : *Si vous pouvez croire, tout est possible à celuy qui a de la foy.*

Matth. c. 9. v. 22.

La seconde chose que nous apprend ce miracle dans ces circonstances particulieres, c'est qu'ainsi qu'a très-bien remarqué Saint Cyrille, le Sauveur nous fait voir par cette action, que ce n'est rien que de témoigner nôtre charité en assistant un petit nombre de personnes : *Nihil magnum esse docet Christus, si paucos juveris.* Que faut-il donc faire : *Ce n'est rien*, dit-il, *que d'assister peu de personnes* ; JESUS-CHRIST *assistant tout ce grand peuple, nous apprend qu'il veut que par une sainte hardiesse que nous inspire la foy & son amour, nous entreprenions des charitez qui paroissent impossibles, nous appuyant sur la ferme confiance que nous devons avoir en son secours.* SED ea etiam quæ vix speres fieri posse, sanctâ audaciâ te aggredi jubet, firma in eum fiduciâ innixum.

Que si cela est ainsi, que deviendront ceux qui non seulement n'entreprennent pas ce qui sembleroit humainement impossible, mais qui ne font rien du tout, ou qui s'imaginent avoir beaucoup fait lorsqu'ils n'ont pas fait la centiéme partie de ce qu'ils pourroient faire ?

Que si le Sauveur a prononcé dans l'Evangile sa malediction contre les riches, seulement parce qu'ils ont leurs aises dans cette vie : que sera-ce lorsqu'il leur dira : Malheur à vous, non seulement parce que vous avez vos aises dans cette vie, mais parce que vous oubliez en même temps toute la misere dans laquelle les pauvres gémissent tous les jours, parce que vous avez pris le bien qui leur étoit necessaire pour le prostituer à vôtre luxe, & pour en faire des trophées de vôtre orgueïl. Quelle misericorde pouvez-vous esperer de moy après avoir été si cruels & si impitoyables envers moy-même, dans la personne des pauvres qui sont de mes membres ?

II.

Voilà pour ce qui regarde le sens moral, voyons maintenant le sens spirituel, qui est encore de plus grande édification pour nos ames. Tout ce peuple qui va trouver le Sauveur dans le desert, nous apprend qu'il faut ou se retirer tout à fait, ou au moins autant que l'on peut, pour être instruits de JESUS-CHRIST, & meriter qu'il nous guerisse de nos maladies. Car comme Saint Ambroise remarque trés-bien : *Le pain de verité ne se donne point à ceux qui demeurent oisifs dans les divertissemens des villes, mais à ceux qui cherchent* JESUS-CHRIST *dans le desert :* NON *otiosis, neque in urbe de gentibus, sed inter deserta quærentibus Christum.* C'est ce que l'on peut découvrir sous les voiles secrets de toute l'histoire de ce miracle.

Car 1. les Apôtres, qui témoignent en cette rencontre n'avoir point de foy en la puissance de JESUS-CHRIST, & qui luy disent : *Qui pourra rassasier un si grand peuple au milieu de ce desert ?* nous représentent les gens du monde qui n'agissent point par la foy, & qui ne peuvent comprendre dequoy se pourra entretenir une ame qui abandonne tout le commerce du monde, pour ne s'entretenir plus qu'avec Dieu seul. Le moyen, disent-ils, de subsister de la sorte ? Mais on peut répondre à ces personnes : Qu'il est vray que cela ne se peut humainement, mais qu'en cela ils s'abusent, de vouloir considerer humainement une chose qui d'elle-même est toute divine.

C'est pourquoy lorsque ces personnes disent comme disoient alors les Apôtres : Quel moyen de nourrir ainsi tout un peuple dans de desert ? Ceux qui connoissent l'Esprit & la conduite de Dieu, leur répondront au contraire : c'est pour cela même que Dieu les nourrira, parce qu'ils se sont mis dans un desert pour le suivre & le posseder : & il leur fera sentir par une heureuse experience la verité de cette parole : *Je le meneray dans la solitude, & je luy parleray*

Pour le IV. Dimanche de Carême. 169

un cœur. Et certes c'est avec grande raison qu'il dit qu'il parle au cœur dans la solitude. Car pour ce qui est de ceux qui demeurent dans le monde, la parole de Dieu frappe souvent leurs oreilles, quelquefois leur esprit, mais très-rarement leur cœur.

Il est dit ensuite dans l'Evangile que le Sauveur ayant demandé aux Apôtres ce qu'ils avoient, ils luy répondent qu'il y avoit un petit garçon qui avoit cinq pains & deux poissons. Saint Cyrille dit trés-bien que si le saint Evangeliste n'avoit eu dessein de cacher sous ces petites choses de grands mysteres, il n'auroit eu garde de specifier si exactement le nombre de ces pains, puisqu'il eût suffi de dire seulement, qu'il avoit quelques pains & quelques poissons. Mais comme dit ce Saint: *Il n'est si exact dans cette narration, que pour nous rendre attentifs à en chercher les mystéres.* Quod tam accuratè ea recenseat, aliquid cogitandum nobis præbet.

Ces cinq pains, selon Saint Augustin & Saint Cyrille, marquent la loy de Dieu renfermée dans les cinq livres de Moïse. Les deux poissons, selon Saint Cyrille, marquent le nouveau Testament renfermé dans l'Evangile & dans les Epîtres des Apôtres, qui ayant été pescheurs, sont figurez par les poissons. L'enfant qui les porte, marque la docilité & la soumission avec laquelle nous devons écouter & porter dans nos mains, c'est-à-dire, pratiquer par nos actions, cette parole sacrée tant du vieux que du nouveau Testament; & la benediction que JESUS-CHRIST donne tant aux pains qu'aux poissons, marque la benediction de la grace qu'il est venu apporter à la loy: *Benedictionem dabit legislator*, comme dit si souvent S. Augustin sur cette parole du Prophete. Psal. 41.

Voilà en peu de mots tout ce que nous devons rechercher pour la vie de nôtre ame dans la sainte retraite, & en general dans l'Eglise, si nous sommes vrayment Chrétiens, puisque l'Eglise elle-même n'est autre chose qu'une solitude divine, qui separe les vrais enfans de Jesus-Christ, sinon du corps, au moins de l'esprit & du cœur, d'avec tout le vain commerce & toutes les fausses maximes du monde. Il faut donc consacrer & sanctifier nôtre retraite par cette soumission d'enfant, sans laquelle nul n'entrera au Royaume, selon l'oracle du Fils de Dieu. Il faut s'y nourrir de la parole de Dieu & de ses Saints, & y demander sans cesse par nos prieres courtes & frequentes la benediction de sa grace, afin qu'elle fasse germer & multiplier cette semence divine dans nôtre cœur.

Mais il est bien remarquable, qu'aprés que le Sauveur a beni ainsi ces pains, il les donne aux Apôtres, & que les Apôtres les donnent au peuple, pour nous apprendre que les Ministres de l'Eglise, qui ont succedé à l'office des Apôtres, ne doivent leur donner aucune nourriture que celle qu'ils ont reçû de Jesus-Christ même. C'est-à-dire, que toute leur doctrine doit être tellement solide & établie sur les fondemens inébranlables de l'Eglise, que remontant par le canal de la Tradition de siécle en siécle, & de Pere en Pere jusqu'aux Apôtres, on la trouve enfin dans Jesus-Christ même & dans la parole sacrée de son Ecriture, soit qu'elle y soit marquée formellement, soit qu'elle en ait été tirée par les saints Conciles & par l'Eglise sainte, qui en est la dépositaire & l'interprete.

Origint. 9

Le Sauveur commande ensuite qu'on fasse asseoir le peuple sur la terre, que l'Evangeliste marque expressément avoir été couverte de foin : *Erat autem fœnum multum in loco*, pour nous apprendre, comme dit un ancien Pere, que le foin, selon l'Ecriture, marquant la chair & toute la fausse gloire du monde, ceux qui veulent chercher JESUS-CHRIST dans la retraite, & se nourrir de son pain, doivent se separer de toutes les choses perissables, & ne les avoir pas au dessus d'eux, comme les estimant encore, mais au dessous, comme n'ayant pour elles que du mépris. Il est marqué qu'ils furent tous rassasiez, *saturati sunt*, parce qu'il n'y a que la parole de Dieu benie par sa grace, qui nourrisse & qui rassasie le cœur.

Il reste encore douze corbeilles de ce festin, parce que les ames saintes non seulement se nourissent dans la retraite, mais elles nourrissent encore les autres, ou par leur parole, s'ils sont Ministres de l'Eglise, ou par leur exemple, s'ils ne sont que particuliers.

POUR LE IV. DIMANCHE
DE CARESME.

Scriptum est quia Abraham duos filios habuit.
Galat. 4.

Il est écrit qu'Abraham a eu deux fils, &c.

SAINT Paul ne se lasse point d'apprendre aux Fidéles que tout ce qui s'est fait autrefois dans l'ancien Testament, n'étoit qu'une figure continuelle que Dieu traçoit dés-lors, de ce qui devoit un jour s'accomplir dans le nouveau. Il les avoit souvent assurez, que par la foy ils étoient devenus veritablement enfans d'Abraham, quoy qu'ils ne le fussent pas selon la chair, comme les Juifs. Mais illes

Cecy est de St Chrysostome.

console encore davantage icy, en leur disant qu'Abraham ayant eu deux enfans qui étoient en un rang bien different l'un de l'autre ; ils étoient devenus par leur foy les enfans d'Abraham en la maniere que l'étoit devenu Isaac, c'est-à-dire par, par l'esprit & non selon la chair, comme il l'explique aussi-tôt aprés.

Celuy qui est né de la femme esclave, est né selon la chair ; mais celuy qui est né de la femme libre, est né par la promesse. Comme ce que ce saint Apôtre avoit dit, que la foy nous rendoit enfans d'Abraham, paroissoit incroyable, & qu'on ne pouvoit comprendre comment ceux qui n'étoient point sortis d'Abraham, pouvoient être ses enfans, il montre que ce qui nous paroît impossible, s'est fait neanmoins par la toute-puissance de Dieu. Car Isaac n'étant point né selon l'ordre de la nature ny selon la loy du mariage, ny par la puissance de la chair, n'a pas laissé d'être le fils d'Abraham, malgré sa grande vieillesse & la double impuissance de sa mere, c'est-à-dire, sa sterilité & son âge. La parole & la promesse de Dieu a tout fait elle seule, lorsque la nature manquoit ; ce qui n'est pas vray du fils de l'esclave, qui est né selon l'ordre de la nature.

Ainsi comme Isaac qui étoit né d'une maniere si contraire à la nature, a été preferé à Ismaël, qui est né selon les loix ordinaires : ne vous étonnez point de même, dit Saint Paul aux Fidéles, de ce que n'étant point les enfans d'Abraham selon la chair, vous l'êtes en cela même d'une maniere plus excellente & plus semblable à Isaac. Cette naissance charnelle seroit peu de chose. C'est cette naissance spirituelle qui seule est admirable. Ismaël est né selon la chair, & cependant il fut esclave & rejetté de la maison de son pere. Isaac est né selon la promesse, & il est demeuré seul heritier, comme le veritable fils.

Cela

Pour le IVe. Dimanche de Carême. 273

Cela n'étoit qu'une figure, dit Saint Paul, qui nous marquoit autre chose que ce qui se passoit alors. Ces deux femmes, Sara & Agar représentoient les deux Testamens. Agar figuroit la Loy ancienne donnée sur *Sina*, qui en Hebreu signifie *servitude*, & qui marquoit que tous ceux qui naîtroient de l'ancienne Loy, seroient esclaves. Sara marque *la Jerusalem qui est en haut, & qui est libre, & c'est nôtre mere*. Ainsi ceux qui naissent d'elle, ne sont point esclaves. Saint Paul ne se contente pas de rapporter ces figures, il se sert encore du témoignage d'Isaïe. Car ayant dit que la celeste Jerusalem étoit nôtre mere, & ayant ainsi marqué l'Eglise, il rapporte le témoignage d'Isaïe pour confirmer ce qu'il dit.

Car il est écrit : *Réjoüissez-vous, sterile, qui n'avez point d'enfans ; jettez des cris de joye, vous qui n'enfantez pas, parce que la femme qui étoit rejettée a plus d'enfans que celle qui avoit un mary.* Qui est cette femme sterile & abandonnée, sinon l'Eglise des Gentils, qui n'avoit aucune connoissance de Dieu ? Et qui est celle qui a un mary ; sinon la Synagogue ? Cependant cette femme sterile a eu sans comparaison plus d'enfans que l'autre, puisqu'elle n'a pas eu un peuple seulement pour son heritage, mais que les enfans de l'Eglise ont rempli toute la terre. Ainsi Sara par ses figures, & Isaïe par ses paroles, nous ont marqué la même chose. Isaïe montre que celle qui étoit sterile, est devenuë mere de plusieurs enfans ; & cela est arrivé en effet à Sara, qui étant sterile est devenuë mere d'une grande race.

Saint Paul marque encore en quelle maniere cette femme sterile est devenuë mere, afin d'accorder la verité avec la figure. *Pour nous, mes freres, nous*

Tome II. S

sommes comme Isaac, les enfans de la promesse. Non seulement l'Eglise étoit sterile comme Sara, non seulement elle est devenuë comme elle, la mere de plusieurs enfans, mais elle l'est devenuë en la même maniere que Sara. Ce n'est point la nature qui a rendu Sara mere, mais la promesse de Dieu. Celuy qui luy avoit dit: *Je viendray dans un an en ce même temps, & Sara aura un fils*, a formé luy-même dans son sein, l'enfant qu'il luy promettoit.

La même chose arrive dans nôtre renaissance. La nature n'y a point de part. Les paroles de Dieu, que les Fidéles sçavent étant prononcées par le Prêtre au Batême, forment en quelque maniere dans le sein de cette divine mere, & font renaître celuy qui est batisé. C'est pourquoy si nous sommes les enfans de celle qui étoit sterile, nous serons les enfans libres.

Mais voyons en quoy consiste cette liberté dont Saint Paul parle, puisque les Juifs tenoient toûjours dans les prisons & dans les chaînes ceux qui croyoient en JESUS-CHRIST, & qui par leur foy devenoient les enfans libres d'Abraham? Quelle étoit leur liberté, lorsqu'ils étoient dans les liens, qu'ils souffroient les chevalets, ou qu'ils mouroient dans les persecutions? Car ces traittemens alors étoient presque inseparables de la foy. Mais Saint Paul avertit que cela ne nous doit point troubler, puisque c'est ce qui a encore été marqué dans la figure. Isaac étoit libre, & cependant il étoit persecuté par Ismaël, qui étoit esclave. Aussi l'Apôtre ajoûte aussi-tôt:

Comme celuy qui étoit né selon la chair, persecutoit celuy qui étoit né selon l'esprit, il en arrive aussi de même. Cependant que dit l'Ecriture? Chassez l'enfant de l'esclave; car l'enfant de l'esclave ne sera point heritier avec l'enfant de la femme libre. Mais est-ce une consolation de nous apprendre que les enfans libres seroient persecutez par les esclaves; si en ce même temps on ne jettoit les yeux sur ce qui arrive ensuite de ces persecutions? *Chassez*, dit l'Ecriture, *l'enfant de l'esclave*. Ainsi cet enfant persecuté, sera l'heritier de tous les biens, & celuy qui le persecute, ne retirera aucun fruit de sa violence, & il sera enfin chassé de la maison de son pere.

On voit donc le rapport admirable qui se trouve entre Sara & l'Eglise des Gentils. Sara ayant été sterile durant une longue suite d'années, devient enfin mere dans sa vieillesse: de même l'Eglise des Gentils, lorsque la plenitude des temps est venuë, a commencé à concevoir des enfans, & a surpassé en fecondité la Synagogue, qui en avoit un grand nombre. *Nous sommes donc, mes freres, les enfans, non de l'esclave, mais de la femme libre.* Nôtre état a été figuré plusieurs siecles avant qu'il arrivât. Rien ne se fait de nouveau. Dieu dés le commencement du monde, a marqué tout ce qui se passe.

Ne seroit-il donc pas étrange, que Dieu nous ayant choisis avant tant de siecles, pour nous donner part à de si grands biens, & pour joüir d'une liberté si divine; nous voulussions nous-mêmes nous réduire de nouveau sous une très-dure servitude? Pensons à cette parole de Saint Paul: *Que c'est* JESUS-CHRIST *qui nous a délivrez, pour nous donner cette liberté*; ce n'est point nous qui nous sommes délivrez nous-mêmes. Nous nous étions nous-mêmes rendus esclaves; mais il a fallu que ce fût un autre qui nous tirât de nôtre servitude volontaire. Ce seroit le comble de la folie d'avoir été faits libres, & de demeurer dans la servitude. Ce seroit faire un outrage à celuy qui nous a donné la liberté, que d'oublier la grace qu'il nous a faite, pour aimer le tyran dont il nous a délivrez.

Usons donc de la liberté que Jesus-Christ nous a donnée. Jesus-Christ nous a affranchis de la servitude de la Loy, non pour vivre sans joug, mais pour nous remettre sous le doux joug de la grace; non pour n'avoir plus de Loy, mais pour faire même plus que la Loy ne commande.

Car je le redis encore. Le joug de la Loy n'a pas été brisé, afin que nous nous relâchions dans une vie molle; mais afin que par une volonté libre & non contrainte, nous nous avancions dans une parfaite vertu. Celuy qui vit dans l'impudicité, & celuy qui vit dans le celibat, ne sont plus tous deux dans la Loy, mais d'une maniere bien differente. L'impudique n'est plus sous la Loy, mais il est retombé dans un état pire que s'il étoit soûmis à son joug. L'autre n'est plus sous la Loy, parce que par sa vertu, il s'est élevé au dessus des commandemens de la Loy, & qu'il obéït ainsi à la Loy, non en esclave, mais comme une personne libre.

Comment peut-on dire que ceux-là soient dans cette heureuse liberté que Jesus-Christ nous a acquise, qui disent de ce saint temps où nous sommes: Il faut se réjouïr; ce temps-cy ne durera plus gueres; voila déja la moitié du Carême qui est passée; il faut prier ces personnes, non de se réjouïr de ce que la moitié d'un temps si précieux est passée; mais de considerer s'ils se sont corrigez de la moitié de leurs defauts. Si cela est, à la bonne heure, qu'ils se réjoüissent. Ils en ont sans doute sujet; puisqu'ils ont acquis la fin pour laquelle le Carême est établi. Ce temps nous sera inutile, si nous en sortons tels que nous y étions entrez ; & si nous ne nous en servons pour nous purifier de telle sorte par une sainte penitence, que nous puissions être sans tache à la fin de ce saint jeûne, & celebrer dignement les solemnitez qui s'approchent. Si cela nous manque, nous pouvons dire que non seulement nôtre jeûne nous aura été peu utile, mais que même il nous aura été dangereux.

Il ne faut donc pas se réjoüir de ce que Pâque est si proche, mais il faut se réjoüir du fruit qu'on aura tiré du Carême, lorsque l'on sera à Pâque. Car on ne peut pas bien remarquer le fruit de son jeûne pendant que l'on jeûne encore ; comme ce n'est pas en hyver qu'on reconnoît l'utilité de l'hyver. C'est aprés que ses neiges, ses glaces & ses pluyes étant passées, on en voit l'avantage, lorsque la nature semble renaître, & change en joye la tristesse de l'hyver. Il faut de même qu'en ce temps de penitence, les larmes continuelles que nous y versons, & les lectures saintes ausquelles nous nous appliquons, fassent pousser dans nos ames toutes les semences de vie ; & la fin du Carême fera voir ensuite l'utilité & le fruit que nous en aurons tiré.

Cette vûë nous remplira d'une consolation ineffable, & l'experience sensible de l'avantage d'un si saint temps, nous fera déja soupirer aprés le Carême qui vient. Car il y a des personnes qui ont l'esprit si petit & si bas, qu'ils sont inquietez dés maintenant du Carême qui doit suivre, & on a souvent oüi dire à plusieurs, qu'ils ne peuvent se réjoüir quand ils sont à la fin du Carême, parce qu'ils sont en peine de l'autre, que leur crainte puerile leur rend déja comme présent. Quelle bassesse ! & quelle peut être la cause d'une si grande lâcheté, sinon que nous ne nous appliquons pas à voir à l'entrée d'un si saint temps, de quels defauts nous nous y devons corriger, ou quelle mauvaise habitude nous devons entreprendre d'y détruire ; mais que nous n'avons l'esprit occupé que du jeûne & de l'abstinence que nous sommes forcez, comme servilement de garder ?

Si nous avions la liberté dont parle Saint Paul, & si nous avions goûté le fruit que nous pouvons tirer d'un temps si sacré, nous souhaiterions que toute la vie fût un Carême continuel. Nous n'en perdrions point le desir ; & bien loin de nous affliger lorsqu'il approche, l'esperance d'un nouveau gain, nous rempliroit d'une joye sainte, qui banniroit de nous cette tristesse si déraisonnable.

Voyez pour le Lundy de la IV. semaine de Carême, l'Evangile du Mardy de la I. semaine.

POUR LE MECREDY
DE LA IV. SEMAINE DE CARESME.

Cœcus abiit, & lavit, & venit videns. *Joan.* 9.

Cet aveugle étant allé se laver où luy avoit dit le Fils de Dieu, revint ayant recouvré la vûë.

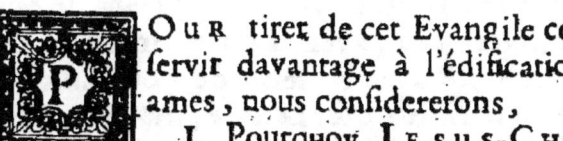

POUR tirer de cet Evangile ce qui peut servir davantage à l'édification de nos ames, nous considererons,

I. Pourquoy JESUS-CHRIST a guéri cet aveugle avec de la bouë.

II. Comment on l'a méconnu aprés ce miracle, & de quelle sorte il a défendu JESUS-CHRIST.

III. Ce qui peut nous disposer à être éclairez de Dieu, & ce qui peut aussi nous en empêcher.

I.

Comme le Fils de Dieu a fait tous ses miracles pour l'instruction de son Eglise, il est indubitable, comme l'a marqué Saint Augustin, que cet aveugle de nôtre Evangile étoit la figure de tous les hommes qui naissent aveugles selon l'ame, comme celuy-cy étoit né aveugle selon le corps. C'est ce que Saint Augustin nous enseigne, lorsqu'il dit : *Nous sommes tous nez aveugles comme enfans d'Adam, & il n'y a que* Jesus-Christ *qui nous puisse rendre la vûë.* Et nos de Adam caci nati sumus, & Christo illuminante opus habemus. Aug. Tract. 14. in Ioan.

Cette verité donc étant supposée, comme cet aveugle est l'image de tous les hommes, la maniere dont le Sauveur l'a éclairé, sera sans doute l'image de la maniere en laquelle il éclaire les ames des hommes. C'est pourquoy nous en devons considerer avec soin les moindres circonstances, comme étant remplies de grands mysteres.

Il est marqué dans nôtre Evangile que le Sauveur voulant guérir cet aveugle, jetta de sa salive contre terre, fit de la bouë de cette terre mouillée, en frottant les yeux de l'aveugle, & luy dit : Allez vous laver dans la Piscine de Siloé.

Premierement Saint Augustin remarque sur ces paroles, que ce mélange de la salive qui est une eau qui descend du cerveau, avec la terre, marque l'union de la divinité avec la terre de l'humanité : *Le mélange de la salive avec la terre*, dit ce Saint, *nous signifie que le Verbe s'est fait chair*, Miscuit salivam cum terra, id est, Verbum caro factum est. Et cecy nous doit faire concevoir avec une sainte frayeur combien est grand l'aveuglement dans lequel nous sommez nez, & combien cette playe est incurable, puisqu'elle n'a pû être guérie par un moindre remede que par l'Incarnation d'un Dieu qui s'est fait homme pour éclairer tous les hommes.

C'est pourquoy il dit à l'entrée de cet Evangile : *Tant que je demeure dans le monde, je suis la lumiere du monde.* Et c'est ce qu'il dit encore ailleurs : *Je suis la lumiere du monde. Celuy qui me suit, ne marche point dans les tenebres, mais il aura la lumiere de la vie.*

Joan. 8.

La seconde chose que nous devons apprendre par cette action du Fils de Dieu, c'est qu'elle nous marque l'état où nous devons être pour recevoir la lumiere de sa grace. Car comme le Fils de Dieu ayant frotté les yeux de cet aveugle avec de la boüe, l'envoya ensuite laver à la piscine de Siloë, qui signifie *Envoyé* ; ainsi nous devons reconnoître que nous ne sommes que terre & que boüe, & que nous devons nous laver dans les eaux de cette piscine mysterieuse, c'est à-dire, dans cette eau de grace dont le Sauveur a dit : *L'eau que je donneray à l'ame, deviendra dans elle une source d'eau vive, qui rejaillira jusques dans la vie éternelle.*

Joan. 4.

Aussi nous voyons que les grands Saints ont eû un soin particulier de s'abbaisser devant Dieu, comme n'étant que de la terre, sçachant qu'à moins de cela, ils ne pourroient ny conserver, ny accroître ce qu'ils avoient reçû de luy, puisqu'il ne donne sa grace qu'aux humbles. C'est dans ce sentiment qu'Abraham devant parler à Dieu, luy dit : *Je parleray à mon Dieu, quoy que je ne sois que poudre & que cendre.*

Genes. c. 14.

C'est dans ce sentiment que Job dit à Dieu : *Souvenez-vous que vous m'avez formé de terre & de boüe.*

Il prie Dieu de s'en souvenir, non qu'il crût qu'il le pût oublier, mais parce qu'il sçavoit qu'il aime que les hommes s'entretiennent dans cette pensée de leur bassesse, & pour le supplier de la luy imprimer de plus en plus dans le fond du cœur.

C'est encore dans ce sentiment que le Prophete Isaïe parlant à Dieu, luy dit : *Seigneur vous êtes nôtre pere, & nous ne sommes que de la boüe. Vous êtes le divin potier qui nous a formez, & nous sommes les ouvrages de vos mains.*

Mais il ne suffit pas de reconnoître ainsi sa bassesse. Il faut en même temps avoir recours aux eaux divines de la grace. Car comme il y en a qui ne reconnoissent point leur bassesse, & qui veulent que Dieu les purifie tout d'un coup dans l'eau de sa grace; il y en a aussi qui reconnoissent tellement leur neant, qu'ils n'ont point recours à Dieu avec la foy, & la confiance qu'il demande d'eux. Les premiers sont superbes & presomptueux; les seconds sont lâches & pusillanimes. Si cét aveugle aprés que JESUS-CHRIST luy eut frotté les yeux de boüe, n'eût point été se laver, il n'eût point été guéry.

La troisiéme chose que nous pouvons remarquer dans la maniere dont est guéry cét Aveugle, c'est ce que remarque saint Chrysostome, qui est que cét aveugle agit à l'égard du Fils de Dieu avec une grande simplicité & une parfaite obéïssance. Il ne luy dit point quand il luy frotte les yeux avec de la boüe, que ce remede n'avoit aucun rapport avec son mal.

Il ne luy dit point quand il l'envoye au lavoir de Siloë, que l'eau de ce lavoir n'avoit jamais guéry personne du mal des yeux, bien loin de rendre la veüe à un aveugle né. Il ne fait aucune reflexion sur toutes ces choses. Il ne raisonne point. Il n'hesite point. Il fait ce qu'on luy dit. Il va où on luy commande. Il espere ce qu'on luy promet.

Voilà l'image du vray fidele, en quelque état qu'il puisse être. Si vous pensez être dans l'aveuglement, ou dans l'insensibilité, vous avez les moyens que Jesus-Christ vous a prescrits. Esperez en Dieu, & faites ce que vous pouvez, pour obtenir de luy ce que vous ne pouvez pas encore, comme dit saint Augustin. Humiliez-vous, abbaissez-vous, confondez-vous devant luy, en luy disant : *Deus meus, illumina tenebras meas.* Mon Dieu, éclairez mes tenebres.

Psal. 27.

II.

La seconde chose que nous devons remarquer dans cét Evangile, c'est ce qui arrive à cét aveugle après le miracle fait en sa personne, en quoy nous verrons les marques d'une veritable conversion. Car premierement l'Evangile nous marque, qu'ayant été guéri de la sorte, plusieurs ne le connoissoient plus. Ils demandoient si c'étoit celuy-là-même qui étoit aveugle auparavant. Ils s'imaginoient que ce n'étoit pas le même, mais un autre qui luy ressembloit : *Non est hic, sed similis est ei.*

Cecy nous apprend que la veritable marque d'une conversion sincere & solide, c'est lorsqu'un homme paroît tellement changé, que ceux qui l'avoient connu auparavant, le méconnoissent : lorsqu'au lieu qu'il étoit auparavant avare, il devient liberal & trés-charitable aux pauvres ; au lieu qu'il étoit colere, il devient doux & moderé ; au lieu qu'il ne pensoit qu'à s'établir dans le monde, il ne pense plus qu'à s'établir dans le ciel.

C'est ce qui est marqué dans l'Ecriture, lorsque Samuël parlant à Saül de la grace que Dieu luy devoit faire, en l'établissant Roy sur son peuple, il luy dit : *Mutaberis in virum alterum* ; Vous serez changé en un autre homme ; ce ne sera plus vous-même.

1. Reg. c. 10. v. 6.

En effet, il n'est pas visible que si une conversion est veritable, c'est-à-dire, si un homme passe veritablement de l'état du peché, à celuy de la grace ; si d'esclave du démon qu'il étoit auparavant, selon l'Ecriture, il devient serviteur & enfant de Jesus-Christ, il faut necessairement que ses actions après sa conversion soient aussi differentes de celles qu'il faisoit auparavant, que l'état de grace est different de celuy du peché, & que l'assujettissement au démon est different du service bienheureux que l'on rend à Jesus-Christ ?

Ainsi nous voyons dans l'Evangile la conversion de saint Pierre. Comparez-le après sa chûte & sa conversion, avec ce qu'il étoit auparavant. Il ne paroît plus la même personne. Il étoit auparavant le plus chaud de tous, il devient le plus doux & le plus moderé de tous. Il se preferoit à tous les autres Apôtres, en disant qu'il n'abandonneroit pas Jesus-Christ, quand tous l'abandonneroient : après il n'ose dire qu'il aime plus Jesus-Christ que les autres, lorsque le Fils de Dieu luy fait cette demande. Il avoit disputé auparavant pour la primauté, comme il est marqué dans l'Evangile ; mais ensuite étant en effet le premier de tous, il se conduit comme s'il étoit le dernier de tous. Voilà un homme vrayment converti : *Hæc mutatio dexteræ Excelsi* : C'est là le changement de la main du Tréshaut.

La seconde marque de conversion qui nous est representée dans cét aveugle, après le recouvrement de sa veüe, c'est la fermeté avec laquelle il s'oppose aux Pharisiens, & rend témoignage à Jesus-

CHRIST, pour le miracle qu'il a fait en sa personne. Car on ne peut assez admirer comment cét homme tout ignorant qu'il étoit, combat & confond les Pharisiens dans cette haine irreconciliable qu'ils portoient au Fils de Dieu.

Ces personnes passionnées luy disent qu'ils sçavoient que JESUS-CHRIST étoit un méchant homme; *Scimus quia hic homo peccator est.* Ils s'imaginoient l'accabler ainsi par leur authorité. Ils vouloient que leurs accusations sans fondement & sans preuves, passassent pour des oracles. Mais il leur répond : *Je ne sçay pas si c'est un méchant homme, mais je sçay qu'il m'a fait voir clair d'aveugle que j'étois auparavant.*

Par où il nous apprend qu'il faut juger des gens de bien par leurs actions, & non par ce qu'on dit d'eux. Car si l'envie a noircy le Fils de Dieu-même, & l'a voulu faire passer pour un méchant homme, elle peut bien noircir ceux qui sont a luy ; mais il faut en juger par la regle de l'Evangile; *Vous les connoîtrez par leurs fruits.* S'ils convertissent veritablement les hommes, s'ils rendent veritablement la veüe aux aveugles, il faut conclure que ces ouvrages ne sont point de l'homme, mais de Dieu: *Hæc mutatio dexteræ Excelsi.*

Matth. 7.

III.

La troisiéme chose que nous devons remarquer dans cét Evangile, c'est cette parole terrible que le Fils de Dieu dit aprés ce miracle : *Je suis venu dans le monde pour exercer mon jugement : afin que ceux qui ne voyent point, voyent ; & que ceux qui voyent, soient frappez d'aveuglement.*

Cecy nous apprend deux choses trés-importantes ; 1. Quelle est la disposition qui nous empêche d'être éclairez de Dieu, & quelle est celle qui nous rend susceptibles de cette grace. Car ce que Jesus-Christ dit icy, qu'il est venu dans le monde, afin que ceux qui voyoient, deviennent aveugles, se doit entendre, comme ce qu'il dit ensuite aux Pharisiens : *Si vous étiez aveugles*, c'est-à-dire, comme le marque saint Augustin, *si vous vous reconnoissiez pour aveugles, vous n'auriez point de peché.* Pourquoy ? *Parce que vous auriez recours au Medecin.*

C'est pourquoy il n'y a rien de plus dangereux que de se fier à sa propre lumiere, sans chercher la lumiere de Dieu par les voyes qu'il a établies dans son Eglise. Car nous avons grand sujet de craindre qu'ayant pris une fois les tenebres pour la lumiere, nous ne prenions ensuite la lumiere pour les tenebres ; c'est-à-dire, qu'ayant crû vray ce qui étoit faux, nous ne croyïons ensuite faux ce qui est trés-veritable.

C'est l'état où étoient les Pharisiens. L'on pouvoit dire de chacun d'eux ce que saint Paul a dit des Juifs : *Confidis teipsum esse ducem cæcorum* : Non seulement vous ne croyez pas être aveugle, mais vous vous imaginez même que vous pouvez servir de guide à ceux qui le sont. Et saint Augustin dit de ces personnes avec grande raison : *Parce qu'en disant que vous voyez, vous ne cherchez point le Medecin, qui vous auroit pû rendre la vûë, vous demeurez dans vôtre aveuglement* : Qui a Medicum non quæritis, in cæcitate vestra remanebitis.

Rom. 2.

Puis donc que le plus grand obstacle à être éclairé de Dieu, est cette pensée présomptueuse qu'on est trés-clairvoyant, lorsqu'on est aveugle, la meilleure disposition à être éclairé de luy, sera sans doute celle qui est contraire à cette présomption, sçavoir de reconnoître qu'on est toûjours dans les

Pſal. 118.

ténebres, & ainſi de dire à Dieu avec David : *Faciem tuam illumina super servum tuum* : FAITES luire la lumiere de vôtre viſage ſur vôtre ſerviteur : *Illumina oculos meos, ne unquam obdormiam in morte* :

Pſal. 12.

ECLAIREZ *mes yeux, afin que je ne tombe point dans la mort.*

Pour le Jeudy de la IV. ſemaine de Carême, voyez le XV. Dimanche après la Pentecôte, dans le troiſiéme volume.

POUR LE VENDREDY
DE LA IV. SEMAINE DE CARESME.

Lazarus amicus noſter dormit, ſed vado ut à ſomno excitem eum. *Joan.* 11.

Le Lazare nôtre amy dort, mais je m'en vas le réveiller de ſon ſommeil.

AVEUGLEMENT & l'inſenſibilité dans nos maux étant une des plus grandes playes que nous ayons reçûës de nôtre premier pere, le Fils de Dieu, qui eſt le Medecin des hommes, vient en cet Évangile y apporter le remede. Il apprend au pécheur l'état funeſte auquel il ſe reduit, lorſqu'il tombe dans le péché. Et parce qu'il ſçait que les hommes qui ſont devenus tout ſenſuels, ne ſont émus que par les choſes qui frappent leurs ſens, il nous met devant les yeux la mort du corps, pour nous faire comprendre celle de l'ame : & par la resurrection visible de l'un, il nous represente la resurrection invisible de l'autre.

C'est là proprement le mystere de cét Evangile du Lazare. Les innocens & les penitens, les justes, & les pecheurs, trouveront également de quoy s'instruire. Les justes admireront la bonté de celuy qui les a preservez d'une chose si épouvantable. Et les pecheurs adoreront la grace & la misericorde toute-puissante, qui les retire, ou qui les doit tirer de l'abysme de cette mort si profonde, dans laquelle ils se sont precipitez volontairement.

Pour nous conduire donc avec quelque ordre dans un sujet si utile & si important, nous considererons,

I. Que le Lazare mort, enseveli dans les tenebres, & couvert d'une pierre, est l'image de l'état du pecheur.

II. Que les larmes de ses sœurs & de JESUS-CHRIST même, nous montrent ce qui porte Dieu à le ressusciter.

III. Que toutes les circonstances qui accompagnent cette action du Fils de Dieu, nous font voir combien cette resurrection du pecheur est difficile & miraculeuse.

I.

Une des choses qui trompent le plus les Chrétiens, est qu'ils veulent bien se servir de la foy dans les choses qui regardent Dieu, mais qu'ils la négligent & ne la considerent plus dans ce qui les regarde eux-mêmes, & ce qui doit regler les principaux devoirs de leur pieté.

Tous ceux qui ont quelque sentiment de la Religion, se sentent obligez de croire, & croyent aussi trés-fermement, qu'il y a un Dieu en trois personnes; que le Fils de Dieu s'est fait homme pour nous, qu'il est Dieu & homme tout ensemble, & qu'il est veritablement & réellement present dans l'Eucharistie. Ils témoignent en cela qu'ils sont Chrétiens; & en effet on ne peut exceder dans cette soûmission profonde que nous devons aux Oracles de Dieu, & à la tradition de l'Eglise, qui est, comme dit saint Paul, la colomne & l'affermissement de la verité.

Mais il faudroit que cette foy fût vraiment Catholique, c'est-à-dire, generale & universelle, & qu'elle embrassât aussi-bien ce qui nous regarde nous-mêmes, & ce qui doit regler nos mœurs, que ce qui compose les principaux articles de nôtre foy. Cependant nous voyons que ces mêmes personnes qui se declarent fort attachez à la foy, en ce qui regarde les premiers objets de nôtre religion, considerent les pechez qui tuent l'ame, & qui nous ferment la porte du ciel, comme des maux peu considerables, dont on se releve avec la même facilité, avec laquelle on les a commis.

Telle est la vaine & la trompeuse imagination des hommes. Mais voyons comment elle s'accorde avec ce que le Fils de Dieu nous apprend aujourd'huy dans nôtre Evangile. Voyons ce que c'est que le péché; en quel état il met un pecheur; quelle est la mort qu'il donne à son ame; & s'il est aussi facile de s'en retirer, que de le commettre.

Le Lazare selon le consentement de tout le monde, est l'image du Chrétien tombé aprés le Batême. Ce qui arrive dans son corps, est ce qui arrive dans nôtre ame. Il tombe malade. Il meurt, comme tout peché mortel fait necessairement mourir l'ame. Etant mort, on le met sous terre, dans une caverne, où il demeure quatre jours. On trouve dans les circonstances de cette mort, l'état du pecheur, trés-excellemment dépeint.

1. Il

1. Il est sous la terre enseveli dans les tenebres ; ce qui nous marque l'aveuglement du pécheur que David nous a représenté en ces termes. *Ils m'ont précipité dans le fond du lac, dans les tenebres, & dans l'ombre de la mort.* C'est de-là que nous voyons qu'un homme tombé dans un crime, en commet ensuite un grand nombre d'autres. Car le premier l'ayant frappé d'aveuglement, & l'ayant privé de la lumiere de la verité, qui s'étonnera ensuite, dit S. Augustin, que celuy qui s'est crevé les yeux en tombant, tombe encore, lorsqu'il est devenu aveugle, & que la seconde chûte soit la peine de la premiere ?

Ps. 71.

2. Il est quatre jours dans le sepulchre ; ce qui marque, selon saint Augustin, qu'il a violé les quatre loix, la loy donnée à Adam dans le Paradis, la loy de nature, la loy de Moïse, la loy de la grace. Adam n'avoit violé qu'une loy, mais le Chretien tombé en viole quatre. Et en violant la quatriéme, qui est la plus sainte & la plus inviolable de toutes, il foule aux pieds le sang même de Jesus-Christ, par lequel il a été racheté, selon l'expression terrible du divin Apôtre. Peut-on croire qu'une telle chûte soit legere, & qu'il soit aisé d'effacer un si grand crime ?

3. Il est déja tout pourri, & tout plein de puanteur ; ce qui marque ou le déreglement public du pécheur, qui a essuyé toute honte, & corrompu les autres par son mauvais exemple, ou le déreglement secret de l'ame, qui a retenu encore la pudeur, mais qui est neanmoins morte & pleine de puanteur aux yeux de Dieu, si elle ne l'est pas aux yeux des hommes. Ce qui a fait dire à saint Chrysostome, que ceux qui ont commis quelque crime dont ils n'ont point fait pénitence, sont des morts qui se traînent eux-mêmes, & que leur corps est le tombeau de

Tome II. T

leur ame. Et cecy nous montre clairement la verité de la parole du Fils de Dieu, que ces personnes sont *des sepulchres blanchis*, parez magnifiquement au dehors, & pleins d'ordure & de corruption au dedans.

Matth. c. 23. 4. Il y avoit une grosse pierre, comme il est marqué expressément dans l'Evangile, qui bouchoit l'entrée de cette caverne. Ce qui nous marque l'endurcissement & le cœur de pierre qui rend le pécheur insensible à tout ce qui regarde son salut. Allions ensemble ces quatre choses, & jugeons par là de l'état du pécheur. Voilà l'image, jugeons quelle doit être la verité. Étoit-il aisé que le Lazare mort depuis quatre jours, enseveli dans les tenebres, plein de puanteur & de pourriture, enfermé dans une caverne, dont l'entrée étoit bouchée par une grosse pierre, sortît de ce lieu pour reprendre une nouvelle vie ? Sera-t-il aisé de même, que l'ame étant dans le même état, sorte de son tombeau, de ses tenebres, & de son endurcissement ? N'écoutons pas ce que disent les hommes, mais ce que Dieu dit : car les hommes sont menteurs, & Dieu est la verité même.

II.

Aprés avoir vû l'état miserable du Lazare, qui est l'image de celuy du pécheur, voyons maintenant ce qui porte le Fils de Dieu à le ressusciter.

1. Nous voyons que ce n'est point le Lazare qui parle pour luy-même. Car comment auroit-il pû le faire, étant mort & enseveli & pourri même dans le sepulchre ? Cecy nous represente clairement l'état du pécheur, qui est tellement mort dans son péché, qu'il ne peut plus avoir recours à Dieu, pour luy demander qu'il le ressuscite. Car comme un corps mort n'a plus d'ame pour sçavoir qu'il est mort; ainsi l'ame étant morte, n'a plus de lumiere pour reconnoître qu'elle est morte, & avoir recours à Dieu,

afin de luy demander qu'il luy rende la vie, jusqu'à ce qu'elle ait reçû cette sainte pensée par un mouvement de l'esprit de Dieu.

De là vient qu'il se trouve tant de pecheurs qui sont morts devant Dieu, sans qu'ils le croyent, ou sans qu'ils se mettent en aucune peine de rentrer dans la participation de la vie divine. Et c'est d'eux qu'on peut dire avec verité cette parole de David : *Ils sont comme des personnes blessées de playes mortelles, qui dorment dans leurs sepulchres, que Dieu ne soûtient plus par sa main, & qu'il a rejettez comme les ayant mis en oubly.* Ps. 87. v. 6.

2. C'est par les larmes de Marthe & de Marie que JESUS-CHRIST est touché pour ressusciter le Lazare. Ce qui nous fait voir que c'est proprement l'Eglise & la communion des Saints, qui mérite par ses larmes & par ses prieres que Dieu ressuscite les ames, qui ne sont pas souvent en état de prier pour elles, & encore moins d'être exaucées, lorsqu'elles prient.

Car comme la priere de JESUS-CHRIST sur la Croix : *Mon Pere, pardonnez-leur, parce qu'ils ne sçavent ce qu'ils font*, a été exaucée en la personne des premiers Juifs, qui composerent l'Eglise naissante ; ainsi la priere de la Communion des Saints, qui est proprement le corps de JESUS-CHRIST, qui s'offre particulierement en ce saint temps pour la conversion des pecheurs, est exaucée dans la conversion de ceux que nous voyons retourner sincerement & veritablement à Dieu, en se separant effectivement, non seulement de leurs déreglemens passez, mais encore de toute l'affection des choses du monde. Luc. c. 23.

Que si tous les Fidéles qui sont animez d'une foy vive & agissante par la charité, entrent dans cette

T ij

societé sainte pour avoir part à la conversion des pécheurs : les ames saintes qui se consacrent à Dieu, y doivent entrer d'une maniere toute particuliere, comme étant dans l'état le plus saint qui soit dans l'Eglise, qui les oblige par consequent à avoir plus de charité envers ces personnes qui sont mortes aux yeux de Dieu, lorsqu'elles sont vivantes aux yeux des hommes. Ce sont elles proprement qui doivent être les sœurs charitables de ces Lazares, dont le Lazare mort n'a été qu'une peinture. Ce sont elles qui doivent êtres les Marthes & les Maries, qui fassent une sainte violence à JESUS-CHRIST par leurs prieres & par leurs larmes, afin qu'il ressuscite leur frere mort.

La 3. chose qui porte JESUS-CHRIST à rendre la vie au Lazare, c'est l'amour qu'il luy porte même aprés la mort. C'est pourquoy il l'apelle luy-même son amy : *Lazarus amicus noster.* Surquoy S. Augustin demandant comment il est dit que le Fils de Dieu aimoit le Lazare, puisqu'il est l'image d'un grand pécheur, il répond : *Si* JESUS-CHRIST *n'aimoit point les pécheurs, il ne seroit pas descendu du ciel en terre afin de mourir pour les pécheurs.* SI *Christus peccatores non diligeret, de cœlo ad terram non descenderet.*

Aug. tract. in cap. 11. Ioan.

C'est ce qui doit animer les ames à qui Dieu donne des pensées de se convertir. Dieu, dit S. Augustin, n'aime pas le pécheur comme pécheur, parce qu'il hait son péché : comme le medecin n'aime pas le malade entant que malade, parce qu'il combat & persecute sa maladie. Mais Dieu aime le pécheur, afin qu'il le convertisse par sa grace, & qu'il le rende juste, de pécheur qu'il étoit auparavant, comme le medecin aime le malade, afin de luy rendre la santé. Dieu aime le pécheur afin qu'il cesse d'être pécheur : comme le medecin aime le malade, afin qu'il cesse d'être malade.

III.

Que si nous considerons en particulier tout ce que fait le Fils de Dieu dans ce grand miracle, dont toutes les circonstances sont si mysterieuses & pleines d'instruction ; nous reconnoîtrons encore plus clairement combien il est difficile qu'une ame morte par le péché, sorte veritablement de son tombeau pour renaître dans une nouvelle vie.

1. Il est marqué dans nôtre Evangile, que le Fils de Dieu voyant pleurer Marthe & Marie, & les Juifs qui étoient venus les accompagner, *fremit dans son esprit, & excita un trouble dans soy-même.* Hélas on se plaint quelquefois qu'en voulant toucher un pécheur pour le convertir, on luy cause quelque trouble dans son ame. Car on suppose qu'il est si aisé de se convertir, qu'il ne faut pas même qu'on en ressente le moindre trouble. Ce sont là les sentimens des hommes. Mais voyons de quelle maniere agir le maître des hommes. C'est luy qui convertit l'ame en la ressuscitant. C'est donc de luy de qui nous devons apprendre comment elle doit se convertir.

Nous voyons qu'il frémit luy-même par deux diverses fois, qu'il se trouble luy-même pour montrer par ces mouvemens ceux qu'il devoit former dans les ames. Et aprés cela on croira qu'il ne faut pas seulement exciter le trouble dans l'ame d'un pécheur. Pourquoy a-t-il fait ces choses, sinon pour nous instruire ? Pourquoy le medecin s'est-il troublé, sinon pour montrer le fremissement & le trouble dont doit être saisi le malade ?

2. Le Fils de Dieu crie à haute voix : *Lazare sortez dehors.* Ce cry du Fils de Dieu marque la

grandeur & la difficulté de cette grace. C'est ce que nous enseigne excellemment saint Augustin, lorsqu'il dit que le pécheur est plein de pourriture comme un mort de quatre jours. *On ne doit pas neanmoins desesperer de sa conversion, à cause de celuy qui n'a pas dit tout bas, mais qui a crié tout haut: Lazare sortez dehors:* Nec tamen de eo desperandum est, propter eum qui non lentâ sed magna voce clamavit: Lazare veni foras.

3. Le Fils de Dieu ayant ressuscité le Lazare, dit aux Apôtres: *Solvite illum:* DÉLIEZ-LE, *& le laissez aller.* Ce qui nous marque d'une part le grand pouvoir des Prêtres, & de l'autre la maniere dont ils doivent en user. Car, comme a très-bien remarqué S. Gregoire Pape, ils délierent le Lazare, mais seulement aprés qu'il fut ressuscité. Ce qui leur doit apprendre, dit ce grand Pape, qu'ils ne doivent pas délier & absoudre les ames qui sont encore mortes & ensevelies dans les habitudes de leurs péchez puisqu'autrement ils ne feroient qu'en montrer la puanteur, comme eussent fait les Apôtres, s'ils eussent délié le Lazare avant qu'il eût reçu une nouvelle vie. *Fœtorem magis ostenderent quàm virtutem.*

Ils ne le délient non plus que lorsque JESUS-CHRIST leur dit: *Solvite illum:* Déliez-le. Ce qui nous apprend qu'ils ont indubitablement le pouvoir de délier, mais qu'ils n'en doivent user que par l'ordre de Dieu. Le Lazare ne leur dit point Déliez-moy, c'est JESUS-CHRIST qui leur dit: *Déliez-le.* Dieu ressuscite par luy-même, & il délie par les Prêtres. C'est au malade à obéïr au medecin, & non au medecin à obéïr au malade.

POUR LE SAMEDY
DE LA IV. SEMAINE DE CARESME.

Ego sum lux mundi. Qui sequitur me non ambulat in tenebris, sed habebit lumen vitæ. *Joan.* 8.

Je suis la lumiere du monde. Celuy qui me suit ne marche point dans les ténèbres ; mais il aura la lumiere de la vie.

Jesus-Christ s'appelle la lumiere du monde. Dieu son Pere l'avoit envoyé aux hommes pour les éclairer C'étoit-là l'ouvrage qu'il luy avoit imposé à faire ; il vouloit qu'il les tirât de leurs ténèbres en les éclairant par sa doctrine, par sa vie & par ses miracles. Jesus-Christ qui étoit fidéle à faire tout ce que son Pere luy avoit marqué, proteste icy qu'il est la lumiere du monde, & témoigne souhaiter que les hommes usent de ce bien qu'il leur vient offrir. Mais il est bon de considerer ce qu'il dit luy-même être necessaire pour être éclairé de cette lumiere, qui est de le suivre : *Qui sequitur me non ambulat in tenebris* ; & en quel sens il l'appelle une lumiere de vie, *habebit lumen vitæ.*

I.

Jesus-Christ déclarant qu'il est la lumiere du monde, marque qu'il est venu pour instruire les hommes de la verité, qui est la lumiere invisible, capable seule d'éclairer leurs ames, & de dissiper leurs ténébres. Le péché qui corrompt leurs ames avant même qu'ils soient nez, les rend aveugles, & leur donne une secrette aversion de la lumiere lorsqu'elle commence à se présenter à eux. Ils sont semblables à ces personnes qui ayant été long-temps dans un lieu fort obscur, ont peine à souffrir le grand jour aussi-tôt qu'ils en sortent, & qui sont contraints de se boucher les yeux pour ne pas voir la lumiere qui les blesse. Lors qu'à cette obscurité & cette nuit naturelle que nous souffrons tous en venant au monde, quelqu'un rend encore ces ténébres plus épaisses par les péchez qu'il ajoûte au péché originel, il se forme un curcissement encore bien plus difficile à rompre ; & une bien plus grande aversion de la lumiere. JESUS-CHRIST nous marque ce malheur luy-même, lorsqu'il dit qu'une des raisons pourquoy les hommes ne reçoivent pas sa lumiere, c'est que leurs actions sont mauvaises, & que tout homme qui fait le mal, hait la lumiere dans la crainte d'être vû. C'est pourquoy ce que JESUS-CHRIST dit est trés-considerable, que c'est en le suivant, en vivant bien, en faisant de bonnes œuvres qu'on devient capable d'être éclairé de sa lumiere. *Qui sequitur me non ambulat in tenebris.* Voila ce qui trompe beaucoup de personnes. On souhaitte d'être éclairé de la verité. Qui ne l'aimeroit ? C'est le souverain bien de l'ame : mais on ne veut pas suivre JESUS-CHRIST, ce qui est neanmoins l'unique moyen d'être éclairé de la verité. On s'efforce de suppléer à cela par son étude, on lit beaucoup, on écoute beaucoup d'instructions ; on cherche la verité dans les livres & dans les conferences des hommes ; on se fatigue l'esprit par beaucoup de lectures, & on croit ainsi être beaucoup éclairé. Quand on a lû les Saints

Peres, qu'on les cite, que l'on rapporte leurs paroles, on s'applaudit à soy-même de ses lumieres, & on est bien-aise de passer dans le monde pour une personne sçavante & instruite. Tels étoient les Pharisiens, les Scribes & les Docteurs de la Loy, qui, comme dit Jesus-Christ, se vantoient d'avoir la clef de la science, & que Jesus-Christ cependant appelle aveugles; & qui bien loin d'éclairer les autres, n'étoient capables que de jetter de plus grandes ténébres dans leurs esprits. Ils n'alloient point au moyen necessaire pour voir la lumiere qui étoit de suivre Jesus-Christ. Ils eussent été bien moins à plaindre, si n'ayant point ces lumieres empruntées & étrangeres qu'ils avoient, ils eussent reconnu leur aveuglement, comme il seroit utile à beaucoup de gens d'être moins éclairez de la doctrine & des veritez de l'Eglise qu'ils ont apprise. Jesus-Christ le dit en termes formels aux Pharisiens, comme on le pourroit dire de même à ces personnes. Si vous étiez aveugles vous n'auriez point de péché, mais parce que vous dites que vous voyez clair, & que vous vous croyez éclairez, vôtre péché subsiste. C'est parce que d'ordinaire ces personnes se mettant peu en peine de suivre Jesus-Christ & de marcher sur ses traces, abusent de toutes leurs connoissances, qui au lieu d'édifier leur cœur ne font qu'enfler leur esprit. Ce sont là les personnes qui sont le plus à plaindre, parce que l'abus qu'ils font des lumieres de la verité, en n'y rendant pas leur vie conforme, est capable de les jetter dans le plus profond aveuglement. Les Pharisiens en sont une preuve. Ils avoient reçû la plus grande connoissance de Dieu que les hommes pussent recevoir; mais parce qu'ils n'en ont pas bien usé, ils sont peu à peu tombez dans le plus grand crime qu'ils puſſent commettre, qui eſt d'avoir voulu étouffer ce ſoleil divin qui étoit venu éclairer le monde & ternir toutes ſes lumieres. Les perſonnes qui cherchent à s'éclairer l'eſprit par une autre voye que celle que JESUS-CHRIST marque, qui eſt de le ſuivre, doivent craindre que Dieu de même ne les abandonne aux plus grands excés. C'eſt pourquoy nous ne pouvons aſſez prier Dieu qu'il éloigne de nous toutes les connoiſſances de ſes veritez les plus ſaintes, qui ne procedent pas de ſa charité. La foy qui eſt la plus grande connoiſſance des Chrétiens n'eſt pas un ſimple conſentement & acquieſcement de l'eſprit aux veritez qu'on luy propoſe : c'eſt principalement l'amour du cœur d'où procede le conſentement de l'eſprit à la vraye connoiſſance de la foy. Et cet amour du cœur fait que l'on aime à ſuivre JESUS-CHRIST & à faire ſa volonté, ce que JESUS-CHRIST dit encore ailleurs être neceſſaire pour connoître la verité de ſa doctrine. *Si quis voluerit voluntatem ejus facere, cognoſcet de doctrina hac.*

II

JESUS-CHRIST appelle la lumiere qu'il donne, une lumiere de vie : *Habebit lumen vitæ*, nous marquant en quelque ſorte par cette expreſſion, qu'il y a une lumiere qui paroît lumiere ; mais qui eſt une lumiere de mort, comme il y a une voye qui paroît droite à l'homme, & qui cependant le conduit à la mort. Car le démon ayant jetté par le péché les ténébres dans nos eſprits, nous a laiſſé une malheureuſe lumiere qui ne nous rend clair-voyans que pour les affaires de ce monde. Il s'eſt contenté de nous ôter la lumiere qui nous conduiſoit à Dieu. Il a imité ce Prince des Ammonites, qui ne voulut accorder la paix au peuple de Dieu qu'à condition de crever à tous les Israëlites l'œil droit, & ne leur laissant que le gauche, qui dans l'Ecriture figure les vûës humaines & temporelles. On peut dire que ce qu'il vouloit faire alors au peuple de Dieu, c'est ce qu'il luy fait maintenant, & que dans la plûpart des Chrétiens il a arraché cet œil droit qui devoit les éclairer pour les choses de leur salut, & qu'il ne leur a laissé que le gauche qui les rend habiles dans les affaires de ce monde. Il semble qu'il crie à tous ses disciples qui sont ses imitateurs : Si quelqu'un me suit il ne marchera point dans cette lumiere qui le gêne & l'embarasse en s'opposant à tous ses desirs & à toutes ses inclinations naturelles ; mais il aura la lumiere d'une vie aisée & commode. C'est-là ce qu'ont apprehendé tous les Saints. Ils ont prié Dieu d'éteindre en eux cette fausse lumiere qui ne les éclairoit que pour les choses d'icy-bas, & qui les rendoit *male oculatos*, dit Saint Paulin. Ils ont soupiré vers Dieu, afin qu'au lieu que les autres qui suivent le monde desirent avec empressement d'avoir les yeux bien ouverts, il les fermât au contraire, *cæcet videntem nostrum*. C'est donc cette lumiere de vie que JESUS-CHRIST promet dans cet Evangile à ceux qui le suivent. C'est une lumiere qui donne la vie à nos ames en nous portant à tout ce qui mortifie le corps & qui combat tous ses desirs déreglez. Quelqu'un sent-il dans luy des mouvemens violens qui le portent à vivre d'une maniere digne d'un Chrétien qui est à JESUS-CHRIST, qui le regarde comme son Dieu, son Roy & son Maître ? Sent-il un desir ardent de vivre comme un batizé & de renoncer serieusement aux choses ausquelles il a renoncé dans son batême, c'est la lumiere de JESUS-CHRIST qui luit dans son cœur ; c'est la lumiere de vie qui le fera entrer dans la mortification de la pénitence & dans la destruction du corps du péché, dans luy que les autres qui n'ont pas reçû la même lumiere ne font qu'entretenir & fortifier en eux de plus en plus par la mollesse dans laquelle ils vivent, & par le soin qu'ils prennent de changer autant qu'ils peuvent le chemin du ciel que JESUS-CHRIST nous a assurez être toûjours étroit & difficile, en un chemin large & spacieux. O aveuglement! les gens du monde plaignent comme des personnes miserables ceux qu'ils voyent marcher dans les sentiers pénibles, âpres & rabotteux de la pénitence, & ce sont au contraire ces personnes qu'ils pleurent, qui les plaignent avec bien plus de raison, puisque la lumiere dont Dieu les éclaire leur fait voir la fin où se termineront ces fausses douceurs. C'est ce qui leur fait augmenter leur reconnoissance à la misericorde de ce soleil invisible qui les a éclairez, & qui les porte en même temps à suivre avec plus de joye tous les mouvemens du Saint Esprit, qui les poussent à se détruire, à se combattre sans cesse, sentant bien qu'il n'y a rien dans eux comme d'eux qui ne soit opposé aux mouvemens de l'Esprit de Dieu & à cette lumiere de vie qu'il leur donne, qui doit seule agir en eux, regler toutes leurs démarches & conduire tous leurs pas.

POUR LE DIMANCHE DE LA PASSION.

Qui ex Deo est, verba Dei audit. Joan. 8.

Celuy qui est à Dieu, entend avec soûmission la parole de Dieu.

'E s t une chose qu'on ne peut assez admirer que tous les hommes aiment naturellement la verité, qu'ils la veulent toûjours connoître, & qu'ils ne peuvent souffrir qu'on les trompe en la moindre chose, & que neanmoins ils perdent toute cette affection qu'ils ont pour elle, jusques à vouloir bien qu'on les trompe, lorsqu'il s'agit de la chose du monde la plus importante, qui est celle de leur salut.

Cecy nous devroit moins étonner, si les hommes ne méprisoient la verité, que lorsqu'elle leur est annoncée par d'autres hommes. Mais nous voyons aujourd'huy dans nôtre Evangile, que la verité a été rejettée lorsqu'elle a été publiée par la bouche de Dieu même, & que ceux qui vouloient passer parmy les Juifs pour des modeles de vertu & de sagesse, sont montez jusques à ce comble d'orgueil, & d'insolence, que d'attribuer par un blasphême qu'on ne sçauroit assez detester, les actions merveilleuses d'un Dieu, au Prince des démons, dont ils l'accusoient d'être possedé : & les paroles adorables de la verité même, à l'esprit d'erreur & de mensonge.

C'est pourquoy suivant aujourd'huy le sujet que nous ouvre nôtre Evangile, nous tâcherons de faire voir que l'on s'oppose d'ordinaire à la verité de Dieu, en trois manieres,

I. Parce que les hommes voyant qu'elle condamne les déreglemens ausquels ils se sentent attachez avec ardeur, ils la considerent comme leur ennemie, & ne la peuvent souffrir

II. Parce que quelquefois aprés s'être retirez des desordres les plus sensibles, ils se forment une maniere de vie qu'ils veulent être la veritable ; ce qui les porte à combattre la verité même, & à la vouloir faire passer pour une erreur, lorsqu'elle leur montre une autre voye que celle qu'ils suivent.

III. On s'oppose à la verité, lors même qu'on la connoît, qu'on la reçoit, & qu'on l'aime, en négligeant de faire, ou ne faisant pas avec assez de soin ce qu'elle nous commande dans toute la conduite de nôtre vie.

I.

Ce que nous venons de dire, que les hommes qui par tout ailleurs semblent aimer la verité, ne l'aiment point lorsqu'il s'agit de leur salut, est une chose que l'on ne sçauroit considerer avec assez d'attention, ny deplorer avec assez de larmes. Car si l'on examine tout ce que font les hommes dans leurs affaires temporelles, on verra qu'ils font toutes les diligences possibles, afin de s'y bien conduire, & de n'être point trompez.

S'il s'agit d'acheter une maison, ou une terre de grand ou de petit prix, on n'oublie rien pour assûrer tellement son acquisition, qu'elle ne puisse souffrir aucun trouble. Si un homme veut faire un voyage sur mer, lorsqu'il s'agit de monter sur le

Pour le Dimanche de la Passion.

vaisseau, il s'informe s'il est équipé de toutes choses s'il y a de bons pilotes pour le conduire. Si une personne est malade, on choisit un medecin qu'on croit fort habile ; & s'il y a le moindre péril, on ne se contente pas d'un seul, mais on en consulte plusieurs, pour ne rien oublier de ce qui peut contribuer à nous rendre la santé.

Mais lorsqu'il s'agit d'acheter une maison, non sur la terre, mais dans le Ciel, lorsqu'il s'agit de faire un voyage, non qui dure quelque temps, mais qui nous fasse passer du temps à l'éternité : lorsqu'il s'agit de guérir, non le corps dont on ne peut que differer la mort pour un peu de temps, mais l'ame qui est immortelle, on ne se met nullement en peine de prendre ses sûretez pour une affaire si importante. Le pilote le plus ignorant est celuy qui nous conduira le mieux sur cette mer. Le medecin le plus mal-habile est celuy qui nous guérira le mieux de nos maladies.

La raison d'une conduite si inégale, qui fait que les mêmes personnes qui agissent avec beaucoup de prudence dans leurs interêts seculiers, semblent renoncer à toutes les regles de la circonspection lorsqu'il s'agit de leur salut, vient de ce que l'amour qu'ils ont pour le monde, fait qu'ils employent toute la lumiere de leur esprit pour rechercher les biens & fuïr les maux qui se peuvent rencontrer, & comme ces biens & ces maux sont visibles & sensibles, ils font une grande impression dans leurs sens, qui les porte à s'y conduire avec ardeur.

Mais dans les choses de la foy, n'ayant point d'amour pour aimer Dieu, n'ayant point les yeux de la foy, & le sens de JESUS-CHRIST, comme parle S. Paul, *Nos autem sensum Christi habemus* pour discerner les veritables maux & les veritables biens, &

fuïr ensuite les uns & rechercher les autres : ils ont une grande inclination pour ce qui leur est plus nuisible, & une grande aversion pour ce qui leur peut servir davantage.

C'est cette affection violente pour toutes les choses du monde, qui fait que les hommes non-seulement ne cherchent pas la verité, qui peut seule les délivrer, selon la parole du Sauveur : *Veritas liberabit vos* : mais qu'ils ont même un dégoût d'elle, & une aversion de ceux qui la leur proposent, ainsi qu'il paroît aujourd'huy dans nôtre Evangile : comme un malade qui non-seulement ne voudroit point prendre de remedes, mais qui haïroit son medecin, à cause qu'il luy conseille d'en user. Saint Augustin nous represente cecy excellemment par ces paroles : *Le pain de la verité est amer aux pécheurs. C'est pourquoy ils haïssent ceux qui la leur disent*; PECCATORIBUS *panis veritatis amarus est. Unde eos vera dicentes oderunt.* Et par la langueur de leurs vieilles maladies, continuë le même Pere, ils sont entrez dans un tel dégoût de toutes les choses saintes, que ce qui est un mets delicieux aux ames pures, n'est à leur goût depravé que du fiel & de l'absynthe, dont ils ne peuvent pas seulement souffrir l'odeur.

C'est pourquoy saint Augustin expliquant cette parole du Fils de Dieu dans nôtre Evangile : *Qui est celuy d'entre vous qui me puisse accuser d'aucun péché ? Si je vous dis la verité, pourquoy ne me croyez-vous pas ?* Ce grand Docteur répond : *C'est parce que vous me dites la verité.* Car si vous nous disiez des choses fausses qui nous flattassent, nous vous croirions.

Et le même Saint exprime trés-bien ailleurs d'où vient cette aversion dans les hommes éloignez de Dieu

Ioan. 8.

Aug. in Psal. 5.

Aug. tract. in c. 8. Ioan.

Dieu qui les porte à haïr la vérité, parce qu'ils ne la peuvent suivre, & qu'ils ne peuvent quitter les choses dont on leur commande de se séparer. C'est, dit-il, que le plaisir avec lequel ils sont attachez aux biens du monde, est comme une chaîne qui les lie. *Delectatio colligat eos.* Et lorsqu'ils tâchent de retirer leur amour de ces faux biens qu'ils aiment, ils sentent une douleur dans l'ame, comme un homme qui voulant retirer son pied d'une chaîne, & sentant que cette chaîne le blesse, cesse aussi-tôt de faire effort. Ainsi ne pouvant vaincre cette douleur, ils ne veulent point se retirer de leurs plaisirs pernicieux. *Cui dolori succumbentes, à perniciosis delectationibus nolunt abscedere.*

Il faut avoir compassion de ces personnes, & une grande charité pour prier Dieu qu'il guérisse leurs yeux, afin qu'ils n'ayent pas d'aversion de la lumiere, qui est si agreable à ceux que Dieu a une fois éclairez, & qu'il leur guérisse le goût & comme le palais de l'ame, selon le terme de saint Augustin : *Det illis palatum fidei, cui sapiat mel Dei ;* qu'il leur donne un goût de foy : au lieu du goût dépravé & corrompu qu'ils ont d'eux-mêmes, afin qu'ils puissent trouver du plaisir à manger le miel celeste de la verité divine. Et c'est alors que se verifie la parole de nôtre Evangile : *Ceux qui sont à Dieu entendent sa voix ;* c'est-à-dire, s'y soûmettent en l'écoutant, comme ceux qui sont au monde suivent toutes les regles & les maximes du monde.

II.

La seconde maniere en laquelle on s'oppose à la verité, c'est lorsqu'après s'être retiré des déreglemens sensibles, on se fait une voye & une conduite conforme à ses inclinations naturelles, à ses interêts ou à la passion, dans laquelle on marche,

& on vit d'une maniere qui paroît irreprochable aux yeux des hommes. Et l'on peut entrer en cette voye toute humaine en deux manieres.

Car il y en a qui n'entrent ainsi dans les engagemens humains que sous pretexte de pieté, que parce qu'on les y pousse, & qui ne choisissent cette voye que parce qu'ils n'en connoissent point de meilleure. Ils conservent neanmoins toûjours une fidelité & une sincerité vers Dieu dans le fond du cœur. Ce qui se reconnoît en ce qu'on ne leur a pas plûtôt découvert la verité de l'Evangile que les Saints nous enseignent par leurs écrits & par leur exemple, qu'ils s'y rendent aussi-tôt. Et ces personnes ne se peuvent pas dire proprement avoir jamais été opposées à la verité, puisqu'il ne leur a manqué pour la suivre, que de la connoître.

Mais il y en a d'autres qui entrent ainsi dans cette voye toute humaine, parce qu'ils ont des interêts secrets & des passions cachées qu'ils veulent satisfaire, & qui tiennent en effet la premiere place dans leur cœur. Et ce sont ceux-là proprement, qui sont opposez à la verité, d'une maniere qu'on ne peut assez déplorer. Car on peut dire d'eux cette parole de l'Apôtre : *Speciem quidem pietatis habentes, virtutem autem ejus abnegantes :* Ils ont au dehors *une apparence de pieté, & leur vie paroît entierement irreprochable aux yeux des hommes ; mais ils en détruisent tout l'esprit & toute la force* ; Parce que l'esprit, la vertu interieure, & comme l'ame de la pieté consiste à purifier le fond du cœur, à déraciner toutes les passions, tous les interêts, toutes les pretentions d'honneur, d'estime, de reputation de la part des hommes. Ce que le même Apôtre appelle ailleurs : *Abdicantes occulta dedecoris.* Nous dépouillant *de toute la corruption secrette, & cachée*

1. Tim. c. 5. v. 5.

1. Cor. c. 4. v. 2.

dans les replis de l'ame, qui la souille & la des-honore aux yeux de Dieu, lorsqu'elle paroît irreprehensible aux yeux des hommes.

Ces personnes sont opposées à Dieu dans l'esprit, selon cette parole du grand Apôtre : Que la prudence de la chair n'est point soûmise à la loy de Dieu, & qu'il est même impossible qu'elle y soit soûmise, comme il est impossible que les tenebres soient lumineuses : *Legi Dei non subjecta : nec enim potest.* Il est, dis-je, indubitable que ces personnes sont opposées à Dieu, soit que la retenuë qu'ils ont encore à l'égard de Dieu & des hommes, les empêche de s'opposer publiquement à la verité, soit que leur passion leur fasse mépriser toutes ces considerations, & declarer une guerre ouverte à la verité de Dieu ; ainsi qu'il paroît dans les Pharisiens de l'Evangile.

Car c'est un exemple tout-à-fait terrible, & à quoy on ne fait pas assez de reflexion. Les Pharisiens, comme tout le monde sçait, étoient separez des autres, comme il est marqué dans leur nom, par la profession plus particuliere qu'ils faisoient de la pieté. Non-seulement ils étoient irreprochables dans leurs actions, mais ils paroissoient même tres-loüables par leurs aumônes, par leur exactitude à payer les dixmes de tout ce qu'ils avoient, & enfin par le reglement de leur vie. Il semble que des personnes de cette sorte sont tres-disposées non seulement à approuver, mais même à faire tout le bien qu'ils connoîtront, & à travailler encore à le faire pratiquer aux autres.

Cependant qu'arrive-t-il ? Un grand Prophete patoît de leur temps à Jerusalem, & le Roy même de tous les Prophetes : ce Messie tant desiré des Patriarches, & si attendu de tous les Juifs, dont l'attente étoit comme l'essence & l'ame de toute leur Religion. Enfin ce n'est point un Saint, mais le Saint de tous les Saints, ce n'est point seulement un homme de Dieu, mais un Homme-Dieu, Dieu même revêtu d'un corps, la Verité éternelle qui vient s'anoncer elle-même aux hommes.

Qui n'eût crû que si le peuple des Juifs n'auroit pas reçû ce Messie, au moins ceux que leur vertu & leur pieté rendoit si éminens parmy ce peuple, sçavoir les Scribes & les Pharisiens, l'auroient reçû de tout leur cœur, & auroient travaillé à le faire recevoir aux autres ? Cependant lorsque cét Homme-Dieu agit en Dieu : lorsqu'il rend la vûë aux aveugles, l'ouye aux sourds, la parole aux muets, la vie aux morts, & la santé aux malades, tout le peuple le loüe, l'admire & le regarde comme un Prophete envoyé du Ciel : & les Pharisiens au contraire, ces hommes si reglez & si irreprochables s'opposent à luy avec une envie, & une haine qui passe jusques dans la fureur, & jusques à dire de luy qu'il est possedé du démon, qu'il est un magicien qui chasse les démons au nom du prince des démons. Ils se servent de ces miracles mêmes qui le devoient faire reverer au moins comme un Prophete admirable, pour le faire passer pour le plus criminel & le plus scelerat de tous les hommes. Car encore qu'il ne soit pas marqué si clairement dans cét Evangile que c'étoit les Pharisiens qui jugeoient de luy de la sorte, cela est neanmoins marqué dans les autres Evangelistes, qui rapportent qu'ils vomissoient ces blasphemes contre luy, lorsque le peuple le loüoit de ses miracles.

Qui ne s'étonnera d'un exemple si terrible, & qui ne comprendra par là cette parole de l'Ecriture : Qu'il vaut mieux être froid tout-à-fait que d'être tiede ; & n'avoir point de pieté au dehors, que de s'en former ainsi une imaginaire qui nous empêche d'embrasser la veritable ?

Que si nous considerons d'où pouvoit venir ce déreglement d'esprit dans ces personnes qui paroissoient exempts de tout vice : nous trouverons qu'il est venu particulierement de cét orgueil & de cette présomption par laquelle au lieu de s'attacher en toutes choses à la Loy de Dieu, ils enseignoient au peuple des régles & des maximes qu'ils avoient eux-mêmes inventées. C'est ce que JESUS-CHRIST leur reproche dans l'Evangile : *C'est en vain qu'ils font* Matth. 15. *profession d'honorer Dieu, puisqu'ils donnent aux hommes des maximes & des régles toutes humaines*, au lieu de les conduire par la loy divine.

Et il témoigne encore luy-même dans nôtre Evangile, que c'est l'orgueil qui les porte à donner ainsi des régles qu'ils ont inventées, & non celles Ioan. 5. qu'ils ont reçûës de Dieu : *Celuy qui parle à soy-même, cherche sa propre gloire*. Cét orgueil ensuite a produit l'envie dans leur esprit, selon cette maxime indubitable de saint Augustin : *La présomption est la mere de l'envie. Il faut necessairement que le superbe soit envieux*. SUPERBIA *mater invidia*: *Superbus necesse est ut invideat*. Et l'envie ensuite les a portez à le calomnier comme un violateur du Sabat, comme un seditieux, & enfin à le condamner à mort, comme ayant blasphemé contre Dieu, c'est-à-dire, à faire mourir Dieu même sous pretexte de soûtenir la cause de Dieu.

Tout cecy apprend à ceux qui font profession de science : 1. Que la plus grande & la plus solide humilité qu'ils puissent avoir, consiste à ne parler jamais dans l'Eglise en maîtres, mais en disciples, en ne disant aux Fideles que ce qu'ils ont appris des

V iij

Livres de Dieu, & des Saints Peres qui en sont les interpretes.

2. Lors même qu'ils enseignent la verité, ou qu'ils suivent ceux qui l'enseignent, ils ne s'y doivent point porter avec passion & avec une chaleur humaine. Ils doivent considerer, selon la maxime excellente de S. Augustin, que la verité n'est ny à eux, ny à aucun homme, mais à Dieu seul. *Veritas*, dit ce Saint, *non est mea, nec tua, non est illius aut illius, ; omnibus communis est.* LA verité n'est ny à vous, ny à moy. Elle n'est ny à celuy-cy, ny à celuy-là. Elle est commune à tous.

Aug. in Ps. 75.

3. Nous devons reconnoître que si un homme nous propose la verité, il n'y a que Dieu neanmoins qui nous la puisse apprendre selon cette parole de saint Augustin : *Neque enim est præter te, Domine, quisquam alius Doctor veri :* Vous étes, ô mon Dieu ! le seul maître de la verité.

Aug. in Conf. lib. 5. cap. 9.

III.

La troisiéme maniere en laquelle on s'oppose à la verité qui nous est annoncée, c'est lorsqu'on l'embrasse de telle sorte, qu'on ne fait point ce qu'elle ordonne. Cét abus est fort dangereux, parce que plusieurs se flattent de ce qu'ils connoissent & qu'ils aiment la verité. C'est en effet une grande grace. Mais si on ne passe plus avant, on ne laissera pas de se perdre. Car est-ce assez qu'un serviteur reconnoisse son maître, un fils son pere, une femme son mari ; si le serviteur n'obéït à son maître, le fils à son pere, & la femme à son mary ?

Lors donc que Dieu nous a découvert une verité importante pour toute la conduite de nôtre vie :

1. Il faut reconnoître beaucoup cette grace & le remercier de ce qu'il n'a pas permis que nous nous y soyons opposez, comme plusieurs auroient pû faire ;

Pour le Dimanche de la Passion.

mais qu'il nous a donné une docilité d'esprit pour la recevoir.

2. Il faut reconnoître que si nous ne vivons selon la verité que Dieu nous a fait connoître, nous en serons plus coupables, à cause de nôtre ingratitude, & que nous ne serons plus excusez sur nôtre ignorance. Outre que nous nous trompons nous-mêmes. Nous faisons comme un homme qui loüeroit le pain qu'on luy donne sans en vouloir manger, & les remedes qu'on luy ordonne sans en vouloir user dans sa maladie.

Il faut remarquer dans nous nos passions secrettes, & tout ce qui s'oppose à la verité de Dieu, & le prier qu'il nous en guérisse. Car comme JESUS-CHRIST a dit qu'il étoit la verité, il a dit aussi qu'il étoit la voye pour nous conduire, & la vie pour nous nourrir. C'est ce point qui marque comment il faut écouter & pratiquer la verité. Saint Augustin distingue excellemment trois sortes de personnes qui l'entendent, dont les uns bâtissent sur le sable, les autres sur la pierre, & les autres ne bâtissent point du tout. *Entendre & ne pas faire, c'est bâtir sur le sable : Entendre & faire, c'est bâtir sur la pierre : Celuy qui n'entend, ni ne fait, demeure sans maison.* AUDIRE *& non facere, in arena ædificare est : Audire & facere, in petra ædificare est : Nec facere, nec audire, nihil ædificare est.*

Ce n'est pas encore assez de bâtir sur la pierre. Il faut y bâtir de l'or, de l'argent, des pierres precieuses, c'est-à-dire, des vertus qui soient pures, éclatantes, precieuses, solides, incorruptibles, comme sont l'or, l'argent, & les pierreries. Ce qui montre quelle doit être la pureté d'un Chrétien, puisque tout ce qui ne sera pas dans nous entierement pur, sera brûlé dans le feu comme mauvais.

Ecoutons ces veritez saintes, si nous voulons être les enfans de Dieu. Ne resistons point au Sauveur comme les Juifs, & apprenons de la moderation qu'il témoigne dans nôtre Evangile, à être les humbles disciples d'un maître si doux. Voyons avec quelle modestie il répond aux injures les plus atroces, & combien il évite de rendre injure pour injure, ny même de disputer avec ceux qui le haïssent. Car comme la calomnie est naturellement hardie & impudente, & qu'elle s'irrite de tout ce qui la devroit confondre, JESUS-CHRIST tâche d'appaiser ces personnes par sa moderation & par sa douceur. Ils l'appellent *un Samaritain*, ils disent *qu'il est possedé du démon*, & le Sauveur sans aucune aigreur de paroles leur répond simplement : *Je ne suis point possedé du démon.*

Tout ce que leur envie leur avoit fait conclure de la profondeur de sa doctrine, & de la multitude de ses miracles, est qu'il étoit Samaritain, & qu'il n'agissoit que par la vertu de Belzebub. C'est là le propre de toutes les personnes qui sont envenimez de l'envie. Les discours les plus sages leur passent pour une folie. Ils regardent les plus fideles serviteurs de Dieu comme les ennemis de Dieu, & lorsqu'ils le des-honorent eux-mêmes par l'horreur de leurs vices, ils accusent les plus gens de bien de ne le pas honorer, & les forcent de leur dire avec la douceur de JESUS-CHRIST: *Pour moy, j'honore mon Pere, mais vous me déshonorez.*

Apprenons d'icy à garder l'humilité. Mais en gardant l'humilité, JESUS-CHRIST nous commande en même temps d'être jaloux de sa gloire, & en abandonnant nos interêts, il veut que nous soûtenions genereusement les siens. Quand les Juifs disent à JESUS-CHRIST qu'il a le démon, il ne

Pour le Dimanche de la Passion.

leur répond qu'avec une extrême modestie. Mais quand ils osent se dire les enfans de Dieu, eux qui étoient pleins de crimes, il s'éleve contre eux, & il ne peut souffrir cet excés.

C'est-là l'instruction importante que nous devons tirer de la conduite de JESUS-CHRIST. Nous devons comme luy négliger tout ce qui ne regarde que nos personnes particulieres. Mais en même temps nous devons être courageux pour soûtenir jusqu'au bout ce qui regarde la gloire de Dieu. *Je ne cherche point ma gloire*, dit le Sauveur. Je souffre ces blasphêmes que vous dites contre moy; puisque vous ne me deshonorez que parce que j'honore Dieu. Je ne crains point vos reproches ny vos violences, & puisque tous ceux qui gardent ma parole ne verront point la mort, je n'ay garde de craindre celle que vous me préparez. Si vous ne pouvez nuire à un seul de mes disciples, vous ne me nuirez pas à moy-même.

Mais rien ne peut servir aux Juifs. Ils font voir en leurs personnes qu'il n'y a rien de plus inflexible qu'un cœur endurci. Tout ce qu'il voit le confirme dans sa malice, & les miracles les plus clairs l'aveuglent : les plus grands châtimens de Dieu ne peuvent le faire rentrer en luy. C'est le malheur que Saint Paul appréhendoit pour les Chrétiens. Lorsque le corps perd sa force, il perd en même temps tout le sentiment. Ainsi lorsque l'ame perd sa vertu qui est sa force, elle est insensible à tout le reste. Les menaces les plus effroyables ne font aucune impression sur elle.

Les Juifs paroissent fort indifferens à ce que JESUS-CHRIST leur dit, qu'ils ne connoissent point Dieu. Ils se mettent peu en peine de ce reproche si étonnant. Mais lorſqu'on leur ôte cette vaine gloire qui les enfloit d'avoir Abraham pour pere, ils s'emportent de fureur contre JESUS-CHRIST, & ils prennent des pierres pour le lapider. Leur orgueil qui ne reſpiroit que le ſang, ſe découvre auſſitôt, & ils ne peuvent ſouffrir un homme qui leur parle avec tant de liberté. Ne nous laiſſons point tomber dans cet état. Il eſt trop funeſte. Il ſemble que l'on ait alors abandonné toute l'eſpérance de ſon ſalut. On perd toutes les penſées de ſe convertir: & on reſſemble à ces pilotes, qui dans les plus violentes tempeſtes, abandonnent le vaiſſeau aux vents, ſans ſe ſervir de leur art pour y apporter du remede.

On ne vient point tout d'un coup dans un ſi grand abîme de maux. Le premier degré par lequel les Juifs y ſont tombez eſt celuy de l'envie. Quand une ame eſt poſſedée de ce mal, elle ne penſe plus qu'à ſatisfaire ſa paſſion. De quelques maux qu'elle ſe voye environnée, ſa fureur l'emporte toûjours. Elle ne craint point de ſe perdre, pourvû qu'elle perde celuy qui ne luy plaît pas. Elle s'afflige qu'on honore Dieu. Elle n'a point d'autre joye, que celle qui réjouït le démon même.

Cet homme, dites-vous, eſt en grand honneur. Tout le monde luy applaudit. Si cet honneur n'eſt qu'humain, ne le luy enviez pas. S'il le merite ſelon Dieu, tâchez de vous en rendre digne vous-même. Que ſi vous ne pouvez luy devenir ſemblable, pourquoy perdez-vous ce que vous aviez déja? Pourquoy ne pouvant monter à une plus haute vertu, vous précipitez-vous dans l'abîme d'une malice conſommée? Que ne vous réjouïſſez-vous de la perfection de vôtre frere? Si vous ne pouvez vous avancer autant que luy, faites-vous au moins un mérite de cette joye que vous avez de sa vertu. La volonté seule suffit quelquefois pour faire un grand bien, comme elle suffit seule pour faire un grand mal.

Le Prophete Ezechiel marque que les Moabites n'ont été punis de Dieu, que parce qu'ils se sont réjouïs des maux des Israëlites, & il y a eu des personnes qui ont reçû de grands biens par la seule douleur qu'ils ont sentie des maux des autres. Si Dieu ne veut pas qu'on se réjouïsse du mal qu'il fait luy-même à ceux qu'il châtie, combien moins veut-il qu'on s'afflige de l'honneur qu'il fait rendre à ceux qu'il aime?

Quittons cette passion monstrueuse, & en voyant jusqu'où elle emporte les Juifs, craignons de nous assujettir à sa tyrannie. Ne portons point d'envie aux gens de bien. Aimons ceux que Dieu aime. Honorons ceux qu'il honore, & tâchons de meriter d'être nous-mêmes aimez de Dieu.

POUR LE DIMANCHE
DE LA PASSION.

Christus assistens Pontifex futurorum bonorum.
Hebr. 9.

JESUS-CHRIST *étant le Pontife des biens futurs.*

A chair de JESUS-CHRIST étoit un temple sans comparaison plus parfait que celuy où le grand Prêtre entroit autrefois. Le Verbe qui est Dieu, y habitoit, & le Saint Esprit y agissoit dans toute l'étenduë de ses divines opérations. *Car Dieu a donné l'esprit à* JESUS-CHRIST *sans mesure.*

Saint Paul marque aussi-tôt pourquoy ce nouveau Temple étoit plus considerable que celuy des Juifs, lorsqu'il dit, *qu'il n'étoit point fait par la main des hommes.* Le Saint Esprit ne l'auroit pas formé luy-même, si les hommes y avoient eu part. Ainsi il n'étoit point du rang des choses creées. Il étoit tout spirituel & construit par le Saint Esprit.

La chair du Sauveur étoit tout ensemble, selon Saint Paul, un Temple, un Voile, & un Ciel. Elle étoit un *Voile*, à l'égard de la Divinité qu'elle renfermoit. Elle étoit un *Ciel*, parce que Dieu y demeuroit. Elle étoit un *Temple*, parce que le Souverain Prêtre entroit dans ce Sanctuaire, pour offrir des sacrifices.

C'est ce Grand Prêtre qui a paru tout d'un coup

Pour le Dimanche de la Passion. 317

dans le monde, sans succeder à un autre qui l'eût devancé, comme le reste des Prêtres. Ce Prêtre n'est point venu pour offrir des bêtes mortes, mais pour nous dispenser les graces des *biens futurs*, que Saint Paul appelle de la sorte, parce qu'il ne trouve point de termes pour les exprimer. Ce souverain Pontife a changé tout ce qui étoit ancien. Il a renouvellé les sacrifices qu'on offroit à Dieu. Il ne s'est plus servi du sang des bœufs ou des boucs. Il a offert luy-même son propre sang pour entrer dans le *Sanctuaire*; c'est-à-dire, dans le ciel.

Aprés avoir trouvé la rédemption éternelle. Cette expression, *aprés avoir trouvé*, marque que la chose dont il parle, étoit difficile à obtenir, & qu'on ne pouvoit même l'espérer. Car comment eût-on osé prétendre qu'une seule & unique entrée dans le Sanctuaire eût mérité une rédemption éternelle ? Aussi Saint Paul, comme pour autoriser ce qu'il a dit, ajoûte :

Car si le sang des boucs & des taureaux, &c. Si le sang des taureaux, dit-il, peut purifier la chair, combien plus le sang de JESUS-CHRIST purifiera-t-il les ames ? Non seulement il s'offre, mais il s'offre par le Saint Esprit, comme une hostie pure, sans tache, & exemte de tout péché. Ce n'est plus par le feu comme autrefois, que ce divin holocauste a été consommé ; c'est par le Saint Esprit même. Faut-il s'étonner aprés cela si le sang de JESUS-CHRIST offert à Dieu de la sorte, a le pouvoir de purifier nos consciences de toutes les œuvres mortes ? C'est avec grand sujet que Saint Paul donne ce nom d'*œuvres mortes* aux péchez que nous commettons. On étoit impur parmi les Juifs dés que l'on touchoit un corps mort, & l'on devient impur parmi les Chrétiens, déslors que l'on commet une œuvre morte.

La conscience en est aussi-tôt souïllée. Le Dieu que nous servons, est un Dieu vivant, celuy qui commet des œuvres de mort, ne peut servir le Dieu de la vie.

Aussi Saint Paul ajoûte aussi-tôt : *Pour servir le Dieu vivant.* Ceux donc qui commettent ces œuvres mortes, ne devroient pas avoir la témerité d'entrer dans l'Eglise. S'il étoit autrefois défendu aux Juifs d'entrer dans le temple, lorsqu'il avoient touché un corps mort, combien devroit-il être plus défendu aux Chrétiens d'approcher de nos Autels, lorsqu'ils commettent des œuvres mortes, qui les souïllent plus sans comparaison, que l'attouchement de ces corps ne souïllent les Juifs ?

On appelle avec Saint Paul, *œuvres mortes*, toutes les actions qui n'ont point de vie, & qui répandent partout la mauvaise odeur. Comme un corps mort n'est plus capable d'aucun mouvement, & qu'il n'est plus qu'un amas de pourriture ; le péché de même rend l'homme incapable de tout bien, & le laisse sans mouvement & sans vie au dedans de l'ame.

Nous voyons tous les jours quels ravages la peste fait dans un païs, combien elle y emporte de monde. C'est une image de ce que le péché fait dans les ames, puisque le péché en est la véritable peste. La peste corrompt l'air d'abord, & passe ensuite jusqu'aux corps. Mais le péché va droit à l'ame. Il commence par la corrompre, & elle devient plus hideuse ensuite aux yeux des Anges, que les corps des pestiferez ne le sont aux nôtres.

C'est pourquoy il est le médiateur d'une nouvelle alliance, afin que par sa mort, &c. Il y avoit apparemment plusieurs personnes foibles qui ne pouvoient croire les promesses de JESUS-CHRIST, à cause de cela même qu'il étoit mort. C'est au contraire cette mort que Saint Paul établit comme le principal fondement de nôtre espérance, & il s'autorise par l'exemple de ce qui se fait tous les jours parmi les hommes. Le testament que fait un homme, n'a aucun lieu pendant que cet homme est vivant ; il n'est valide qu'après sa mort. Ainsi c'est par sa mort que JESUS-CHRIST a scellé la nouvelle Alliance.

Le Testateur en mourant nomme les uns pour heritiers de ses biens, & il en exclud les autres. C'est ce que JESUS-CHRIST a fait à sa mort. Il a fait les uns heritiers de son Royaume, & il l'a fermé aux autres. Il a dit à son Pere pour ceux qu'il a fait ses heritiers : *Je veux, mon Pere, que ceux-là soient par tout où je suis.* Il a dit pour ceux qu'il desheritoit : *Je ne vous prie pas pour tous ; mais seulement pour ceux qui par la prédication de mes disciples croiront en moy.* Ce divin Testament marque encore comme nos testamens ordinaires, à quoy sont obligez ceux à qui on legue, pour avoir droit de joüir de ce qu'on leur laisse. Voilà la condition que JESUS-CHRIST exige de nous, si nous voulons être heritiers dans son Royaume : *Je vous fais*, dit-il, *un commandement nouveau, que vous vous aimiez les uns les autres.*

Saint Paul donc nous dit avec grande raison, que JESUS-CHRIST *est le médiateur de la nouvelle Alliance*. Pourquoy le *médiateur ?* Un médiateur n'a pas absolument en son pouvoir la chose dont il n'est que l'entremetteur. Il ne peut que la negocier. Aussi c'est en cette maniere que JESUS-CHRIST a été le médiateur entre son Pere & les hommes. Son Pere étoit justement irrité contre nous, & comme il ne nous regardoit plus que comme des enfans rebelles, il nous avoit entierement desheritez.

JESUS-CHRIST a donc été nôtre médiateur envers son Pere. Il a appaisé sa juste indignation. Il a desarmé sa fureur, & il l'a contraint en quelque sorte de nous rendre part à cet heritage celeste dont il nous avoit exclus. Il nous est venu déclarer sur la terre ce que son Pere desiroit de nous. Il est retourné au ciel, pour assurer son Pere de ce que nous luy promettions de faire, & ensuite il a comme scellé par sa mort cette alliance entre Dieu & nous. Nous avions offensé Dieu. Nous devions mourir; JESUS-CHRIST est luy-même mort au lieu de nous, & il nous a rendu dignes d'avoir part à son alliance.

Ainsi ce Testament a été stable. Il ne peut plus être cassé, puisqu'il est fait en faveur de personnes qu'on ne peut plus dire être indignes d'y avoir part: nous n'étions dignes que de supplices & de châtimens, & nous avons mérité tout d'un coup par la vertu du sang de ce médiateur celeste, d'avoir part à un Royaume éternel. Nous étions charnels, & nous sommes devenus spirituels, en ne regardant plus que le ciel comme nôtre partie & nôtre heritage.

Craignons donc de perdre encore une fois par nôtre faute cet heritage si précieux, & puisque JESUS-CHRIST nous rouvre le ciel par sa mort, ne demeurons plus sur la terre. Que nôtre conversation soit dans les cieux. Nous pouvons en demeurant encore icy-bas, être déja de cœur dans le ciel. C'est par la volonté & par le cœur que cela se fait; & comme on dit que Dieu est dans les cieux, parce que c'est là qu'on le regarde présent dans la compagnie de ses Anges, nous sommes aussi déja dans le ciel, si nous nous tenons attachez à Dieu.

Soûpirons sincérement vers cet heritage celeste que

que JESUS-CHRIST vient nous recouvrer par sa mort. Desirons avec ardeur d'avoir part à ce Testament divin qu'il vient sceller de son sang. Méprisons ce qui ne regarde qu'une vie que nous allons peut-être quitter demain, & ne pensons qu'à un Royaume dont nous joüirons dans tous les siécles.

Considérons en ce saint temps ce divin Pontife qui entre dans le Sanctuaire, & qui prie pour nos péchez. Pensons à nous, au moins lorsque ce Prêtre adorable travaille tant pour nôtre salut. Venons en foule l'adorer en ce saint Temple, où il s'offre encore pour nous : & tremblons devant son Autel, sur lequel il nous reconcilie à son Pere. Prosternons-nous devant luy dans le sentiment d'une humble componction, & fondons en larmes en sa présence. C'est maintenant le temps de pleurer.

Mais helas ! au lieu d'adorer JESUS-CHRIST dans son Sanctuaire, où il s'offre à son Pere comme nôtre Médiateur, on le méprise souvent & on l'outrage dans son propre Temple. On met son Autel saint au rang des choses profanes : & ceux mêmes quelquefois qui font profession de pieté, se laissent aller à l'immodestie dans un lieu sacré, où le Prêtre offre ses prieres en tremblant, & où les Anges rendent au Dieu qui est présent parmi nous leurs adorations & leurs hommages. Est-ce ainsi que l'on respecte ce Sacrificateur auguste, lorsqu'il travaille pour nôtre salut ? Et ne craignons-nous point de nous exclure nous-mêmes de cette réconciliation divine que JESUS-CHRIST va faire de nous avec son Pere, en versant son sang sur la Croix.

POUR LE MARDY
DE LA SEMAINE DE LA PASSION.

Si hæc facis, manifesta teipsum mundo. *Joan.* 7.

Puisque vous faites des choses si merveilleuses, faites-vous connoître à tout le monde.

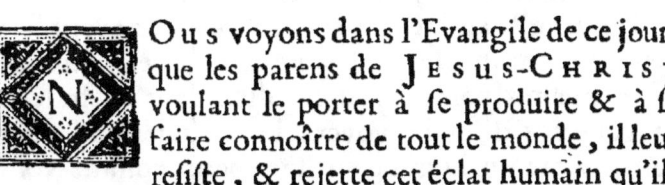Ous voyons dans l'Evangile de ce jour, que les parens de JESUS-CHRIST voulant le porter à se produire & à se faire connoître de tout le monde, il leur resiste, & rejette cet éclat humain qu'ils luy conseilloient de se procurer. Il nous fait voir en ce point combien il a fuï la gloire, afin de nous donner un exemple de la fuïr. Nous y voyons encore ce que le Sauveur nous y dit de la haine que le monde luy porte, & la raison principale pour laquelle les Juifs l'ont traité si cruellement.

Mais pour tirer avec quelque ordre ces differentes instructions de cet Evangile, nous y considererons :

I. Combien les parens sont dangereux aux personnes de pieté, & combien on recherche quelquefois l'éclat de la vertu même.

II. Qu'on ne doit faire le bien que dans l'ordre de Dieu, & dans les momens qu'il nous a prescrits.

III. Que le monde persecute toûjours JESUS-CHRIST, & la charité qu'il faut témoigner envers ceux qui nous persécutent.

I.

Nôtre Evangile nous represente que le Fils de Dieu vouloit demeurer dans la Galilée, & ne se point trouver à Jerusalem à la fête des Tabernacles, au moins aux premiers jours que se célébroit cette fête, parce que les Juifs avoient fait dessein de le tuer. Ce qu'il a voulu faire, dit Saint Augustin, pour l'exemple & pour la consolation de ses serviteurs ; afin qu'ils sçussent qu'il y a des périls qu'ils peuvent légitimement éviter, & qu'ils ne doivent exposer leur vie pour son service, que lorsque sa gloire & la charité les y obligent.

L'Evangile ajoûte que Jesus-Christ ayant fait cette résolution, ses parens luy dirent ces paroles : Ne demeurez point icy, mais allez dans la Judée, afin que vos disciples voyent les miracles que vous faites : car un homme qui se produit comme vous par tant d'actions publiques, ne doit point vouloir demeurer caché. Puisque vous faites des choses si merveilleuses, faites-vous connoître à tout le monde. *Si hac facis, manifesta te ipsum mundo.*

S'il y avoit quelque lieu de douter que ces personnes ne donnassent ce conseil au Fils de Dieu que par une vanité secrette, l'Evangile même nous en auroit éclaircis, puisqu'il ajoûte aussi-tôt : *Car ses parens ne croyoient point en luy.* Pourquoy ne croyoient-ils point en luy, dit Saint Augustin ? *Parce qu'ils recherchoient une gloire humaine.* Quare *in eum non credebant ? Quia humanam gloriam e quirebant.*

Puis donc que le Fils de Dieu n'a rien fait que pour nous donner exemple, il nous fait voir par le témoignage que l'Evangile rend à ses parens ce que nous devons pour l'ordinaire attendre des nôtres.

Comme nous voyons donc que ces parens de JÉ-
SUS-CHRIST considéroient humainement tous
les miracles qu'il faisoit ; & que regardant sa gloire
comme la leur à cause de la proximité du sang, ils
le poussoient à se faire connoître encore davantage
& à augmenter toûjours sa réputation de plus en
plus : de même si nous examinons bien les desseins
que pour l'ordinaire les parens font sur ceux de leur
maison qui sont à Dieu, nous trouverons qu'ils sont
tous semblables à ceux de ces personnes que nous represente nôtre Evangile, & qu'ils ne se servent des
dons que Dieu a mis dans ses serviteurs, que pour en
faire un sacrifice à leur ambition & à leur vanité.

Le Fils de Dieu ne s'est pas contenté de nous en
donner un si grand exemple ; mais il nous a confirmé
encore cette vérité par cette parole si considérable,
Inimici hominis domestici ejus. Ceux de la maison de
l'homme, c'est-à-dire, ses parens & ses plus proches,
sont ses ennemis. Car le Fils de Dieu dit immédia-
tement auparavant qu'il étoit venu séparer le pere
d'avec le fils & le fils d'avec le pere, & il ajoûte
aussi-tôt aprés : Que celuy qui aime son pere ou sa
mere plus que luy n'est pas digne de luy.

Cecy nous doit apprendre qu'ainsi que nous devons
avoir une grande charité pour eux, & leur porter
tout l'honneur & tout le respect que la loy de Dieu
nous commande; il faut aussi prendre garde en même
temps, que cet amour soit spirituel & non charnel,
& que nous les aimions selon Dieu, lorsqu'ils ne nous
aiment le plus souvent que selon le monde.

Mais sur tout il faut prendre extrémement garde,
lorsqu'on est engagé dans le ministere de l'Eglise, de
ne se conduire point par leurs avis dans des fonctions
si saintes, & de ne point suivre les desseins tout terrestres qu'ils font pour l'ordinaire sur leurs proches

par un mouvement ou d'ambition, ou d'avarice.

Car si les parens mêmes du Fils de Dieu l'ont traité de la sorte, si ce grand éclat de sa vertu & de sa profonde humilité n'a pas empêché qu'ils ne l'ayent consideré comme susceptible d'une gloire humaine : attendons-nous qu'ils nous traitent plus favorablement, nous qu'ils reconnoissent d'ailleurs être si foibles pour resister à cette tentation ?

Les paroles avec lesquelles Saint Augustin representent le mouvement qui les portoit à parler de la sorte à Jesus-Christ sont bien considérables. *Ils luy conseilloient de travailler à acquerir une gloire humaine*, dit ce Saint, *luy donnant un avis tout seculier, selon leurs desirs & leurs affections terrestres*. Dabant ei consilium consequendæ gloriæ, veluti seculariter & terreno affectu monentes. Voilà comme le Fils de Dieu a été traité par ses parens, afin que nous sçussions par un exemple si considérable la maniere avec laquelle nous devons nous conduire avec les nôtres.

C'est pourquoy lorsque le Fils de Dieu âgé de douze ans demeura dans le Temple à Jerusalem pour s'entretenir avec les Docteurs de la loy, & que la Vierge l'ayant enfin trouvé le troisiéme jour luy eut demandé pourquoy il les avoit ainsi abandonnez, il luy répondit avec une fermeté qui sembloit passer son âge : *Pourquoy me cherchiez-vous ? Ne sçaviez-vous pas que je dois m'occuper aux affaires de mon Pere ?* Nous voulant apprendre par cet exemple, que lorsque nous sommes occupez dans le ministere de Dieu & de son Eglise, nous ne devons avoir nul égard à nos plus proches, dans les choses qui se trouvent opposées à ce que nous devons à Dieu & aux obligations de nôtre salut. Il faut toûjours conserver le respect & l'affection sincere que nous leur devons, mais non pas au préjudice de ce que Dieu nous commande, puisque si nous les devons aimer autant que nous-mêmes, nous devons aimer Dieu plus que nous-mêmes.

C'est pourquoy Saint Augustin parlant de ces rencontres, où selon l'Evangile, le fils est quelquefois obligé de se séparer de son pere en ne luy obéïssant pas lorsqu'il s'agit de son salut, de peur de desobéïr à Dieu en luy obéïssant ; Saint Augustin, dis-je, dit excellemment : *Que le pere dans ces rencontres ne se fâche pas contre son fils : car son fils ne luy préfere que Dieu seul.* NE *irascatur pater in filium : Deus solus illi præfertur.* Il faut qu'il soit bien injuste, s'il veut que son pere préfére ce qu'il luy commande à son salut ; & il faut qu'il soit bien superbe, s'il veut que son fils l'aime plus que Dieu, & qu'il desobéïsse à Dieu pour luy obéïr. Car nos peres ne sont peres que de nôtre corps ; mais Dieu est seul le pere de nôtre ame, & il est aussi le pere de nôtre corps encore plus que nos peres mêmes.

I I.

Le Fils de Dieu voyant que ses parens luy parloient d'une maniere si basse & si humaine, leur répond : *Mon temps n'est pas encore venu ; mais pour vous autres vôtre temps est toûjours prest.* Cette parole contient une instruction excellente, & elle nous fait voir combien la sagesse, qui est selon Dieu, est différente de la sagesse du monde.

Car JESUS-CHRIST leur vouloit dire par cette réponse, selon S. Augustin : Vous m'exhortez à rechercher de la gloire parmi les hommes : mais le temps de ma gloire n'est pas encore venu. Je veux être humilié avant que d'être glorifié. C'est ce que ce Pere explique en ces termes : *JESUS-CHRIST a voulu que son humilité devançât sa gloire, & que son abaissement même luy servît comme d'un degré pour*

Aug. tract. 28. in Ioan.

Pour le Mardy de la semaine de la Passion. 327
y monter. ILLE *voluit altitudinem humilitate præcedere.*

C'est par un semblable mouvement, comme ajoûte le même Pere, que les enfans de Zebedée agissant encore humainement, comme n'ayant pas encore été renouvellez par la descente du S. Esprit, demanderent au Sauveur d'être assis dans son régne, l'un à sa droite & l'autre à sa gauche. Car, comme ajoûte ce divin Docteur : *Ils consideroient où ils tendoient, mais* *Aug. ibid.* *ils ne voyoient pas par où il falloit aller où ils tendoient.* ATTENDEBANT *quò, & non videbant quà.*

C'est-là ce qui perd d'ordinaire la plûpart des hommes. Ils devancent Dieu, & ils veulent le prévenir en desirant à contre-temps les choses qu'il se reserve de leur donner en son temps. Car tous les hommes desirent la gloire, & Dieu leur donnera aussi la gloire, & une gloire si grande, qu'elle passera infiniment toutes leurs pensées & tous leurs souhaits. Mais il faut qu'ils se laissent conduire à Dieu, pour pouvoir obtenir ce qu'ils desirent.

Ils veulent être parfaitement sains, & Dieu les veut guérir aussi : mais il faut qu'ils passent par les remedes. Ils veulent joüir de la couronne, & Dieu les veut couronner aussi : mais il faut qu'ils combattent auparavant, selon cet Oracle du grand Apôtre : *On ne sera point couronné, qu'aprés avoir combattu* 2. *Tim.* c. 2. *fidellement.* v. 5.

Et Saint Augustin dit excellemment sur ce sujet : *La patrie où vous tendez est la gloire & le repos avec* *Aug. tract.* JESUS-CHRIST. *Le chemin par lequel vous mar-* 28. *in Ioan.* *chez, est la Passion de* JESUS-CHRIST. *Que si vous ne voulez pas marcher par ce chemin, en vain vous tendez à cette bien-heureuse patrie.* PATRIA *est mansio Christi, via est Passio Christi. Qui recusat viam, quid quærit patriam?*

X iiij

Comme donc le Fils de Dieu n'a fait autre chose dans sa vie que de contempler sans cesse la volonté de son Pere, & de l'accomplir selon toutes les circonstances qu'il y voyoit marquées, & dans le temps & les momens que chaque chose luy étoit prescrite : ainsi nous devons tâcher que toutes les actions de nôtre vie ne soient autre chose qu'un accomplissement des desseins éternels que Dieu a sur nous, afin que sa seule volonté soit faite dans nous & par nous, & non pas la nôtre.

C'est la dévotion qu'avoit David lorsqu'il consultoit Dieu en toutes choses, comme il est marqué expressément dans les Livres des Rois ; & c'est elle qui luy faisoit dire à Dieu: *Mon Dieu, mon cœur est préparé à tout ce qu'il vous plaira ordonner de moy.* Quand on agit de la sorte, on ne s'engage pas aisément dans un état dangereux, quelque saint qu'il soit : & on n'entreprend pas légérement plusieurs choses, quoy qu'elles soient en soy très-loüables.

Car entre les biens mêmes Dieu souvent en veut plutôt l'un que l'autre, & il veut qu'il s'execute plutôt par l'un que par l'autre, plutôt en une maniere, en un temps, en un lieu qu'en un autre. Il faut donc le consulter pour toutes ces choses. Je sçay que le plus souvent on n'y prend pas garde de si prés. Mais c'est alors aussi que cette parole de JESUS-CHRIST se verifie : *Vôtre temps est toûjours prêt* ; parce que vous ne faites que ce que vous voulez, sans prendre garde si Dieu le veut, & quand il le veut.

III.

Psal. 107.
La troisiéme parole de nôtre Evangile est celle-cy : *Le monde ne peut vous haïr, mais pour moy il me hait.* Et pourquoy vous haït-il ? *Parce que je rens témoignage que ses œuvres sont mauvaises.* Et pourquoy le monde ne peut-il haïr ceux qui sont

du monde, comme étoient ces parens de JESUS-CHRIST qui ne croyoient point en luy ? Le Fils de Dieu le dit en un autre endroit, en parlant à ses Apôtres : *Si vous eussiez été du monde, le monde indubitablement vous auroit aimez comme luy appartenans ; mais parce que vous n'êtes point du monde, & que je vous en ay tirez en vous choisissant pour mes disciples, le monde vous hait.*

Aussi saint Augustin rendant la raison de cette parole du Fils de Dieu dans nôtre Evangile, *Le monde ne peut vous hayr*, dit très-bien : *Non potest mundus odisse amatores suos, testes falsos suos* : Le monde ne peut haïr ceux qui l'aiment, & qui se rendent de faux témoins en sa faveur, pour justifier faussement ce qu'il desire. C'est pourquoy ce Saint ajoûte : *Vous vous rendez de faux témoins en faveur du monde : car vous faites passer pour luy complaire, le bien pour le mal & le mal pour le bien.* BONA *enim dicitis quæ mala sunt, & mala quæ bona sunt.*

La 1. instruction que nous devons tirer de ces véritez, c'est de ne souhaiter point l'estime du monde, c'est-à-dire, de ceux qui vivent par son esprit. Car si le monde hait JESUS-CHRIST, comme il le dit luy-même, & si JESUS-CHRIST hait le monde, c'est-à-dire, un monde pour lequel il n'a pas voulu prier, comme il le declare dans l'Evangile, il vaut mieux sans doute être haïs du monde avec JESUS-CHRIST, que d'être condamnez avec le monde par JESUS-CHRIST.

La 2. instruction est, que si le monde nous persecute parce que nous suivons JESUS-CHRIST, comme il en a assûré ses Disciples en leur disant : *S'ils m'ont persecuté, ils vous persecuteront aussi* : Nous devons souffrir cette persecution avec la même douceur & la même patience que JESUS-CHRIST l'a soufferte. Nous ne devons pas avoir la moindre aigreur contre ces personnes. Nous devons prier pour eux, & leur souhaiter les mêmes biens qu'à nous-mêmes.

Aug. ibid. tract. 28. in Ioan.

POUR LE JEUDY
DE LA SEMAINE DE LA PASSION.

Remittuntur ei peccata multa, quoniam dilexit multùm. *Luc.* 7.

Beaucoup de pechez luy sont pardonnez, parcequ'elle a beaucoup aimé.

IL y a quelque miracle du Fils de Dieu dans lequel il a fait éclater sa grace d'une maniere toute particuliere, nous pouvons dire que c'est dans la conversion admirable de cette sainte Penitente, dont l'histoire nous est rapportée dans nôtre Evangile. Car il n'a jamais paru plus clairement que dans ce grand exemple que le S. Esprit est le maître souverain de nos cœurs ; & qu'ainsi qu'il souffle quand il luy plaît, & dans tous ceux qu'il luy plaît, il leur fait faire aussi par une douce & aimable violence tout qu'il luy plaît.

La Magdelaine étoit une femme publiquement perduë & deshonorée, & en un moment elle devient un modele de vertu, de chasteté & de penitence. Comme donc les Saints Peres ont remarqué qu'elle a été l'image de toute l'Eglise, il faut necessairement que nous trouvions dans sa conversion les marques veritables de la nôtre.

C'est pourquoy nous y considererons,

I. Qu'elle étouffe tous les respects humains, & qu'elle consacre au Sauveur tout ce qui luy avoit servy à l'offenser.

II. Nous considererons pourquoy elle parfume les pieds & non la tête de JESUS-CHRIST.

III. Nous considererons cette parole que JESUS-CHRIST dit en sa faveur: *Beaucoup de péchez luy sont remis, parcequ'elle a beaucoup aimé.*

I.

L'Ecriture sainte nous marque en plusieurs endroits la puissance de la parole & de la grace divine, qui pénetre non-seulement dans les esprits, mais dans le fond des cœurs, & qui change leur volonté corrompuë en une autre volonté toute pure & toute sainte. C'est ce qu'elle nous a voulu apprendre lorsqu'elle dit: *Les fléches du Tout-Puissant ont une pointe perçante.* Et ailleurs: *Vos fléches sont penetrantes, & vous vous assujettirez par elles tous les peuples de la terre.*

Ces fléches, selon saint Augustin, sont la parole jointe à la grace, qui transperce les cœurs des hommes, en leur faisant faire tout ce que Dieu leur commande. Mais si nous apprenons cette grande verité, en cent endroits de l'Ecriture, nous la voyons aujourd'huy de nos propres yeux dans l'exemple de la Magdelaine.

Nous pouvons dire avec raison que la parole que le Sauveur avoit dite à la Samaritaine: *Si vous connoissiez le don de Dieu, vous viendriez vous-même luy demander l'eau de sa grace,* a été parfaitement accomplie en elle, puisqu'il est dit d'elle, *qu'aussi-tôt qu'elle sçut que le Fils de Dieu étoit chez le Pharisien,* elle le vint trouver pour se jetter à ses pieds, comme étant la fontaine de cette eau vivante, qui pouvoit seule effacer toutes ses taches.

Car il est indubitable que cette connoissance n'a pas été seulement une connoissance exterieure, humaine & naturelle ; mais une connoissance produite par le don de Dieu, *Si scires donum Dei*, une lumiere pleine de feu, qui tout ensemble a éclairé son esprit & brûlé son cœur, pour luy faire produire ces grands mouvemens exterieurs d'amour & de penitence, qui ont été les effets divins de cette divine cause.

C'est ce qui a fait dire excellemment à S. Chrysostome ; qu'encore que cette femme fût publiquement déshonorée, *Elle devint neanmoins plus pure que les Vierges, lorsqu'elle eut été embrazée de ce feu divin. Aussi-tôt*, dit-il, *qu'elle en sentit les flâmes par la penitence, elle commença, pour le dire ainsi, d'être agitée de fureur, par la violence de l'amour qu'elle avoit pour* JESUS-CHRIST. *Elle vint toute échevelée ; elle arrosa ses pieds sacrez de ses larmes, & les essuya de ses cheveux.* Puis donc que cette Sainte est le plus parfait modele de la penitence, jugeons par la sienne quelle doit être la nôtre pour être sincere & veritable.

1. Nous voyons que la violence de son amour luy fait oublier tout respect humain. Elle entre dans une maison dans laquelle elle n'avoit point été appellée, *piâ impudentiâ*, comme dit S. Paulin, avec une sainte impudence. Elle ne considere point ce qu'on dira d'elle, mais seulement ce qu'elle doit faire pour reparer l'injure qu'elle a faite à Dieu, & pour trouver un remede veritable aux playes de son ame.

C'est pourquoy lorsque nous voyons des personnes si circonspectes, qui témoigneroient bien vouloir faire quelque chose pour Dieu, mais qui ont tant de peur que le monde y trouve à redire, c'est un mauvais signe. Je ne dis pas qu'il ne faille garder la discretion, & épargner certaines personnes. Mais il y a bien de la difference entre faire une chose sagement, & ne la faire point du tout ; entre suivre l'ordre de Dieu dans la maniere dont l'on traite avec le monde, & ne se mettre point en peine de déplaire à Dieu, de peur de déplaire en quelque chose aux gens du monde.

Car d'où pensons-nous que vienne cette belle discretion sur laquelle on fonde tant de faux pretextes, & qui rend l'homme si ingenieux à se tromper soy-même ? Elle vient de ce qu'on se souvient tellement d'être discret, qu'on oublie en même temps qu'on est pecheur. On est touché du moindre respect des hommes, & on n'est point touché du ressentiment de ses péchez. C'est pourquoy on suit l'un aux dépens de l'autre.

Qui a rendu la Magdelaine si hardie, dit saint Augustin ? C'est que considerant la profondeur de ses playes, & sçachant que le Medecin qui seul la pouvoit guérir, étoit dans cette maison, elle y est accouruë aussi-tôt. Le desir violent de sa guérison luy a comme fermé les yeux de l'esprit & du corps, pour ne voir non plus les hommes, que si elle eût été seule avec Jesus seul. Ainsi considerez ce que vous avez fait contre Dieu, & vous ne considererez plus ce que les hommes diront de vous. Rougissez de vôtre péché, & vous ne rougirez plus de la pénitence.

Mais voyons ce que fait cette sainte femme dans cette ardeur qui la transporte pour témoigner au Sauveur le regret de son péché. Nous ne nous arrêterons pas maintenant à toutes les circonstances particulieres de son action, qui sont neanmoins toutes mysterieuses. Nous nous arrêterons seulement sur ce qu'on la voit venir ainsi les cheveux épars, comme remarque S. Chrysostome, & se servir de ses cheveux comme d'un linge le plus vil dont on essuye les pieds après les avoir lavez.

Ce qui nous apprend premierement, qu'il doit toûjours y avoir un grand rapport entre nôtre satisfaction & nôtre péché. Cette femme avoit offensé Dieu par ses cheveux, comme faisant un des principaux ornemens des femmes. C'est pourquoy elle trempe ses cheveux de ses larmes. Elle les soûmet à JESUS-CHRIST. Elle veut qu'il les foule aux pieds. Voilà une grande instruction pour tout le monde, & en particulier pour toutes les femmes qui font profession de pieté..

Car il s'en trouve quelquefois, qui bien qu'elles témoignent être affectionnées à servir Dieu, se parent neanmoins d'une maniere capable de porter au péché ceux qui les regardent. Elles se contentent de dire qu'elles n'ont point de mauvaise intention. Et cependant qu'y a-t-il de plus indigne d'une Chrétienne, que de servir ainsi de filet au diable pour prendre les ames & pour les corrompre, selon la parole que les freres de S. Bernard dirent à leur sœur la voyant ainsi parée selon l'air du monde : *Rete diaboli ad capiendum animas ?*

Qu'importe que vous n'ayez point intention de perdre les autres, puisque vous le faites effectivement ? Le démon entretiendra même dans vous avec soin cette bonne intention. Il se servira de vôtre action pour perdre les autres, & de vôtre bonne intention pour vous perdre vous-même. Car si vous n'étiez en cét état, vous auriez aisément scrupule de vous parer de la sorte ; au lieu que maintenant vous luy servez de filet & d'épée pour tuer les ames, sans que vous en ressentiez aucune peine. Cependant c'est ce que l'Apôtre S. Pierre défend à toutes les femmes Chrétiennes : *N'ayez point les cheveux frisez*, & le reste.

Ce qui est encore trés-considerable dans cette action, c'est que saint Gregoire témoigne que la Magdelaine nous apprend à donner l'aumône aux pauvres, qui sont comme les pieds de JESUS-CHRIST, par l'eau dont elle les arrose, & à leur donner nôtre superflu, par ses cheveux dont elle les essuye. Nous devons donc remarquer en même temps, que comme les cheveux, selon les saints Peres, marquent les biens superflus, parce qu'ils ne sont pas absolument necessaires au corps, ils sont neanmoins l'un des plus grands ornemens du visage, sur tout dans les femmes, & l'un des plus grands objets de leur passion & de leur vanité.

Cecy nous apprend combien on doit mettre de choses au nombre des superfluës, qu'on croit neanmoins trés-necessaires, principalement en un temps où l'on peut dire que la vanité est devenuë une cruauté impitoyable, lorsqu'on donne à son luxe la vie & le sang de tant de pauvres, qui sont réduits en un état pire que celuy des bêtes, & dont la misere crie vengeance contre les riches.

II

La 2. chose que nous pouvons considerer dans l'action de cette sainte Penitente, c'est la remarque de saint Bernard, qui est qu'elle ne parfume d'abord que les pieds du Sauveur, attendant qu'elle soit plus avancée pour luy parfumer la tête. Ce qui nous apprend, selon ce Saint, premierement à l'égard de ceux que Dieu tire de leurs pechez, qu'il faut qu'ils se contentent d'abord d'approcher des pieds du Fils de Dieu, c'est-à-dire, qu'ils se mettent dans l'état le plus humble, & qu'ils n'ayent pas la presomption de passer tout d'un coup des pieds à la tête, mais qu'ils s'arrêtent auparavant à la main du Sauveur, qui nous doit soûtenir, pour passer ensuite plus avant. *C'est un grand sault*, dit ce Saint, *& bien dangereux, que de passer tout d'un coup des pieds à la bouche. Arrêtez-vous auparavant à la main du Sauveur: Que cette main divine essuye vos taches auparavant qu'elle vous fortifie dans vôtre foiblesse.* Longus saltus & arduus de pede ad os: Per manum tibi transitus sit : Illa prius te tergat ; Illa te erigat. Et comment cette main nous fortifie-t-elle, ajoûte le même Saint ? Elle le fait en nous preservant des rechutes, en nous faisant produire de dignes fruits de penitence par les exercices de la pieté & des bonnes œuvres.

Car ne voyons-nous pas tous les jours, que ce qui empêche la pluspart des hommes de se convertir veritablement, c'est qu'ils n'imitent point la Magdelaine en se mettant d'abord dans l'état le plus bas. Ils ne se contentent pas de baiser les pieds du Sauveur, en attendant qu'ils soient dignes de s'approcher de luy davantage, à proportion qu'ils s'avanceront dans la pieté. *Non quærunt patientiam sanitatis*, dit excellemment S. Cyprien. *Ils n'ont pas la patience de faire ce qu'il faut faire pour guérir.* Ils voudroient que des ulceres de dix années fussent refermées en un jour. Ainsi ou ils ne cherchent point de remedes, ou ils n'en cherchent que de faux qui les trompent par la vaine apparence d'une guérison précipitée.

Mais nous apprenons encore par cette même remarque de S. Bernard, que si cette conduite est dangereuse à tous les fideles, elle l'est encore beaucoup
plus

Pour le Jeudy de la Semaine de la Passion. 337
plus à ceux qui doivent être élevez au ministere de
l'Eglise. *Quoy, vous étiez hier tout couvert de boüe,*
dit ce Saint, *aujourd'huy vous aurez la hardiesse de
vous presenter devant le visage du Roy de gloire?* HE-
RI *de luto tractus, hodie vultui gloriæ præsentaris:*
Vous ne presumerez pas seulement qu'il vous pardonne, mais vous voudrez devenir l'intercesseur pour
les coupables, le dispensateur des graces du Ciel, &
le mediateur entre Dieu & les hommes ? Il ne faut
pas seulement être hors des vices pour entrer dans le
ministere de l'Eglise, mais il faut être remply de
grace, & affermy dans la charité.

III.

La 3. chose que nous pouvons remarquer dans nôtre Evangile, c'est cette parole que le Fils de Dieu
prononce en faveur de cette Sainte, *Remittuntur ei
peccata multa, quoniam dilexit multum.* BEAUCOUP
*de pechez luy sont remis, parce qu'elle a aimé beau-
coup.* Ce qui nous apprend que comme il faut beaucoup aimer afin d'obtenir le pardon de beaucoup de
fautes ; aussi celuy qui n'aime point demeure dans
la mort ; & par consequent dans son péché, selon
cét oracle de saint Jean : *Qui non diligit, manet in
morte.*

C'est pourquoy le Concile de Trente expliquant la
justification, marque expressément que les ames étant
touchées d'abord par la crainte de Dieu, & ensuite
animées par la confiance de sa misericorde: *Commencent d'aimer Dieu comme la source de la justice : Et
que c'est parce qu'elles aiment ainsi Dieu qu'elles commencent à haïr & à detester le péché.* INCIPIUNT *diligere Deum tanquam fontem justitiæ: ac propterea
moventur in odium ac detestationem peccati.*

Et il semble que ce saint Concile a pris, non-seulement cette maxime, mais l'expression même par la-

quelle il l'a énoncée, de cette excellente parole de S. Augustin: *On a autant de haine pour le péché, qu'on a d'amour pour Dieu qui est la souveraine Justice:* TANTÙM *quisque peccatum odit, quantùm justitiam diligit.* L'un & l'autre reconnoît que la pénitence est fondée dans l'amour, & qu'on ne peut haïr le péché qu'en aimant Dieu, qui est la justice souveraine, & souverainement opposée à tout péché.

Nous devons donc apprendre de cette maxime Evangelique, selon qu'elle nous est expliquée par les SS. PP. & par les Conciles, que nous ne pouvons faire une vraye pénitence qu'en suivant l'exemple de la Magdelaine, & en aimant celuy auquel nous demandons pardon de nos offenses. Car pour se repentir vraiment, il faut quitter le péché, & pour quitter le péché, il faut détruire en soy l'amour du péché, ce qu'il est impossible de faire que par l'amour de Dieu & de la justice. Il n'y a que l'amour qui chasse l'amour. L'amour du Createur bannit celuy de la creature. De-là vient tant de rechutes. On croit pouvoir haïr le péché sans aimer Dieu. Mais ce feu de l'amour propre se conservant dans l'ame, paroît à la premiere rencontre, & y excite un nouvel embrazement.

POUR LE VENDREDY
DE LA SEMAINE
DE LA PASSION.

Où il eſt parlé auſſi de Nôtre-Dame de Pitié, dont on fait la Fête à Paris le même jour.

Collegerunt Pontifices & Phariſæi Concilium.
Joan. 7.

Les Pontifes & les Phariſiens aſſemblerent un Concile.

'EGLISE nous fait voir dans l'Evangile de ce jour un exemple redoutable de ce que peut faire le dereglement de l'eſprit humain dans ceux-mêmes dont la vie devroit être la regle de celle des autres. Les Juifs attendoient le Meſſie depuis pluſieurs ſiécles. Enfin après quatre mille ans les Propheties de Daniel qui avoit marqué ſi particulierement le temps de ſa naiſſance, & celles des autres Prophetes ſont accomplies. Le Meſſie vient ſur la terre; Il paroît Dieu & Homme tout enſemble. Il paroît homme s'étant revêtu d'une condition paſſive & mortelle comme les autres hoĩmes; & il eſt reconnu dans la Judée pour un homme admirable, dont il eſt dit que jamais homme n'avoit parlé comme luy, & qu'un grand Prophete s'étoit élevé parmy eux, parce que Dieu avoit viſité ſon peuple. Il paroît en même temps comme un Homme Dieu, & comme un Meſſie qui étoit l'attente des Juifs & de

toutes les Nations par les actions extraordinaires & miraculeuses qu'il a faites, dont il dit luy-même : Que s'il n'avoit point fait des œuvres si pleines de merveilles que jamais personne n'avoit faites, les Juifs seroient excusables : *Si opera non fecissem que nemo alius fecit, peccatum non haberent.* Il ne parle pas seulement, mais il agit en Dieu. Il rend selon la prediction d'Isaïe, la vûë aux aveugles, l'oüie aux sourds, la santé aux malades, & la vie aux morts. Et aprés cela les Pontifes & les Pharisiens tiennent un Concile ensemble. Caïphe, qui étoit le Pontife de cette année-là, leur represente, que s'ils souffrent que JESUS-CHRIST continuë à faire des miracles, tout le monde croira en luy dans la Judée : Qu'on se persuadera qu'il est ce Messie & ce Roy qui a été prédit par tous les Prophetes : Que les Romains prendront ce sentiment comme un attentat contre la Majesté de Cesar, & comme une preuve que les Juifs se vouloient faire un autre Roy que l'Empereur, qui est le crime dont les Scribes ont accusé JESUS-CHRIST devant Pilate ; Que les Romains viendroient ensuite détruire leur Ville & leur Nation. Et ils concluent qu'ils doivent sans aucun retardement faire mourir JESUS-CHRIST, de peur que la vie d'un seul homme ne soit la ruïne de tout un peuple.

C'est ainsi que la sagesse humaine, que saint Jacques appelle une sagesse animale & diabolique, trouve moyen de couvrir de pretextes specieux les entreprises les plus detestables. Il s'agit icy de la mort non d'un Saint, mais du Saint des Saints. Il s'agit du meurtre d'un Dieu, ce qui est seulement horrible à penser. On s'imagineroit aisément qu'il faudroit que le démon sortît de l'enfer pour venir commettre sur la terre cét attentat qui n'est digne que de luy. Mais ce font au contraire les premieres perſonnes du peuple de Dieu qui ſe declarent les ennemis du Meſſie. Les Phariſiens, dont la vie paroiſſoit la plus ſainte parmy les Juifs, mettent leur vertu à le haïr, & les Pontifes croyent qu'il eſt de leur devoir d'employer toute leur puiſſance pour le perdre. Nous ne nous étendrons pas maintenant ſur ce ſujet, parce qu'il eſt marqué plus au long dans toutes les circonſtances de la Paſſion. Nous dirons ſeulement qu'il paroît par cet Evangile qu'on doit craindre comme le plus grand de tous les maux, de concevoir quelque envie ſecrette contre les ſerviteurs de JESUS-CHRIST, puiſque c'eſt cette même paſſion qui a tellement aveuglé les Juifs, qu'elle a non-ſeulement juſtifié, mais même ſanctifié en quelque ſorte dans leur eſprit la haine & la mort du Fils de Dieu. Mais comme aujourd'huy l'Egliſe de Paris touchée d'un reſpect particulier envers la ſainte Vierge, qui eſt ſa Patronne, fait une Fête particuliere de la maniere toute ſainte & toute divine avec laquelle la Vierge a compati aux ſouffrances de ſon Fils ; nous conſidererons dans elle la vertu contraire au déreglement des Juifs, qui eſt un amour pur & deſinterreſſé ; & nous remarquerons deux choſes dans cette part ſi grande qu'elle a priſe aux douleurs de ſon Fils.

I. Qu'elle a eû dans ſa ſouffrance le même objet qu'a eû JESUS-CHRIST.

II. Qu'elle n'a pas ſeulement penſé à elle ſeule, mais que ſa charité s'eſt étenduë ſur les beſoins de tous les hommes.

I.

Saint Auguſtin fait une remarque conſiderable ſur cette parole du Pſeaume 68. *J'ay attendu que quelqu'un s'atttriſtât avec moy, & perſonne ne l'a fait. J'ay cherché un conſolateur, & je n'en ay point trouvé*. D'où vient, dit ce Saint, que JESUS-CHRIST semble se plaindre par ces paroles, de ce qu'il ne s'est trouvé personne à sa Passion qui s'attristât avec luy, & qui prît part à ses douleurs & à ses souffrances ? Car il est expressément marqué au contraire dans l'Evangile que les saintes femmes qui l'avoient suivi & assisté pendant sa vie, ne l'ont point abandonné à la mort. Que lorsqu'il alloit au Calvaire chargé de sa Croix, elles alloient aprés luy en pleurant ; & que le Fils de Dieu leur dit même : Filles de Jerusalem, ne pleurez point sur moy, mais pleurez sur vous-mêmes & sur vos enfans.

Saint Augustin répond à cette objection qu'on luy pouvoit faire, que le Pseaume & l'Evangile sont tous deux trés-veritables, & que ces deux choses s'accordent trés-bien ensemble. Car JESUS-CHRIST ne dit pas seulement par la bouche de David qu'il n'a trouvé personne qui fût triste pendant sa Passion, mais il dit qu'il n'en a point trouvé qui fût triste avec luy & comme luy: *Sustinui qui simul contristaretur*. Car ces saintes femmes, dit-il, S. Pierre, S. Jean, & les autres Apôtres étoient tristes alors, mais d'une tristesse qui tenoit encore de la chair. *Ils s'affligeoient de ce que le Sauveur perdoit une vie temporelle, sans considerer que sa mort ne devoit être qu'un passage à la gloire de sa resurrection:* CONTRISTABANTUR *carnaliter de vita mortali quæ mutanda fuerat morte, & operienda resurrectione*. Mais ils ne s'attristoient point de la veritable cause de la mort de J. C. qui étoient les péchez des hommes, & tous les outrages qui avoient été commis contre Dieu.

C'étoit là la cause de la douleur de JESUS-CHRIST. Il s'offroit à son Pere comme une victime pour l'expiation du péché, selon la parole de S. Paul : *Il a rendu celuy qui ne connoissoit point le pé-*

ché une hostie du péché pour nous. C'étoit là la douleur de Jesus-Christ. Il cherchoit des compagnons de sa douleur ; & on peut dire dans un vray sens qu'il n'en a point trouvé, parce que ny les saintes femmes, ny tous les Apôtres ne sont point entrez comme luy dans ce sentiment, & qu'il n'y a eû que la sainte Vierge seule qui l'ait pû imiter dans une disposition si sainte.

Nous devons donc apprendre d'elle dans ce temps sacré, où l'Eglise nous exhorte à reverer les souffrances du Sauveur, qu'il est bien juste que nous compatissions à Jesus-Christ, puisqu'il n'a souffert que pour nous, & non pour luy-même, & que le moyen d'avoir part au merite de ses souffrances, c'est d'en detester la veritable cause qui sont nos péchez. Nous concevons aisément une compassion humaine, en voyant ce que souffre l'Agneau sans tache, & nous sommes touchez aisément d'une indignation humaine contre tous ceux qui ont contribué quelque chose à ses souffrances. Les Pharisiens le haïssent, Judas le trahit, les Scribes l'accusent, le Pontife le livre, Pilate le condamne, le peuple luy insulte, les soldats le crucifient.

On deteste aisément une injustice, une malignité & une cruauté si prodigieuse : mais ce ne sont là que comme les causes secondes de la mort de Jesus-Christ. La premiere cause c'est le péché, c'est nôtre orgueil, c'est nôtre propre malice, & le déreglement de nôtre esprit & de nôtre cœur. Ainsi pleurons-nous nous-mêmes en pleurant Jesus-Christ : considerons combien la playe du péché est profonde, & combien elle est mortelle, puisqu'elle n'a pû être guérie autrement que par la mort de ce Medecin suprême : *Sanari haud aliter potuit quam morte medentis.*

Quoy que la Vierge n'eut point de pechez particuliers qui puſſent être l'objet de ſa douleur; neanmoins elle conſideroit que c'étoit la ſeule grace de Dieu qui l'en avoit preſervée. Ainſi ſon humilité luy perſuadant de ſe confondre elle-même avec tous les enfans d'Adam, elle s'aneantiſſoit devant Dieu à l'imitation de ſon Fils, & elle s'offroit avec luy au Pere Eternel, pour être en quelque ſorte une hoſtie pour tous les pechez du monde.

I.I.

C'eſt ce qui nous donne lieu d'entrer dans la ſeconde maniere dont la Vierge a pris part à la douleur de JESUS-CHRIST, étant touchée principalement des choſes dont le Fils de Dieu a été le plus touché. Car ce ne ſont ny les foüets, ny les épines, ny les inſultes, ny les cloux, ny la Croix qui ont cauſé la triſteſſe du Sauveur dans ſes ſouffrances. Il s'eſt ſoûmis à tous ces tourmens avec une pleine volonté. Il ne s'y eſt rien paſſé ny dans la qualité, ny dans les circonſtances, ny dans leur durée, qui n'eût été prédit par les Prophetes: & nul n'a eu aucun pouvoir ſur luy qu'autant qu'il luy a plû de luy donner. Mais ce qui l'a attriſté dans ſa Paſſion, dit S. Auguſtin, c'eſt de voir *qu'étant deſcendu du ciel comme le medecin des hommes, il avoit trouvé des phrenetiques qui ne penſoient qu'à le perdre lorſqu'il n'étoit appliqué qu'à les guérir.* PHRENETICI *erant*, dit S. Auguſtin, *Ille volebat curare; iſti ſævire. Hinc triſtitia medico.*

C'eſt dans cette triſteſſe proprement que la Vierge a été la compagne du Fils de Dieu. Elle s'eſt attriſtée pour les pechez de tous les hommes; elle a offert ſon Fils à Dieu comme il s'eſt offert luy-même, afin qu'il fût l'hoſtie de propitiation pour la ſanctification des ames. Et c'eſt alors que la parole de JESUS-CHRIST s'eſt proprement accomplie quand il luy donna S. Jean pour fils, & qu'il la donna pour mere à Saint Jean, en luy difant: *Ecce mater tua.* Ce Difciple bien-aimé étoit en cela la figure de l'Eglife. Ainfi nous devons révérer la Vierge, comme étant la mere de chacun de nous, comme nous ayant enfanté en Jesus-Christ d'une maniere beaucoup plus parfaite que n'a été celle en laquelle Saint Paul dit qu'il a enfanté les fidéles à Dieu, puifqu'elle a facrifié fon Fils fur la Croix, & qu'elle a fouffert alors les douleurs de l'enfantement pour nous faire renaître en Jesus-Christ, qu'elle n'avoit point fouffertes lors qu'elle mit le Sauveur au monde.

Ne recevons donc pas en vain une grace fi grande & qui nous peut être fi avantageufe. Mettons-nous fouvent devant les yeux la Croix du Sauveur, & toutes les fois que nous la confidérerons, fouvenons-nous que ce font nos péchez qui luy ont donné la mort, & que nos fouffrances étant fanctifiées par les fiennes, nous peuvent feules donner la vie. Ne feparons jamais la Sainte Vierge de la Croix du Sauveur. Souvenons-nous que Jesus-Christ y étant attaché il nous a donnez à elle pour être fes enfans, & qu'il nous l'a donnée pour nous tenir lieu de mere. Et quand nôtre ame fera en danger de s'abattre, difons-luy pour la relever en luy montrant la Croix & la Vierge: *Ecce mater tua!* La Croix eft vôtre mere: la Vierge eft auffi vôtre mere. Comment celuy-là n'efperera-t-il pas le falut avec une humble & une ferme confiance, pour qui le Fils de Dieu eft mort fur la Croix, & qui a pour mere la Mere du Fils de Dieu?

L'Evangile du Samedy de devant les Rameaux eft le même que celuy du Dimanche qui le fuit.

POUR LE DIMANCHE
DES RAMEAUX.

Dicite filiæ Sion : Ecce Rex tuus venit tibi mansuetus. Matthæi 21.

Dites à la fille de Sion : Vôtre Roy vous vient trouver étant doux & pacifique.

NE des choses où nous devons admirer davantage la sagesse & la conduite que le Sauveur a témoignée dans toute sa vie, c'est qu'il l'a diversifiée d'une maniere merveilleuse par une suite & une liaison d'évenemens qui sont tout differens entr'eux, & même contraires. Car il devoit paroître tout ensemble vraiment Dieu & vraiment Homme, comme Saint Leon remarque trés-bien. Ainsi devant faire des actions glorieuses & éclatantes afin de paroître Dieu, & des actions basses, ou même honteuses afin de paroître homme : il a été besoin d'un temperament tout divin, pour faire voir d'une telle sorte la nature divine, qu'elle n'étouffât point par sa lumiere la nature humaine ; & pour marquer tellement la nature humaine, qu'elle n'obscurcît point par ses abaissemens la gloire de la divine.

C'est pour cette raison que le Sauveur prévoyant que dans cinq jours il devoit mourir honteusement sur le Calvaire, & être traité avec plus d'outrages & d'indignitez, qu'on n'auroit traité le dernier des hommes ; il a voulu faire paroître sa gloire en ce jour, & entrer en triomphe dans la même ville dans laquelle il devoit souffrir peu aprés tant d'ignominies. Il vouloit apprendre aux hommes qu'il étoit le maître de la vie & de la mort : & que comme il avoit sçû se faire honorer en ce jour malgré tous les Princes des Juifs, parce qu'il le vouloit ; il n'avoit souffert aussi tous ces tourmens, & la mort même, que parce qu'il luy plaisoit de les souffrir.

Mais ce triomphe du Sauveur n'est pas seulement admirable pour la raison que je viens de dire. Il l'est encore parce qu'il figure dans toutes ces circonstances la conversion des ames, & la maniere dont JESUS-CHRIST les assujettit volontairement à l'empire de sa grace, qui est son veritable triomphe. C'est pourquoy, suivant cette coûtume si sainte & si ancienne des Saints Peres, nous prendrons pour sujet de cette instruction toute la suite de nôtre Evangile, & nous nous arrêterons particulierement à ce qui nous semblera le plus utile pour l'édification des ames.

I.

Le Fils de Dieu ayant résolu d'entrer dans Jerusalem en la maniere qui nous est representée dans nôtre Evangile, dit à deux de ses disciples qu'ils s'en allassent au village qui étoit proche : qu'ils y trouveroient une ânesse avec son ânon liez ensemble : qu'ils les déliassent pour les luy amener ; & que si quelqu'un les en vouloit empêcher, ils luy dissent que le Seigneur en avoit besoin, & qu'aussi-tôt on les laisseroit aller.

Saint Chrysostome, Saint Augustin, & les autres Peres qui ont expliqué cet Evangile, remarquent que les Evangelistes n'ont specifié avec tant de soin ces circonstances particulieres, que parce qu'elles font mysterieuses, & qu'elles avoient même été marquées & prédites plusieurs siécles auparavant par les Prophetes.

C'est pourquoy ils demeurent tous d'accord que cette ânesse accoûtumée au travail, & pour cette raison appellée *subjugalis*, qui avoit déja été domptée & accoûtumée au joug, figuroit les Juifs accablez sous le joug de la loy, dont Saint Pierre a dit luy-même : *Quid tentatis jugum super cervices discipulorum imponere ?* POURQUOY *voulez-vous dans la loy nouvelle nous imposer encore le joug de la loy Judaïque, que ny nous, ny nos peres n'avons pû porter ?*

Act. 15.

Cet ânon au contraire, dont il est dit expressément : *qu'il n'avoit encore été monté par aucun homme*, marque selon ces mêmes Peres, le peuple Gentil, qui n'ayant reçû aucune loy de Dieu, n'avoit point été dompté par l'obéïssance, mais qui vivoit selon sa fantaisie, & qui étoit abandonné à toutes sortes de déréglemens. Et comme ces deux animaux nous figuroient tous les peuples appellez à l'Eglise, ils figuroient aussi par consequent, comme remarque Saint Augustin, tous les particuliers qui sont les parties de ce tout & les membres de ce corps.

Nous apprenons d'icy une verité terrible que le même Saint a établie, qui est que ces deux animaux liez marquent les pécheurs liez par le démon, qui les possede avant que Dieu les ait convertis, comme un homme commande à des bêtes & à des animaux qui sont à luy : *Le démon possede un empire & une domination sur les méchans, comme un homme sur les animaux qu'il possede.* DIABOLUS *sic improbis utitur sicut homo pecoribus suis.* Ce qui n'est dire en effet autre chose que ce que dit le grand Apôtre : *Le démon*, dit-il, *les tient captifs, les dominant comme*

Aug. in Psal. 7.

Colass. 2.

Pour le Dimanche des Rameaux. EVANG. 349
lHuy plaît. A quo *captivi tenentur ad ipsius voluntatem.*

C'est ce qu'a dit encore l'Apôtre Saint Pierre, & ce que Saint Augustin rapporte en ces termes : *Que* *Aug. ibid.* *sont autre chose les hommes sans la grace de Dieu, sinon des bêtes & des animaux, comme parle l'Apôtre Saint Pierre, créez naturellement pour être esclaves, & ensuite pour mourir ?* SINE *Dei gratia quid sunt homines, nisi quod dixit Apostolus Petrus, pecora muta, procreata naturaliter in captivitatem & interitum ?*

Verité terrible, & neanmoins Apostolique, qui met les hommes, quelque grands qu'ils nous paroissent, au dessous des bêtes mêmes, lorsqu'ils sont dans le péché ; puisque les bêtes sont au moins dominées par les hommes, au lieu que les pécheurs le sont par les démons ; & que la mort des bêtes est passagere, au lieu que celle des pécheurs morts dans le péché est éternelle !

Qui peut donc délier les ames en cet état malheureux, sinon le Sauveur ? *Solvite illum, & adducite mihi. Déliez-le & me l'amenez.* Et il le fait d'une maniere si puissante, qu'aussi-tôt qu'on dit que c'est luy qui le veut, toute la résistance ou des démons, ou des hommes cesse. Mais par qui les délie-t-il, sinon par les Apôtres ? *Mittens duos ex discipulis suis : Il envoya deux de ses disciples.* Il le fait par les Pasteurs & par les Ministres de l'Eglise, qui ont la puissance de lier & de délier.

C'est pourquoy il est marqué à la Resurrection du Lazare, que le Sauveur dit à ses disciples : *Solvite* *Ioan. 11.* *illum, & sinite abire.* DELIEZ LE, *& le laissez aller*, leur apprenant ainsi l'usage de leur puissance aprés la leur avoir donnée par ces termes : *Quæcum-* *Matth. 18.* *que solveritis super terram, erunt soluta & in cælo :*

TOUT *ce que vous délierez sur la terre, sera délié dans le ciel.* C'est-à-dire, tout ce que vous délierez par la lumiere & par la prudence de l'Esprit de Dieu, afin qu'il soit vray de dire que vous le déliez par l'ordre de JESUS-CHRIST, comme aujourd'huy les Apôtres délient l'ânesse & l'ânon en figure de l'Eglise, & comme ils avoient auparavant délié le Lazare par son ordre.

II.

Mais le Fils de Dieu ne commande pas seulement qu'on délie ces deux animaux. Il veut qu'on les luy amene. Et les Apôtres les ayant couverts de leurs manteaux, il monte dessus, & est porté par eux en triomphe. Sur quoy un très-ancien Pere dit très-bien que ces vêtemens des Apôtres marquent l'imitation des vertus Apostoliques, que doivent avoir ceux sur qui JESUS-CHRIST se repose : *Jesus-Christ n'est porté & ne se repose que dans ceux qui sont ornez des vêtemens & des vertus des Apôtres :* SUPER *ornatos vestibus discipulorum Christus ascendit, & requiescit in eis.*

Origene.

Et c'est ce que marquoit l'Apôtre Saint Paul, lors qu'il disoit aux Fidéles : *Imitatores mei estote sicut & ego Christi :* IMITEZ-MOY, *comme j'imite* JESUS-CHRIST. Car toute l'Eglise est appellée Catholique & Apostolique, & elle est Apostolique aussi bien dans ses mœurs que dans sa foy. C'est pourquoy tous les Fidéles doivent avoir quelque rapport avec les vertus des Apôtres.

1. Cor. c. 4. v. 1.

Aprés donc que nous avons été ainsi convertis & que Dieu nous a délivrez du péché & du démon, ce n'est point afin de nous remettre nous-mêmes dans une fausse liberté, ou plutôt dans un libertinage, en suivant nos passions ou nos inclinations dans les choses de Dieu ; mais afin de luy demeurer assujet-

Pour le Dimanche des Rameaux. EVANG. 351

tis, selon la parole de David: *Subditus esto Deo*; & *Psal. 36.*
de le porter dans nous-mêmes avec action de grace,
selon cette autre parole de l'Apôtre: *Glorificate &* 1. *Cor.* 5.
portate Deum in corpore vestro: RENDEZ *gloire à*
Dieu, & le portez dans vôtre corps. C'est pour dire avec David: *Dominus regit me, & nihil mihi* *Psal.* 2.
deerit: DIEU *même me conduit, il ne me peut rien*
manquer. C'est pour entrer avec le même Roy Prophete dans la soumission d'esprit figurée par ces deux
animaux qui portent icy le Sauveur: *Ut jumentum* *Psal.* 72.
factus sum apud te, & ego semper tecum. JE *suis de-*
venu soumis à vous comme les animaux sont soumis à
l'homme, & ainsi je demeure toûjours avec vous.

Car Dieu qui est l'ami de l'humilité, déclare qu'il
prend ses délices avec les humbles. C'est pourquoy
l'Ecriture dit: *Sur qui reposera l'esprit du Seigneur?*
Et elle répond: *Ce sera sur celuy qui est doux &*
humble, & qui tremble à la moindre parole qui luy
vient de la part de Dieu. SUPER *humilem & quietum*
& trementem verba mea.

Ce sont ces âmes dont Saint Augustin dit excellemment sur ces paroles du Pseaume: *Animalia* *Psal.* 67.
tua, habitabunt in ea: CES *animaux*, dit ce Saint,
sont ceux qui ne sont point à eux-mêmes, mais qui ne
sont qu'à Dieu; ils ne veulent point jouïr de leur propre liberté, mais ils s'assujettissent volontairement à
JESUS-CHRIST. *Ils ne croyent point trouver*
dans eux-mêmes tout ce qui leur est necessaire, mais
ils demandent toûjours à Dieu leurs besoins, & se reconnoissent dans une indigence continuelle. ANIMALIA *tua, non sua; tibi subdita, non sibi libera; à te*
egentia, non sibi sufficientia. C'est-là la soumission
dans laquelle nous devons vivre, & qui doit toûjours
croître dans nos ames, afin que JESUS-CHRIST
demeure & triomphe veritablement en nous.

III.

JESUS-CHRIST étant en cet état, tout ce peuple fait deux choses qui nous marquent excellemment toute la vie Chrétienne. 1. Ils jettent leurs vêtemens dans le chemin par où le Sauveur passe. 2. Ils coupent des branches d'arbres, & ils les portent dans leurs mains audevant de luy. Ces vêtemens, dont ce peuple se dépouille pour honorer JESUS-CHRIST, nous marquent clairement ce que dit Saint Paul : *Dépouillez-vous de l'homme vieil, & revêtez-vous du nouveau :* EXUENTES *vos veterem hominem, & induentes novum.*

Ephes. 5.

Car c'est-là le défaut ordinaire des conversions, qui les rend presque toûjours inutiles. On voudroit se donner à Dieu sans s'ôter rien à soy-même. Et nous pourrions dire veritablement sur ce sujet cette parole de Saint Paul, quoy qu'en un autre sens qu'il ne l'a dite : *Nous ne voulons pas être dépouillez du vieil homme, mais nous voudrions mettre le nouveau par dessus*, en conservant toûjours le vieux. C'est-à-dire, nous voudrions changer le dehors, sans rien changer au dedans.

2. Cor. 3.

Et c'est ce que Saint Bernard explique clairement par cette excellente parole : *Il y en a*, dit-il, *qui ne se dépouillent pas du vieil homme, mais qui ne font que le couvrir par une apparence du nouveau.* QUIDAM *veterem hominem non exuunt, sed ipsum novo palliant.*

Bern. de div. serm. 37.

En effet combien voyons-nous de ces personnes ? Un homme est devot. Il est tout reformé. Pourquoy ? Il a retranché ses cheveux, son collet. Il y en a qui ne vont que jusques-là. Mais j'ajoûte encore, il a retranché ses débauches, ses mauvaises compagnies, sa table, son train. Il y en a peu qui aillent jusques-là. Et ceux qui y vont, passent presque pour des Saints dans le grand monde.

Mais cet homme a-t-il retranché son ambition, ses intérêts, ses prétentions, ses divertissemens tout seculiers, son amour pour le bien, pour le monde, pour toutes les choses dont un Chrétien doit avoir de l'aversion ? A-t-il retranché tout cela ? Rien moins. Souvent même la concupiscence étant un peu arrêtée par le dehors, se redouble au dedans avec plus d'ardeur.

Quel jugement donc fait Saint Bernard de ces personnes ? *Ils ne sont point transformez*, dit-il, *en des hommes nouveaux, mais ils déguisent seulement le vieil homme, sous une fausse apparence de l'homme nouveau.* NON *induunt hominem novum, sed veterem novo palliant.* Il faut quitter l'homme vieil, les vieilles habitudes, & les jetter par terre pour être foulées aux pieds du Sauveur, c'est-à-dire, il faut étouffer les vices par les vertus contraires, l'orgueil par l'humilité, l'avarice par l'aumône, les excès de bouche par le jeûne, & ainsi des autres.

La seconde chose que fait ce peuple *pour honorer le triomphe de* JESUS-CHRIST, c'est qu'ils coupent des branches d'arbres, & qu'ils les portent devant luy. Le Fils de Dieu nous explique luy-même cette figure, lorsqu'il dit que son Pere retranchera toutes les branches qui ne portent point de fruit, qu'il les jettera au feu, & qu'il coupera tout le bois inutile de celles qui portent déja du fruit, afin qu'elles en portent davantage. De sorte que si la premiere chose que fait ce peuple, regarde particulierement ceux qui commencent à servir Dieu ; celle-cy regarde ceux qui sont plus avancez dans la vertu.

Ioan. 15.

Qu'est-ce donc que couper ainsi les branches des arbres pour les porter au devant du Sauveur ? C'est remarquer tous nos défauts & toutes nos inclinations, qui n'étant pas si mauvaises d'elles-mêmes, nous portent neanmoins insensiblement dans ces grands maux. On aime par exemple à parler, ou à entendre parler; on cherche compagnie, & dans la compagnie on s'emporte, on dispute, on passe les bornes de la retenuë & de la modestie. Il faut donc fuïr la compagnie pour couper la racine de ce mal. C'est-là couper les branches de l'arbre, pour honorer le Sauveur.

Et il ne faut pas s'étonner si nous avons peine à faire ces choses, puisque c'est nous-mêmes qui sommes ces arbres vivans, comme JESUS-CHRIST nous le montre luy-même dans l'Evangile, lorsqu'il dit qu'il jettera dans le feu tous les arbres qui ne porteront point de fruit. De sorte que faire ces retranchemens, c'est comme si nous retranchions une partie de nous-mêmes.

Mais il ne suffit pas de couper ces branches. Il faut les porter en la main devant le Sauveur. C'est-à-dire: Lorsque nous avons retranché de nôtre vie quelque imperfection, par la grace qu'il nous a faite de nous en corriger; il faut la luy offrir avec une profonde action de graces, la porter dans nôtre main comme le trophée de sa grace. Il faut reconnoître que nôtre triomphe est le sien, & luy dire avec l'Apôtre: *Gratias Deo qui semper triumphat nos* (c'est-à-dire, *triumphare nos facit*) *in Christo Jesu*: RENDONS *graces à Dieu qui nous fait triompher dans* JESUS-CHRIST. Et ailleurs: *Gratias Deo qui dedit nobis victoriam per Dominum nostrum Jesum Christum*: DIEU *soit beni, qui nous a fait vaincre par* JESUS-CHRIST.

1. Cor. cap. 2 v. 14.

1. Cor. cap. 15. v. 57.

C'est le grand avis que nous donne Saint Bernard: Lors, dit-il, que Dieu a enfin exaucé nos larmes, & qu'aprés de longues prières il nous a gueris de quel-

Pour le Dimanche des Rameau. EVANG.

que imperfection, ou qu'il nous a donné quelque vertu, il faut avoir un grand soin d'accomplir cette parole du Pseaume : *Immola Deo sacrificium laudis*, OFFREZ à *Dieu un sacrifice de loüanges*, puisque Dieu nous dit luy-même dans le même Prophete : *Sacrificium laudis honorificabit me*.

Psal. 49.

IV.

Il est remarquable ensuite que ce peuple dans les acclamations dont il honore le Fils de Dieu, luy dit : *Beni soit celuy qui vient au nom du Seigneur* : BENE-DICTUS *qui venit in nomine Domini*. Cecy ne s'entend pas seulement du Fils de Dieu. On le doit dire de tous les Pasteurs de son Eglise, qui sont ses images vivantes sur la terre. Surquoy Saint Augustin a dit cette parole terrible : *Si celuy-là est beni qui vient au nom du Seigneur, & qui est envoyé de luy ; celuy-là donc est maudit qui vient en son propre nom, sans que Dieu l'envoye*. Si *benedictus qui venit in nomine Domini ergo maledictus qui venit in nomine suo*.

Aug. Tract. in hunc locum.

Ioan. 2. Chrysost.

Parole épouventable pour les Ministres de l'Eglise ! Le Fils de Dieu en a dit encore une autre, qui n'est qu'une suite de celle-cy, mais qui n'est pas moins redoutable pour les simples Fidéles. Car il dit aux Juifs : *Je suis venu étant envoyé de mon Pere, & vous ne m'avez point reçû. Si un autre vient de luy-même, & sans mission, vous le recevrez* : EGO *veni in nomine Patris mei, & non accepistis me. Si alius venerit in nomine suo, illum accipietis*. Ce qui nous apprend que souvent une marque qu'un homme n'est pas envoyé de Dieu, c'est qu'il est trop bien reçû de tous les hommes. Car le monde n'aime que ce qui est conforme à son esprit. Et c'est delà que sont venuës toutes les persecutions des Saints.

On ne peut oublier icy les paroles de Saint Chrysostome. Car après avoir montré comment tout ce

Hom. 20.

peuple, quoyque pauvre, se dépouille pour honorer le triomphe de Jesus-Christ, il ajoûte: Comment souffrirons-nous que les riches ayant tant de choses superfluës, laissent Jesus-Christ tout nud dans les pauvres? Pour moy, dit-il, je rougis de vous représenter si souvent vôtre devoir en ce point. Mais vous m'y contraignez, puisque je vois que ce que vous donnez après mes exhortations, n'est rien au prix de ce que vous devriez donner. *Je ne vous contrains pas*, dit-il, *de vendre vôtre fonds, non que ce ne fût bien mon avis dans les grandes necessitez; mais parce que je vous en voy trop éloignez, au moins donnez à* Jesus-Christ *la moitié de vôtre revenu:* MEDIAM *saltem fructuum partem, ou la troisiéme partie, ou la quatriéme, ou ce qui est tout le moins que vous puissiez, donnez la dixiéme. Mais que laisserons-nous à nos enfans? Vous leur laisserez le fonds de vôtre bien. Vous leur laisserez un grand exemple de la maniere dont ils doivent faire la charité. Vous leur laisserez Dieu même pour debiteur du bien que vous aurez fait aux pauvres:* DEUM *debitorem illis relinques.* Que les riches donc pensent à ces paroles: Qu'ils jettent avec joye aux pieds de Jesus-Christ, au moins ce qui leur est superflu, & qu'ils le fassent aujourd'huy triompher de leur avarice.

Mais en general nous tous qui sentons en nous quelque passion qui s'oppose au triomphe de Jesus-Christ dans nôtre cœur, renonçons-y avec joye, & témoignons comme ce peuple combien nous trouvons de gloire à être des sujets de ce Roy puissant. Que son regne dans nos ames ne soit point passager. Le Royaume de Jesus-Christ est un Royaume qui n'a point de fin. Il est difficile dans ces grandes solemnitez où nous entrons qu'il y ait des Chrétiens assez durs pour n'être pas touchez de ce que le Sauveur y a fait & souffert autrefois pour nôtre salut. On a sans doute des pensées, & on a fait des résolutions de le servir à l'avenir avec plus de fidelité que l'on n'avoit encore fait. Mais voyons ce peuple d'aujourd'huy qui est une triste image d'un grand nombre de Chrétiens qui honoroient pendant ces saints jours Jesus-Christ comme leur Roy ; mais qui bien-tôt aprés le crucifieront de nouveau, & traiteront sa Royauté divine, comme firent les Soldats qui luy insulterent à sa Passion. C'est-là le sujet des larmes des personnes de pieté, qui doivent au moins en voyant ce divin Roy, ce Roy si doux, *rex mansuetus*, traité si outrageusement par ses sujets mêmes, s'efforcer de réparer, autant qu'ils peuvent, ces injures, par la fidélité qu'ils témoigneront à l'avenir à le suivre par tout, & à combattre sous l'étendart de sa Croix qu'il va élever. Craignons d'avoir une idée trop basse de la grandeur de ce Roy, auquel nous avons le bonheur d'appartenir. Adorons-le avec une humilité profonde, & honorons-le dans tous les états les plus humilians où sa charité le réduit, afin de racheter son peuple. Prions-le qu'il établisse de plus en plus son Royaume au fond de nôtre cœur, & n'oublions point que c'est-là principalement qu'il cherche à régner, selon ce qu'il a dit luy-même : *Le Royaume de Dieu est au dedans de vous.* Regnum *Dei intra vos est* : afin qu'aprés qu'il aura régné dans nos cœurs sur la terre, nous regnions éternellement avec luy dans le Ciel.

POUR LE DIMANCHE
DES RAMEAUX.

Paſſio Domini noſtri JESU CHRISTI
ſecundùm Matthæum.

La Paſſion de nôtre Seigneur JESUS-CHRIST
ſelon Saint Matthieu.

ORSQUE l'on conſidere le myſtere terrible & adorable que l'Egliſe commence à nous repréſenter aujourd'huy d'un Dieu abandonné volontairement à la malice & à la fureur des hommes, & qui meurt enfin ſur une Croix, par le plus honteux de tous les ſupplices : un ſi grand objet frappe tellement l'eſprit, qu'on ne ſçait lequel des deux ſeroit plus utile, ou de repréſenter ce myſtere par des paroles, ou de l'honorer par ſes larmes & par ſon ſilence.

Car d'une part comment pouvons-nous nous taire dans ces douleurs, & dans ces tourmens extrêmes qu'un Dieu ſouffre pour nôtre ſalut, lorſque toutes les creatures mêmes inſenſibles qui n'ont point de part au prix de ſon ſang, ſemblent neanmoins prendre part à ſes ſouffrances; & que comme remarque S. Leon, toute la nature témoigne par des agitations extraordinaires, qu'elle ſent les maux de ſon Createur ? Et de l'autre, où pourrons-nous trouver des paroles pour repréſenter ce qui paſſe toutes les penſées, non ſeulement des hommes, mais des Anges ?

Que ſi l'Apôtre Saint Jean nous ordonne de témoigner l'amour que nous avons pour Dieu plutôt par des œuvres & par des effets veritables, que par nos discours & par nos paroles: ne semble-t-il pas que nous devrions suivre particulierement cet avis en cette rencontre, & nous mettre plus en peine de consacrer nôtre vie à un Dieu qui a livré la sienne pour nous, que de représenter par nos paroles l'histoire terrible & les circonstances de sa mort?

Mais nous pouvons dire que c'est aussi pour cette même raison, que l'Eglise au milieu du deüil qu'elle va témoigner de la mort de son Epoux, veut neanmoins que l'on en parle à ses enfans, afin de leur apprendre qu'ils ne doivent pas seulement honorer un Dieu qui meurt pour eux par leurs paroles, ou par une devotion de cinq ou six jours; mais par la haine qu'ils doivent concevoir contre leurs pechez, qui sont la veritable cause de sa mort, & par le renouvellement solide & intérieur qu'ils doivent faire paroître à l'avenir dans toute leur vie, comme le fruit & la récompense du sang qu'il a répandu pour eux.

C'est pourquoy nous tâcherons de choisir quelque point dans la suite de la Passion du Sauveur, dans la maniere toute divine en laquelle il a souffert, & dans les crimes, les déguisemens, & les injustices de ceux qui l'ont trahi, qui l'ont accusé, & condamné. Nous y verrons ce qui peut contribuer davantage à nous consoler dans nos afflictions, à nous fortifier dans nos foiblesses, à nous porter à l'imitation de sa patience & de sa douceur, à nous faire discerner les vertus fausses d'avec les véritables, à nous tirer du péril de tuer encore de nouveau JESUS-CHRIST en nous, lorsque nous croyons être à luy, & enfin à graver dans nôtre cœur les sentimens qu'y doit produire la reconnoissance d'un bienfait aussi grand & aussi incompréhensible qu'est la mort & le sang d'un Dieu, qui a souffert veritablement ces tourmens & ces outrages ausquels un vray Chrétien ne peut penser sans fremir d'horreur, pour nous retirer des supplices éternels que nous avions trés-justement meritez.

I.

Le Fils de Dieu, aprés avoir fait la Céne avec ses Apôtres, comme remarquent les Evangelistes, aprés leur avoir fait ce long sermon si plein de veritez & de mysteres, qui est rapporté par Saint Jean, & aprés avoir recommandé toute son Eglise à son Pere par cette admirable priere qu'il luy addresse, sortit avec ses disciples. Et en ayant pris trois seulement avec luy, il entra dans le Jardin des Olives, où il commença à être saisi d'une grande frayeur, & d'une grande tristesse : *Cœpit contristari & mœstus esse*; ou comme dit Saint Marc, *Cœpit pavere & tædere*.

Cette profonde tristesse du Fils de Dieu étoit trés-differente des nôtres. Car les nôtres sont involontaires & nous surprennent malgré nous ; au lieu que celle du Sauveur étoit entierement volontaire. C'est pourquoy, comme il est dit du trouble & du fremissement qui parut en luy, lorsqu'il voulut ressusciter le Lazare : *Infremuit spiritu, & turbavit semetipsum* : Qu'il *fremit & qu'il se troubla luy-même* ; ainsi il est indubitable que ce fut luy-même qui excita en luy cette tristesse, quoy qu'elle ne laissa pas pour cela d'être trés veritable & trés-penible.

Et c'est en cela même que nous sommes plus obligez de reconnoître l'amour extrême de Jesus-Christ envers nous, que n'ayant pû malgré luy être saisi de cette tristesse, il l'a excitée volontairement en luy, à cause des grands avantages qu'il prévoyoit en devoir naître pour tous ses fidelles : Ce qui nous reste donc à considerer, ce sont les raisons importantes qui ont porté Jesus-Christ à se soumettre volontairement à une si grande peine.

La 1. raison est prise de cette conduite admirable dont il use presque toûjours lorsqu'il punit les déreglemens des hommes. Car comme la beauté du premier ordre qu'il avoit étably dans le monde avoit reçû une tache par le desordre des hommes : il a reparé ce défaut par la proportion admirable qu'il garde entre le péché qui a été commis & la peine dont il est puni.

C'est pourquoy Jesus-Christ s'étant chargé du péché d'Adam, & ce péché devant être puny en sa personne, il veut que la satisfaction qu'il en fait, soit proportionnée à la maniere dont Adam l'avoit commis. Sur quoy saint Cyrille remarque fort bien que ce péché ayant été commis dans dans un jardin, Jesus-Christ aussi commence sa Passion dans un jardin, & qu'il souffre une profonde tristesse dans l'ame, pour satisfaire à l'orgueil interieur & secret, qui a été proprement le péché d'Adam. Car ayant secoüé le joug de l'obéïssance qu'il devoit à Dieu, il a voulu trouver sa grandeur, sa lumiere, ses plaisirs & sa felicité en luy-même ; & la desobéïssance exterieure par laquelle il mangea le fruit deffendu, n'a été que la suite & l'effet de cette revolte & de cette desobéïssance interieure.

Ainsi le Sauveur voulant reparer pleinement cette injure que le premier homme avoit faite à Dieu, s'efforce de se rabaisser autant ou plus qu'Adam ne s'étoit élevé ; & il afflige volontairement son cœur & son ame par la vûë terrible de tous les tourmens & de tous les outrages qu'il doit souffrir en sa Passion; jusques à dire que cette tristesse luy perçoit telle-

tellement le fond du cœur, & qu'elle faisoit une telle impression sur toutes ses puissances, qu'elle étoit capable de luy donner la mort : *Tristis est anima mea usque ad mortem.*

Cecy est d'une grande instruction pour nous apprendre, que lorsqu'il s'agit de satisfaire à Dieu, il faut tellement embrasser toutes les penitences exterieures qui sont trés-saintes, comme le jeûne & les autres mortifications propres pour attirer en nous la grace de Dieu, que nous ayons encore un soin plus particulier de satisfaire à Dieu dans le fond de nôtre cœur, qui a été dans nous le principe & le siege du peché. Car nôtre conversion ne sera jamais veritable, que lorsque nôtre cœur sera vrayment converty, c'est-à-dire, lorsqu'il sera transferé de l'amour du monde & des creatures, à l'amour du Createur. Ainsi toute nôtre penitence doit tendre à attirer la misericorde de Dieu sur nôtre cœur, afin qu'il l'amolisse, qu'il le change, & qu'il le perce d'un saint regret d'avoir offensé celuy qui a tant souffert & dans l'ame & dans le corps, pour luy meriter la grace de ne l'offenser jamais.

La 2. raison est, qu'il a voulu ainsi fortifier nôtre foiblesse, en nous donnant une grande consolation dans toutes les afflictions qui nous peuvent arriver. Et cecy peut servir de réponse à une objection que l'on pourroit faire sur cette tristesse du Fils de Dieu, comme S. Augustin le remarque expressément, qui demande comment il se pouvoit faire, que Jesus-Christ fût ainsi saisi d'apprehension dans la vûë de ce qu'il devoit souffrir.

Car comment Jesus-Christ pouvoit-il craindre la mort, dit ce grand Saint, luy qui n'étoit venu au monde que pour mourir ? *Mais comme il n'a pas dédaigné*, ajoûte-t-il, *de se couvrir de nôtre*

Aug. in Ps. 10.

corps, il n'a pas aussi dédaigné de se transformer en quelque sorte en nôtre personne. Il n'a pas dédaigné de parler comme nous, afin que nous apprissions à parler comme luy. Il est venu dans la terre pour y établir un trafic tout divin & tout celeste. Il est venu pour recevoir des outrages, & pour nous donner sa gloire en échange. Il y est venu s'opposer aux douleurs, & pour nous apporter le salut. Il y est venu souffrir la mort pour nous donner la vie. QUIA non est dedignatus assumere nos in se, non est dedignatus transfigurare nos in se. Non est dedignatus loqui verbis nostris, ut nos loqueremur verbis ipsius. Venit accipere contumelias, dare honores. Venit haurire dolorem, dare salutem. Venit subire mortem, dare vitam.

C'est donc proprement la voix des membres dans la bouche du chef. C'est la voix du malade dans la bouche du medecin. Ainsi JESUS-CHRIST ne craignoit pas pour luy, mais il s'est mis en nôtre place. Car il prévoyoit que lorsque nous nous trouverions en l'état où il se voyoit alors, nous ferions saisis sans doute d'une trés-grande frayeur, & d'un grand abbattement d'esprit, au moins ceux qui seroient encore un peu foibles parmy ses membres. Car il y a une frayeur naturelle qui tombe même dans les plus forts, comme saint Augustin fait voir par les paroles du Fils de Dieu, qu'elle s'est trouvée dans saint Pierre allant au martyre. Cecy doit extrémement consoler les saintes ames dans la frayeur qu'elles sentent à la mort, qui est bien differente de cette crainte servile de ceux qui sont épouvantez par le souvenir de leurs crimes, dont ils n'ont point fait pénitence. Car alors, dit ce Saint, c'est nôtre propre foiblesse qui nous fait craindre. Mais la foy que nous avons aux promesses de Dieu, nous fait esperer ; & il nous est même utile, de ressentir par cette frayeur l'impuissance de nôtre nature, afin que nous reconnoissions dans le secours que nous recevons de Dieu, la force & la toute-puissance de sa sa grace.

II.

Le Sauveur ayant donc été saisi de cette frayeur, pour les raisons que je viens de dire, il nous montre ensuite par son exemple ce que nous devons faire, pour nous disposer à bien souffrir. Car comme en s'exposant à tous les tourmens & à tous les outrages, il nous a appris à conserver la patience dans tous les maux qui nous peuvent arriver, quelque insupportables qu'ils paroissent : aussi il nous a montré par la maniere en laquelle il s'est disposé à ses souffrances, ce que nous devions faire pour nous disposer aux nôtres.

Et il nous l'a montré dans les deux manieres qui nous peuvent toucher davantage, sçavoir par son exemple & par ses paroles. Il nous le montre par son exemple. Car il execute luy-même ce commandement qu'il a donné depuis à l'Eglise par la bouche de l'Apôtre S. Jaques : *Tristatur quis vestrûm, oret.* S I *quelqu'un de vous est triste, qu'il prie.* Il se separe d'avec ses Apôtres. Il va prier son Pere, & il le prie, ce qui est bien remarquable, tout prosterné, & le visage contre terre, pour marquer par cette posture, qui est la plus humble en laquelle un homme se puisse mettre, la profonde humilité avec laquelle il prioit son Pere, & l'humilité encore infiniment plus profonde en laquelle nous devrions le prier.

Car si le Fils de Dieu égal à son Pere, l'innocence & la pureté même, s'abbaisse ainsi devant Dieu : que doit faire un pécheur, un ver de terre, une creature de poudre & de cendre, sur tout lorsqu'il s'agit de se disposer pour souffrir quelque grand mal, ou pour se preparer à la mort, où nous avons besoin d'une grace d'autant plus grande, & par consequent d'autant plus disproportionnée à nôtre indignité, que le péril est plus grand.

Mais voyons la maniere en laquelle il prie : *Mon Pere, s'il est possible, que ce Calice passe sans que je le boive : neanmoins que vôtre volonté soit faite & non la mienne.* Ce que nous avons dit, suivant saint Augustin, de la frayeur & de la tristesse de Jesus-Christ, se doit dire encore de cette priere. C'est pour la consolation des foibles qu'il s'est mis luy-même en leur place. Il leur apprend que le plus bas degré de la pieté Chrétienne, est de demander à Dieu qu'il nous délivre des maux ; mais en telle sorte neanmoins, qu'on soumette toûjours parfaitement sa volonté à celle de Dieu. Autrement ce ne seroit plus une marque de la foiblesse humaine, mais un dereglement & un desordre, si on preferoit, comme dit saint Augustin, la volonté de l'infirme, à la volonté du Tout-puissant ; la volonté de la creature à celle du Createur ; la volonté de l'homme à celle de Dieu.

Et sur cecy saint Augustin admirant cette bonté de Jesus-Christ, de s'être ainsi mis en nôtre place, lors même que nous sommes foibles dans la vertu, il demande si saint Paul ne paroît pas en ce point avoir été plus genereux que Jesus-Christ. Car saint Paul se glorifie de ses souffrances : *Gloriamur in tribulationibus*, & Jesus-Christ au contraire, prie son Pere qu'il l'en délivre. Mais Jesus-Christ, répond ce Saint, ne parloit pas en sa personne. Il parloit en la personne des foibles, & il daignoit se rabaisser jusqu'à eux, pour témoigner qu'il étoit infiniment humble, comme il étoit infiniment fort.

C'est pourquoi il conclud : *Magnificentius Chri-stus fecit quàm Paulus, quia humilius.* JESUS-CHRIST *en cela a témoigné qu'il étoit plus genereux que S. Paul, parce qu'il a témoigné qu'il étoit plus humble.* Et cecy doit servir d'une grande regle, qui est que la plus grande vertu des forts, & la plus grande marque de leur force, est lors qu'ils la cachent en tout ce qu'ils peuvent, & qu'ils se mettent au rang des foibles, non par foiblesse mais par charité, non pour tomber avec eux; mais pour les relever après s'être abbaissez jusqu'à eux ; en disant avec l'Apôtre, *Qui est foible sans que je sois foible*: QUIS *infirmatur, & ego non infirmor.* Et ailleurs : *Je suis devenu foible pour les foibles, & avec les foibles* : FACTUS *sum infirmis infirmus,* qui est proprement ce qu'a fait JESUS-CHRIST en cette rencontre.

C'est ainsi donc qu'il nous a appris par son exemple, la maniere en laquelle nous devions nous preparer à souffrir. Et il l'a confirmé en même temps par ses paroles, en disant à ses Apôtres: *Veillez & priez, afin que vous ne succombiez point à la tentation. Car l'esprit est prompt & agissant, mais la chair est foible.* Il leur marque qu'ils ne devoient pas s'arrêter sur ce qu'ils sentoient dans leur esprit quelque affection pour luy, qui leur faisoit croire qu'ils mourroient plûtôt que de l'abandonner : mais qu'ils devoient considerer que la chair qui est la partie interieure de l'ame qui est toute attachée à la chair étant foible, ils devoient prier beaucoup, afin que Dieu par sa grace leur donnât une volonté toute spirituelle de souffrir pour luy, plus forte que cette volonté charnelle qui avoit une aversion de tous les maux.

Ainsi nous voyons dans JESUS-CHRIST toutes

les dispositions pour nous preparer à la souffrance. Il veille & il prie, avec une profonde soumission, jusques à se prosterner contre terre : & avec une telle ardeur dans son affliction, qu'une sueur de sang luy coule de toutes parts. Cecy nous montre encore une disposition excellente pour la souffrance, qui est d'aller au devant des maux, & d'y ajouter même quelque chose pour montrer combien on les souffre volontairement. Car JESUS-CHRIST devant répandre son sang sur la croix par la violence de ses ennemis, il le répand le premier volontairement devant son Pere, comme un sacrifice qu'il luy offre.

Et pour faire voir combien Dieu a cette disposition du cœur agreable, & qu'il n'abandonnera jamais ceux qui s'affoiblissent dans eux-mêmes pour trouver en luy toute leur force : *Un Ange en même temps luy apparoît pour le fortifier.* Ce n'est pas qu'il en eût besoin pour luy même, luy qui étoit le Dieu des Anges. Mais il vouloit assûrer ses membres qu'il representoit alors, que Dieu leur envoyeroit ses Anges, ou visiblement comme il a fait à plusieurs Saints, ou au moins invisiblement pour les fortifier dans leurs plus grands maux, toutes les fois qu'ils auront recours à luy.

C'est donc avec grande raison, que l'on s'arrête à representer en particulier cette disposition de JESUS-CHRIST pour la souffrance, puisque le fruit principal que nous devons tirer de sa Passion, est de souffrir avec luy, afin d'être glorifiez avec luy, selon l'Apôtre. Or pour bien souffrir, il faut s'y disposer, & pour s'y disposer, il faut imiter le Fils de Dieu.

C'est pourquoy les Apôtres tombent tous, parce qu'ils sont dans des dispositions tout opposées à celles de JESUS-CHRIST. Car au lieu de s'abbaisser devant Dieu, afin de se preparer à la souffrance, ils s'élevent avec présomption, & ils disent qu'ils sont prêts de mourir pour JESUS-CHRIST, quoy que luy-même les assûre du contraire : Au lieu de veiller & de prier, ils s'endorment, & ils ne peuvent vaincre leur assoupissement pour veiller & prier avec JESUS-CHRIST. Aussi nous en voyons la suite. Ils abandonnent leur Maître : ils perdent la foy; & ils ne se seroient point relevez de cette chûte, sans la misericorde particuliere de Dieu qui les destinoit à être les colomnes de son Eglise.

JESUS-CHRIST au contraire, pour montrer combien est veritable cette parole qu'il a dite depuis par la bouche de l'Apôtre : *Quod infirmum est Dei, fortius est omnibus hominibus* : LA *foiblesse qui est soutenuë de Dieu, est plus forte que tous les hommes ensemble*, aprés s'être ainsi affoibly & humilié devant Dieu, il se releve, il va au devant de ses ennemis & d'une seule parole il les renverse tous par terre.

III.

Comme donc le Sauveur avoit montré son extréme humilité, par son agonie, & sa force, par ce renversement de tous ceux qui le cherchoient, il montre ensuite son extréme douceur, en recevant le baiser de ce malheureux disciple qui le trahit, & en ne luy disant que ces mots si pleins d'affection & de charité : *Juda ! osculo filium hominis tradis ?* QUOY *Judas ! vous vous servez du baiser de paix pour trahir le Fils de l'homme ?*

Il n'est pas besoin d'exaggerer icy le crime de ce malheureux, qui est consideré comme un monstre, & qui est en horreur & en execration à tous les hommes. Mais il seroit besoin que Dieu versât la lumiere dans le cœur & dans l'esprit de plusieurs, pour

pour leur faire comprendre qu'ils sont autant, & quelquefois plus coupables que ce traître, selon la doctrine constante des SS. Peres de l'Eglise.

Car lorsque les Ecclesiastiques se servent du bien de l'Eglise, qui est le prix du Sang de JESUS-CHRIST le fruit de la pieté des Fideles, & le patrimoine des pauvres, comme ont dit les Peres, pour l'employer ou à leur table magnifique, ou à leur luxe, ou à leurs dépenses seculieres & superfluës, ou à des usages même beaucoup pires; croyons-nous que s'approchant ensuite du saint Autel, JESUS-CHRIST ne leur dise pas au moins par son Evangile qui est sa bouche : *Juda, osculo filium hominis tradis?* Imitateur de Judas, tu voles mon bien comme luy, tu me viens donner comme luy un baiser de paix, & cependant tu me livres à mes ennemis, en me voulant mettre dans ton ame, dont ils sont les possesseurs & les maîtres ?

Et afin que l'on ne croye pas que nous avancions cecy de nous-mêmes, c'est la pensée formelle de saint Bernard, qui ajoute : *Que ces personnes ne sont qu'en cela differentes de Judas* : Hoc solo à *Juda differentes:* que Judas ne gagna à sa trahison que trente pieces d'argent, au lieu que ces personnes ayant une avarice plus insatiable, tirent des sommes immenses des biens qu'ils vôlent à JESUS-CHRIST & à son Eglise. *Ille perfidiam triginta denariorum numero compensavit ; isti voraciori avaritia, lucrorum infinitas exigunt pecunias.*

Croyons-nous de même, que lorsque des âmes enyvrées des plaisirs du monde, s'approchent pendant ces saints jours de JESUS-CHRIST dans son adorable mystere, il ne leur dise pas ces mêmes paroles : *Juda, osculo filium hominis tradis?* Imitateur de Judas, quoy que tu le detestes dans ton ame ; tu viens à moy, comme si tu étois mon amy, & néanmoins tu es tout entier au monde, qui est mon ennemy. Tu me donnes la mine & la contenance exterieure : mais tu donnes au monde l'ame & le cœur.

C'est ce que tous les Saints Peres ont dit de ceux qui communient de la sorte : *Multi tolerantur ut Judas.* O N *en tolere beaucoup comme le Sauveur tolera Judas*, qui reçoivent JESUS-CHRIST à leur condamnation, comme ce malheureux disciple.

JESUS-CHRIST ensuite se laisse lier. On l'emmene devant Anne qui l'interroge touchant sa Doctrine & ses Disciples. JESUS-CHRIST luy répond que ce n'étoit pas luy qu'on devoit interroger sur cela, mais ceux qui l'avoient oüy prêcher. Il vouloit luy marquer ainsi son injustice, qui le portoit à ne vouloir point oüir les témoins qui l'auroient justifié, mais ceux-là seulement qui l'avoient chargé par leurs depositions. Et alors un des valets du Pontife luy donna un soufflet en luy disant: *Sic respondes Pontifici ?* EST-CE *ainsi que vous répondez au Pontife ?* A quoy JESUS-CHRIST repartit : *Si j'ay mal parlé, montrez-moy ce que j'ay dit de mal : Si j'ay bien parlé, pourquoy me frappez-vous ?*

JESUS-CHRIST ne fit pas alors ce qu'il ordonne dans son Evangile, de tendre l'autre joüe, lorsqu'on nous donne un soufflet, mais il fit plus. Il est plus difficile de répondre aussi modérement à une personne basse & insolente, qui nous auroit donné un soufflet, que de luy tendre l'autre joüe. Aprés cela les hommes trouveront-ils que cette sorte d'injure soit insupportable, en voyant que Dieu même l'a soufferte avec une si grande patience ?

C'est ce qui a fait dire à saint Chrysostome cette reflexion que je rapporteray icy dans ses propres patoles : *Le Seigneur de toute la terre*, dit ce Saint, *se ju-* *Chryfoft. In* *stifie envers un serviteur du Pontife après en avoir re-* *hunc locum* *çû un soufflet, pour vous apprendre à ne vous aigrir* *Matth.* *jamais contre personne, vous qui n'êtes rien. Dieu a vangé autrefois les injures qui ont été faites à ses ser-* *viteurs ; & maintenant il pardonne celle qui est faite à luy-même. Nous voyons dans l'Ecriture qu'un Roy impie ayant étendu le bras pour commander qu'on prit un Prophete qui le reprenoit, ce bras sécha aussi-tôt, & icy la main de ce serviteur ne séche point. Le Sau-* *veur nous a vôulu apprendre par là*, conclud ce Saint, *que comme il oublie ses injures, & qu'il vange celles qui sont faites à ses serviteurs ; nous devons de même oublier nos propres injures, & n'être touchez que des siennes.*

Maxime vrayment digne de ce grand Docteur, mais peu connuë, & moins encore pratiquée des hommes. Car qui est celuy qui soit touché des injures qui sont faites à son Eglise, qui est luy-même ; Au contraire si on touche un homme dans ses interêts, je ne dis pas un seculier, mais des Ecclesiastiques, & des personnes Religieuses : aussi-tôt on se deffend, & non-seulement on se deffend, mais on attaque les autres avec une passion, une chaleur & une violence qui va souvent jusques à scandaliser les personnes seculieres qui sont les plus éloignées de Dieu.

Lorsqu'il s'agit au contraire des interêts de Dieu, de soutenir sa cause & son honneur ; non-seulement ces personnes sont plus froides que la glace ; mais ils mettent même leur pieté & leur sagesse à se tenir neutres, insensibles, & indifferens en tout ce qui le regarde. Ils considerent comme un excés, comme une passion, & presque comme une folie, le saint zele & la fermeté vrayment Chrétienne, & si

A a ij

recommandée aux Ministres de l'Eglise par tous les Saints Peres, avec laquelle les personnes des-interessées tâchent de rendre à Dieu ce qu'ils luy doivent dans le soutien de sa cause & de son honneur.

Le Pontife ayant demandé au Fils de Dieu s'il étoit le Christ, & le Sauveur luy ayant répondu qu'il l'étoit, & qu'ils le verroient venir un jour au milieu de l'air dans l'éclat de sa majesté : ce Pontife déchire ses vétemens, & s'écrie, *Il a blasphemé.* Tous ceux qui assistoient à ce jugement, condamnent aussi-tôt le Fils de Dieu à la mort tout d'une voix, & ensuite l'abandonnent à la fureur & à l'insolence de leurs valets, qui luy donnent des soufflets, qui luy crachent au visage, qui le couvrent d'un voile, & qui en le frappant, luy disent : *Devine qui t'a frappé.* Enfin ils luy font toutes les indignitez & tous les outrages qu'on puisse faire au plus méprisable de tous les hommes.

C'est pourquoy encore que le Fils de Dieu ait souffert des tourmens beaucoup plus sensibles qu'il n'en souffrit entre les mains de ces insolens; neanmoins nous pouvons dire que ceux-cy ont été les plus insupportables de tous : car les douleurs sont bornées par la foiblesse de nôtre corps ; & si elles croissent dans leur violence, elles diminuent dans leur durée, & passent bien-tôt jusques à la mort. Mais les injures & les insultes croissent à proportion de la grandeur de la personne qu'on offense.

Que s'il arrive que l'outrage soit trés-sensible en soy-même, que la personne qui outrage, soit trés-basse, & celle qui est outragée trés-relevée; ou même infinie dans sa grandeur ; cét outrage devient en quelque sorte infini. C'est par cette regle que nous devons juger des peines du Fils de Dieu qui font toutes jointes à un mépris épouvantable de la personne. Il a voulu oppofer ce grand remede à la playe profonde de l'orgueil humain, qui nous rend infupportables, non-feulement les douleurs, mais les moindres chofes, ou les moindres paroles qui tendent à nous rabaiffer devant les hommes.

Les Scribes & les Pharifiens ayant déja condamné entr'eux JESUS-CHRIST dont ils étoient tout enfemble les juges & les parties, le prefentent devant Pilate, & l'accufent de divers crimes fans rien prouver. Pilate refifte d'abord, & femble vouloir foutenir la caufe de l'innocent. Mais enfin il fe rend & condamne JESUS-CHRIST à mort. Voilà en peu de mots comment fe paffa cette hiftoire. Mais parce qu'il eft important de confiderer en particulier les difpofitions, tant des accufateurs que de ce Juge, & d'y remarquer les inftructions qui y font renfermées, tant pour les Ecclefiaftiques, que pour ceux qui adminiftrent la juftice dans le monde ; nous tâcherons d'y découvrir en peu de mots ce qui nous femblera plus utile pour l'édification des ames.

Premierement il n'eft point neceffaire de remarquer icy ce qu'on fçait affez, que les Pharifiens & les Scribes étoient les plus eftimez des Juifs pour leur pieté. Nous devons feulement confiderer ce que peut une fauffe vertu, fur tout quand elle eft jointe à des interêts fecrets. Ces perfonnes qui paroiffoient fi reglées, conçoivent le deffein de tuer JESUS-CHRIST, lorfque le fimple peuple s'étoit tellement declaré pour luy, qu'ils n'ofoient le faire mourir au jour de la fête, *de peur que le peuple ne s'émeut*. Ce qui montre que le peuple tout groffier qu'il étoit, avoit neanmoins plus de pieté que ces Pharifiens & ces Scribes.

A iij

C'est le desordre qui arrive souvent, qui est honteux à l'Eglise & à toute la Religion Chrétienne. Le simple peuple embrasse avec joye les choses les plus saintes, lorsqu'elles sont combatuës par des personnes spirituelles, qui les auroient dû soûtenir eux-mêmes, si le simple peuple les avoit rejettées.

Les Scribes ayant formé un dessein si detestable, inventent des calomnies pour opprimer l'innocent. Ces calomnies sont de trois sortes. Ils alléguent premierement des accusations vagues qui ne prouvent rien de particulier, comme quand ils disent qu'il veut *renverser toute leur nation* : ou qu'il excite des troubles par sa doctrine : *Commovet populum docens à Galilæa usque huc*.

Ils l'accusent ensuite de choses entierement fausses, pour le rendre criminel d'Etat. Ils luy imposent le contraire de ce qu'il a dit, en soûtenant qu'il empêchoit qu'on ne payât le tribut à l'Empereur, *prohibentem tributa dari Cæsari*, quoy qu'il eût enseigné formellement le contraire, en disant : *Reddite quæ sunt Cæsaris, Cæsari*.

Enfin ils l'accusent devant Pilate de ce crime imaginaire, dont ils l'avoient condamné entr'eux, qu'il se faisoit Fils de Dieu, *Filium Dei se facit* ; car c'étoit donc à eux à prouver qu'il ne le fût pas, ce qu'ils supposoient faux, sans apporter aucune preuve.

Ces impostures si noires & si indignes non-seulement de personnes vertueuses, comme ces Prêtres le prétendoient être, mais de tous les hommes qui eussent eû quelque ombre d'honneur, nous font voir combien il est dangereux de se laisser emporter à la passion. Car aprés cela on croit que tous les moyens dont on use pour la satisfaire, sont trés-legitimes.

3. Dans toute cette poursuite violente qu'ils font contre le Fils de Dieu, ils se couvrent du pretexte de pieté, & ils prétendent commettre ces injustices par le zele qu'ils ont pour Dieu, & pour la conservation de sa sainte Loy. *Nous avons une loy,* disent-ils, *& il est digne de mort selon cette loy.*

Admirons où va le déreglement de ces personnes. C'est par conscience qu'ils sont injustes. C'est la loy même qui leur commande de violer la loy. C'est, pour satisfaire à la loy qu'ils font mourir le Legislateur. Aveuglement terrible ! Et pleût à Dieu que nous n'en eussions pas tant d'exemples dans tous les siecles ! Pleût à Dieu qu'on ne remarquât point cette difference entre la corruption des gens du monde, & celle des personnes consacrées à Dieu, qui est que ceux-là suivent grossierement leurs passions, sans se mettre en peine de les cacher ; au lieu que ceux-cy la voilent de mille pretextes de pieté, comme s'ils prétendoient que tout ce qu'ils font, fût sanctifié, seulement parce qu'il vient de personnes dont la profession est sainte, selon cette parole que des hommes abandonnez de Dieu ont dite autrefois, & que saint Augustin a tant condamnée ; *Quod volumus, sanctum est.* Tout *ce que nous voulons, est saint.*

La quatriéme chose que nous devons remarquer dans ces Scribes & dans ces Pharisiens, c'est qu'ils sont tellement frappez d'aveuglement, qu'il n'y a rien qui leur puisse donner seulement quelque scrupule, ou quelque remords de conscience dans un si grand crime.

Car si quelque chose les pouvoit encore toucher, c'étoit de voir ce mal-heureux traître qui leur avoit livré Jesus-Christ, se condamner luy-même, justifier celuy qu'il leur avoit vendu, & rapporter l'argent qu'il avoit reçû comme le prix de son crime. Cependant lorsqu'il leur vient dire, *J'ay péché en livrant le sang innocent :* que répondent-ils ? *C'est à vous à répondre de vôtre action. Pour nous, cela ne nous regarde point.* Quoy il ne vous importe que cét homme soit juste ? Cependant c'est cét homme juste, que vous noircissez d'horribles calomnies, que vous faites demander à mort par le peuple, & que vous voulez faire condamner par Pilate ? Jusqu'où va l'endurcissement de ces personnes ? Nous ne marquons ces considerations qu'en passant. Mais si on applique cette conduite des mauvais Ministres de la loy ancienne, à la conduite des mauvais Ministres de la loy nouvelle, dont ils n'ont été que la figure, on remarquera des instructions terribles, qu'il suffit d'avoir seulement découvertes aux ames fideles, afin qu'elles implorent la misericorde de Dieu sur ceux qui seroient déja dans quelques-unes de ces mauvaises dispositions, & qu'elles demandent sa grace pour empécher les autres d'y tomber jamais.

V.

Que si nous considerons le procedé de Pilate, nous y trouverons aussi de grandes instructions pour ceux qui doivent rendre la justice aux hommes. Car il est vray qu'il n'étoit pas si coupable que ces Juifs, ny porté comme eux de jalousie contre JESUS-CHRIST. Il témoigne même quelque amour pour la justice, & quelque affection pour JESUS-CHRIST. Mais parmy tout cela on remarque plusieurs choses dans son procedé qui le rendent entierement inexcusable.

1. Sçachant que les Scribes ne luy avoient mis JESUS-CHRIST entre les mains *que par l'envie* qu'ils avoient contre luy, il ne se met point en peine de s'informer en particulier des choses dont ils l'accu-

soient fauſſement ; il les reçoit tout enſemble pour témoins & pour parties.

2. Il s'oppoſe en effet quelque temps à eux. Mais il ne témoigne nulle fermeté pour leur reſiſter juſqu'au bout. Et c'eſt la qualité que l'Ecriture ſainte demande aux Juges : *Noli eſſe judex niſi valeas perrumpere iniquitates :* N E ſoyez point Juge, ſi vous n'avez aſſez de force pour vous oppoſer à toutes les injuſtices. Eccli 13.

3. Il n'y avoit point en luy de veritable amour pour la juſtice & pour l'innocence, mais l'interêt & l'ambition poſſedoient entierement ſon cœur. C'eſt pourquoy auſſi-tôt qu'on luy dit : *Si vous le laiſſez aller, vous ne ſerez point amy de Ceſar* ; il ſacrifie le juſte & l'innocent aux interêts de ſa fortune. Un vray Juge doit être inflexible dans le bien. L'amour de la juſtice doit être la paſſion dominante dans ſon cœur. Autrement s'il eſt intereſſé ou ambitieux, il ſera toujours expoſé aux chutes.

Il eſt bien remarquable que tous les crimes de ceux qui contribuent à la mort du Fils de Dieu, ſont des crimes ſpirituels. Judas le trahit par avarice ; les Scribes l'accuſent par envie ; Pilate le condamne par ambition. Cela nous fait voir que ces crimes ſont ſans comparaiſon les plus grands de tous. Et ce qui eſt étrange, c'eſt comme nous avons dit, que les Scribes n'ont eû aucun remords d'avoir été cauſe de ſa mort. Pilate de même l'ayant condamné ſi injuſtement, lave ſes mains devant tout le monde, & proteſte qu'il eſt innocent.

C'eſt une image ſenſible de ce qui arrive ſouvent dans l'Egliſe. On ſe confeſſe de certains péchez groſſiers, d'avoir juré, d'avoir volé, d'avoir commis des crimes infames ; mais on ne ſe confeſſe point des crimes ſpirituels qui ſont les plus grands de tous. On ne se confesse point de donner tout son temps, tout son esprit, toute son affection au monde, hors les devoirs qu'on rend à l'Eglise, sans lesquels on passeroit pour un Athée. On ne se confesse point d'employer une bonne partie de son bien en des choses de luxe & toutes superfluës, pendant que les pauvres meurent de faim. On ne se confesse point d'avoir dans le cœur une ambition secrette, qui nous rend les deffenseurs, les ministres, & les esclaves de toutes les passions des Grands. On ne se confesse point d'avoir destiné & porté des enfans, l'un à l'épée, l'autre aux Magistratures, & l'autre à l'Eglise par des desseins & des interêts tout humains, sans considerer si Dieu les demandoit plûtôt en l'une qu'en l'autre de ces professions, & sans se mettre en peine de leur damnation éternelle, qui est souvent la suite d'une condition & d'un état dans lequel nous sommes mal entrez.

Et enfin pour passer beaucoup d'autres choses, on ne se confesse point d'avoir dans soy-même une opposition & une haine pour la verité de Dieu, qui nous montre la voye étroite, & qui nous découvre qu'il n'y a point de salut dans la voye large. Cependant ceux qui sont dans cét état, sont plus coupables que ny les Juifs, ny Pilate, ny tous ceux qui ont trempé leurs mains dans le sang de JESUS-CHRIST.

C'est une parole que je n'aurois garde d'avancer, si je ne sçavois qu'elle est de saint Augustin en termes formels, qui ayant été un des plus doux & des plus moderez de tous les Peres, ne peut pas être soupçonné d'avoir parlé avec exaggeration dans une matiere si importante. Voicy ses paroles : *Il semble*, dit-il, *que ceux qui ont crucifié le Fils de Dieu, ont commis le plus grand de tous les crimes:*

Pour le Dimanche des Rameaux. PASSION. 379
mais ceux-là en commettent encore un plus grand
qui non seulement ne veulent pas mener une sainte
vie, mais qui haïssent encore les maximes de la verité, pour lesquelles JESUS-CHRIST a souffert la *Aug. in*
mort. VIDETUR *consummata nequitia eorum qui* *Psal. 7.*
crucifixerunt Filium Dei : sed eorum major est qui
nolunt rectè vivere, & oderunt præcepta veritatis,
pro quibus crucifixus est Filius Dei. Car JESUS-
CHRIST est mort pour sceller par son sang les
veritez saintes qu'il avoit enseignées. Ainsi celuy qui
veut détruire ces veritez, veut détruire le prix du
sang de JESUS-CHRIST, & rendre sa mort vaine &
inutile.

IV.

On ne s'arrête pas maintenant sur plusieurs circonstances importantes de la Passion, & particulierement sur le portement de la Croix, sur les quatre dimensions que saint Paul y a remarquées, &
sur les sept paroles que JESUS-CHRIST y a dites
avant que de rendre l'esprit. On ne s'arrête qu'à considerer trois choses importantes, qui regardent toutes les souffrances de JESUS-CHRIST.

La premiere consideration est une pensée excel- *Serm. 11. in*
lente de S. Bernard, par laquelle aprés s'être fait *Cant.*
cette objection : Dieu, dit-il, ne pouvoit-il sauver
l'homme autrement qu'en s'exposant à tant d'outrages, & en souffrant la mort si honteuse de la
Croix entre deux voleurs ? Oüy sans doute, il le pouvoit : Mais il a mieux aimé le faire en cette maniere,
qui l'a deshonoré pour un temps devant les hommes :
Maluit cum injuria sui. Et pourquoy ? *Afin qu'il ne* *Bern. in*
restât plus aucun sujet à l'homme de retomber dans le *Pass. Dom.*
vice si detestable de l'ingratitude. NE *pessimum vitium*
ingratitudinis occasionem ultrà repeteret in homine.

Car l'homme, ajoute-t-il, avoit de trés-grandes

obligations à Dieu pour les dons innombrables qu'il avoit reçûs de luy par la seule creation. Mais comme l'homme étoit ingrat & superbe, il disoit en luy-même : Il est vray, Dieu m'a creé sans que j'eusse merité cette faveur; mais il m'a creé sans aucune peine. Il a dit : Que le monde se fasse, & aussi-tôt le monde s'est trouvé fait. *Qu'y a-t-il de grand dans un bienfait, quelque grand qu'il paroisse, lorsqu'il ne coûte qu'une parole ?* QUID *magnum est, quamlibet magna in verbi facilitate donaveris ?* C'est ainsi, ajoute-t-il, que l'orgueil & l'impieté de l'homme affoiblissoit les dons infinis qu'il avoit reçûs du Createur, pour trouver quelques excuses dans son ingratitude & dans sa dés-obéïssance.

Le Fils de Dieu donc pour remédier à une si grande playe de l'esprit humain, n'a pas voulu sauver l'homme en la maniere qu'il l'avoit creé, quoy que cela luy fût facile. Car s'étant fait homme, il auroit pû par la moindre de ses actions ou de ses paroles sauver tous les hommes. Mais il a voulu souffrir le traitement du monde le plus outrageux, & la Croix, même qui n'étoit le supplice que des esclaves ; afin que l'homme considerant par sa propre experience combien toutes choses luy étoient difficiles à supporter, soit pour luy-même, soit pour un autre, fût frappé de l'amour extrême que JESUS-CHRIST luy témoignoit en le sauvant en cette maniere.

La seconde chose que nous devons considerer dans les souffrances du Fils de Dieu, c'est qu'encore qu'il soit vray, qu'à ne regarder que la puissance de Dieu, & le merite infiny de JESUS-CHRIST, il pût par une seule parole sauver les hommes ; neanmoins si nous considerons non sa puissance, mais sa justice, par laquelle il vouloit les sauver, comme les Saints Peres le remarquent, il falloit que JESUS-CHRIST souffrît toutes ces choses, afin de satisfaire pleinement à la justice de son Pere pour tous les péchez des hommes, dont il s'étoit chargé volontairement.

C'est ce que saint Prosper assûre formellement, lorsqu'il dit : Que l'homme considere dans quel abîme de maux son péché l'avoit precipité, puisque le malade n'a pû être guéry que par la mort du medecin : *Hominibus perditis succurri non aliter potuit quàm morte medentis.* Car puisque Dieu vouloit faire paroître sa justice dans la redemption des hommes, ce seroit l'accuser en quelque sorte d'injustice, que de dire qu'il auroit plus exigé de souffrances de son Fils pour la satisfaction des péchez des hommes, qu'il ne luy en auroit dû pour la grandeur de leurs crimes.

C'est pourquoy comme saint Prosper dit, que le monde n'a pû être sauvé par une autre maniere que par celle que le Sauveur a choisie, Saint Bernard assûre de même qu'il ne s'est rien passé dans les souffrances de Jesus-Christ qui n'ait été necessaire pour nôtre salut : *Totum nobis de Christo valuit, totum salutiferum, totumque necessarium fuit.* Remarquons ces mots, *totum necessarium fuit ; nec minùs profuit infirmitas, quàm majestas :* Jesus-Christ *a tout fait pour nous. Tout ce qui s'est passé dans luy, a été salutaire. Tout a été* Necessaire; *& l'infirmité de sa chair, par laquelle il a souffert tant de choses pour nous, ne nous a pas moins servy que sa divinité & sa puissance.*

Cette grande verité devroit être sans cesse devant nos yeux. Premierement, pour adorer avec frayeur & tremblement la justice souveraine de Dieu. Car s'il a traité son Fils même de la sorte pour des péchez qu'il n'avoit point commis, comment traitera-t-il les méchans mêmes ? *Si in viridi ligno hæc fa-*

ciunt, in arido quid fiet? Et en second lieu, cela nous doit servir à concevoir une horreur & une détestation du péché. Car combien faut-il que sa playe soit profonde, s'il n'a pû être guéry que par un si épouvantable reméde?

La troisiéme consideration, qui doit être une grande instruction, & tout ensemble une grande consolation pour les ames qui prennent part avec une compassion pleine de reconnoissance, aux souffrances de Jesus-Christ, est encore prise du même saint Bernard, qui dit que nous devons considerer particulierement deux choses dans nôtre redemption : la maniere en laquelle nous avons été rachettez, & le fruit que nous en devons tirer : *Modus & fructus*. La maniere en laquelle nous avons été rachettez, c'est l'aneantissement de Dieu. Le fruit que nous en devons tirer, est d'être remplis de Dieu aprés qu'il s'est aneanti pour nous. *Modus est exinanitio Dei ; fructus, de illo repletio nostri.*

Car il est aisé de voir comment le Fils de Dieu dans sa Passion semble avoir aneanti toutes ses proprietez divines & inseparables de sa qualité de Fils de Dieu. Il a aneanti sa toute-puissance, ayant paru comme un homme foible, qui aprés avoir sauvé les autres, ne se pouvoit sauver luy-même. Il a aneanti sa sagesse infinie, ayant été traité comme un fou. Il a aneanti sa justice, ayant eté puny comme un voleur. Il a aneanty sa Majesté souveraine, ayant été traité avec tous les outrages dont on peut traiter le dernier des hommes. C'est pourquoy ce saint Docteur ajoute excellemment que l'ame s'embraze d'un grand amour, lorsqu'elle considere qu'un Dieu s'est aneanti pour elle de cette sorte, & qu'elle s'anime d'une grande confiance, lorsqu'elle considere qu'il ne s'est ainsi aneanty que pour la remplir de ses dons

Et il ne faut point, dit-il, ſeparer cét amour d'avec cette confiance : De peur ou que nôtre eſperance ſoit mercenaire, ſi elle n'eſt point accompagnée de l'amour ; ou que nôtre amour ſoit tiede & lâche, s'il n'eſt ſoûtenu & animé par la confiance. *Ne aut ſpes mercenaria ſit, ſi amore non comitetur: aut amor tepeſcat, ſi infructuoſus putetur.*

Ce ſont ces conſiderations ſaintes que nous devons avoir dans l'eſprit & dans le cœur, non ſeulement en ce ſaint temps, mais durant toute nôtre vie. Ayons une ferme reſolution de ne vivre & de ne mourir que pour celuy qui a vécu & qui eſt mort pour nous. Armons-nous dans tous nos maux, & dans le ſouvenir de nos péchez, par cette penſée pleine de conſolation du même ſaint Bernard. *Il ne faut pas craindre*, dit-il, *ou qu'un Dieu ne puiſſe remettre les péchez, ou qu'un Dieu mort pour expier les péchez, ne veüille uſer de bonté & de clemence envers les pécheurs.* NON *metuendum ne donandis peccatis aut poteſtas Deo, aut voluntas paſſo, & tanta paſſo pro peccatoribus, deſit.* [B.rn. in Paſſ. Dom.]

Voilà une grande conſolation pour les ames ſaintes ; mais dont les perſonnes qui ne ſont point à Dieu, pourroient aiſément abuſer à leur propre condamnation. C'eſt pourquoy écoutons la condition qu'il y ajoute auſſi-tôt : *Si neanmoins*, dit-il, *nous imitons ſon exemple, ſelon que nous y ſommes obligez, & d'une maniere qui ſoit digne de luy : n'étant ny incredules pour ne croire pas & n'embraſſer ſes veritez ſaintes, ny ingrats pour ne connoître pas l'amour qu'il nous a témoigné, en ſouffrant des choſes ſi inſupportables pour nous.* SI *tamen dignè, ut oportet, imitemur exemplum ejus, nec doctrinæ ipſius increduli, nec paſſionibus ingrati.* [Ibid.]

POUR LE DIMANCHE
DES RAMEAUX.

Hoc sentite in vobis quod & in Christo Jesu.
Philipp. 2.

Ayez profondement gravé dans le cœur le même sentiment que JESUS-CHRIST *a fait voir dans sa vie & dans sa mort.*

CEs paroles de saint Paul sont d'un grand poids. Elles nous apprennent premierement qu'il ne suffit pas de rendre honneur à la Croix de JESUS-CHRIST; de la reverer, & de l'adorer ; mais qu'il la faut avoir dans le cœur, & porter gravez dans nôtre ame les mêmes sentimens qui ont porté JESUS-CHRIST à l'embrasser. C'est en quoy manquent la pluspart des Chrétiens. Il veulent bien adorer la Croix de JESUS-CHRIST ; mais ils ne veulent point entrer dans les sentimens de cette Croix ; dans l'amour des bassesses, des afflictions & des souffrances.

De sorte que quelque profession qu'ils fassent d'honorer la Croix, ils ont sujet d'apprehender que JESUS-CHRIST ne les tienne pour les ennemis de sa Croix, selon ce que dit saint Paul de quelques Chrétiens de son temps qui s'étoient laissez emporter aux mêmes relâchemens, où nous voyons reduits aujourd'huy presque tous ceux qui sont dans l'Eglise. Il faut donc pour être veritable adorateur de

la

la Croix de Jesus-Christ entrer dans ces sentimens de Jesus que l'Apôtre nous représente plus au long dans les paroles qui suivent.

Etant dans la forme de Dieu, c'est-à-dire, possedant la nature divine, & étant Dieu veritablement, *il n'a point crû que ce luy fût un larcin & une usurpation d'être égal à Dieu.* La raison donc pour laquelle il s'est rabaissé & aneanti, n'a pas été pour se démettre d'une grandeur qu'il eût usurpée & qui ne luy fût pas dûë; mais ç'a été un excés d'amour envers nous, afin de nous apprendre à être humbles par cette humilité prodigieuse. Nous voyons donc que S. Paul a voulu marquer tacitement par ces paroles une admirable opposition entre Jesus-Christ & le premier homme, & en même temps une raison puissante pour nous obliger d'imiter cette humilité de Jesus-Christ.

Car le premier homme n'étant pas Dieu, a voulu s'égaler à Dieu. Il a été réduit par cette usurpation criminelle à un abaissement forcé, & à une humiliation involontaire, étant devenu sujet à la mort & à toutes les miseres de cette vie, quoy qu'en même temps son orgueil l'éleve encore autant que son péché & la colere de Dieu l'abaissent, & que meritant toutes sortes de croix & d'afflictions, il n'en veüille souffrir aucune. Jesus-Christ au contraire possedant toutes les richesses de la nature divine, s'en est volontairement dépoüillé pour s'humilier & se rendre pauvre; & il a voulu souffrir volontairement toutes les afflictions & les croix qu'il ne meritoit point.

On peut encore remarquer icy que Jesus-Christ étant Dieu, possedoit la chose du monde la plus opposée à la souffrance & à la croix, puisqu'il n'y a rien qui soit moins capable de souffrir que l'immortalité;

& la felicité même. Au lieu qu'il n'y a rien qui merite plus toutes fortes de tourmens que la prétention criminelle d'une égalité avec Dieu qu'un orgueil infupportable avoit fait concevoir à l'homme. Car cette fauffe image de divinité meritoit autant l'humiliation & le châtiment, que la vraye divinité eft incapable de foy-même de quelque abaiffement & de quelque affliction que ce foit.

Cependant celuy qui par luy-même ne pouvoit fouffrir, par une invention d'amour fe rend capable de fouffrir en prenant la forme d'un efclave, & en fe revêtant de nôtre nature. Au contraire celuy que le péché rendoit digne de toute confufion, ne refpire que la grandeur, & ne peut fouffrir d'être humilié, lors même que le poids de fes miferes l'accable.

Mais c'eft auffi l'étrange orgueil de l'homme qui a obligé un Dieu à cette étrange humilité. Car puifque ce fouverain Medecin n'eft venu au monde que pour guérir nos maladies, il a fallu, dit S. Auguftin, que celuy qui étoit tombé par la follicitation d'un fuperbe mediateur qui luy avoit infpiré l'orgueil, fe relevât par l'affiftance d'un humble mediateur qui luy infpirât l'humilité. *Reftat ergo ut qui mediatore fuperbo diabolo fuperbiam perfuadente dejectus eft, mediatore humili Chrifto humilitatem perfuadente erigatur.*

C'eft pourquoy nous voyons que comme la malice du démon a porté l'homme jufqu'à un tel excés d'orgueil, que de prétendre d'être égal à Dieu : *Eritis ficut dii* ; la bonté divine au contraire nous a voulu donner pour remede à cette playe, l'exemple d'un Dieu humilié jufqu'à fe faire homme : *Et habitu inventus ut homo.*

Cet unique exemple, dit le même Saint, peut abbatre & faire mourir l'orgueil dans l'efprit de l'homme le plus superbe. *Huic uni exemplo in cujusvis animo ferociter arrogantis, omnis superbia cedit, & frangitur, & embritur.* Et ne seroit-ce pas une chose étrange, que nous eussions encore honte de nous humilier après l'humilité d'un Dieu, & une humilité si grande, qu'il n'y a proprement que celle-là qui merite ce nom ; tout ce que nous pouvons faire n'approchant point de ce modéle divin & inimitable.

Car il y a cette difference entre l'humilité de JESUS-CHRIST & celle des plus grands Saints, que JESUS-CHRIST s'est veritablement rabaissé, parce qu'il s'est mis en un état qui ne luy étoit point dû, & qu'il s'est dépoüillé de sa grandeur pour se revêtir de nôtre misere. Ainsi c'est de luy qu'on peut dire veritablement : *Semetipsum exinanivit* ; IL s'est aneanti luy-même. Au contraire l'humilité des plus grands Saints ne consiste qu'à reconnoître ce qu'ils sont veritablement devant Dieu : de sorte qu'ils ne peuvent veritablement s'aneantir, puisque d'eux-mêmes ils ne sont veritablement qu'un neant.

Ainsi quand la plus sainte & la plus humble des creatures se rabaissoit autant que Dieu l'élevoit, & reconnoissoit qu'elle étoit *la servante du Seigneur*, au même temps que le Saint Esprit la rendoit la mere de Dieu : *Ecce ancilla Domini* ; elle faisoit veritablement une action d'une grande humilité, & digne d'être regardée de Dieu ; mais elle ne faisoit qu'avoüer ce qu'elle étoit veritablement en prenant la qualité qui luy convenoit par sa nature, quoyque Dieu l'élevât à une plus haute. Mais JESUS-CHRIST fait bien plus. Il s'humilie en s'aneantissant luy-même. Il veut paroître au nombre des serviteurs, en prenant la forme & la nature d'un serviteur : *Formam servi accipiens.*

Après cela ne devons-nous pas rougir de ne pouvoir souffrir la moindre humiliation, ny nous résoudre, non pas de nous abaisser au delà de ce que nous sommes, mais de reconnoître seulement la bassesse dans laquelle nous sommes? Nous voulons tous nous élever au dessus de nôtre condition, & il n'y a point de condition quelque basse qu'elle soit, qui ne soit encore au dessous de nous, puisque nous sommes tous pécheurs, & qu'en cette qualité il n'y a rien de si bas & de si vil que nous ne méritions.

Mais l'abaissement de JESUS-CHRIST n'en est pas demeuré là. Il ne s'est pas contenté de prendre la forme d'un esclave, & de se rendre semblable aux hommes réduits par le péché à l'extrémité de la misere : *In similitudinem hominum factus* : Le souverain medecin de nos ames qui connoissoit la profondeur de nôtre blessure, y a voulu apporter un remede encore plus puissant. Il n'a pas jugé que ce fût assez de ce premier aneantissement. Il l'a voulu couronner de la derniere des abjections : *Factus obediens usque ad mortem.* Il a voulu qu'une vie pleine d'afflictions & de travaux fût terminée par une mort cruelle & honteuse : *Factus obediens usque ad mortem, mortem autem crucis.*

C'est à quoy S. Paul termine l'avis important qu'il nous donne d'avoir perpetuellement gravé dans l'esprit l'exemple de l'humilité du Sauveur. En effet, il n'y a plus rien après cela qui nous doive paroître fâcheux, si nous voulons marcher sur les traces de ce divin maître, comme nous y sommes obligez.

Car il n'y a que deux choses qui peuvent nous rendre les croix dures & penibles à supporter. L'une est la souffrance & la douleur; l'autre est la honte & l'ignominie; & dans l'une & l'autre JESUS-CHRIST s'est abaissé & aneanti jusques à un point qui ne se peut bien concevoir. Il a souffert, jusqu'à mourir, dans les plus horribles tourmens: *Factus obediens usque ad mortem.* Et il a choisi de toutes les morts la plus honteuse, qui est celle de la Croix: *mortem autem crucis.*

Ainsi, dit S. Augustin, Dieu a voulu que l'exemple de Jesus-Christ fût un remede contre toutes les passions des hommes. Leur orgueil leur donnoit une aversion extrême pour les outrages; & il a souffert les outrages. Les injures leur sembloient insupportables, & il a souffert la plus grande des injures qui est celle d'être condamné étant juste & innocent. Les douleurs du corps leur faisoient horreur; & il s'est exposé à la flagellation & aux tourmens. Ils craignoient de mourir, & il est mort comme un criminel. Le supplice de la croix leur passoit pour le plus infame de tous les supplices, & il a été crucifié. *Contumelias superbissimè horrebant; omne genus contumeliarum sustinuit. Injurias intolerabiles esse arbitrabantur; quæ major injuria quàm justum innocentemque damnari? Dolores corporis execrabantur; flagellatus atque cruciatus est. Mori metuebant; morte multatus est. Crucem ignominiosissimum mortis genus putabant, crucifixus est.*

Aug. de vera relig. c. p. 16.

Consideros donc serieusement ce grand exemple. C'est la maniere la plus sainte dont nous devons adorer la Croix. *Hoc sentite in vobis quod & in Christo Jesu.* Si nous sommes dans quelque affliction; si nous souffrons quelque travail dans le service de Dieu, consideros combien ces afflictions sont peu de chose, en les comparant à celles que Jesus-Christ a souffertes, étant innocent, au lieu que nous n'en souffrons aucune que nous n'ayons bien meritée.

Cependant nous faisons profession de servir Jesus-

Christ, sans vouloir rien souffrir pour Jesus-Christ. Que s'il y en a qui veulent bien se résoudre à souffrir quelque douleur pour Dieu, combien y en a-t-il peu, qui se puissent résoudre à souffrir la honte, & les opprobres? Neanmoins Jesus-Christ ne s'est pas contenté de souffrir la mort ; il a voulu que ses tourmens fussent accompagnez d'outrages, & que sa mort fût honteuse. *Il a choisi la Croix*, dit S. Leon, *afin que toute la puissance du démon fût brisée par cette Croix, & que l'humilité victorieuse triomphât de l'élevement de l'orgueil.* Ut in ea tota diabolica dominationis contereretur adversitas, & de elatione superbia victrix humilitas triumpharet.

" Car jusqu'à quel point de gloire & de bonheur
" la condition d'un homme peut-elle être jamais si
" élevée qu'elle puisse estimer honteux & indigne de
" soy, ce que Dieu même n'a pas estimé indigne de
luy ? *Nec enim in tantum provehi potest qualibet felicitas humana fastigium, ut æstimet sibi pudendum quod manens in forma Dei Deus non est arbitratus indignum.*

C'est neanmoins la plus grande peste de la pieté que le faux honneur du monde, qui fait qu'il n'y a rien dont nous soyions plus incapables, que de suivre Jesus-Christ par cette voye de honte & d'ignominie. Nous alleguons nôtre condition pour nous dispenser des devoirs du Christianisme, lorsqu'il nous semble qu'ils sont trop bas & trop vils pour nous. Jesus-Christ ne s'est point arrêté, je ne dis pas à sa condition royale, mais à la condition de Dieu même qu'il possedoit veritablement, pour se soumettre au plus indigne traitement que l'on puisse souffrir, & lors même que toutes les joyes du Ciel luy étoient dûës : *Proposito sibi gaudio, sustinuit crucem, confusione contempta.*

Hebr. cap. 13.

S'il arrive que Dieu même nous humilie, & que par un renversement de fortune, il nous mette en un degré plus bas que nous n'étions auparavant, nôtre orgueil s'oppose aux desseins de Dieu, & le moindre rabaissement de nôtre condition nous est insupportable. Si pour entreprendre une bonne action il faut être exposé au mépris des hommes, nous rougissons aussi-tôt de l'Evangile, & nous préferons nôtre honneur aux intérêts de Dieu. Ce n'est pas-là ce que nous apprend la Croix, ny les sentimens que l'exemple du Sauveur nous doit inspirer. *Hoc sentite in vobis quod & in Christo Jesu.*

POUR LE LUNDY
DE LA SEMAINE SAINTE.

Ante sex dies Paschæ, &c. *Joan. cap.* 12.

Six jours avant la Fête de Pâque, &c.

L'EVANGILE nous représente aujourd'huy la foy ardente d'une femme qui répand des parfums sur la tête de JESUS-CHRIST. Le Sauveur approuve son zele, parce qu'il penetroit le fond de son cœur, & la foy avec laquelle elle luy offroit ce sacrifice. Il luy prédit même que le souvenir de cette action passeroit dans la suite de tous les siécles, afin d'exciter les ames les plus lâches, par l'exemple d'une charité si fervente.

Cecy est de S. Chrysost. sur S. Matth.

Qui n'admirera icy la toute-puissance du Sauveur? Il prédit que cette action seroit annoncée dans tout le monde, & on voit la verité de ce qu'il a dit. En quelque endroit de la terre qu'on puisse aller, on y voit relever la grande foy de cette femme. Elle n'avoit rien qui la signalât dans le monde. Elle n'avoit que trés-peu de témoins alors de ce qu'elle fit, dont la plufpart même témoignoit ne pas approuver son zele. Et cependant la puissance du Fils de Dieu qui prédit alors que cette action seroit connuë dans tout le monde, l'a fait publier par tout, & l'a répanduë dans toute la terre.

Nous voyons tous les jours, que le peu de traces qui nous restent des actions éclatantes des plus grands hommes des siécles passez, s'évanoüissent, & qu'elles s'enfevelissent dans le silence. Ceux mêmes qui ont bâti des villes pour éternifer leur nom, qui ont gagné des victoires, qui se font assujetti des peuples, qui ont porté la terreur de leurs armes par toute la terre, & qui se font fait dresser des trophées & des statuës pour conserver leur souvenir, sont tombez neanmoins peu à peu dans l'oubli des hommes, & bien loin d'être maintenant en honneur, on ne connoît plus même leurs noms. On sçait au contraire par toute la terre, que cette femme a répandu ce parfum sur la tête du Sauveur. La memoire de cette action ne s'est jamais effacée. Les peuples les plus éloignez & les plus barbares en ont oüi parler, & ils ont relevé par leurs loüanges, ce que cette femme fait aujourd'huy dans le secret d'une maison.

O bonté ineffable du Sauveur, qui veut bien souffrir qu'une femme répande ce parfum sur sa tête, comme il n'a pas eu d'horreur de s'enfermer dans le sein d'une femme, & de s'y nourrir de lait. Non seulement il souffre la charité de cette femme; mais il fait taire même ceux qui la blâment, parce que son zele ardent ne meritoit pas ces reproches. Il declare malgré leurs murmures, *qu'elle a fait une bonne action*, & il nous apprend ainsi à ne pas condamner aisément les personnes de pieté, dans ce que nous leur voyons faire, encore que leur conduite semble contraire à nos lumieres. Quand même ces personnes feroient le bien imparfaitement, il nous défend de les blâmer. Il veut au contraire que nous les aidions & que nous les favorisions, en tâchant de les porter à un état plus parfait.

C'est pourquoy lorsque nous voyons que quelqu'un offre quelque présent à l'Eglise, qu'il luy donne quelque vase, ou quelque ornement; n'improuvons pas cette action. Ne disons point comme Judas & comme les autres disciples, *qu'il vaudroit mieux vendre ces ornemens & ces vases pour les donner aux pauvres*, de peur de troubler ou d'abatre l'esprit de celuy qui les a offerts. JESUS-CHRIST pratique icy luy-même cette moderation & cette sagesse, dont on doit user envers ceux qui font ces profusions saintes. Il ne veut point attrister la charité de cette femme. Il prend sa défense & il la console. Que personne, dit-il, ne la condamne, puisque je suis moy-même si éloigné de la condamner, que je veux au contraire la rendre celebre par toute la terre, & faire publier par tout ce qu'elle vient de faire avec une pieté si pure, avec une foy si ardente, & avec un cœur si humilié & si contrit.

Et il est admirable qu'une femme ait cette tendresse pour JESUS-CHRIST, qu'elle reçoive de luy de si grandes & de si justes loüanges, & qu'il l'assure de rendre cette action célèbre dans tout le monde; pendant que l'un de ses disciples va trouver les Prêtres pour leur vendre le Fils de Dieu. Nulle consideration ne le retient, & il ne tremble point, lorsqu'il entend dire au Sauveur même, que cet Evangile seroit prêché dans toute la terre, ce qui marquoit la puissance infinie de celuy qu'il trahissoit. Lorsque Jesus-Christ est honoré de cette sorte par des femmes, ce disciple devient le ministre des desseins & de la fureur du démon.

Comment son avarice l'a-t-elle pû si fort aveugler ? Celuy qui avoit tant de preuves de la toute-puissance de Jesus-Christ, & qui l'avoit vû tant de fois passer au travers de ses ennemis, sans qu'ils pussent le retenir, peut-il s'imaginer icy qu'ils le pourroient prendre ? Comment peut-il former un dessein si détestable, lors particulierement que le Fils de Dieu luy dit tant de choses, qui pouvoient l'étonner ou l'attendrir, ou le détourner d'une entreprise si barbare ? Car il a témoigné un soin particulier de ce Disciple, & il luy a parlé pour le toucher, jusqu'à la derniere heure de sa vie, quoy qu'il prévît que cette grande charité luy seroit entierement inutile.

Imitons cette conduite, & appliquons tous nos soins à rappeller les pécheurs de leurs égaremens, & de leurs crimes. Réveillons-les en les avertissant, en les enseignant, en les consolant ; & quoy que nos travaux leur soient inutiles, ne laissons pas de travailler à leur salut. Encore que Jesus-Christ prévît l'impenitence & la dureté de Judas, il n'a point cessé de faire tout ce qui dépendoit de luy pour le faire rentrer en luy-même, par ses avertissemens, par ses menaces, par cette retenuë qu'il garde à parler de luy, & par la douceur qu'il luy témoigne par tout. Il souffre qu'il le baise au moment qu'il le trahissoit ; & cette douceur extraordinaire ne fait aucune impression sur ce barbare, tant il étoit possedé de son avarice !

Ecoutez cecy avares. Reconnoissez dans ce disciple infidéle, le funeste effet d'une passion si furieuse. Si celuy qui avoit le bonheur de vivre continuellement dans la compagnie de Jesus-Christ, qui écoutoit ses divines instructions, & qui faisoit des miracles comme le reste des Apôtres, a neanmoins été précipité par cet amour de l'argent dans un abîme de maux; combien vous autres qui n'écoutez & qui ne lisez jamais l'Ecriture, & qui êtes plongez dans les affaires du siecle, serez-vous plus en danger de succomber sous l'effort d'une passion si violente?

Et vous femmes! je vous appelle icy, & je vous propose à imiter celle que l'Evangile nous représente: Vous qui recherchez avec tant de curiosité les parfums de l'Arabie, & qui dépensez en ces vanitez des sommes si excessives, voyez l'usage qu'une femme plus sage que vous, fait de ces parfums. Que font ces parfums que vous recherchez avec tant d'ardeur, à des corps qui au dedans sont pleins de pourriture? Ne faites-vous pas la même chose, que si vous vouliez embaumer la boüe? Nous avons d'autres parfums infiniment plus précieux dont vous pouvez, si vous le voulez, embaumer vôtre ame, & que vous répandrez ensuite sur le corps de Jesus-Christ par la bonne odeur que vous jetterez de toutes parts.

Ce n'est point de la Perse ou de l'Arabie que ces parfums dont nous parlons, nous viennent, mais du Ciel. Ce n'est point avec l'or ou l'argent qu'on les achette, mais avec une foy vive & une excellente charité. Ce sont ces parfums que les Apôtres ont versez sur tout le corps de l'Eglise. *Nous sommes*, disent-ils, *la bonne odeur de* Jesus-Christ *en tout lieu*. Et si S. Paul dit qu'il a été une odeur de mort pour quelques-uns, il ne s'en faut pas étonner. On

2. Cor. cap. 2. v. 15.

dit que les parfums excellens étouffent ces animaux, impurs qui ne se plaisent que dans la bouë. Ainsi l'odeur de ce saint Apôtre n'étoit insupportable qu'au méchans & aux démons.

Préparons donc ces parfums divins que la grace du Saint Esprit répand dans les ames, & que nous achettons en quelque sorte par l'effusion de nos aumônes. C'est alors que toute l'Eglise sera remplie de l'agreable odeur de nos parfums ; & que comme on prend plaisir à voir & à suivre ceux qui ont de bonnes odeurs, on prendra plaisir de même à nous considerer, & à imiter nôtre conduite.

Employons à cet exercice le temps sacré où nous sommes. Les mysteres que nous y allons adorer, nous portent assez par eux-mêmes à renouveller nôtre ferveur. La joye que nous sentirons dans la solemnité de Pâques, ne doit point être de ce que nous serons délivrez alors de la necessité de jeûner, mais de ce que nous célébrerons une fête si auguste, avec une conscience pure, & étant parez de la blancheur & de l'éclat des vertus. Le Carême nous auroit été bien inutile, & ces jours sacrez où nous entrons, se passeroient bien en vain pour nous, si nous ne nous en servions avantageusement pour nous purifier des taches de nôtre vie passée, & pour être plus saints à la fin du Carême, que nous n'étions en le commençant.

Nous n'avons point dû avoir d'autre but dans les exercices penibles & laborieux de ce saint temps, que d'effacer toutes les taches que les péchez que nous avons commis dans le cours de cette année, avoient pû imprimer dans nos ames, afin de nous présenter avec une conscience pure au festin de cet Agneau sans tache qui a été immolé pour nous. Sans cela c'est en vain que nous aurions travaillé.

Que chacun donc s'examine pour voir quel défaut il a corrigé, quelle tache il a lavée, quelle playe il a guérie, quelle vertu il a cultivée, quel progrés il a fait dans la pieté. Et si sa conscience luy rend témoignage que son jeûne luy a été utile, & qu'il a refermé ses blessures, qu'il s'approche de la table du Seigneur. Mais s'il est aussi négligent & aussi tiede maintenant qu'il étoit au commencement du Carême; s'il ne peut nous montrer autre chose que son jeûne extérieur; qu'il pense de nouveau à se purifier de ses souillures. Qu'on ne s'appuye point sur son jeûne, si en jeûnant on n'a travaillé à reformer ses desordres. Car il se peut faire que ceux qui n'auront point jeûné à cause de leur impuissance, recevront de Dieu le pardon de leurs péchez en luy représentant humblement la foiblesse de leurs corps. Mais celuy qui ne se corrige point de ses défauts, quelque jeûne qu'il fasse d'ailleurs, obtiendra difficilement la misericorde de Dieu, & le pardon de ses offenses.

POUR LE MARDY
DE LA SEMAINE SAINTE.

Paſſio Domini noſtri Jeſu Chriſti ſecundùm Marcum.

La Paſſion de Nôtre Seigneur JESUS-CHRIST *ſelon S. Marc.*

'EST avec grande raiſon que le divin Apôtre voulant fortifier les premiers Fidéles contre les perſecutions qui les menaçoient de toutes parts, les exhorte à jetter les yeux ſur JESUS l'auteur de nôtre Foy, qui pouvant choiſir en ſe faiſant homme, une vie pleine de joye, comme étant conforme à ſon innocence & à ſa pureté infinie, a voulu vivre au contraire dans les travaux; & terminer ſa vie ſi laborieuſe par une mort pleine de douleur & d'ignominie.

Car ce grand Apôtre n'ignoroit pas que cet objet ſuffiroit ſeul pour les ſanctifier, s'ils le conſideroient non par une compaſſion humaine, mais par le mouvement intérieur d'une veritable pieté: Cependant nous nous rendons inutile un ſi ſouverain remede, & nous ne tirons preſque aucun avantage d'un ſi grand myſtere; parce que nous conſiderons les ſouffrances de JESUS-CHRIST comme une action qui s'eſt paſſée autrefois, & dont la memoire ne dure maintenant que peu de jours.

Il eſt vray que JESUS-CHRIST, comme dit S. Paul,

Pour le Mardy Saint. PASSION.

n'a été immolé qu'une fois par un sacrifice sanglant, & qu'étant mort une fois, il est ressuscité pour ne mourir plus. Mais la grace qui est renfermée dans ce saint mystere, est toûjours présente ; & si nous sommes aussi touchez que nous le devons, de la douleur de nos fautes & de la compassion des souffrances du Sauveur, nous pouvons aussi bien être sanctifiez aujourd'huy par le Sang de JESUS-CHRIST, que si nous le voyions sortir de ses playes.

Mais je dis plus, avec S. Augustin, que non seulement la grace, qui est l'effet de la Passion de JESUS-CHRIST, est toûjours présente, mais que sa Passion est encore présente, & que JESUS-CHRIST même est encore crucifié présentement. Ce ne sont plus les Juifs qui le crucifient : ce sont les Chrétiens, selon Saint Paul, qui de ses adorateurs deviennent souvent ses homicides.

Nous choisirons donc aujourd'huy pour sujet de ce discours les souffrances secretes & intérieures de JESUS-CHRIST, c'est-à-dire, ce qu'au milieu de ses tourmens visibles & extérieurs, il a souffert en son ame, dans la vûë que ses souffrances seroient inutiles à la pluspart des Chrétiens. Nous considererons ces mouvemens du Fils de Dieu dans les principales rencontres de sa Passion, & nous tâcherons d'en tirer des instructions pour l'édification de nos ames.

Comme les hommes jugent d'ordinaire des choses humainement, & qu'ils ne s'élevent point au dessus des sens & de la raison corrompuë, pour concevoir ce qui est infiniment élevé au dessus d'eux : ils se représentent pour l'ordinaire la Passion du Fils de Dieu d'une maniere aussi disproportionnée à sa grandeur, qu'elle est conforme à la foiblesse de leurs pensées.

Car ils se proposent le Fils de Dieu dans ses tourmens, comme une personne accablée de douleur, qui est d'autant plus à plaindre qu'il souffre étant innocent, & qu'il meurt pour rendre la vie à des coupables. Ils sont touchez ensuite, s'ils ont quelque sentiment de pieté, d'une compassion humaine envers luy, & d'une indignation humaine contre ceux qui l'ont fait mourir, & ils ne passent point plus avant pour considerer l'état du Fils de Dieu; & la disposition de son ame au milieu de ses tourmens.

Mais ceux qui sont éclairez par la lumiere de la foy, considerent bien d'une autre maniere la Passion du Sauveur. Ils sont touchez sans doute en le voyant parmi tant de peines & tant de douleurs: car qui ne seroit touché d'un objet si tragique & si lamentable, puisqu'on voit souvent les hommes déplorer par de veritables larmes, les miseres feintes d'une histoire fabuleuse? Mais ils sont touchez d'une telle sorte, que leur passion naît plutôt d'un ressentiment de foy, que d'un mouvement de la nature.

Ils considerent qu'encore que JESUS-CHRIST ne souffre que parce qu'il est homme; il souffre neanmoins étant Dieu & homme tout ensemble: qu'il est tout-puissant dans sa foiblesse; que ses souffrances sont entierement volontaires, & que les pensées & les fins toutes divines qu'il a euës en souffrant, sont aussi élevées au dessus de l'imagination des hommes, que le ciel est élevé au dessus de la terre.

I.

Ayant donc dessein de considerer avec cet esprit & en cette maniere la Passion du Fils de Dieu, nous commencerons par où les Evangelistes ont commencé; qui est par son entrée dans le Jardin des Olives,

Olives, & par ce qu'ils disent de luy aussi-tôt qu'il y fût entré : IL *commença à être saisi d'une grande frayeur & d'un grand abbatement* ; ou comme dit un autre Evangeliste : IL *commença à être saisi d'un grand ennuy, & d'une extréme tristesse*, jusqu'à dire à ses Disciples : *Mon ame est triste jusques à la mort.*

On peut rapporter plusieurs raisons de cette tristesse profonde dans laquelle le Fils de Dieu fut plongé alors. Cét abbatement étoit trés-different des nôtres, puisqu'il étoit en luy tout volontaire, excité par luy, & soûmis à luy, au lieu que les nôtres sont forcez & involontaires, qu'ils naissent dans nous sans nous, & qu'ils y perseverent malgré nous.

Saint Augustin en rapporte une raison excellente & de grande instruction, lors qu'il dit, Que le Fils de Dieu dans cét abbatement a pris nôtre place, & qu'il s'est revêtu de nôtre foiblesse : Qu'il s'est affoibly dans sa propre force pour fortifier les foibles dans leur foiblesse, & que ce qu'il dit ensuite à son Pere, *Si vous voulez que je ne boive point ce Calice*, n'est pas tant la voix du Medecin que la voix du malade dans la bouche du Medecin.

Mais nous nous arrêterons sur une seconde raison de cette agonie de JESUS-CHRIST, qui regarde plus nôtre sujet, & qui peut servir de fondement à tout ce discours ; sçavoir, que le Fils de Dieu a été saisi de cette tristesse, non tant par la vûë de ses tourmens, que par la consideration du peu de fruit que la plûpart des Chrétiens devoient tirer de sa Passion : & de la condamnation effroyable qu'elle attireroit sur la tête de ceux qui rendroient inutile pour leur salut le prix de son sang.

Car plusieurs Martyrs ayant témoigné à la mort qu'ils étoient plus touchez du salut des autres que de tous les tourmens qu'ils pouvoient souffrir, qui

Tome II.   C c

peut douter que le Fils de Dieu n'ait été dans ce sentiment avec une perfection d'autant plus grande, que la charité du Saint des Saints est infiniment élevée au-dessus de celle de tous les Saints ?

Ce sont donc ces ressentimens interieurs, qui luy ont transpercé le cœur jusques à luy faire dire que *son ame étoit triste jusques à la mort*, & nous devons examiner les principales raisons de cette tristesse.

La premiere qui se presente à nous est celle qui se trouve renfermée dans cette agonie même. Car une des principales raisons de cette grande affliction du Fils de Dieu a été la chûte de ses Apôtres qu'il prevoyoit devoir l'abandonner quelques heures aprés, en perdant la foy de sa divinité qui leur avoit prêchée avec tant de peine.

C'étoit là sans doute sa plus grande douleur. C'est pourquoy il tâche de prevenir leur chûte par tous les moyens possibles, quoy qu'il sçût trés-bien que les avis salutaires qu'il leur donneroit, leur seroient inutiles. Mais il consideroit que ce qui ne leur serviroit pas alors, leur devoit servir aprés sa resurrection, & à tous les Chrétiens dans la suite de tous les siécles.

Car il a marqué par cét état des Apôtres, tous ceux qui ayant demeuré déja long-temps avec luy, qui ayant écouté sa parole, & fait profession de n'être qu'à luy, lors neanmoins qu'il se presente une occasion de le confesser publiquement, ou de souffrir quelque chose avec luy, & pour luy, perdent le courage, & succombent à la tentation, à laquelle ils ne se sont pas preparez avec assez de vigilance.

Ce sentiment que nous attribuons au Fils de Dieu est tellement veritable, que saint Augustin témoigne que dans cét affoiblissement volontaire qu'il a pris sur luy, il avoit dans l'esprit tous les Fidelles qui devoient ainsi s'affoiblir par l'apprehension des maux. C'est ce qui nous doit porter à remarquer avec soin les fautes qu'ont faites les Apôtres à l'entrée de la Passion du Fils de Dieu, de peur que leur chûte n'ait figuré la nôtre, & que nous ne soyons du nombre de ceux qui ont affligé Jesus-Christ dans son agonie, lorsqu'il a prévû que nous l'abandonnerions un jour, comme il fut alors abandonné de tous ses Disciples.

La faute donc qu'ils firent en cette rencontre, pour ne parler que de ce qui se passa dans le jardin des Olives, c'est qu'ils ne veillerent point sur eux mêmes, & qu'ils n'eurent point recours à Dieu par la priere. Car il est marqué expressément que Jesus-Christ étant venu à eux, *les trouva endormis à cause de la tristesse dans laquelle ils étoient.*

La tristesse est un effet naturel que la crainte des maux nous cause plus ou moins à proportion que les maux sont grands ; & c'est encore un effet naturel de cette tristesse de nous abbatre l'esprit, & de nous jetter dans l'assoupissement du corps & de l'ame.

Mais c'est un effet de l'esprit de Dieu, comme il paroît en la personne de Jesus-Christ en cette rencontre, de porter les hommes lorsqu'ils apprehendent quelque grand mal, à recourir à Dieu de toutes leurs forces, à s'humilier profondément dans le sentiment de leur misere, à reconnoître qu'ils sont trés-dignes des châtimens qu'il leur envoye, & à le supplier de leur donner la foy & la patience qui leur est necessaire, afin que recevant ces maux avec action de grace, comme venant de sa main & de sa bonté paternelle, ils servent à les purifier de leurs fautes, & à les affermir dans la voye, & non pas à les affoiblir ou à les abattre.

C'est l'avertissement que leur donne JESUS-CHRIST : *Veillez & priez, afin que vous ne succombiez point à la tentation :* voulant marquer qu'à moins que de prier de la sorte, on y tombera infailliblement.

C'est pourquoy nous devons considerer comment le Fils de Dieu se prepare à sa Passion. Car on voit dans luy ce qu'il faut suivre, & dans les Apôtres ce qu'il faut éviter. Il prie avec une profonde humilité, & il se prosterne le visage contre terre. Il prie avec ferveur jusqu'à suer le sang par tout le corps. Il prie avec perseverance, faisant par trois fois la même priere : *Etant tombé dans une agonie,* dit l'Evangile, *& comme dans une défaillance de force, il pria durant un long-temps.*

Voilà le parfait modele que nous devons imiter. *Veillez & priez.* Sans cette preparation, les maux ne serviront qu'à nous abbatre. Et nous devons avoir d'autant plus d'égard à ces divines paroles, qu'elles sont la conclusion de tous les avertissemens de JESUS-CHRIST, comme le Predicateur de la verité evangelique. Car il nous les dit étant proche de sa mort, n'ayant rien dit depuis qu'en quelques circonstances particulieres de sa Passion.

C'est pourquoy S. Augustin dit, que ces paroles sont *comme un avis important qu'un General d'armée donne à ses soldats pour leur apprendre à combattre.* TAMQUAM *vox imperatoris ad milites suos.*

C'est ainsi qu'on honore veritablement la Passion du Fils de Dieu, en se disposant comme luy à souffrir les maux.

Il faut pratiquer cét avis quand on se voit surpris d'une grande maladie, & de la perte de ses biens, ou de son honneur, ou d'une personne qui nous étoit chere. Il faut veiller alors & prier, & se soû-

mettre à Dieu en luy difant avec JESUS-CHRIST:
Que vôtre volonté foit faite & non la mienne.
C'eſt être touché alors veritablement de la Paſſion
du Fils de Dieu, & non pas faire comme la plûpart
des Chrétiens, qui s'en fouviennnent le jour du
Vendredy Saint, & qui l'oublient tout le reſte de
l'année.

II.

La feconde Paſſion fecrete & interieure que nous
pouvons remarquer dans le Fils de Dieu, c'eſt la
chûte de Judas qui le trahit, & qui le vient prendre
dans le même jardin des Olives, où nous venons
de le conſiderer ſe diſpoſant avec tant de ſoin à ſa
Paſſion.

Car la trahiſon de ce malheureux diſciple ne l'a
pas ſeulement affligé à cauſe de la charité qu'il avoit
pour luy, & qui ne luy permettoit pas de le voir
perir ſans compaſſion, & ſans douleur; mais encore parce qu'il le conſideroit comme la figure de
tant de Prêtres & de Miniſtres de ſon Egliſe, qui
devoient le trahir un jour & le livrer à ſes ennemis,
aprés les avoir honorez de ſon Sacerdoce, & leur
avoir confié le ſoin de ſa maiſon qui eſt ſon Egliſe.

Ce ſont ces perſonnes proprement dont Judas a
été la figure. Ce ſont eux de qui JESUS-CHRIST
dit ces paroles qu'il a dites de Judas dans un Pſeaume de David: *Si c'étoit mon ennemy qui m'eût deshonoré par ſes injures, je le ſouffrirois. Mais vous qui n'aviez qu'un cœur & qu'une ame avec moy, vous qui étiez aſſis avec moy à la même table, qui vous nourriſſiez du même pain, vous qui marchiez dans la maiſon de Dieu, étant uny avec moy dans les mêmes ſentimens:* Qu'aprés cela, dit le Fils de Dieu, vous m'ayez trahy, c'eſt ce qui eſt tout-à-fait inſupportable.

Pſal. 54.

C'est ainsi que le Fils de Dieu luy-même dans l'Ecriture, exaggere le crime de ce malheureux, comme en effet on ne peut assez detester cette perfidie avec laquelle Judas a trahy son maître & son Dieu, dont il avoit reçû tant de graces.

Mais ce qui est terrible, & ce qu'on ne peut assez peser en cette rencontre, c'est que tel souvent deteste la trahison de Judas, dont le crime surpasse sans comparaison celuy de Judas. Cela semble étrange d'abord, & cependant en le considerant bien, on le trouve indubitable.

Car quelle vie pensez-vous qu'ait menée Judas durant les trois années de la predication du Fils de Dieu? Il a prêché l'Evangile comme les autres Apôtres, il a baptisé les premiers disciples de JESUS-CHRIST comme les autres. Et saint Augustin ajoûte encore que ceux qui l'ont entendu prêcher, l'ont reveré, & ont eû confiance en luy comme ils l'ont eûë aux autres Apôtres.

In Psal. 40. C'est ce que ce saint Docteur nous enseigne sur ces paroles, qui avoient été visiblement prophetisées de Judas : *Un homme qui était uni avec moy par le lien d'une paix si sainte, auquel j'avois mis ma confiance, n'a pas craint ensuite de me trahir.* Comment est-il vray, dit ce Pere, que JESUS-CHRIST ait mis sa confiance en Judas ? C'est parce, dit-il, que ses premiers disciples avoient mis leur confiance en luy, & que les considerant comme les membres de son Corps, il s'attribuë à luy-même tout ce qu'ils faisoient : Voicy ses paroles. LORSQUE *les premiers disciples de* J. CHRIST *voyoient Judas au rang des douze Apôtres, ils esperoient de luy quelque avantage pour leur salut, parce qu'il étoit tel que les autres Apôtres.* QUANDO *videbant Judam multi qui crediderunt in Christum, ambulare inter duodecim Aposto-*

los, sperabant in illum aliquid, quia talis erat, quales & cæteri.

Remarquons bien ces paroles. On ne voyoit point de difference entre luy & les autres, & on prenoit confiance en luy comme dans les autres.

De sorte qu'il paroît selon la doctrine de ce Pere; que Judas a été proprement la figure des ministres de Jesus-Christ qui le deshonorent, non par des desordres publics, mais qui menent au contraire une vie irreprochable, & même édifiante aux yeux des hommes, qui paroissent au dehors semblables à des Apôtres, comme étoit Judas selon saint Augustin, mais qui au dedans sont devant Dieu au rang de ceux dont S. Paul dit: *Tous cherchent leurs interêts, & non ceux de* Jesus-Christ.

Et pour montrer que Judas paroissoit irreprochable, je ne dis pas seulement au peuple, mais aux Apôtres mêmes; il ne faut que considerer ce qui arriva durant la Cene, lorsque Jesus-Christ leur ayant dit, que l'un d'eux le devoit trahir, l'Evangeliste dit expressément: *Qu'ils se regardoient l'un l'autre, ne sçachant de qui il parloit.* Chacun même disoit au Fils de Dieu: Est-ce moy Seigneur? Et dans cette incertitude saint Pierre pria saint Jean de demander à Jesus-Christ, qui étoit celuy d'entre eux qui devoit trahir son maître.

Si Judas eût été reconnu pour avare & pour un voleur; s'il eût donné lieu à quelque mauvaise opinion de luy: si enfin il n'eût pas paru entierement semblable aux autres, les Apôtres n'auroient pas eu peine de decouvrir qui devoit trahir leur maître, & ils eussent conclu d'abord que c'étoit luy que Jesus-Christ leur avoit marqué.

Cependant nous voyons que chacun des Apôtres devient plûtôt suspect à soy-même, que d'oser soupçonner Judas d'être capable de cette action. Ce qui nous montre qu'encore que saint Jean nous assûre qu'il voloit l'argent du Fils de Dieu dont il étoit le dépositaire, cela étoit neanmoins trés-secret, & que sa vie au dehors étoit entierement semblable aux autres.

Combien y en a-t-il ainsi dans l'Eglise, qui faisant les fonctions Evangeliques comme Judas, & menant comme luy une vie irreprochable en apparence, conservent neanmoins au dedans une passion d'avarice comme luy, & employent à leur propre usage ou à des dépenses superfluës, ou enfin à rendre leurs parens considerables dans le monde, le bien qui a été donné à JESUS-CHRIST pour la nourriture des pauvres qui sont ses membres?

Et que sert-il à quelques-uns de n'avoir point cette avarice, s'ils en ont une autre plus spirituelle & plus dangereuse? s'ils ont un desir de conserver leur propre reputation, & de ne point offenser les hommes, & s'ils abandonnent les veritables interêts de JESUS-CHRIST, pour cét interêt particulier, qui souvent est dans le fond de leur cœur, sans qu'ils le connoissent?

III.

La troisiéme Passion secrette & interieure, que nous pouvons remarquer dans JESUS CHRIST, c'est la chûte de S. Pierre. Car combien croyons-nous que le Fils de Dieu ait été touché en voyant tomber de la sorte le chef de ses Apôtres, & la pierre inébranlable, sur laquelle il vouloit fonder son Eglise? Cette souffrance a été encore plus grande en luy, en ce qu'il consideroit en la personne de cét Apôtre un grand nombre de ses Fidelles, qui s'imaginant être plus forts qu'ils ne sont, s'engagent facilement dans de grands emplois, dans lesquels ils s'affoiblissent, & où souvent même ils succombent.

Pour reconnoître donc les causes de la chûte de ces personnes, il ne faut que considerer celles de la chûte de Saint Pierre. JESUS-CHRIST la veille de sa Passion dit à ses Disciples : *Qu'ils se scandaliseroient tous en luy cette nuit, selon qu'il avoit été marqué dans l'Ecriture : Je frapperay le Pasteur, & les brebis seront dispersées.* S. Pierre, au lieu de croire que cét oracle du Fils de Dieu seroit indubitablement veritable, luy répond : *Quand tous les autres se scandaliseroient à vôtre égard, pour moy je ne me scandaliseray jamais.*

Voilà déja une présomption, & une grande presomption, de se preferer ainsi à tous les autres. JEsus-CHRIST luy dit ensuite, *qu'en cette même nuit avant que le coq chantât il le nieroit par trois fois.* Saint Pierre au lieu de se rendre à cette seconde prediction, commence à soûtenir encore plus fortement ce qu'il avoit dit : *At ille ampliùs loquebatur,* dit l'Evangile. Et il répond à JESUS-CHRIST: *Quand je devrois mourir avec vous, je ne vous renonceray jamais.* Voilà encore une seconde presomption plus grande que la premiere, puisqu'elle est plus opiniâtre, & qu'elle ne se rend pas même aux paroles réïterées de JESUS-CHRIST.

C'est ainsi que plusieurs personnes s'engagent indiscretement dans de grands emplois par un zele qui n'est point reglé selon la science, & s'exposent au milieu des tentations, en disant dans leur cœur comme Saint Pierre, *qu'en je devrois donner ma vie pour JESUS-CHRIST, je ne le renonceray jamais.* Mais ensuite se trouvant au milieu des hommes du monde, comme Saint Pierre au milieu des Juifs ; se trouvant parmy les ennemis de Dieu, comme S. Pierre parmy les persecuteurs de JESUS-CHRIST, la crainte de déplaire aux hommes les saisit aisément, parce que leur vertu est encore foible. Ainsi ils renoncent Jesus-Christ devant les hommes, en ne le confessant point devant les hommes ; ou s'ils le confessent au dehors par leurs paroles, ils sont de ceux dont l'Apôtre dit : *Qu'ils le renoncent par leurs actions :* Factis negant.

Tit. cap. 1. v. 16.

La cause de ces chûtes si dangereuses est qu'on ne se connoît point soy-même. On s'imagine être fort lorsqu'on est encore foible. Je veux qu'on ait quelque charité & quelque affection pour Dieu ; Saint Pierre aussi en avoit sans doute. Il aimoit son maître, dit saint Augustin, mais il aimoit encore plus sa propre vie ; & parce qu'il sentoit qu'il eût bien voulu mourir pour luy, il s'imaginoit qu'il le pouvoit faire : *Putabat se posse quod se velle sentiebat.*

Mais pour pouvoir resister aux grandes tentations qui accompagnent d'ordinaire toutes sortes d'emplois, soit seculiers, soit ecclesiastiques, & encore plus ces derniers que les autres, il faut avoir un amour non foible, mais ferme & constant, qui soit sur tout ennemy de la presomption & étably sur une profonde humilité.

Cependant il arrive souvent que lorsqu'un homme entre dans une charge ou dans un employ, quel qu'il puisse être, il s'éleve par cét employ même, au lieu qu'il auroit besoin de s'abbaisser. Car ces personnes étans exposez à de plus grandes tentations, ils ont plus besoin de charité pour les soûtenir. Et ayant plus besoin de charité, ils ont aussi plus besoin d'humilité, puisque ces deux vertus sont inseparables, & que l'une croît ou diminuë à proportion de l'accroissement ou de la diminution de l'autre.

Ainsi on devient presomptueux comme S. Pierre, & on tombe comme luy. On n'est pas du rang de ces personnes dont saint Bernard dit au Pape Eugene : *Vous n'êtes pas de ceux qui croyent que les dignitez sont des vertus : Et vous avez éprouvé ce que c'est que la vertu, avant que d'éprouver ce que c'est que la dignité.* ^{Vie de S. Bern. pag. 724. l. 6. c. 17.}

Il y en a qui s'imaginent qu'ils trouveront dans leur dignité même la force necessaire pour la soûtenir ; au lieu que la dignité ne la donne pas, mais la suppose en celuy qui entre dans une charge. Car encore que certaines charges Ecclesiastiques renferment en soy beaucoup de graces, elles demandent neanmoins beaucoup de vertu pour les répandre dans ceux qui les reçoivent. Autrement c'est comme si on s'imaginoit qu'un grand édifice se pût soûtenir par luy-même sans fondement : au lieu que le fondement doit être d'autant plus profond, que l'édifice doit être élevé.

Apprenons donc de la chûte de S. Pierre à ne pas tomber de la même sorte. Apprenons de ses larmes à pleurer comme luy, si nous sommes tombez comme luy. Apprenons de ce regret dont son ame fut percée, *Flevit amarè*, dit l'Evangile, non-seulement pour sa chûte, mais pour l'affliction qu'elle avoit causée à Jesus-Christ, à ne luy en causer pas une semblable.

Car le Sauveur pouvoit dire sans doute de cette chûte de S. Pierre, aussi bien que de ceux qui tombent encore de même, sans profiter d'un si grand exemple : *Les blessures de leur ame m'ont été plus sensibles que ne m'étoient toutes les blessures de mon corps :* Super *dolorem vulnerum meorum addiderunt.* ^{Psal. 68. 27.}

IV.

La quatriéme passion secrette & interieure que nous pouvons remarquer dans le Fils de Dieu, c'est celle qui a été jointe à une de ses plus grandes souffrances selon le corps même ; sçavoir, ces moqueries & ces insultes des Juifs, lorsque l'ayant couronné d'épines, ils luy voilerent le visage, & le frapperent avec une canne, en mettant un genou en terre, & en luy disant : *Prophetise, & devine qui t'a frappé.*

Quand nous ne considererions point d'autre chose dans ce supplice du Fils de Dieu que ce qui en paroît au dehors, il est certain que nous ne pouvons assez adorer la patience & l'humilité incomprehensible qu'il a témoignée en cette rencontre. Car il y a cela de particulier dans les injures, qu'elles croissent à proportion de la grandeur de la personne qui est outragée. De sorte que si la personne est infinie, les outrages sont en quelque sorte infinis.

Mais nous pouvons dire avec verité, que les plus grandes souffrances du Sauveur dans un traitement si injurieux, n'ont pas été les injures mêmes. Il n'a consideré toute cette royauté de theâtre, toutes ces railleries insolentes, tous ces outrages sanglans que comme la figure de la maniere honteuse & insupportable dont il devoit être traité dans son Egise par les mauvais Chrétiens.

C'est ce que nous enseigne Saint Augustin, lorsqu'expliquant un Pseaume sur la Passion, il parle en ces termes : *On s'est mocqué du Sauveur, lorsqu'il étoit attaché à la Croix. Mais maintenant il est adoré, lorsqu'il est assis dans le Ciel. Ou plûtôt n'est-il pas vray qu'on se mocque encore maintenant de luy, & que nous ne devons pas nous mettre en colere contre les Juifs, qui ne s'en sont mocquez que lorsqu'il étoit sur la terre, au lieu que les Chrétiens s'en mocquent maintenant qu'il est dans le Ciel ?* JAM non est irascendum Judæis, qui vel morientem deriserunt, non regnantem.

Et qui sont ceux qui se mocquent de JESUS-CHRIST

In Psal. 21. præf.

ajoûte ce Pere ? Pleût à Dieu qu'il n'y en eût qu'un, qu'il n'y en eût que deux. Plût à Dieu qu'on les pût compter : *Tous les mauvais Chrétiens qui sont comme la paille de l'aire de l'Eglise, se mocquent de* JESUS-CHRIST, *& les bons qui sont comme le bon grain, gemissent de voir que l'on s'en mocque de la sorte.* TOTA *palea area ipsius irridet eum :* & *gemit triticum irrideri Dominum.*

Ainsi selon la doctrine de ce grand Saint, les injures de JESUS-CHRIST ne sont point finies avec le temps de sa Passion. Les Chrétiens ont succedé aux Juifs, & ils ont accomply la verité de la figure que les Juifs leur avoient tracée.

Car ce voile que les Juifs mirent devant les yeux du Fils de Dieu, marquoit proprement les especes de l'Eucharistie, qui nous couvrent JESUS-CHRIST comme d'un voile ; & ces genuflexions des Juifs par lesquelles ils témoignoient l'adorer, en luy disant par mocquerie, *Salut au Roy des Juifs*, marquent les fausses adorations des mauvais Chrétiens, qui se mettent à genoux devant le Sauveur couvert sur nos Autels, comme d'un voile par les especes de l'Eucharistie, mais qui en même temps se mocquent de luy dans leur cœur, qui luy insultent, non par leurs paroles, mais par leurs actions. *Ils blasphement le nom du Sauveur, non par leur langue, mais par leur vie*, dit Saint Augustin : NON *blasphemant linguâ, sed vitâ.*

V.

La cinquiéme Passion secrette & interieure que nous pouvons remarquer dans le Fils de Dieu, c'est lors qu'il rencontra ces femmes qui avoient accoûtumé de le suivre, qui déploroient l'état si funeste auquel elles le voyoient reduit : *Quæ plangebant & lamentabantur eum.* Car encore que ces femmes fussent charitables, qu'elles eussent assisté de leur bien le Fils de Dieu durant sa vie, & qu'elles continuassent encore à luy témoigner leur affection jusques à sa mort; neanmoins leur foy & leur charité étoit encore très-imparfaite. Ainsi elles étoient plus capables d'affliger JESUS-CHRIST de nouveau, que de le consoler dans ses souffrances.

Psal. 68. C'est ce qu'il témoigne luy-même dans un Pseaume: *Mon cœur s'est preparé à souffrir toutes les injures & tous les supplices. J'ay attendu que quelqu'un prît part à ma tristesse & personne ne l'a fait. J'ay cherché des consolateurs, & je n'en ay point trouvé.*

Aug. in Psal. 68. Saint Augustin expliquant ces paroles, se fait une objection touchant ces saintes femmes. Il ne sembleroit pas, dit-il, que ce que dit icy le Sauveur touchant sa Passion, s'accordât avec l'Evangile. Il se plaint icy que nul n'a pris part à sa tristesse; & l'Evangile témoigne que ces saintes Femmes ont fait voir non-seulement par leur tristesse, mais par leurs larmes, que ses peines leur étoient très-sensibles.

Mais ce Saint répond ainsi à cette objection. JESUS-CHRIST ne dit pas qu'il n'a point trouvé de personnes qui s'attristassent à sa Passion, mais qui s'attristassent *avec luy*; *Qui simul contristarentur*, c'est-à-dire, qui fussent touchez de la même douleur que luy.

Or ces Femmes selon ce saint Docteur, n'avoient qu'une tristesse charnelle. Elles pleuroient JESUS-CHRIST, parce qu'elles voyoient qu'on l'alloit mener au supplice: Au lieu que le Fils de Dieu n'étoit point touché de la mort de son corps, qui devoit ressusciter dans trois jours; mais de l'aveuglement avec lequel les Juifs le faisoient mourir. *Ils étoient comme des furieux & des phrenetiques, qui alloient tuer celuy qui leur étoit venu donner la vie. C'est cét aveuglement du malade qui causoit tant de tristesse au medecin.* HINC TRISTITIA MEDICO.

JESUS-CHRIST donc donnant cét avis à ces saintes Femmes qui pleuroient : *Ne me pleurez point, pleurez-vous, vous-mêmes,* a prévû, & a instruit en leur personne toutes les ames pieuses qui devoient un jour être touchées de sa Passion, mais non d'une maniere aussi pure & aussi chrétienne qu'elles le devroient.

Ainsi quoy qu'elles pleurent JESUS-CHRIST sincerement, qu'elles ne laissent pas d'écouter ces paroles qu'il leur adresse comme à ces saintes femmes : *Ne me pleurez point, pleurez-vous vous-mêmes.* Car qu'est-ce que *se pleurer soy-même* dans la vûë des souffrances de JESUS-CHRIST, sinon remarquer ses fautes jusques aux moindres avec soin, les detester avec horreur, les avoüer avec sincerité, les porter avec regret, les combatre avec force, & les éviter avec une vigilance continuelle ?

C'est ainsi qu'on bannit de soy la tiedeur & la negligence, qui est ce qui attriste & ce qui afflige le Sauveur, & qu'on le console au contraire en usant des remedes qu'il nous a donnez pour nous guérir.

C'est ce que saint Augustin ajoûte excellemment aprés l'explication que nous venons de rapporter de cette plainte du Fils de Dieu dans le Pseaume. JESUS-CHRIST, *dit ce Pere, nous dit : J'ay cherché quelqu'un qui me consolât dans ma Passion : & je n'ay trouvé personne. Qui sont,* dit-il, *ceux qui le consolent dans ses douleurs ? Ce sont ceux qui avancent dans la vertu : Ce sont ceux-là qui nous consolent, & qui sont la consolation de tous les Predicateurs de la verité.* QUI *sunt consolantes?* Proficientes : Ipsis nos consolantur, ipsi sunt solatio omnibus Predicatoribus veritatis.

VI.

La sixiéme Passion secrete & interieure que nous pouvons remarquer dans le Fils de Dieu, c'est celle qu'il a soufferte étant attaché à la Croix, dans la vûë du traitement qu'il devoit recevoir un jour des mauvais Chrétiens. Car encore que la Croix luy ait été aussi un supplice exterieur que l'on peut appeller le plus grand de tous, puisqu'il a été le comble & le couronnement de tous les autres: neanmoins nous pouvons dire que sa Croix & son affliction interieure luy a été encore plus sensible que l'exterieure.

Il consideroit que si les Juifs le crucifioient, leur profonde ignorance les rendoit en quelque sorte excusables, selon ce qu'il dit à son Pere: *Mon Pere pardonnez-leur, car ils ne sçavent ce qu'ils font*: & selon ce que Saint Paul a dit depuis: *S'ils eussent sçû qui étoit* JESUS-CHRIST, *ils n'eussent jamais osé crucifier en sa personne le Dieu de gloire*. Mais il prévoyoit que les Chrétiens un jour le crucifieroient de nouveau, lors même qu'ils le connoîtroient, & qu'ils l'appelleroient leur Seigneur, & le Dieu du Ciel & de la terre.

1. Cor. cap.
2. v. 8.

Les Juifs tuënt JESUS-CHRIST avant qu'il soit mort pour eux. Mais les Chrétiens le tuënt aprés qu'il est mort pour eux, & qu'il les a lavez de leurs péchez dans son sang, lorsqu'ils ont reçû le batême. Les Juifs le tuënt lorsqu'il porte encore une chair mortelle. Les Chrétiens le tuënt lorsqu'il est glorieux & immortel.

Car il ne faut pas nous imaginer que cette expression, *Que les Chrétiens crucifient encore* JESUS-CHRIST, soit une exaggeration & une hyperbole, puisque c'est la parole formelle du S. Esprit prononcée par la bouche de S. Paul: *Rursùm crucifigentes*

Hebr. cap.
6. v. 6.

Pour le Mecredy Saint. PASSION.

blât encore par la honte de son supplice?

Toutes les paroles des hommes étant donc infiniment au dessous d'un mystere si ineffable, il faut faire parler maintenant en quelque sorte au lieu des hommes, le Fils de Dieu même, & expliquer quelques-unes de ses paroles qu'il a dites dans le cours de sa Passion avant que d'être monté sur la montagne de Calvaire. Nous en choisirons sept, dans lesquelles nous trouverons des instructions d'autant plus diversifiées qu'elles ont été dites en des occasions toutes differentes.

Car la premiere a été dite à son Pere. La seconde à ses Apôtres. La troisiéme à Judas. La quatriéme à S. Pierre. La cinquiéme aux Scribes & aux Pharisiens. La sixiéme à Pilate. La septiéme aux saintes femmes qui le suivoient. C'est pourquoy nous pourrons trouver aisément dans ces paroles toutes saintes des sujets d'édification pour toutes sortes de personnes, afin qu'elles sçachent la part qu'elles doivent prendre dans les souffrances du Fils de Dieu, & ce que luy-même nous a ordonné de faire, pour demeurer fermes dans les afflictions qui nous arrivent.

I. PAROLE.

Mon Pere, s'il est possible que ce Calice passe de moy.

POur ne point s'étendre sur les diverses instructions que les Saints Peres, & particulierement Saint Augustin tirent de cette parole, nous nous renfermons dans une excellente explication qu'en donne Saint Bernard. Il considere premierement d'où vient que le Fils de Dieu parle à son Pere de cette sorte, comme s'il avoit pû être un seul moment destitué de ce courage invincible, & de cette magnanimité qui a paru en tant de Martyrs. Et ce

Saint répond aussi-tôt ; quelle difficulté auroit eu le Fils de Dieu, luy qui ne mouroit que parce qu'il vouloit mourir, qui seul avoit le pouvoir de séparer son ame d'avec son corps, de la rappeller quand il luy plairoit ; quelle difficulté, dis-je, auroit-il euë de demeurer ferme & intrépide dans l'approche de la mort ? Il est visible que cela auroit été facile au Sauveur.

Mais, comme ajoûte le même Saint, ne luy a-t-il pas été beaucoup plus glorieux de souffrir même cet abaissement pour les hommes ? *An non gloriosius fuit, ut non modò passio corporis, sed etiam cordis affectio pro nobis faceret ?* N'a-ce pas été une gloire sans comparaison plus grande au Fils de Dieu de n'avoir pas pris seulement dans sa chair les tourmens & les peines de nôtre corps, mais d'avoir pris encore dans le fond de son ame une image des foiblesses de nôtre esprit ?

Nous apprenons donc d'icy premierement combien la Passion de JESUS-CHRIST doit avoir été excessive, & au delà de toute parole, puisque la seule représentation que JESUS-CHRIST s'en est faite, a pû exciter une telle tristesse & un si grand abatement de toutes ses forces, qu'il l'a pû réduire à cette agonie qui l'auroit aisément mené jusques à la mort, selon qu'il semble l'avoir marqué par cette parole : *Mon ame est triste jusqu'à la mort.*

Car encore que sa tristesse ait été volontaire, elle a neanmoins été trés-veritable. Et nous luy en devons une reconnoissance d'autant plus grande qu'il a souffert une si étrange peine, non par necessité, mais par sa bonté : *Turbavit seipsum non necessitate, sed voluntate.*

Secondement, nous apprenons par cette tristesse volontaire du Sauveur, combien ceux à qui Dieu a donné plus de force, doivent être éloignez d'en prendre avantage au deſſus des foibles, & d'en avoir quelque complaiſance, puiſque Jesus-Christ qui étoit le fort ſans pareil, & qui eſt la force de tous ceux qui ſont forts, s'eſt affoibli volontairement pour relever le courage des plus foibles. Car il pouvoit dire alors ce que S. Paul a dit depuis : *Je me ſuis rendu foible en faveur des foibles pour les guerir de cette foibleſſe.* 1. Cor. cap. 9. v. 22.

Troiſiémement, cette action du Fils de Dieu nous doit donner une merveilleuſe conſolation en quelque état de foibleſſe que nous nous trouvions, voyant que le chef compatit tellement avec ſes membres, qu'il ne craint pas de ſe mettre en leur place, & que le Medecin s'affoiblit avec ſon malade pour le guerir de ſa maladie, & pour luy communiquer les effets de ſa force & de ſa ſanté.

C'eſt ce qui a fait dire au même Saint Bernard que Jesus-Christ a voulu ſouffrir cette agonie : *Afin que ſa crainte bannît la nôtre, & que ſa triſteſſe nous comblât de joye.* Ut illius trepidatio nos robuſtos faceret, & mœſtitia lætos. Il eſt certain que cette conſolation eſt ſans comparaiſon la plus grande de toutes, pourvû ſeulement que nous ajoûtions, comme dit le même Pere, après avoir demandé à Dieu qu'il transfere de nous le Calice de l'affliction : *Neanmoins que vôtre volonté ſoit faite, & non pas la mienne.*

Voilà la regle eſſentielle que nous devons garder dans toutes nos afflictions, qui eſt de nous tenir toûjours ſoumis à cette volonté ſuprême à laquelle nous devons obéïr en toutes choſes. Car comme a dit trés-bien un grand Saint : *Autant que Dieu eſt élevé au deſſus de l'homme, autant la volonté de Dieu eſt élevée au deſſus de celle de l'homme.* Quantum Deus diſtat ab homine, tantùm & volun- S. Aug. Pſal. 32. Conc. 1. Pſal. 85.

D d iij

tas Dei à voluntate hominis : Et c'eſt-là proprement ce que l'Ecriture appelle *avoir le cœur droit*: *Lux oria eſt juſto, & rectis corde lætitia*: Ceux qui ont le cœur droit, trouvent la vraye joye, parce qu'ils reglent tous leurs deſirs & toutes leurs affections ſur les ordres inviolables de cette ſuprême volonté du Createur.

II. PAROLE.

Veillez & priez, afin que vous ne tombiez point dans la tentation.

Ette parole eſt ſans doute trés-importante, puiſqu'elle nous montre le moyen de demeurer fermes dans les maux & dans les tentations les plus violentes. Pour cela, dit le Fils de Dieu, il faut *veiller*, il faut *prier*. Qu'eſt-ce que veiller de la ſorte? C'eſt agir par la foy. C'eſt ne nous laiſſer point aſſoupir par les fauſſes penſées & par les vaines imaginations de la raiſon humaine. C'eſt reſſentir nôtre foibleſſe. C'eſt conſiderer nôtre impuiſſance, & en même temps avoir recours à Dieu, pour trouver dans luy la force que nous ſçavons ne pouvoir trouver dans nous. Car la vigilance de la foy conduit à la priere, & la priere redouble la vigilance.

Nous pouvons dire encore que c'eſt cette vigilance ſur nous & ſur nôtre conduite, qui nous doit mettre en état de bien uſer de cet avis ſi important que Jesus-Christ nous marque dans les paroles ſuivantes qu'il dit à ſes Diſciples: *L'eſprit eſt prompt, mais la chair eſt foible.* Comme s'il leur diſoit: Veillez & priez, parce qu'encore que cette volonté que vous avez de me ſuivre, & même de mourir pour moy, vous ſemble prompte & forte, neanmoins vôtre chair eſt foible, c'eſt-à-dire, vous avez une autre volonté charnelle qui combat cette premiere volonté de l'esprit, & qui tend toûjours en bas par le poids de la foiblesse naturelle. Si donc vous n'avez soin d'attirer par la priere la grace de Dieu dans vous ; la volonté de la chair qui est violente, emportera la volonté de l'esprit, qui est foible, quoy qu'elle vous semble forte.

Cecy nous apprend une grande verité, qui est qu'encore que nous sentions dans nous-mêmes une affection sainte pour Dieu, & que nous ayions déja même quitté le monde pour le servir, il ne s'ensuit pas neanmoins que nous puissions souffrir pour luy de grandes tentations ; quand même nous aurions dans nous une veritable volonté de le faire.

Pour resister aux grandes tentations, il ne faut pas seulement avoir une volonté foible de ne point abandonner Dieu. Il faut qu'elle soit tres-forte : *Ad implenda magna mandata, magnæ aliquando & totis viribus opus est voluntatis* : POUR accomplir les grands commandemens, on a besoin d'une grande volonté, c'est-à-dire, d'une grande charité : Qu'est-ce que la bonne volonté, sinon la charité ? Et quelquefois il faut que la volonté agisse de toutes ses forces.

Si donc la chair est encore foible en nous, c'est-à-dire, s'il y a dans nous une volonté charnelle qui soit forte & violente par l'infirmité & par l'inclination naturelle de nôtre amour propre, le plus fort emportera le plus foible, à moins que Dieu n'intervienne dans nôtre esprit, pour le soûtenir contre la violence de la chair, c'est-à-dire, de cette volonté terrestre & animale qui agit toûjours dans nous.

Aussi nous voyons la verification de cette parole de JESUS-CHRIST dans l'histoire même de nôtre

Évangile. Le Sauveur veille & prie, & nonobstant sa foiblesse dans son agonie il devient si fort, qu'il va au devant de ses ennemis, & qu'il demeure invincible & inébranlable à tous les tourmens. Les Apôtres ne veillent & ne prient point ; ils s'endorment lorsqu'ils devroient demander des forces pour le combat ; & ils abandonnent tous Jesus-Christ hors le seul Saint Jean ; & Saint Pierre même le renie.

III PAROLE.

Judas, venez-vous trahir le Fils de l'Homme par un baiser ?

IL n'y a personne qui consíderant la perfidie de ce misérable disciple, n'en conçoive de l'horreur. Et il est bien juste de détester une action si noire. Mais considerons le mouvement qui a porté Judas à cet excès ; examinons son action en soy, & voyons s'il est seul coupable d'un si grand crime, & s'il n'y en a point qui soient complices de sa trahison.

Saint Chrysostome considerant cette action criminelle, & recherchant la cause, dit que c'est par son avarice qu'il est tombé dans un si prodigieux aveuglement. Et en cela il n'a fait que suivre l'Evangile où nous voyons ce méchant, qui ne craint pas de dire aux Juifs : *Que voulez-vous me donner, & je vous le mettray entre les mains ?*

Ainsi l'avarice a été la premiere cause de la perfidie de Judas. Il aimoit l'argent. Il étoit possedé du desir d'en avoir ; & cette passion si violente a étouffé dans son esprit la crainte de Dieu, la crainte des hommes, le souvenir de ce qu'il devoit à son maître la reconnoissance des obligations particulieres qu'il avoit au Fils de Dieu. Il oublie tout. Il sacrifie tout à sa passion.

Que si nous remontons jusques à la source de ses desordres, comme d'ordinaire les grands crimes sont la peine des péchez qui les ont precedez, nous trouverons qu'il s'étoit disposé à ce dernier excés en volant l'argent des aumônes qu'on donnoit au Fils de Dieu, selon qu'il est marqué expressément dans Saint Jean: *Il gardoit de l'argent du Fils de Dieu, & il le déroboit.* Voilà la premiere source du crime de ce malheureux.

Et maintenant ne se trouve-t-il point de ministres de JESUS-CHRIST qui dérobent ainsi cet argent sacré, qui est le fruit de la pieté des Fidéles, & le patrimoine des pauvres, comme les Saints Peres l'ont appellé?

Ne pourrions-nous pas dire à plus forte raison de la corruption de ce temps ce que S. Bernard disoit du sien? Il se trouva lors de la Passion du Sauveur entre douze disciples un Judas, plût à Dieu qu'il se trouvât maintenant entre douze Judas, c'est-à-dire entre douze Ministres du Sauveur avares comme Judas, & qui dérobent son bien comme Judas, un seul veritable Disciple, qui eût tout quitté pour Dieu, & qui ne voulût rien possedet: *Utinam in duodecim unus hodie Petrus, unus qui reliquerit omnia, unus qui loculis careat, inveniatur.*

De vit. & mor. cler. c. 5. n. 25.

A quoy il ajoûte excellemment: Qu'au lieu que l'Epouse dit en son Cantique qu'elle est attirée à JESUS-CHRIST par l'odeur de ses parfums, maintenant chacun est tiré & emporté par sa passion. *Chacun suit l'odeur d'un profit honteux. Il croit que le culte de la Religion est un moyen legitime de s'enrichir, & il s'engage par ce desordre dans une damnation assurée:* QUORUM *certa est damnatio:* Voilà des paroles terribles; & il falloit être S. Bernard pour oser les dire. Aussi nous voyons que S. Pierre qui est tombé par une présomption mêlée de foiblesse, s'est relevé; & que plusieurs de ceux mêmes qui avoient crucifié Jesus-Christ par ignorance & par aveuglement, se sont convertis ensuite. Mais Judas qui avoit péché par avarice & par interêt, meurt dans son péché.

Voilà pour ce qui regarde la premiere source du crime de Judas. Mais si nous considerons maintenant son action en soy, qui est de trahir Jesus-Christ, est-il le seul qui le trahisse, & ne se trouve-t-il point aujourd'huy des imitateurs de ce même crime ?

Qui ne sçait ce que les saints Peres nous ont appris, que Judas même n'a été que la figure de ceux qui trahissent le Fils de Dieu par leurs Communions indignes ? Car le baiser est proprement l'image de cette union intime de nos ames avec le Sauveur dans l'Eucharistie. Et c'est ainsi que quelques Saints ont expliqué ces premieres paroles du Cantique : *Osculetur me osculo oris sui*, qu'ils entendent de la sainte Communion.

C'est pourquoy le Sauveur dit à Judas : *Trahissez-vous le Fils de l'Homme par un baiser ?* Sur quoy Saint Ambroise dit excellemment : *Il semble que le Fils de Dieu dise à ces malheureux : Ingrat que tu es, tu livres mon corps à mes ennemis, & c'est pour toy-même que je suis revêtu de ce corps.* PROPTER te suscepi, ingrate, quod tradis.

Ambr. in Psal. 128.

Et cette parole n'est pas moins vraye de ceux qui communient indignement, que de Judas. Car ils livrent veritablement le Fils de Dieu, non aux Juifs, mais aux démons mêmes, lorsqu'ils s'en approchent avec une ame criminelle qui est possedée par le démon. Et ils le livrent caché sous ces especes sacrées, sous lesquelles il se renferme pour leur pouvoir donner la vie. Ainsi ils le baisent devant les hommes en le recevant avec un respect exterieur, & ils le livrent en même temps par leur péché à cet ennemi commun de Dieu & des hommes.

IV. PAROLE.

Voulez-vous m'empêcher de boire le Calice que mon Pere m'a donné.

NOus apprenons icy que le moyen de souffrir les maux avec une patience vrayment chrétienne, c'est de considerer toûjours qu'il n'arrive rien fortuitement dans le monde ; que la Providence de Dieu s'étend jusqu'aux moindres choses ; qu'il ne se fait rien que luy-même ne fasse, ou qu'il ne permette. Car il fait tout le bien ; & il permet tout le mal, afin qu'il en tire du bien.

Ainsi c'est une des plus grandes manieres de rendre gloire à Dieu, que de reconnoître & d'adorer sa main souveraine dans toutes les afflictions qui nous arrivent, & de dire avec JESUS-CHRIST : *Ne boiray-je pas le Calice que mon Pere m'a donné ?*

Il ne considere ny l'envie des Juifs qui le persecutent, ny la violence des Soldats qui le lient, ny la perfidie de Judas qui le trahit, ny la lâcheté des Apôtres qui l'abandonnent, ny la timidité & l'ambition de Pilate qui le doit livrer à la mort, lors même qu'il le declare très-innocent. Il ne considere point toutes ces choses, parce qu'il sçait que tous ses ennemis ne sont que les instrumens de la justice de son Pere, qui est la premiere cause de ses souffrances.

Voilà la maniere vrayment chrétienne, dont nous devons imiter la Passion du Sauveur. C'est ce qu'il nous a appris encore lorsqu'il a dit à Pilate qui se vantoit d'avoir le pouvoir de le condamner ou de l'absoudre, & d'être le maître de sa vie & de sa mort : *Vous n'auriez aucun pouvoir sur moy, s'il ne vous étoit venu d'enhaut.*

C'est ainsi que David a souffert, & qu'il a trouvé sa consolation dans ses souffrances, lors qu'étant injurié par Semeï, il n'a pas tant consideré l'injustice de cet homme que la justice de Dieu qui le punissoit par la desobéïssance de ses sujets.

C'est ainsi que Job a consideré cette affliction si soudaine & si terrible qui luy étoit survenuë. Il dit : *Le Seigneur m'a tout donné, le Seigneur m'a tout ôté,* & il ne dit point, comme Saint Augustin remarque excellemment : *Le Seigneur m'avoit tout donné, & le démon m'a tout ôté :* Dominus dedit, diabolus abstulit. Car il sçavoit trés-bien, ajoûte ce Saint, que le demon n'auroit pas eu le pouvoir, je ne dis pas de tuer ses enfans, mais de faire le moindre mal au moindre de ses moutons, s'il n'en eût reçu un pouvoir particulier de Dieu ; & ce pouvoir est toûjours en soy trés-juste, quoy qu'il soit souvent executé par les plus injustes.

Aug. ipf. 32. circa finem.

C'est ainsi encore que Tobie parle de la captivité de tout le peuple de Dieu, il ne l'attribuë point à ces Rois idolâtres qui avoient vaincu les Juifs, & qui les avoient transferez dans les Provinces étrangeres ; mais au juste châtiment que Dieu avoit exercé sur eux : *Jerusalem ville du Dieu vivant,* dit-il, *c'est le Seigneur qui t'a châtiée par ta captivité, pour les fautes que tu avois faites quand tu étois libre :* Jerusalem civitas Dei, castigavit te Dominus in operibus manuum tuarum.

Tob. cap. 14.

V. PASSION.

Etes-vous le CHRIST ? *Je le suis.*

IL est extrémement remarquable que JESUS-CHRIST ayant gardé un si profond silence dans toute sa Passion, lorsqu'il s'agit neanmoins de rendre témoignage à sa divinité, & de déclarer qui il est, le fait hautement, quoy qu'il sçût qu'on prendroit sa réponse pour un blasphême, comme il arriva en effet, & que l'on fonderoit sur ses paroles le sujet de sa condamnation.

Cecy nous apprend qu'il faut tellement garder le silence & la modestie chrétienne dans les persecutions, que neanmoins lorsqu'il s'agit de rendre gloire à Dieu, & un témoignage à sa verité, on le fasse à l'imitation du Sauveur, avec constance & fermeté.

Car on ne trahit pas seulement le Fils de Dieu en recevant de l'argent pour le prix de son Sang, comme Judas. On le trahit encore comme étant la souveraine verité, *ego sum veritas*, toutes les fois qu'on manque à rendre à la verité, le témoignage qu'on luy doit, dont il a dit luy-même ces paroles si considerables : *Je suis né dans le monde pour rendre témoignage à la verité.*

Nous apprenons donc d'une part, de ce grand exemple que ceux qui sont obligez par leur charge à rendre témoignage à JESUS-CHRIST comme la souveraine verité, le doivent faire avec la constance & le courage dont il nous a donné le modele. Mais nous devons considerer de l'autre que ce zele doit être temperé par une grande discretion, & conduit par une lumiere toute divine pour sçavoir le temps de se taire, & le temps de parler ; & pour garder toûjours cette modestie & cette sagesse avec laquelle le Fils de Dieu s'est conduit dans toute sa Passion.

VI. PAROLE.

Mon Royaume n'est pas de ce monde.

C'Est icy une grande instruction pour nous fortifier d'une part dans l'attente de ce Royaume éternel que Dieu nous promet ; & pour nous apprendre de l'autre, que ce Royaume n'étant point de ce monde, nous devons souffrir icy les mépris, afin de parvenir ainsi à la gloire que nous attendons.

Car le Fils de Dieu nous ayant dit luy-même : *Regnum Dei intra vos est :* LE *Royaume de Dieu est en vous* ; il faut necessairement que ce soit ce même Royaume dont il parle aujourd'huy à Pilate. Et puisque le sien n'est point de ce monde, il faut que le nôtre, qui n'est point different du sien, ne soit pas non plus de ce monde.

Luc. cap. 18.

Cette verité nous doit apprendre à nous tenir toûjours disposez à souffrir les afflictions qu'il plaira à Dieu de nous envoyer, & à n'être point surpris lorsqu'elles arriveront, selon cette parole de Saint Paul : *Que personne ne se trouble dans ces afflictions où nous sommes maintenant. Car vous sçavez que nous sommes destinez à souffrir.* NEMO *moveatur in tribulationibus istis : Ipsi enim scitis quòd in hoc positi sumus.*

Act.

Cependant il parle de ces premieres persecutions qui ont affligé l'Eglise, dans lesquelles on emprisonnoit les Chrétiens, on les tourmentoit, on les tuoit. Il marque en particulier les persecutions horribles qu'on luy suscitoit de temps en temps. Et neanmoins il ne veut pas que les Chrétiens soient seulement ébranlez par la consideration de ces maux. NEMO *moveatur.*

C'est ce qu'il dit encore écrivant à Timothée : *Si* 1. Tim. *sustinebimus & conregnabimus.* SI *nous souffrons avec* JESUS-CHRIST, *nous regnerons avec luy.* Voilà le Royaume de Dieu. Mais il n'est pas de ce monde. Il faut souffrir dans le monde avec JESUS-CHRIST, pour regner dans le Ciel avec JESUS-CHRIST.

Et cecy nous doit apprendre encore, qu'il ne faut pas être surpris de voir quelquefois les gens de bien accablez de tant d'afflictions, qu'il semble que Dieu les ait tout-à-fait abandonnez ; & que les méchans possedent sur eux un empire & une domination souveraine.

C'est cet état que le Prophete David nous représente, lorsqu'il dit à Dieu : *Levez-vous, mon Dieu ?* Psal. 89. *Pourquoy vous endormez vous ? Levez-vous & cessez enfin de nous rejetter. Pourquoy détournez-vous vôtre visage de nous, & oubliez-vous nos afflictions & nos maux ?*

Cette parole donc du Sauveur nous apprend que nous ne devons point nous étonner que cela arrive de la sorte. Car comme JESUS-CHRIST dit que son Royaume n'est point de ce monde, il est vray de dire au contraire, que le royaume des méchans est de ce monde, & s'exerce dans ce monde. Ainsi il ne faut pas trouver étrange, si dans tous les siécles, les serviteurs de Dieu ont été affligez & persecutez, & s'ils le doivent être encore selon la parole de S. Paul, jusques à la fin du monde.

Car comme le Sauveur dit ensuite à Pilate : *Si mon Royaume étoit de ce monde, mes sujets combattroient pour moy, afin qu'on ne me livrât point entre les mains des Juifs :* on peut dire aussi des Saints, que si leur Royaume étoit de ce monde, Dieu sçauroit bien les délivrer de la violence de leurs ennemis. Mais il veut qu'ils souffrent pour gagner sa couronne.

VII. PAROLE.

Ne pleurez point sur moy, pleurez sur vous-mêmes.

JEsus-Christ donne ensuite la raison de ce qu'il dit à ces saintes femmes par ces paroles : *Si le bois vert*, c'est-à-dire si l'innocent & le Saint des Saints, *est traité de la sorte, comment sera traité le bois sec* ; c'est-à-dire le pécheur & le coupable ?

Ce que nous devons considerer premierement dans ces paroles, c'est que le Fils de Dieu ayant souffert tant de peines, & sa Passion ayant été le Calice que son Pere luy a donné, parce que Pilate & les autres n'auroient eu aucune puissance sur luy, si elle ne leur eût été donnée d'enhaut, il faut necessairement qu'il soit juste que le Fils de Dieu ait été traité de la sorte par son propre Pere.

Car ce seroit un horrible blasphême, de nous imaginer que Dieu qui est non seulement juste, mais la justice même, *incommutabilis forma justitia*, comme l'appelle S. Augustin, que Dieu, dis-je, qui gouverne les plus coupables avec une si parfaite justice, eût violé cette vertu en la personne de son propre Fils.

Lib. 1. Conf. cap. 7.

C'est ce que nous apprend Saint Paul, lorsqu'il dit : *Dieu a établi* Jesus-Christ, *comme une victime de propitiation & d'expiation du peché par la foy, dans son propre Sang, pour faire éclater ainsi sa justice*. Ad ostensionem Justitiæ suæ.

Rom. cap. 3. v. 25.

Aussi Saint Augustin nous assure que Dieu dans la Passion de son Fils, n'a pas voulu vaincre le démon par sa puissance, mais par sa justice. Que si le Fils de Dieu avoit plus souffert que la justice ne le demandoit, il ne seroit pas vray que Dieu dans la Passion du

Aug. de Trin. l. 13. c. 13, 14.

Pour le Mercredy Saint. PASSION. 431
du Sauveur eût vaincu le demon par sa justice.

Cette verité donc étant établie, considerons quelle doit avoir été l'horreur de nos crimes, & quel abîme de corruption doit être renfermé dans le peché, puisqu'il a été juste qu'un Dieu mourût, parce qu'il s'étoit chargé volontairement des pechez des hommes.

S. Augustin explique encore beaucoup plus fortement cette verité. Car il ne craint pas de dire qu'encore qu'à parler en general, Dieu qui est tout-puissant, pût trouver d'autres moyens de racheter l'homme, que nous ne pouvons pas connoître ; neanmoins si nous considerons sa justice, & sa sagesse infinie, par lesquelles il regle sa toute-puissance, il n'y avoit aucun autre moyen qui fût si conforme à son infinie sagesse, ou si proportionné à la foiblesse de l'homme, & si propre à l'attirer à la vertu, que celuy dont il a usé en luy proposant l'exemple d'un Dieu homme qui a vécu, & qui est mort pour les hommes.

C'est pourquoy suivant le principe de cette haute verité, il ne craint pas de dire que nos pechez ne pouvoient être gueris autrement que par la mort d'un Dieu. Voicy ses propres paroles : *L'homme est tombé par son peché dans une maladie si detestable, qu'il n'a pû être guéri autrement que par la mort de son medecin.* HOMO *tam detestabiliter ægrotavit, ut non possit aliter quàm medici morte sanari.* Et S. Prosper dit encore la même chose presque en mêmes termes : *Dieu n'a pû secourir autrement l'homme malade, que par la mort de son propre medecin.* HOMINI *ægrotanti succurri non aliter potuit quàm morte medentis.*

Cette verité donc étant supposée, quelle haine devons-nous avoir du peché ? Combien le devons-nous detester ? N'est-il pas visible que l'opposition qui est entre Dieu & le peché est si épouvantable,

Tract. 110. S. Ioan. p. 25.

Tome II.　　　　　　　　　　　　　E e

que le péché tuëroit Dieu-même s'il n'étoit immortel, puisqu'il est vray que le péché a tué effectivement Dieu, lorsqu'il est devenu mortel?

Après cela pourrons-nous refuser de souffrir quelque chose pour nos pêchez en voyant que le Fils de Dieu pour y satisfaire est si accablé de peines? C'est ce que S. Augustin nous represente excellemment, lorsqu'il considere que le Fils de Dieu s'est tellement attribué nos propres péchez pour les expier par son sang, qu'il les appelle ses péchez dans le Pseaume dont il a dit à la Croix les premieres paroles: *Le cry de mes pechez m'éloignent du salut & de la vie.* LONGE *à salute mea verba delictorum meorum.*

_{Psal. 21.}

Ce Saint, dis-je, considerant cette bonté incomprehensible du Sauveur, dit ensuite ces excellentes paroles: SI JESUS-CHRIST *qui étoit le chef de l'Eglise a bien voulu prendre part à ses paroles, & se dire pecheur comme elle: sera-t-il dit que l'Eglise qui est son corps, ne prenne aucune part aux souffrances & à la passion de son chef?* SI CAPUT *noluit se separare à vocibus corporis, corpus se audeat separare à passionibus capitis?*

_{Aug. in Isai. 21.}

Le Fils de Dieu se dit pecheur ne le pouvant être; & nous ne voulons pas reconnoître que nous le sommes, nous étant impossible de ne l'être pas? Il ne dédaigne pas étant Dieu de souffrir pour des hommes; & nous dédaignerons étant hommes, de souffrir pour nous, & de souffrir avec un Dieu qui souffre pour nous?

Ainsi S. Augustin conclud: *Comme le Sauveur a pris nos pechez comme les siens propres, parce qu'il nous a rendu son corps: prenons de même part à ses peines & à ses souffrances, parce qu'il est devenu nôtre Chef.* QUOMODO *peccata nostra sua esse voluit propter corpus suum, sic & nos passiones ejus nostras esse velimus propter caput nostrum.*

_{Ibid.}

Et comme d'une part cét objet d'un Dieu crucifié est un objet terrible pour ceux qui negligent d'en bien user, aussi c'est un objet d'une grande consolation pour toutes les ames saintes, qui veulent prendre part à ses souffrances. Car comme dit S. Augustin parlant de la violence des playes du peché: *Je desespererois, si je n'avois un si grand medecin.* DESPERAREM, *si tantum medicum non haberem.* Mais qui pourroit ne pas esperer ayant un Dieu pour medecin, & ayant pour remede le sang d'un Dieu ?

Aug. in Psal. 50.

C'est-là la consolation des ames saintes qui adorent le Sauveur souffrant sur la Croix, & nous meritant par ses souffrances la grace de vouloir bien souffrir avec luy. Car c'est là le respect le plus solide que nous luy puissions rendre, que de bien imiter l'exemple qu'il nous a donné. *Sortons hors du camp pour le suivre*, dit S. Paul, *& portons son ignominie.* JESUS-CHRIST est mort hors la ville, comme autrefois on portoit hors du camp les victimes dont on offroit le sang dans le Sanctuaire : C'est ainsi, dit Saint Paul, *que* JESUS-CHRSIT *a souffert hors la ville pour sanctifier son peuple par la vertu de son sang.* Le Fils de Dieu a accompli parfaitement la verité qu'il avoit autrefois tracée dans les figures de l'ancien Testament. Il est mort hors les portes de Jerusalem, & son sang a été élevé jusqu'au Ciel. Nous sommes encore aujourd'huy participans de ce sang divin qui a été porté dans le veritable sanctuaire, & nous avons la verité de ce que les Juifs n'avoient qu'en figure.

Heb. cap. 13. v. 13.

Participons donc aux outrages du Sauveur, comme nous avons part à la sanctification qu'il nous a meritée par ces outrages : comme les Juifs l'ont traité avec ignominie, souffrons de même qu'on

E e ij

nous traite avec mépris. Sortons avec luy, afin de souffrir avec luy. Sortons de la ville pour le suivre, c'est-à-dire, sortons du monde pour porter sa Croix. Souffrons que le monde nous condamne, comme il a condamné le Sauveur.

Offrons-nous à celuy qui s'offre pour nous à son Pere, & qu'il voye dans nos cœurs un desir ardent de l'imiter. Que ce soit là que tendent tous nos desirs, & que nôtre esprit ne s'occupe que de cette pensée. Recevons de bon cœur tous les maux dont il plaira à Dieu de nous affliger, la pauvreté, les maladies, les persecutions & les outrages. Rendons luy graces lors qu'on nous déchire par les plus noires médisances, & trouvons nôtre gloire à être traitez des hommes comme JESUS-CHRIST a été traité luy-même.

Chrysost. Hom. 28. 36.

Courons par la patience au combat qui nous est preparé : Jettons les yeux sur Jesus l'auteur & le consommateur de la Foy. Saint Paul marque par ce mot de *course* dont il se sert, qu'il est indigne d'un Chrétien qui voit les souffrances de JESUS-CHRIST, d'être encore dans la paresse. Il semble qu'il nous dise, que pour animer les plus lâches, il suffit de jetter les yeux sur JESUS-CHRIST attaché en Croix.

Contemplons ce divin objet pour apprendre à *courir*, c'est-à-dire, à souffrir avec joye tous les maux qui nous pourront arriver. Toutes les professions de la vie ont des hommes admirables que leurs disciples se proposent pour modéles ; & il leur suffit de les regarder pour en tirer des regles seures, afin de se perfectionner dans l'employ où ils tâchent d'exceller. C'est ce que nous trouvons divinement en JESUS-CHRIST. Il suffit de le contempler dans tous les états de sa Passion, pour sortir de nôtre assoupissement, & pour courir avec ardeur.

Jettons donc les yeux sur luy. Il luy étoit libre de demeurer dans la joye, & il a de bon cœur embrassé la Croix. Il a méprisé la confusion qui en étoit inseparable. Il pouvoit ne rien souffrir s'il eût voulu, puisqu'il n'avoit point commis de peché. Il pouvoit se dispenser de la mort, & il étoit maître de donner ou de ne pas donner sa vie. Que si celuy qui par luy-même n'avoit aucune necessité de mourir, l'a voulu faire pour l'amour de nous, combien plus devons-nous nous-mêmes embrasser toutes les croix qui se presentent?

Non-seulement il a voulu souffrir la mort; mais il en a voulu souffrir une tres-honteuse. Pourquoy a-t-il fait ce choix, sinon pour nous apprendre à ne faire aucun état de la gloire qui vient des hommes? C'est dans ce dessein que n'étant en aucune sorte assujetti au peché, il a choisi une mort si ignominieuse, pour nous encourager contre la mort, & pour nous faire fouler aux pieds tous les opprobres des hommes.

Quand nous n'aurions point d'autre bien à esperer dans la souffrance des mépris, le seul exemple de Jesus-Christ, & la seule gloire de l'imiter, nous devroit porter à les souffrir comme luy, & à trouver nôtre joye dans nos souffrances. Pour nous animer donc à suivre ce divin modele, repassons sans cesse dans nôtre esprit sa vie & sa mort.

Sa vie n'a été qu'une suite continuelle d'injures. On l'a appellé seducteur, magicien, demoniaque, & insensé. On a attribué ses miracles à Belzebut, ses actions saintes à l'orgueil, les œuvres de Dieu à l'ouvrage du démon. On l'a appellé un imposteur, lorsqu'il enseignoit la plus pure verité. On a dit qu'il étoit possedé du démon, lorsqu'il chassoit les démons. On l'a accusé de mille crimes, lorsqu'il

E iij

faisoit divinement le contraire de ce dont on l'accusoit.

On a pris sujet de le des-honorer, de sa naissance, ce qui nous est à tous si sensible. On a dit de luy par mocquerie, qu'il étoit fils d'un artisan. On l'a méprisé en sa personne. On voit à sa Passion qu'on luy bande les yeux, & que l'on fléchit les genoux devant luy ; qu'on l'outrage par des adorations feintes, & qu'on noircit de soufflets une face que les Anges adorent. Il sert de joüet aux derniers des hommes. Un valet a l'impudence de luy donner un soufflet devant tout le monde. On le revêt d'une robbe blanche, comme s'il eût été insensé : les douleurs mêmes de la Croix n'empêchent pas qu'on ne luy insulte.

N'est-ce pas avec grande raison que S. Paul nous commande de jetter les yeux sur un si grand modéle, comme ce Saint Apôtre a fait luy-même depuis sa conversion jusques à la fin de sa vie ? N'est-ce pas *2. Cor. c. 5.* cette vûë qui luy faisoit dire, *que la charité de* Jesus *le pressoit*, & qui luy faisoit trouver sa joye dans les afflictions, & dans les playes, dans les prisons, dans la pauvreté, dans la faim & dans la soif ? Qui de nous a souffert la moindre partie de ces maux ?

Hebr. c. 13. *Repassez donc dans vôtre esprit*, nous dit ce Saint Apôtre, *celuy qui a souffert une si grande contradiction de la part des pecheurs, de peur que vous ne vous lassiez, & que vous ne perdiez courage.* Il croit qu'il n'y a rien de plus puissant pour nous empêcher de nous abbatre dans les maux, que d'avoir presens dans nôtre memoire ceux que J. Christ a soufferts. Si les maux que nos amis souffrent tous les jours devant nos yeux nous excitent, que ne doivent point faire les souffrances de Jesus-Christ ? Quel courage ne nous doivent-elles point inspirer ?

C'est donc sur ce divin objet que nous devons, à l'imitation de S. Paul, tenir nos yeux toujours attachez. Pensons durant le jour, pensons durant la nuit aux souffrances du Fils de Dieu. Elles seront nôtre consolation, & nous y trouverons nôtre force.

Comme il a sçû que l'affliction nous étoit extrémement utile, il a voulu l'endurer le premier quoy qu'il n'eût aucun besoin de souffrir, afin que nous ne refusassions pas de la souffrir après luy. Il sçavoit que nous ne pouvions meriter les biens que par les maux, & que la voye pour joüir du repos, étoit le travail. C'est pourquoy il nous y exhorte en nous declarant que nous sommes indignes d'être ses disciples, si nous ne portons sa croix après luy.

Si vous êtes le disciple de Jesus-Christ, imitez vôtre Maître. Si lors que vôtre Maître vit & meurt dans les souffrances, vous ne vivez que dans la joye & dans les plaisirs, marchez-vous par le chemin qu'il vous a tracé, & arrivez-vous au même terme ?

Ainsi n'ayons plus horreur de l'affliction, puisqu'elle produit en nous deux si grands biens, c'est-à-dire, qu'elle efface nos pechez, & qu'elle nous rend forts & courageux. Ce n'est point l'affliction qui abbat ceux qui y succombent, ce n'est que leur lâcheté. Si nous nous tenons attachez à Jesus-Christ, nous mépriserons tous les maux de cette vie. Nous les regarderons comme des pailles, ou comme des feüilles que le vent emporte.

Il n'y a nulle proportion entre les maux d'icy bas, & la gloire que nous esperons dans le ciel. Saint Paul a souffert les naufrages, les foüets, une infinité de perils, & il appelle toutes ces souffrances legeres en comparaison de la gloire qu'il attend dans l'autre monde.

438 *Instructions Chrétiennes*,

Que n'imitons-nous ce cœur de diamant qui a si divinement imité son Maître ? Quelque pauvreté, quelque faim, ou quelque soif que nous souffrions nous ne pouvons souffrir en ce point autant que Saint Paul. Nous ne pouvons être aussi pauvres, ny aussi maltraittez que Jesus-Christ. Pensons à ces grands exemples. Ne nous abbatons point, quoy qui nous arrive. Les maux de cette vie ne sont que des ombres. Jesus-Christ nous les a rendus méprisables. Sa croix étouffe toutes nos plaintes. Son sang adoucit toutes nos peines, & sa mort confond nôtre lâcheté.

POUR LE JEUDY
DE LA SEMAINE SAINTE.

Et cænâ factâ, cùm diabolus jam misisset, &c.
Joan 13.

La Cene étant faite, & le démon ayant déja mis au cœur de Judas, &c.

Cecy est de S. Chrysostome.

Jesus-Christ attend pour instituer le Sacrement de son corps & de son sang, que le jour de la Pâque fût venu, pour joindre la verité à la figure, & pour nous marquer que la Loy ancienne n'avoit que des ombres qui avoient rapport à la Loy nouvelle.

L'heure du soir qu'il choisit, faisoit voir que les temps étoient accomplis. Il lave les pieds de ses Apôtres, pour nous apprendre avec quelle pureté il vouloit que ses disciples approchassent des mysteres qu'il alloit instituer.

Saint Pierre croyoit honorer Jesus-Christ en ne voulant pas souffrir qu'il se rabaissât jusqu'à luy laver les pieds, & il faisoit neanmoins tout le contraire. Il offensoit plus le Sauveur par sa resistance, qu'il ne l'honoroit.

Apprenons d'icy à raisonner sagement, ou plûtôt à ne raisonner point du tout. Honorons Jesus-Christ en la maniere dont il desire d'être honoré. Les personnes du monde même sont satisfaites de l'honneur qu'on leur rend, lorsqu'ils reçoivent de nous l'honneur qu'ils desirent, & non celuy que nous voudrions leur rendre par nôtre choix. On croit honorer le Fils de Dieu en luy offrant des vases d'or, mais ce qu'il nous demande sont des ames pures comme l'or.

Jesus-Christ *rend graces* à son Pere, afin de nous apprendre comment nous devons celebrer ce saint mystere, & tout ensemble pour nous faire voir qu'il alloit volontairement à la mort. Il le fait pour nous apprendre encore à recevoir avec action de graces tous les maux que nous souffrons, & pour fortifier nôtre esperance.

Il nomme ce sang, *le sang de la nouvelle alliance*, c'est-à-dire, la promesse de la Loy nouvelle. Car c'est ce qu'il a promis de nouveau, & c'est par ce sang que la nouvelle alliance est confirmée. Et comme l'ancienne étoit seellée par le sang des bêtes qu'elle immoloit; de même la nouvelle est seellée par le sang de Jesus Christ. Il témoigne encore par ces dernieres paroles qu'il s'en va mourir. C'est pourquoy il parle de *Testament*.

Il declare ensuite la cause de sa mort en disant que ce sang sera répandu pour plusieurs, afin d'effacer leurs pechez. A quoy il ajoute : *Faites cecy en memoire de moy* ; comme vous faisiez autrefois la Pâque en mémoire des miracles que vos peres avoient vû faire en leur presence. Le sang dont les portes des Israëlites furent teintes, n'étoit que pour sauver les premiers nez ; mais celuy-cy est répandu pour la remission des pechez de tout le monde.

Judas étoit present lors que Jesus-Christ parla de la sorte. Il ne fut pas seulement present à ce mystere ; mais il fut aussi admis à la participation de ce sacrifice. Cét ingrat vendoit le sang de son maître à ses ennemis pour trente pieces d'argent ; & Jesus-Christ luy presentoit à boire ce même sang qu'il avoit vendu, pour obtenir le pardon de ses pechez, s'il eût voulu renoncer à son impieté detestable.

Pour nous, voicy le temps de nous approcher de cét Autel redoutable. Mais n'en approchons qu'avec la reverence qui luy est dûë. Qu'il ne se trouve point de Judas parmy nous. Que les méchans s'éloignent de cette table. Que ceux qui sont infectez du venin de leurs passions, ne soient pas assez hardis pour s'y presenter. Que ceux qui ont autre chose sur le cœur que sur les lévres, n'en approchent point.

Jesus-Christ n'y est pas moins present à cette heure que lors qu'il l'instiua. Celuy qui autrefois couvrit & orna la table sacrée où il fit la Cene, couvre & orne encore à present celle de son Autel. Car ce n'est pas simplement un homme qui fait que les choses offertes deviennent le corps & le Sang de Jesus-Christ, mais c'est Jesus-Christ luy-même crucifié pour l'amour de nous.

Le Prêtre que l'on voit debout à l'Autel ne fait que remplir sa place, & prononcer ses paroles ; mais la puissance & la grace viennent de Dieu. C'est luy-même qui dit : *Cecy est mon corps* : Et comme ces paroles de Dieu: *Croissez, multipliez, & remplissez toute la terre*, n'ayant été dites qu'une fois dans la creation du monde, ne laissent pas de produire leur effet dans tous les siecles ; de même quoy que ces paroles du Sauveur n'ayent été prononcées par sa bouche qu'une fois, ce sont elles neanmoins qui ont imprimé à ce sacrifice toute la force qu'il a eüe jusqu'à présent sur tous les autels de l'Eglise, & qui la luy imprimeront encore jusqu'au dernier avenement du Seigneur.

Que nul hypocrite donc, que nul homme remply d'iniquité ne s'approche de cette table sacrée, s'il ne veut en même temps participer à la condamnation de Judas. Car le diable entra dans ce malheureux aussi-tôt aprés la communion. Ce n'est pas que le demon méprisât le Corps du Seigneur. Il ne méprisa que Judas, à cause de son impudence & de sa malice.

Cecy nous apprend que c'est principalement dans ceux qui reçoivent indignement les divins mysteres que le diable entre, ainsi qu'il fit dans Judas, pour s'en rendre maître. Car les choses excellentes & precieuses ne sont utiles qu'à ceux qui sont dignes de les recevoir. Pour ceux qui en sont indignes, elles ne servent qu'à attirer sur eux une plus grande condamnation.

Et comme lors que les viandes trouvent nôtre estomach plein de mauvaises humeurs, elles augmentent nôtre mal, au lieu de le soulager, non par elles-mêmes, mais à cause de la foiblesse de nôtre estomach ; ainsi lors que ces saints mysteres trouvent une ame corrompuë, ils la corrompent encore davantage, & la font perir, non par eux-mêmes, mais à cause de la corruption de l'ame qui les reçoit. Dieu livre luy-même au démon ces personnes temeraires.

Car combien leur arrive-t-il de maladies, d'afflictions, de malheurs, & d'autres châtimens, dont S. Paul parle ? Ils ne se croyent pas beaucoup coupables de la profanation du corps & du Sang du Sauveur, parce qu'ils le reçoivent peu souvent, & seulement une fois l'année. Mais croyent-ils rendre un grand honneur à ces mysteres, en y participant moins souvent ? Ce n'est pas une temerité de participer souvent à la table du Seigneur, quand on en est digne, mais d'y participer une seule fois lorsqu'on s'en est rendu indigne. Ceux qui ont crucifié Jesus-Christ, ne l'ont crucifié qu'une fois, & leur crime pour cela n'en est pas moindre. Judas ne l'a trahi qu'une fois, & il n'a pas pour cela évité la peine qu'il meritoit.

Il ne s'agit point de communier, ou souvent, ou rarement, mais de le faire avec une conscience pure, avec un cœur net & une vie irreprochable. Que ceux qui sont en cette disposition, s'en approchent tous les jours, & que ceux qui n'y sont point, ne s'en approchent pas même une seule fois.

Croit-on qu'en communiant à Pâque, quarante jours de penitence suffisent pour purger les pechez, de toute une année ? Huit jours ne se passeront pas que ces personnes ne retournent à leur premiere vie. Si un homme aprés avoir été quarante jours à se remettre d'une longue maladie, alloit manger des mêmes viandes qui l'ont fait malade, ne rendroit-il pas inutile la peine qu'il avoit prise pour se guérir. Ainsi quel avantage retirons-nous de nôtre jeûne, si nous n'approchons avec une conscience pure de la Table sainte ? Car nous n'avons entreptis le Carême, nous n'avons assisté à tant de predications, de prieres, & d'instructions, que pour effacer par ces exercices les pechez de toute l'année, & pour participer ensuite avec une sainte assurance à ce sacrifice non sanglant, à ce veritable agneau de la Pâque, dont l'ancien n'étoit que la figure, qu'il est bon de considerer.

REFLEXION SUR L'AGNEAU PASCHAL.

I.

MOYSE décrivant la sortie du peuple de Dieu de l'Egypte, nous enseigne que Dieu étant prêt de les tirer de cette malheureuse servitude, leur ordonna de sacrifier l'Agneau Paschal en cette maniere : *Vous choisirez*, leur dit-il, *un agneau sans tache, un agneau mâle qui n'ait qu'un an.* Exod. 12.

Il est aisé de voir qui est cét *agneau sans tache*, puisque S. Pierre même l'explique dans son Epître en ces termes : *Vous avez été rachetez par le Sang precieux de* JESUS-CHRIST *qui est l'agneau sans tache.* Il falloit que cét agneau fût *mâle* : ce qui marque ou la force de la divinité, ou la patience & la magnanimité de JESUS-CHRIST, qui a été inébranlable dans tous les maux. Il falloit qu'il n'eût *qu'un an*, pour montrer que le Sauveur devoit être tué dans sa jeunesse. 1. Petr. ch. 1. v. 1.

Il est marqué ensuite que tout le peuple immoleroit l'agneau *sur le soir* : ce qui nous marque selon les Peres, le dernier âge du monde, où l'Incarnation est arrivée ; *Vergente mundi vespere*, comme chante l'Eglise, *sur le soir, & sur le couchant du monde.*

Il est donc clair que cét agneau étoit la figure de J. CHRIST par toutes ces circonstances si mysterieuses, ausquelles neanmoins nous ne nous arrêterons pas, parce que nous voulons passer aux suivantes, qui marquent l'usage que les Juifs devoient faire de cét agneau, & qui nous montrent excellemment en quelle maniere nous devons participer à la chair adorable du Sauveur, qui est la verité, dont cét agneau étoit la figure.

II.

Trempez de l'hyssope dans le sang de cét agneau, & marquez de ce sang les deux poteaux & le haut de vôtre porte. Saint Pierre nous montre ce que figuroit cette aspersion du sang de l'agneau, lors qu'il dit en parlant aux Chrétiens: *Vous avez été choisis de Dieu pour être obéïssans, & pour être arrosez du Sang de* Jesus-Christ: Electis *in* obedientiam, & aspersionem sanguinis Jesu-Christi.

C'est pourquoy S. Gregoire Pape, qui a expliqué excellemment cette figure, aprés avoir dit que toutes les circonstances de cét agneau étant expliquées selon l'allegorie, servent beaucoup à l'édification des ames, il ajoûte: *Vous avez appris quel étoit le sang figuré par celuy de cét agneau, non en m'écoutant parler, mais en le beuvant vous-mêmes dans les saints mysteres.* Quid sit sanguis agni, non jam audiendo, sed bibendo didicistis.

Et il explique ensuite pourquoy on marquoit de sang les deux côtez de la porte. *Le sang du Sauveur,* dit-il, *est mis sur les deux côtez de la porte lorsqu'on ne le reçoit pas seulement par la bouche du corps, mais par celle du cœur.* Sanguis super utrumque postem ponitur, quando non solum ore corporis, sed etiam ore cordis hauritur.

Cette figure nous marque la même verité que S. Paul nous a exprimée en termes clairs, lors qu'il dit: *Toutes les fois que vous mangerez ce pain, & que vous* boirez ce sang, vous annoncerez la mort du Seigneur : MORTEM *Domini annunciabitis.*

C'est pourquoy le même S. Gregoire ajoûte que l'on mettoit encore ce sang *au haut de la porte*, pour nous apprendre qu'en communiant nous devons porter sur le front la Croix de JESUS-CHRIST, & les marques de sa Passion : *Quia crucem passionis illius in fronte portamus.* Et c'est l'avis excellent que nous donne S. Basile, lors qu'il dit, *Que celuy qui communie, doit montrer clairement qu'il le fait en memoire de celuy qui est mort & ressuscité pour nous, en faisant voir qu'il est mort au peché, au monde, & à soy-même, & qu'il ne vit plus que pour* JESUS-CHRIST *Nôtre-Seigneur.*

Examinons donc nos communions par ces principes infaillibles tirez de l'Ecriture & des Saints Peres. Portons-nous le Sang de JESUS-CHRIST au dehors & au dedans de nous-mêmes ? Le portons-nous gravé sur le front ? Vous qui êtes peut-être dans les fonctions du Sacerdoce, qui exercez une dignité redoutable aux Anges mêmes, portez-vous les marques de ce Sang de JESUS-CHRIST dans vos paroles, dans vos actions, & dans toute vôtre vie ?

On ne parle point icy des déreglemens visibles de tant de Prêtres, qui n'ont apporté autre merite à la Prêtrise, selon la pensée d'un grand Pere, que la volonté d'être Prêtres, sans aucun merite, c'est-à-dire la volonté de commettre le plus grand & le plus horrible de tous les sacrileges, en prophanant ce qu'il y a de plus saint dans le Ciel & dans la terre. On ne parle point, dis-je, de ces desordres qui doivent plûtôt être déplorez par nos larmes, qu'exprimez par nos paroles. Mais on parle des Ecclesiastiques mêmes qui font profession de vertu & de pieté.

S. Greg. Naz.

Combien en trouverons-nous peu, où l'on voye des marques de ce Sang divin, & qui le portent gravé sur le front ? Qui puissent dire avec Saint Paul : *Je ne rougis point de l'Evangile;* ou cette autre parole du même Apôtre : *Si je pensois encore à plaire aux hommes, je ne serois point serviteur de* JESUS-CHRSIT.

<small>Rom. 1.</small>

<small>Gal. cap. 1. v. 10.</small>

Et pour ce qui est des personnes seculieres, combien y en a-t-il peu qui fassent ce que demande Saint Basile pour bien communier, qui est d'être mort, au peché, au monde, & à soy-même ? On sçait qu'il y a des degrez dans ces vertus; mais il faut au moins les avoir en quelque degré. Car il faut être justifié pour bien recevoir l'Eucharistie. Et cependant S. Paul dit : *Qu'il faut être mort pour être justifié de son peché.* Ceux-là sont-ils morts au peché, qui en conservent toujours les affections toutes vivantes ? Ceux-là sont-ils morts au monde, qui ne pensent, qui n'agissent, qui ne travaillent que pour le monde ? Ceux-là sont-ils morts à eux-mêmes, qui n'aiment & qui ne cherchent qu'eux-mêmes ?

<small>Rom. cap. 6. v. 7.</small>

Mais continuons à expliquer cette admirable figure de l'Agneau Paschal, & voyons quel effet devoit avoir ce sang marqué aux deux côtez & au dessus de la porte. Voicy comment l'Ecriture nous l'explique : *Le Seigneur passera frappant les Egyptiens, & lorsqu'il verra ce sang aux deux côtez & au haut de la porte, il laissera vôtre maison, & il ne permettra pas à l'Ange exterminateur d'y entrer, ny de vous faire du mal.* Si donc il n'y avoit que ce sang qui sauvoit les maisons des Israëlites, elles étoient exposées à la colere de Dieu, lorsqu'elles n'en étoient pas marquées. Ainsi il ne suffisoit pas de manger au dedans de la maison l'Agneau Paschal : il falloit que son sang parût sur la porte.

De

Pour le Jeudy Saint.

De même il ne suffit pas de communier. Il faut en voir le fruit par des preuves effectives. Si les hommes ne se mettent pas en peine de considerer ces marques du sang de l'Agneau dans les actions de ceux qui le reçoivent, c'est par ces marques neanmoins qu'ils seront jugez de Dieu & des Anges. Et nous pouvons dire que c'est par le caractere de ce sang divin, que les Anges qui seront les Ministres de la justice de Dieu en son jugement, discerneront les justes d'avec les méchans, pour sauver les uns & pour exterminer les autres.

III.

Voyons maintenant ce qu'il falloit manger avec cet Agneau. *Ils mangeront des pains sans levain, avec des laictuës sauvages.* Nous n'aurons pas de peine à expliquer ce que marque cette figure excellente *des pains sans levain*, puisque S. Paul l'explique si divinement, lorsqu'il dit : JESUS-CHRIST *a été immolé, qui est nôtre veritable Agneau Paschal. C'est pourquoy faisons un festin, non dans le vieux levain, ny dans le levain de corruption & de malice, mais dans des pains sans levain*, c'est-à-dire, *dans la sincerité de la verité.* [1. Cor. c. 5. v. 8.]

Ainsi, selon S. Paul, pour marquer dignement cet Agneau Paschal, *Pascha nostrum* : Il faut manger avec des pains sans levain. Et que nous marque ce levain ? Il l'explique luy-même : *Non in fermento veteri.* N'ayons plus ce levain de corruption & de malice, ce vieux levain, c'est-à-dire, le vieil homme. *Dépoüillez-vous du vieil homme*, comme il dit ailleurs, *& revêtez-vous du nouveau.*

Jugeons donc par cette regle de nos Communions, & voyons si elles sont conformes aux regles de Dieu & de l'Ecriture. On voit des personnes du monde qui communient fort souvent. C'est une fort bonne chose en soy, & trés-desirable. La communion frequente est sans doute une trés-bonne chose. Ce seroit une erreur que de dire le contraire. Mais les meilleures choses ne sont bonnes que lorsqu'on en use bien. Ainsi le pain materiel est une trés-bonne chose. Cependant comme il soûtient une personne saine parce qu'elle est forte, il tuë au contraire un malade au lieu de le soûtenir.

Il faut donc voir quel usage ces personnes font de la communion, & si en mangeant cet Agneau Paschal, ils ont quitté tout le vieux levain, c'est-à-dire, la corruption du vieil homme. Ils étoient ambitieux ; ils cherchoient leurs interêts & leur agrandissement avant que de communier ; ils sont encore tels aprés avoir communié. Où est donc le fruit de cette viande divine ? Saint Ambroise nous dit si hautement : *Que celuy qui veut manger la vie, change de vie, parce qu'autrement la vie le perdra au lieu de le guerir.* Cependant on veut toûjours manger la vie, & on ne veut jamais changer de vie. On veut bien manger de l'Agneau Paschal, mais dans le levain du vieil homme, & non avec des pains sans levain.

Considerons icy que l'Eglise ne consacre la sainte Hostie dans du pain sans levain, que pour nous marquer, selon S. Paul, qu'il la faut recevoir avec un cœur exempt de tout levain de corruption & de malice. Si donc ce seroit un attentat dans l'Eglise, selon l'usage présent, que de consacrer la sainte Hostie dans du pain avec du levain, quel crime est-ce que de le recevoir avec le levain de cette corruption interieure, pour le retranchement duquel l'Eglise a voulu observer cette coûtume si sainte ? Si vous retenez l'image, pourquoy ruinez-vous la chose même ? Si vous honorez Dieu dans le signe, pourquoy le deshonorez-vous dans la verité?

Il faut donc communier dans ces pains purs & sans levain, *in azymis sinceritatis & veritatis*, avec un cœur qui ne soit point partagé, avec un amour pur qui ne soit point mêlé de l'amour de nous-mêmes, ou du monde. C'est pourquoy il faut que les ames saintes ayent soin de s'éprouver, & qu'elles tâchent d'être la pure fleur de la farine de ce pain pur, & mysterieux : *Ut sitis nova conspersio*, comme dit l'Apôtre.

L'Ecriture ajoûte qu'il falloit manger encore l'Agneau *avec des laictuës sauvages*. Les laictuës sauvages sont ameres, dit Saint Gregoire. Elles nous marquent le sentiment de penitence avec lequel les penitens particulierement doivent communier ; afin que l'amertume de la penitence détruise en nôtre ame la mauvaise humeur qu'y avoit produite le dé-réglement de nôtre vie : *Ut ipsa amaritudo pœnitentie abstergat à mentis stomacho perversa humorem vita*. Ainsi les innocens doivent prendre ce pain comme un pain de joye. Mais les penitens le doivent recevoir comme un pain de larmes. Il est une nourriture pour les premiers, & il devient un remede pour les seconds.

1. Cor. cap. 5. v. 19.

IV.

Non comedetis ex eo crudum quid, nec coctum aquâ, sed tantùm assum igni. Vous ne mangerez point cet Agneau crû, ny cuit dans l'eau, mais seulement rôti au feu. Saint Gregoire remarque excellemment qu'il faut que toutes ces circonstances si particularisées soient mysterieuses, puisque sans cela, il auroit été indigne de Dieu de faire une ordonnance que les Juifs ne mangeassent point cet Agneau crû, comme si les hommes avoient accoûtumé de manger de la chair cruë, & comme s'ils n'avoient pas assez de

Ff ij

soin par eux-mêmes, de faire cuire la viande avant que de la manger.

Il ne faut donc considerer toutes ces circonstances que comme des mysteres, que Dieu par sa bonté infinie nous a voulu exprimer sous ces choses basses en apparence, afin qu'ils fussent proportionnez à nôtre foiblesse. C'est pourquoy ces paroles se peuvent entendre en deux manieres, ou de la doctrine sainte qui doit regler nos Communions, ou de la maniere en laquelle nous approchons de cette victime sainte. Nous les rapporterons toutes deux, parce que toutes deux sont trés-importantes.

Vous ne mangerez point cet Agneau crû ny cuit dans l'eau, mais seulement rôti au feu. Qu'est-ce que manger *l'Agneau crû ?* C'est s'approcher de cette victime par soy-même, sans aucune lumiere, ou y étant conduit par celuy qui n'a luy-même aucune lumiere, selon la parole de JESUS-CHRIST dans l'Evangile. Aussi S. Gregoire compare les dispensateurs de la Doctrine sainte, à ceux qui sçavent l'art d'apprêter les viandes.

C'est pourquoy le Sauveur les appelle, *Le sel de la terre*, parce que le sel assaisonne tout ce qui nourrit le corps, comme les Pasteurs assaisonnent ce qui nourrit l'ame. Et saint Paul expliquant plus clairement cette parole de l'Evangile, dit aux Chrétiens, & particulierement à ceux qui sont les ministres de la parole : *Que vos discours soient animez de la grace, & qu'ils soient toûjours assaisonnez de sel, afin qu'ils donnent grace à ceux qui vous écoutent :* SERMO vester semper in gratia, sale sit conditus, ut det gratiam audientibus.

Coloss. 4. 9.

Mais il ne suffit pas de ne point manger l'Agneau crû. Il ne faut pas non plus qu'il soit *cuit dans l'eau. Que nous marque l'eau,* dit S. Gregoire, *sinon une* science toute humaine ? QUID *aqua nisi humanam scientiam designat?* Manger l'Agneau cuit dans l'eau, c'est se regler dans ses Communions, par ceux qui ont quelque science à la verité, mais une science humaine & non divine; une science qui n'est point appuyée sur l'Ecriture Sainte, sur les Saints Peres, sur l'esprit & sur la tradition de l'Eglise. *Que la doc-* Orat. 42. *trine de la foy*, dit S. Gregoire de Nazianze, *& qui doit conduire les ames des Fidelles ne soit point mêlée d'eau*, c'est-à-dire de la foiblesse de la raison humaine. NIHIL *aquosum fidei doctrina habeat.*

L'Agneau donc ne doit être ny *crû*, ce qui marque une ignorance grossiere, ny *cuit dans l'eau*; ce qui marque une science humaine & trompeuse, mais il doit être *rôti au feu*, c'est-à-dire, il ne doit être dispensé que par les regles d'une doctrine appuyée sur la parole divine dont le Prophete dit: *Ignitum elo-* Psal. 118. *quium tuum vehementer:* Vos paroles, Seigneur, sont toutes brûlantes.

C'est ce qui a fait dire à S. Gregoire de Nazianze expliquant ces circonstances de l'Agneau Paschal: *Que la doctrine sainte soit toute ferme & solide, &* Orat. 42. *qu'elle soit purifiée & éprouvée par le feu.*

Mais comme ces trois circonstances nous marquent parfaitement la doctrine qui doit regler nos communions; elles nous représentent aussi trés-bien quelles sont les mauvaises & les bonnes communions.

Car il y a trois sortes de personnes qui s'approchent de cet Agneau sans tache, qui sont figurées par les trois ordonnances de Dieu que nous expliquons. Ceux qui mangent l'Agneau *crû*, sont ceux qui tombent dans cette condamnation: *Il mange & boit sa propre condamnation, en ne discernant pas le corps du Seigneur.* Ce sont les communions criminelles & visiblement sacrileges, sur lesquelles on ne s'arrête pas, parce que si en particulier on en autorise, ou tolere une partie, au moins en general, on voit & on condamne assez ce desordre.

Ceux qui mangent l'Agneau *cuit dans l'eau*, nous marquent ceux qui communient avec plus de soin, & souvent avec toutes les marques exterieures de la pieté. Mais pour l'ordinaire, ou leur devotion est inégale, ou leur zele n'est point reglé selon la science. Ils veulent allier cet Agneau divin avec l'eau, c'est-à-dire, avec les maximes & la mollesse du monde figuré par l'eau. Ils veulent être tout ensemble bons Chrétiens dans l'Eglise, & sages mondains dans le monde. Ils veulent manger en même temps le pain des Anges & le pain des hommes. Ils veulent vivre par l'esprit de Dieu & par l'esprit du monde.

Or ces choses sont aussi inalliables que l'eau & le feu, le ciel & la terre, la lumiere & les tenebres.

1. *Cor. cap.* 10. v. 21.

C'est ce qui a fait dire à S. Paul : *Vous ne pouvez participer tout ensemble à la table du Seigneur & à la table des démons.* Car le démon est le Prince & le Roy du monde selon l'Evangile. Ainsi il est impossible d'aimer les biens, les plaisirs, & les honneurs du monde, sans être soumis ou entierement, ou au moins en partie à celuy qui en est le Prince.

Iacq. 4. v. 4.

C'est ce que l'Apôtre S. Jacques nous apprend, lorsqu'il ne craint pas de dire : *Que l'amour qu'on a pour le monde, est une inimitié qu'on a contre Dieu; & qu'ainsi celuy qui est aimé du monde, se déclare ennemi de Dieu.*

Mais ceux qui mangent l'Agneau *rôti au feu*, sont proprement les ames saintes, qui s'approchent de cette table avec le feu de l'amour divin; qui peuvent dire de cet Agneau sans tache à l'imitation du Sauveur: *J'ay desiré avec une ardeur extrême de manger cet Agneau Paschal.* Voyons maintenant quelles étoient les principales parties de cet Agneau, que Dieu ordonnoit de manger.

V.

Caput cum pedibus ejus & intestinis vorabitis. Vous *aurez soin de manger la tête, les pieds & les entrailles de cet Agneau.* Qu'est-ce que manger *la tête* de cet Agneau ? S. Gregoire l'explique en ces termes : *Le chef & la tête de* JESUS-CHRIST, *c'est Dieu même. Ainsi manger la tête de l'Agneau, c'est considerer avec une foy vive que* JESUS-CHRIST *est Dieu.* Hom. 22. in Evang.

C'est le moyen de ne tomber pas dans la condamnation de ceux dont parle S. Paul, *qui ne discernent point le Corps du Seigneur.* Car nous devons considerer en mangeant cette victime sacrée, que ce pain celeste n'est pas un pain mort comme celuy qui nous nourrit sur la terre; mais un pain vivant, & qui n'est pas seulement vivant, mais qui est la vie même, *la vie éternelle qui étoit dans le sein du Pere, & qui est venu se faire connoître dans le monde,* comme dit Saint Jean. Nous devons considerer que ce n'est pas seulement un pain humain, comme nôtre pain ordinaire, mais un pain divin, & qui est Dieu même, qui se rend dans cet adorable mystere le pain des hommes, pour faire vivre les hommes de sa vie divine. Epist. 1.

Avec quel respect devons-nous donc approcher de ce grand mystere, en considerant la majesté suprême & éternelle de celuy que nous recevons ? Nous étonnerons-nous aprés cela que l'Eglise Grecque ait observé cette sainte coûtume, de faire crier tout haut par la voix du Diacre, lorsque l'on alloit commencer la principale partie du sacrifice de la Messe,

Sancta Sanctis. LES *choses saintes sont pour les Saints ?* Nous étonnerons-nous que S. Chrysostome appelle la sainte Hostie, l'Hostie redoutable: *Hostiam formidabilem*, & que l'Eglise appelle encore communément les saints Autels, les Autels terribles: *Altaria tremenda ?*

Dieu commande encore de manger *les entrailles* de cet Agneau. Et S. Paul nous explique cette figure, lorsqu'il dit : *Je vous souhaite tous dans les entrailles de* JESUS-CHRIST. Ces ENTRAILLES nous marquent la charité incompréhensible que le Fils de Dieu nous témoigne dans ce mystere. Et cecy s'allie parfaitement avec ce que nous venons de dire, afin que si d'un côté nous sommes saisis de frayeur en considerant que c'est un Dieu que nous recevons ; nous tempérions de l'autre cette frayeur par une sainte confiance, en considerant l'amour extrême avec lequel JESUS-CHRIST se rend luy-même le pain & la nourriture de nos cœurs.

Ainsi nous apporterons à cette table divine la disposition que S. Chrysostome a marquée excellemment, lorsqu'il dit qu'on s'en doit approcher, *cum pio tremore & sancta lætitia.* AVEC *une frayeur respectueuse, & tout ensemble avec une sainte joye.* Avec une *frayeur respectueuse*, en considerant que celuy que nous recevons est Dieu même ; que c'est le Fils de Dieu assis à la droite du Pere: & avec *une sainte joye*, en considerant que s'il est Dieu : il nous aime aussi en Dieu, c'est-à-dire, par un amour qui n'a point de bornes. C'est pourquoy l'Ecriture nous marque cette charité de l'Agneau divin, par les *entrailles* qui sont le siege de l'amour, & de l'amour le plus tendre, qui est celuy des meres envers leurs enfans.

L'Ecriture ajoûte qu'il faut encore manger les pieds de l'Agneau ; ce que S. Gregoire Pape explique en ces termes : *Manger les pieds de l'Agneau, c'est proprement rechercher & suivre les traces de l'humanité de* JESUS-CHRIST *en l'aimant & en l'imitant :* PEDES *agni vorare, est vestigia humanitatis Christi amando & imitando perquirere :* Et voilà proprement les marques d'une Communion sainte & vrayment chrétienne. S'approcher de JESUS-CHRIST avec un profond respect, comme d'un Dieu, le recevoir avec joye & avec confiance, comme nous témoignant un amour extrême, & enfin après l'avoir reçû, marcher sur ses pas, & le considerer comme le modele de nôtre vie. *Ibid. Hom. 22.*

C'est ce que S. Augustin marque excellemment en expliquant ces paroles du Pseaume : *Les pauvres mangeront, & ils seront rassasiez.* ILLE *saturatur, qui imitatur*, dit ce saint Docteur : *Celuy-là se rassasie de* JESUS-CHRIST, *qui imite* JESUS-CHRIST : & il n'y a proprement que les pauvres qui s'en rassasient, parce qu'il n'y a que ceux-là qui l'imitent. Il faut donc que les riches du monde soient pauvres eux-mêmes selon l'esprit, s'ils veulent communier, parce qu'ils doivent suivre cet avis donné aux riches par S. Paul : *De n'avoir point de pensées d'orgueil, & de ne mettre point leur esperance dans l'instabilité des fausses richesses.* Il faut être vrayment pauvre, c'est-à-dire vrayment humble, pour se rassasier de cet Agneau saint. *Psal. 21. Aug. in Psal. 21. 1. Tim. cap. 6. v. 17.*

Et c'est-là sans doute pourquoy les gens de bien mêmes s'avancent si peu en communiant souvent. Ils n'ont pas soin de se rendre pauvres en recevant JESUS-CHRIST pauvre & infiniment abaissé dans sa gloire même. Ils mangent la tête & les entrailles de l'Agneau; mais ils n'en mangent pas les pieds. Ils n'imitent point son humilité dans ce sacrement; qui est aussi bien l'extension du rabaissement de JESUS-

CHRIST, que l'extenſion de ſon Incarnation, ſelon les Peres.

VI.

Non remanebit quidquam ex eo uſque mane: Il ne demeurera rien de cet Agneau juſques au matin. Le *matin*, ſelon S. Gregoire, marque la Reſurrection, & le *ſoir*, le temps de cette vie. Que veut donc dire qu'il ne demeure rien de cet Agneau juſques au matin, ſinon que durant cette vie nous devons tâcher dans chacune de nos Communions de faire paſſer toute la chair de cet Agneau ſaint en la ſubſtance de nôtre ame, ou plutôt de faire paſſer toute nôtre ame en la chair & au ſang de cet Agneau ſaint.

Car, comme a fort-bien remarqué Saint Auguſtin, nous ne changeons pas le Sauveur en nous, mais le Sauveur nous change en luy, ſelon cette parole celebre de Saint Ignace Martyr : *Je ſuis le froment de* JESUS-CHRIST, *je ſeray briſé par les dents des bêtes pour devenir ſon pain tout pur*. Il ne demeure donc rien de l'Agneau lorſqu'il ne demeure rien de nous en recevant cet Agneau.

Cependant où ſont les ames qui communient de la ſorte ? Je dis parmi ceux-mêmes qui craignent Dieu. Nos Communions ſe multiplient, & nos défauts ne diminuent point. Nous recevons toûjours la lumiere, & nous demeurons toûjours dans les mêmes tenebres. Ce pain ſi ſolide ne nous fortifie point. Ce remede ſi puiſſant ne nous guerit point.

Nous ne travaillons qu'à demi à corriger nôtre vie. Si nous combattons un défaut, nous en entretenons un autre, & nous ne combattons que lâchement ceux dont nous voulons nous défaire. Quel eſt donc le remede d'un ſi grand mal ? Nous le trouverons dans les paroles ſuivantes :

Si quid reſiduum fuerit, igne comburetis : S'il en

reste quelque chose, vous le brûlerez. Il faut brûler toutes nos imperfections dans le feu de l'amour, & satisfaire ainsi à nos relâchemens. *Charitas operit multitudinem peccatorum* : LA *charité couvre toutes les legeres fautes des justes*.

VII.

Sic autem comedetis illum: Renes vestros accingetis : VOICY *comment vous mangerez cet Agneau. Vous aurez soin de ceindre vos reins.* JESUS-CHRIST explique luy-même dans son Evangile cette parole de Moïse, lorsqu'il dit : *Ceignez vos reins, & tenez dans vos mains des lampes ardentes.* Car S. Gregoire nous enseigne que JESUS-CHRIST nous a voulu apprendre par ce langage figuré, à conserver avec soin la pureté du corps. Et l'Eglise même confirme cette doctrine dans la celebration de ses mysteres, lorsque le Prêtre se revêtant des habits sacerdotaux, demande à Dieu, *Qu'il le ceigne de la ceinture de pureté, & qu'il conserve toûjours en luy le don de la chasteté & de la continence.* *Luc. cap. 12. v. 35.*

Mais l'Apôtre Saint Pierre donne encore à ces paroles une explication plus importante & plus spirituelle, lorsqu'il dit aux Chrétiens : *Succincti lumbos mentis vestra :* PRENEZ *garde de ceindre toûjours les reins de vôtre ame.* Ce qui nous apprend que comme cette ordonnance de manger l'Agneau *en ceignant ses reins*, nous montre dans son premier sens que pour communier il faut avoir la chasteté du corps ; elle nous enseigne aussi dans le second sens marqué par Saint Pierre, que nous devons ceindre encore les reins de nôtre esprit, c'est-à-dire, conserver aussi bien la pureté & la chasteté de nôtre ame que celle de nôtre corps. *1. Pet. cap. 1. v. 25.*

Que si nous demandons en quoy consiste cette chasteté de l'ame, le même Apôtre nous l'apprend dans la suite du même Chapitre, lorsqu'il dit : *Rendez vos ames chastes & pures par une obéïssance de charité, & en vous aimant l'un l'autre par une amitié fraternelle.* Cette pureté donc interieure consiste en deux choses ; dans *une obéïssance d'amour*, & dans *une sincere affection* pour nos freres.

Ibid.

Cependant qui sont ceux qui mangent cet Agneau divin avec cette disposition si sainte qui nous est recommandée par l'Ecriture & par les Apôtres ? Qui sont ceux qui reçoivent toutes les afflictions que Dieu leur envoye, avec une *obéïssance d'amour* ? Je sçay que ceux qui craignent vrayment Dieu, ne murmurent pas alors contre luy. Mais ce n'est pas là encore une *obéïssance d'amour*; c'est une obéïssance de necessité.

Mais combien est petit le nombre de ceux qui se trouvant surpris de quelque perte de biens, d'honneur, de santé, & enfin de quelque affliction interieure ou exterieure, luy obéïssent alors avec un amour sincere, en luy disant avec le Prophete : *Il m'est bon que vous m'ayiez affligé & humilié, afin que j'apprenne vos ordonnances* ?

Psalm. 118.

Et qui possede encore cette chasteté de l'ame qui consiste en cette *affection vrayment fraternelle* ? Jesus-Christ dit dans l'Evangile : *Faites aux hommes ce que vous voudriez recevoir des hommes.* Traitez les autres comme vous voudriez qu'ils vous traitassent. Et cependant combien faisons-nous de fautes contre ce précepte ?

Luc. cap. 6.

Je ne parle point icy des déréglemens les plus grossiers. Je parle de ceux qui se trouvent dans les ames qui craignent Dieu, & qui s'approchent souvent de cet adorable Agneau. Si nous voyons une personne dont l'humeur ou l'esprit ne nous revient pas, nous avons peine à la supporter, ou au moins

Pour le Jeudy Saint.

nous sommes froids à son égard. Voudrions-nous qu'on nous traitât de la sorte ? Si nous en voyons une imparfaite, nous reprenons ses défauts souvent sans sujet, & avec quelque sorte de mocquerie, ou nous ne sommes pas fâchez que d'autres la traitent ainsi en nôtre présence. Voudrions-nous qu'on se moquât de nous en cette sorte ? Cependant c'est un Commandement de Jesus-Christ, & un Commandement si important, qu'il ajoûte aussi-tôt après nous l'avoir donné : *Toute la loy & les Prophetes consistent en ce point.* Cette victime sainte est la victime d'amour & de paix. C'est pourquoy il s'en faut toûjours approcher avec des sentimens d'amour & de paix. Il faut être dans le corps & dans l'ame vrayment chaste & vrayment doux comme des agneaux, pour manger le corps de l'Agneau.

VIII.

La seconde circonstance de la maniere en laquelle on doit manger l'Agneau, est celle-cy : *Calceamenta habebitis in pedibus vestris :* Vous *aurez des souliers à vos pieds.* Cette circonstance seroit superfluë & par consequent indigne de Dieu, si elle n'étoit mysterieuse. Nous en apprendrons l'explication de S. Gregoire, qui dit que les souliers qui sont faits de la peau des animaux qui sont morts, nous représentent la conduite & l'exemple des anciens Peres, qui doit regler nos pas dans le chemin du salut. *Que nous représentent*, dit-il, *les animaux de la peau desquels se font ces souliers mysterieux, qui doivent aider & fortifier nos pieds dans la voye de* Jesus-Christ, *sinon les anciens Peres qui ont marché, & qui sont arrivez devant nous à la celeste patrie ? Car lorsque nous considerons leur conduite, nous nous fortifions & nous reglons nos pas dans l'exercice des bonnes œuvres.* Quorum *dum exempla conspicimus, nostri operis pedes munimus.*

Nous apprenons donc par la bouche de ce grand Pape, que pour bien regler nôtre vie, il faut nous propofer pour modéle l'exemple des anciens Peres. Que fi cela eft vray en general de toutes nos bonnes œuvres, cela l'eft encore bien plus du reglement de nos Communions; & de la maniere en laquelle nous devons approcher de cet adorable Agneau, dont l'Agneau Pafchal n'étoit que la figure.

C'eft pourquoy nous devons confiderer avec grand foin ce que ces anciens Peres nous ont enfeigné & par leurs maximes, & par leur exemple touchant la fainteté avec laquelle on doit approcher de cette victime fainte, & l'exactitude de la penitence qu'ils ont obfervée durant tant de fiecles, pour y difpofer les ames qui étoient tombées aprés leur Batême.

Car encore que nous nous reconnoiffions maintenant trop lâches & trop foibles pour pouvoir pratiquer ce qui fe pratiquoit alors dans ces temps heureux où la foy des Chrétiens étoit fi vive & la difcipline de l'Eglife fi fleuriffante: nous devons neanmoins avoüer en même temps que l'Eglife, à l'imitation de Dieu, qui a permis fouvent des chofes à fon peuple par condefcendance & contre fa premiere intention, comme JESUS-CHRIST nous l'enfeigne luy-même dans l'Evangile, s'eft auffi relâchée comme une bonne mere, & a traitté fes enfans avec indulgence, à caufe de leur foibleffe.

Mais en même temps elle a eu une douleur & un fecret gemiffement de les voir tombez dans cette *dureté de cœur*, dont le faint Concile de Trente s'eft plaint en termes exprés, lorfqu'il a dit que cette dureté des Chrétiens l'empêchoit de faire pour la difcipline de l'Eglife ce qu'il auroit fouhaitté de pouvoir faire, témoignant par cette protestation qu'il étoit animé par le même Esprit qui a fait autrefois toutes ces saintes regles, & qui a présidé & présidera dans tous les Conciles de l'Eglise.

Si donc l'Eglise nous a dispensez maintenant de la pluspart de ces pratiques exterieures de la penitence, qui sont en soy si saintes & si sanctifiantes ; nous devons tâcher de suppléer à ce manquement par tous les autres exercices de pieté qui sont en nôtre pouvoir.

Car il est certain que comme l'Eglise a pû dispenser ses enfans de la pluspart de ces déréglemens exterieurs, comme autrefois, même lorsqu'ils étoient pratiquez, elle les en dispensoit en certains cas; la disposition neanmoins de l'ame ayant un rapport essentiel avec le sacrement, elle est aussi indispensable & aussi immuable que le sacrement même, comme tout le monde en demeure aisément d'accord. Jesus-Christ est aujourd'huy aussi bien l'Agneau sans tache, la pureté même, & enfin Dieu dans le tres-saint Sacrement comme il l'étoit autrefois. Et par consequent il faut avoir le cœur aussi pur pour le recevoir qu'on l'avoit alors.

IX.

Tenentes baculos in manibus: Vous *tiendrez des bâtons à vos mains*. Cecy marque visiblement l'état de voyageur, dans lequel doivent être tous ceux qui s'approchent de cette victime sainte. C'est ce que l'Eglise nous explique lorsqu'elle chante en parlant de ce pain adorable : *Ecce panis Angelorum, factus cibus viatorum* : Voicy *le pain des Anges, qui est devenu la nourriture des voyageurs*. Car puisque ce pain adorable qui nous donne la vie, nous vient du Ciel ; il faut par consequent que nôtre Pere aussi qui nous nourrit, soit dans le Ciel, & qu'ainsi nous ayions dans le Ciel nôtre maison, nôtre patrie, nos biens & nôtre heritage.

C'est ce que Saint Ambroise nous explique excellemment sur ces paroles du Pseaume : *Incola ego sum in terra* : JE *suis étranger sur la terre.* Tous ne peuvent pas dire cette parole avec le Prophete, mais celuy-là seul qui a renoncé à tous les plaisirs de la terre, & qui s'est dépouillé dans le fond du cœur de tout le desir & de toute l'affection des choses du monde. NON *cujuscumque vox ista est, sed ejus qui terrenis renunciaverit voluptatibus, & omnis mundanæ cupiditatis exuerit affectum.* C'est celuy-là qui peut dire avec S. Paul : *Nôtre conversation est dans le Ciel*, qui se lasse de la longueur de sa vie, & qui s'ennuye de demeurer si long-temps en une terre étrangere.

Psalm. 118.
Ambr. in Psal. 118.

Philip. cap. 3. v. 20.

X.

Et comedetis festinanter. Est enim Phase, id est, transitus Domini : Vous mangerez cet Agneau à la hâte, parce que c'est la victime de passage, c'est le passage du Seigneur. S. Pierre nous explique ce que c'est que se hâter de la sorte en mangeant l'Agneau, lorsqu'il dit : *Expectantes & properantes in adventum Domini* : ATTENDANT l'avenement de JESUS-CHRIST, *& y courant avec hâte & avec ardeur.* Ainsi JESUS-CHRIST nous dit dans l'Evangile qu'il faut attendre son avenement : *Et vos similes hominibus expectantibus dominum suum.* S. Paul dit qu'il le faut aimer. *Sed & iis qui diligunt adventum ejus.* S. Pierre dit : Il faut aller au devant avec grand hâte. Ce qui nous marque trois choses qu'il faut avoir ou effectivement, ou au moins dans le desir en mangeant cet Agneau saint. 1. Attendre l'avenement de JESUS-CHRIST, comme étans étrangers sur la terre. 2. L'aimer, chassant peu à peu la crainte par l'amour.

2. *Petr. cap.* 3. v. 12.

Luc. 12. v. 36.

2. *Tim.* c. 4. v. 8.

mour, 3. Y courir avec hâte. Il faut tendre à cet état si on n'y est pas encore. Cette parole nous doit consoler que c'est *le passage du Seigneur*, *Transitus Domini est*. Elle apprend que nous devons passer de nous-mêmes à luy ; mais il fait ce passage luy-même en nous par sa grace.

POUR LE VENDREDY SAINT.

Passio Domini Nostri JESU-CHRISTI secundùm Joannem.

La Passion de Nôtre Seigneur JESUS-CHRIST *selon saint Jean.*

LORSQUE nous voyons aujourd'huy que celuy qui nous a créez de rien, va verser tout son sang pour nous racheter, & qu'il fait plus pour des ennemis, qu'un pere ne pourroit faire pour ses enfans ; lorsque nous voyons le Sauveur s'humilier jusqu'à la Croix ; nous devons craindre l'ingratitude, & témoigner être en peine de répondre à un si grand excés de bonté. La charité de JESUS-CHRIST qui n'a point de bornes, seroit bien mal recompensée, s'il n'avoit souffert que pour des ingrats ; & nous pourrions dire que nôtre ingratitude seroit le plus grand de ses maux. Rien ne le console tant dans ses travaux, que le sentiment que nous en avons ; & quoy que nous ne soyons rien, il témoigne neanmoins agreer la peine où nous sommes, d'honorer & de reconnoître ses souffrances. Il met en quelque sorte sa gloire, à avoir des Serviteurs qui ne soient point ingrats, qui

aiment leur maître, comme leur maître les a aimez ; & qui abandonnent tout pour luy, comme
il a tout quitté pour eux. Ainsi apprenons en ce
jour la charité infinie de Jesus-Christ. Que nôtre ame s'échauffe au souvenir de ses douleurs, &
que nôtre cœur devienne ardent dans la vûë de
son amour. C'est dans ce dessein que nous nous arrêterons aujourd'huy à considerer les principales
parties de sa Passion.

JARDIN.

IL n'y a rien qui nous doive donner plus d'étonnement dans la Passion du Sauveur, que la tristesse
qu'il témoigna dans le jardin. Car il semble qu'il
ne soit pas si difficile de comprendre, qu'étant venu pour satisfaire à la justice de son Pere, il ait voulu
mourir pour les hommes ; que de le voir aujour-
d'huy dans la crainte, dans l'abatement, & dans un
affoiblissement si étrange.

Comment, dit saint Augustin, le Prince trem-
ble-t-il, quand le simple soldat est si courageux ?
Saint Paul témoigne de la joye aux approches de sa
passion : *Pour moy*, dit il, *je m'en vas être sacrifié,
& le temps de ma mort est proche.* Il souhaite la mort
pour être avec Jesus-Christ ; & Jesus-Christ
lay-même a peur de la mort. Celuy qui devoit être
couronné, est dans la joye ; & celuy qui doit le couronner est dans la tristesse. ILLE *optat mortem ut sit cum
Christo, & ipse Christus timet mortem. Gaudet coro-
nandus, contristatur coronaturus.*

Aug. in Psal. 31.

Mais c'est en cela même que paroît la grandeur
de Jesus-Christ. Tous ces mouvemens n'ont été
en luy, que parce qu'il l'a voulu : *Non conditionis
necessitate*, dit S. Augustin, *sed voluntate* : Non
par une necessité forcée, mais par une volonté libre :

Aug. in Psal. 31.

Non parce qu'il y étoit sujet, mais parce qu'il s'y assujettissoit volontairement.

Nous pouvons rapporter selon les Saints Peres, trois raisons de ce rabaissement du Fils de Dieu.

La premiere est, que JESUS-CHRIST étoit venu satisfaire pour le péché d'Adam. Comme donc ce peché a été plus interieur qu'exterieur, JESUS-CHRIST a voulu que sa passion fût premierement interieure avant que d'être exterieure. C'est pourquoy comme le peché d'Adam a été proprement un grand orgueil qui s'est passé dans le fond de son ame ; ainsi les plus grandes souffrances de JESUS-CHRIST ont été imprimées dans le fond de son cœur. Il a voulu opposer a cét aveuglement orgueilleux du premier homme, ce rabaissement prodigieux d'humilité, dans lequel il s'est affoibly luy même, jusques à exciter dans luy les mouvemens qui semblent aux hommes être les plus éloignez de la generosité.

La seconde raison est, que le Sauveur ayant voulu porter nos pechez & nos langueurs ; il en a aussi voulu porter la douleur. *Celuy qui porte nos pechez,* dit S. Augustin, *est affligé à cause de nous. Mon Dieu ! vous êtes dans la douleur. Mais ce sont mes playes qui vous affligent, & non vos pechez. Vous ne plaignez pas vôtre mort, mais ma maladie.* Qui *Aug. in* *peccata nostra portat, pro nobis dolet. Doles, Domine !* Psal. 32. *non peccata tua, sed mea vulnera ; non mortem tuam, sed infirmitatem meam.*

Le Fils de Dieu nous a voulu montrer ainsi en souffrant pour les pechez des autres, que chaque Penitent devoit souffrir pour ses propres pechez ; & que comme la douleur volontaire qu'il a excitée en luy-même, a precedé tous les tourmens qu'on luy a fait souffrir ; de même la douleur interieure des Penitens doit être tout le fondement de leur penitence exterieure.

Et comme cette douleur de Jesus-Christ n'empêchoit pas la joye divine qu'il ressentoit dans la partie superieure de son ame : ainsi, comme dit excellemment S. Thomas, la douleur & la joye doivent être mêlées dans le cœur des Penitens, & ils doivent tellement s'affliger pour leurs pechez, que de cette affliction même naissent la joye, l'allegresse, & l'esperance.

La troisiéme cause de la tristesse de Jesus-Christ est, qu'il vouloit consoler les foibles. Il vouloit empêcher qu'ils ne crussent que la crainte de la mort, & l'apprehension des peines, ne fût un peché, & qu'ils n'entrassent dans la défiance & dans l'abbatement, si lors qu'ils sont obligez de souffrir la mort, ils ne ressentent en eux une joye semblable à celle des saints Martirs.

La quatriéme cause de cette profonde tristesse, est qu'il vouloit nous apprendre la difference qu'il y a entre la generosité chrétienne que Dieu inspire, & la generosité purement humaine. La generosité du Chrétien commence par un abbatement de l'ame devant Dieu, & par la reconnoissance de sa foi-

1. Cor. cap. 12. v. 10.

blesse. *Cùm infirmor, tunc potens sum*, dit S. Paul, *Quand je me sens affoibly, c'est alors que je suis plus fort* ; au lieu que la generosité humaine commence toujours par une force audacieuse & superbe, & par un mépris de tous les perils, & se termine souvent à la crainte & à la foiblesse.

Ainsi nous voyons que Jesus-Christ aprés cét abbatement volontaire, & cette foiblesse si prodigieuse, se releve aussi-tôt, & terrasse d'une seule parole tous ses ennemis ; au lieu que les Apôtres qui avoient témoigné dans leurs discours une si ferme resolution de mourir pour Jesus-Christ, l'abandonnent lâchement à la premiere occasion.

Pour le Vendredy Saint. PASSION.

PRIERE.

JESUS-CHRIST étant entré dans cette tristesse, l'Evangile ajoûte, qu'il se sepata de ses disciples, & que s'étant prosterné le visage contre terre, il fit cette priere à son Pere: *Mon Pere, s'il est possible que ce Calice passe. Toutes choses vous sont possibles. Si vous voulez, éloignez ce Calice de moy. Neanmoins que ma volonté ne se fasse pas, mais la vôtre.*

Cette priere contient deux parties. JESUS-CHRIST a voulu exprimer par la premiere le desir de la nature humaine, qui souhaitoit d'être delivrée d'une mort si cruelle; & par la derniere le desir de la volonté raisonnable, qui soumettoit l'instinct de la nature qui fuit naturellement la mort, à la volonté de son Pere. Ces desirs qui sont contraires dans nous, ne l'étoient point en JESUS-CHRIST. Car c'étoit sa volonté même qui produisoit ces mouvemens dans la partie inferieure, & qui en même temps les soûmettoit à la volonté divine.

Et comme remarque Saint Augustin en plusieurs endroits, JESUS-CHRIST n'a prié de la sorte, que pour representer en luy-même la foiblesse de ses membres. C'est la voix des membres, plûtôt que celle du chef. C'est la voix du malade dans la bouche du Medecin. *Il portoit sur luy nôtre foiblesse, & étant revêtu d'un corps mortel, il disoit ces paroles pour ceux qui dans l'Eglise craignent la mort. La tête étoit en peine pour les membres, & se transfiguroit en la personne de ses membres.* INFIRMITATEM nostram portabat, & pro iis qui adhuc timent mortem, in suo corpore constitutus ista dicebat. Caput pro membris clamabat, & membra in se caput transfigurabat.

Aug. in Psal. 32.

Et il faut remarquer qu'il n'a pas seulement ro-

G iij

presenté generalement ses membres, mais les plus foibles d'entr'eux, & le commun des Fidéles. Il s'est rabaissé, dit S. Augustin, jusqu'à nous vouloir apprendre par son exemple, & par sa priere, que si la fragilité humaine nous trouble quelquefois, la justice divine nous doit consoler : *Si nos perturbat humana fragilitas, divina consoletur æquitas.*

<small>Aug. ibid.</small>

Car ceux qui sont Chrétiens, quoy qu'encore foibles, desirent quelquefois par une volonté humaine, ce qu'ils croyent utile ou à quelque affaire, ou à quelque necessité presente, comme la santé d'un enfant, ou le gain de quelque procez. Neanmoins aussi-tôt qu'ils reconnoissent que Dieu veut autre chose, ils preferent la volonté de celuy qui est plus juste qu'eux, à leur propre volonté. *Encore que par une affection humaine, ils desirent ce qui leur est plus avantageux pour leur interest particulier, pour une affaire qu'ils ont, ou pour la necessité presente dans laquelle ils se trouvent : neanmoins lors qu'ils reconnoissent que Dieu veut autre chose que ce qu'ils veulent, ils preferent la volonté de celuy qui est souverainement bon, à la volonté d'un pecheur ; la volonté du Tout-puissant à la volonté de celuy qui n'est que foiblesse, & enfin la volonté de Dieu, à la volonté de l'homme.* Q̆uamvis *corde mortali aliquid velint quod suæ interim causæ, vel negotio, vel præsenti necessitati conveniat, ubi intellexerint & cognoverint aliud Deum velle, præponunt voluntatem melioris voluntati suæ, & voluntatem omnipotentis voluntati infirmi, & voluntatem Dei, voluntati hominis.*

<small>Aug. ibid.</small>

Il semble donc que Jesus-Christ nous disoit en faisant cette priere à son Pere ; *Considerez-vous dans moy-même : Vous pouvez vouloir une chose lorsque Dieu en veut une autre. On permet cela à la fragilité & à la foiblesse humaine. Il est difficile que cela ne vous*

Pour le Vendredy Saint. PASSION. 469

arrive. Mais en même temps reconnoissez ce qui est en vous, & considerez celuy qui est au-dessus de vous. Considerez qu'il est Createur & vous creature. Qu'il est maître & vous esclave. Qu'il est tout-puissant & vous très-foible. Et aussi-tôt arrêtez vôtre volonté, soumettez-la à celle de Dieu, & luy dites : *Ne faites pas, mon Pere, ce que je veux, mais ce que vous mêmes voulez.* ECCE *vide te in me, quia potes aliquid pro-* Aug. ibid. *prium velle, ut aliud Deus velit. Conceditur humanæ infirmati, aliquid proprium velle. Difficile est ut non tibi contingat ; sed statim cogita quis sit supra te, illum supra te, te infra illum ; illum Creatorem, te creaturam, illum dominum, te servum ; illum omnipotentem, te infirmum. Et corrigens te, subjungensque voluntati ejus, dic : Verùm non quod ego, sed quod tu vis, Pater.*

Une autre instruction que nous pouvons tirer de cette priere, c'est que comme JESUS-CHRIST, nonobstant sa force, & quoy qu'il sçût qu'il étoit invincible aux efforts de la mort & du démon, ne laisse pas de prier son Pere, de détourner la mort qui luy étoit preparée ; ainsi nous devons aller aux affrons, & aux souffrances avec humilité ; nous défier toujours de nos forces, quelque grandes qu'elles paroissent, & éviter la rencontre du mal dont nous sommes menacez. Nous devons employer envers Dieu nos prieres pour le détourner, afin que si nous y tombons, ce ne soit point par nôtre propre esprit & par nôtre présomption, mais par sa volonté & par sa conduite. Car en toutes choses il faut se soumettre à son ordonnance, comme le Fils de Dieu en la priere qu'il fait à son Pere se soumettoit entierement à sa volonté.

C'est pourquoy les Chrétiens les plus courageux fuyoient souvent la persecution comme a fait Saint Cyprien & Saint Athanase. Et c'estoient ceux-là qui

G iiij.

enduroient ensuite plus courageusement la mort, lors qu'ils étoient surpris. Au contraire, ceux qui se presentoient aux Magistrats Payens temerairement, renonçoient souvent la foy ; comme il est marqué particulierement dans cette Epître admirable de l'Eglise de Smirne, touchant le martyre de saint Polycarpe.

JUDAS.

Jesus-Christ, étant relevé de sa priere, & parlant à ses Apôtres, Judas avec une trouppe de gens armez, entre dans le Jardin pour le prendre. Il approche de son Maître. Il le saluë. Il le baise, & le trahit par ce baiser.

Il n'est pas necessaire d'exaggerer l'indignité de cette action. On fremit lors qu'on voit un disciple, & un disciple favorisé, particulierement de Jesus-Christ, jusqu'à luy confier le soin de son entretenement & celuy de tous les autres, qui livre son Maître à ses ennemis par une trahison detestable, & à des ennemis qu'il sçavoit le devoir traitter si cruellement. Il n'y a personne qui ne conçoive une horreur de cette méchanceté, & une juste indignation contre celuy qui en a été capable. On ne sçauroit nommer seulement le nom de Judas qu'on ne le deteste.

Mais ce que nous devons nous representer avec soin sur le sujet de cette trahison, c'est qu'un grand nombre de ceux qui témoignent une passion si violente contre Judas, sont plus coupables que Judas même. Car puisque selon S. Ambroise, & les autres Saints Peres, ceux qui communient, donnent le baiser à Jesus-Christ, & que c'est en ce sens qu'ils expliquent cette parole du Cantique, *Osculetur me* *oscula oris sui* ; que sont autre chose que des Judas,

Cant. 1.

Pour le Vendredy Saint. PASSION. 471

ceux qui approchent des Autels, ayant encore l'affection au peché toute vivante dans le cœur ? Que font autre chose que des Judas, tous les mauvais Prêtres, qu'un esprit de cupidité & d'avarice pousse tous les jours à livrer Jesus-Christ, & le prix infiny de son sang aux méchans & aux coupables ? & combien les uns & les autres sont-ils encore plus coupables que Judas ?

Car il y a cette difference entr'eux : 1. Que Judas avoit perdu la foy en Jesus-Christ, selon les Saints Peres, & qu'il ne le regardoit plus que comme un simple homme ; au lieu que ceux-cy font profession de le reconnoître comme leur Dieu. 2. Judas a trahi Jesus-Christ lors qu'il étoit encore mortel ; & ceux-cy le trahissent étant immortel & glorieux. 3. Judas l'a trahi lors qu'il n'étoit pas mort pour luy : & ceux-cy le trahissent, sçachant qu'il est mort pour eux. 4. Enfin Dieu a tiré sa gloire de la trahison de Judas, en la rendant l'occasion du salut du monde, au lieu qu'il ne reçoit que du déshonneur de la trahison de ces derniers.

Tournez donc contre vous-mêmes l'horreur que vous concevez contre Judas. Detestez toutes les Communions indignes qui se feront dans ce temps de Pâques, après lesquelles on ne trouvera pas un vray changement, & dans lesquelles le Fils de Dieu dira : *Amice ! ad quid venisti ?* Mon *amy ! que venez-vous faire ?*

Fuite des Apôtres.

Tous les Apotres abandonnent Jesus-Christ & le laissent seul. Ils témoignent du courage jusqu'à ce qu'ils voyent leur maître pris, & qu'il eût dit quelques paroles libres, sans faire d'autre effort. Dés qu'ils reconnoissent qu'il s'abandonne à la violence de ses ennemis, & qu'il ne fait plus de miracles pour se délivrer comme il avoit fait quelquefois, ils s'enfuient, & la crainte dont ils sont saisis, fait qu'ils l'abandonnent. Parceque Jesus-Christ avoit prié dans ses affoiblissemens, il se trouve fort; & les Apôtres n'ayant pas prié, ils se trouvent foibles.

Cecy est d'une grande instruction pour les Pasteurs. Ils doivent apprendre que c'est contre eux que le démon a toujours plus de colere & plus de fureur. J. Christ avoit dit un peu auparavant ces paroles à ses Apôtres : *Je frapperay le Pasteur, & les brebis seront dispersées.* C'est toujours là la conduite du démon, & les Chefs de l'Eglise ont beaucoup plus à craindre que les simples particuliers. Comme cét ennemy des Fidelles sçait que la ruïne du Pasteur est presque infailliblement la ruïne de tout le troupeau, c'est contre luy qu'il s'arme de toute sa force.

Math. cap. 26. v. 31.

Quand on ne tuë qu'un particulier, on ne diminuë le troupeau que d'une breby, mais quand on frappe le Pasteur, on le dissipe tout entier. C'est pourquoy le démon regarde la perte d'un Pasteur, comme une voye incomparablement plus courte & plus facile pour perdre le reste, que d'attaquer chaque particulier l'un aprés l'autre. Ils tombent assez d'eux-mêmes lorsqu'ils ne sont plus soutenus de leur Pasteur.

C'est ce qu'il a tâché de faire en Jesus-Christ pour faire perir les Apôtres ; & ce qu'il a depuis fait dans chaque Apôtre pour faire perir les Fidéles. Jesus-Christ se plaint de cet abandonnement de ses Apôtres, & les Apôtres se sont plaints ensuite de l'abandonnement de leurs disciples ! *Tous m'ont abandonné*, dit S. Paul à Timothée.

2. Tim. cap. 4. v. 16.

Mais cét abandonnement que Dieu permet pour

l'épreuve des Pasteurs est un grand crime pour les disciples. C'est en eux une dureté insupportable, que lors que leur Maître est de toutes parts attaqué par les étrangers, il ne reçoit que tristesse sur tristesse de la part de ses Disciples, & que ceux qui le devroient le plus consoler, le percent jusques dans le cœur par une trahison honteuse.

Un soldat qui abandonneroit son Capitaine dans le danger d'un combat, & qui penseroit à sa seureté par la fuite, seroit puny comme un lâche, & noté d'une éternelle infamie. On est encore bien plus obligé à ce secours & à cette fidelité envers ceux qui travaillent pour l'Evangile.

Mais si les hommes les abandonnent, Dieu ne les abandonne pas. Il prend leur cause en main, lors qu'ils les voit dans cette desolation; & il les assiste luy-même d'une protection si puissante, qu'elle leur donne infiniment plus de consolation, que n'auroit pû faire la fidelité de leurs disciples.

Pour nous, n'abandonnons jamais JESUS-CHRIST. Beaucoup croyent en luy, mais s'ils ne l'abandonnent pas, au moins ils n'ont pas grand soin de s'approcher de luy pour le deffendre. Il souffre des indignitez étranges pour nous rendre amis de Dieu d'ennemis que nous étions auparavant; & cependant nous par une ingratitude cruelle, nous ne l'aimons pas autant que nous aimons un amy.

Je sçay que ce que je dis fait horreur à entendre. Mais on devroit en avoir encore beaucoup plus de faire ce que l'on fait. On ne craint point quand on aime bien un homme, de faire quelque perte pour luy, de s'exposer aux plus grands périls, & de se faire des ennemis. Qui de nous ose prendre ainsi les interêts du Sauveur? qui ose s'exposer à l'inimitié des hommes pour le soutenir? Quand nos amis sont affligez, nous les allons voir pour les confoler. Qui fe met en état de confoler Jesus-Christ lors qu'il eft encore dans les maux, ou qu'il fouffre quelque perfecution dans fes membres ?

Nous pleurons lors que nôtre amy eft obligé de fe feparer de nous. Nous fondons en larmes lors que nous le voyons mort. Et cependant nous fouffrons fans peine que Jesus-Christ fe retire de nous ; & nous fommes même les premiers à nous retirer de luy, & à l'éloigner de nous.

Ceffons enfin de perfecuter de nouveau le Sauveur, & de l'abandonner, lors qu'il eft dans l'affliction. Nous l'aimons de paroles, & nous le perfecutons en effet. Nous fommes fi aveugles & fi endurcis dans le cœur, que nous faifons fans fcrupule & fans aucun remords de confcience, des chofes que nous ne pouvons entendre nommer fans horreur. Puifque Jesus-Christ dit à fon Pere : *Je veux, mon Pere, que mes Difciples foient par tout où je feray*, foyons maintenant avec luy dans les maux, comme nous voulons un jour être avec luy dans les biens.

Jesus-Christ fe plaint encore aujourd'huy que fes Difciples l'abandonnent, & que les Chrétiens ne penfent point à luy. Comme il n'a point recherché fes interêts, & qu'étant dans une gloire infinie, il a voulu pour nôtre bien s'aneantir jufqu'à la derniere baffeffe, il a gardé la même conduite à l'égard de fes miniftres. Il pouvoit, s'il l'eût voulu les rendre grands & puiffans dans le monde. Mais il a mieux aimé pour nôtre bien qu'ils fuffent dans un état pauvre & humble, afin que nous euffions des occafions de merite en les fecourant, & que nous puiffions nous amaffer un trefor dans le Ciel, en les cheriffant fur la terre. C'eft là le but qu'il a eû en permettant que ses plus fidelles serviteurs manquassent des choses necessaires, & qu'ils fussent exposez aux périls & aux persecutions ; puisque celuy qui souffre que les plus grands scelerats soient dans l'abondance, pouvoit bien faire, s'il eût voulu, que ses fidelles serviteurs fussent comblez de richesses, & qu'ils se trouvassent au-dessus de tous les dangers.

CAÏPHE.

LE Fils de Dieu étant chez Caïphe, ce Pontife l'interrogea de sa doctrine & de ses Disciples. JESUS-CHRIST luy répondit : *Qu'il avoit parlé publiquement devant tout le monde, & qu'il n'avoit rien dit en secret. Qu'ainsi il falloit interroger de sa doctrine ceux qui l'avoient écouté.* Comme il disoit ces paroles, un des Ministres du Pontife donna un soufflet au Sauveur, en luy disant : *Est-ce ainsi que vous répondez au souverain Prêtre ?*

La Passion de JESUS-CHRIST commence donc par le traitement le plus indigne, & qui paroît le plus insupportable à tous les hommes. Un valet, de luy-même, par une audace & par une insolence horrible, ose contre toutes les regles de la justice, donner un soufflet à une personne qui devoit au moins être regardé avec quelque consideration aprés tant de miracles qu'il avoit faits.

Mais JESUS-CHRIST nous a voulu donner l'exemple de la plus grande patience en souffrant cette injure que les hommes appellent le dernier des outrages. La maniere dont il la souffre, est une grande leçon. Il répond avec une moderation incomprehensible : *Si j'ay mal parlé, montrez-moy en quoy j'ay parlé mal. Mais si je n'ay rien dit que de bien, pourquoy me frappez-vous ?*

Sur quoy quelques Peres demandent pourquoy le

Fils de Dieu ayant dit, que lors que nous recevons un soufflet sur une joüe, nous devons tendre l'autre, il ne pratique pas luy-même ce qu'il nous commande. Mais ils répondent qu'il a fait encore plus. Car il est plus aisé à un homme qui a reçû un soufflet de tendre l'autre joüe (ce qui se peut faire même dans le trouble & l'émotion qu'un homme de bien pourroit recevoir en cette rencontre) que de répondre comme fait le Fils de Dieu, avec une sagesse & une moderation qui témoigne qu'il avoit l'esprit aussi tranquille après cette injure, que si on ne la luy eût point faite.

Apprenons d'un si grand exemple, que ce n'est rien que la patience seule, si l'on n'a soin d'y joindre la douceur. JESUS-CHRIST reçoit l'outrage de ce valet, & il ne fait point tomber le tonnerre pour punir un si grand excés. Il ne fait point secher sur l'heure une main si criminelle. Il ne dédaigne pas même de luy répondre : *Si j'ay mal parlé,* luy dit-il, *montrez le mal que j'ay dit. Et si je n'ay rien dit que de bien, pourquoy me frappez-vous ?* Le Maître des hommes & des Anges, bien loin de penser à se vanger, rend raison de ce qu'il a dit, & il le propose en quelque sorte à examiner au dernier des hommes.

A-t-on besoin après cela d'autres discours pour nous porter à la douceur ? & ce peu de paroles ne doit-il pas faire plus d'impression sur les esprits, que tout ce que nous pourrions dire ? Ne suffit-il pas de considerer qui est celuy qui les dit, à qui il les dit, & pour quelle fin il les dit ? Un Dieu souffre cette injure, & il l'a souffre d'un serviteur. Il en est offensé non seulement de paroles, mais d'actions, & de la maniere la plus outrageante, & en presence d'une trés-grande assemblée. Cependant JESUS-CHRIST

Pour le Vendredy Saint. PASSION. 479

n'a pas la moindre émotion. Il demeure dans sa paix divine, pour nous faire voir dans un exemple si illustre jusqu'où doit aller nôtre douceur.

Celuy qui est à JESUS-CHRIST, dit S. Paul, ne doit jamais disputer de paroles. Il doit être doux à l'égard de tout le monde, même à l'égard de ceux qui le deshonoreroient par des soufflets. *Que vôtre moderation*, dit-il ailleurs, *soit connuë de tous les hommes.* Car si vous n'avez de la douceur que pour vos amis, qu'aurez-vous plus que les Payens ?

Ce qui est affligeant, est que l'on approuve ces veritez, quand on les entend, & qu'on ne trouve rien de plus juste que de les mettre en pratique. Mais lors que les occasions s'en presentent, on n'est occupé alors que de l'injure que l'on croit avoir reçuë ; & ces grands modéles que JESUS-CHRIST nous propose, ne nous reviennent plus dans l'esprit. Cependant c'est en vain que nous nous appliquons à considerer la conduite que JESUS-CHRIST a tenuë dans ses souffrances, si nous ne sommes resolus de l'imiter aux occasions. Si nous admirons aujourd'huy sa moderation dans l'outrage de ce soufflet, souvenons-nous-en lors que nous nous sentirons émûs de colere ; & qu'il nous suffise alors de penser à ces paroles pour nous calmer : *Si j'ay mal parlé, montrez où est le mal que j'ay dit ; mais si je n'ay rien dit que de bien, pourquoy me frappez-vous ?* On devroit repeter si souvent cette parole qu'il n'y eût ny temps, affaires, ny affront qui nous en pût ôter la memoire. Il n'y a personne assez peu Chrétien, ou pour mieux dire, si dur ou si lâche, qui pût en se souvenant de cette douceur, se laisser emporter à la colere. Nous n'aurions plus à craindre d'indignation & d'aigreur, & la grace de JESUS-CHRIST accompagnant l'exemple qu'il nous donne, nous feroit étouffer pour jamais tous les ressentimens qui seroient contraires à sa douceur & à son humilité.

Condamnation par les Prestres.

Aprés que le Fils de Dieu eut reçû cet outrage, le Pontife, les Scribes & les Pharisiens, qui avoient tous conspiré la perte de Jesus Christ, & qui étoient conduits dans tout ce procedé par la fureur & non par la justice, voyant qu'ils ne pouvoient rien fonder contre luy sur les faux témoins qu'ils avoient produits pour le faire condamner, le Pontife luy demande s'il étoit le Christ. Le Fils de Dieu, qui à toutes ses autres accusations étoit demeuré dans le silence, luy répond qu'il étoit le Christ & le Fils de Dieu. Le grand Prêtre à cette parole, sans examiner si elle étoit veritable, condamne aussi-tôt le Sauveur de blasphême, & le juge digne de mort.

Nous pouvons tirer d'icy une instruction importante, qui est qu'encore que les Ministres de Jesus-Christ, qu'il a representez luy-même en sa personne, soient souvent obligez de se taire par moderation lorsqu'on les accuse injustement, comme on a fait le Fils de Dieu en cette rencontre; neanmoins lorsqu'on les presse de rendre témoignage à quelque verité importante à laquelle ils sont engagez par le devoir de leur charge; ils sont alors obligez de répondre, quand même ils prévoiroient qu'on les devroit faire mourir ensuite, comme le Fils de Dieu voyoit fort bien qu'on fonderoit sur cette parole le sujet de sa condamnation.

Le Renoncement de S. Pierre.

Le Fils de Dieu fut donc ainsi jugé & condamné en un moment par les Pontifes. Ils ne se
mettoient

mettoient pas en peine d'examiner s'il étoit coupable ou innocent. Ils ne vouloient point non plus considerer si tant de propheties si claires & si visibles du Messie qui devoit venir, n'étoient point accomplies en sa personne. Ils n'avoient point d'autre dessein que de contenter leur passion & leur envie.

Mais nous pouvons dire sans crainte que le Fils de Dieu fut sans comparaison moins touché de se voir condamné par des méchans, que de se voir renoncé en même temps par un de ses Disciples, & par le premier & le chef de ses Disciples.

C'est icy sans doute où les plus justes doivent trembler, lorsqu'ils voyent que le plus fervent, le plus éclairé & le plus courageux des Apôtres, qui avoit confessé la divinité, qui avoit fait au Sauveur de si grandes protestations un moment avant sa prise, de mourir pour luy & avec luy, se laisse abattre si lâchement à la voix d'une servante, & renonce son Maître avec tant d'aveuglement & de foiblesse.

Le péché de ce grand Apôtre nous doit faire rentrer en nous-mêmes dans la consideration de nôtre neant. Mais en même temps il nous doit servir d'une grande instruction, soit que nous examinions les circonstances de sa faute, soit que nous considerions celles de sa conversion. Car nous trouvons trois causes de son péché marquées clairement dans l'Evangile: la présomption, le défaut de préparation, & la temerité.

La présomption paroît en ce que JESUS-CHRIST prédisant à ses Apôtres qu'ils l'abandonneroient tous; au lieu d'avoir recours à Dieu, de peur qu'un si grand malheur ne luy arrivât, il entre dans une vaine confiance de ses propres forces: *Quand tous tomberoient dans le scandale*, dit-il, *pour moy je n'y tomberay pas*. Que cet homme est courageux, dit Saint

Augustin, *jusqu'à ce qu'une femme luy dise: Vous étiez aussi avec cet homme?* FORTIS *vir donec fœmina diceret:* ET *tu cum illo eras.*

Aug. de Temp. serm. 56.

A quoy le même Saint ajoûte excellemment en un autre endroit: *Pierre pourquoy vous hâtez-vous tant? La pierre ferme & inébranlable ne vous a pas encore affermi par l'infusion du S. Esprit. Ne nous élevez point d'une vaine présomption. Vous ne suivrez pas encore si-tôt vôtre maître. Mais ne vous laissez pas aussi aller à l'abattement. Car vous le suivrez ensuite.* QUID *festinas Petre?Nondum te suo Spiritu solidavit petra. Noli extolli præsumendo. Non sequeris modò. Noli dejici desperando; sequeris posteà.*

C'est pour abattre cette présomption que JESUS-CHRIST permit la chûte de ce grand Apôtre. Il voulut luy apprendre, & à tous les Fidelles par son exemple, que ce n'est pas en nous-mêmes, mais en sa seule grace qu'il faut mettre nôtre confiance.

La seconde cause de sa chûte est sa negligence pour se préparer à la tentation, & pour obéïr à ce que JESUS-CHRIST luy avoit dit de *prier* & de *veiller* pour n'être point abattu par la tentation. Aprés avoir negligé de prier, il ne merita pas d'obtenir la force dont il avoit besoin pour resister à la tentation qui luy devoit arriver.

C'est aussi à quoy nous manquons souvent. Nous n'avons pas soin de nous disposer par la priere à souffrir les tentations. Nous croyons que la negligence à la priere, & le peu de vigilance sur nous-mêmes ne soit rien. Nous regardons cela comme une faute de nulle importance. Et cependant les grandes chûtes sont souvent l'effet & la punition de ces fautes que l'on estimoit si legeres.

La troisiéme cause du renoncement de S. Pierre est la temerité avec laquelle il se mêla parmi des

Pour le Vendredy Saint. PASSION. 481

méchans. Ce fut une suite de sa présomption & de sa vaine constance; & le succés qu'elle eut nous est d'une grande instruction pour éviter la compagnie de ceux qui ne nous peuvent porter qu'à renoncer JESUS CHRIST & son Evangile, sinon par paroles, comme fit alors S. Pierre, au moins par actions, comme font aujourd'huy tant de Chrétiens. Car nous ne devons point nous engager dans les occasions périlleuses qui sont au dessus de nos forces. Mais aprés avoir vû la chûte de ce grand Apôtre, voyons comment il s'en releve.

LA CONVERSION DE S. PIERRE.

NOus voyons premierement que cet Apôtre ne reconnoît sa faute que lorsque JESUS-CHRIST le regarde. Il le renonce; & il ne se souvient point de la parole du Sauveur. Il le renonce encore une fois, & il demeure toûjours dans le même aveuglement. Il entend même chanter le coq la premiere fois sans que cela le touche. Enfin il le renonce la troisiéme fois, & le chant du coq le fit souvenir alors des paroles que JESUS-CHRIST luy avoit dites. Il pleura parce que JESUS-CHRIST l'avoit regardé.

Cette reflexion est une pensée de S. Ambroise rapportée & admirée par S. Augustin : *Ceux que* JESUS-CHRIST *regarde, dit ce Saint, pleurent leurs péchez. Pierre a renoncé* JESUS-CHRIST *une premiere fois, & il n'a point pleuré, parce que le Sauveur ne l'avoit point regardé. Il l'a renoncé une seconde fois, & il n'a point pleuré, parce que le Fils de Dieu ne l'avoit point regardé. Il l'a renoncé une troisiéme fois, & il a pleuré enfin parce que* JESUS-CHRIST *l'avoit regardé.* Quos Jesus respicit, plorant delictum. Negavit primò Petrus, & non flevit; quia nondum respexerat Dominus. Negavit secundò, & non flevit; quia nondum respe-

Ambr. in Lucam lib. 10.

Hh ij

xerat Dominus. Negavit tertiò & respexit Jesus, *& amarissimè flevit.*

A quoy Saint Augustin ajoûte que si on considere bien ce qui est contenu dans l'Evangile, ce regard de Jesus-Christ ne peut avoir été exterieur, mais seulement interieur, puisque Jesus-Christ étoit en haut avec les Prêtres, & S. Pierre en bas avec les serviteurs. C'est pourquoy, dit S. Augustin : *C'est au dedans que Dieu a agi, c'est dans l'esprit, c'est dans la volonté que sa grace s'est fait sentir. Sa misericorde a agi invisiblement dans son disciple. Elle a visité Pierre par ses graces interieures. Elle l'a touché au dedans jusqu'à pleurer au dehors :* Intus actum est, in mente actum est, in voluntate actum est. Misericordiâ Dominus latenter subvenit ; cor tetigit, memoriam revocavit, interiori gratiâ suâ visitavit Petrum, interioris hominis usque ad exteriores lachrimas movit & produxit affectum.

<small>Aug. adv. Pelag. p. 332.</small>

Ainsi sans la lumiere de la grace que Dieu nous envoye lorsqu'il luy plaît de nous convertir, nous ne voyons rien de nos péchez, & moins encore nous souvenons-nous de ce qu'on nous a dit autrefois de bon pour nous en retirer. Il faut que Dieu agisse dans nous, & qu'il nous rappelle les choses dans nôtre memoire.

La seconde chose que nous voyons dans la conversion de S. Pierre, ce sont ses larmes : *Amarissimè flevit*, & son silence. *Je ne trouve point*, dit S. Ambroise, *ce qu'a dit S. Pierre : Je ne voy point ce que dit S. Pierre, mais je voy qu'il pleure. Heureuses larmes, qui ne demandent point pardon des crimes qu'elles pleurent, mais qui l'obtiennent ! Je reconnois enfin pourquoy S. Pierre se tait. Il craint d'offenser encore davantage le Sauveur en luy demandant si-tôt pardon.* Il faut donc à son exemple commencer par pleurer ses fautes, & ensuite en demander le pardon. NON invenio quid dixerit Petrus, sed invenio quod fleverit. Fœlices lacrimæ quæ veniam non postulant, sed merentur: Inveni cur tacuit Petrus, ne tam citò veniæ petitio plus offenderet. Antè flendum est, & sic precandum. C'est icy un grand modéle pour les pécheurs, qui leur apprend à ne point trop se précipiter, & à accompagner leur penitence d'une humble & sainte retenuë.

Mais suivons Jesus que les Juifs menent à Pilate afin de le faire condamner par ce Juge Payen, après l'avoir jugé digne de mort dans leur assemblée.

PILATE.

LA premiere marque de la violence des Juifs à l'égard de Pilate, est de vouloir qu'on fasse mourir Jesus-Christ, sans vouloir dire seulement les raisons pourquoy ils croyent qu'il eût merité la mort. Car Pilate leur ayant demandé: *De quoy accusez-vous cet homme?* Ils se contentent de répondre: *Si cet homme n'étoit criminel, nous ne l'aurions pas livré entre vos mains.* C'est le procedé ordinaire de ceux qui veulent opprimer l'innocence & la verité. Ils veulent sans examiner les choses, que sur leurs seules dépositions on execute contre ceux qu'ils haïssent, toutes sortes de violences.

Mais comme Pilate étant plus juste qu'eux en cette rencontre, refusoit de le condamner, s'ils ne déclaroient en quoy il étoit coupable, ils le noircissent aussi-tôt de diverses calomnies, mais toutes vaines & sans fondement. *Cet homme trouble toute nôtre nation. Il défend qu'on donne le tribut à Cesar. Il dit qu'il est le Christ, & qu'il est Roy.*

Nous voyons dans ces trois chefs d'accusation, ce que les calomniateurs ont accoûtumé de faire contre les innocens. Premierement ils disent des choses entierement fausses, ou des choses dont ils ont fait & dit le contraire, ou enfin ils leur font des crimes de choses trés-innocentes, & ils rapportent une verité en la déguisant, en l'alterant, ou en la rendant odieuse.

Car de ces trois choses; la premiere, *Qu'il avoit troublé la Judée*, étoit entierement fausse, puisqu'il n'avoit jamais causé aucun trouble, mais qu'il avoit prêché l'Evangile *en faisant du bien à tout le monde, & en guerissant tous ceux qui étoient tourmentez par le démon.* Ainsi tout le trouble qu'il avoit pû exciter, n'avoit été que dans l'esprit des Pharisiens, qui ne pouvoient souffrir la pureté de sa doctrine, ou qu'il leur reprochât si souvent leurs vices, leurs desordres, leurs fausses traditions, leur alteration des Commandemens de Dieu, leur hypocrisie, & leur avarice.

Act. c. 4.

La seconde calomnie, qui est qu'il défendoit de payer le Tribut à Cesar; n'étoit pas seulement fausse, mais directement contraire à ce qu'il avoit declaré; puisqu'il avoit dit en termes formels, *qu'il falloit rendre à Cesar ce qui appartient à Cesar. Reddite quæ sunt Cæsaris Cæsari.*

La troisiéme imposture, *qu'il se disoit être le Christ,* le Messie, & le Roy des Juifs, enfermoit bien une grande verité, mais qu'ils proposent d'une maniere malicieuse & pleine de venin. Car il est vray qu'il étoit le Christ & le Roy des Juifs, mais non pas en la maniere qu'ils le prenoient, & qu'ils le vouloient faire croire à Pilate, comme s'il eût voulu ravir l'autorité que l'Empereur avoit dans la Judée, & se faire Roy en la maniere des Rois de la terre.

Matth. 22.

C'est pourquoy quand Pilate luy demande s'il étoit Roy, il le reconnoît comme il l'avoit reconnu en l'assemblée des Juifs. Il dit nettement qu'il étoit le Messie : mais il ajoûte, pour mettre cette verité à couvert de la calomnie : *Que son regne n'étoit pas de ce monde*, & qu'il n'étoit Roy que pour faire regner la verité : *Regnum meum non est de hoc mundo. Ego in hoc natus sum, ut testimonium perhibeam veritati.*

C'est dans l'établissement & dans l'amour de la verité que consiste ce regne de Jesus-Christ. Mais ce regne n'est point de ce monde. Le monde ne le connoît point. C'est pourquoy Pilate ayant demandé au Sauveur ce que c'est que la verité : *Quid est veritas?* Il ne prend pas seulement la peine d'écouter ce que Jesus-Christ luy répondroit.

Voilà comment la verité d'ordinaire est traitée dans le monde. Elle ne trouve presque parmi les hommes que des ennemis déclarez comme étoient les Juifs ; ou des indifferens comme Pilate, qui ne prennent pas la peine de l'examiner. Elle n'a dans la terre que Dieu pour protecteur, & ceux qui sont parfaitement à luy : *Omnis qui est ex veritate, audit vocem meam* : Tous les autres trouvent seulement étrange qu'on se mette en peine de la verité. *Quid est veritas?* Mais qu'est-ce que cette verité dont vous nous parlez ? Il la prenne pour un songe & pour un phantôme, au lieu que Jesus-Christ nous témoigne *qu'il n'est venu en ce monde que pour rendre témoignage à la verité*. Et nous pouvons ajoûter que ce n'est que pour cela qu'on l'a fait sortir du monde par une mort pleine d'infamie, parce qu'il avoit rendu témoignage à la verité.

Car voyons de quelle sorte & avec quelle fureur les ennemis de la verité le persecutent. Ils pressent Pilate de le faire mourir, Pilate leur répond : *Qu'il ne trouve rien dans cet homme qui ait merité la mort.*

Ils ne laiſſent pas de continuer leurs cris, & d'exciter tout le peuple contre luy; de ſorte que Pilate cherchant tous les moyens de le délivrer, il en trouve un qu'il croyoit fort propre, parce que leur religion même y étoit intereſſée.

BARABBAS.

Pilate donc propoſa aux Juifs, qu'au jour de Pâque il avoit accoûtumé de leur délivrer un priſonnier. Il leur demanda lequel ils aimoient mieux qu'il leur délivrât, ou Barabbas qui étoit un inſigne voleur & un homicide, ou JESUS leur Roy.

Que ſi cette ſeule demande étoit injurieuſe, & ſi l'on a horreur lorſque l'on met JESUS-CHRIST dans la balance avec un ſcelerat & un méchant homme : combien plus le choix qu'on fit de ce ſcelerat en le préferant au Sauveur, luy fut-il injurieux ? Cependant c'eſt ce que fait ce peuple. Ils veulent que l'on ſauve Barabbas, & que l'on crucifie JESUS-CHRIST ; que l'on délivre le coupable, & que l'on faſſe mourir l'innocent du ſupplice des voleurs & des ſcelerats.

Ce peuple à qui JESUS-CHRIST avoit fait tant de biens, qui luy paroiſſoit ſi affectionné, qui l'avoit reçû depuis peu en triomphe dans la ville même de Jeruſalem, que ſes ennemis redoutoient de telle ſorte qu'ils craignoient qu'il ne fît ſédition pour le ſauver, en fait aujourd'huy une pour le perdre. Il luy préfere un voleur. Il oublie tous les bienfaits de JESUS-CHRIST, & toutes les affections qu'il avoit euës pour luy. Il ſe rend le miniſtre des Scribes & des Phariſiens.

Mais ſi nous conſiderons le procedé de ces Prêtre & de ces Phariſiens, nous y verrons l'image de la malice noire qui se couvre sous le prétexte d'un faux zele de l'honneur de Dieu. Car au lieu que d'une part, ces Pharisiens sont les zelateurs de la Loy, & qu'ils prennent le prétexte de la Loy pour faire mourir Jesus-Christ : de l'autre ils détruisent cette même Loy, en faisant donner l'impunité à un coupable & à un scelerat, qui avoit en luy veritablement les mêmes crimes dont ils accusoient faussement Jesus-Christ devant Pilate, & encore de plus énormes ; puisque non seulement il étoit séditieux comme ils avoient dit faussement de Jesus-Christ, mais qu'il avoit même commis un meurtre dans une sédition. Et c'est ce qui est arrivé souvent dans l'Eglise. On persecute des gens de bien, en même temps qu'on laisse en toute sorte de liberté des méchans & des impies.

Mais s'il a été honteux aux Juifs de préférer Barabbas à Jesus-Christ ; combien l'est-il plus aux Chrétiens ? Cependant ne le font-ils pas tous les jours, lorsqu'ils préferent leurs intérêts, leurs plaisirs, le service d'un Grand ou la priere d'un ami, au service de Dieu & à leur propre salut ? Oüy toutes les fois que nous faisons cela nous préferons Barabbas au Fils de Dieu. Mais aprés avoir vû l'injure qu'on a faite à Jesus-Christ, en préferant un si méchant homme au plus juste d'entre les hommes ; nous verrons maintenant les cruautez qu'on va exercer sur sa personne sacrée.

FLAGELLATION.

Voyons donc maintenant ce que l'esprit humain invente pour délivrer l'innocent de la cruauté de ce peuple injuste. Voyons ce que fait Pilate pour sauver Jesus-Christ, luy qui ayant toute l'autorité entre les mains, étoit obligé de s'opposer à une violence si publique, dont on le vouloit rendre luy-même le ministre contre sa propre conscience ; luy qui en qualité de Gouverneur, devoit repousser & punir les accusateurs de Jesus-Christ, comme des calomniateurs, qui luy presentant un homme qui avoit merité la mort, n'alleguoient contre luy aucune juste cause de condamnation. Cependant il ne tâche qu'à contenter en quelque façon la passion injuste des Juifs, au lieu de s'y opposer fortement ; & ainsi sous pretexte de faire le pacificateur & d'appaiser le tumulte, il commence à persecuter l'innocent, parce qu'il étoit le plus foible. Il soûmet Jesus-Christ à la flagellation & l'abandonne aux soldats : *Tunc apprehendit Pilatus Jesum & flagellavit.*

Je ne m'arrête point à représenter l'indignité & l'inhumanité de cette action, ny à décrire ce que chacun peut mieux concevoir dans sa pensée, qu'on ne le peut exprimer par ses paroles. On peut se représenter aisément quel pouvoit être ce spectacle, de voir un homme innocent, un Prophete, un Dieu attaché à une colomne, exposé à la brutalité des bourreaux, déchiré de coups, couvert de sang, traité comme le dernier des esclaves, comme un voleur, comme un scelerat.

Il est aisé de toucher les sens des hommes, & de leur tirer des larmes des yeux, en leur proposant une image si funeste. Mais c'est le cœur qu'on voudroit toucher, & non l'imagination. Ainsi que l'on se représente quel sentiment les Chrétiens doivent avoir en voyant leur maître traité de la sorte, & quelle est l'instruction qu'il a voulu donner à ses disciples & à ses enfans par ce supplice qu'il a souffert.

Car il nous a voulu apprendre que comme ce tour-

Pour le Vendredy Saint. PASSION. 489

ment s'est étendu dans tout son corps, ainsi il n'y auroit aucun des Chrétiens, qui sont ses membres, qui pût être exempt d'afflictions & de peines en cette vie. Si le Fils de Dieu n'avoit eu que la tête couronnée, le côté ouvert, ou les pieds & les mains percées de cloux, on eut pû dire qu'il n'y auroit eu que quelques-uns de ses membres les plus considerables qui auroient dû être exposez comme luy aux tourmens & aux afflictions.

Mais JesusChrist ayant souffert par la flagellation en toutes les parties de son corps, il a verifié d'une maniere admirable cette parole du Sage, *Il châtie tous ceux qu'il reçoit au nombre de ses enfans*: Sur quoy S. Augustin dit: *Cette regle est si generale, que le Fils unique du Pere, quoy qu'il fût exempt du péché, ne l'a pas été neaumoins du châtiment.* Usque adeò omnem, ut etiam unicum, qui sine peccato, non tamen sine flagello. Eccli. cap. 2.
Aug. in
Psal. 31.

Pensons donc aujourd'huy serieusement que nous ne devons point prétendre ny à être heritiers de Dieu, comme ses enfans, ny à être coheritiers du Fils de Dieu, comme ses membres, si nous ne voulons être soumis aux châtimens dont Dieu châtie ses enfans, & aux afflictions qui nous arrivent en cette vie.

COURONNEMENT D'EPINES.

Mais ce n'est pas assez, ô mon Dieu! que vous nous ayiez appris à souffrir les afflictions & les peines. Il falloit encore que vous nous apprissiez à souffrir les injures & les affrons, les mépris & les outrages les plus indignes. Car c'est particulierement ce que Jesus-Christ nous a voulu enseigner, lorsqu'il a permis que des soldats se moquassent en la maniere du monde la plus outrageuse, de sa qualité de Roy, comme des valets avoient fait auparavant dans la maison de Caïphe, de sa qualité de Prophete.

Ceux-là luy ayant bandé les yeux, luy donnoient des soufflets, & luy crachoient au visage en luy voulant faire deviner qui l'avoit frappé; & ceux-cy luy mettent une robbe d'écarlatte, une couronne d'épines sur la tête, luy donnent un roseau pour sceptre, le saluënt en se raillant, & l'appellent en se mocquant, *le Roy des Juifs*.

C'est icy une des considerations les plus importantes qu'on doit faire en toute la Passion de Jesus-Christ. Car comme il n'est venu au monde que pour apporter des remedes à toutes nos playes, & qu'il n'y en a point de plus profondément gravée dans le cœur de l'homme que l'orgueil, qui luy rend toutes choses plus insupportables que le mépris; c'est aussi à cette playe qu'il a voulu appliquer les remedes les plus grands, & qui sont le plus contraires à cette corruption naturelle.

Les douleurs sont difficiles à supporter, mais neanmoins ceux qui passent dans le monde pour gens de cœur, mettent leur gloire à les souffrir sans se plaindre, & ils font souvent par vanité ce que les gens de bien doivent faire pour l'amour qu'ils portent à Dieu. Mais les outrages & les mépris paroissent tout-à-fait insupportables à ceux mêmes qui veulent paroître courageux dans les autres maux. C'est de-là que sont nées ces manieres diaboliques de vanger un soufflet, & quelquefois même une raillerie, par un meurtre, & par la ruïne des maisons entieres.

Que pouvoit donc faire le Fils de Dieu de plus puissant pour étouffer cét orgueil humain, & pour luy donner une instruction aussi necessaire qu'est celle de souffrir les mépris & les injures, que de se présenter à nous dans cet état si humiliant? C'est pourquoy s'il nous arrive jamais de ces sortes de tentations, comme il en arrive si souvent dans la vie, ne pensons point à ce que les maximes du monde, & l'orgueil naturel à l'homme nous pourroient mettre dans l'esprit; mais regardons nôtre Maître, jettons les yeux sur celuy que nous sommes obligez en qualité de Chrétiens, de prendre pour regle & pour modéle en toutes nos actions. Et quand nous le considererons chez Caïphe couvert de crachats & d'opprobres; quand nous le considererons chez Pilate, couronné d'épines avec un roseau dans la main, comme un Roy de theâtre & de comedie; étouffons tous les ressentimens d'une fausse générosité, pour n'avoir plus d'autre pensée que d'imiter la patience & la moderation de nôtre Maître.

Mais ce qui nous doit porter encore à l'imiter en cette action, est que c'est nous-mêmes qui en sommes la premiere cause, & que nous luy avons plus mis les épines sur la tête, que les soldats qui l'ont couronné. Car ils ne luy ont fait souffrir cette peine que parce qu'il l'a voulu; & il ne l'a voulu que pour porter sur luy nos péchez, qui sont les épines que nôtre terre a produites. C'est pourquoy si ces épines qui percent la tête de Jesus-Christ, nous touchent d'une juste compassion, songeons que toutes les fois que nous tombons dans le péché, ce sont autant d'épines dont nous perçons sa tête sacrée.

Ecce Homo.

MAis le comble de l'injure que l'on fait à Jesus-Christ, c'est que l'on veut faire passer pour une espece de grace, la cruauté avec laquelle on l'atraité. Car c'est dans cet esprit que Pilate le produit devant le peuple en cet état, deshonoré par une outrageuse moquerie de sa Royauté, portant sur la tête une couronne d'épines & un manteau d'écarlatte. *Exivit Jesus foras.* Je *vous l'amene*, dit Pilate, *afin que vous voyiez que je ne trouve en luy aucune cause de condamnation.*

Et pourquoy donc, Juge barbare ! l'avez-vous condamné à un si cruel supplice, si vous n'avez rien trouvé en luy qui fût digne de supplice ? C'est l'esprit ordinaire des hommes du monde de sacrifier toutes choses à leur ambition & à leur fortune, & de se croire même bien équitables & bien doux, si pour contenter la passion des autres contre l'innocence, ils la traitent avec un peu moins de cruauté que ne desiroient ceux qui sont les premiers auteurs de cette persecution. C'est ce que fait Pilate à l'égard du Sauveur. Il fait paroître Jesus-Christ afin de repaître leurs yeux par la vûë de ses douleurs & de ses opprobres, & qu'ils cessent enfin d'être alterez de son sang : *Ut hanc ejus miseriam & ludibria libenter biberent, & ulterius sanguinem non sitirent.*

Ainsi cette parole, *Ecce homo*, est une parole de pitié, & c'est en même temps une parole de moquerie & de mépris. Car comme Pilate sçavoit que les Princes des Juifs ne le persecutoient si cruellement *que par l'envie qu'ils luy portoient*, comme dit l'Evangile, il crut qu'ils cesseroient de luy porter encore envie, lorsqu'ils le verroient en un état si vil & si miserable. *Personne ne porte envie à un miserable. Si vous luy portez envie comme à un Roy, cessez maintenant de le faire, puisque vous voyez sa bassesse. Il est flagellé, il est couronné d'épines, il est revêtu d'une robbe de raillerie, il est joüé par les derniers outrages.*

Lors donc qu'on le deshonore par ces insultes, que l'envie que vous avez contre luy diminuë. Nemo invidet miseris. Si Regi invidetis, dit S. Augustin, jam parcite, quia dejectum videtis. Flagellatus est, spinis coronatus est, ludibriosâ veste amictus, amaris conviciis illusus. Fervet ignominia, frigescat invidia. *Ecce Homo.*

Mais si Pilate a produit Jesus-Christ aux Juifs avec tant d'outrages, & si les Juifs l'ont regardé en cet état avec tant d'insolence & de cruauté, en quelle maniere le doivent considerer les Chrétiens, eux qui adorent celuy qui étoit si méprisé des uns & des autres : *Ecce Homo.* Quelle reflexion doivent faire les Chrétiens en considerant leur Maître dans cet état ? *Ecce Homo.* Voilà un homme que j'adore comme Dieu, & comme le Createur & le Redempteur de tous les hommes. S'il a souffert des injures si insupportables, si indignes non seulement d'un Dieu, mais du moindre des hommes, dois-je avoir des pensées d'aigreur & de vengeance pour la moindre injure que j'auray reçuë d'un de mes freres ? Pourray-je me souvenir de tous les maux qu'on me fera, tant que j'auray devant les yeux ceux qu'il a soufferts ?

Condamnation du Sauveur.

Mais au lieu que ce spectacle devoit émouvoir les Juifs, & les toucher de compassion, ils s'aigrissent encore davantage. Ils ne sont pas encore appaisez par tant d'indignitez que Jesus-Christ avoit souffertes. Ils demandent son sang & sa mort. Ils crient tous ensemble qu'on le crucifie : *Crucifige, crucifige.*

Comme Pilate ne se rendoit point encore, & qu'il leur soûtenoit toûjours qu'il ne voyoit en Jesus-

CHRIST aucune cause de mort, ils l'interessent dans sa fortune, & ils luy crient *que s'il le laissoit aller, il ne seroit point ami de Cesar:* De sorte que tant par cette crainte, que parce que le tumulte croissoit toûjours, il le livre enfin à leur volonté, & il le met entre leurs mains, afin qu'il fût attaché en Croix.

Nous devons faire une attention particuliere sur ce procedé si injuste de Pilate, & sur cette condamnation de JESUS-CHRIST, parce que comme il a été dans toute sa vie le modéle de ses membres, & qu'il a fait voir en sa personne ce qui leur devoit arriver dans tout le cours de l'Eglise; il le fait encore plus particulierement en toutes les circonstances de sa Passion & de sa mort. Car voyons comment il est accusé des Juifs & condamné par Pilate.

Les Juifs le présentent à Pilate comme un méchant homme, comme un séditieux qui excitoit des troubles parmi ce peuple; *commovet populum.* Mais ils ne peuvent rien prouver de tout ce qu'ils disent contre luy. C'est pourquoy Pilate leur dit, *qu'il ne trouvoit en luy aucun sujet de condamnation.* Que font-ils donc ensuite pour venir à bout du dessein qu'ils avoient de le faire condamner, à quelque prix que ce fût? Ils font un grand bruit. Ils tâchent d'intimider & d'importuner Pilate par le trouble qu'ils suscitent devant luy. Ils crient qu'on crucifie JESUS-CHRIST; & lorsque ce juge leur demande, pourquoy ils veulent qu'il soit crucifié, ils n'ont aucune raison à dire, mais ils crient seulement encore plus haut qu'ils n'avoient fait, qu'on le crucifie. *Instabant vocibus magnis, ut crucifigeretur, & invalescebant voces eorum.*

S'ils eussent eu quelque crime veritable contre luy, il n'étoit point necessaire de tant de bruit. Il ne falloit que le dire à Pilate, & il l'eût condamné selon les

les loix de la justice. Mais parce qu'ils n'ont rien à dire, ils ont recours à l'importunité & à la violence. C'est pourquoy l'Evangile dit : *Pilate voyant que le trouble s'augmentoit, il livra* Jesus-Christ, *aprés avoir lavé ses mains.*

Voilà la maniere dont on condamne Jesus-Christ, & en laquelle on a condamné tant de fois ceux qui soûtiennent la verité dans son Eglise. On n'allegue rien contre eux, ou on allegue des crimes imaginaires qu'on ne peut prouver en aucune sorte, non plus que ceux qu'on a alleguez contre le Fils de Dieu même. Ensuite afin de les rendre odieux, & d'arracher en quelque sorte leur condamnation par importunité, lorsqu'on ne peut l'obtenir par justice, on crie contre eux en public & en particulier, on excite des tumultes, & on dit ensuite qu'il faut se défaire de ces personnes pour le bien de la paix.

Voilà la maxime d'une fausse politique par laquelle Pilate a condamné Jesus-Christ selon les propres termes de l'Evangile : *Quia magis tumultus fieret.* Sous prétexte d'appaiser le bruit, il livre Jesus-Christ à la fureur de ses accusateurs, comme s'il eût été coupable du bruit & de l'émotion qu'eux seuls avoient excitée contre luy. Au lieu que s'il eût voulu agir en vray Juge, & en Juge politique, comme il le devoit faire, il devoit en effet procurer la paix, parce que la paix est un bien auquel nous devons tous tendre : mais il devoit considerer en même temps qui étoient ceux qui la troubloient. Il devoit punir les Scribes & les Pharisiens comme les auteurs de ces tumultes & de ces desordres ; & délivrer Jesus-Christ qui n'en étoit que le sujet & non pas l'auteur ; qui souffroit le bruit & le scandale, mais qui ne le faisoit pas.

Ce juge injuste lave ses mains lorsqu'il salit son

ame par un Déïcide, & il croit que l'eau peut effacer un crime que toute la terre aura éternellement en horreur. Mais ne nous arrêtons point à representer la folie de ce juge d'injustice. Nôtre douleur nous presse de déplorer ceux d'entre les Chrétiens qui croyent qu'après avoir commis des injustices, il suffit de se laver les mains avec de l'eau, pour se purifier de leurs crimes. Ils ont soin de laver leurs mains lorsqu'ils s'approchent de Dieu ; & ils se joüent aussi insolemment de luy, que Pilate se rit icy du Sauveur.

Que vos mains soient nettes, je le veux. Mais lavez-les plus par la justice, que vous ne les lavez par l'eau. C'est la justice qui est nôtre veritable pureté. Quand vos mains commettent des injustices ; lavez-les cent fois avec de l'eau, elles n'en seront pas moins impures. Dieu nous commande dans l'Ecriture de nous laver & d'être purs. Il ne nous dit pas : Allez aux bains, courez aux fleuves & aux rivieres, mais *bannissez le mal de vos ames. Lavamini, mundi estote, auferte malum de medio vestri.*

Isaï. cap. 10. v. 1.

C'est proprement dans cette innocence interieure que consiste nôtre veritable pureté. Les impudiques, les voleurs, les scelerats, les Pilates peuvent se laver les mains avec l'eau. Ils ont même souvent plus de soin que les vrais Fidéles d'avoir le corps net. Ils sont, comme le Fils de Dieu dit, *des sepulchres blanchis au dehors*. Mais c'est être Juif, & pire que Juif, de n'avoir soin que de cette pureté exterieure, & de negliger celle du cœur.

Math. cap. 52.

Que serviroit l'eau à un corps plein d'ulceres qui répandent la puanteur de toutes parts ? Que feroit cette pureté étrangere à une chair toute corrompuë ? Que sert de même la pureté du corps, lorsque l'ame est pleine de pourriture ? Combien y a-t-il encore aujourd'huy de personnes parmi nous, qui ayant trempé leurs mains durant tout le jour dans l'injustice, se les lavent vers le soir, & viennent ensuite à l'Eglise sans rien craindre, comme si cette eau les avoit rétablis dans leur pureté ? N'est-ce pas ce que Saint Paul appelle se joüer de Dieu ? Ce n'est point l'impureté exterieure des mains que Jesus-Christ déteste, mais l'impureté interieure des cœurs. *Heureux*, dit-il, *ceux qui ont non les mains, mais le cœur net*.

Cependant on feroit scrupule de prier Dieu avec des mains sales, & on n'en fait point de le prier avec un cœur tout impur par l'amour du monde. Nous ne pouvons nous résoudre d'aller à l'Eglise sans nous être lavé les mains, parce que nous avons appris cette coûtume de nos peres, & nous n'avons pas soin avant que d'aller à l'Eglise, de bannir l'injustice de nos cœurs, & de purifier nos ames par nos aumônes ? Apprenons donc de Pilate, que la netteté des mains n'est rien sans la pureté du cœur. Il dit qu'il est innocent d'un Deïcide. Il se croit pur quand il s'est lavé par l'eau; lors qu'il répand injustement le sang même du Fils de Dieu.

Portement de la Croix.

Voilà donc Jesus condamné, voilà le vray Isaac qui sort de la ville de Jerusalem pour être immolé sur le Calvaire, *Bajulans sibi crucem*. On voit assez, sans qu'on le represente, combien c'étoit tout ensemble & un grand supplice & une chose honteuse à Jesus-Chrsit de porter une croix pesante. Mais il a voulu souffrir cette peine aussi bien que les autres, pour nous enseigner par ce tableau vivant ce qu'il nous avoit déja enseigné par ses paroles, que pour être son disciple, il faut porter sa Croix & la porter tous les jours : *Si quis vult venire post me, abneget semetipsum, & tollat crucem suam, & sequatur me.*

Il ne sert donc de rien de considerer Jesus-Christ portant sa Croix, d'être touché de compassion, & de verser même des larmes, si nous ne pensons serieusement à porter nôtre croix avec luy, & à la porter tous les jours. Et qui d'entre nous a cette verité gravée dans le cœur. Qui est celuy qui au lieu de s'impatienter & de se troubler des afflictions qui luy arrivent, les regarde comme une des conditions necessaires pour être disciple de Jesus-Christ ? Qui est celuy qui se voyant dans les plaisirs & dans les contentemens de la vie, tremble d'apprehension d'être rejetté un jour de Jesus-Christ, comme n'ayant jamais été son disciple, puisqu'il n'a point porté sa Croix ?

Jesus-Christ nous commande de porter cette Croix tous les jours, pour nous marquer que ce n'est pas seulement dans les afflictions extraordinaires & qui arrivent rarement, que consiste la Croix que nous sommes obligez de porter, mais que c'est dans toutes les rencontres de la vie, parce que si nous suivons Dieu veritablement, nous ne manquerons point de trouver des peines, soit de la part des hommes, soit de la part de nous-mêmes, soit de la part de nôtre ennemi.

Mais il faut remarquer icy que la croix de chaque personne consiste principalement dans les devoirs particuliers de sa condition, quoy que par un déreglement assez ordinaire de l'esprit humain, ce soit ces croix que les hommes veulent moins porter. Ainsi la croix d'un pere de famille, est de regler sa famille chrétiennement, d'instruire ses enfans dans la pieté, de faire adorer Jesus-Christ dans sa maison, de veiller fur luy-même & fur les autres. Et nous voyons au contraire, que beaucoup font plutôt tout autre chofe, que de s'appliquer férieufement à ces devoirs.

Mais pour nous donner plus de courage, le Sauveur a voulu que fa Croix fût portée non feulement par luy-même, mais auffi par un étranger appellé Simon, que les Soldats obligerent de la porter avec luy. Cecy nous doit fervir d'une grande confolation. Car comment les Croix ne nous feroient-elles pas douces à porter, puifque JESUS-CHRIST les porte avec nous ? Et au lieu que Simon avoit été pris pour foulager JESUS-CHRIST ; c'eſt au contraire JESUS-CHRIST qui nous foulage & qui en porte la plus grande partie, ou plutôt qui la porte toute entiere ; puifqu'il n'y a que fa grace & fon efprit, qui nous faſſe porter la Croix ; & qu'ainſi c'eſt luy-même qui la porte en nous.

Nous apprenons encore de cet homme qui porte la Croix avec le Sauveur, que comme les Soldats le prirent par force d'abord pour porter la Croix : *Angariaverunt eum*, quoy qu'enfuite il la portât volontairement, & qu'il fût bien aife de rendre cet office de charité au Sauveur : il fe trouve fouvent auffi que les Croix nous arrivent d'abord contre nôtre gré, mais quand elles font arrivées ; nous ne devons pas laiffer de les porter avec patience, & d'être bien aifes d'avoir cette marque des vrais difciples de nôtre Maître.

LE CALVAIRE.

ENfin JESUS arrive fur le Calvaire. On le dépoüille, on l'attache fur le bois, on luy perce les pieds & les mains avec des cloux, & on l'éleve fur la Croix entre deux larrons. On continuë toûjours comme on avoit fait jusqu'à lors, d'ajoûter les outrages à la cruauté. On luy insulte en cet état, & on le couvre de blasphêmes.

Si nous jettons les yeux sur les auteurs apparens de ce supplice, nous ne pouvons avoir d'autre pensée que d'horreur & d'indignation contre la fureur de ce peuple & contre la malice noire des Scribes & des Pharisiens ; & en même temps des pensées de douleur & de compassion pour la mort d'un innocent. Mais ce n'est pas là regarder la Croix avec les yeux de la foy, & en la maniere que JESUS-CHRIST l'a regardée.

Il ne faut considerer ny l'Apôtre qui le trahit, ny les Prêtres qui le livrent, ny les troupes qui demandent sa mort, ny le Juge qui le condamne, ny les bourreaux qui le tourmentent, ny ses ennemis qui luy insultent. Il faut élever son esprit plus haut, & rechercher dans le Ciel même la premiere & la veritable cause de ce qui se passe aujourd'huy sur le Calvaire. Les hommes ont bien eu la volonté de faire mourir JESUS-CHRIST. Il n'y a que Dieu seul qui leur en ait donné le pouvoir, comme JESUS-CHRIST le dit luy-même à Pilate : *Non haberes adversùm me potestatem, nisi tibi datum esset desuper.* Tous ceux dont la malice a persecuté le Sauveur, n'ont été que les instrumens de la volonté du Pere. Ils n'ont fait, selon la parole du S. Esprit même, que ce que les decrets éternels de Dieu avoient ordonné dans l'éternité.

C'est pourquoy si nous ne regardons que les Juifs, nous ne trouverons dans la Croix de JESUS-CHRIST qu'un meurtre & une mort sanglante. Mais si nous regardons le Pere Eternel & le Fils de Dieu même, nous trouverons un sacrifice ineffable & tout divin que le Pere demande à son Fils, & que le Fils luy offre volontairement.

C'est la maniere dont nous devons recevoir toutes les persecutions qui nous arrivent de la part des hommes. Nous ne devons point en chercher les raisons dans la terre. Il faut remonter toûjours plus haut, & adorer la main paternelle de Dieu qui nous afflige. Nous devons dire au milieu de nôtre plus grande douleur : *Manus Domini tetigit me.* Si Dieu a frappé son Fils de la sorte, combien plus meritois-je qu'il me frappât ? N'est-ce pas une grace & une faveur plutôt qu'une peine, que d'être traité en ce monde comme il a traité son propre Fils ?

Aussi ce ne sont point les douleurs & les tourmens qui ôtent la vie à Jesus-Christ. Il ne meurt que parce qu'il veut mourir, & il ne meurt qu'au moment qu'il veut mourir. C'est pourquoy ayant été attaché à la Croix durant trois heures, & le Soleil s'étant obscurci pour ne voir point, comme dit un Saint, la mort de son Createur, aprés avoir goûté le fiel & le vinaigre qu'on luy présente, il rend de luy-même son esprit à Dieu, & aussi-tôt le voile du Temple se rompt en deux parts, la terre est ébranlée, les pierres se fendent, les sepulchres s'ouvrent, & ceux mêmes qui assistent à son supplice, sont obligez de reconnoître que cette homme qu'ils viennent de voir mourir, est veritablement Fils de Dieu. *Verè hic homo Filius Dei erat.*

Si la mort de Jesus-Christ produit de si grands effets, & fait une impression si extraordinaire dans les creatures insensibles, & dans le cœur des Payens & des Idolâtres, que doit-elle faire dans l'ame des Chrétiens ?

Que si c'est une merveille incompréhensible qu'un Dieu ait bien voulu descendre du Ciel, se faire homme, & mourir pour les hommes, & mourir encore de la mort si honteuse de la Croix, ne peut-on pas dire que c'est une chose en quelque façon plus incompréhensible de voir qu'après ce témoignage ineffable de l'amour de Dieu envers les hommes, ils demeurent neanmoins froids & insensibles comme auparavant ? Que cet objet si terrible d'un Dieu crucifié qui a fait fendre les pierres, ne puisse rompre la dureté de leurs cœurs ; & qu'ils ne puissent verser des larmes sinceres & veritables, qui sortent du cœur plus que des yeux, lors qu'un Dieu verse pour eux tout son sang sur le Calvaire ?

Est-il besoin encore que les hommes parlent, lorsque le Fils de Dieu nous instruit luy-même du haut de la Croix ? Ne faudroit-il pas que nos bouches demeurassent muettes, pour n'être plus attentifs qu'à ces paroles visibles & sensibles de ses playes, qui sont les bouches divines par lesquelles il nous instruit ?

Ses mains percées, clouées à la Croix, & étenduës amoureusement comme pour embrasser tous les hommes, ne nous enseignent-elles pas tout ensemble & ce que JESUS-CHRIST a fait pour nous, & ce que nous devons faire pour luy, en consacrant toutes nos œuvres & toutes nos actions à son service ?

Pourrons-nous remuer nos pieds dans un autre dessein que pour marcher dans ses voyes, & pour luy plaire, lorsque nous considererons ses pieds percez par les pointes de ces clouds ?

Pourrons-nous douter de l'amour inestimable qu'il a pour nous, & que nous devons avoir pour luy, lorsque nous considererons qu'il a permis que la lance luy ouvrît le côté, pour nous montrer son cœur à nud, & pour nous assurer, selon la pensée de Saint Bernard, par nos propres yeux, qu'il est tout prest de nous recevoir dans les entrailles de sa misericorde ?

Enfin quelle voix peut être plus forte & plus puissante pour nous toucher, que celle de ce sang divin qui se fait entendre beaucoup mieux que la voix du sang d'Abel, comme dit le grand Apôtre, *Sangui-* *nis aspersionem melius loquentem quàm Abel ?* Et pourquoy se fait-il mieux entendre que celuy d'Abel, & d'une maniere plus favorable, sinon parce que le sang d'Abel crioit vengeance contre son frere, au lieu que le sang de Jesus-Christ demande misericorde pour ses freres ? *Hebr. cap. 8.*

Ne rejettons point cette voix, ajoûte le grand S. Paul : *Videte ne recusetis loquentem.* Et nous pouvons dire : Ne vous opposez pas à cette voix du sang de Jesus-Christ, lorsqu'il interpelle son Pere pour nous. Car n'est-ce pas s'opposer à cette voix, que de ne vouloir pas encore être humble, après qu'un Dieu s'est humilié jusqu'à la mort ? Que l'homme rougisse d'être superbe, s'écrioit autrefois S. Augustin, voyant que Dieu même a bien voulu se rabaisser jusques à une si profonde humilité ? *Jam tandem erubescat homo esse superbus, propter quem factus est humilis Deus.* *Aug. in Psal. 18.*

L'Ange est devenu superbe dans le Ciel ; mais il n'avoit pas vû qu'un Dieu se fût humilié pour luy apprendre l'humilité. Combien l'homme sera-t-il maintenant coupable, & combien son orgueil passera-t-il celuy de cet Ange présomptueux, si voyant d'un côté le démon superbe, & de l'autre un Dieu si humble pour luy, il aime mieux imiter l'orgueil du démon, que l'humilité de Dieu ?

Abaissons-nous donc par le sentiment d'une humilité chrétienne. Mais relevons-nous en même temps dans la vûë d'un si grand objet, & dans la consideration de ce que nous sommes & de ce que nous devons être. Considerons le prix dont nous avons été rachettez. Si nous nous méprisons avec raison en reconnoissant que nous ne sommes que poudre & que cendre & des esclaves du péché & de la mort ; relevons-nous en même temps, en considerant qu'un Dieu pour nous rendre libres, s'est fait esclave luy-même, & qu'il nous a acquis à luy par le prix de son sang & de sa mort. *Si vobis ex terrena fragilitate viluistis*, disoit S. Augustin à son peuple, *ex pretio vestro vos estimate*.

<small>Aug. in Psal. 148.</small>

Vous êtes grands, & vous devez vous considerer comme tels, parce que vous êtes le prix de la mort d'un Dieu : mais vous n'êtes grands qu'en Dieu & pour Dieu, puisque vous n'êtes plus à vous, & que vous n'appartenez plus qu'à celuy qui vous a rachettez d'une si malheureuse servitude, pour vous mettre dans une liberté si divine. Ne rendez pas inutile le Sang & la Passion de vôtre Maître, puisque, selon S. Paul, JESUS-CHRIST ne meurt qu'afin que les hommes qui ont été rachettez par sa mort, ne vivent plus que pour luy : *Ut qui vivunt, jam non sibi vivant, sed ei qui pro ipsis mortuus est*.

Ce ne sont point des larmes passageres que JESUS-CHRIST vous demande sur sa mort. C'est une vie vraiment Chrétienne. Et c'est alors que vous aurez sujet de croire que vous aurez célébré un si grand jour, si vous ne vous considerez plus que comme appartenans à un Dieu qui vous a acquis à luy par son Sang & par ses douleurs ; si vous méprisez toutes les choses de la terre par la consideration de cette qualité qu'il vous a meritée ; & enfin si vous faites voir par toutes vos actions, que vous ne vivez plus que comme des disciples, des enfans, & des amateurs de la Croix de JESUS-CHRIST.

POUR LE VENDREDY
DE LA SEMAINE SAINTE.

Filiæ Jerusalem ! nolite flere super me. Luc 23.

Filles de Jerusalem, ne pleurez point sur moy.

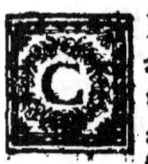

CE sont-là les paroles de Jesus-Christ allant à la Croix, qu'il adresse à de saintes femmes qui l'avoient suivi, & qui accompagnoient l'état misérable où elles le voyoient réduit, de leurs larmes & de leurs pleurs. Y eut-il jamais de larmes plus justes ? Cependant il semble que Jesus-Christ les veuille empêcher. Il a gardé dans toute sa Passion un silence si profond qu'il a épouvanté Pilate même. Et il ne le rompt maintenant que pour arrêter les pleurs de ces femmes.

Car il est remarquable que Jesus-Christ allant au Calvaire, étoit suivi de trois sortes de personnes; des Juifs qui continuerent de luy insulter dans ses maux, & qui vouloient repaître leurs yeux par le spectacle de sa mort; des Payens qui devoient être les ministres de son supplice; & de ces femmes qui le pleuroient. Cependant il n'ouvre point la bouche pour se plaindre des outrages des Juifs, ny de la cruauté des Payens, mais seulement pour empêcher qu'on ne le plaigne.

Merveilleux exemple de patience, qui fait bien voir que dans le jardin il a voulu se charger de nôtre foiblesse, & comme se transfigurer en nous;

en demandant à son Pere qu'il l'exemptât de boire le Calice, il s'étoit luy-même tellement fortifié dans la soumission à la volonté divine de son Pere, que non seulement il le veut boire, mais qu'il le veut boire jusqu'à la lie, comme dit un excellent Auteur, en rejettant toute sorte de consolation.

Il nous a donné en cela la plus grande instruction que nous pouvions recevoir pour conserver l'humilité dans les plus pressantes afflictions, qui est de ne nous plaindre point, & de ne vouloir être plaints de personne, non pas même des gens de bien. Car les vrais Chrétiens doivent ressentir en eux-mêmes que quelque grande que soit l'affliction & la douleur, elle n'est rien à l'égard de ce qu'ils méritent. C'étoient-là les pensées de JESUS-CHRIST. Il comparoit la grandeur des péchez des hommes avec la grandeur de la justice divine. Et pour y satisfaire pleinement, il a multiplié les peines de sa vie & de sa mort, afin de nous racheter par une redemption abondante, comme parle l'Ecriture.

C'est dans cet esprit qu'il a dit à ces femmes : *Ne pleurez point sur moy, mais pleurez sur vous-mêmes.* C'est-à-dire : Ne pleurez point ma mort. Pleurez plutôt vos péchez qui en sont la cause. Ne pleurez point de ce que je souffre volontairement. Pleurez de ce que vous me faites souffrir. Cecy nous apprend que les larmes dont on doit pleurer la mort de JESUS-CHRIST, sont des larmes de pénitence, & qu'il n'y a que les pénitens qui pleurent comme il faut les tourmens que JESUS a soufferts. Il veut bien que les hommes ayent de la tristesse dans la consideration de sa mort, mais une tristesse toute sainte, qui soit semblable à la sienne ; & non une tristesse qui naisse d'une compassion humaine.

Pour le Vendredy Saint. PASSION. 507

C'est ce qui éclaircit une difficulté que Saint Augustin propose sur un passage des Pseaumes, où il est dit en la personne de JESUS-CHRIST, dans sa Passion : *J'ay attendu que quelqu'un s'affligeât avec* Psalm. 68. *moy, & je n'en ay point trouvé : J'ay attendu que quelqu'un me consolât, & il ne s'est presenté personne.* Comment cela peut-il être vray, dit ce Pere, puisque sans parler des Apôtres, qui eurent tant de douleur de sa mort, l'Evangile semble nous faire voir en ces saintes femmes, qu'il a trouvé des personnes qui s'affligeoient de sa Passion ?

Mais comme ce Saint remarque, le Prophete ne dit pas qu'il n'avoit trouvé personne qui s'affligeât, mais qui s'affligeât avec luy. *Je n'ay trouvé person-* Aug. in *ne qui s'affligeât avec moy,* c'est-à-dire, *pour le mê-* Psalm. 68. *me sujet pour lequel j'étois dans l'affliction & dans la douleur.* Qui *simul contristaretur, id ex eâ re quâ ego contristabar, & non fuit :* Car leur tristesse étoit charnelle, & ne regardoit que sa vie mortelle, qui devoit être changée par la mort, & par la resurrection, en une vie immortelle & toute divine, au lieu que la tristesse de JESUS-CHRIST ne regardoit que les pechez des hommes, & les injures qu'ils avoient faites à son Pere, qu'il alloit réparer par ses souffrances.

De même, la consolation qu'il attendoit n'étoit pas des pleurs & des larmes inutiles, mais le fruit qu'il vouloit qu'on tirât de sa Passion. D'où vient que S. Augustin dit ensuite : *Qui sont ceux qui con-* August. in *solent* JESUS-CHRIST ? *Ce sont ceux qui s'avancent* Psalm. 68. *dans la vertu. Ce sont ceux-là qui nous consolent, & qui sont la consolation de tous les Prédicateurs de la la verité.* Qui *sunt consolantes ? Proficientes. Ipsi enim nos consolantur ; ipsi sunt solatio omnibus Prædicatoribus veritatis.*

Ne pleurez point sur moy, mais sur vous & sur vos enfans. Cecy marque à la letre les Juifs sur lesquels devoit bien-tôt tomber la colere de Dieu, qu'ils avoient eux-mêmes attirée, en disant: *Que son sang soit sur nous & sur nos enfans:* Mais dans le sens spirituel cela marque les œuvres & les actions. Ainsi, pleurer nos enfans, c'est pleurer nos péchez.

Car il viendra un temps que l'on dira : Bien-heureux les steriles qui n'ont point d'enfans : Ces paroles se rapportent à d'autres toutes semblables du Fils de Dieu : *Malheur aux femmes qui se trouveront grosses, & qui nourriront des enfans en ce temps-là.* Ce que S. Augustin explique des ames qui sont remplies des affections du monde marquées par les femmes qui ont conçû leur fruit dans leurs entrailles, & de celles qui ont déja produit leurs passions au dehors, & qui les entretiennent & les accroissent par la joüissance des plaisirs du siécle, marquées par celles qui nourrissent leurs enfans.

Math. c. 24.

Alors ils diront aux montagnes : Tombez sur nous; & aux collines : Accablez-nous. Ces paroles nous marquent la confusion où se trouveront les hommes du monde dans le dernier jugement, lorsque considerant la misericorde infinie avec laquelle Dieu leur avoit donné son propre Fils pour être leur Redempteur, & ce que JESUS-CHRIST a souffert pour eux, ils prononceront contre eux-mêmes l'arrêt de leur condamnation, & verront la justice de Dieu comme une montagne élevée au dessus de leur tête, & preste de les accabler: *Vôtre justice est comme les hautes montagnes.* Ils seront obligez alors de reconnoître qu'il est juste que la colere de Dieu vienne sur eux, & qu'elle les accable, puisqu'ils ont abusé de sa misericorde dans ce monde.

Psal. 35.

Car si le bois verd a été traité de la sorte, comment

sera traité le bois sec ? Si Jesus-Christ, qui étoit l'innocence même, s'étant chargé volontairement des péchez des hommes, a dû souffrir tant de douleurs & tant de tourmens pour satisfaire à la justice de son Pere ; que ne devront point souffrir les pécheurs mêmes & les criminels, qui ne font autre chose en toute leur vie par leurs desordres & par leur impénitence, qu'amasser des tréfors de colere pour le jour de la colere ?

Mais cela ne nous apprend pas seulement les supplices que les pécheurs & les impénitens doivent attendre en l'autre monde, mais aussi ce que doivent faire les Pénitens & ceux qui sont dans le dessein veritable de se donner à Dieu, pour satisfaire à la justice divine qu'ils ont offensée. Car ces paroles du Fils de Dieu nous representent clairement l'obligation qu'ont tous les Chrétiens, qui à l'égard de Jesus-Christ ne sont qu'un bois sec, & encore plus ceux qui ont perdu la verdeur du bois de vie que la grace du Batême plante dans les ames, & qui sont devenus un bois sec par quelque péché mortel, de se conformer par une vie de pénitence & de souffrance, à la vie pénitente, & à la mort douloureuse de Jesus-Christ : *Quia si in viridi ligno hæc fiunt, in arido quid fiet ?*

Enfin pour ne point nous arrêter aux circonstances de la Passion du Sauveur, dont on a déja parlé, écoutons seulement avec quelque attention les sept paroles qu'il dit étant attaché en Croix.

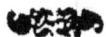

I. PAROLE.

Mon Pere, pardonnez-leur, parce qu'ils ne sçavent ce qu'ils font.

JESUS-CHRIST attend qu'il soit élevé en Croix, & exposé à la vûë de tout le monde, afin de faire la charge de Mediateur, & d'interceder pour les péchez de tous les hommes. C'est la vertu de ces paroles qui continuë dans l'Eglise, & qui continuera jusques à la fin du monde, à operer la remission des péchez. Et il faut remarquer que le Fils de Dieu a obtenu par ces paroles pour les hommes, non seulement le pardon, s'ils faisoient penitence, mais la grace même de reconnoître leurs péchez, & d'en faire pénitence.

C'est la différence qu'il y a entre l'intercession de JESUS-CHRIST & celle des hommes. Tout ce que peuvent faire les hommes, quand ils intercedent pour un coupable, c'est de faire en sorte qu'on ne le punisse pas; mais ils ne peuvent pas le rendre bon & luy donner une vraye douleur de son péché. Au lieu que JESUS-CHRIST en priant pour les pécheurs, n'a pas prié son Pere de ne les pas punir, quoy qu'ils demeurassent pécheurs, ce qui eût été ruiner sa justice; mais il leur a obtenu la grace d'une veritable conversion, qui de pécheurs les rende justes.

La cause que JESUS-CHRIST allegue pour leur obtenir le pardon qu'il demande pour eux à son Pere; *c'est qu'ils ne sçavent ce qu'ils font.* Ils ne sçavent pas, dit-il, le crime qu'ils commettent. Ils ne sçavent pas qu'ils crucifient le Roy de la gloire, & le Fils de Dieu. *Car s'ils l'eussent sçû*, comme dit S. Paul, *ils ne l'eussent pas crucifié.* C'est ce que S. Pierre dit

aux

Pour le Vendredy Saint. PASSION.

aux Juifs qui pensoient à se convertir : *Je sçay que vous l'avez fait par ignorance, aussi bien que vos Princes.* <small>Act. c.3. v. 17.</small>

Cependant il semble que le peché de ces Princes des Juifs a plûtôt été un peché de malice que d'ignorance. Car on voit dans toute la Passion une animosité & une envie étrange de ces personnes contre le Fils de Dieu, une passion envenimée, une malice noire, & des artifices diaboliques pour porter tout le peuple à demander sa mort, & faire resoudre Pilate à le condamner pour des raisons d'Estat contre sa propre conscience. Comment peut-on dire aprés cela qu'ils pechent par ignorance ?

Mais il faut remarquer qu'il y a deux sortes d'ignorance, l'une qui vient d'une privation de connoissance, & d'un simple deffaut de lumiere ; l'autre qui est affectée, qui est comme un aveuglement volontaire que les nuages des passions produisent dans l'ame. La premiere diminuë le peché, & rend l'homme plus digne de pardon. La seconde augmente plûtôt qu'elle ne diminuë le crime ; mais elle ne laisse pas d'être un sujet d'exercer la misericorde, non parce que l'homme la merite ; mais parce qu'elle le rend si miserable, qu'il est comme un malade desesperé, qui a d'autant plus besoin de l'assistance du Medecin tout-puissant, que c'est luy seul qui peut le secourir dans ses maux.

C'est pourquoy ceux-mêmes d'entre les Juifs qui agissoient par malice, étoient ceux qui sçavoient moins ce qu'ils faisoient parce qu'ils étoient les plus aveugles, & qu'ils connoissoient moins leur aveuglement. Et comme dit S. Augustin : *Ils ne sçavoient pas que le diable, qui étoit le premier auteur de ces violences contre un innocent, les persecutoit plus cruellement, qu'ils ne persecutoient eux-mêmes* JESUS- <small>Aug. de T. 2 serm. 46.</small>

Tome II.   K k

CHRIST. *Nesciebant se à diabolo horum facinorum incentore, graviorem persecutionem pati, quàm Christo inferebant.*

Le même Saint dit excellemment sur ce sujet: *Ceux-là ne doivent pas desesperer, pour qui* JESUS-CHRIST *a offert sa priere à son Pere étant attaché à la Croix:* NON *debent desperare pro quibus in cruce pendens Dominus est dignatus orare.*

Aug. Tract. 31. in Ioan.

IIe PAROLE.

Vous serez aujourd'huy dans le Paradis avec moy.

JESUS-CHRIST étant en Croix entre deux larrons, l'un d'eux luy disoit des injures, afin qu'il n'y eût aucune sorte d'outrages qu'il n'éprouvât. Mais comme Jesus demeuroit muet à tant de blasphêmes, l'autre prit sa deffense, & dit à ce blasphemateur: *Tu ne crains point Dieu non plus que les autres, toy qui te vois dans le même supplice. Quant à nous c'est avec justice que nous souffrons, puisque nous recevons la peine que nous avons meritée; mais pour luy quel mal a-t-il fait?*

Merveilleuse puissance de la grace qui attire qui bon luy semble! Un Apôtre trahit le Sauveur, les autres s'enfuyent, saint Pierre le renonce, le peuple qui l'avoit toûjours suivi, l'abandonne. Ceux qui sembloient luy être favorables, comme Pilate, le condamnent. Il est traité comme un méchant. Il est mis en Croix. Tout le monde luy insulte. Et parmy toutes ces indignitez, lorsqu'il se trouve dans l'état le plus méprisable qui se puisse concevoir, un scelerat qui avoit passé sa vie dans les crimes, le reconnoît pour son Dieu, pour son Roy, & pour son Sauveur, & nous donne en même temps l'exemple d'une foy parfaite, & d'une parfaite penitence.

Sa foy a été admirable, en ce qu'il a reconnu la divinité de Jesus-Christ, lors que toutes choses sembloient la luy devoir faire méconnoître. Mais sa conversion & sa penitence ont été les images de toutes les veritables conversions. Il reconnoît son crime. Il le confesse publiquement. Il prend sa Croix & sa mort en esprit de penitence. Il la regarde comme une juste satisfaction pour ses pechez ; *Nos quidem juste, nam digna factis recipimus*, & en même temps il fait tout ce qu'il pouvoit faire dans cét état pour témoigner par des effets la veritable conversion de son cœur.

Car étant attaché à la Croix, & n'ayant plus rien de libre que la parole, il l'employe à exercer une action de charité envers son frere. Il le reprend avec liberté du crime qu'il commettoit en se moquant de Jesus-Christ : *Neque tu times Deum*. Il deffend l'innocence calomniée & persecutée ; & avec une telle constance, qu'il ne craint point d'accuser Pilate, les Scribes, & les Prêtres, & tous les Juifs qui étoient auteurs de la mort de Jesus-Christ, d'une injustice cruelle, en declarant que celuy qu'ils avoient traité de la sorte, étoit innocent, & qu'il n'avoit commis aucun mal, quoy que la plûpart de ces Juifs fussent presens, & pussent entendre ce reproche qu'il leur faisoit.

Et ce n'est qu'aprés avoir fait toutes ces choses qui étoient si puissantes pour attirer la misericorde de Dieu sur luy, & pour luy donner confiance de sa reconciliation avec Dieu, qu'il s'adresse enfin à Jesus-Christ, & qu'il luy dit : *Seigneur, souvenez-vous de moy lorsque vous serez venu en vôtre Royaume*. Ces paroles montroient assez l'humilité profonde qui accompagnoit sa penitence : puis qu'il ne demande point au Fils de Dieu, qu'il le délivre de la mort, ny qu'il le rende participant de son Royaume, mais seulement *qu'il se souvienne de luy*.

Aussi JESUS-CHRIST luy accorde plus qu'il ne luy demandoit : *Uberior est gratia quàm precatio*, dit S. Ambroise. Il demandoit seulement à JESUS-CHRIST qu'il se souvinst de luy lors qu'il seroit venu en son Royaume : Et JESUS-CHRIST luy répond : *Je vous dis en verité que dés aujourd'huy vous serez avec moy dans le Paradis*.

Nous pouvons remarquer icy, selon S. Augustin, que JESUS-CHRIST fait par avance en la Croix ce qu'il doit faire dans son jugement à la fin du monde. Il est entre ces deux larrons. L'un est à sa droite & l'autre à sa gauche, comme il sera un jour entre les Elûs & les reprouvez. Il sauve l'un & condamne l'autre comme il sauvera les justes & condamnera les méchans. *Si nous considerons* JESUS-CHRIST *dans sa Passion, sa Croix même luy a tenu lieu d'un tribunal. Le Iuge étoit au milieu. L'un des larrons qui croit en luy, est sauvé ; l'autre qui insulte, est condamné.* IPSA CRUX, *si attendas, tribunal fuit. In medio enim judice constituto, unus latro qui credidit, liberatus ; alter qui insultavit, damnatus est.*

C'est pourquoy le bon larron ayant été égal en cela à S. Jean, qu'il assistoit à la Croix comme luy, & qu'ils ont tous deux representé les élûs ; il a eû cét avantage au dessus de S. Jean, qu'il les a representez tels qu'ils paroîtront au jour du jugement, étant élevez en l'air avec JESUS-CHRIST ; au lieu que S. Jean les representoit tels qu'ils paroissent sur la terre.

Nous apprenons aussi de cét exemple du bon larron, que Dieu est si bon qu'il ne rejette pas la peni-

Aug. Tract. 31. in Ioan.

Pour le Vendredy Saint. PASSION. 513
tence à la mort, pourvû qu'elle soit vraie & sincere: *Car on n'a jamais recours à Dieu trop tard*, dit un Ancien, *pourvû qu'on y ait recours veritablement ; & on peut toujours obtenir le pardon qu'on luy demande avec une volonté pleine & du fond du cœur.* NEC enim serum est quod verum est ; nec irremissibile quod voluntarium.

Mais il faut remarquer ce que dit S. Augustin sur ce sujet même du bon larron: *Les bonnes œuvres*, dit-il, *eussent suivy sa conversion, s'il eût vécu plus long-temps.* CONSEQUENTUR bona opera ejus, si perceptâ gratiâ, diu inter homines viveret. Ce qui nous fait voir que les penitences qui servent à la mort, sont celles qui enferment une volonté pleine & efficace. Si la volonté est pleine & dans une vraye disposition, elle est reçûë de Dieu selon le pouvoir qu'elle a, & Dieu ne luy demande pas ce qu'elle ne peut pas. Il suffit que Dieu voye dans cette volonté les œuvres de la penitence, & un veritable changement de vie, qui en doit naturellement sortir, comme d'une semence qui les comprend, ainsi que durant l'hyver il voit les fleurs & les fruits dans la tige & dans la séve des arbres d'où ils doivent naître.

1. Cor. cap. 8. v. 7.

III. PAROLE.
Femme ! voilà vôtre Fils.

LA Vierge cependant se tenoit debout auprés de la Croix: *Stabat juxta crucem Jesu Mater ejus.* Marie, dit S. Ambroise, digne mere de JESUS-CHRIST, demeuroit debout auprés de la Croix de JESUS-CHRIST, lors que les Apôtres s'en étoient fuis. Elle regardoit avec des yeux pleins de foy & de pieté les blessûres de son Fils. Comme elle sça-

K k iij

voit que le monde devoit être racheté par la mort de son Fils, elle qui avoit merité par sa foy qu'il se revêtît de nôtre chair dans ses entrailles sacrées, elle étoit toute prête de l'offrir à Dieu comme une victime, afin de contribuer de tout son pouvoir à la redemption des hommes.

Mais ce qui est admirable, c'est de voir une si grande constance parmy de si grandes douleurs, sans que ny la constance diminuë la douleur, ny que la douleur affoiblisse la constance. Que si on a tant admiré la foy d'Abraham dans le sacrifice de son fils, nous devons croire que celle que la Vierge a fait paroître dans l'oblation qu'elle a fait du Sauveur, & que la soumission parfaite qui luy a fait accepter avec une obéïssance incomparable l'immolation que le Sauveur a faite de luy-même à son Pere, a été d'autant plus grande que celle d'Abraham, que la mort d'Isaac n'étoit point accompagnée de ces outrages & de cette barbarie de la part des hommes, comme celle de JESUS-CHRIST.

JESUS donc voyant sa mere, & le Disciple qu'il aimoit, auprés de sa Croix, il dit à sa mere, *Femme voilà vôtre Fils.* Et il dit au Disciple, *Voilà vôtre mere.* Il semble que par ces paroles JESUS-CHRIST a voulu recompenser la charité avec laquelle la sainte Vierge l'a offert volontairement sur la Croix pour le salut des hommes. Car S. Jean, tenant en ce lieu la place de tous les Chrétiens lors que JESUS-CHRIST le luy a donné pour fils, il luy donne en sa personne tous les Fidéles, & lors qu'il la donne pour mere à S. Jean, il oblige par ce moyen tous les Chrétiens de la reconnoître pour leur mere.

Ainsi comme JESUS-CHRIST en donnant sa vie pour la redemption du monde, est devenu par sa mort le pere de tous les Fidéles ; selon la parole du Prophete : *Si poſuerit pro peccato animam ſuam, videbit ſemen longævum* : S'il donne ſa vie pour l'expiation du peché ; il verra ſortir de luy une longue ſuite d'enfans ; de même, la Vierge ayant offert en eſprit ce même Fils pour les pechez des hommes, a merité de devenir la mere de ces mêmes enfans de JESUS-CHRIST qui naîtront dans l'Egliſe juſques à la fin des ſiecles.

Iſaïe cap. 53. v. 10.

Ce doit être là le fondement de nôtre devotion envers la ſainte Vierge. Nous devons conſiderer que JESUS-CHRIST nous a donnez à elle pour être ſes enfans ; *Mulier ! ecce filius tuus*, & qu'il nous l'a donnée pour être nôtre mere ; *Ecce mater tua*. Mais nous devons auſſi conſiderer, ſelon que tous les SS. Peres l'ont remarqué, que comme le Fils de Dieu n'avoit recommandé ſa mere vierge qu'à un Apôtre vierge, nous devons auſſi être les imitateurs de la pureté de ſaint Jean, pour avoir part à cette bien-heureuſe filiation.

IV. PAROLE.

Mon Dieu, mon Dieu ! pourquoy m'avez-vous delaiſſé.

C'Eſt icy la plainte de la nature humaine abandonnée, & la voix des membres, comme dit ſouvent S. Auguſtin. JESUS-CHRIST ne parle de la ſorte que pour nous marquer qu'il avoit daigné prendre ſur luy nos foibleſſes. Et il nous a voulu faire voir par ces paroles que s'étant chargé des pechez des hommes, il s'étoit expoſé à être abandonné de ſon Pere autant qu'il étoit capable de l'être, & qu'il a voulu devenir malediction pour nous, comme dit S. Paul.

Saint Cyrille nous découvre encore un autre mystere dans ces paroles. Il veut que ce soient des paroles d'adoration envers Dieu, & une priere pour attirer sa misericorde sur les hommes, comme s'il eût dit: Souvenez-vous pourquoy m'avez-vous abandonné. Voyez que c'est afin qu'étant appaisé par le sacrifice que je vous offre, vous leviez de dessus les hommes la malediction dont vous les avez frappez. Ainsi ces paroles, au sens de ce saint Pere, ont été prononcées par Jesus-Christ comme Prêtre, dans le dessein d'appaiser son Pere, & d'obtenir pour les hommes le fruit de son sacrifice.

Nous apprenons encore par cét exemple de quelle sorte les ames se peuvent plaindre quelquefois dans des afflictions violentes. Elles ne doivent point, comme dit sainte Therese, se plaindre aux hommes, mais seulement à Dieu, comme Jesus-Christ, qui non-seulement ne se plaint point aux hommes dans ses maux, mais qui ne veut pas même qu'on le plaigne. Et cette plainte doit être accompagnée d'amour & de confiance envers Dieu, comme celle de Jesus-Christ, qui pour cette raison dit par deux fois : *Mon Dieu, mon Dieu!* ce que personne ne peut dire veritablement selon S. Ambroise, que celuy qui est plein d'affection & d'amour pour Dieu, *Non enim potest quisquam dicere: Deus meus! nisi qui Deo plenum defert charitatis affectum.*

Ambr. in Luc. cap. 23.

V. PAROLE.

J'ay soif.

LOrs que le Sauveur a dit à la Croix ; *J'ay soif,* dit S. Augustin, il cherchoit à boire la foy de ceux pour lesquels il avoit dit à son Pere : *Mon Pere! pardonnez-leur, parce qu'ils ne sçavent ce qu'ils font,*

Mais que presenterent-ils à Jesus-Christ, continuë ce Pere, pour appaiser cette soif ardente? Du vinaigre, c'est-à-dire du vin corrompu & gâté par la vieillesse, ce qui marque la corruption du vieil homme. Ils luy donnerent à boire ce qu'ils étoient, dit-il ailleurs: car ils n'étoient que du vin aigre, puisqu'ils avoient si honteusement degeneré du vin des saints Patriarches & des Propheres. C'est pourquoy le Fils de Dieu n'en voulut point boire: parce que ceux qui demeurent dans la corruption du vieil homme, n'entrent point dans la societé du Corps de Jesus-Christ.

C'est pour cette raison qu'il se plaint particulierement dans les Pseaumes, de ce qu'on luy avoit donné du fiel & du vinaigre à boire. Ce qui sembleroit peu de chose en comparaison de tant de tourmens infiniment plus cruels, puisque même il ne but point de ce breuvage qu'il rejetta aussi-tôt qu'il l'eut goûté. Mais il exaggere de la sorte cette action, parce qu'elle marquoit l'amertume du cœur des Juifs, & l'aigreur de cette animosité opiniâtre, par laquelle ils ont voulu demeurer dans leur ancienne corruption, au lieu de recevoir cette vie nouvelle que J. Christ leur étoit venu acquerir par son Sang & par sa Mort.

VI. PAROLE.

Tout est consommé.

CEtte parole si courte marque autant ou plus que toute autre chose, la grandeur de Jesus-Christ dans sa Passion. Car elle nous fait voir qu'il a regardé tout ce qui s'y passoit, & toutes les circonstances de sa mort, comme ayant été choisies par son Pere, & qu'ainsi au milieu de ses plus grandes douleurs, il ne laissoit pas d'avoir une satisfaction intérieure d'accomplir ses ordres éternels. C'est pourquoy il prononce cette parole: *Tout est accomply*, avec la même attention & la même liberté d'esprit, que si c'étoit un autre que luy qui souffrît. Il témoignoit à son Pere, que parmy des souffrances si extrêmes il avoit une extrême satisfaction de voir les propheties accomplies de point en point, les ordres éternels de son Pere executez, la redemption des hommes établie, & la reconciliation faite par son sang entre le Ciel & la terre. *Consummatum est.*

Il a témoigné par cette parole, qu'il n'y avoit rien dans tout ce qui s'est passé à sa mort, que luy-même n'eût choisi, & qui ne fût plein de grands mysteres. Les deux larrons; les deux peuples qui le crucifioient, le bois, le lieu, & les instrumens de son supplice, tout cela répondoit à la fin & à la cause pour laquelle il a été crucifié.

Puisque JESUS-CHRIST endure encore en nous, comme dans ses membres & dans son corps, qui peut douter qu'il ne choisisse de même tous les maux qui nous sont faits, je dis au moindre des Chrétiens, avec toutes les circonstances qui les accompagnent?

Mais si tout est accomply en luy, tout n'est pas accomply dans ses membres; selon ce que dit Saint Paul: *J'accomplis ce qui manque aux souffrances de* JESUS-CHRIST. C'est pourquoy comme JESUS-CHRIST a eû cette satisfaction dans le fond de son ame, de voir accomply par les peines de son corps, ce qui étoit necessaire pour la redemption des hommes; ainsi chaque Fidéle doit être bien aise de voir accomply en luy-même par ses peines & par ses douleurs, ce qui est necessaire pour l'accomplissement entiere de la Passion de J. CHRIST, qui comprend selon S. Paul, celle de tous ses membres.

VII. PAROLE.

Mon Pere ! je remets mon esprit entre vos mains.

JEsus-CHRIST, voyant que tout étoit accomply, dit à haute voix : *Mon Pere je remets mon esprit entre vos mains* Il l'appelle son *Pere*, quoy que ce mot ne fût pas du Pseaume dont il emprunte les paroles, pour marquer l'amour & la confiance qu'il avoit en luy, & pour empêcher qu'on ne crût à cause des insultes de ses ennemis qui luy avoient reproché qu'il avoit vainement esperé en Dieu, ou à cause de la plainte qu'il venoit de faire que Dieu l'avoit abandonné, qu'il eût perdu l'esperance & la confiance en Dieu, qu'il n'a au contraire jamais eû plus vive & plus ferme.

Et cecy nous apprend que si dans la violence de nos douleurs, nous faisons quelque plainte à Dieu pour le prier de nous secourir, ce doit toujours être dans la disposition que JESUS-CHRIST fait paroître en cette rencontre, qui est de nous remettre entierement entre ses mains. Ainsi comme dans la priere du Jardin il propose d'abord à son Pere ce que la foiblesse humaine inspire naturellement aux hommes, en luy disant : *Mon Pere, si cela est possible, que je ne boive point ce Calice*, & que neanmoins il soumet aussi-tôt ce desir de la volonté humaine à la volonté de son Pere : *Neanmoins que vôtre volonté se fasse, & non pas la mienne* ; il semble qu'en sa Croix il a voulu garder le même ordre, & qu'aprés s'être plaint de l'abandonnement de son Pere, il a remis son ame & sa vie entre ses mains.

On a peine à comprendre comment le Fils de Dieu a pû dire ces paroles à son Pere. Mais il n'y a rien de plus dangereux que de vouloir sonder la profondeur des paroles & des œuvres de Dieu par la foiblesse de l'esprit humain. C'est ce qui paroît dans tout le mystere que nous honorons en ce temps. Plus l'homme s'approche de cette lumiere, plus il s'éblouït. L'œil quoy que bon qui regarde le Soleil trop fixement, ne trouve que des tenebres dans sa lumiere, & il perd même ce qu'il avoit déja de vûë.

Qu'y a-t-il de plus méprisable à l'œil humain que la Croix du Sauveur ? Et cependant qu'y a-t-il de plus glorieux aux yeux de la foy, ou qui nous marque davantage l'amour infini que Jesus-Christ nous a porté ? Ne sommes-nous pas forcez d'avoüer que ny le Ciel, ny la terre, ny la mer, ny aucune autre creature ne peut être une preuve aussi forte de l'amour de Dieu que l'est cette Croix où il est mort ? N'est-ce pas dans la vûë de la gloire & de la profondeur de ce mystere que S. Paul s'écrie, *Qu'il ne veut point avoir d'autre gloire que dans la Croix de Jesus-Christ ?* Ce S. Apôtre n'avoit donc garde de rougir de la Croix, comme font ces esprits humains, qui ne voyent rien que par un œil de chair, qui jugent des œuvres de Dieu comme des actions des hommes, qui ne reconnoissent pas qu'il agit bien autrement que nous n'agissons, & que ses pensées sont infiniment élevées au-dessus de nos pensées.

Galat. 6.

Je sçay que les crachats, les soufflets, les foüets, la Croix & la mort, n'ont rien qui ne paroisse honteux. Mais je sçay aussi que lors que l'on examine ces choses avec l'œil de la foy, & que l'on en découvre le mystere, on n'y trouve rien que d'adorable, & qui ne soit plein d'une conduite toute divine, qui nous fait fermer la bouche & les yeux, pour n'ouvrir que nôtre cœur à l'amour & à la contemplation d'un si grand objet.

On trouve que cette mort a banni la mort de toute la terre, & que Jesus dans ses douleurs a donné le remede aux hommes qui seul les pouvoit sauver. On est surpris de voir que cette mort reconcilie le Ciel avec la terre; qu'elle détruise la tyrannie du démon; qu'elle tire les hommes d'une honteuse servitude pour les rendre les enfans de Dieu. On adore ces mains clouées qui ont brisé tant de chaînes, & délié tant d'esclaves, pour les faire passer du crime à la vertu, de la mort à la vie, & de la malediction à la grace.

C'est ce corps qu'on met en terre aprés sa mort, qui fait que je ne suis plus captif, mais que je suis libre. C'est ce corps qui me fait esperer que j'entreray un jour dans le Ciel, & que je joüiray de tous ses biens. La mort ne l'a pû détruire par les cloüds dont il a été percé, ny par les coups dont il a été meurtry. Le Soleil l'a vû attaché à une Croix & aussi-tôt il a détourné ses rayons. Ce corps en souffrant la mort, a fait déchirer le voile du Temple, fendre les pierres, & trembler la terre. C'est ce corps ensanglanté qui ayant été percé du fer d'une lance, a fait réjaillir deux fontaines, l'une de sang & l'autre d'eau, qui ont répandu le salut par tout l'univers.

La victoire que Jesus-Christ a remportée sur la mort n'auroit pas été si glorieuse, s'il ne l'avoit remportée par la mort même. C'est ce qui est plus admirable dans ce combat contre le démon, que Jesus-Christ l'a vaincu par les armes mêmes dans lesquelles il mettoit toute sa force. Il a fait voir par cette conduite que sa sagesse égaloit sa puissance, & qu'il sçavoit se servir de ses ennemis mêmes, pour accomplir ses plus grands desseins.

Quelle rage a parû concevoir le demon, lorsqu'il a vû que par une mort injuste qu'il avoit procurée, la mort qui étoit auparavant si terrible à tous les hommes, leur est devenuë ou indifferente ou même desirable ? C'est cette crainte qui nous rendoit principalement les esclaves du démon ; & J. Christ en la détruisant dans nous, nous a délivrez de son esclavage. Car à quoy peut-on avoir de l'attache, quand on n'en a point à la vie ? Et que peut-on craindre, quand on ne craint point de mourir ?

C'est donc là le grand mystere de Jesus-Christ dans sa mort de faire mourir la mort même, de la rendre méprisable à ceux qui croyent en luy, & de les mettre par ce mépris dans une parfaite liberté. C'est là le grand fruit que nous avons tiré de sa mort, & que nous devons conserver comme un don d'un prix infini.

Il est vray que les graces que Jesus-Christ nous a faites en mourant, passent de telle sorte toutes nos pensées & toutes nos esperances, que souvent elles nous paroissent incroyables. Il nous a donné ce que nous n'aurions jamais pû penser de nous-mêmes à luy demander, & la plus grande peine à des Apôtres après la resurrection, a été de persuader aux hommes jusqu'à quel point Dieu les a aimez. Nous nous disons souvent en considerant ces dons ce qu'on dit dans les évenemens qui surprennent : Ce que je voy, est-il vray ? Ce qu'on me dit, n'est-il point un songe ? Tant l'esprit a peine à comprendre les abbaissemens infinis d'un Dieu pour de si ingrates creatures !

Jamais les hommes n'ont mieux reconnu qu'en cette rencontre, qu'il n'y avoit rien de si auguste & de si relevé que l'humilité d'un Dieu. Avant que le Fils de Dieu se fût abaissé au point d'aneantissement où nous le voyons réduit, tout étoit desesperé pour les hommes. Mais nous avons trouvé une ressource dans sa divine humilité, & son abaissement nous a relevez. Il a par ces maledictions qu'il a souffertes relevé la malediction que Dieu avoit prononcée contre nous. Sa mort nous a ouvert le Paradis; elle a éteint le péché; elle a banni l'erreur; elle a rappellé la verité sur la terre, & elle a élevé l'homme jusques au trône de Dieu.

Avant que le Fils de Dieu s'humiliât, il n'étoit connu que des Anges; mais lorsqu'il s'est abaissé, tous les hommes l'ont connu. Ainsi bien loin d'avoir perdu rien de son éclat par son humilité, on peut dire qu'elle est devenuë pour luy le rehaussement de sa gloire, comme elle est devenuë pour nous la source de tous nos biens.

Que si Dieu en s'humiliant s'est acquis un si grand éclat de gloire, & l'adoration profonde de tous les hommes; si son humilité luy a gagné de nouveaux sujets, & a étendu les bornes de son Royaume: Pourquoy, ô homme! craignez-vous de perdre vôtre gloire en vous humiliant? Vous ne serez jamais plus grand que lorsque vous vous abaisserez davantage, & jamais les hommes ne vous estimeront plus, que lorsque vous vous éleverez moins vous-même. Quand vous vous réjoüirez de vous croire le dernier de tous, vous deviendrez le premier de tous.

Considerons donc l'humilité du Fils de Dieu comme le modéle de la nôtre. Mettons nôtre joye à l'imiter; & lorsque nous serons affligez comme il a été affligé, disons-nous à nous-mêmes: c'est la gloire de l'esclave d'être semblable à son Seigneur. Un Dieu a été humilié jusques à la mort. Nous le serons avec luy; & la Croix sera pour nous, comme elle l'a été pour luy, la porte du Ciel & une source de gloire.

POUR LE SAMEDY
DE LA SEMAINE SAINTE.

Venit Maria Magdalene, & altera Maria videre sepulchrum. *Matth.* 28.

Marie Magdeleine, & une autre Marie vinrent au sepulchre du Sauveur.

Es femmes qui viennent aujourd'huy au sepulchre du Sauveur avec des parfums pour les répandre sur son corps, font rougir les hommes, lors que l'on considere la tendresse & la fidelité de l'amour qu'elles conservent pour Jesus-Christ. Tous les Disciples quittent le Sauveur; & ces femmes seules le pleurent même aprés sa mort, & ne peuvent satisfaire autrement l'ardente affection qu'elles ont pour luy, qu'en rendant à son corps mort tous les bons offices qu'elles peuvent. Elles ont fait voir dans cette rencontre, comme elles l'ont montré encore dans plusieurs occasions importantes, qu'elles ont plus d'ardeur & de ferveur que les hommes.

Lors que l'on voit l'impatience toute sainte de leur charité qui va chercher avant qu'il soit jour, le Fils de Dieu dans le tombeau; il semble en considerant ce grand courage, qu'elles soient déja crucifiées au monde, à l'imitation de celuy dont elles alloient parfumer le corps, & qu'elles soient prêtes à tout souffrir pour son amour. Aussi l'Evangile rend à leur ardeur un témoignage honorable, qui doit encourager ce sexe à imiter le zele de ces saintes femmes

pour

pour le Sauveur. Pour nous, inftruifons-nous de leur exemple, & tâchons de connoître le myftere de ces parfums, qu'elles portent pour répandre fur le corps du Fils de Dieu.

Saint Bernard expliquant le fens fpirituel de l'Evangile de ce jour, remarque que JESUS-CHRIST dans le fepulchre où le vont chercher ces faintes Femmes, eft l'image de la foy morte dans l'ame du Chrétien : *Chriftus in fepuchro, fides mortua eft in animo* : & qu'ainfi ces faintes Femmes repréfentent les Miniftres de l'Eglife, qui travaillent à la guérifon des ames malades.

Il dit même que le nombre myfterieux de ces trois Femmes, marqué par l'Evangile de S. Marc, nous montre les trois chofes qui doivent reluire dans un Pafteur ; l'efprit, la langue & la main ; & que c'eft pour ce fujet que JESUS-CHRIST repeta par trois fois à Saint Pierre : *Paiffez mes agneaux*, c'eſt- à-dire : *Paiffez-les par l'efprit, paiffez-les par la langue, paiffez-les par les bonnes œuvres*. PASCE *mente, pafce ore, pafce opere* : Ce qu'il explique encore plus clairement, en difant : *Conduifez & paiffez les Fidéles par l'efprit, en priant pour eux, par la langue en leur annonçant les veritez, & par les actions, en leur montrant l'exemple d'une fainte vie*. PASCE *animi oratione, verbi exhortatione, exempli exhibitione*.

Joan. 21.

Bern. ferm. de Temp fabb. fanct.

Bern. ibid.

Voilà en peu de mots une idée excellente d'un veritable Pafteur, que ce Saint nous marque. Le Pafteur premierement doit être un homme d'oraifon, qui n'ait pas feulement une lumiere fterile, une lumiere de fcience, deftituée d'amour & de fentiment ; mais qui entretienne un faint commerce avec Dieu par la priere, comme devant recevoir de luy tout l'ordre avec lequel il doit conduire les ames

Greg. Naz. Orai. 1.

à luy. Car, comme dit trés-bien Saint Gregoire de Nazianze, l'office du Pasteur n'est pas seulement de conduire les ames à Dieu, mais de ne les y conduire que par la voye que Dieu luy a marquée, & par la Loy qu'il luy a prescrite : *Per legem Dei ad Deum ducere.*

Mais il ne suffit pas qu'il conduise les ames par l'esprit de Dieu, & qu'il l'attire dans la priere. Il faut que par la parole il répande ce même esprit dans les ames, la priere étant comme la source par laquelle Dieu se communique à l'ame de celuy qu'il conduit; & la parole étant comme le canal par lequel il est communiqué aux Fidéles qui sont conduits. Il faut de plus qu'il soutienne encore sa parole par ses actions, & que les veritez qu'il annonce, soient representées comme en un tableau dans toute la suite de sa vie.

Voilà, selon S. Bernard, les qualitez qui doivent être dans les Ministres de Dieu figurez par ces saintes Femmes qui representent aussi toute l'Eglise en general, & particulierement les ames saintes, qui participent en une maniere plus excellente à la Resurrection du Sauveur. C'est pourquoy cecy les regarde en particulier ; puisqu'encore que ce soit par le ministere des Prêtres que Dieu retire les ames mortes du tombeau de leurs péchez ; c'est encore neanmoins par le merite de toute l'Eglise, c'est par le gemissement de la colombe, c'est par la charité commune & catholique qui se rencontre dans tous les membres de JESUS-CHRIST.

Il dit donc de ces saintes Femmes dans un autre Evangile, qu'elles acheterent des parfums, *Emerunt aromata* : Qui sont ces parfums ? Ces parfums sont l'amour que les vrais Fidéles ont pour Dieu, & la compassion qu'ils ont pour leurs freres. C'est ce qui a fait dire à Saint Paul : *Nous sommes la bonne odeur* 2. Cor. cap. 2. *de* Jesus-Christ, *qui se répand en tout lieu.* Ces v. 15. paroles nous font bien voir quels doivent être ces parfums que nous devons avoir comme ces saintes Femmes ; si nous avons une vraye compassion pour les ames mortes en qui nous souhaitons que Jesus-Christ ressuscite.

Premierement, il faut être en bonne odeur, c'est-à-dire, que nôtre vie soit tellement pure, que non seulement elle soit sainte en elle-même, mais qu'au dehors même il n'y paroisse rien que de saint, qui ne serve à l'édification des autres. C'est ce qui oblige les personnes qui sont particulierement consacrées à Dieu, à ne faire pas même certaines choses qui paroissent justes en elles-mêmes, pour ne rien faire qui puisse marquer le moindre interest, ou causer le moindre scandale, selon cette regle de l'Apôtre : *Tout m'est permis, mais tout ne m'est pas expedient.* Cor. cap. 10.

Mais il ne faut pas seulement que nôtre vie soit une v. 22. bonne odeur ; il faut encore qu'elle soit une *bonne odeur de* Jesus-Christ ; c'est-à-dire, qu'il ne suffit pas que nôtre vie soit en bonne odeur & en bonne réputation à l'égard des hommes qui se trompent souvent, & qui prennent pour vertu ce qui n'en est que l'ombre, mais il faut que cette odeur soit vraiment l'odeur de Jesus-Christ, c'est-à-dire, qu'elle naisse d'une vertu vraiment chrétienne, qui soit un effet de la grace de Dieu, de l'onction de son esprit, de la vie nouvelle & celeste de Jesus-Christ ressuscité dans nos ames.

L'Apôtre ajoute encore que cette odeur de Jesus-Christ doit se répandre en tout lieu, *in omni loco.* Et parce qu'il prévoyoit qu'on luy pouvoit objecter que souvent la vertu même des Saints estimée des uns comme une odeur de Jesus-Christ, est en même temps méprisée & condamnée des autres, il ajoûte aussi-tôt : *Nous sommes à quelques-uns une odeur de vie pour les ressusciter*, c'est-à-dire, à ceux qui s'édifiant de la grace de Dieu qu'ils voyent dans les saintes Ames, s'animent à suivre & à servir Dieu à leur exemple ; *& nous sommes à d'autres une odeur de mort qui les tuë* ; c'est-à-dire, à ceux qui se scandalisent des choses qui les devroient édifier, & qui rejettant la bonne odeur de JESUS-CHRIST au lieu de l'embrasser par tout où ils la trouvent, condamnent le bien qu'ils voyent, & le rejettent au lieu de le suivre.

_{Ibid.}

Voilà ces parfums précieux que doivent avoir toutes les ames vraiment ressuscitées avec JESUS-CHRIST. Mais Saint Bernard remarque que l'Evangile ne dit pas simplement que ces saintes Femmes porterent ces parfums, mais qu'elles les achetterent. Comment les achette-t-on, dit ce Saint ? *Les parfums de l'ame se doivent achetter au prix de nôtre propre volonté en la quittant & l'abandonnant pour Dieu, afin que de propre qu'elle étoit, elle devienne commune.* Aromata mentis nummo propriæ voluntatis emenda sunt, ut communis fiat quæ propria fuit : Et quelle est cette volonté commune ? *La volonté commune*, ajoûte ce Saint, *qui ne regarde point le bien propre & particulier, c'est la charité.* COMMUNIS *voluntas charitas est.*

_{Pern. de Temp. serm. sabb. sanct.}

Ainsi le moyen d'achetter de Dieu ces parfums précieux, c'est de combattre & d'affoiblir en toutes choses nôtre volonté propre, qui est, comme ajoûte le même Saint, l'ennemie capitale de la charité : car la charité, selon Saint Paul, ne cherche point ses interêts particuliers, au lieu que cette malheureuse volonté ne cherche jamais que ce qui luy est propre & particulier.

Pour le Samedy Saint.

Ces saintes Femmes vont donc avec des parfums pour oindre le Corps de Jesus-Christ, & dans le chemin elles se disoient l'une à l'autre : *Où trouverons-nous quelqu'un pour renverser la pierre qui nous bouche l'entrée du sepulchre ?* Cette pierre, selon S. Bernard, nous marque la dureté de l'ame accoûtumée au péché. C'est pourquoy ces saintes Femmes représentent dans ces paroles mêmes qu'elles disent entr'elles, ce que doivent dire les vrais Pasteurs, qui connoissent la difficulté qu'il y a de toucher une ame qui s'est ainsi endurcie dans le péché, comme le marque expressément Saint Bernard : *Afin que nous considerions combien il est difficile d'approcher seulement d'une ame, qui oppose à tout ce qu'on luy peut dire, une opiniâtreté non moins dure que la pierre.* Ut *consideremus quàm difficile sit, vel accedere ad cor ejus, quod lapidea quadam obstinatio & impudentia clausit.*

Et en regardant, continuë l'Evangeliste, *elles virent que la pierre étoit ôtée de l'entrée, parce qu'étant arrivé un grand tremblement de terre, un Ange étoit descendu du Ciel qui avoit renversé la pierre.* Voilà une excellente image de la conversion d'un pécheur. Car il ne faut pas s'imaginer que les Ministres de Dieu puissent renverser cette pierre, c'est-à-dire, vaincre & fléchir la dureté des cœurs.

Il faut pour cela qu'il se fasse un grand tremblement de terre, c'est-à-dire, il faut que Dieu perce & pénétre cette ame qui n'est que terre, qui n'aime & n'inspire que la terre, par la frayeur de ses jugemens, selon cette parole du Roy Prophete : *Qui respicit* Psal 103. *terram, & facit eam tremere:* C'est *luy qui par un seul regard fait trembler la terre*, c'est-à-dire les hommes terrestres & charnels. Il faut aprés cela qu'un Ange renverse cette pierre ; c'est-à-dire, que la vertu

L l iij

de Dieu fasse fléchir la dureté de cette ame, afin qu'elle donne une libre entrée à ceux qui luy veulent parler de la verité. Car Dieu commence presque toûjours à toucher les ames par la crainte : *Craignez Dieu au moins, & faites ce qu'il vous commande par la crainte, si vous ne le pouvez faire encore par l'amour*, dit S. Augustin : FAC *timore, si nondum potes amore*.

Aug. ferm. 13. de verb. Apost. cap. 1.

Cet Ange dit ensuite à ces saintes Femmes : *Ne craignez point vous autres, parce que je sçay que vous cherchez* JESUS-CHRIST *crucifié. Il est ressuscité, il n'est plus icy*. Voilà la parfaite conversion de l'ame admirablement décrite sous ces figures saintes, dont Dieu couvre ses plus grandes veritez. *Ne craignez point vous autres*, c'est-à-dire, vous Ministres veritables du Sauveur, comme l'explique nôtre saint Docteur. *Car je sçay que vous cherchez* JESUS-CHRIST *crucifié*, c'est-à-dire, que vous ne cherchez dans cette ame que les interests de Dieu ; que JESUS-CHRIST qu'elle a crucifié en elle par son péché, selon cet oracle de S. Paul : *Rursùm crucifigentes Christum in semetipsis* : ILS *crucifient de nouveau* JESUS-CHRIST *en eux*.

Heb. cap. 6. v. 5.

Mais ne craignez point, JESUS-CHRIST *est ressuscité* en elle, parce que les saints Ministres reconnoissent fort bien qu'ils n'ont point la force de ressusciter les ames, selon que nous l'enseigne S. Gregoire Pape, qui dit que les Apôtres ne ressusciterent point le Lazare, mais que JESUS-CHRIST l'ayant ressuscité, il leur commanda de le délier : *Solvite illum* : Voilà le pouvoir des Ministres de l'Eglise : *Tout ce que vous délierez sur la terre sera délié dans le Ciel*. Que s'ils l'eussent, dit-il, délié avant que JESUS-CHRIST l'eût ressuscité, ils n'eussent fait voir que sa puanteur.

Greg. hom. in Lazar.

Matth. cap. 10.

Pour le Samedy Saint.

Grande parole, qui nous apprend par la bouche d'un si grand Pape, qu'encore que les Ministres de l'Eglise ayent reçû veritablement le pouvoir de lier & de délier; neanmoins lorsqu'ils se hâtent trop d'absoudre & de délier ceux qui sont morts au fond de leur ame, & que Jesus-Christ n'a point encore ressuscitez, non seulement ils ne leur font pas acheter ces parfums précieux dont il est parlé dans l'Evangile, pour les rendre la bonne odeur de Jesus-Christ; mais qu'ils ne font que montrer & redoubler leur puanteur, parce qu'ils leur donnent lieu de changer leurs Communions en des sacrileges, & de retomber ensuite dans un état pire que celuy auquel ils étoient auparavant.

Et cecy confirme cette parole excellente de Saint Chrysostome, que les Apôtres sont appellez *le sel de la terre*, pour montrer, qu'ainsi que le sel empêche bien la chair de se corrompre, mais ne peut pas remettre au premier état celle qui s'est une fois corrompuë; ainsi le pouvoir des Apôtres étoit de conserver les ames dans le renouvellement & la pureté qu'elles avoient reçûë de Dieu, mais non pas de les retirer de la corruption, lorsqu'elles y seroient une fois tombées. *Il n'appartient qu'à* Jesus-Christ *de délivrer de la puanteur des péchez. Mais à quoy doivent travailler les Apôtres, & les Ministres de l'Eglise qui leur ont succedé? C'est à empêcher que les hommes ne retombent dans les péchez, aprés que Dieu les en a une fois délivrez.* Liberare *quippe à putredine peccatorum, Christi virtutis est.* Ut *autem ad illa homines iterum non revertantur, Apostolorum cura est ac laboris.*

Et cependant le plus souvent on fait le contraire de ce que nous enseigne ce grand Saint. Car on s'imagine qu'avec une parole on ressuscite les ames ensevelies depuis long-temps dans le crime ; ce qu'il soûtient neanmoins n'appartenir qu'à Jesus-Christ seul : & aprés cela on ne se met point en peine de les empêcher de retomber dans le crime ; ce qu'il soûtient être proprement le devoir & la charge des Ministres de l'Eglise.

L'Ange ne dit pas seulement que Jesus-Christ est ressuscité, mais il ajoûte encore : *Non est hîc :* Il *n'est plus icy*. Ce qui nous apprend, qu'afin qu'on puisse reconnoître si une ame est vraiment ressuscitée, il faut qu'on puisse dire d'elle : *Non est hîc :* Elle n'est plus où elle étoit auparavant. Elle n'est plus dans le tombeau de ses crimes, dans la corrution de ses vieilles habitudes, dans l'amour & l'attachement aux choses du monde.

Enfin l'Ange ajoûte encore : *Allez en Galilée, & vous y verrez le Sauveur*. Le mot de *Galilée*, dit Saint Bernard, signifie *passage*. Ce qui nous montre excellemment, dit ce Saint, que pour voir Jesus-Christ, pour ressusciter vraiment avec luy, il faut passer d'un état à un autre, c'est-à-dire, ou de l'état du bien à celuy de la vertu, ou d'une vertu moins pure à une plus pure : Jesus-Christ *étant maintenant passé dans une vie toute nouvelle & toute divine, demande aussi que nous passions comme luy dans l'état d'une vie nouvelle ; afin qu'ainsi que* Jesus Christ *est ressuscité des morts par la gloire de son Pere, nous nous avancions aussi sans cesse dans une vie toute renouvellée par son esprit :* Nunc *quia transiit Christus in novitatem vitæ, nos quoque invitat ad transitum ; vacat in Galileam :* Ut *quemadmodum Christus surrexit à mortuis per gloriam Patris, ita & nos in novitate vitæ ambulemus.*

Et sur ce sujet, Saint Bernard déplore avec grande raison cet abus & ce déreglement étrange des gens du monde, qu'il appelle les *amateurs du siecle*, *les ennemis de la Croix de* Jesus-Christ, *qui ne sont Chrétiens que de nom*; de ce qu'ayant témoigné quelque crainte de Dieu durant le saint temps de Carême, ils considerent le temps de Pâque, comme le terme de leur devotion, & le commencement de leurs débauches. *O douleur*, dit ce Saint! *le temps de la Resurrection de* Jesus-Christ *est devenu le temps de la corruption, & le terme de la pieté de ses enfans* : O dolor, peccandi tempus, terminus recidendi facta est Resurrectio Salvatoris ! Et on peut dire, suivant la pensée de ce Saint, qu'au lieu que la Pâque est proprement la mort du démon & la Resurrection du Sauveur; elle devient aujourd'huy aux Chrétiens par un renversement étrange, & qu'on ne sçauroit assez déplorer la mort du Sauveur dans les ames & la resurrection du démon.

POUR LE JOUR DE PASQUE.

Si confurrexiſtis cum Chriſto, quæ ſursùm ſunt, quærite. Ad Coloſſ. 3.

Si vous êtes reſſuſcitez avec Jesus-Christ, *cherchez les choſes d'enhaut, où eſt* Jesus-Christ.

ENCORE qu'il ſoit commun à tous les Apôtres d'être les témoins de la Reſurrection du Fils de Dieu, ſelon que Saint Pierre le marque expreſſément, lorſqu'il appelle celuy qui devoit être élu en la place de Judas : *Le témoin de la Reſurrection du Sauveur* ; cette qualité neanmoins appartient par un titre tout particulier à l'Apôtre S. Paul, qui ſelon que remarque S. Auguſtin, ſe peut dire l'unique Apôtre de Jesus reſſuſcité.

Act. cap. 1.

Car le Fils de Dieu a choiſi les autres Apôtres dans ſa vie mortelle ; mais il a choiſi S. Paul dans ſa vie immortelle & glorieuſe. Il l'a choiſi étant dans le Ciel, ou plutôt deſcendant du Ciel au milieu de l'air pour le convertir, & pour l'éclairer dés le premier moment de ſa converſion, par les rayons & par la lumiere de ſon corps glorieux & reſſuſcité. Pour apprendre donc de ce grand Apôtre les ſecrets touchant le myſtere de la Reſurrection qu'il a appris de Jesus-Christ même, nous conſidererons :

I. Ce que c'est, selon cet Apôtre, que de ressusciter avec Jesus-Christ.

II. Comment nous devons chercher & goûter les choses d'enhaut.

III. Comment nôtre vie doit être cachée en Jesus-Christ dans ce saint temps.

I.

Si consurrexistis cum Christo. Si vous êtes ressuscitez avec Jesus-Christ. Puisque l'Apôtre veut que tous les Chrétiens soient ressuscitez avec Jesus-Christ, c'est à nous maintenant à considerer si nous avons part à cette resurrection bienheureuse. Et pour ne point mêler nos pensées avec celles de cet homme tout divin, nous n'avons qu'à considerer ce qu'il dit en son Epître aux Romains, touchant ce même mystere de la Resurrection du Sauveur. Voicy ses paroles : *Si nous sommes semblables au Fils de Dieu dans sa mort, nous luy serons aussi semblables dans sa Resurrection.* Et comme il ajoûte un peu aprés : *Si nous sommes morts avec* Jesus-Christ, *nous croyons que nous serons aussi vivans avec* Jesus-Christ. Rom. 6.

Voicy donc le raisonnement de cet Apôtre touchant la Resurrection du Sauveur. Le Fils de Dieu a voulu ressusciter, afin que nous ressuscitassions avec luy. Or on ne peut ressusciter sans être mort auparavant. Pour ressusciter comme luy, il faut mourir comme luy. Comment Jesus-Christ est-il mort ? Il est mort dans le corps à la mort du corps, c'est-à-dire, à la mortalité : & nous devons nous autres mourir dans l'ame, à la mort de l'ame, c'est-à-dire, au péché. Il est mort afin que la mort ne le domine plus ; nous devons mourir afin que le péché ne nous domine plus. Il est mort pour ressusciter par la vie de la gloire ; nous devons mourir, pour ressusciter par la vie de la grace.

Voilà le mystere de ce grand jour que nous célebrons. Voilà, selon S. Paul, quel est Jesus-Christ en ressuscitant, & quels nous devons être. Mais voyons maintenant quels nous sommes effectivement. Car en vain nous honorerons ce mystere, si nous n'y avons point de part. Nous devons célebrer la Resurrection de Jesus-Christ par la nôtre, puisque la nôtre a été la fin, & doit être l'effet & la gloire principale de la sienne.

Pour reconnoître donc si nous sommes ressuscitez, voyons auparavant, selon la maxime de Saint Paul, si nous sommes morts. Nous devons mourir au péché, à l'homme vieil, comme parle cet Apôtre, c'est-à-dire, à toutes nos affections terrestres & corrompuës. Voyons si nous sommes veritablement morts de la sorte.

Si nous étions sujets à la colere, à contester inutilement, à dire des paroles aigres & indiscretes; sommes-nous maintenant plus calmes dans nôtre esprit, plus moderez dans nos entretiens, plus circonspects dans nos paroles. Si nous étions trop attachez à nos intérêts, en sommes-nous maintenant plus dégagez?

Que si toutes nos passions sont vivantes comme auparavant, nous ne sommes point morts avec Jesus-Christ, & par consequent nous devons conclure, selon Saint Paul, que nous ne sommes point ressuscitez avec Jesus-Christ. Car à quoy nous doit avoir servi tout le temps du Carême, sinon à mortifier nos passions par tous les exercices du jeûne, de la pénitence, & de la priere? Que si nous nous trouvons tels à la fin qu'au commencement, quelle doit être la maladie intérieure, qui n'est point diminuée par tant de remedes?

Pour le jour de Pâque.

Ce n'est pas que ce fruit soit toûjours sensible dans les saintes ames, pour ne donner pas lieu à de vains scrupules. Mais c'est assez qu'elles ayent fait ce qu'elles devoient. Dieu voit ensuite leur avancement, qu'elles-mêmes peuvent ne pas voir.

Il faut donc que chacun considere quel est le fruit qu'il a tiré du Carême, pour passer maintenant dans une nouvelle vie. Car, comme dit trés-bien S. Bernard: *Nous avons pleuré durant ce saint temps. Nous avons tâché de prendre part aux souffrances du Fils de Dieu, par un batême de larmes & de pénitence. Si donc nous sommes morts au péché, comment pourrons-nous vivre de nouveau dans le péché ? Si nous avons pleuré nos négligences passées, comment pouvons-nous en commettre de nouvelles ?* Ne devons-nous pas dire maintenant avec l'Epouse des Cantiques: *J'ay lavé mes pieds, comment les souïlleray-je encore ?*

Bern. serm. 2. de Res. Domini.

II.

Si consurrexistis cum Christo, quæ sursum sunt quærite ; quæ sursum sunt sapite. Si vous êtes ressuscitez avec Jesus-Christ, *cherchez les choses d'enhaut, goûtez les choses du ciel.* L'Apôtre aprés nous avoir enseigné que nous devons être ressuscitez avec Jesus-Christ, nous donne deux excellentes marques pour reconnoître si nous avons en effet part à cette resurrection ; la premiere est de chercher les choses du Ciel, & la seconde est de les goûter.

Cant. cap. 2.

Ces deux conditions *de chercher & de goûter Dieu*, sont tellement jointes ensemble, qu'elles sont entierement inséparables. Car encore que ce soit plus de goûter Dieu, que de le chercher seulement, neanmoins on ne le cherche jamais veritablement, que lorsqu'on a commencé à le goûter. Car on ne peut le chercher sans le desirer, & on ne peut le chercher sans y trouver quelque douceur & quelque goût, selon cette maxime de S. Augustin : *On ne commence à desirer le bien que lorsqu'on a commencé à y trouver du goût & de la douceur.* TUNC bonum concupisci incipit, quando dulcescere cœperit.

Aug. de verb. Apost. cap. 13.

C'est pourquoy tant que l'ame conserve dans son cœur une affection pour des choses qui la détournent de Dieu, il est impossible qu'elle le cherche, parce qu'il est impossible alors qu'elle le goûte. C'est ce que S. Augustin nous fait voir clairement par ces paroles excellentes : *Ceux qui se sont détournez de Dieu par des affections qui luy sont contraires, ne peuvent le chercher. Mais il appelle à luy par sa grace ceux qui se sont détournez de luy, afin que les convertissant & faisant retourner leur cœur vers luy il les remplisse des dons de sa grace.* NON quæritur Deus ab aversis, sed ipse vocat aversos, ut impleat conversos.

Aug. in Ps. 32. Conc. 1.

Ne vous étonnez donc pas si vous voyez tant de personnes qui vont faire leur Pâque, qui neanmoins ne donneront aucun signe qu'ils ayent eu aucune part à la Resurrection du Sauveur. Ils ne sont point ressuscitez avec luy, parce qu'ils ne cherchent point les choses d'enhaut ; ils ne les cherchent point, parce qu'ils ne les goûtent point ; & ils ne les goûtent point, parce qu'ils ont mis leur affection en d'autres choses qui les détournent de Dieu. *Non quæritur Deus ab aversis.*

Cette maxime de l'Ecriture, que pour chercher Dieu, il faut le goûter, est d'autant plus importante, que plusieurs personnes s'imaginent qu'ils cherchent vraiment Dieu, & qu'ils pratiquent exactement ce précepte de l'Evangile : *Cherchez premierement le Royaume & la Justice de Dieu,* quoy qu'ils ne goûtent nullement les choses du Ciel, mais qu'ils mettent tout leur plaisir en celles du monde. Car afin que ces personnes ne se trompent point eux-mêmes, ils

Matth. cap.

n'ont qu'à considerer qui est celuy des deux qui possede le fond de leur cœur & de leur affection. Si c'est le monde, ils cherchent premierement les choses du monde. Si c'est Dieu, ils cherchent premiement le Royaume de Dieu.

Et David nous a enseigné encore excellemment cette même verité avant l'Apôtre, lorsqu'il dit: *Que tous ceux qui vous cherchent, mon Dieu! mettent toute leur joye & tout leur plaisir en vous*, pour nous apprendre qu'on ne le cherche point veritablement, si on ne met son plaisir en luy, & qu'on ne peut chercher les choses du Ciel si on ne les goûte: *Quæ sursum sunt sapite*. *Psal. 69.*

C'est ce que le même Prophete nous apprend encore par cette parole: *Que le cœur de ceux qui cherchent Dieu se réjoüisse*, c'est-à-dire, se réjoüisse en luy, comme il a dit clairement en l'autre parole: *Exultent & lætentur in te omnes quærentes te*. C'est cette joye & cet amour qui fait qu'on cherche Dieu, & que l'ayant cherché, on le trouve. *Psal. 104.*

Ainsi, pourquoy ces saintes Femmes dont parle nôtre Evangile, vont-elles de si grand matin chercher le Fils de Dieu dans son tombeau, sinon parce qu'elles l'aimoient, & que l'amour qu'elles luy portoient n'étoit point fini avec sa vie? Elles achettent des parfums, & elles vont trouver Jesus-Christ pour l'embaumer. Que nous marquent ces parfums? La charité, selon Saint Bernard. Quiconque aime, cherche celuy qu'il aime, parce qu'il cherche ce qu'il goûte & ce qui luy plaît, & que nous mettons tout nôtre goût & nôtre plaisir dans les choses que nous aimons.

III.

Mortui enim estis, & vita vestra abscondita est cum Christo in Deo: car vous êtes morts, & vôtre vie est cachée en Dieu, avec JESUS-CHRIST. Comment ceux-là peuvent-ils être morts, qui sont neanmoins vivans ? Mais ils sont morts à l'égard d'une chose, & vivans à l'égard d'une autre. Ils sont morts au monde, & vivans en Dieu.

Saint Bernard fait une grande attention sur cette parole : *Mortui estis* : Vous êtes morts, & il fait voir qu'elle enferme une grande instruction. De sorte que suivant l'esprit de ce Pere, nous pouvons distinguer trois sortes d'états, qui conviennent aux personnes vraiment ressuscitées.

Bern. serm. 1. in Quad. n. 1.

Le 1. est l'état de ceux qui vivent comme des voyageurs & des étrangers sur la terre, selon que Saint Pierre l'ordonne à tous les Chrétiens : *Je vous supplie de bannir de vous tous les plaisirs sensuels & humains, considerant que vous êtes voyageurs sur la terre, qui ne devez que passer par les choses du monde, & non vous y arrêter & y mettre vôtre repos.*

1. Petr. cap. 3. v. 1.

Le 2. état est de ceux qui ne passent pas seulement par les choses du monde, sans s'y arrêter, comme se reconnoissant étrangers, mais qui considerent tout ce qui s'y passe comme des songes & des rêveries, n'ayant des yeux que pour voir la lumiere de Dieu, & se reposer en luy. C'est l'état dans lequel la sainte Epouse des Cantiques se décrit elle-même lorsqu'elle dit : *Je dors & mon cœur veille*, c'est-à-dire : *Je dors*, à l'égard de toutes les choses du monde, qui me passent pour un songe ; *& je veille* à l'égard de Dieu seul, en qui j'ay mis toute mon affection, & tout mon repos.

Can. 5.

Le 3. état est celuy que décrit Saint Paul, lorsqu'on n'est pas seulement comme un étranger, ou comme un homme endormi, mais comme un homme qui est mort effectivement à l'égard des choses du monde. Car comme dit trés-bien Saint Bernard:

Celuy

Celuy qui vit comme un étranger dans le monde, ayant neanmoins besoin d'en prendre ce qui luy est necessaire pour son voyage, peut aisément s'amuser, ou s'arréter plus qu'il ne faut. Mais celuy qui est mort n'a plus besoin dans le monde que d'un sepulchre, & il ne sent pas même s'il n'a point de sepulchre. MORTUUS, *si desit etiam ipsa sepultura, non sentit.*

Ainsi celuy qui dort, peut être reveillé, si on le frappe sensiblement, & s'il luy arrive quelque affliction ou quelque mal extraordinaire. Mais celuy qui est mort, est insensible à tout. Il faut donc, ajoûte Saint Bernard, *Que* JESUS-CHRIST *vive dans celuy qui ne vit plus en soy,* selon cette parole de l'Apôtre : *Je vis, ou plûtôt, je ne vis plus, mais* JESUS-CHRIST *vit dans moy,* comme s'il disoit, ajoûte ce Pere: *Je suis mort à toutes les autres choses, je n'y pense point, je ne m'en soucie point, je ne les sens point. Mais lors qu'il s'agit de ce qui regarde* JESUS-CHRIST, *je suis toûjours vivant & toûjours prêt pour le servir & luy obéir.*

L'Apôtre ajoûte que cette vie *est cachée en* JESUS-CHRIST : ce qui marque bien le temps de Pâque où nous entrons. Car la vie même que les gens de bien ont menée en JESUS-CHRIST durant le Carême, étoit très-visible par tous les exercices des jeûnes & d'une penitence sensible & exterieure. Mais maintenant la pieté & la vie de l'Eglise va être toute cachée en JESUS-CHRIST. Il n'y a plus de jeûne. Les prieres sont plus courtes, tout est dans la joye. Mais il faut que la vie en JESUS-CHRIST se redouble au dedans, d'autant plus qu'elle paroîtra moins au dehors.

POUR LE JOUR DE PASQUE.

INSTRUCTION II.

Christus factus est obediens usque ad mortem : propter quod & Deus exaltavit illum.
Ad Philipp. 2.

Jsus-Christ *a été obéïssant jusques à la mort. C'est pourquoy Dieu l'a élevé dans le comble de la gloire.*

APRE's que les Chrétiens ont pris part aux douleurs & aux souffrances de Jesus-Christ crucifié, il est bien raisonnable qu'ils participent aujourd'huy à la joye & au triomphe de sa Resurrection glorieuse. Car autant qu'il s'est abbaissé à sa Passion jusques dans l'abîme de l'aneantissement ; autant il est aujourd'huy élevé au-dessus de ce qu'il y a de plus grand dans le Ciel & dans la terre, puisqu'il est remply de la gloire de Dieu même dans son humanité sainte, aussi bien que dans sa divinité.

C'est pourquoy comme nous avons tâché de tirer quelques fruits de sa Passion ; nous tâcherons aussi d'en tirer de sa resurrection sainte, qui a été la fin de ses souffrances, puisqu'il n'est mort que pour nous ressusciter avec luy, & pour nous faire vivre de sa vie divine. Nous considererons donc,

1. La douceur & la charité avec laquelle il traite

ſes Apôtres qui l'avoient abandonné.

II. La retraite qu'il a gardée durant ces 40. jours; qui eſt le modéle de la nôtre.

III. L'humilité qu'il a fait paroître dans ſa gloire même, qui nous doit apprendre à être humbles au moins dans nôtre baſſeſſe & nôtre miſere.

I.

L'éminence de la gloire dans laquelle Jesus-Christ eſt entré par ſa reſurrection, eſt ſi grande & ſi élevée, que nul des hommes ne pourroit non ſeulement la concevoir, mais en avoir même la moindre penſée, ſi luy-même ne nous en avoit inſtruits. Il l'a fait particulierement en deux endroits; l'un avant ſa mort, dans cette priere admirable qu'il fit à ſon Pere en ſe preparant à ſa Paſſion; & l'autre en parlant à ſes Apôtres, avant que de monter dans le Ciel: *Mon Pere*, dit-il, *glorifiez-moy en vous-même de la gloire que j'ay euë en vous, avant que le monde fût.*

La gloire que Jesus-Christ a euë de toute éternité dans ſon Pere, ne peut être autre que la gloire de la divinité même. Ainſi ce qu'il demande à ſon Pere, c'eſt qu'en le reſſuſcitant après ſa mort, il répande cette gloire & cette vie divine ſur ſon humanité; en ſorte que ſelon la nature humaine glorifiée, il entre dans une poſſeſſion ineffable des droits & des avantages qui ne ſont dûs qu'à la Divinité. C'eſt ce que toute l'Egliſe du Ciel reconnoît dans l'Apocalypſe, dans ce ſaint Cantique qu'elle chante en la loüange de l'Agneau. *L'Agneau qui a été tué, eſt* Apoc. c. 5. *digne de recevoir la vertu de la Divinité.*

L'autre lieu de l'Ecriture où Jesus-Christ explique luy-même la gloire de ſa reſurrection en peu de paroles, mais pleines de grands myſteres, eſt celuy-cy: *Toute puiſſance m'a été donnée dans le Ciel &* Matth. c. 28.

dans la terre. Ce que S. Paul, qui est l'interprete de l'Evangile, explique en ces paroles : JESUS-CHRIST *est le chef & la tête du corps de l'Eglise, luy qui est le principe, qui est le premier né des ressuscitez, afin qu'il obtienne la principauté sur toutes choses, parce qu'il a plû à son Pere que toute plenitude habitât en luy.* Et pour marquer encore davantage quelle est cette plenitude qui habite en JESUS-CHRIST, il dit aussi-tôt dans le chapitre suivant : *Que c'est en luy que toute la plenitude de la divinité habite corporellement, & qu'il est le chef de toute puissance & de toute principauté.*

La puissance donc de JESUS-CHRIST ressuscité s'étend par tout dans le Ciel & dans la terre ; dans le Ciel, parce qu'il est devenu le chef des Anges, & le principe, d'où ils tirent toute leur gloire ; dans la terre, parce que c'est en qualité de ressuscité qu'il est devenu source de vie dans les ames, & principe de justification.

Et c'est en ce sens qu'on peut entendre cette parole de l'Apôtre : *Qu'il est mort pour nos pechez, & qu'il est ressuscité pour nôtre justification :* c'est-à-dire, que comme par sa mort il a satisfait pour nos pechez, & payé le prix de nôtre redemption, il nous a communiqué par sa resurrection sa nouvelle vie, & rendu participans de son esprit qu'il ne nous devoit donner que comme une suite & une refusion de sa gloire : *L'esprit n'avoit pas encore été donné, parce que Jesus n'avoit pas encore été glorifié.*

Ainsi l'un des grands devoirs de la pieté Chrétienne est qu'après que nous avons tâché de compatir aux douleurs de JESUS-CHRIST souffrant, nous l'adorions maintenant dans cette haute gloire en laquelle il entre en ce jour, pour nous preparer ainsi à avoir part à cette même gloire, puisque ce n'est pas pour luy seul qu'il est ressuscité, mais pour répandre sa vie nouvelle sur les hommes.

Et afin de nous en rendre dignes, nous ne devons pas considerer seulement cét état glorieux dont il joüit maintenant, comme l'objet de nôtre adoration; mais encore la maniere dont il se conduit durant ces quarante jours qu'il demeure sur la terre, comme le modéle de la vie parfaite. Entre plusieurs choses, dont il nous a donné l'exemple dans cette vie nouvelle, on peut s'arrêter particulierement à en considerer trois; la charité, la retraite, & l'humilité.

La charité se peut considerer ou à l'égard des ennemis, ou à l'égard des amis, & l'une & l'autre paroît en Jesus-Christ d'une maniere merveilleuse. Car pour ce qui est de ses ennemis, qui n'admirera qu'après avoir été traité des Juifs avec tant de violence, & tant d'injustice, non seulement il ne se vange pas d'eux, mais qu'il demeure à leur égard comme s'il étoit encore dans la même foiblesse qui avoit paru en luy à sa Passion & à sa mort? Il se reserve même de convertir un grand nombre de ceux qui l'avoient crucifié, au jour de la Pentecôte par l'infusion de son Esprit.

Et quant à ses amis, la tendresse qu'il leur témoigne, n'est-elle pas un parfait modéle de la charité que nous devons avoir les uns pour les autres? Car l'ayant tous abandonné après tant de miracles qu'ils luy avoient vû faire, après tant de témoignages qu'il leur avoit donnez de sa puissance & de sa divinité, après tant de protestations qu'eux-mêmes luy avoient faites un moment auparavant de mourir plûtôt que de le quitter jamais, il les vient trouver le jour même qu'il est sorty du tombeau, il les console, il les fortifie, & non-seulement il ne leur reproche pas leur peché ; mais il leur donne le pouvoir de remettre ceux des autres.

Ainsi il ne leur remet pas seulement l'injure qu'ils luy avoient faite par une simple grace qui leur en accorde le pardon, mais par la communication de la puissance même qu'il avoit acquise par sa resurrection qui les rend les juges & les medecins des ames, par cette autorité suprême, qui fait que tout ce qu'ils lient ou délient sur la terre, est lié ou délié dans le Ciel.

Mais les témoignages d'amour qu'il rend à Saint Pierre, qui étoit celuy de tous qui l'avoit plus offensé, font encore voir une preuve plus sensible de sa charité. Car il luy conserve aprés sa faute la même primauté qu'il luy avoit donnée sur ses Apôtres, & il le traite avec les mêmes prerogatives d'affection. C'est pourquoy les Anges parlant aux Femmes, ne se contentent pas de dire qu'elles allassent annoncer la resurrection de Jesus-Christ aux Disciples ; mais ils ajoutent en particulier ; & à Pierre : *Dicite discipulis ejus, & Petro.* Et luy-même voulut apparoître en particulier à Saint Pierre, & affermir les autres par luy dans la foy de sa resurrection.

De sorte qu'on peut dire qu'il a commencé dés lors à verifier ce qu'il luy avoit dit : *Et vous un jour étant converty, ayez soin de fortifier vos freres.* Car les Apôtres qui étoient demeurez dans l'incredulité, nonobstant tout ce que ces saintes Femmes avoient dit, crurent qu'il étoit vraiment ressuscité sur le rapport de Saint Pierre : *Le Seigneur est vraiment ressuscité*, dirent-ils, *& il est apparû à Pierre.*

Ainsi à l'exemple de Jesus-Christ, la vertu d'un Chrétien qui doit vivre en ressuscité, consiste particulierement dans la charité envers Dieu & le prochain, dans le pardon des injures, dans la tolerance

Joan. cap. 14.

Luc. cap. 23.

des foibles. Plus nous recevons de témoignages de la charité de Jesus-Christ, plus nous devons aussi en avoir pour luy, comme nous l'apprenons de l'exemple de S. Pierre, de qui Jesus-Christ demande plus d'amour que des autres, comme il luy avoit fait plus de grace qu'à tous les autres : *Pierre, m'aimez-vous plus que ceux-cy?* Ioan. cap. xii

II.

La seconde chose que nous devons apprendre de Jesus-Christ ressuscité, est l'amour de la separation & de la retraite. Car premierement Jesus-Christ se tient entierement separé de tous les Juifs, & n'apparoît qu'à ses Disciples & à ses Apôtres, qu'à ceux que Dieu avoit choisis de toute éternité, pour être les témoins de sa resurrection, comme dit S. Pierre dans les Actes, *ordinatis à Deo*. Et cela par Act. cap. x un grand mystere, comme remarque Saint Augustin, pour nous apprendre que sa vie nouvelle n'appartient qu'à ses amis, & que la grace de sa resurrection n'est que pour ceux qui le servent.

Et nous pourrions dire encore aujourd'huy qu'il n'apparoît dans la fête de sa resurrection qu'à trés-peu de personnes, parce que tout le monde se réjoüit à la fête de Pâque, mais il y en a trés-peu qui ressentent la joye & la grace divine qui est attachée à cette Fête.

Pour ressentir vraiment la joye du temps de Pâque, il faut entrer dans la disposition où David vouloit que nous fussions, lors qu'il nous dit: *Goûtez & voyez* Psal. 33. *combien le Seigneur est doux*. Il faut goûter la douceur de Dieu, & par consequent ne point goûter celle du monde. Il faut trouver le monde amer, afin de reconnoître que Dieu est doux.

C'est pourquoy les gens du monde ne veulent point se donner à Dieu, parce qu'ils ont peur de ressentir quelque déplaisir & quelque tristesse dans l'esprit, au lieu qu'ils ne devroient rien tant souhaiter que cette tristesse selon Dieu, qui produit selon l'Apôtre, une penitence ferme & stable pour le salut.

Ce n'est pas que ces personnes doivent croire que s'ils se convertissent, ils ne trouveront plus que de la tristesse & des dégoûts dans le service de Dieu, au lieu des divertissemens & des plaisirs qu'ils auront quittez dans le monde. Car cela est si éloigné de la verité, que Saint Augustin au contraire nous enseigne qu'un homme ne se convertiroit jamais, s'il ne trouvoit plus de plaisir à servir Dieu qu'à servir le monde. *Il faut necessairement*, dit-il, *que de deux choses que nous pouvons suivre, nous suivions celle qui nous donne le plus de plaisir* : QUOD *enim nos amplius delectat, secundum id operemur necesse est.*

<small>Aug. tract. in cap. 6. Ioan.</small>

Le même S. Augustin a dit encore : *Nous ne pouvons souffrir volontairement ce qui nous cause de la douleur, que pour une chose qui nous donne du plaisir :* Nemo nisi pro eo quod delectat, suscipit sponte ferre quod cruciat : Car la volonté se porte toujours à ce qu'elle aime ; & elle n'aime que ce qui luy plaît : *Non amatur nisi quod delectat,* dit le même Saint. Et elle aime davantage ce qui luy plaît davantage. C'est pourquoy Saint Augustin a reduit toute la vertu à ces deux paroles : *Dieu se plaît dans ceux qui se plaisent en luy* : ILLE *placet Deo cui placet Deus,* qui mettent leur plaisir en luy, qui goûtent les choses du Ciel. Et si on n'avoit ce goût en servant Dieu, il seroit impossible de le servir.

<small>Aug. de pænitent. cap. 4.</small>
<small>Aug. serm. 17. de verb. Apost.</small>
<small>Aug. in Ps. 14. Conc. 1.</small>

Car c'est toujours le plaisir qui emporte nôtre cœur, comme dit le même Pere. Le plaisir de la terre l'emporte vers les choses de la terre ; le plaisir du Ciel l'emporte vers les choses du Ciel. Toujours l'un de ces plaisirs possede l'ame, & elle ne peut les posseder tous deux ensemble. Elle peut bien par elle-même goûter la terre, & se plaire aux choses de la terre ; mais elle ne peut goûter les choses du Ciel que par un plaisir celeste qu'elle reçoit de Dieu même.

C'est là le grand fruit de la resurrection du Fils de Dieu, de nous faire goûter les choses de Dieu, de nous faire pratiquer ces avis si salutaires que l'Apôtre nous donne aujourd'huy : *Mettez toute vôtre affection aux choses du Ciel, & non pas à celles de la terre.*

Mais le moyen, me dira quelqu'un, que je puisse goûter les choses du Ciel, puisqu'au contraire je n'y trouve que du dégoût ? La premiere chose qu'il faut faire, dit S. Augustin, c'est d'avoir la foy, & de croire quand Jesus-Christ a dit que son joug est doux, qu'il a dit très-vray ; quoy qu'il vous semble insupportable, parce que vous n'avez point encore d'amour pour luy.

La seconde, c'est de croire encore qu'il a dit très-vray, lors qu'il a dit : *Demandez & vous recevrez :* Que celuy qui a la foy, prie par le gemissement de la volonté, afin qu'il obtienne le pouvoir de faire ce qu'il ne peut faire : *Oret fidelis gemitu voluntatis, ut impetret donum facultatis.*

Matth. cap. 7.
Aug. serm. Dom. in mon- te.

III.

La troisiéme instruction que nous devons apprendre de Jesus-Christ en sa vie immortelle & glorieuse, est son humilité. Cecy est d'autant plus admirable, qu'il paroît avoir moins de rapport avec cette gloire infinie que son Pere luy donne en le ressuscitant, & que son humilité sembloit devoir être renfermée dans sa vie immortelle.

1. Son humilité a paru en ce qu'étant glorifié, il

a voulu demeurer en la terre, & au même lieu où on l'avoit crucifié. Car le lieu des corps glorieux étant le Ciel, & non la terre, il a voulu neanmoins demeurer icy par un rabaissement volontaire, pour instruire ses Apôtres, & pour établir son Eglise.

2. En ce qu'il avoit couvert sa gloire. Car comme avant sa resurrection il avoit caché la gloire de sa divinité dans son humanité : de même durant ces quarante jours après sa resurrection, il cache la gloire de son humanité, même sous une apparence humaine.

3. En ce qu'il n'a pas dit un seul mot de sa Passion, ny fait aucune plainte, ny des Juifs qui l'avoient crucifié, ny des Apôtres qui l'avoient abandonné. C'est la plus grande preuve de l'humilité que de ne se plaindre jamais, quelque juste sujet qu'il semble qu'on en eût, & de n'estimer rien tout ce que nous avons fait pour les autres.

4. Il s'abaisse dans les moyens humains. Comme il vouloit établir la foy de la resurrection dans les esprits des Apôtres pour les disposer à le croire ; il leur envoye la Magdeleine de la part des Anges & de la sienne ; & il leur envoye ensuite les deux Disciples. N'est-ce pas un étrange rabaissement pour un homme déïfié, & pour un Dieu ? Il avoit acquis toute puissance, comme il dit luy-même. Il étoit devenu Roy des cœurs par sa resurrection. Et cependant il agit comme s'il étoit obligé d'user de toutes ces voyes, & de se servir de tous ces moyens, pour nous apprendre à ne pas vouloir agir en Dieux dans la conduite des ames, sans nous attacher à l'ordre & aux moyens, voyant que Dieu même agit en homme en quelque sorte, disposant les choses peu à peu par les moyens ordinaires.

Voilà quelques-unes des dispositions où nous devons entrer pour suivre l'exemple de Jesus ressuscité, & pour nous rendre dignes de participer à sa gloire. Car nous devons toujours suivre l'ordre qu'il a gardé luy-même. Et comme il a voulu vaincre premierement le diable par sa justice, pour le vaincre ensuite par sa puissance ; nous ne devons aussi travailler en cette vie qu'à nous rendre justes, & à mener une vie conforme à la sienne, pour nous élever par les mêmes degrez à la participation de la même gloire. *Que les hommes*, dit S. Augustin, *gardent la justice dans cette vie mortelle ; la puissance leur sera donnée, lorsqu'ils seront devenus immortels.* TENEANT *mortales justitiam, potentia immortalibus dabitur.*

Aug. l. 13. de Trin. c. 13.

Car c'est l'admirable œconomie que Dieu a gardée dans le mystere de nôtre salut. Les hommes étant incapables de s'élever jusqu'à Dieu, comme étant infiniment éloignez de luy, Dieu s'est fait homme de luy-même. Il a vécu comme un homme parmy les hommes, afin qu'en imitant la vie humaine qu'il a menée sur la terre, nous devenions capables de joüir de sa vie divine, & que nous devenions Dieux nous-mêmes, selon le langage de l'Ecriture. C'est ce que S. Augustin explique admirablement en ces termes : JESUS-CHRIST *nous a été donné comme homme, & il nous sera donné comme Dieu. Il a été donné aux hommes comme homme, parce qu'il a été donné tel qu'il pouvoit être compris par les hommes, nul des hommes n'étant capable de comprendre* J. CHRIST *comme Dieu. Ainsi il s'est fait homme pour les hommes, & il se reserve Dieu pour les dieux :* DEDIT *hominem se ipsum, nobis daturus est Deum. Hominibus enim hominem dedit, quia talem illum hominibus dedit, qualis posset capi ab hominibus. Deum enim Christum nullus hominum capere poterat. Factus est hominibus homo, servavit se Deum diis.*

Aug. in Psal. 84.

POUR LE JOUR DE PASQUE.

INSTRUCTION III.

Ite, dicite discipulis ejus & Petro, quia præcedet vos in Galilæam. Marci 16.

Allez dire à ses Disciples & à Pierre, qu'il sera devant vous dans la Galilée.

E jour si saint auquel nous celebrons la Resurrection du Sauveur, se peut appeller avec raison le plus grand de tous les jours, puisque c'est le premier jour du monde nouveau, dans lequel le Fils de Dieu sortant du sepulchre, est venu éclairer non les corps par une lumiere temporelle & visible comme le Soleil, mais les ames, par une lumiere éternelle & invisible.

C'est pourquoy nous ne devons pas nous étonner, que l'Eglise Sainte témoigne aujourd'huy par ses chants d'allegresse, les transports d'une joye toute divine, puisque c'est le jour de sa délivrance & de son bonheur, comme c'est le jour de la gloire & du triomphe de son Epoux.

La seule crainte qui nous doit rester dans une joye si publique & si solemnelle, est que par nôtre faute nous ne soyons pas en état de participer à ces grands avantages, que JESUS-CHRIST nous a acquis par sa resurrection glorieuse. Et afin qu'un si grand malheur ne nous arrive pas, nous considererons dans les trois premieres apparitions du Sauveur, qui se sont faites en ce jour, qui sont ceux ausquels il se fait connoître après sa resurrection.

I. Dans la premiere Apparition qui fut faite à la Magdeleine, nous verrons comment il se fait connoître aux ames qui l'aiment fortement, & qui ne se lassent point de l'attendre.

II. Dans la seconde Apparition qui fut faite aux saintes femmes, nous verrons comment il se fait connoître aux ames qui ont une charité sincere & veritable.

III. Dans la troisiéme Apparition qui fut faite à Saint Pierre, nous verrons comment il va rechercher & consoler luy-même les ames vraiment affligées du regret de leurs pechez.

I.

Nous apprenons dans l'Evangile, que le Fils de Dieu étant ressuscité, est apparu premierement à la Magdeleine. Car c'est ce que Saint Marc nous dit clairement par ces paroles : JESUS-CHRIST *étant ressuscité dés le matin, apparut pour la premiere fois à Marie Magdeleine.*

Comme donc toutes ces apparitions sont sans doute trés-mysterieuses, & nous representent les conditions qu'il faut avoir, & l'état dans lequel on doit être pour mériter que J. CHRIST se fasse connoître à nous comme ressuscité, & comme source par sa resurrection, d'une vie nouvelle & toute celeste : nous devons bien considerer ce que le Fils de Dieu a trouvé dans cette sainte Femme pour l'honorer de cette faveur si particuliere, que de luy faire connoître sa resurrection avant toutes les autres, & avant les Apôtres mêmes.

La premiere chose que nous devons considerer

dans la Magdeleine, c'est la fermeté & la constance avec laquelle cette sainte Femme cherche le Fils de Dieu. C'est aussi la loüange particuliere que luy donne Saint Gregoire Pape, en disant, qu'encore que les autres Femmes fussent venuës d'abord avec elles au sepulchre de JESUS-CHRIST, neanmoins elle y demeura avec plus d'assiduité & de constance que toutes les autres.

C'est pourquoy étant demeurée seule à chercher le Sauveur, elle a merité aussi de le voir seule, *parce* Greg. hom. 25. *que c'est la perseverance*, dit ce grand Pape, *qui donne le prix & le merite à nos bonnes œuvres*. QUIA *virtus boni operis, perseverantia est*. Car, comme dit S. Bernard, Dieu est immuable ; il est éternel. Il veut être cherché immuablement & éternellement.

Et de cecy nous devons tirer une grande instruction, qui est qu'ayant une fois entrepris de servir Dieu, de nous détacher du monde, & de nous-mêmes, pour nous attacher à luy ; nous ne devons point nous lasser d'implorer sa misericorde, quoy que nous n'en recevions pas si promptement les effets que nous en attendons.

Et c'est ce qui arrive d'ordinaire en ce saint temps, qu'aprés que durant le Carême on a témoigné quelque affection aux choses saintes, à garder l'abstinence, à écouter avec soin la parole de Dieu, à se retirer davantage des compagnies, à veiller sur soy-même, pour reconnoître & pour corriger ses défauts : Aprés, dis-je, qu'on a passé le Carême de la sorte, Pâque étant venu on se relâche insensiblement, & on perd tout le fruit de cette vie plus exacte qu'on avoit menée auparavant.

Ceux donc qui ont un vray desir de servir Dieu, doivent apprendre par cét exemple, à continuer toûjours dans la recherche des graces qu'ils reconnoissent leur manquer, parce que souvent Dieu diffère de nous donner une chose, quoy qu'il ait dessein de nous la donner, selon cette parole de Saint Augustin : *Quod differtur, non aufertur.* Nous ne devons pas croire que Dieu ne nous veut pas donner une grace, parce qu'il ne nous la donne pas aussi-tôt que nous voudrions. Mais il est vray de dire au contraire, que souvent le retardement de sa grace est une grace, parce que Dieu ne diffère de nous la donner, qu'afin de nous rendre capables de la recevoir.

Aug. tract. 73. in Ioan.

C'est ce que S. Gregoire Pape remarque dans l'exemple de la même Sainte, & dans la conduite que Dieu a gardée sur elle. JESUS-CHRIST *en differant de se montrer à elle, a fait croître le desir qu'elle avoit de le voir, & son desir s'étant accrû de la sorte, elle a merité de trouver celuy qu'elle cherchoit avec tant d'ardeur :* ACTUM *est ut desideria dilata crescerent, & crescentia caperent quod invenissent.*

Greg. hom. t. 5.

Si donc nous souhaitons avoir part aux graces que la resurrection du Fils de Dieu nous a causées, témoignons-luy par la ferveur perseverante de nos desirs, l'estime que nous en faisons. Ce seroit en faire trop peu d'état que de cesser de les desirer lors que nous sentons que l'on ne nous les accorde pas aussi-tôt que nous nous les étions promises. Nous manquons en même temps en cela, & d'amour & d'humilité.

La Magdeleine par son exemple nous fait comprendre que si nous avions autant d'amour qu'elle, nous attendrions les momens de Dieu avec autant de perseverance qu'elle l'a fait ; & si nous voulons un peu rentrer en nous-mêmes, nous trouverons qu'en cessant de soupirer aprés les graces de Dieu nôtre orgueil s'élevera contre nous, & portera contre nous un témoignage auquel il nous sera impossible de répondre. Nous sommes un abîme de misere, & nous ne le connoissons pas. Nous sommes indignes des misericordes de Dieu, & nous agissons comme si elles nous étoient dûës. C'est pour nôtre propre bien que Dieu ne se hâte pas de nous assister; & nous voulons qu'il le fasse aussi précipitamment que nous le voulons, ou autrement nous ne luy demandons plus son secours. Ne faut-il pas que Dieu ait une misericorde aussi infinie qu'elle l'est pour vouloir bien honorer de ses bontez des creatures qui s'en rendent si indignes ?

2. Nous pouvons remarquer dans cette apparition à la Magdeleine, la parole que Jesus-Christ luy dît lorsqu'elle voulut se jetter à ses pieds : *Ne me touchez point.* C'est une parole qui est expliquée diversement par les Saints Peres. Mais maintenant nous nous renfermerons dans l'explication excellente qu'en donne S. Bernard : *Noli me tangere*, dit ce Saint, c'est comme s'il disoit : *Cessez d'agir par les sens qui sont trompeurs, & accoûtumez-vous à juger des choses, & particulierement de ma resurrection, par la foy, qui ne trompe jamais. Vous me toucherez par les mains de la foy, par le doigt d'un saint desir, par le mouvement d'un ardent amour.* Dissuesce sensui, fidei assuesce. Tanges me manu fidei, desiderii digito, devotionis amplexu.

Joan. cap. 1.

Bern. serm. 2. de resurrect.

Voilà des paroles excellentes, & qui nous representent parfaitement l'état où nous devons être, pour honorer vraiment ce temps de Pâque & la Resurrection du Sauveur par une pieté qui luy soit conforme. Car nous pouvons dire que jusques à cette heure, durant tout le saint temps de Carême, la devotion de l'Eglise vers le Fils de Dieu, a été
semblable

semblable à celle que la Magdeleine fit paroître, lorsqu'elle l'alla trouver la premiere fois dans la maison du Pharisien.

Car comme la douleur de son péché étoit tellement intérieure, qu'elle la faisoit paroître neanmoins au dehors dans tous ses sens, dans ses yeux qui étoient trempez de ses larmes, dans ses cheveux qui étoient épars, dans ses mains qui étoient occupées à parfumer & à embrasser les pieds du Sauveur, & enfin dans tout son corps qui étoit abattu & prosterné devant luy : ainsi jusqu'à cette heure, durant ce saint temps, la pieté de l'Eglise a tellement été intérieure & spirituelle, qu'elle a paru beaucoup au dehors, par toute sorte de saints exercices, par des jeûnes plus austeres, par des mortifications plus grandes, par des prieres plus longues, par de fréquentes genufléxions dans les prieres.

Mais maintenant la devotion de l'Eglise envers le Sauveur ressuscité, va être toute spirituelle & intérieure. Les exercices du corps seront pour la plusparr retranchez, & il ne restera plus guere que ceux de l'esprit. C'est pourquoy nous pouvons dire maintenant aux ames, comme le Fils de Dieu, selon ce que nous venons de citer de S. Bernard, disoit à la Magdeleine : *Ne cherchez plus maintenant* JESUS-CHRIST *par les sens & par les choses sensibles, mais accoûtumez-vous à le chercher par la foy. Vous le toucherez par la main de la foy, par le doigt d'un saint desir, & par le mouvement d'un ardent amour.*

C'est ce qui fait qu'il se trouve si peu de personnes, qui témoignent en ce saint temps de Pâque, une pieté proportionnée à cet état du Sauveur que nous honorons, parce que peu de personnes vivent de la vie de la foy, peu agissent par les desirs du cœur, & sont poussez par les mouvemens d'un amour sincere. Cependant c'est ainsi que nous devons célébrer ce saint temps, qui est un temps de joye, mais d'une joye toute céleste, qui doit être dans nous comme une refusion de la gloire du Fils de Dieu ressuscité.

C'est ce que marque excellemment Saint Bernard: *Celuy*, dit-il, *qui s'est bien disposé par les exercices du Carême à ce saint temps, entre maintenant dans une devotion nouvelle, & dans une joye du Saint Esprit: & il ne s'occupe pas tant maintenant dans le souvenir & dans le regret de ses péchez, qu'il ressent de contentement & de joye dans le desir & l'attente des récompenses du Ciel.* INGREDITUR *novam quandam devotionem & gaudium in Spiritu sancto: Nec tam compungitur memoriâ peccatorum, quàm delectatur, & inflammatur desiderio præmiorum.*

Bern. de Res. serm. 1. n. 16.

II.

La 2. Apparition du Fils de Dieu a été à ces saintes femmes qui revenoient du Sepulchre toutes ensemble. Et si nous voulons considerer ce qu'elles ont fait pour meriter cette faveur si particuliere, il est aisé de le remarquer dans l'Evangile, en voyant cet amour qu'elles avoient pour Jesus-Christ, qui leur fait préparer ces parfums & partir de grand matin pour aller embaûmer son Corps.

Que si nous ne nous arrêtons pas seulement à la lettre de cette action, mais que nous en considerions l'esprit & le mystere, nous verrons encore beaucoup plus clairement pourquoy le Fils de Dieu les a jugées dignes de cette grace. Car Saint Bernard remarque que ces Femmes portant leurs parfums pour embaûmer le Corps du Sauveur dans le Sepulchre, sont l'image de toutes les ames saintes, qui répandent les parfums de leur charité sur les Fidéles, qui sont le Corps du même Sauveur.

C'est pour cette raison que JESUS-CHRIST a prévenu par sa Resurrection l'arrivée de ces saintes Femmes : en quoy, dit ce Saint, il n'a pas trompé leur devotion, mais il l'a instruite & éclairée : *In quo mulierum devotionem non elusit, sed instruxit*, leur voulant apprendre que ce parfum précieux qui marquoit la charité, ne devoit pas être employé pour son Corps mort, mais pour son Corps vivant, qui est l'Eglise : *Hoc unguentum expendi noluit in suo corpore mortuo, ut servaret vivo.* Bern. ibid.

Ibid.

Car, comme ajoûte divinement le même Saint : l'Eglise est le Corps de JESUS-CHRIST, qu'il a plus aimé que son propre Corps qu'il a reçû de la Vierge, puisqu'il a livré celuy-cy à la mort, pour donner la vie au corps de l'Eglise. *ECCLESIA est charius corpus Christi, quod ne mortem gustaret, morti illud alterum tradidit.* Bern. ibid.

Et cecy nous donne une grande instruction, & nous apprend que le vray moyen d'honorer le Sauveur ressuscité, c'est d'avoir une grande affection pour toute l'Eglise, qui est veritablement son Corps, comme dit S. Paul. *Le Pere*, dit-il, *a rendu* JESUS-CHRIST *le Chef de toute l'Eglise qui est son Corps.* Que si on trouve ces saintes Femmes trés-heureuses d'avoir eu tant d'affection pour le Fils de Dieu, & d'avoir tant desiré de répandre leurs parfums sur son saint Corps; on doit considerer que l'on peut avoir encore aujourd'huy le même bonheur. Ephes. cap. 1.
v. 22.

En effet puisque le Fils de Dieu nous a appris qu'il ne vouloit pas que ce parfum fût répandu sur son Corps mort, mais qu'il fût reservé pour son Corps vivant, qui est l'Eglise, on n'a qu'à redoubler sa charité pour tous les Fidéles.

Car c'est l'Eglise que JESUS-CHRIST aime. C'est pour elle qu'il est ressuscité. C'est sur elle qu'il desire que les saintes ames répandent les parfums de leur

Bern. ibid. foy & de leur pieté : *Ce que le Fils de Dieu desire,* dit S. Bernard, *c'est qu'on répande l'onction de la charité sur son Eglise, qu'on aime les membres les plus foibles & les plus infirmes de son corps, qu'on les assiste en toutes les manieres qui nous sont possibles,* soit par nos paroles, soit par nos actions, soit par nôtre bien, soit par nos prieres. C'est cette charité fraternelle, ce support des foibles, cette tolerance de tout le monde, qui doit être particulierement nôtre devotion durant ce saint temps.

III.

La troisiéme Apparition de JESUS-CHRIST en ce jour a été faite à S. Pierre. Car le Sauveur voulant le consoler dans la douleur de sa penitence, s'est fait voir à luy en particulier, avant que de se montrer aux autres Apôtres. Et le Fils de Dieu l'a favorisé de la sorte, à cause de l'humilité profonde avec laquelle il a pleuré la faute qu'il avoit commise. Car il ne pensa plus, aprés s'être relevé, qu'à pleurer sa chûte, & à témoigner à Dieu son regret par ses larmes.

C'est pour cette raison qu'il ne se jugea pas digne de se trouver avec S. Jean qui étoit l'image des innocens, au sacrifice que le Fils de Dieu fit de luy-même à son Pere en mourant sur la Croix. En quoy il a été la figure de cette conduite si sainte que l'Eglise a observée durant tant de siécles, en ne permettant pas que les Penitens participassent au sacrifice adorable, qui est une commemoration perpetuelle de celuy de la Croix, durant le temps de leur penitence.

Aussi S. Ambroise considerant qu'on voit bien dans l'Evangile les larmes de S. Pierre, mais qu'on n'y voit point qu'il ait parlé au Fils de Dieu pour luy demander pardon, dit excellemment : *Ambr. in c. 22. Luc.* *J'ay trouvé la raison pour laquelle S. Pierre est ainsi demeuré dans* le silence, c'est qu'il craignoit que demandant pardon à Jesus-Christ aussi-tôt après l'avoir offensé, il ne l'offensât encore davantage. INVENI cur tacuit Petrus, ne tam cita petitio veniæ plus offenderet.

Les hommes mêmes étant offensez ne se contentent point qu'on leur dise aussi-tôt de bouche qu'on s'en repent. Ils veulent qu'on témoigne la douleur de les avoir offensez plutôt par des actions que par des paroles. C'est pourquoy le même Saint ajoûte très-bien : *Saint Pierre ne demande pas pardon au Sauveur, mais par ses larmes il se rend digne de pardon.* LACHRIMÆ veniam non postulant, sed merentur.

Voilà l'image de ceux qui étant tombez, se veulent relever veritablement de leur chûte. *Il faut pleurer & gemir quelque temps, & après cela il faut demander à Dieu qu'il nous pardonne, & qu'il ressuscite nos ames.* ANTE flendum est, & sic precandum. *Ambr. ibid.*

Mais le moyen d'obtenir ces larmes ? C'est ce que nous enseigne S. Ambroise. *Quos Jesus respicit, plorant* : Ceux-là pleurent, que Jesus-Christ favorise de ses regards. Saint Pierre renonça la premiere & la seconde fois, & il ne pleura point, parceque Jesus-Christ ne le regarda point. Il le renonça pour la troisiéme fois ; Jesus-Christ le regarda, & il pleura très-amerement. Disons donc avec David : *Regardez-moy, & faites-moy misericorde.* Psalm. 118. C'est dans ce regard de Jesus-Christ ressuscité que nous devons vivre en ce temps, & attendre les visites favorables de sa grace, comme les Apôtres attendoient le moment de ses apparitions. Qu'il voye que c'est en luy que nous mettons toute nôtre espérance & nôtre unique consolation. Invoquons ces regards tout-puissans qui éclairent les ames par les rayons d'une lumiere intérieure.

Qu'il chasse toutes les ténébres des plus secrets replis de nos cœurs. Qu'il nous tire de la puissance de ces ennemis puissans, qui étoient prêts de nous devorer comme leur proye. Prions-le qu'il marche devant nous, pour les renverser & les mettre en fuite, & qu'il ouvre les portes de ces sombres prisons, où nous étions déja retenus captifs. Voila les sentimens que la foy doit nous inspirer. Nous devons être convaincus de nôtre misere; & que si JESUS-CHRIST ne se hâte de nous délivrer, nous sommes perdus. Ainsi dans cette vûë nous luy dirons avec une humilité profonde : *Seigneur, ne vous éloignez point de moy; mon Dieu, regardez-moy & me secourez.*

Psal. 70. 12.

POUR LE JOUR
DE PASQUE.
INSTRUCTION IV.

Consepulti sumus cum Christo per baptismum in mortem, ut quomodo Christus surrexit à mortuis per gloriam Patris, ita & nos in novitate vitæ ambulemus. *Rom.* 6.

Nous avons été dans le Batême ensevelis avec JESUS-CHRIST, *pour mourir, afin que comme* JESUS-CHRIST *est ressuscité des morts par la gloire de son Pere, nous marchions aussi dans une nouvelle vie.*

OMME la Resurrection de JESUS-CHRIST est le fondement de la Religion Chrétienne, nous devons aussi avoir un soin particulier de bien connoître un si grand mystere, dans lequel nous trouverons

les instructions les plus importantes pour nôtre salut. Et puisque nous ne connoissons les choses de Dieu, qu'autant qu'il luy a plû de nous les reveler par ceux qui ont été les organes de son esprit, nous consulterons particulierement le grand Apôtre pour apprendre de luy ce qu'il a appris de Dieu même, touchant ce grand mystere que nous célébrons en ce saint jour.

Le lieu où l'Apôtre l'explique plus au long, est le 6. chapitre aux Romains, dans lequel il joint ensemble le mystere de la Passion, & celuy de la Resurrection, parce qu'ils s'entretiennent & s'entr'expliquent l'un l'autre.

Il nous montre l'état où nous devons être pour être vraiment ressuscitez avec le Sauveur. Voicy ses paroles : *Ne sçavez-vous pas que tous tant que nous sommes, nous avons été batisez dans la mort de* Jesus-Christ. *Car nous avons été ensevelis avec luy pour mourir : afin que comme* Jesus-Christ *est ressuscité des morts par la gloire de son Pere, nous marchions aussi dans une nouvelle vie.*

I.

Cette parole que Jesus-Christ *est ressuscité par la gloire de son Pere*, nous marque excellemment le mystere de sa Resurrection. Car tant que le Fils de Dieu a vécu dans le monde, comme son humanité sainte étoit encore mortelle, il a retenu dans la partie superieure de son ame les rayons de cette gloire infinie de son Pere, dont il jouïssoit, sans la répandre sur son corps, voulant que pour nous donner exemple, il souffrît icy toutes les miseres de cette vie.

Mais au moment de sa Resurrection, cette gloire de son Pere, c'est-à-dire, la gloire de la divinité même s'est répanduë sur son humanité sainte : *Sur-*

rexit à mortuis per gloriam Patris, & elle luy a imprimé des qualitez toutes divines ; de sorte qu'encore qu'elle soit demeurée une veritable humanité, les Peres neanmoins n'ont pas craint de dire de la Resurrection, que JESUS-CHRIST étoit devenu en ce jour TOTUS DEUS, *tout Dieu*, c'est-à-dire, dans l'humanité, aussi-bien que dans la divinité, & selon l'expression d'un d'entre eux : *Que l'eau de l'humanité avoit été changée dans le vin de la divinité.*

Aprés donc avoir adoré le mystere si incompréhensible que nous marque ce grand Apôtre par ces deux paroles ; voyons maintenant le fruit qu'il veut que nous en tirions : *Comme* JESUS-CHRIST, dit-il, *est ressuscité par la gloire de son Pere, nous devons marcher de même dans une nouvelle vie.* Voilà le fruit de la resurrection dans nous, que nous entrions dans une nouvelle vie.

Et qu'est-ce que cette vie nouvelle ? Ecoutons ce divin Maître. La vie nouvelle suppose la destruction de la vieille. Et comment se détruit-elle ? *Sçachons*, dit-il, *que nôtre vieil homme a été crucifié avec luy, afin que le corps du péché soit détruit, & que nous ne soyons plus esclaves du péché.*

Remarquons toutes ces paroles. Pour célébrer vraiment la Resurrection de JESUS-CHRIST, il faut ressusciter avec luy. Pour ressusciter, il faut entrer dans sa vie nouvelle. Pour entrer dans la vie nouvelle, il faut éteindre la vieille, c'est-à-dire, celle du vieil homme qui doit être crucifié avec luy.

Car c'est en cecy que consiste, principalement à nôtre égard, le mystere de la Croix. JESUS-CHRIST qui a voulu porter sur luy nos péchez, & montrer dans luy-même ce qu'il devoit ensuite operer dans nous, ne pouvant prendre le péché même, il en a pris les effets & la ressemblance, en prenant un corps mortel. Il est mort ensuite, & il a été crucifié dans ce corps, pour nous montrer comment nous devions faire mourir & crucifier nôtre vieil homme, c'est-à-dire, toutes nos mauvaises inclinations, qui nous portent sans cesse au mal, selon ce que l'Apôtre dit ailleurs: *Ceux qui sont à* JESUS-CHRIST *ont crucifié leur chair avec tous leurs vices & leurs mauvais desirs.* Gal. 5. v. 24.

Voulez-vous donc voir si vous êtes ressuscitez ? Voyez auparavant si vous êtes morts : car comme il dit ensuite : *Celuy qui est mort, est justifié de son péché* ; Voyez si le vieil homme est crucifié. Et qu'est-ce proprement que le vieil homme ? Le vieil homme est l'homme, selon ce qu'il est par sa nature corrompuë, par la naissance malheureuse qu'il a tirée d'Adam, qui est déreglé généralement & dans sa volonté, & dans son esprit, & dans son corps. Rom. 6. v. 7.

C'est pourquoy S. Paul ajoûte aussi-tôt : *Afin que le corps du péché soit détruit* ; parce que de tous les mouvemens, des desirs, des pensées, des actions de ce vieil homme, il se forme un corps de péché, & comme une chaîne & un concours d'actions qui sont toutes mauvaises, & qui forment ce corps de ténébres dont parle JESUS-CHRIST dans l'Evangile, opposé à ce corps de lumiere, dont il dit : *Si vôtre œil est simple,* c'est-à-dire, si vôtre intention est pure, *il se fera dans vous un corps de lumiere,* un corps d'actions toutes lumineuses ; *& si vôtre œil est déreglé, il se fera dans vous un corps de ténébres,* un corps de péché, un enchaînement d'actions toutes mauvaises & toutes corrompuës. Luc. c. 6.

C'est-là tout l'exercice de nôtre vie, dit excellemment Saint Augustin, c'est-là tout le devoir des Aug. contra

Isal. l. num. 69.

Chrétiens, de combattre interieurement nos vices cachez & secrets par la grace secrette & interieure du Saint Esprit: CUM vitiis internis, internâ sancti Spiritûs gratiâ luctari. C'est pourquoy, dit ce Saint,

Aug. de verb. Apost. serm. 3. c. 9.

il faut travailler aujourd'huy à crucifier un de vos vices, & demain un autre. Si vous en avez fait mourir un maintenant, foulez-le aux pieds, de peur qu'il ne se releve; & passez à celuy qui est vivant, pour l'étouffer comme l'autre. CALCA mortuum, transi ad vivum.

Aussi l'Eglise sainte desirant avec ardeur que nous eussions part aux graces si abondantes d'un si grand mystere, & sçachant que nous ne pouvons ressusciter sans être morts auparavant au corps du péché, nous a donné tout le temps sacré du Carême, pour mortifier nôtre ame & nôtre corps, afin de pouvoir ressusciter en ce saint jour avec Jesus-Christ.

II.

Aprés avoir vû l'obligation que nous avons d'être morts avec Jesus-Christ, voyons maintenant quelles sont les marques de la vie nouvelle qui doit se trouver dans nous conformément à celle de Jesus-Christ. Si nous sommes morts avec Jesus-Christ, continuë l'Apôtre, nous serons aussi vivans avec Jesus-Christ: Sçachant que Jesus-Christ étant ressuscité, ne mourra plus, & que jamais la mort n'aura aucune puissance sur luy.

Voilà la premiere marque de vôtre resurrection. Il faut voir si elle a quelque fermeté, si elle montre sa constance dans la suite & dans l'uniformité de vôtre vie. Car pour ce qui est de ces confessions ordinaires du jour de Pâque, ausquelles nous ne devrions penser qu'avec des gemissemens & des larmes, ce ne sont pas des resurrections. Ce sont des illusions & des phantômes semblables à cette ombre de Samuël, qui s'apparut à Saül pour un moment.

La Resurrection de JESUS-CHRIST est pour toûjours. Celle des vrais convertis luy doit ressembler, puisqu'elle en doit être la suite & l'effet. C'est pourquoy l'Apôtre assure ensuite les Fidéles, que s'ils sont morts avec JESUS-CHRIST, ils vivront avec luy, sans que le péché puisse les assujettir de nouveau à sa tyrannie : *Car le peché n'exercera plus son empire & sa domination sur vous, parce que vous n'êtes plus sous la Loy, mais sous la Grace.* C'est-à-dire, vous avez dans vous la grace de la Resurrection de JESUS-CHRIST, qui est toute-puissante pour soûtenir vôtre foiblesse.

La seconde marque de cette resurrection, c'est qu'on ne vive plus que pour Dieu : *Considerez-vous*, dit S. Paul, *comme morts au peché, & comme ne vivans plus que pour Dieu en Nôtre Seigneur* JESUS-CHRIST. C'est ce que l'Apôtre a dit au commencement de ce Chapitre : *Afin que nous marchions*, à l'imitation de JESUS-CHRIST *dans une nouvelle vie.*

Pour voir donc si un homme est à Dieu, il ne faut pas considerer quelques actions exterieures, s'il va plus à l'Eglise, s'il est plus modeste dans ses paroles, ou dans ses habits, ou dans sa maison, ou autres choses semblables, qui sont bonnes, mais qui ne sont pas l'essence de la pieté. Il faut voir s'il mene une vie nouvelle, une vie de Dieu, une vie de JESUS-CHRIST ressuscité.

C'est pourquoy l'Apôtre dans la même Epître, après avoir dit : *Ne vivez point selon la forme & la coûtume du monde*, ajoûte aussi-tôt : *Mais qu'il se fasse en vous une transformation & un changement dans le renouvellement de vôtre esprit*, qui vous fasse passer de la vie du viel homme à la vie nouvelle de l'homme nouveau. Rom. 12. v. 3.

Mais il est vray que cette vie nouvelle est suivie & même connuë de peu de personnes; ce qui fait dire à S. Augustin: *Il falloit que* JESUS-CHRIST *ressuscitant se montrât aux siens, & non aux Juifs, & cela par un grand mystere: parce que sa Resurrection marquoit sa vie nouvelle, & que sa vie nouvelle n'est connuë que de ses amis, & non de ses ennemis.* OPORTEBAT, *ut Christus resurgens, suis se ostenderet, & non Judais, in magno sacramento; quia resurrectio ipsius vitam novam significabat. Vita autem nova amicis nota est, non inimicis.*

La troisiéme marque de la Resurrection de JESUS-CHRIST qui opere dans une ame, c'est qu'elle doit non seulement mener une vie nouvelle, c'est-à-dire, sainte & innocente, mais aussi une vie celeste & toute divine. C'est ce que l'Apôtre a trés-bien marqué dans l'Epître aux Colossiens: *Si vous êtes ressuscitez avec* JESUS-CHRIST, *si la grace si abondante de sa resurrection a fait impression dans vôtre ame, recherchez les choses d'enhaut, les grandeurs divines & invisibles qui sont dans le Ciel, où* JESUS-CHRIST *reside à la droite de son Pere.* De sorte qu'il ne suffit pas pour participer à cette qualité de ressuscité, de s'éloigner ou des vices, ou des choses visiblement mauvaises, ou même des imperfections palpables & grossieres; mais il faut travailler à se purifier d'une maniere toute particuliere, pour faire voir qu'on est, selon l'Apôtre, *une nouvelle creature.*

Car comme il y a une grande difference entre la vie que JESUS-CHRIST a menée avant sa mort, & celle qu'il a menée depuis sa resurrection, puisqu'encore qu'il fût la sainteté même, & qu'il vécût de la vie de Dieu avant sa mort, neanmoins cette vie divine n'étoit pas répanduë sur son humanité,

Coloss. cap. 3.

comme elle l'a été par fa refurrection, dans laquelle, comme nous difions maintenant aprés un grand Saint, *l'eau de l'humanité a été changée dans le vin de la divinité.* Ainfi encore qu'on ait travaillé jufques à cette heure à vivre faintement, il faut qu'il fe faffe de plus un changement nouveau dans nous, & que nous concevions une ardeur nouvelle de fervir Dieu, pour participer à la grace de ce faint temps.

Et cecy nous montre combien les hommes s'abufent, qui ayant d'ordinaire quelque refpect pour le temps du Carême, lorfqu'ils ont quelque fentiment de la Religion, s'imaginent qu'aprés que le jour de Pâque eft paffé, le temps de la devotion eft auffi paffé. Ils ne confiderent pas que ces cinquante jours du temps Pafchal, qui finiffent par la fête de la Pentecôte, font encore plus faints, & qu'ils doivent être plus fanctifiez que ceux du Carême, qui ne fert que de préparation pour le temps de Pâque, durant lequel doit paroître l'effet & le fruit de toute nôtre pieté, de tous nos jeûnes & de nôtre penitence, que nous avons témoignée durant quarante jours.

C'eft pourquoy nous pouvons dire à ceux qui font dans ce fentiment, ce que S. Paul difoit aux Galates: *Etes-vous fi infenfez qu'aprés que vous avez commencé par l'efprit, vous finiffiez par la chair?* Et encore vous allez vivre par la chair au temps que vous êtes le plus obligez de vivre par l'efprit; puifque c'eft en ce temps que la chair de JESUS-CHRIST même eft devenuë toute fpirituelle, nous donnant une ferme efpérance qu'un jour nos corps deviendront tout fpirituels comme le fien.

Gal. c. 3.

Car c'eft particulierement en ce temps que le Fils de Dieu nous dit cette parole qu'il a dite aux Juifs:

Ioan. 8. c. 8.
v. 23.

Pour vous autres, vous êtes d'embas, mais moy je suis d'enhaut. Vous êtes vous autres de ce monde ; mais moy je ne suis point de ce monde. Vos de deorsum estis, ego de supernis sum. Vos de hoc mundo estis, ego non sum de hoc mundo. Et c'est dans ce même sens que l'Apôtre nous a dit touchant la participation que nous devons avoir à la grace de la resurrection : *Ne goûtez que les choses du Ciel, & non pas celles de la terre.* Quæ sursum sunt sapite, non quæ super terram.

Veillons donc sur nous en ce temps sacré avec encore plus de soin que nous n'avons fait durant le saint temps de Carême. Si nous relâchons nos jeûnes & nos autres mortifications, ne discontinuons pas pour cela d'user toûjours d'une sage violence, & de combattre avec courage les desirs de la sensualité ; & sans prendre garde à ce que la chair veut de nous, travaillons à l'assujettir malgré elle à l'empire de nôtre esprit. Que le temps de Pâque n'apporte point d'interruption à un ouvrage d'une si grande importance. Continuons de tenir nôtre chair dans la servitude jusques à ce qu'elle soit preste à tout : qu'elle apprenne à se contenter de tout, & à aimer ce qui est le plus simple, en recevant sans murmure ce qui déplaît le plus à ses sens. C'est ainsi que nous ferons voir par des preuves solides que nous aurons part à la Resurrection du Fils de Dieu, & que nous ne l'aurons pas prise par un abus insupportable pour le terme où nous bornons nôtre pieté & où nous cessons de bien vivre.

POUR LE JOUR DE PASQUE.

INSTRUCTION V.

Expurgate vetus fermentum. 1. *Cor.* 5.

Purifiez-vous de ce qui reste du vieux levain.

L E mystere que nous célébrons en ce grand jour, est si admirable & si avantageux, soit pour la gloire de Dieu, ou pour la felicité des hommes, qu'il ne faut que réveiller sa foy, & se souvenir qu'on est Chrétien, pour prendre part à la joye qui est aujourd'huy commune au Ciel & à la terre. Car comment pouvons-nous avoir quelque sentiment pour Dieu, sans nous réjouïr de voir son Fils entrer dans la possession de la gloire, qu'il a si justement meritée ?

Cecy est de St. Chrysostome.

Comment pouvons-nous avoir quelque reconnoissance pour celuy qui nous a rachetez de son propre sang, sans ressentir une sainte joye de le voir passer en un moment de l'abîme du mépris, & de la bassesse au comble de la felicité & de la souveraine puissance ; & comment pouvons-nous avoir quelque amour pour nôtre bien veritable, sans nous réjouïr aujourd'huy de la victoire de JESUS-CHRIST, puisqu'il n'a combattu que pour nous, puisque son triomphe est le nôtre, & qu'ayant terrassé le prince du monde & de l'enfer, qui nous tenoit captifs sous sa tyrannie, il nous a ouvert le Ciel qui étoit fermé aux hommes depuis le commencement du monde ?

Mais plus le sujet de cette joye est juste & legitime, plus nous devons prendre garde que la Resurrection du Sauveur, qui a été si glorieuse & si avantageuse pour les vrais Fidéles, ne devienne vaine & inutile pour nous. C'est pourquoy nous examinerons avec soin l'avis que nous donne Saint Paul dans l'Epître que l'Eglise fait lire aujourd'huy en la Messe.

Mes freres, purifiez-vous du vieux levain. S. Paul desirant de faire entrer les Fidéles dans un veritable renouvellement, dans la vûë de la vie nouvelle où JESUS-CHRIST est entré par sa Resurrection glorieuse, exhorte les Fidéles à quitter leurs déréglemens passez. Il se sert du mot de *levain*, pour faire voir combien il seroit dangereux de conserver dans nous quelque reste de nôtre premiere vie, puisqu'il seroit capable de corrompre aussi infailliblement toutes nos vertus, qu'un peu de levain suffit pour aigrir toute la pâte. Ainsi Saint Paul ne nous ordonne pas de nous abstenir seulement de quelque vice en particulier ; mais generalement de tous, afin que ce retranchement soit entier, sans qu'il en reste la moindre trace.

Cet avis donc est considerable, & S. Paul en nous le donnant, suppose qu'il y a toûjours en nous quelque chose de ce vieux levain à purifier, c'est-à-dire, quelque défaut qui nous perdroit, si nous cessions de le combattre. C'est pourquoy lorsqu'il dit, *comme vous êtes azymes & sans levain*, il ne marque pas tant l'état où ce peuple étoit en effet, que celuy dans lequel il devoit être.

Car

Pour le jour de Pâque. INST. V.

Car JESUS-CHRIST *a été immolé pour être nôtre Pâque.* S. Paul ne trouve rien de plus puissant pour faire rentrer les Chrétiens en eux-mêmes, que de leur representer que JESUS-CHRIST a été immolé. *Réjouyssons-nous,* dit-il, *comme dans un jour de Fête.* Ainsi selon ce Saint Apôtre, toute cette vie est un jour de fête. Car il ne prétend pas exhorter les Fidéles à se réjouir seulement aux approches de la Fête de Pâque que nous celebrons maintenant. Il veut que leur joye soit continuelle, parce qu'ils sont dans une continuelle fête, à cause des grandes graces qu'ils ont reçûës du Sauveur.

Car que JESUS-CHRIST pouvoit-il nous donner de plus? Et comment aprés de si grands biens pourroit-on ne pas être dans la joye? Qu'elle domine donc de telle sorte dans nos ames, qu'elle en bannisse toute la tristesse que la pauvreté, la maladie, ou les persecutions nous pourroient causer: Que tous les maux d'icy-bas nous paroissent comme des songes, dans la vûë de cette fête que nous celebrons pendant tout le temps que nous vivons; & que la reconnoissance des dons que nous avons reçûs, efface tout le sentiment que nos afflictions pourroient exciter dans nos ames.

C'est pourquoy le même Apôtre dit ailleurs: *Réjouissez-vous dans le Seigneur: Je vous le redis encore, réjouissez-vous.* Phil. 4. Mais la consideration de cette Fête dont parle S. Paul, nous oblige à remarquer que dans les jours de fêtes, personne n'a de sales habits. Que personne ne paroisse donc icy revêtu d'une maniere indigne de nos saintes solemnitez. Ce que je n'entends pas des vétemens du corps, mais des actions qui sont comme les vétemens de l'ame.

Il est marqué dans l'Evangile que tous ceux qui

avoient été invitez aux nopces du fils du Roy, avoient la robe nuptiale; qu'un seul s'y trouva avec des habits indecens, & qu'il fut rejetté avec ignominie de ce festin dont il deshonoroit la sainteté. N'oublions point dans quelle pureté il faut être, pour avoir place à ces nopces saintes. L'Apôtre ne trouve rien de plus puissant pour nous porter à cette pureté, que de nous dire que c'est la celebration de la Pâque, & de nous rappeller dans l'esprit la memoire des pains azymes, & de ces hystoires anciennes qui nous figuroient les nôtres.

Le doigt de Dieu avoit été tellement marqué dans cette ancienne délivrance du peuple Juif, & prédisoit si clairement le salut que Jesus-Christ a accomply depuis sur la terre, que le seul mot de *pains azymes* suffisoit, selon le sentiment de Saint Paul, pour rappeller dans nôtre souvenir tous les maux dont nous avons été délivrez, & tous les biens que nous avons receus ensuite.

Il nous avertit encore par ces *pains azymes* de ne pas imiter les Juifs qui desirent de retourner dans l'Egypte; puisque ce desir ingrat nous exposeroit aux mêmes maux que ceux que ce peuple souffrit, & qui n'étoient que des figures de l'avenir. Ne desirons point de rentrer dans la corruption du monde, & de nous remettre sous la tyrannie du démon, aprés que Jesus-Christ nous en a délivrez avec tant d'éclat.

Il fit paroître autrefois une si grande puissance dans la figure de la fête que nous celebrons, qu'il força les Egyptiens de presser eux-mêmes son peuple de se retirer, jusqu'à ne luy pas permettre même d'emporter un peu de levain avec eux. Il n'a pas agy avec moins de force sur les démons qui nous tenoient sous leur puissance.

Ce n'est plus sous la conduite de Moïse, mais du

Fils de Dieu que nous avons été sauvez. Nous n'avons point trouvé une mer rouge, mais le baptême qui a été pour nous une source d'une infinité de biens, où le vieil homme a été comme noyé dans les eaux.

On nous commande en memoire d'une délivrance si miraculeuse, de ne souffrir point de levain dans aucun lieu de nos terres, c'est-à-dire, de bannir la malice de tous les replis de nos ames. Dieu veut que les Chrétiens soient simples & purs. Il veut qu'ils soient exempts de tout vice. Les maisons des Juifs où il se trouvoit du levain alors, perissoient sans aucune esperance de pardon : & tout Fidéle où il se trouvera encore quelque malice, ne doit attendre que sa perte.

Il ne faut pas nous tromper, ny croire qu'aprés que Dieu a témoigné une si grande severité dans la figure, il ne soit incomparablement plus exact & plus severe dans la verité. Si ce soin de purger toutes les maisons de levain, alloit jusqu'à prendre garde qu'il n'y en eût de caché en quelque endroit : devons-nous douter que nous ne soyons encore plus obligez de prendre garde qu'il ne se cache quelque reste du vieux levain dans les lieux les plus secrets de nos cœurs, & que quelque pensée impure n'infecte encore nos ames ?

Veillons donc sur nous, & pendant que nous le pouvons, purifions-nous de nos vices. Il est impossible selon la nature, que la pâte qui a été une fois corrompuë par le levain, devienne azyme, & ne se sente plus du levain qui l'a corrompuë. Mais la grace peut faire dans les ames ce qui ne se fait point naturellement dans la nature.

Il semble que ce commandement de Saint Paul, *Purifiez le vieux levain*, regarde plus particulieres ment les Prêtres qui laissent souvent par leur négligence remplir les ames de la corruption du vieux levain, lorsqu'ils ne travaillent pas avec assez de soin à purifier en particulier ceux qui leur sont commis, & en general toute l'Eglise, de la corruption des vices qui s'y glissent insensiblement.

L'avarice par exemple est un levain qui corrompt l'ame, qui rend impures toutes les maisons où elle entre, & dont le venin est si contagieux, que pour petit que puisse être un gain qui de soy est injuste, il gâte neanmoins tout le reste du bien de celuy qui le possede. C'est pourquoy on a vû souvent qu'un peu de bien mal acquis a fait perir de grandes richesses, lorsqu'on les a mêlées ensemble. Car il n'y a point de levain qui soit si subtil que l'avarice.

Lors donc que nous serons ainsi purifiez du vieux levain, & que nous serons des azymes; mangeons l'Agneau de la Pâque. Mangeons purs cét agneau sans tache, cét agneau dont toute la fureur des Juifs n'a pas eû le pouvoir de briser un os. Assemblons nos freres pour le manger ensemble dans la paix & dans l'union. Que ne doivent point esperer ceux qui ont appliqué le sang de JESUS-CHRIST, non sur le seüil de leurs portes, mais dans leurs ames?

Il y a encore aujourd'huy un Ange exterminateur qui fait continuellement la ronde au milieu de la nuit, comme autrefois parmy les premiers nez de l'Egypte; & qui remplit tout de sang & de meurtre. L'ange respecta alors le sang d'un agneau qu'il vit sur les portes. Cette vûë le fit trembler, parce qu'elle luy representa la mort du Fils de Dieu, dont ce sang étoit la figure. C'est ainsi que le démon respectera en nous le Sang du Sauveur. Moïse dit aux Juifs: *Mettez de ce sang sur les portes de vos mai-*

sons ; & après l'avoir fait, ils demeurerent dans une pleine assurance ; comment donc pourrions-nous craindre quelque chose, nous qui sommes la maison vivante de Dieu, & qui beuvons même le sang de l'agneau ?

POUR LE LENDEMAIN
DE PASQUE.

Qui sunt hi sermones quos confertis ad invicem ambulantes, & estis tristes ? Luc 24.

Quel est le sujet dont vous vous entretenez dans vôtre voyage, & quelle est la cause de vôtre tristesse ?

SI nous devons considerer toutes les actions de JESUS-CHRIST, soit durant sa vie, soit pendant sa Passion, & sa mort, comme pleines de mysteres, de benedictions, & de graces, nous devons avoir sans doute un respect tout particulier pour celles qu'il a faites aprés sa Resurrection, lorsque demeurant encore sur la terre avec son humanité glorieuse, il ne s'est montré de temps en temps à ses Disciples, que pour leur donner des instructions trés-importantes, qui devoient servir à toute l'Eglise.

C'est pourquoy si nous voulions nous arrêter en particulier, à découvrir les mysteres qui sont renfermez dans l'Evangile que l'Eglise nous propose en ce saint jour, il seroit aisé d'y faire voir comment elle nous donne un modéle excellent de toute la vie que doit mener une ame vraiment Chrétienne, & vraiment reſſuſcitée avec Jesus-Christ.

Mais parce que les Inſtructions particulieres ſont celles qui touchent davantage, il vaut mieux choiſir entre pluſieurs points qui s'en pourroient tirer, celuy qui y paroît d'abord, qui eſt le modéle des entretiens que nous devons avoir enſemble, qui nous eſt repreſenté dans cette conference que Jesus-Christ a aujourd'huy avec deux de ſes Diſciples.

Car comme il ne ſe paſſe preſque aucun jour, où nous n'ayons beſoin de nous entretenir avec quelqu'un; ſi nous n'avons ſoin de regler ces entretiens ſelon les loix de la diſcretion & de la charité, nous y commettrons beaucoup de fautes, leſquelles quoyque petites en elles-mêmes, ne ſeront pas peu conſiderables pour les mauvaiſes ſuites qui en peuvent naître, parce qu'étant ſi frequentes, elles nuiront peut-être autant par leur grand nombre, que feroit une plus grande faute par ſa qualité & par ſa grandeur.

Nous n'avons donc qu'à conſiderer les circonſtances de cét entretien de Jesus-Christ avec ces deux Diſciples, pour y apprendre comment nous nous devons regler, en nous entretenant avec les hommes, & pour ſanctifier tellement cét entretien, que Jesus-Christ s'y trouve preſent, comme il ſe trouva dans la compagnie de ces bienheureux Diſciples.

Ces deux Diſciples étant ſortis enſemble de Jeruſalem, pour aller à Emaüs, s'entretenoient du Fils de Dieu. Ils avoient toujours beaucoup d'affection & de reverence pour luy, quoy qu'il paroiſſe par la ſuite, qu'ils le conſideroient ſeulement comme un Prophete, & non comme un Dieu. Et comme ils s'entretenoient de la ſorte, Jesus-Christ tout d'un coup se joint à eux, & leur demande quel étoit le sujet de leur entretien, & quelle étoit la cause de leur tristesse?

Nous voyons par là que JESUS-CHRIST se trouve avec ceux qui parlent de luy, qui ont quelque affection pour luy, quoy que d'ailleurs ils n'ayent pas de luy tous les sentimens & toute la foy qu'ils devroient : ce qui doit être une grande consolation pour les ames encore foibles & imparfaites. Que si ces Disciples se fussent au contraire entretenus de choses vaines, ou des affaires du monde, nous avons sujet de croire qu'ils n'auroient jamais reçû une telle faveur du Fils de Dieu.

Cecy nous apprend premièrement à éviter autant qu'il se pourra, de parler des nouvelles & des affaires publiques, si ce n'est que ces avis nous regardent, pour agir en quelque rencontre selon Dieu. En ce cas les affaires publiques deviennent nos affaires particulieres. Mais hors cela, nous devons en parler tout le moins qu'il se pourra.

Car il n'est pas croyable combien la peste de cette corruption & de cette curiosité qui est en nous, nous y fait faire d'excés, soit en parlant mal de l'un, en jugeant mal de l'autre, en s'emportant en des contestations vaines, & souvent fondées sur des propositions temeraires, parce que nous parlons de choses que nous ne connoissons point en effet, & par consequent nous en parlons ou faussement, ou au moins temerairement.

Nous faisons ainsi la même faute à l'égard des gens du monde, que nous nous plaignons qu'ils font à nôtre égard, qui est de juger des choses dont on est très-mal informé, d'absoudre les uns sans sçavoir s'ils sont vraiment innocens, & de condamner les autres, sans sçavoir s'ils sont vraiment coupables.

La seconde faute que l'on commet dans ces entretiens, c'est qu'il y a des personnes qui y rapportent des choses qu'ils ont vûës, ou qu'ils ont oüy dire dans le monde, qui sont toutes pleines de vanité, de corruption d'esprit, & quelquefois même de corruption exterieure, & qu'on n'oseroit nommer ; que l'on ne dit qu'en passant & en les condamnant, mais qui ne laissent pas neanmoins de faire un trés-mauvais effet dans l'esprit de ceux qui les écoutent.

Car outre que cela souvent affoiblit les foibles, & ne fait que réveiller de mauvaises images dans l'esprit des forts, ou leur en imprimer même qu'ils n'avoient jamais eûës auparavant : lors qu'outre cela on y mêle quelque circonstance d'une chose qui n'est pas honnête, encore qu'on témoigne la condamner, neanmoins il n'est pas croyable quels mauvais effets cela produit en certaines ames.

Que si le seul souvenir d'une femme que Saint Benoît avoit vûë à Rome, a été capable de le mettre en un danger extréme de se perdre, après un jeûne & une solitude si effroyable ; que ne pourront point faire dans ces ames foibles ces sortes d'objets dont on y imprime les images par ces mauvaises choses dont on les entretient ?

Que s'il y a grande apparence que ce fut le diable même qui excita dans l'esprit de ce grand Saint l'image de cette femme, comme il est indubitable qu'il s'en servit pour allumer dans luy la concupiscence : une personne qui pense à Dieu, n'est elle pas bien malheureuse de tenir ainsi lieu de démon à l'égard de son frere, & de luy fournir de matiere pour le tenter, pour l'inquieter, & pour le mettre quelquefois en danger de se perdre ?

Car il ne faut pas prendre garde si ces choses dont vous parlez, ne font point de mauvaise impression dans vous. C'est assez qu'elles en puissent faire, & qu'elles en fassent souvent dans les autres. C'est pourquoy nous devons bien peser ce grand avis de l'Apôtre : *Ne donnez point de lieu & d'entrée au démon* ; soit dans vous-même, soit dans les autres. Car un Chrétien n'est-il pas bien miserable de donner des armes au démon pour attaquer les membres de Jesus-Christ, luy qui devroit contribuer sa propre vie, s'il étoit necessaire, pour les deffendre de ses attaques ?

Ephes. cap. 4. v. 27.

Tout ce que l'on ajoûte pour condamner ces choses en les disant, n'empêche point, comme j'ay dit, ces mauvais effets : parce que la concupiscence est comme une bête qui agit sans raison, & qui se porte tout d'un coup à son objet, sans faire aucune reflexion, & sans s'arrêter au jugement & aux pensées que nous en formons dans nôtre esprit. C'est de même que si on mettoit un morceau de pain devant un chien, & qu'on luy deffendît en même temps d'en manger. Il ne laisseroit pas de le faire, parce qu'il a des sens qui sont emportez par les objets qu'on luy presente, & qu'il n'a point de raison pour écouter la deffense qu'on luy fait.

La troisiéme faute que l'on commet dans les choses dont on parle, est marquée par S. Bernard. Il dit qu'il y a des personnes qui sont à Dieu, & même des personnes Religieuses qui rapportent ce qu'elles ont fait dans le monde. Si c'est un Gentilhomme, il rapportera ce qu'il aura fait, *avec un courage de gladiateur*, Gladiatorio *animo* : Si c'est un homme de lettres, il dira ce qu'il a fait, *dans les combats & les exercices des sciences ou des belles lettres*, In conflictu litterario : Si c'est une personne qui ait été en quelque employ Ecclesiastique, il dira ce qui s'est passé pour luy d'avantageux selon le monde dans cette charge.

Enfin, dit-il, *les uns rapportent une chose, les autres une autre qui leur a été favorable selon la vanité du siecle, mais qui étoit pernicieuse au salut de leur ame;* ALII *aliud narrant, secundùm mundi quidem vanitatem favorabile, secundùm verò anima salutem perniciosum.* Et quelques-uns, dit-il, rapportent ces choses comme en se plaignant d'eux-mêmes : *Quelques-uns parlent de ces choses comme avec douleur. Mais le faisant en effet dans le fond de leur cœur par un secret desir de vanité, cette douleur feinte ne sert de rien pour effacer leurs pechez, mais n'est qu'une vaine illusion, par laquelle ils se séduisent eux-mêmes :* NONNULLI *talia quasi dolendo & pœnitendo rememorant : sed gloriam intentione captantes, commissa sua non diluunt, sed seipsos illudunt.*

Il faut donc éviter tous ces discours qui nuisent & à ceux qui les disent, & à ceux qui les écoutent, qui naissent de la foiblesse des uns, & qui entretiennent la foiblesse qui se trouve dans les autres. Il faut oublier toutes ces choses, comme nous voulons que Dieu les oublie, & ne pas tirer vanité de ce qui nous doit couvrir de confusion devant Dieu & devant les hommes mêmes, qui sçavent juger des choses par la verité.

Math. c. 18. JESUS-CHRIST, selon nôtre Evangile, se presente à ses Disciples, & il verifie ainsi la parole qu'il leur avoit dite : *Lorsque deux ou trois seront assemblez en mon nom, je suis au milieu d'eux.* Cecy nous fait voir que si nos entretiens sont bien reglez, JESUS-CHRIST s'y trouvera present. Mais en quelle maniere? Premierement lors que dans une compagnie où nous sommes, il se trouve une personne qui nous doit tenir la place de JESUS-CHRIST, soit par son ministere, soit par sa charge ; nous devons l'écouter comme JESUS-CHRIST. Car si ces deux Disciples ont écouté avec tant de respect & d'affection JESUS-CHRIST, quoy qu'il ne leur parût qu'un étranger & un inconnu ? combien plus devons-nous respecter ceux dont il a dit : *Celuy qui vous écoute, m'écoute ?* *Matth. 10.*

Aussi depuis que JESUS-CHRIST commença à entretenir ces Disciples, il paroît qu'ils ne firent plus que l'écouter en se tenant dans le silence. Et cecy nous apprend la grande modestie que nous devons garder dans un entretien, où il y a quelque personne de respect. Souvent tel parle qui devroit se taire, lors qu'il parle même des choses de Dieu, parce qu'il le fait avec des termes, & avec un air qui ressent encore le siécle & le monde.

Sur quoy il faut observer une regle de grande importance, qui est de considerer toujours quel rang on tient dans une compagnie, & parler plus ou moins, selon qu'on y est plus ou moins considerable. Car il y en a qui se doivent toujours taire, à moins qu'on ne les oblige de parler. Et comme celuy qui parle en son rang, & en la maniere qu'il doit, édifie les autres par ses paroles ; celuy aussi qui ne fait qu'écouter avec respect, les édifie par son silence.

Les gens du monde même sçavent fort bien observer ces regles, & remarquer quand on ne les garde pas. Et il est étrange qu'ils fassent par civilité ce que ceux qui pensent à Dieu, ne font pas par humilité.

Il faut donc observer dans ces entretiens la regle de S. Paul : Réjoüissez-vous, entretenez-vous honnestement, mais en Dieu, & non dans les affaires du monde : *Faites connoître vôtre modestie à tout le monde:* MODESTIA *vestra nota sit omnibus hominibus.* *Philip. c. 4. v. 5.*

Et parce que toutes ces regles qui sont fondées sur la verité, sont difficiles à observer dans les entretiens & dans les conversations que l'on a, sur tout si c'est avec des personnes ou qui aiment le monde, ou qui aiment foiblement Dieu ; ceux qui veillent sur leur ame, & qui selon le commandement de l'Ecriture travaillent avec soin à la garde de leur cœur, voyent tout d'un coup en envisageant ces difficultez, que le plus seur c'est d'éviter ces entretiens autant qu'on le peut faire, sans blesser trop visiblement la charité & l'honnêteté, & de fuir les familiaritez & les visites de ceux dont les discours ne nous portent pas à Dieu. C'est avec Dieu, & avec ses saints Anges, & non avec les hommes que nous devons nous familiariser & prendre plaisir de nous entretenir. Nous devons à la verité aimer tout le monde ; mais nous devons fuïr en même temps de parler avec le monde, & prendre garde de telle sorte sur nos discours, & sur tout ce qui sort de nôtre bouche, que les plus gens de bien n'ayent pas sujet de se repentir de nôtre conversation, lorsqu'ils se seront trouvez engagez à s'entretenir avec nous.

POUR LE MARDY DE PASQUE.

Stetit Jesus, in medio Discipulorum suorum, & dixit eis : Pax vobis. Luc 24.

Jesus vint paroître tout d'un coup au milieu de ses Disciples, & il leur dit : La paix soit avec vous.

'IL y a quelque parole dans l'Evangile, qui nous doive remplir de consolation, c'est celle que nous lisons aujourd'huy, lorsque le Fils de Dieu donne à ses Disciples & à nous en leur personne, & la paix & la joye. Car ces deux choses paroissent si aimables à tous les hommes, que dans leurs prétentions si differentes, ils s'accordent tous à les desirer. Les bons desirent la paix : Les méchans aussi la desirent. Mais les bons cherchent une paix veritable dans la verité & dans l'innocence ; & les méchans cherchent une fausse paix dans la fausseté & dans le mensonge. Pour apprendre donc aujourd'huy de la bouche de la Verité même, où nous pouvons trouver un si grand bien qui est desiré de tout le monde, nous considererons.

I. En quoy consiste cette paix que le Fils de Dieu donne en ce jour à ses Apôtres.

II. Quelle est cette joye dont il est marqué en ce jour, que les Disciples ont été remplis.

III. Pourquoy Jesus-Christ donne son esprit à ses Apôtres, aussi-tôt après qu'ils ont reçû cette joye.

I.

Pour ne point mêler des pensées humaines avec des paroles toutes divines, nous expliquerons ces trois veritez de nôtre Évangile, que nous venons de proposer, selon qu'elles sont rapportées dans les mêmes termes, dans le même sens, & dans le même ordre par l'Apôtre, qui en a été le plus excellent Interprete. Car comme le Fils de Dieu donne aujourd'huy la paix, la joye, & le S. Esprit à ses Disciples, comme les principaux fruits de sa resurrection; aussi ce saint Apôtre nous apprend que le royaume de Dieu, que JESUS-CHRIST vient établir aujourd'huy dans ses Disciples, n'est autre chose *que la justice, la paix & la joye dans le S. Esprit.*

<small>Rm. cap. 14. v. 17.</small>

Comme le Fils de Dieu commence par donner la paix, saint Paul aussi nous asseure que le Royaume de Dieu consiste premierement dans la paix. Mais il met auparavant la justice, *Justitia, pax.* Et cette parole nous donne une entrée pour montrer quelle doit être cette paix de JESUS-CHRIST. Car si la paix n'est precedée de la justice, elle est fausse, elle n'est point la paix que JESUS-CHRIST donne aujourd'huy à ses Apôtres. Pour bien comprendre donc quelle est la paix veritable, voyons premierement quelles sont les fausses, afin qu'ayant reconnu ce que nous devons fuïr, nous recherchions avec plus d'ardeur ce que nous devons desirer.

On ne parle point icy de cette fausse paix, que les pecheurs trouvent souvent au milieu de leurs desordres. Il n'est pas besoin de s'arrêter, pour faire reconnoître la fausseté de cette paix. L'Écriture dit en un mot: *Il n'y a point de paix pour les impies:* Et c'est Dieu même qui nous en assûre. Leur joye est une joye de phrenetiques, selon S. Augustin, qui fait pleurer les personnes sages.

<small>Isaï. cap. 48. v. 22.</small>

Ce qu'on peut neanmoins marquer en passant, & ce qui ne se doit dire qu'avec douleur, c'est qu'aprés que Dieu-même nous a assûrez par le Prophete, qu'il n'y a point de paix pour ces personnes qui aiment le monde, qui vivent selon le monde, qui confessent quelquefois leurs pechez, mais qui ne s'en separent jamais ; il s'en trouve cependant selon que s'en plaint le même Prophete, qui annoncent à ces personnes une paix de la part de Dieu, lorsque Dieu assûre au contraire qu'il n'y a point de paix pour eux. *Dicentes : Pax, pax ; & non est pax.* On n'entre point dans ce discours, parce qu'il est plus aisé d'éviter ce piege.

Pour expliquer donc une fausse paix, dont les personnes mêmes qui font profession de pieté, sont quelquefois susceptibles, nous pouvons dire qu'il y en a de deux sortes ; la premiere est une paix d'orgueil & d'aveuglement, la seconde est une paix de paresse & de negligence.

Cette paix d'orgueil & d'aveuglement est celle qui se trouve en ces personnes qui exercent volontiers toutes sortes de bonnes œuvres, & qui font des actions qui sont en effet trés saintes & trés-utiles en elles-mêmes, mais avec cette condition qu'ils se conduiront eux-mêmes, qu'ils ne consulteront que leur propre esprit, & leur propre lumiere, s'imaginant que si on n'agit ainsi avec une pleine liberté & une pleine autorité, on ne peut bien s'acquitter du soin qui nous a été commis. Pourvû qu'ils agissent de la sorte, tout est en paix, tout leur est facile. Cependant cette paix est fausse, & le bien qu'ils font, ne sert souvent qu'à les tromper, parce qu'il leur donne une satisfaction d'eux-mêmes, qui les entretient dans cét orgueil secret pour ne dépendre que d'eux-mêmes, & ne se conduire que par leur esprit. C'est de ces personnes que l'Apôtre dit : *Ne vous appuyez point sur vôtre sagesse.*

Rom. cap. 12.

Si ces personnes vouloient même se sonder & s'examiner eux-mêmes, sans se flatter, ils sentiroient qu'ils n'ont pas une veritable paix ; & leur cœur démentiroit pour ainsi dire leur esprit : car que l'on fasse tout ce qu'on voudra, & que l'on se repaisse si l'on veut, l'imagination de vaines chimeres, il est constant que l'on ne trouvera jamais de vray repos qu'en se soumettant humblement. On sçait que chacun aime naturellement à agir selon ses lumieres, à suivre ses pensées & ses inclinations : mais la foy qui doit tout regler dans un Chrétien, le conduit autrement, & si Dieu habite veritablement dans nous par la foy & par la charité, nous aimerons à renoncer à nous-mêmes ; & ce sera dans ce renoncement que nous trouverons une veritable paix. Ainsi ne nous trompons point par l'amour d'une fausse liberté ; & aimons à nous soumettre plus par charité que par necessité, nous assurant que nous n'acquererons jamais la paix & la liberté de l'esprit si nous ne nous assujettissons de tout nôtre cœur pour l'amour de Dieu.

La seconde fausse paix qui est encore plus cachée & plus generale que cette premiere, est la paix de la negligence & de la paresse ; la paix de ceux qui veulent tellement servir Dieu, qu'ils cherchent principalement, ou au moins qu'ils cherchent trop leur propre repos.

Ainsi on voit souvent des personnes qui sortent de leurs déreglemens, qui abandonnent même le monde, qui sont prests d'aller où l'on voudra, & de faire tout ce qu'on voudra. On croiroit cette conversion la plus sincere & la plus indubitable qu'on pût souhaitter.

Cependant

Cependant quand on les a appliquez à ce qu'on juge leur être propre, on voit aussi-tôt qu'ils agissent d'une maniere toute humaine ; que tout ce qui n'est pas conforme à leur inclination, les choque ; qu'ils ne travaillent point à se défaire de leurs vices, enfin que ce sont des personnes negligentes qui ne pensent point serieusement à leur salut, & qui ne cherchent que leur satisfaction & leur repos, au lieu de chercher la paix de Dieu.

On voit donc avec combien de raison l'Apôtre a dit : *Le Royaume de Dieu est la justice & la paix.* Psalm. 84.

On ne peut avoir la paix, sans avoir auparavant la justice ; c'est-à-dire, la vraye pieté & la charité. C'est pourquoy David a dit : *La paix & la justice se sont entredonné un saint baiser.* La paix, dit S. Augustin, est amie de la justice ; & elle dit aux hommes : *J'aime la justice ; & nul ne me possedera, qui ne sera point ami de celle que j'aime.* AMICA *sum justitiæ.* Aug. in Psal. 84. *Non accedo ad inimicum amica mea.*

Quelle est donc la veritable paix ? C'est celle qui est opposée à ces deux fausses paix dont nous venons de parler, qui est humble & qui n'est point negligente. Car JESUS-CHRIST a dit contre ces personnes, qui cherchent ainsi leur repos ou dans l'indépendance, ou dans la paresse : *Je ne suis point venu apporter la paix dans le monde, mais j'y suis venu apporter l'épée.* Un autre Evangeliste dit : *sed separationem* : *Je suis venu apporter non la paix, mais l'épée & la separation du monde.* Luc. cap. 10.

Quelle est cette épée qui separe ? Saint Paul nous l'apprend. La parole de Dieu, dit-il, est vivante & efficace. Elle est plus perçante qu'une épée à deux tranchans. *Elle penetre jusqu'à diviser l'ame d'avec l'esprit.* Hebr. cap. 1.

La paix donc que JESUS-CHRIST donne à ses

Apôtres, ne confiste pas dans un repos d'oisiveté & de negligence. C'est ce que desirent ceux qui se separent quelquefois des emplois du monde, parce qu'ils s'aiment plus eux-mêmes qu'ils n'aiment le monde ; mais ensuite ils ne s'assujettissent point à Dieu, parce que c'est eux-mêmes qu'ils recherchent & non pas Dieu. Mais cette paix dont nous parlons, consiste dans une guerre sainte & continuelle contre nos passions, qui n'empêche point ce calme & cette paix de nôtre ame. Ce combat au contraire est fondé sur cette paix. Nôtre paix donc consiste premierement dans l'union de nôtre ame à Dieu, qui voyant que nous luy soumettons nôtre esprit, soumet par sa grace nôtre corps à nôtre esprit. Il faut aprés cela combattre sans cesse nos passions, & encore plus les intérieures que les extérieures.

I I.

Le Fils de Dieu ayant ainsi donné sa paix à ses Disciples, il est marqué dans nôtre Evangile, que cette paix fut aussi-tôt suivie de la joye ; *les Disciples étant dans l'étonnement & dans la joye.* S. Paul aussi a gardé le même ordre, lorsqu'il dit : *Le regne de Dieu consiste dans la justice, dans la paix & dans la joye.* Quelle est donc cette joye qui est particuliere aux saintes ames, & qui est propre à ce temps de la Resurrection du Sauveur.

Premierement cette joye suit aprés la paix, parce que la paix vient du combat & de la victoire que Dieu nous donne au moins en partie, contre nos passions ; & de cette paix naît la joye. Car quelle plus grande joye, que de pouvoir dire avec le Roy Prophete : *Je seray comblé de contentement & de joye dans la consideration de vôtre infinie misericorde, parce que vous avez regardé en pitié ma bassesse,* &

Pour le Mardy de Pâque. 593

que vous avez rompu les chaînes de mes péchez ?

C'est pourquoy Saint Augustin après avoir montré que Dieu prévient l'ame en toutes choses par les bénédictions de sa douceur, & qu'il luy ôte ainsi tout sujet de s'élever, nous enseigne qu'il ne luy reste autre chose que de concevoir une humble joye, en voyant les graces que Dieu luy fait. *Lorsque l'homme reconnoît que Dieu l'a assisté, il ne devient point superbe, voyant que ce n'est point luy qui fait le bien, mais Dieu qui le luy fait faire, & ainsi il se réjouit dans la charité que Dieu luy a donnée.* Cum se homo à Deo adjutum sentit, gaudet ejus charitas, nec inflatur. *Aug. epist. 201.*

Cette joye ne naît pas seulement de cette reconnoissance des graces de Dieu qui délivre nôtre ame de sa captivité dans le mal, & qui luy donne la force de faire le bien ; mais encore de la différence que l'on trouve entre cette joye qu'on a dans le bien, & celle que l'on avoit voulu trouver dans le mal.

Car la joye du monde & du péché est une joye vuide & seche, qui n'est que dans les sens, & qui corrompt l'ame au dedans d'elle, en luy donnant au dehors cette ombre d'une fausse joye : au lieu que la joye que l'on reçoit dans le bien, est une joye solide, une joye pleine, comme l'appelle le Fils de Dieu : *Je vous ay dit cecy, afin que vous vous réjouissiez, & que vôtre joye soit pleine & solide.* Aussi l'Ecriture appelle cette joye la joye du cœur, *gaudium cordis*. *Ioan. cap. 15.*

Cette joye naît encore de la confiance qu'on a en la grace de Dieu, & de l'espérance des biens éternels qu'il nous a promis. Et S. Bernard nous assure que ce doit être-là particulièrement la devotion des Saintes ames, durant ce temps de la Resurrection

P p ij

Bern. serm. 1.
de resurrect.
Domin. in 17.

du Sauveur. *Celuy*, dit ce Saint, *qui aprés avoir pleuré ses péchez durant le Carême, ne retourne point aux consolations terrestres & charnelles, mais qui s'éleve en Dieu par une sainte confiance en sa misericorde, entre maintenant dans une devotion nouvelle, & dans la joye du Saint Esprit. Son ame n'est pas tant agitée du regret de ses pechez passez, qu'elle se remplit de joye dans le souvenir, & qu'elle s'enflamme d'amour dans l'esperance des récompenses éternelles que Dieu nous promet.* C'est là proprement celuy qui ressuscite avec JESUS-CHRIST, & qui celebre veritablement la Pâque. *Is planè est qui cum Christo resurgit, qui Pascha celebrat.*

III.

Aprés cette paix & cette joye que JESUS-CHRIST donne à ses Disciples, il est marqué dans l'Evangile qu'il leur dit, *qu'il falloit que le* CHRIST *souffrît & qu'on prêchât la penitence en son nom.* Ce qui nous apprend une grande verité, qui est que la paix de la Resurrection du Fils de Dieu, n'est pas une paix molle & oisive, comme la desirent les personnes lâches qui n'ont de l'amour que pour eux-mêmes, mais une paix qui nous reconciliant avec Dieu, nous porte à tendre toûjours à luy, à admirer sa grandeur, à goûter les douceurs de sa grace, à esperer les biens ineffables qu'il nous promet; & qui fortifiant nôtre ame par cette grace qui est toute-puissante, la rend peu à peu la maîtresse de cette partie animale & inferieure, qui luy fait une guerre continuelle, aprés qu'elle a rendu Dieu le souverain maître de son cœur.

Et c'est en cela proprement que consiste la difference qui se trouve entre l'état d'innocence & l'état de la loy nouvelle. Car Adam étant dans son Paradis, ne combattoit point, puisqu'il n'y a point de combat sans ennemi. Il ne pouvoit avoir alors aucun ennemi dans soy-même, puisqu'il n'y avoit dans luy que ce que Dieu y avoit mis qui l'avoit creé très-pur & très-saint.

C'est ce que Saint Augustin nous represente excellemment par ces paroles : *Adam n'étant point divisé & combattu dans luy-même par cette guerre interieure de la concupiscence, jouïssoit au dedans de luy d'une paix profonde dans ce lieu de sa beatitude où Dieu l'avoit mis* : NULLA *interiori rixâ à seipsâ divisus, illo beatitudinis loco sua secum pace fruebatur.* Mais maintenant la grace que le Fils de Dieu nous a meritée par sa mort, & qu'il nous a donnée par sa resurrection, n'est pas une grace d'innocence, une grace d'une paix parfaite ; mais une grace de travail, une grace militaire pour le dire ainsi, qui nous fait combattre sans cesse, qui nous fortifie dans le combat, & qui nous fait vaincre aprés avoir combattu. *Aug. de corrept. & grat. cap. 11.*

Ainsi David dit en un endroit : *Ceux qui aiment vôtre Loy, mon Dieu ! jouïssent d'une grande paix* : Et en un autre : *Beni soit le Seigneur mon Dieu, qui m'apprend à bien combattre.* Ainsi à la naissance du Sauveur, les Anges ont annoncé la paix. Lorsqu'il alloit à sa passion, il donne sa paix à ses Disciples. Aussi-tôt qu'il est ressuscité, il la leur donne de nouveau : & neanmoins il a dit formellement : *Je ne suis point venu apporter la paix, mais l'épée.* *Psalm. 118. Psalm. 143. Luc. cap. 10.*

Tout cecy nous apprend que cette paix de JESUS-CHRIST est une paix qui nous fait combattre ; & qui nous rendant forts par l'esprit de Dieu, nous rend ensuite victorieux du monde & de nous-mêmes. C'est pour cette raison que JESUS-CHRIST dit à ses Apôtres qu'il les envoye comme son Pere l'avoit envoyé. Car si luy qui étoit l'innocence même a eu tant à combattre, non contre ses propres mouvemens, n'ayant rien dans luy qui ne fût infiniment pur, mais contre toutes les incommoditez de cette vie, ausquelles il s'étoit rendu volontairement sujet, contre la persecution d'Herode qu'il a soufferte dans son enfance, contre les injures & les calomnies des Pharisiens, enfin contre les tourmens & la mort même : combien est-il plus juste, que nous souffrions comme luy, pour être glorifiez avec luy ?

POUR LE JEUDY
DE LA SEMAINE DE PASQUE.

Quid quæritis viventem cum mortuis ?

Pourquoy cherchez-vous parmi les morts celuy qui est vivant ?

Ous devons considerer dans cet Evangile, I. Que le Fils de Dieu ressuscité s'étant fait connoître de peu de personnes, marque combien est rare la grace qu'il fait aux ames qu'il ressuscite.

II. Que s'étant apparu à la Magdeleine avant tous les autres ; il fait voir qu'on le doit chercher comme elle par les desirs fervens & par les larmes.

III. Qu'ayant fait cette faveur à la Magdeleine à cause de sa perseverance dans ses bons desirs, on doit apprendre d'elle à être ferme & constant dans les bons desirs.

I.

Un Prophete a dit avec grande raison que les pen-

Pour le Jeudy de Pâque.

sées de Dieu sont infiniment differentes des nôtres, & qu'elles sont autant élevées au dessus des hommes, que le Ciel est élevé au dessus de la terre. Car aprés que Jesus-Christ a souffert une mort si honteuse & si injuste par l'envie & la cruauté des Juifs; aprés avoir été seulement trois jours dans le tombeau; aprés être ressuscité ensuite plein de gloire, comme étant le maître de la vie & de la mort, & pouvant rejoindre son ame à son corps avec la même facilité avec laquelle il l'en avoit séparée : aprés, dis-je, que le Sauveur est ressuscité de la sorte, qui ne croiroit qu'il eût dû se faire voir vivant & plein de gloire au milieu de ses ennemis, ou pour les convertir par un si grand miracle, ou pour les confondre, s'ils demeuroient encore dans leur aveuglement & dans leur malice?

Ce sont-là les pensées des hommes. Mais celles de Dieu en sont aussi differentes qu'il est luy-même different des hommes. Jesus-Christ est ressuscité, il est vivant, il est immortel, il est glorieux, & pouvant si aisément triompher de ses ennemis, il les laisse triompher eux-mêmes dans leur insolence. Il se contente de se faire voir seulement au petit nombre de ses Apôtres & de ses Disciples. Et S. Augustin en rend cette admirable raison. *Il falloit*, dit-il, *que le Fils de Dieu en ressuscitant, se montrât à ses amis seulement, non à ses ennemis, par un grand mystere, parce que sa Resurrection nous marquoit la vie nouvelle, & que la vie nouvelle n'est connuë que des amis de Dieu, & non de ses ennemis*: In magno sacramento, quia resurrectio ipsius vitam novam significabat. Vita autem nova amicis nota est, non inimicis.

Ce qui est arrivé alors dans la Judée, arrive encore aujourd'huy dans toute l'Eglise. Car comme la vie nouvelle de Jesus-Christ a été connuë

Aug. in Psal. 34. Conc. 2.

alors de si peu de personnes, elle est encore aujourd'huy connuë de trés-peu de Chrétiens. Et ceux qui la connoissent, doivent luy rendre de trés-humbles actions de graces, & luy dire avec S. Paul : *Rendons graces à Dieu pour le don ineffable qu'il nous a fait :* SUPER inenarrabili dono ejus.

2. Cor. cap. 9. v. 2.

II.

Pour proposer un excellent modéle de cette reconnoissance, on n'a qu'à jetter les yeux sur ce que fait la Magdeleine en ce saint temps. Car elle est l'image de toute l'Eglise, & encore plus particulierement de toutes les ames qui font profession d'une vie plus pure & plus parfaite que le commun des Fidéles.

Ce que nous remarquons premierement dans elle, c'est l'affection qu'elle avoit pour le Fils de Dieu, qu'elle témoigne par ses larmes. *Magdeleine se tenoit hors du Sepulchre & pleuroit.* Les larmes sont d'ordinaire la premiere marque que Dieu touche l'ame, & selon la pensée de S. Augustin, elles sont comme le sang du cœur blessé d'une blessure sainte, & d'une douleur salutaire, pour avoir aimé ce qu'il devoit plutôt haïr, & pour avoir haï, ou pour n'avoir point aimé ce qu'il devoit uniquement & souverainement aimer.

Joan. cap. 10.

Ce sont ces larmes dont le Fils de Dieu a dit : *Heureux ceux qui pleurent, parce qu'ils seront consolez.* Car ceux qui pleurent dans le monde, & pour des afflictions du monde, ne sont pas heureux, quand leurs larmes ne viennent que de l'amour qu'ils ont pour le monde. Au contraire ils sont vraiment malheureux, parce que l'amour étant la source & le principe de toutes les impressions de l'ame, comme remarque S. Augustin, elles sont saintes, quand l'amour est saint, & elles sont mauvaises quant il est mauvais. Car l'effet doit être tel qu'est la cause qui le produit.

Ainsi ces larmes, quand elles viennent de l'amour du monde, & de l'amour de nous-mêmes, sont d'ordinaire pleines d'amertume & d'inquietude & elles nous jettent dans l'abbatement & dans le chagrin: mais ces larmes qui viennent d'un principe plus haut, & tout divin, sont accompagnées d'une paix & d'une tranquilité merveilleuse, & elles remplissent l'ame d'une douceur & d'une consolation toute celeste. C'est ce qui a fait dire à S. Augustin: *Les larmes de ceux qui prient, leur sont plus douces que ne sont tous les divertissemens des theatres & des comedies:* DULCIORES *sunt lachrymæ orantium, quàm gaudia theatrorum.*

Aug. in Pf. 127. poſt. med.

Car ces larmes ne viennent pas simplement de la molesse du naturel, puisqu'alors elles seroient vaines & inutiles; mais d'une affection qu'on a pour Dieu, qui nous découvre la profondeur de nôtre misere; l'insolence extrême avec laquelle nous avons osé l'offenser; les perils épouvantables ausquels nous nous sommes exposez en l'offençant; les tentations continuelles qui nous environnent encore de toutes parts; l'impuissance qui est en nous de resister à tant d'ennemis, & de former même une seule bonne pensée; les obligations infinies que nous avons au Fils de Dieu, & l'extrême ingratitude dont nous avons payé ses bienfaits. Voilà une partie des sujets de ces larmes saintes, qui rendent l'ame toute attentive à Dieu, & appliquée à elle-même, & à son salut.

Et c'est ce que nous pouvons voir dans le même exemple de la Magdeleine. Car il est marqué dans l'Evangile que lorsqu'elle pleuroit de la sorte, elle vit deux Anges qui luy dirent: *Femme, pourquoy pleu-*

pleurez-vous ? Cette sainte Femme bien loin de s'étonner de ce que ces Anges luy disoient, & de s'arrêter à les considerer, elle leur répond comme elle eût répondu à une personne qu'elle auroit connuë, sans faire aucune reflexion sur ceux qui luy parlent, & elle leur dit : Je pleure, *parce qu'on a emporté mon Seigneur, & je ne sçay où on l'a mis.*

Qui n'admirera combien son amour étoit violent, & combien il rendoit son ame attentive à Jesus-Christ seul ? Elle ne voit point ceux qu'elle voit, tant elle souhaite de voir celuy qu'elle ne voyoit pas.

Et il ne faut pas croire que ces larmes ne soient propres qu'au commencement de nôtre conversion, lorsque Dieu nous découvrant nos blessures, & les perils où nous nous sommes engagez, nous fait plus ressentir le poids de nôtre misere : car encore qu'il arrive assez souvent que les larmes soient alors plus ordinaires que dans la suite de la bonne vie : neanmoins cela n'est vray que de ces larmes qui ont quelque chose de plus humain & de plus terrestre : au lieu que les larmes vraiment pures & vraiment spirituelles sont données aux ames avec d'autant plus d'abondance, qu'elles sont elles-mêmes plus spirituelles.

Aug. de civit. Dei lib. 20. cap. 17.

C'est ce que nous enseigne S. Augustin par cette excellente parole : *Plus un homme est saint & rempli de saints desirs, plus sa priere est accompagnée de gemissemens & de larmes :* Quanto quisque est sanctior, & desiderii sancti plenior ; tantò est ejus in orando fletus uberior.

La seconde chose que nous remarquons dans la Magdeleine, c'est qu'elle ne pleure pas seulement ; mais qu'elle cherche le Fils de Dieu avec une ardeur merveilleuse. C'est pourquoy le Sauveur luy dit :

Femmes, pourquoy pleurez-vous? Qui cherchez-vous? Ioan. cap. 20.
Car nous manquons souvent pour ne faire les choses
qu'à demi, & pour diviser ce qui est entierement indivisible.

Ainsi il faut prier Dieu avec larmes, mais il le
faut encore chercher par nos actions. Cependant il
arrive souvent, ou qu'on le prie sans le chercher,
ou qu'on le cherche sans le prier. Et il arrive de là
que ny les uns ny les autres ne le trouvent. Car ceux
qui le prient sans le chercher, tombent dans la paresse & dans la negligence, & ceux qui le cherchent
sans le prier, tombent dans la présomption & dans
l'orgueil.

Il faut donc marcher entre les uns & les autres :
Inter superbos & pigros, comme dit S. Augustin. Aug. in
Il faut chercher Dieu sans orgueil, en joignant à Psal. 42.
l'imitation de la Magdeleine, nos larmes à nôtre
recherche ; & le prier sans negligence, en joignant
nos actions à nos larmes. C'est ce que le même
Saint nous a encore tres-bien marqué en deux
mots. Il faut aller à Dieu, dit-il, *Priant humble-* Aug. c. 83.
ment, & agissant humblement : Humiliter pe-
tendo & faciendo. Car la priere n'est pas vraiment
humble, si elle n'est suivie de l'action ; & l'action
n'est pas vraiment humble, si elle n'est précedée de
la priere.

III.

La troisiéme chose que nous devons remarquer
dans la Magdeleine cherchant le Sauveur ressuscité,
c'est la persévérance infatigable avec laquelle elle
cherche le Fils de Dieu. Elle sort durant la nuit
pour aller chercher Jesus-Christ dans le Sepulchre. Elle ne craint point les mauvaises rencontres
qu'elle peut faire. Elle ne se met point en peine qui
pourra ôter la pierre qui bouchoit le sepulchre.

Elle ne se rebute point pour n'avoir pas trouvé JESUS-CHRIST dans le tombeau. Elle le cherche encore. Elle le demande aux Anges, elle le demande à luy-même, elle est possedée de la violence de ce desir, qui croît toujours dans elle au lieu de diminuer.

Les autres femmes viennent avec elle, & s'en retournent ; S. Pierre & S. Jean viennent au sepulchre, & s'en retournent. Mais elle y demeure attachée jusqu'à ce qu'elle ait le bonheur enfin de voir la premiere JESUS-CHRIST ressuscité. Et la raison de cela est, comme remarque trés-bien S. Gregoire Pape : *Que la perseverance est la perfection & la consommation des bonnes œuvres :* QUIA *virtus boni operis perseverantia est.*

Greg. hom. 25. in Evang.

Voilà l'excellent modéle que nous nous devons proposer. Suivons ce precepte du Fils de Dieu, que cette Sainte a suivy si parfaitement : *Demandez, cherchez, frappez à la porte :* Demandez avec larmes, cherchez avec ardeur, frappez avec perseverance. Ainsi nous n'aurons pas frappé long-temps à cette porte de la misericorde & de la grace, que nous la trouverons ouverte.

Matth. cap. 7.

Pensons toujours à cette parole excellente de saint Bernard : *Toutes les vertus combattent, mais il n'y a que la perseverance qui sera couronnée :* OMNES *virtutes pugnant : sola perseverantia coronatur.* Marchons avec paix dans le chemin de la paix. Ne nous lassons point en marchant, afin de continuer toujours de marcher. Et le moyen de ne se point lasser, est de considerer que nous ne marchons dans ce chemin que comme un enfant qui ne vit qu'à mesure que sa mere le porte.

Bern. in Cant. serm. 17.

C'est ce que S. Augustin nous apprend, lorsqu'il dit à Dieu : *Vous nous consolez, mon Dieu, dans*

Aug. Confes. lib. 10.

Pour le Jeudy de Pâque.

vôtre voye en nous difant : *Courez, mais c'eſt moy qui vous feray courir en vous portant & en vous conduiſant juſques à la fin de vôtre courſe:* CONSOLARIS *nos in via tua, & dicis: Currite & ego feram, & ego perducam.* Voilà une conſolation qui eſt infinie, puiſqu'elle eſt fondée ſur une bonté & ſur une puiſſance qui eſt infinie.

POUR LA SEMAINE DE PASQUE.

Non in fermento veteri, ſed in azymis ſinceritatis & veritatis. 1. *Ad Corinth.* 3.

Vivons maintenant, non plus dans le vieux levain, mais dans les azymes, & les pains purs qui nous marquent la ſincerité & la verité.

Il y a des *temps favorables*, comme dit S. Paul, & *des jours de ſalut*, c'eſt à dire des jours auſquels nous avons ſujet d'eſperer une plus grande benediction du Ciel : c'eſt ſans doute en ces jours ſacrez, durant leſquels le Fils de Dieu converſe encore ſur la terre, non plus dans ſon corps mortel, mais dans ſon humanité glorieuſe, devenuë ſource & principe de grace, & du S. Eſprit. C'eſt pourquoy nous tâcherons de faire voir dans cét entretien les Inſtructions importantes que nous donne le Fils de Dieu par ſa demeure ſur la terre durant ces quarante jours, & nous conſidererons

1. Que comme il n'y eſt demeuré que pour faire

son œuvre, qui étoit de sanctifier les Apôtres, nous ne devons aussi penser qu'à nous sanctifier nous-mêmes.

II. Que comme il a supporté la foiblesse de ses Disciples, nous devons aussi beaucoup reconnoître la charité avec laquelle on supportera la nôtre.

III. Que comme JESUS-CHRIST est demeuré quarante jours sur la terre, pouvant faire dés le premier, pour la sanctification de ses Disciples, ce qu'il a fait durant tous ces jours; nous devons de même supporter avec grande patience toutes les suspensions dont Dieu, ou ceux qui nous conduisent en sa place, usent à nôtre égard, sans nous inquieter, & sans nous précipiter dans les retardemens que Dieu ou les hommes jugent necessaires à nôtre salut.

I.

Si nous considerons les raisons divines & importantes qui ont porté le Fils de Dieu à demeurer encore après sa resurrection quarante jours sur la terre; une des premieres qui se présente à nous, est qu'il a voulu employer ce temps pour la sanctification de ses Apôtres.

Car encore qu'il eût toûjours vécu avec eux durant les trois années de sa prédication; quoy qu'ils eussent entendu de luy tant d'instructions admirables, qu'ils eussent été témoins de ses actions toutes divines, & qu'ils eussent vû faire tant de miracles, il est certain neanmoins qu'ils sont toûjours demeurez extrêmement foibles, puisque nous voyons qu'à sa mort ils ont même perdu la foy de sa resurrection, comme il est marqué par les paroles expresses de l'Evangile. C'est pourquoy le Fils de Dieu a choisi ce temps, dans lequel il les a disposez peu à peu, pour les rendre parfaits par l'effusion de son Esprit au jour de la Pentecôte.

Cecy nous doit faire souvenir avec combien de foiblesse & d'imperfection nous avons servi Dieu jusqu'icy, & nous exciter d'entrer maintenant, à l'imitation des Apôtres, dans une affection toute nouvelle d'être à luy. Car encore qu'il y ait une distance presque infinie entre nôtre vertu & celle des saints Apôtres, neanmoins nous devons toûjours nous souvenir que l'Esprit de Dieu qui les a sanctifiez n'est point different de celuy qui nous doit sanctifier, & que nous composons, comme eux une même Eglise, comme étant un même corps. Ainsi l'œil est une partie de nôtre corps sans comparaison plus noble & plus excellente qu'un doigt de nôtre main : & neanmoins ce n'est pas une ame differente, mais la même qui anime l'œil & le doigt de la main.

Nous devons donc considerer & graver profondément dans nôtre ame, Qu'ainsi que les Apôtres se devoient tenir très-heureux de ce que Dieu les avoit choisis parmy ce nombre innombrable d'autres hommes pour les sanctifier durant ce saint temps : aussi nous devons nous tenir infiniment heureux de ce qu'il nous choisit parmy ce nombre innombrable d'ames qu'il laisse s'aveugler & perir dans le monde, pour nous conduire dans une vie sainte.

C'est pourquoy nous devons dire souvent avec l'Apôtre S. Paul : *Je suis ce que je suis par la grace & la misericorde de Dieu*. Que si Dieu nous a preferez en nous prévenant de ses graces, à une infinité d'ames dont plusieurs n'étoient peut-être pas si indignes de ses faveurs que nous l'étions, avant que de les avoir reçûes : avec quelle fidelité le devons-nous preferer à toutes les creatures, luy qui est infiniment preferable à la plus excellente d'entre-elles ?

1. Cor. cap. 15. v. 10.

Afin donc de reconnoître cette grace comme les Apôtres, il faut faire après l'avoir reçûë, ce qu'ont fait les Apôtres, selon que nous l'apprenons de la bouche de S. Pierre parlant au Fils de Dieu : *Nous avons tout quitté, & nous vous avons suivy.* Qu'est-ce que quitter tout ? C'est se quitter soy-même avant tout.

Matth. 19.

Car on peut dire que celuy qui quittant le monde, ses biens, ses honneurs & ses plaisirs, ne quitte pas en même temps sa propre volonté, & son amour propre ; en quittant tout, se reserve tout : puis qu'ainsi que dit excellemment S. Bernard : *L'amour du monde nuit beaucoup plus que les biens du monde* : PLUS *concupiscentia mundi quàm substantia nocet.* Car les biens même du monde ne nuisent à celuy qui les possede, que parce qu'il les aime en les possedant, & qu'il est presque impossible de les posseder sans les aimer.

Bern. de contemptu mundi, Tom. 4. pag. 40. cap. 1.

Si donc en quittant le monde nous conservions en nous-mêmes nôtre amour propre ; nous n'aurions coupé que les branches d'une herbe mortelle & venimeuse, mais nous en aurions retenu le tronc & la racine. Aussi le même Saint dit trés-bien : *Vous qui voulez comme les Apôtres quitter toutes choses, mettez-vous vous même au nombre des choses que vous devez quitter* : QUI *relinquere universa disponis, te quoque inter relinquenda numera.*

Bern. ibid.

C'est ainsi que nous suivrons JESUS-CHRIST avec ses bienheureux Disciples. Car le Fils de Dieu n'a pas seulement quitté les biens du Ciel, qu'il pouvoit posseder dés le moment de sa naissance dans son humanité sainte, mais il a encore embrassé la pauvreté. Il n'a pas seulement quitté les plaisirs, qui devoient accompagner cette gloire, mais il a embrassé les souffrances & les douleurs. C'est là le modéle

Pour la semaine de Pâque. 607

dele qu'il nous à donné. C'est-là le modele que les Apôtres ont suivy ; & c'est le modéle que tous ceux qui veulent mener une vie vraiment apostolique, doivent suivre.

Ce qui nous doit consoler & encourager, c'est qu'ainsi que le Fils de Dieu durant ce saint temps, a disposé luy-même peu à peu ses Apôtres pour les rendre capables de le suivre & de l'imiter ; comme ils ont fait après la Pentecôte : ainsi c'est de sa grace & de son Esprit que nous devons attendre cette disposition si sainte & si salutaire. Ayons seulement soin de nous humilier profondément devant luy, & souvenons-nous de cette parole qu'un Pere de l'Eglise a dite des Apôtres : *Dieu a remply les Apôtres de beaucoup de graces, parce qu'il les à trouvez entierement vuides de l'estime d'eux-mêmes.* IN *Apostolis multum erat pleni, quia multum erat vacui.*

I I.

La seconde chose que nous devons remarquer en JESUS CHRIST durant ce saint temps, c'est cette douceur & cette condescendance merveilleuse qu'il exerce à l'égard de ses Apôtres, pour les ramener doucement à luy, & pour leur imprimer dans le cœur la foy de sa resurrection.

C'est pourquoy nous voyons qu'il s'apparoît aux saintes Femmes & à ses Disciples, tantôt sous la forme d'un Jardin, tantôt sous la forme d'un Voyageur : Qu'il se trouve sur le rivage, lorsqu'ils péchent : Qu'il leur donne une puissance miraculeuse pour prendre beaucoup de poissons ; Qu'il leur apprête luy-même à manger : Qu'il mange devant eux : Qu'il se promene avec eux : Qu'il leur explique l'Ecriture sainte : Qu'il leur montre ses pieds & ses mains percées, & son côté ouvert, afin qu'ils voyent de leurs propres yeux qu'il est ressuscité ; & enfin qu'il leur rend tous les témoignages d'une douceur parfaite, jointe à une parfaite charité.

Et il est remarquable que cette douceur & cette indulgence du Sauveur envers les Apôtres, n'a point été une douceur molle, & une indulgence lâche & pernicieuse, telle qu'est souvent celle des hommes envers les hommes ; mais qu'elle a été comme celle d'un excellent amy envers son amy. Car elle ne l'a pas empêché *de leur reprocher leur* *incredulité & la dureté de leur cœur, de ce qu'ils n'a-* *voient point crû ceux qui les assuroient qu'il étoit res-* *suscité, aprés l'avoir vû.*

Matth. c. 16.

Et dans ce modéle, nous devons voir la charité que JESUS-CHRIST aura encore pour nous, en inspirant à nos Pasteurs de nous traiter avec la même douceur & la même charité avec laquelle le Fils de Dieu a traité ses Apôtres durant tout le temps qu'ils ont été foibles & imparfaits.

Car comme nous voyons que JESUS-CHRIST s'est transformé en tant de manieres, & qu'il a fait tant de choses qui étoient infiniment au-dessous de luy, comme de manger des viandes terrestres, ayant un corps immortel & glorieux ; seulement pour condescendre & pour se proportionner à la foiblesse de ses Disciples : Ainsi il n'est pas croyable combien les personnes qui veulent conduire les ames encore tendres & foibles à JESUS-CHRIST par l'esprit & la douceur de JESUS-CHRIST, sont obligez à se rabaisser souvent, de se déguiser & de se transfigurer en quelque sorte, en dissimulant des fautes qu'elles voyent, parce qu'on n'est pas encore assez spirituel pour les voir & pour les bien comprendre, en reprenant quelques autres qu'il ne leur est pas permis de dissimuler ; & en adoucissant aussi-tôt le vin de la reprehension par l'huile de la compassion & de la douceur.

Je dis cecy & je le croy trés-important pour nous encourager dans nos bons desirs ; parce que premierement nous devons admirer cette charité que Jesus-Christ a pour nous & pour toutes les ames qui sont encore foibles, comme étoient alors les Apôtres ; puisque ceux qui nous conduisent de sa part, ne nous pourroient traiter avec cét accommodement & avec cette douceur temperée de discretion & de sagesse, s'ils ne l'avoient auparavant reçûë de luy-même.

Et secondement, nous devons considerer que rien ne nous doit tant exciter à faire tous nos efforts pour ravir le Ciel par une sainte violence, selon l'expression de l'Evangile, que de considerer cette douceur & cette condescendance qu'on a pour nous. C'est la pensée de S. Gregoire de Nazianze, qui dit excellemment que les ames bien nées voyant la douceur avec laquelle on supporte leur foiblesse, s'efforcent d'obéir avec d'autant plus d'ardeur : *C'est là le propre d'une generosité vraiment Chrétienne de recompenser ainsi la charité avec laquelle on nous commande, par une plus grande ardeur à nous soûmettre & à obéir :* Charitatem quâ illorum imbecillitas sustentatur, obedientiæ alacritate compensant. *Greg. Naz. orat. 1.*

Ainsi cette même consideration nous doit porter à excuser toujours les autres, à ne remarquer jamais leurs défauts, mais à les interpreter favorablement, afin de rendre aux autres la même charité qu'on nous a renduë. C'est ce qu'a dit excellemment saint Augustin en ces termes : *Supportez les autres en vous souvenant qu'on vous a supporté :* Tolera, quia toleratus es.

Une ame vraiment humble supporte ses propres

défauts par son humilité, & ceux des autres par la douceur. Elle est toûjours prête à s'accuser elle-même, & à excuser son prochain. Elle croit qu'elle ne sçauroit jamais assez reconnoître la charité avec laquelle on la tolere & on la souffre. Ainsi ne se scandalisant jamais de rien, elle s'édifie au contraire de toutes choses.

III.

La troisiéme chose que nous devons considerer dans le Fils de Dieu ressuscité, c'est la raison pour laquelle il est demeuré quarante jours avant que de monter au Ciel, puisque son dessein étant de sanctifier ses Apôtres, il pouvoit aisément les sanctifier autant durant un seul jour, qu'il a fait durant ces quarante. Cecy nous doit apprendre une verité trés-importante, qui est que le Fils de Dieu nous a voulu montrer par un si grand exemple, que la vertu chrétienne ne se peut acquerir que peu à peu par une succession de temps, & par un progrés continuel de la pieté. Car qui est celuy qui oseroit pretendre d'être plus favorisé de Dieu que les saints Apôtres ? Ils devoient être les chefs de l'Eglise, les fondemens & les colomnes de cét édifice divin ; & neanmoins ils sont foibles durant les trois années de la predication de Jesus-Christ, & ils ne se fortifient que peu à peu aprés sa resurrection.

Cela nous apprend à ne nous troubler point, à ne nous inquieter point, & à ne nous precipiter point : *Celuy qui croit, ne se hâte point*, dit l'Ecriture. Il attend Dieu, non comme les paresseux en ne faisant rien, mais en demeurant ferme, & en supportant tout avec un courage mâle. *Expecta Dominum, viriliter age*. Aussi le Sage a dit au contraire : *Que celuy qui se hâte en marchant, tombera*.

Isaï. cap. 28. v. 16.

Psal. 39. Prov. c. 19. v. 2.

Car on se hâte d'aller, lors qu'on se precipite,

que l'on s'inquiete, que l'on s'imagine pouvoir acquerir la vertu par un effort humain. Et quoy que cette pensée ne soit pas dans nôtre esprit, ce mouvement neanmoins est dans nôtre cœur, comme nous le témoignons assez par nôtre abbattement & par nôtre ennuy. C'est ce qui arriva autrefois au peuple Juif, lorsque Dieu le conduisoit par divers détours dans le desert, pour le mener ensuite dans la terre promise. L'Ecriture marque expressément : *Que le peuple commença à s'ennuyer de la peine qu'il souffroit en ce voyage.* POPULUM *tædere cœpit itineris & laboris.* C'est ce que nous represente encore le Roy Prophete, lorsqu'il dit : *Ils n'ont pû attendre en patience l'effet du dessein & du conseil de Dieu sur eux.* ET *non sustinuerunt consilium ejus.* Fuyons ce défaut avec grand soin, afin que la joye de ce saint temps nous accompagne toute nôtre vie.

Psal. 77.

POUR L'OCTAVE DE PASQUE.

Stetit Jesus in medio Discipulorum suorum, & dixit eis : Pax vobis. *Joan 20.*

JEsus *vint au milieu de ses Disciples, & il leur dit : La paix soit avec vous.*

LA paix est une chose si excellente, que dans le monde même, où tout est mortel & périssable, il n'y a rien dont on entende parler avec plus de plaisir, ou que l'on souhaitte avec plus d'ardeur, ou que l'on possede avec un contentement plus soli-

Q q

de & plus veritable. *Tantum est pacis bonum ; ut etiam in rebus terrenis atque mortalibus nihil gratius soleat audiri, nihil desiderabilius concupisci, nihil postremò possit melius inveniri.*

<small>*Aug. de civit. Dei lib. 19. cap. 11.*</small>

Le même Saint remarque encore, que comme il n'y a point d'homme qui n'aime le bonheur & la joye, il n'y en a point aussi qui n'aime la paix, puisque ceux-mêmes qui cherchent la guerre, ne la desirent que pour être victorieux. Et ainsi ils ne tendent qu'à parvenir par la guerre à une paix glorieuse: *Sicut nemo est qui gaudere nolit, ita nemo est qui pacem habere nolit : quando quidem & ipsi qui bella volunt, nihil aliud quàm vincere volunt. Ad gloriosam ergo pacem bellando cupiunt pervenire.*

Il n'est donc pas necessaire de porter les hommes à aimer la paix, puisqu'ils ne peuvent pas ne la point aimer ; mais il est seulement necessaire de leur apprendre quelle est la paix qu'ils doivent aimer. Si nous étions des animaux irraisonnables, nous n'aurions point d'autre paix à rechercher, que celle qui convient au corps & à l'ame irraisonnable, qui n'est autre chose qu'une disposition bien ordonnée de toutes les parties du corps, & un repos bien ordonné de tous les desirs naturels. Car c'est tout ce que recherchent les bêtes, lorsqu'elles fuyent la douleur, & qu'elles se portent avec ardeur à tous les plaisirs des sens.

Mais parce que l'homme a une ame raisonnable, il faut qu'il rapporte ce qu'il a de commun avec elles, à la paix de l'ame raisonnable, afin qu'il puisse contempler la verité, & regler ses actions selon sa lumiere, & qu'ainsi il se trouve dans luy comme un concert & une harmonie entre la connoissance & l'action, en quoy consiste la paix de l'ame raisonnable : *Ut sit ei ordinata cogitationis, actionisque con-*

<small>*Ibid. cap. 14.*</small>

Pour l'Octave de Pâque. Evang.

senfio, quæ pax est rationalis animæ.

Car ce n'est que dans ce dessein qu'il doit rechercher de n'être ny troublé par la douleur, ny agité par les passions, afin qu'il puisse connoître ce qu'il luy est utile de sçavoir, & qu'il puisse regler sa vie & ses mœurs selon cette connoissance. *Ad hoc enim* Ibid. *velle debet nec dolore molestari, nec desiderio perturbari, nec morte dissolvi, ut aliquid utile cognoscat, & secundùm eam cognitionem vitam moresque componat.*

Mais parce que nôtre esprit n'est de luy-même que tenebres, & que le peché a tellement obscurcy nôtre raison, & affoibly nôtre volonté, que l'une ne peut d'elle-même que s'égarer, ny l'autre que faire le mal : il étoit impossible que nous puissions parvenir à cette paix de l'ame raisonnable, qui consiste dans la connoissance & dans la pratique de la verité, que par l'assistance d'un Maître divin, dont les instructions fussent si certaines, que nous les pussions suivre sans crainte, & dont la grace fît une telle impression dans nôtre cœur & dans nôtre volonté, qu'elle luy obéït non-seulement sans contrainte, mais avec joye & avec plaisir. *Opus habet ma-* Ibid. *gisterio divino cui certus obtemperet, & adjutorio ut liber obtemperet.*

C'est ce que nous trouvons aujourd'huy dans nôtre Evangile. Ce Maître divin plein de grace & de verité, vient donner aux hommes cette veritable paix que luy seul leur pouvoit donner. *Stetit Jesus in medio Discipulorum suorum, & dixit eis Pax vobis.* C'est cette paix aprés laquelle tous les Patriarches & les Prophetes avoient si long-tems soûpiré : *Sus-* Psalm. 71. *cipiant montes pacem populo, & colles justitiam.* C'est cette paix que les Anges ont annoncée à la naissance du Fils de Dieu : *Pax hominibus bonæ voluntatis.* Luc. c. 2.

C'est cette paix qu'il laisse à ses Disciples pour gage de son amour, avant que d'aller à la Passion : *Pacem reliquo vobis, pacem meam do vobis.* Et enfin c'est cette paix qu'il leur donne le jour même de sa Resurrection, comme le prix de tous ses travaux.

Jean. c. 6.

I.

Pour bien entendre quelle est cette paix que Jesus-Christ a donnée, nous n'avons qu'à considerer quelle étoit celle dont joüissoit Adam dans le Paradis ; puisque le second Adam n'est venu au monde que pour reparer ce que le premier nous avoit fait perdre. Car Dieu ayant éclairé l'esprit de l'homme au moment de sa creation, de la lumiere, de l'intelligence, & ayant donné une facilité toute entiere à sa volonté de suivre le bien ; comme son esprit suivoit Dieu sans aucune resistance, son corps aussi suivoit son esprit sans aucune peine. Ainsi il joüissoit d'une profonde paix dans les deux parties dont il étoit composé.

Mais étant tombé dans la desobéïssance, son crime a rompu toute cette paix & cette harmonie. Comme il s'est revolté contre Dieu, son corps s'est revolté contre luy-même ; & au lieu qu'ayant Dieu pour Maître, il étoit sous luy le maître des creatures ; ayant voulu être independant de Dieu, il est devenu l'esclave de la moindre des creatures, parce qu'il n'y en a presque aucune qui ne luy puisse faire perdre quelqu'un de ces faux biens ausquels il a engagé ses affections.

Puis donc que Jesus-Christ est venu reparer le desordre causé dans nôtre nature, la paix qu'il est venu apporter dans le monde, doit être le rétablissement de celle que nous avons perduë dans Adam. Ainsi comme Adam a perdu la paix dont il joüissoit, pour être sorty de son ordre naturel, qui l'avoit mis entre Dieu & les creatures qui étoient au-dessous de luy, pour avoir crû aux paroles du serpent plûtôt qu'à celles de Dieu, pour avoir voulu être independant, & enfin pour avoir desobéï au commandement qui luy avoit été fait. La paix de JESUS-CHRIST au contraire doit posseder quatre conditions toutes opposées à celles-là ; Elle nous remet dans l'ordre, dans la foy, dans la dépendance, & dans une parfaite obéïssance : selon que Saint Augustin la definit excellemment : *Une obéïssance bien ordonnée, qu'on rend par la foy à la Loy éternelle & immuable* : ORDINATA *in fide sub æterna lege obedientia*. *Aug. l. 19. de civit. Dei. c. 24.*

L'ame donc est dans la vraye paix de JESUS-CHRIST, lorsqu'elle est dans cét ordre naturel, qui la soûmettant parfaitement à Dieu ; l'éleve au-dessus de toutes les creatures. Car la paix en general n'est autre chose que la tranquilité de l'ordre : *Pax omnium rerum tranquillitas ordinis*.

Ainsi pourquoy pensons-nous que les gens de bien joüissent d'une si grande paix & d'une si grande tranquillité d'esprit parmy les maux mêmes & les afflictions de cette vie, sinon parce qu'ils demeurent toûjours dans leur ordre ; puisque c'est une condition inseparable de la vertu, qui n'est autre chose, selon S. Augustin, que l'ordre de l'amour ; *Ordo amoris*.

Et afin que l'amour soit dans son ordre, il faut que nôtre cœur ne soit attaché qu'à Dieu, & ne regarde toutes les autres choses, que comme des moyens pour arriver à la joüissance de cét unique objet de toutes nos affections. *Solus Deus amandus est, reliqua utenda*. Un homme qui est en cét état, joüit d'une paix que nul accident humain ne luy peut ôter. Car on ne trouble la paix de nôtre ame, que lorsqu'on luy ravit ce qu'elle aime. Et par consequent celuy qui n'aime que Dieu, jouït d'une paix inébranlable, puisqu'on ne peut luy ravir celuy qui fait toute la joye de son cœur.

Les méchans au contraire sont toûjours dans l'inquietude & dans le trouble. *Non est pax impiis*, dit le S. Esprit par la bouche du Prophete. Et une preuve sensible qu'ils n'ont point la paix dans eux-mêmes, & que parmi toutes ces fausses apparences de contentement & de joye, ils ne trouvent au fond de leur ame que tourment & que misere, c'est qu'ils cherchent continuellement à sortir d'eux-mêmes pour se répandre au dehors & pour chercher dans les creatures qui les environnent, le repos qu'ils ne peuvent trouver dans eux. *Celuy qui n'a point la paix dans le cœur*, dit S. Augustin, *ne peut prendre plaisir à demeurer avec soy-même*. Ces personnes sortent d'eux-mêmes par les desirs & par les affections de leur ame. Ils cherchent leur repos dans des niaiseries & des vains amusemens, dans les spectacles & les comedies, dans le luxe & dans les débauches, enfin dans toute sorte de déreglemens & de desordres. Pourquoy donc mettent-ils ainsi toute leur joye dans ce qui est hors d'eux-mêmes; sinon parce qu'ils n'ont rien dans eux & dans le fond de leur cœur où ils puissent trouver un contentement solide & veritable?

Lors donc que nous aurons la paix au dedans de nous, nous ne serons point en peine de chercher les divertissemens extérieurs, pour donner un faux repos aux troubles intérieurs de nôtre ame. Mais comment faut-il avoir cette paix ? Nous l'apprendrons de la suite de nôtre Evangile. Car aprés que JESUS-CHRIST eut dit à ses Apôtres : La paix soit avec vous ; il leur montra, ajoûte l'Ecriture, ses mains & son côté : *Et cùm hoc*

Pour l'Octave de Pâque. EVANG.

dixisset, ostendit eis manus & latus.

II.

Comme Jesus-Christ confirmoit par là les Disciples dans la foy de sa resurrection, il leur montroit aussi en même temps comment il avoit acquis la paix qu'il leur donnoit : comme s'il leur eût dit : Je vous donne la paix, & cette paix que je vous donne, est le prix de ces playes que vous voyez. C'est ce que nous enseigne Saint Paul, lorsqu'il dit que Jesus-Christ *a pacifié par sa Croix le Ciel & la terre.* C'est donc ainsi que le Sauveur nous a acquis la paix en combattant, en souffrant, & en terrassant le démon par ses souffrances. *Ephes. cap.* 12

Et puisque les membres doivent être conformes à leur chef, c'est de la même sorte que nous la devons aussi acquerir. *Ostendit eis manus & latus.* Il faut l'acquerir *par nos mains*, c'est-à-dire, par nos bonnes œuvres, & par nos mains *percées*, c'est-à-dire, par la mortification interieure & par les souffrances. Il faut que *nôtre côté* soit ouvert, c'est-à-dire, qu'il soit blessé par les traits de l'amour de Dieu, afin que nôtre ame puisse dire avec l'Epouse : *Vulnerata charitate ego sum.*

Car nous ne devons pas entendre par ce nom de paix une oisiveté molle & languissante, qui nous exempte de toute peine, & de tout travail (qui est ce que les personnes lâches desireroient) ou une tranquilité parfaite & accomplie par une victoire entiere sur tous nos ennemis, qui est ce que nous pouvons bien desirer ; mais que nous ne devons esperer qu'en l'autre vie. Comme l'état du juste en ce monde est encore imparfait, il est toûjours mêlé de contrarietez ; & l'une de celles qui luy sont le plus inseparablement attachées, est d'être toûjours mêlé de paix & de guerre, de repos

& d'agitation, de calme & de tempeste.

C'est pourquoy encore qu'à la naissance du Fils de Dieu les Anges ayent annoncé la paix au monde; neanmoins il dit luy-même ce qui semble tout opposé, qu'il n'est pas venu aporter la paix, mais l'épée. *Non veni pacem mittere, sed gladium.*

<small>Luc. cap. 10.</small>

Car encore que JESUS-CHRIST soit venu comme nous avons dit, pour nous rendre la paix que nous avions perduë dans Adam; neanmoins afin d'abattre l'orgueil de l'homme, & de le tenir toûjours dans l'humilité, il ne l'a pas voulu faire tout d'un coup, mais seulement par parties. Ainsi il a mis nôtre ame dés ce monde, dans la liberté des enfans de Dieu, & dans la soumission à sa loy éternelle, qui est la premiere & la principale partie de cette paix; mais il reserve en l'autre de mettre nôtre corps & toutes ses passions dans la parfaite soumission à nôtre esprit, qui sera l'accomplissement de cette paix.

Aussi la grace d'Adam étoit toute de paix; au lieu que la grace de JESUS-CHRIST est une grace de combat, une grace militaire. C'est pourquoy toute nôtre occupation durant cette vie doit être de combattre sans cesse, de mortifier nos passions, & de nous rendre peu à peu victorieux de nous-mêmes: *Toute nôtre occupation durant cette vie*, dit S. Augustin, *doit être de mortifier par l'esprit les actions de la chair, de les dompter tous les jours, de les affoiblir, de les reprimer, de les étouffer & de les tuer en quelque sorte. Car combien en voyons-nous, qui s'étant avancez dans la vertu, ne trouvent plus de plaisir dans les choses ausquelles ils en trouvoient auparavant? Lors donc que ce plaisir les tentoit, & qu'ils n'y consentoient point, ils le mortifioient. Et lorsqu'ils ont fait en sorte qu'ils n'en sont plus touchez, il est mort*

<small>Aug. serm. 13. de verb. Apost. cap. 5.</small>

à leur égard. Aprés cela que vous reste-t-il, sinon de fouler aux pieds cette passion qui est déja morte, & de passer à une autre qui est vivante ? Foulez aux pieds celle qui est abattuë, combattez celle qui resiste. Car si l'une de vos passions est morte, il y en a d'autres qui vivent encore. Vous mortifiez celle qui vit, en n'y consentant pas : & lorsque le plaisir par lequel elle vous tente, ne vous touchera plus, elle sera morte pour vous.

Et de là naît cet avis si important dans toute la conduite de nôtre vie, qui est d'avoir pour but, premierement de remarquer nos mauvaises inclinations, de nous humilier ensuite, en reconnoissant qu'elles sont mauvaises, & de travailler serieusement à les corriger.

Un personne voit qu'elle est sujette à la colere, qu'elle s'aigrit pour la moindre chose qu'on luy dit ou qu'on luy fait contre son gré, qu'elle dit elle-même souvent des paroles d'aigreur ou à ses égaux, ou à ses inferieurs & ses domestiques, ce qui est ordinaire aux gens du monde : il faut qu'après s'être humiliée de cette mauvaise racine qui est en elle, & qui est capable de germer sans cesse, si on ne la coupe, elle travaille peu à peu à y resister.

Il faut qu'elle souffre quelque negligence de ses serviteurs. Il faut que si elle ne peut s'empêcher d'être émûë lorsqu'il luy arrive une occasion de se fâcher, elle ferme au moins la porte à sa colere, lorsqu'elle veut se produire au dehors, qu'elle demeure dans le silence, qu'elle l'empêche de se servir de sa langue comme des armes d'iniquité & comme d'une épée avec laquelle elle veut percer son prochain, par des paroles piquantes & injurieuses.

Ainsi un avare doit s'accoûtumer peu à peu à

donner l'aumône ; un intemperant à retrancher de sa bonne chere. Et en combattant peu à peu chaque vice, ou chaque inclination mauvaise, & les prenant les unes aprés les autres, l'esprit s'acquiert peu à peu un empire & une domination sur ses passions.

Psalm. 17. C'est l'exercice tout divin à quoy s'occupoit, & auquel nous exhorte le Prophete Roy, lorsqu'il dit : *J'observeray avec soin tout ce qu'il y a de mauvais en moy. Je poursuivray mes ennemis. Je les reduiray en servitude, & je ne me relâcheray point, jusqu'à ce qu'ils soient rassasiez :* OBSERVABO *me ab iniquitate mea, persequar inimicos meos & comprehendam illos, & non convertar, donec deficiant.*

C'est donc à quoy on doit exhorter les Chrétiens, comme à un exercice qui enferme toute la vie sainte, pourvû qu'il soit pratiqué fidellement ; c'est-là la carriere où nous devons courir sans cesse pour remporter le prix & la couronne de l'immortalité. Ce sont-là les occasions où nous devons paroître avec une generosité toute divine, comme de vrais soldats de JESUS-CHRIST. *C'est-là nôtre exercice continuel ; c'est nôtre guerre & nôtre milice. Lorsque nous combattons dans cette lice, nous avons Dieu pour spectateur de nôtre combat, & lorsque nous avons besoin de force pour bien combattre, nous appellons Dieu à nôtre secours. Car s'il ne nous soûtient par sa grace, non seulement nous ne pourrons vaincre, mais nous* *Aug. serm. 13. de verb. Apost. c. 9.* *ne pourrons même combattre.* HÆC *est actio nostra, hæc est militia nostra. In hoc agone cùm confligimus, Deum habemus spectatorem. In hoc agone cum laboramus, Deum poscimus adjutorem. Si enim nos ipse non adjuvat, non dico vincere, sed nec pugnare poterimus.* C'est la grande consolation que nous recevons dans nôtre Evangile. Les Apôtres étoient dans

Pour l'Octave de Pâque. ÉVANG.

le trouble & dans la crainte. Ils se tenoient renfermez dans une chambre, n'osant paroître, à cause de l'appréhension qu'ils avoient des Juifs. Mais aussi-tôt que Jesus-Christ se présente à eux, & qu'il leur montre ses playes, la joye & la confiance succedent à la crainte & aux frayeurs. *Gavisi sunt Discipuli viso Domino.* C'est ce qui nous arrivera, pourvû que nous soyons fidéles à invoquer ce même Sauveur.

Car il est vray que comme d'un côté, la paix qu'il nous présente, nous doit attirer à luy, & exciter en nous un désir violent d'une chose si desirable; de l'autre les peines qu'il faut souffrir & les combats qu'il faut donner pour acquerir cette paix, nous peuvent étonner, étant non seulement difficile mais impossible de surmonter tant d'ennemis qui nous attaquent & qui troublent cette paix si desirée, à moins d'une assistance toute divine.

Mais c'est-là aussi le fruit de la Croix de Jesus-Christ. C'est-là la gloire de sa Resurrection, de ce qu'ayant surmonté par luy-même tous nos ennemis, il les surmonte encore en nous par la toute-puissance de sa grace. Nous n'avons donc qu'à aimer & à rechercher de tout nôtre cœur cette paix divine, & à nous confier en sa bonté, sçachant que quelque obstacle qui se présente, il nous rendra faciles les choses les plus difficiles, & nous fera dire avec S. Paul : *Je puis tout en celuy qui me fortifie.* *Philipp. c. 4. v. 13.*

C'est l'assurance qu'il nous a donnée luy-même, lorsqu'étant prest de mourir pour nous, il nous a adressé ces paroles en la personne de ses Apôtres. *Je vous ai donné ces Instructions, afin que vous ayez la paix en moy.* Voilà le fruit & le but de tout l'Evangile. Et c'est aussi le premier don que le Sauveur fait aux Disciples au jour de sa Resurrection : *Pax vobis.* *Ioan. cap. 15.*

Et parce qu'il sçavoit que cette paix seroit troublée par les maux & les traverses de ce monde, il ajoûte : *Vous aurez de la peine & du travail en ce monde* : Ce qui ne marque pas seulement les persecutions exterieures, & les combats du dehors, mais aussi les interieures, & cette guerre continuelle que nous avons à soûtenir contre nous-mêmes. C'est pourquoy en même temps pour fortifier leur courage, & les remplir de confiance, il les anime par ces paroles : *Mais prenez courage & demeurez fermes : J'ay vaincu le monde.*

Ce doit donc être là nôtre confiance. Nous devons regarder sans cesse JESUS-CHRIST par les yeux de la foy, comme celuy qui a vaincu le monde, & qui ne l'a pas vaincu pour luy seul, mais pour tous ses membres. Car le Fils de Dieu n'avoit que faire pour luy-même d'entreprendre de vaincre le démon, puisque le démon n'a jamais eû aucun pouvoir de le combattre, & que JESUS-CHRIST a toûjours été infiniment élevé au-dessus de luy. Mais il n'a eû dessein de le combattre & de le vaincre que pour nous,

Et c'est pour cela qu'il ne l'a point voulu vaincre dans la force de sa nature divine, mais dans la foiblesse de nôtre chair mortelle, afin de nous donner une ferme confiance, que par la foy que nous aurions en luy, nous ne laisserions pas, nonobstant nôtre foiblesse, d'être victorieux du monde exterieur & interieur qui sont nos propres passions, & du démon qui en est le prince. *Et hæc est victoria quæ vincit mundum, fides nostra.*

Ce sont là les combats ausquels l'Eglise exhorte aujourd'huy les Chrétiens en leur annonçant la paix. JESUS-CHRIST leur en promet la victoire. On sçait que les passions, lors principalement qu'elles

Pour l'Octave de Pâque. EVANG. 623

qu'elles sont envieillies & enracinées dans l'ame, sont difficiles à surmonter ; mais on sçait aussi que ces mains victorieuses, ces mains non armées de fer, mais percées par le fer & par la pointe des cloux, le peuvent fer, & le feront, si vous avez une ferme foy, avec une facilité toute puissante. *Quid enim fortius illâ manu, quæ domuit orbem non ferro armata, sed ferro transfixâ ?*

Un homme qui pense à servir Dieu, mais à qui les restes de son ancienne vie, & ses vieilles habitudes font encore trouver beaucoup de peine dans la voye étroite de l'Evangile, a sans doute beaucoup d'ennemis à combattre, & beaucoup d'obstacles à surmonter : mais qu'il ne se décourage point : *Confidite : Ego vici mundum.*

Celuy qui a été jusques à cette heure idolâtre de son bien, & qui a mis dans un tresor de terre, son cœur qui est aussi devenu de terre & de bouë, *in terreno thesauro cor luteum figentes*, comme dit un grand Pere de l'Eglise, ne peut pas qu'il ne ressente de grandes repugnances, lorsque pensant à se convertir, il se trouve obligé de rachetter ses péchez par ses aumônes, & de faire part aux pauvres, de ce qu'il a amassé avec tant d'inquietude & de travail. Mais que cette difficulté ne l'abatte point : *Confidite, ego vici mundum.*

Une personne qui a vécu depuis long-temps dans la vanité & dans l'ambition si ordinaire en ce siécle, & qui depuis étant touchée de Dieu, pense serieusement à se donner à luy, voit bien qu'elle doit renoncer à ce faste & à ce luxe autorisé souvent par la coûtume corrompuë, mais condamné par l'Evangile & indigne d'un Chrétien. Elle voit bien qu'elle doit regler sa famille d'une autre maniere, & qu'elle doit retrancher une infinité de choses qui ne servent

Tome II. R r

Instructions Chrétiennes,
qu'à nourrir l'orgueil & à dissiper en des dépenses superfluës, le bien qui doit être reservé aux pauvres. Mais si ces choses luy paroissoient d'abord difficiles, qu'elle ne se décourage pas. A mesure qu'elle croîtra dans la pieté, la grace de JESUS-CHRIST luy fera trouver tout facile.

POUR L'OCTAVE DE PASQUE.

INSTRUCTION II.

Stetit Jesus in medio discipulorum & dixit eis : Pax vobis. *Joan.* 20.

JESUS *se trouva au milieu de ses Disciples, & il dit : La paix soit avec vous.*

L y a trois paroles sur lesquelles on peut s'arrêter particulierement dans cet Evangile, pour ne rien dire des autres mysteres qu'elle renferme.

La 1. est la paix que JESUS-CHRIST donne à ses Disciples, qui est aussi-tôt suivie de joye.

La 2. est la puissance qu'il leur donne de remettre les péchez.

La 3. est la réponse de Saint Thomas au Fils de Dieu qui luy montre ses playes : *Dominus meus & Deus meus.* C'EST *mon Seigneur & mon Dieu.*

I.

Il est remarquable que les Prophetes prédisant la venuë du Fils de Dieu, en qualité de Messie, entre les autres titres tout divins qu'ils luy attribuent, ils luy ont donné celuy de Prince de la Paix; *Princeps pacis.* Le temps pour accomplir ce grand mystere, étant arrivé, les Anges ont chanté à sa naissance: *Gloire à Dieu dans le Ciel, & paix sur la terre aux hommes de bonne volonté.* Il est mort ensuite sur la Croix pour pacifier le Ciel & la terre, comme dit Saint Paul; & aussi-tôt qu'il est ressuscité il vient donner la paix à ses Disciples: *Pax vobis.*

Quelle est donc cette paix si extraordinaire, prédite tant de temps avant la venuë du Sauveur, publiée à sa naissance, scellée par son sang & par sa mort, & donnée aux hommes par sa resurrection, comme la premiere effusion de sa gloire, & la plus haute récompense de ses travaux? Il n'y a que Dieu, selon Saint Paul, qui sçache ce qui est caché en Dieu. C'est pourquoy apprenons du Sauveur même, quelle est cette paix qu'il nous donne en ce saint jour.

Voicy ce qu'il en a dit à ses Disciples, dans ce Sermon admirable qu'il leur fit allant à sa Passion. *Je vous laisse la paix; je vous donne ma paix. Je ne vous la donne pas en la maniere que la donne le monde.* JE vous donne MA *paix*; la paix que j'ay pû seul vous acquerir, & que je puis seul vous donner.

Ierem. 15.

En quoy donc consiste cette paix? Voyons premierement ce que c'est que la paix, & nous considererons quelle est celle-cy. La paix, dit Saint Augustin, n'est autre chose que le repos & la tranquilité de l'ordre: *Pax est tranquillitas ordinis.* L'ordre de la creature raisonnable est qu'elle demeure dans la dignité que Dieu luy a donnée en la faisant à son image. Elle doit sçavoir qu'elle n'a que Dieu

Aug. de Civ. Dei lib. 19. cap. 14.

seul au dessus d'elle qui est son souverain bien. Car l'Ange même n'est pas au dessus, mais au même rang qu'elle, puisque Jesus-Christ nous assure qu'à la resurrection nous serons égaux aux Anges. Elle doit reconnoître en même temps qu'elle a au dessous d'elle toutes les creatures irraisonnables dont elle doit user comme de choses qui luy sont soumises, & non s'y soumettre elle-même pour en joüir comme si elles étoient son souverain bien. Ainsi, dit S. Augustin: *Elle doit conduire les creatures qui luy sont inferieures, & se laisser conduire à Dieu qui est son superieur.* DEBET *regere inferiorem, & regi à superiori.*

<small>Aug. in Psal. 145.</small>

Voilà la paix & l'ordre de l'ame. C'est dans cette paix qu'Adam avoit été creé. Son ame obéïssoit parfaitement à Dieu, & son corps étoit parfaitement soumis à son ame. Mais cette harmonie avoit été entierement détruite par le péché. Son esprit s'étant voulu élever au dessus de Dieu, son corps par une juste punition s'est élevé au dessus de luy; & ayant refusé de servir son legitime maître, il est devenu l'esclave de son esclave.

Voilà la guerre malheureuse dans laquelle s'est trouvé l'homme, étant luy-même divisé contre luy-même. C'est pour appaiser ce trouble que le Sauveur luy vient aujourd'huy donner sa paix. Et c'est avec grande raison qu'il dit que le monde ne donne point la paix en cette maniere.

Car comme remarque Saint Augustin, la paix du monde lorsqu'elle est donnée & reçûë humainement, cache en elle-même une guerre & une misere invisible, puisqu'elle devient le sujet d'une infinité de crimes. Les hommes sont d'ordinaire beaucoup plus méchans durant la paix que durant la guerre; parce qu'ils n'employent le temps de la paix

Pour l'Octave de Pâque. EVANG. 627

qu'en des débauches & dans la recherche de leurs plaisirs : au lieu que les périls & les miseres qui accompagnent la guerre, les font d'ordinaire penser plus à Dieu, s'il leur reste encore quelque sentiment du Christianisme.

Ce n'est pas que la paix même temporelle ne soit un bien, & qu'on ne la doive demander à Dieu, & luy rendre de grandes actions de graces, lorsqu'il la donne, mais c'est en la maniere que Saint Paul l'ordonnoit aux premiers Chrétiens : *Faites*, leur dit-il, *de grandes prieres à Dieu pour les Rois & les Princes, pour ceux qui sont dans les grandes dignitez & les grandes charges* ; Pourquoy ? *Afin que nous puissions vivre dans la tranquillité & dans le repos.* 2. Tim. cap. 1. v. 2.

Voilà ce que tous les hommes demandent, mais écoutez ce qu'il ajoûte & ce que doivent ajoûter tous les Chrétiens. *Afin que nous puissions vivre en paix,* EN TOUTE SORTE DE PIETE' ET DE CHASTETE'. Ainsi il joint excellemment la paix intérieure avec l'extérieure. Ces deux mots, *en toute pieté & chasteté*, nous marquent trés-bien cette paix & cet accord admirable de l'ame avec Dieu, & du corps avec l'ame, qui est proprement la paix que nous donne le Sauveur en ce jour, puisque la pieté rend nôtre ame soumise à Dieu, & que la chasteté rend nôtre corps soumis à nôtre ame. *Ibid.*

Mais comme la charité que le Fils de Dieu a euë pour nous, l'a porté à nous donner la paix : ainsi la charité que nous devons avoir pour nos freres nous doit porter à leur procurer une paix semblable. C'est pourquoy JESUS-CHRIST ne s'est pas contenté de nous dire que nous nous aimassions les uns les autres, mais il a ajoûté que nous nous aimassions ainsi qu'il nous a aimez ; SICUT DILEXI VOS.

Comme donc il nous a aimez, jusqu'à donner son propre sang, pour nous donner une veritable paix à l'égard de son Pere, & dans nous-mêmes ; ainsi nous devons faire tout ce que nous pouvons, pour entretenir cette paix dans les ames de nos freres, aussi bien que dans les nôtres.

Car il est vray qu'on ne peut quelquefois assez admirer comment il est possible que des personnes qui paroissent même avoir beaucoup quitté pour Dieu, se resserrent neanmoins ensuite de telle sorte en elles-mêmes, qu'il semble qu'elles ne recherchent dans leurs exercices que leur propre satisfaction, sans se mettre en peine s'ils troublent ou s'ils alterent en quelque chose la paix des autres.

Où est donc cette humilité du Fils de Dieu, qui a dit de luy-même : *Je suis la voye?* Pour aller à moy il faut marcher sur mes pas & faire ce que j'ay fait. Il a donné ses actions, ses paroles, sa vie, son sang & sa mort pour nous acquerir la paix ; & vous ne voudriez pas avoir contribué d'une action, d'une parole, d'un silence, d'une complaisance, d'une tolerance pour donner la paix à vôtre frere ?

Rom. cap. 15. v. 3.
1 Cor. cap. 10. v. 33.

Il est dit du Fils de Dieu : *Qu'il ne s'est point plû à luy-même.* Saint Paul dit : *Je tâche de complaire à tous en toute chose :* Non dans le mal, mais pour leur salut, ainsi qu'il le dit ensuite : *Ut salvi fiant.* Et vous au contraire vous aurez peine, ou qu'on manque à vous complaire, ou à témoigner aux autres de la complaisance en la moindre chose ?

Gal. cap. 6. v. 7.

N'est-ce pas en cette rencontre que nous pourrions dire avec S. Paul : *Ne vous trompez pas, on ne se mocque point de Dieu.* Car n'est-ce pas nous tromper nous-mêmes, que de croire que JESUS-CHRIST nous donnera sa paix qu'il nous a acquise par son propre sang, lorsque nous ne voudrions pas nous être privez de la moindre commodité du monde pour donner la paix à nôtre frere?

C'est en cela au contraire que consiste la veritable humilité de considerer beaucoup plus les autres que nous-mêmes. Car comme l'orgueil est l'ami de l'amour propre, l'humilité au contraire en est l'ennemi. Et par consequent, comme le superbe fait tout pour luy-même, sans se mettre en peine si cela plaît ou déplaît aux autres; l'humble au contraire fait tout pour les autres, sans considerer s'il trouve ou s'il ne trouve pas sa propre satisfaction dans ce qu'il fait.

C'est cette humilité qui nous rend attentifs & ingenieux à considerer ce qui peut ou augmenter ou diminuer la paix de ceux avec qui nous conversons, pour faire tout ce qui peut contribuer à leur satisfaction, & pour éviter ce qui leur déplaît.

C'est pourquoy le Fils de Dieu a dit une parole, qui est extrémement considerable sur ce sujet: *Ayez du sel dans vous, & conservez la paix entre vous.* Marc. cap. 10. Pourquoy nous commande-t-il d'avoir du sel, avant que nous commander de conserver la paix; sinon pour nous apprendre, que le sel qui marque la discretion, nous est necessaire, afin de veiller tellement sur nos paroles, & d'être tellement circonspects dans nos actions, que nous ne troublions en rien cette paix que JESUS-CHRIST nous donne aujourd'huy, & que nous devons aimer dans les autres comme dans nous-mêmes?

C'est ce qui a fait dire à S. Paul comme par une imitation de cette parole du Sauveur: *Que vôtre* Coloss. cap. 4. *discours soit toûjours accompagné de grace, & assai-* v. 26. *sonné de sel,* c'est-à-dire, de discretion & de prudence. Car il est étrange de voir combien nous voulons qu'on soit discret à nôtre égard, & que nous ne

R r iiij

voulions point l'être à l'égard des autres. Nous nous offensons lorsqu'ils nous blessent en la moindre chose, & s'ils sont choquez de quelqu'une de nos actions ou de nos paroles, nous croyons en être assez excusez devant Dieu, en disant que nous n'eussions pas pensé qu'une telle chose les eût choquez. Mais si nous eussions été vraiment humbles, nous aurions eu assez de discretion pour avoir cette pensée, & ensuite pour éviter cette faute.

Aussi-tôt que le Fils de Dieu a donné cette paix à ses Disciples, elle est suivie de la joye. *Les Disciples se réjouirent en voyant le Seigneur*, parce qu'il n'y a point de joye veritable que celle qui naît de cette paix. Car comme le Prophete repete souvent, *Les méchans n'ont point de veritable paix, ny de veritable joye*. Ils en ont une fausse qu'ils prennent pour la veritable, & c'est en cela même qu'ils sont plus malheureux. Car comme dit trés-bien S. Augustin: *Une fausse felicité est une misere veritable.* FALSA *felicitas, vera miseria.*

Aug. in Psal. 85.

C'est pourquoy ce grand Saint admire que tous les hommes generalement veulent être heureux, & que les méchans même ne commettent leurs crimes qu'afin d'être heureux, comme si ce qui rend l'ame criminelle la pouvoit rendre aussi bienheureuse. Et étant touché de compassion, il s'écrie: *Où allez-vous, malheureux, où allez-vous? Cherchez la felicité à la bonne heure, mais elle n'est pas où vous la cherchez: vous cherchez la vie bienheureuse dans la region de l'ombre de la mort*, dans les folies du monde, dans le déreglement des passions, dans l'orgueil du siecle, dans une vie de Payen ou de bête. Elle n'est pas là. *Car comment la vie bienheureuse se trouveroit-elle où regne la mort, & où il ne se trouve aucune vie?* QUOMODO *enim beata vita, ubi nec vita?*

Aug. lib. 4. Confess. c. 12.

Aussi les Payens ont reconnu que le bien de l'homme entant qu'homme, ne peut être dans des choses qui sont communes aux hommes & aux bêtes. Et c'est ce qui a fait dire à Saint Augustin cette belle parole : *O homme, ô coheritier de la gloire de* Jesus-Christ ! *comment pouvez-vous mettre vôtre joye dans des biens dont la jouïssance vous est commune avec les bêtes ?* Cohæres *Christi, quid gaudes, quia socius es pecoris ?* *Aug. in Psal.* 104.

Et cette verité est tellement claire, que les amateurs du monde reconnoissent souvent qu'ils sont miserables. Mais cela ne diminuë pas la corruption & le déreglement de leur esprit. Car ils ne se croyent d'ordinaire malheureux que parce qu'ils trouvent des oppositions dans leurs desseins, & qu'ils ne peuvent satisfaire toutes leurs passions. De sorte qu'on peut dire qu'ils ne se trouvent malheureux que parce qu'ils ne le sont pas autant qu'ils le voudroient être, c'est-à-dire, parce qu'ils ne joüissent pas autant des grandeurs & des plaisirs du monde, qu'ils le souhaiteroient.

II.

La 2. parole remarquable dans nôtre Evangile, est celle que Jesus-Christ dit aux Apôtres, en leur donnant le pouvoir de remettre les péchez : *Recevez le Saint Esprit. Les péchez des hommes seront remis, lorsque vous les leur aurez remis, & ils seront retenus, lorsque vous les leur aurez retenus.*

Cette parole se joint d'autant mieux avec la premiere qui regarde la paix & la joye de l'ame, que cette paix & cette joye ne consistent que dans le repos de son état naturel, dont nous avons parlé, lorsqu'étant reconciliée avec Dieu, elle se soûmet à luy: afin que son corps luy soit soumis, il est visible qu'il faut qu'elle obtienne veritablement la remission de ses péchez pour joüir de cette paix. C'est pourquoy l'Ecriture s'éleve avec tant de raison contre ces faux Prophetes, qui disent aux ames: *La paix, la paix, & cependant il n'y a point de paix*; parce que la paix que le Prêtre vous donne sera toûjours fausse, tant que la remission de vos péchez, & vôtre reconciliation avec Dieu ne sera point veritable.

Il faut donc expliquer en peu de mots, quelle est cette puissance que JESUS-CHRIST donne aujourd'huy à ses Apôtres, afin que ceux qui en sont les dispensateurs, en usent selon ses regles, & que ceux à qui elle est appliqué, en reçoivent les fruits & les effets. Et afin de ne rien dire de nous-mêmes en une matiere si importante, on apportera seulement l'explication, que deux des plus grands Peres de l'Eglise apportent à ces mêmes paroles de nôtre Evangile. L'un est le grand S. Denis Areopagyte, & l'autre S. Gregoire Pape.

Saint Denis expliquant ces paroles de nôtre Evangile, dit excellemment: *Les Prêtres ont entre les mains cette puissance d'absoudre ou de retenir les péchez, mais ils l'ont comme étant les interpretes des Loix & des Ordonnances de Dieu. Non que Dieu qui est infiniment sage, se soit obligé à suivre servilement les mouvemens indiscrets & déraisonnables d'un homme, qui abusera de cette puissance; mais parce qu'étant poussez & conduits par l'Esprit de Dieu, ils separent selon leur merite ceux qu'ils reconnoissent avoir reçû de Dieu une telle sentence.* ANTISTITES *habent potestatem illam tanquam interpretes divinarum legum. Non quod irrationabilibus hominis motibus sapientissima divinitas serviliter obsequatur; sed quod ipsimet spiritu divino permoti, à Deo judicatos pro meritis separent.*

Et expliquant encore cet usage de la puissance sacerdotale, il dit que le Prêtre en doit user d'une telle forte, qu'il doit se conduire avec une telle discretion, qu'il suive les Loix qu'il aura reçûës du Ciel, & qu'il ne se considere que comme l'interprete & le dépositaire de ces Loix, afin que selon elles, il approche de Dieu ceux qui aiment Dieu, & qu'il en retranche ceux qui sont éloignez de luy. UT juxta revelationes paternarum legum sibi indultas, quasi interpres ac portitor, Deo charos admittat, & impios excludat.

Il paroît donc par ces excellentes paroles que c'est Dieu qui est le Juge, & que le Prêtre ne juge que par luy & selon luy. C'est pourquoy, comme remarque ce grand Saint, JESUS CHRIST commence par donner son Esprit à ses Apôtres, pour leur communiquer ensuite cette puissance, afin de nous montrer que dans l'absolution qu'on donne aux pécheurs, ce n'est pas à Dieu à suivre servilement les mouvemens de l'esprit de l'homme ; mais que c'est à l'homme à suivre fidellement le mouvement de l'Esprit de Dieu, qui luy est inspiré pour cette raison, comme étant luy seul capable d'user d'une puissance si divine.

Et cecy s'accorde parfaitement avec l'explication que le grand S. Gregoire donne à ces mêmes paroles : *L'absolution que le Prêtre donne, est veritable, lorsqu'il suit dans la sentence qu'il prononce, l'intention & la volonté du Juge éternel.* TUNC vera est absolutio præsidentis, cum æterni arbitrium sequitur judicis. Si vous voulez donc avoir une veritable paix, cherchez des personnes qui vous reconcilient avec Dieu de cette sorte. Autrement vous ne desirez pas que l'on vous guerisse, mais que l'on vous trompe.

C'est pourquoy les Prêtres qui exercent ce ministere tout divin dans l'Eglise, doivent considerer avec grand soin que JESUS-CHRIST donne aujourd'huy son Esprit à ses Disciples, comme le premier effet de sa resurrection. Et il est marqué expressément dans l'Evangile qu'avant sa mort il n'avoit point donné son Esprit : *L'Esprit n'avoit point été donné, parce que* JESUS-CHRIST *n'avoit point été glorifié.*

Ioan. cap. 7.

Ce qui fait voir qu'encore que l'humanité sainte du Fils de Dieu fût toute remplie de graces, neanmoins parce qu'elle étoit encore mortelle, il n'a point voulu communiquer son esprit par elle, jusqu'à ce que l'ayant toute remplie de sa gloire, & comme toute divinisée, il l'eût mise en un état proportionné à cette communication de graces de son Esprit, dont il donne aujourd'huy la puissance à ses Apôtres.

D'où nous apprenons qu'ainsi que l'humanité sainte ressuscitée & toute revêtuë de la gloire, est le premier, & sans comparaison le plus noble organe de la divinité, comme l'appelle Saint Thomas ; les Prêtres aussi en sont les seconds, qui par consequent doivent avoir quelque rapport avec ce premier. Ainsi puisque JESUS-CHRIST n'a donné son Esprit que dans la gloire de sa resurrection ; les hommes aussi n'en doivent être les dispensateurs, que lorsqu'ils participent en quelque sorte à la même gloire, lorsqu'ils menent une vie de ressuscitez, une vie renouvellée, comme des hommes celestes & tout divins.

Je sçay qu'il est difficile & trés-rare de trouver des personnes en cét état ; mais c'est aussi ce que devroient sçavoir ceux qui pensent à s'y engager, afin de reconnoître qu'au lieu que les Princes ne peuvent rendre dignes des grandes charges de leur Etat ceux à qui ils les donnent, mais qu'ils supposent qu'ils le soient ; les charges de l'Eglise au contraire font si hautes & si relevées, qu'il n'y a que Dieu qui puisse en rendre dignes ceux qui les reçoivent. C'est pourquoy nous devons attendre qu'il nous y appelle, de peur que nous ne soyons de ceux dont parle S. Gregoire Pape, *Qui n'étant point appellez de Dieu, mais n'étant poussez que par leur cupidité & par leur interest, usurpent & ravissent plûtôt les charges Ecclesiastiques qu'ils ne les possedent legitimement.* Qui nequaquam divinitùs vocati, sed sua cupidine accensi, culmen regiminis rapiunt potiùs quàm assequuntur. *Greg. in lib. 1. Reg.*

Car S. Augustin dit excellemment aprés le Prophete : *Celuy qui entre dans ces charges au nom du Seigneur, est vraiment beny & est une source de benediction pour les autres* : Mais il ajoûte aussi-tôt par une consequence infaillible qu'il en tire : *Celuy-là donc est maudit de Dieu, qui entre dans ce saint ministere sans qu'on l'y appelle* : Ergo maledictus qui venit in nomine suo. Parole terrible ! qui fait voir qu'une charge qui doit être un principe de grace, & une effusion des dons de Dieu sur les peuples qui luy sont soûmis, devient une source de malediction pour celuy qui la reçoit. Plus la dignité de cette personne est divine, plus l'usurpation en est criminelle. *Aug. in cap. 12. Ioan.*

Comment donc se faut-il disposer pour recevoir une charge si necessaire ? Il s'y faut disposer comme Jesus-Christ même, puisque c'est en cela, bien plus qu'au lavement des pieds, qu'il nous dit : *Je vous ay donné exemple, afin que vous fassiez comme j'ay fait.* *Ioan. cap. 13.*

Jesus-Christ n'est devenu proprement Prêtre & Pontife, qu'au jour de sa resurrection. Car il n'y a point de Prêtre sans sacrifice, ny de sacrifice sans victime. La victime que le Sauveur devoit offrir étoit son humanité sainte, qui n'est devenuë proprement victime qu'au jour de sa Passion. Le corps sacré de Jesus-Christ a été alors comme rôti sur la Croix par la violence des tourmens, selon que l'Eglise chante en ce saint jour: *Cujus corpus sanctissimum in ara crucis torridum:* pour montrer qu'il étoit l'Agneau veritable, dont l'Agneau Paschal qui devoit être rôti lorsqu'on le mangeoit, n'étoit que la figure.

Jesus-Christ donc ayant été fait victime au jour de sa mort, est devenu Prêtre au jour de sa resurrection, dans lequel il offre à son Pere son humanité sainte, non plus mortelle, mais glorifiée. C'est pourquoy l'Eglise chante au jour de Pâque: *Cùm Pascha nostrum immolatus est Christus,* parlant du jour de la resurrection, & non de celuy de la mort: Parce que Jesus-Christ ne s'est offert qu'une fois en sacrifice sanglant sur la Croix, mais il s'offrira éternellement dans son humanité glorifiée, selon la parole du Pseaume: *Vous êtes un Prêtre éternel selon l'ordre de Melchisedech.* Il est Prêtre pour l'éternité, & par consequent il s'offrira éternellement.

Psalm. 119.

Si donc le Sauveur même n'a voulu recevoir cette Prêtrise divine qu'après l'avoir meritée par son sang: si c'est d'elle particulierement comme de sa principale gloire qu'il a dit: *Ne falloit-il pas:* Oportuit, *N'étoit-il pas necessaire:* Necesse *est, que* Jesus-Christ *souffrît, & qu'il entrât ainsi dans sa gloire?* Combien plus un homme qui prétend avoir part à ce Sacerdoce éternel de Jesus-Christ, doit-il auparavant s'offrir à Dieu comme victime, pour mourir entierement au péché? Ne doit-il pas écouter la parole que le grand Apôtre dit aux simples Fidéles, & par consequent qui oblige encore bien

Lucæ cap. 24.

plus les Prêtres que les autres ? *Je vous conjure par la* ^(Rom. c. 12.) *misericorde de Dieu, de luy offrir vos corps comme une hostie vivante, sainte & agreable.*

Car comment aura la hardiesse d'offrir à Dieu le Corps de son Fils, celuy qui n'est pas encore en état de luy offrir son propre corps, ou les affections de son cœur ; mais qui sacrifie peut-être l'un & l'autre à son plaisir, à sa passion, à ses interests ? C'est-à-dire en un mot, comment aura la hardisse de sacrifier Jesus-Christ à son Pere, celuy qui se sacrifie soy-même au démon, selon la pensée de S. Augustin ? *Car il y a bien des manieres, & qui sont peu connuës* ^(Aug. lib. 1. Confess. c. 17.) *des hommes, par lesquelles ils offrent des sacrifices aux démons sans qu'ils y pensent.* Non enim uno modo sacrificatur transgressoribus Angelis. Car generalement tout ce qui se fait par interest, par vanité, par passion, par cupidité, est offert au démon en sacrifice, selon ce grand Saint ; puisque le démon est le seul auteur de la concupiscence, & que toute action doit être rapportée à son principe.

Saint Gregoire Pape remarque cecy excellemment touchant les dispositions necessaires au Sacerdoce, pour empêcher que personne ne soit si temeraire que de s'y ingerer de soy-même, *de peur qu'un homme* ^(Greg. Pastor. part. 3.) *voulant s'élever par luy-même à cette charge si éminente, ne se rende le conducteur des autres, non pour les sauver, mais pour les perdre :* Ne per concupiscentiam culminis ducatum suscipiant perditionis. Ce grand Saint dit trés-bien que lorsque les Juifs vinrent prendre Jesus-Christ pour le faire Roy il s'enfuit, & qu'il ne voulut point recevoir cette dignité. Et cependant, dit ce saint Docteur : *Qui eût pû conduire si justement les hommes, que celuy qui auroit conduit ceux qu'il avoit luy-même créez ?* Quis principari hominibus tam sine culpa potuisset, quàm is *qui hos regeret, quos ipse creaverat?* Et neanmoins, dit ce grand Pape, *afin de donner exemple à ceux qui le devoient suivre, il n'a pas voulu recevoir la qualité de Roy, mais il a voulu se soumettre volontairement aux tourmens de la passion.* Ut exemplum se sequentibus præberet, rex fieri noluit ; ad crucis verò patibulum sponte pervenit.

Cecy nous apprend que nous devons toûjours nous éloigner de toutes les dignitez relevées, & particulierement du Sacerdoce Royal, lorsque nous n'y sommes appellez que par une voye humaine, & nous porter au contraire volontairement à toutes les choses basses, à l'humiliation & à la souffrance: Car c'est par cela même que Dieu nous élevera au ministere de son Eglise par une veritable vocation, si cela est dans son ordre, comme JESUS-CHRIST est entré dans son Sacerdoce divin de la même sorte; ou il nous laissera vivre comme particuliers, ne nous donnant autre soin que celuy de nôtre ame & de nôtre salut, qui est l'état sans comparaison, le plus assuré.

III.

La 3. parole de nôtre Evangile est celle que dit S. Thomas : *Dominus meus & Deus meus.* C'est pourquoy elle servira encore de confirmation & d'explication aux deux autres. Car le moyen de discerner si un homme est en état d'être absous, c'est de voir s'il dit veritablement à Dieu, *Dominus meus & Deus meus* : Le monde a été auparavant mon maître, c'est JESUS-CHRIST maintenant que je prends pour mon unique Seigneur.

Et c'est encore la raison pour laquelle ceux qui semblent être bien convertis, ne ressentent pas cette paix & cette joye que JESUS-CHRIST donne aujourd'huy à ses Apôtres, parce qu'ils ne disent point vraiment,

Pour l'Octave de Pâque. EVANG. 639

vraiment, *Dominus meus & Deus meus.*

Ils ont encore deux maîtres sans qu'ils le sçachent. Leur esprit peut-être pense à se donner à Dieu; mais leur cœur par ses actions est encore au monde. C'est pourquoy reconnoissant la grace que Dieu leur a faite, ils doivent travailler à demander à Dieu par leurs prieres & celles des autres, qu'il acheve dans eux l'ouvrage qu'il y a commencé, en criant avec David: *Dites au fond de mon cœur*, mais dites-le en Dieu; & en luy imprimant ce que vous luy dites: *Je suis ton unique bien.* _{Psalm. 34.}

Dieu fait cela, dit S. Augustin, *En inspirant dans le fond de l'ame un plaisir celeste qui surpasse & qui étouffe tous les plaisirs du monde:* DANDO menti cœlestem delectationem, quâ omnis terrena delectatio superetur. C'est ainsi que Dieu nous rend libres d'esclaves que nous étions. *La grace du S. Esprit que Dieu verse en nous, fait que nous ne prenons plus de plaisir au péché, en quoy consiste la liberté veritable,* DONO Spiritûs sancti fit in nobis ut non peccare delectet; ubi libertas est.

Celuy qui joüit de cette heureuse liberté & qui goûte ce plaisir celeste, se quitte sans peine luy-même pour s'abandonner entierement à Dieu comme à son unique maître. Il n'a plus de volonté ny de choix, & s'étant une fois abandonné, il ne reprend plus le soin de luy-même. Il prend plaisir de témoigner à Dieu dans les grandes choses & dans les petites qu'il veut dependre de luy; parce qu'il sçait qu'il ne peut être en même temps à Dieu & à luy-même. Disons donc avec un esprit de foy ce que S. Thomas dit à JESUS-CHRIST. *Vous êtes mon Seigneur, vous êtes mon Dieu.* Disons-le; mais ne discontinuons point de le dire. Car ce seroit bien en vain que nous l'aurions dit durant quelque temps, si nous ceſſions enſuite de le faire. S. Thomas qui l'a dit au Fils de Dieu, n'a plus ceſſé de le dire juſques à ſa mort. Imitons-le, & que nôtre aſſujettiſſement à Dieu au lieu de diminuer par la ſuite du temps, croiſſe toûjours au contraire de plus en plus, ſi nous voulons goûter la joye infinie que Dieu fait ſentir à ceux qui l'adorent comme leur Dieu, & qui le ſervent comme leur unique maître.

POUR L'OCTAVE DE PASQUE.

INSTRUCTION III.

Omne quod natum eſt ex Deo, vincit mundum, &c.
1. *Joan.* 5. 4.

Tout ce qui eſt né de Dieu, ſurmonte le monde, &c.

LORSQUE l'on conſidere ce que S. Jean dit dans l'Epître que l'Egliſe nous lit en ce jour, & qu'on le compare avec ce que Jesus-Christ dit dans l'Evangile aujourd'huy à un Diſciple incredule : *Thomas vous avez crû parce que vous m'avez vû ; Heureux ceux qui ne verront point, & qui neantmoins croiront* ; Il eſt aiſé de voir que Jesus-Christ n'eſt venu au monde, & qu'il n'y eſt demeuré depuis ſa reſurrection, que pour établir la foy. Car toute la Religion Chrétienne eſt fondée ſur la Foy. C'eſt pourquoy S. Paul oppoſant la Religion Judaïque au Chriſtianiſme, appelle l'une la foy, & l'autre la Loy.

C'est par la foy que S. Jean dit que nous surmontons le monde, parce qu'elle nous ferme les yeux à tout ce qu'il y a de plus riant dans le monde, ou plûtôt qu'elle nous les ouvre pour voir le neant qui est caché fous ses belles apparences; & qu'elle éleve nos esprits au Ciel pour y contempler sans cesse un monde invisible. Car la foy n'a point pour objet les choses visibles, mais les invisibles. Et c'est-là que Saint Paul a pris l'excellente definition qu'il en donne dans son Épître aux Hebreux : *La foy est la base & le soûtien des choses que l'on espere, & une conviction de celles que l'on ne voit point.* Heb. cap. 10.

Car, comme remarque S. Augustin en beaucoup d'endroits, la lumiere de la raison s'étant obscurcie par le peché & par les nuages des passions, & ainsi étant devenuë incapable de comprendre les choses divines, le premier remede que JESUS-CHRIST est venu apporter à ce mal, a été de purifier par la foy l'œil de nôtre ame en voulant qu'elle crût, afin de la rendre capable ensuite de voir ce qu'elle a crû. Aussi la beatitude que JESUS-CHRIST nous annonce en parlant à S. Thomas : *Bienheureux ceux qui croyent, sans avoir vû*, est un degré pour parvenir à celle qu'il propose dans son premier sermon : *Bienheureux ceux qui ont le cœur pur, parce qu'ils verront Dieu.*

Le renversement de cét ordre si naturel & si raisonnable est la principale cause de l'infidelité des hommes. Ils veulent voir avant que de croire, & apporter des yeux foibles & obscurcis par les vices, à la contemplation des choses divines; au lieu qu'il faut que nous nous soûmettions à l'autorité de la foy, que nous croyions ce que nous ne pouvons pas encore comprendre, & que nous nous purifions par la foy pour être capables de les comprendre ; *fide purificans corda eorum.*

C'est pourquoy l'orgueil d'une part, & de l'autre la corruption des mœurs, sont les deux premieres causes du libertinage, & de ce que nous voyons si peu de foy parmy les Chrétiens. Car sans parler de ceux qui sont tout-à-fait impies, & que Dieu en punition de leurs excez, a abandonnez à un sens corrompu & depravé ; combien y en a-t-il, dont il y a grand sujet de craindre que la foy ne soit toute humaine, & qu'ils ne croyent à l'Evangile que comme les Turcs croyent à leur loy, par la seule accoûtumance, sans aucun sentiment des choses divines, & sans être non plus touchez des veritez de la Religion qu'ils font profession de croire, que des histoires des anciens Grecs, & de la Republique Romaine ?

Saint Jacques dit que la foy sans les œuvres est semblable à celle des démons. Mais celle-là semble être même au-dessous de celle des démons. Car au moins les démons croyent & tremblent : Et ceux-là sont dans l'insensibilité, & méprisent ce qui fait trembler les démons.

Il y en a d'autres qui ne sont pas tout-à-fait dans cét état, & qui croyent de telle sorte un enfer & un Paradis, qu'ils craignent de tomber en l'un, & qu'ils desirent d'arriver à l'autre. Mais comme ils n'ont aucun veritable amour de Dieu, & qu'ils ne sont touchez au plus que du mouvement d'une crainte purement servile, qui leur fait apprehender les tourmens éternels de l'autre vie, tout ce qu'ils ont de plus que les premiers, c'est que leur foy peut égaler celle des démons.

Car c'est là la difference de la foy des vrais Chrétiens, & celle des démons, que les uns croyent

Pour l'Octave de Pâque. EPISTRE.

avec amour, & que les autres ne croyent que par crainte. Il faut faire cette difference, dit S. Augustin, entre la foy des Chrétiens. Le démon a confessé la même verité que S. Pierre. L'un & l'autre a dit à JESUS-CHRIST, *Vous êtes le Fils de Dieu.* TU *es Filius Dei.* Pourquoy donc ne sont-ils pas *bien-heureux* comme Saint Pierre, sinon parce que les démons l'ont dit par crainte, & que Saint Pierre l'a dit par amour ? *Quia dæmones hoc dixerunt timore, Petrus amore ?*

Aug. hom. 17. cap. 2.

Aussi ces personnes font la même chose que les démons dans l'Evangile. Car ils reconnoissent comme les démons, la verité de la Religion Chrétienne. Ils disent comme eux : *Tu es sanctus Filius Dei.* Mais lorsqu'on les veut obliger à sortir de leurs vices, comme JESUS-CHRIST vouloit faire sortir les démons des corps qu'ils possedoient, ils sont prêts de dire comme eux : *Quid nobis & tibi ?* Qu'Y a-t-il *de commun entre vous & nous ?*

Si on les presse de faire penitence, & de mortifier les passions pendant leur santé & durant leur vie, ils se plaignent qu'on les precipite. Ils disent qu'il sera assez temps d'y penser lorsqu'ils seront malades & prêts de mourir. Ils passent même jusqu'à cette maxime pernicieuse condamnée par tous les Peres, qu'ils peuvent reserver à faire cette penitence dans l'autre monde, & qu'ainsi *on ne doit point les tourmenter avant le temps :* VENISTI *ante tempus torquere nos.*

Il y en a d'autres qui ont la vraye foy, qui croyent & qui croyent avec amour ; qui ne croyent pas seulement à Dieu, comme dit S. Augustin, mais qui croyent en Dieu. Nous croyons à S. Paul, dit S. Augustin, mais nous ne croyons pas en S. Paul. Qu'estce que croire en Dieu, sinon l'aimer en croyant en

Sf iij

luy ; sinon aller vers luy ; sinon d'être incorporé en luy ? mais ayant la foy, ils n'ont pas assez de soin de croire par la foy, & de la faire passer de leur esprit dans toute la conduite de leur vie, *Justus ex fide vivit.*

Le premier fruit de cette vie de la foy, est de juger des choses par la lumiere de la foy dans les biens & dans les maux. Car comme nous voyons qu'étant hommes, nous faisons d'autres jugemens des choses, que nous n'en faisions étant enfans : *Lorsque j'étois enfant*, dit S. Paul, *j'avois les pensées & les sentimens d'un enfant ; mais lorsque je suis devenu homme, j'ay quitté les sentimens de l'enfance :* De même étant Chrétiens, nous devons avoir des sentimens plus élevez au-dessus des hommes purement hommes, que ceux des hommes ne sont élevez au-dessus de ceux des enfans ; puisque la foy est incomparablement plus élevée au-dessus de la raison ordinaire des hommes, que la raison des hommes ne l'est au-dessus de la foiblesse des enfans. Car dans les hommes & dans les enfans, c'est toujours la même raison, comme c'est une même ame ; mais qui est encore foible & imparfaite dans les uns, & qui est plus parfaite dans les autres : Au lieu que la foy est une lumiere divine, & d'un ordre superieur.

Comme donc on se mocqueroit d'un homme, & que l'on croiroit qu'il auroit perdu le sens, s'il jugeoit encore des choses comme les enfans ont accoûtumé de faire, & s'il preferoit des joüets & des moineaux à l'or & à des pierreries ; n'a-t-on pas sujet de même de s'étonner qu'une ame Chrétienne, étant instruite de la vanité des choses du monde par la bouche de la verité même, en ait encore la même estime que les Payens ?

1. Cor. c. 13.

Pour l'Octave de Pâque. EPÎTRE. 645

JESUS-CHRIST a dit que c'étoit un malheur que d'être riche, & un bonheur que d'être pauvre; En faisons nous le même jugement, & ne disons-nous pas souvent dans le fond de nôtre cœur : Malheur aux pauvres, & bonheur aux riches ? Combien y a-t il peu d'ames religieuses qui n'estiment les Monasteres riches heureux, & miserables ceux qui sont dans la pauvreté & dans l'indigence ? *Nous avons beau dire : Bienheureux sont les pauvres*, dit M. Geneve; *la prudence humaine ne laissera pas de dire : Bienheureux sont les Monasteres, les Chapitres, les maisons riches. Il faut en cela même cultiver la pauvreté que nous estimons, que nous souffrions amoureusement qu'elle soit més-estimée.* M. de Geneve liv. 6. de ses lettres 14.

JESUS-CHRIST declare heureux ceux qui sont méprisez, persecutez, maudits par les hommes; & il declare au contraire malheureux ceux qui sont estimez & benis des hommes. Et nous au contraire, nous jugeons qu'un des plus grands biens de la vie est d'être loüé & estimé des hommes, & que l'un des plus grands maux est d'en être méprisé & maltraité.

Tout l'Evangile ne nous porte à autre chose qu'au mépris du faste, du luxe, de l'honneur, de la gloire & de la vanité du monde ; & nous au contraire, nous avons bien de la peine à n'avoir pas de l'estime pour toutes ces choses, & sans parler de ceux qui les recherchent avec passion les ames mêmes qui les méprisent pour elles, ne les mesestiment pas dans leurs proches. Elles y prennent souvent quelque complaisance, & elles sont bien-aises que leurs parens fassent fortune dans le monde, qu'ils ne tombent pas ; mais qu'ils se maintiennent dans leur rang & dans leur condition. Si l'on a des parens pauvres ou de basse condition, on est bien aise de les ecacher & de n'en point parler, & de faire sçavoir, au contraire, qu'on en a qui sont élevez en honneur.

Jesus-Christ dit qu'il ne faut pas juger de la vertu par l'exterieur & par les actions éclatantes, mais par le fond du cœur & par la pureté vraiment spirituelle & interieure ; & que souvent ce qui paroît grand & élevé aux yeux des hommes, est en abomination devant Dieu. Et neanmoins on voit que la pluspart de ceux-mêmes qui ont renoncé aux richesses, se portent à estimer cét éclat exterieur de la vertu, & sont bien aises de paroître aux yeux des hommes dans les actions de pieté, comme de paroître grands Docteurs, grands Predicateurs, fort austeres dans leurs actions, & fort pauvres dans leur vie. Tant il est vray que les hommes, comme dit S. Jerôme parlant de la veritable foy, ont de la peine à se contenter du seul jugement de Dieu : *Difficile est Deo tantùm judice esse contentum.*

Hieron. adverf. Lucif.

Ainsi l'une des regles les plus importantes de la Religion Chrétienne, est de s'accoûtumer à juger des choses par la vûë de la foy, qui nous represente comme petites celles qui paroissent grandes dans le monde, & comme grandes celles qui paroissent petites à nos sens.

Que si la raison peut faire qu'un Philosophe s'éleve au-dessus de ses sens, & juge que la terre qui nous paroît si grande, n'est qu'un point à l'égard du Ciel, & qu'au contraire une étoile qui nous paroît si petite, est cent fois plus grande que la terre ; la foy que saint Augustin appelle la raison la plus sublime & la plus divine : *sublimissima & divinissima ratio*, ne doit-elle pas avoir la force sur nos esprits de nous faire faire le même renversement dans le jugement que nous faisons de toutes choses ?

II.

Mais il ne suffit pas pour rendre nôtre foy vraiment capable de *surmonter le monde*, comme le dit Saint Jean dans nôtre Epître, de nous contenter qu'elle regle nos jugemens. Il faut qu'elle regle encore nos actions. Ce n'est pas assez de juger par la foy, il faut encore agir par la foy. Ce que nous ne pouvons mieux prouver que par saint Jacques.

Voicy ses paroles, *Que vous servira mes freres, si quelqu'un de vous dit qu'il a la foy, & qu'il n'en fasse point les œuvres ? Sa foy le pourra-t-elle sauver ?* Et il donne ensuite un exemple qui fait voir clairement cette verité : *Si vôtre frere*, dit-il, *& vôtre sœur manquent de ce qui leur est necessaire pour leur vétement & pour leur vivre, & que quelqu'un de vous leur dise : Allez en paix, Dieu vous veuille donner de quoy vous vétir & vous nourrir ; & qu'aprés cela neanmoins il ne les assiste point de ce qui leur est necessaire : de quoy leur serviront tous ces bons souhaits ? De même, si la foy est sans les œuvres, elle est morte.* Ep. cat. cap. 2. v. 14.

Vous voyez que cette personne que l'Apôtre nous propose pour exemple, a le jugement de la foy en ce qu'il a pitié du pauvre, qu'il luy parle avec douceur, qu'il a même pour luy de bons souhaits. Mais en demeurant là, & n'assistant point son frere, sa foy est morte & inutile, tant s'en faut qu'il puisse vivre par elle : *Justus ex fide vivit.* Rom. 1. v. 2.

Ainsi tel choisit & loüe la pauvreté, qui fuit toutes les rencontres où il doit paroître pauvre. Tel reconnoît que les grandeurs & les vanitez du monde sont indignes d'occuper l'esprit d'un Chrétien;

qui ne peut souffrir qu'on blesse son honneur & sa reputation en la moindre chose. Tel avoüe que sa vie Chrétienne doit être toute de penitence, selon le Concile de Trente, qui ne peut se resoudre à s'occuper utilement dans la vûë de Dieu, & à fuïr l'oisiveté & les délices.

Mais rien n'est plus capable de nous instruire sur ce point si important, que l'exemple dont se sert le même Apôtre au même lieu: *Voulez-vous sçavoir*, dit-il, *homme vain, que la foy est morte sans les œuvres? Abraham nôtre Pere n'a-t-il pas été justifié par les œuvres, ayant offert son Fils en holocauste sur l'Autel? Ainsi vous voyez que sa foy cooperoit à ses œuvres, & qu'elle en a reçû sa perfection & son accomplissement.*

S'il y eût jamais une foy grande, ç'a été celle d'Abraham. Il a quitté son païs & sa maison pour suivre Dieu par tout où il le meneroit. Et cependant S. Jacques nous apprend qu'elle ne luy eût pas suffi pour le rendre juste devant Dieu, s'il ne l'eût fait passer dans les œuvres & les actions. Et l'action de ce Patriarche qu'il nous propose comme la cause de sa justification parfaite, est la plus grande, la plus difficile & la plus divine qu'on se puisse imaginer.

Car il a donné dans cette unique action le modele des plus grands effets que la foy doive operer en nous, qui consiste en deux choses; l'une à étouffer tous les raisonnemens de l'esprit qui se pourroient opposer à ce que Dieu demande de nous; l'autre à surmonter les inclinations les plus violentes de la nature, pour se conformer entierement à la volonté de Dieu. C'est pourquoy S. Jacques ajoûte: *Qu'en cela l'Ecriture a été accomplie, qui dit: Qu'Abraham a crû à Dieu: & que cela luy a*

Pour l'Octave de Pâque. EPÎTRE.

été imputé à justice, & qu'il a été appellé amy de Dieu.

Car d'une part quelles pensées ne pouvoit point avoir Abraham, en considerant que Dieu luy avoit promis cette grande race : Et de l'autre quelle tendresse n'avoit-il point pour Isaac ? Cependant il a étouffé tout cela. Et quoy que Dieu n'ait pas permis qu'il ait executé ce qu'il luy avoit commandé, il avoit neanmoins une volonté si pleine, que l'Apôtre en parle comme s'il avoit effectivement immolé son Fils ; *Offerens Isaac filium suum super altare.*

Cét exemple qui étouffe les raisonnemens de l'esprit, doit nous apprendre à méprifer tous les jugemens humains, ce qu'on peut dire de nous, ou contre nous, si nous changeons quelque chose dans nôtre vie pour mieux servir Dieu. Il faut obéïr simplement à Dieu sans reflexion, & étouffer la raison humaine par la raison divine qui est la foy.

Il faut en second lieu surmonter par la foy les inclinations naturelles, quelque violentes qu'elles puissent être, lorsqu'elles s'opposent à nôtre vray bien comme l'amour d'un enfant & d'un parent. Il faut souffrir la separation des personnes qui nous sont cheres ; & rejetter de nous celles qui nuisent à nôtre salut, sans consulter nos affections, afin de vaincre par la foy non-seulement le monde, comme dit S. Jean, mais nous-mêmes & l'enfer.

Le moyen d'imiter Abraham dans cette action, est de porter comme luy, lorsqu'il alloit pour sacrifier son fils, l'épée d'une main, & le feu de l'autre. L'épée marque la parole de Dieu, cette parole vivante & efficace, qui perce plus que toutes les épées. *Vivus est sermo Dei & efficax, & penetrabilior omni gladio ancipiti.* Elle sepáre le pere d'avec les en-

Hebr. cap. 9.

gladio ancipiti. Elle separe le pere d'avec les enfans, & le frere d'avec la sœur. Ce qui fait dire à Jesus-Christ : *Je ne suis point venu apporter la paix, mais l'épée,* & en un autre endroit, *la separation.* Et le feu marque l'ardeur de la charité, que le Fils de Dieu est venu apporter du Ciel en terre : *Ignem veni mittere in terram.*

Ces actions de la foy ne doivent pas être seulement quelques actions particulieres ; mais elles doivent être répanduës dans toute la conduite de la vie. Et c'est un des plus grands abus qui soit dans le monde, que de croire que le service de Dieu ne consiste que dans les actions de la Religion comme dans l'assistance qu'on rend à la Messe, à l'Eglise, & dans l'usage des Sacremens.

C'est pourquoy S. Paul, aprés avoir marqué les armes differentes du Chrétien, pour resister aux demons, les rapporte toutes à la foy, comme fait saint Jean dans nôtre Epître : *Prenez,* dit-il, *en toutes choses le bouclier de la foy, par lequel vous pourrez repousser & éteindre toutes les flêches brûlantes de l'ennemy.* In omnibus sumentes scutum fidei, in quo possitis omnia tela nequissimi ignea extinguere.

Ephes. cap. 6. v. 16.

Mais ce n'est pas assez que nos actions soient conformes au jugement & aux regles de nôtre foy. Il faut encore qu'elles soient animées de l'esprit de la foy. Car on peut faire beaucoup d'actions conformes aux regles du Christianisme, qui ne seront pas faites neanmoins par l'esprit du Christianisme. Pour cela donc il y a deux choses entierement necessaires ; l'une que nos actions ayent Dieu pour principe ; & l'autre qu'elles l'ayent pour fin ; c'est-à-dire, que la grace de Jesus-Christ opere en nous, & que nous ne les entreprenions que par le motif de l'amour de Dieu. Mais ces deux choses en effet sont inséparables, n'étant pas possible que nous agissions veritablement par l'esprit de grace, si nous n'agissons pour Dieu ; ou que nous agissions veritablement pour Dieu, si nous n'agissons par l'esprit de grace.

Et pour voir que nos actions doivent être telles pour être des actions d'un Chrétien, nous n'avons qu'à considerer ce que dit JESUS-CHRIST même, lorsque dans ce divin Sermon qu'il fit un peu avant sa mort, il dit à ses Apôtres : *Je suis la vigne, & mon Pere est le laboureur. Comme le sep ne peut porter du fruit de luy-même, s'il ne demeure dans la vigne ; ainsi vous n'en pouvez porter, si vous ne demeurez en moy. Je suis la vigne, & vous en étes les pampres. Celuy qui demeure en moy, & en qui je demeure, porte beaucoup de fruit, parce que vous ne pouvez rien faire sans moy.* Ioan. cap. 15. v. 1. Il est clair par cette comparaison que nous ne pouvons porter aucun fruit, c'est-à-dire, faire aucunes bonnes œuvres, que par l'influence continuelle que nous tirons de JESUS-CHRIST, comme les pampres de leur vigne.

Que si ces actions doivent partir de l'Esprit de JESUS-CHRIST, il est visible qu'elles devoient avoir JESUS-CHRIST pour fin, puisque l'esprit de JESUS-CHRIST ne nous peut porter qu'à Dieu ; comme luy-même, tant qu'il a été en cette vie n'a jamais agy que pour la gloire de son Pere.

Et c'est par ce principe que les Peres nous enseignent, que les actions des Infidelles ne peuvent être bonnes devant Dieu, parce que n'étant point animées par la foy, elles ne peuvent avoir Dieu pour fin. *Il ne peut*, dit Saint Augustin, *y avoir aucune bonne œuvre sans la foy, parce que la bonne* intention est absolument necessaire pour faire de bonnes œuvres. Or c'est à la foy à digerer nôtre intention : BONUM enim opus intentio. Intentionem fides dirigit.

Comme donc nos actions ne peuvent être bonnes, si Dieu n'en est la fin, & qu'il n'en peut être la fin, s'il n'en est luy-même le principe par son Esprit ; il s'ensuit de là, que le principal exercice de la foy, est d'attirer sans cesse cette grace en nous par une continuelle invocation de JESUS-CHRIST, & par un regard continuel vers Dieu : *Regardant continuellement vers Jesus, qui est l'auteur & le consommateur de la foy* ; L'AUTEUR, en nous faisant croire, le CONSOMMATEUR, en nous faisant bien agir, selon ce que saint Jacques dit, que nôtre foy est consommée par les œuvres : *Ex operibus fides consummata est.*

Et c'est en ce sens que S. Augustin explique ce que S. Paul dit : que l'on ne peut être justifié par la loy des œuvres, mais seulement par la loy de la foy. Car ce grand Saint nous enseigne que la loy des œuvres n'est autre chose dans l'Apôtre, que la loy qui nous commande ce que nous devons faire ; & que la loy de la foy est proprement la foy même, qui nous fait obtenir la grace de faire ce qui nous est commandé par la loy des œuvres : Que par l'une Dieu nous dit : Faites ce que je vous commande : *Fac quod jubeo* ; & que par l'autre nous disons à Dieu : Donnez-nous le pouvoir de faire ce que vous nous commandez : *Da quod jubes* ; Et qu'ainsi ce que la loy des œuvres nous commande en menaçant, la loy de la foy l'obtient en croyant.

Cette verité est importante, puisqu'elle nous apprend que si nous ne nous conduisons par cette loy de la foy, c'est-à-dire, si nous n'avons soin de nous addresser à Dieu avec prieres & gemissemens, pour obtenir de sa bonté la grace d'accomplir ce qu'il nous commande, quelques connoissances de Dieu que nous ayons, quelques vertus morales & humaines que nous possedions, quelques bonnes œuvres en apparence que nous puissions faire, nous ne sçaurions en aucune sorte être reputez justes devant Dieu, ny être reçûs au nombre de ses enfans, puisque S. Paul nous apprend en termes exprés, que cela ne se peut faire que par la loy de la foy, & non par la loy des œuvres.

C'est pourquoy nous devons avoir toujours dans le cœur cette parole de David : *J'ay ouvert ma bouche, Seigneur! & j'ay attiré vôtre Esprit, parce que je desirois vos commandemens.* Pour bien agir, il faut avoir l'esprit de Dieu. Pour avoir l'esprit de Dieu, il faut l'attirer. On l'attire en priant, & on prie en desirant : *Le desir continuel est une priere continuelle*, comme on voit icy que David dit en ce lieu qu'il a fait, ce que Dieu dans un autre endroit des Pseaumes, commande à l'ame de faire : *Ouvrez vôtre bouche & je la rempliray de mon Esprit.* Psalm. 245

INSTRUCTIONS
POUR LES FESTES DES SAINTS.

POUR LE JOUR
DE SAINT MATTHIAS.

Domine oftende quem elegeris. *Act.* 1.
Seigneur montrez celuy que vous avez choisi.

Ous les Apôtres font des hommes divins que l'Eglife confidere comme les fondemens fur lefquels elle eft établie & comme les colomnes qui la foûtiennent. Jesus-Christ les a choifis pour un miniftere fi faint, ou par luy-même, comme les autres Apôtres, ou par fon Eglife, comme celuy que nous honorons en ce jour.

On fçait trés-peu de chofe de S. Matthias, auffi bien que des autres Apôtres fi on en excepte S. Pierre & faint Paul. Le monde n'étoit pas digne de connoître les merveilles de la vie de ces grands hommes, qui ont été plûtôt des Anges que des hommes.

Mais il y a cecy de particulier à faint Matthias, qu'il a été choifi de Dieu & de l'Eglife pour remplir la place du difciple qui avoit trahy le Fils de Dieu, & que le faint Efprit a fait décrire trés-particulierement fon élection dans le Livre des Actes. Comme donc il n'y a rien de plus important pour l'Eglife que le choix de fes Miniftres lors qu'il eft fait felon l'ordre de Dieu, nous confidererons,

I. L'obligation qu'ont tous ceux qui ont quelque choix à faire dans l'Eglife, d'imiter la conduite que
garde

Pour le jour de Saint Matthias. 655

garde Saint Pierre & les autres Apôtres dans l'élection de Saint Matthias.

II. Nous verrons l'obligation où sont ceux qui entrent dans les emplois saints, de n'y entrer que par la vocation de Dieu, comme le saint Apôtre dont nous celebrons la Fête.

I.

Dieu qui se conduit en toutes choses avec une admirable sagesse, afin de donner aux hommes, qui sont ses images, un modéle de la maniere dont ils doivent regler toutes les actions de leur vie, n'execute d'ordinaire ses grands desseins, & ne dispense ses graces & ses dons aux hommes, que par une suite de moyens qui ont une dépendance & une subordination les uns avec les autres. Ainsi nous apprenons par l'Ecriture, que toute la benediction que nous devons attendre de la suite des choses, doit paroître dans le principe ; & que c'est un des sens auquel nous devons entendre cette parole de Saint Paul : *L'homme recueillira selon qu'il aura semé*, c'est-à-dire, que si l'homme s'engage dans une affaire avec un esprit & un mouvement humain, il n'en recevra aussi qu'une assistance humaine & non un secours veritable pour son salut.

Si cela est vray de toutes les affaires un peu considerables dans le monde, combien l'est-il davantage de ce qu'il y a de plus important dans l'Eglise, qui est de choisir des Ministres pour conduire les peuples, de donner des Pasteurs aux ames, & d'élire des Superieurs dans les Communautez saintes : & combien doit-on craindre dans ces rencontres, de se rendre responsables des suites qu'attireroit un mauvais choix ?

Aussi nous voyons que dans l'élection de celuy dont nous honorons la memoire, qui sera dans la suite de tous les siécles le modéle des veritables élections, Saint Pierre même ne fait point le choix de la personne qui doit être élûë. Il se contente d'exhorter les Disciples assemblez, de choisir ceux qu'ils jugeront dignes de remplir cette place. Comme il sçavoit que c'étoit proprement à Dieu à faire le discernement des personnes capables de conduire les autres, il ne veut point le faire luy-même, selon ce que remarque excellemment Saint Chrysostome : *Saint Pierre ne propose personne aux Disciples pour être élû, faisant voir ainsi que celuy qui paroît aux hommes avoir de l'avantage au dessus d'un autre, est souvent moindre à l'égard de Dieu.*

C'est pourquoy les Disciples voulant imiter la moderation de Saint Pierre, choisissent deux personnes : mais ils en demeurent-là. Ils ne veulent point juger qui des deux doit être preferé à l'autre, ils laissent à Dieu ce discernement. Ils font voir clairement par les paroles qu'ils luy adressent, avec combien de raison ils luy reservent cette élection, lors qu'ils luy disent : *Vous, Seigneur, qui connoissez le secret des cœurs, montrez celuy que vous avez élû.*

Sur quoy Saint Chrysostome fait cette remarque excellente : *C'est avec grande raison qu'ils adressent à Dieu, comme à celuy qui seul penetre par sa lumiere dans le fond des cœurs. Car cette élection devoit être fondée sur la disposition secrette du cœur de celuy qui devoit être élû. Comme donc il n'y a que Dieu qui connoît les cœurs, aussi il n'y a que luy qui puisse faire ces élections.*

Cecy nous apprend avec quelle profonde humilité on doit se soumettre à Dieu, lors qu'on se trouve engagé dans l'Eglise à faire une si grande action : puis qu'il est visible que ce choix n'appartenant qu'à luy seul, nos esprits & nos cœurs en cette rencontre ne doivent être que les instrumens du sien, afin qu'il soit vray de dire que c'est de luy, & non pas de nous que vient ce choix. *Ostende quem elegeris.* C'est donc Dieu qui choisit ; c'est luy qui doit montrer aux hommes celuy qu'il a choisi, afin que leur élection ne soit qu'une suite & une confirmation de la sienne.

Ainsi le même Saint Chrysostome nous assure que ce n'ont point été les Disciples, mais JESUS-CHRIST qui a choisi Saint Matthias. *Comme JESUS-CHRIST avoit choisi les autres Apôtres étant sur la terre, ainsi il a choisi Saint Matthias étant dans le Ciel.*

On comprend donc aisément d'icy, qu'encore qu'il n'y ait rien dans l'Eglise qui ne soit trés-grand, puisque tout ce qui s'y fait nous mene à un bonheur souverain & éternel ; il n'y a gueres neanmoins d'actions plus importantes que celles par lesquelles on choisit ceux qui doivent gouverner les autres. Car au lieu que la plufpart des actions saintes sont particulieres, & ne regardent que le salut de celuy qui les fait ; celle-cy au contraire est generale, & regarde le salut d'un grand nombre d'ames.

Car comme dans la nature Dieu par le Soleil communique la lumiere à tout le monde, arrose par un fleuve toute une Province, & anime par le cœur tous les membres de nôtre corps : ainsi par un Pasteur dans l'Eglise, & par un Superieur dans les Maisons Religieuses, il communique aux autres les lumieres & les influences de sa grace, les rendant comme la tête & le cœur de tout le corps qu'ils doivent conduire.

C'est pourquoy l'esprit de conduite & de gouvernement étant un ouvrage tout divin, il faut, comme nous venons de voir, que le choix d'une personne pour un si grand ministere, soit un choix tout de Dieu, qui ne se puisse entreprendre que par son Esprit. Et comme Saint Paul parlant de nôtre élection éternelle à la grace & à la gloire de Dieu, qui est toute gratuite, l'appelle une vocation faite par sort, *sorte vocati sumus* ; il faut tâcher de même que comme nous n'avons nulle part à nôtre élection particuliere, nous n'en ayons aucune à l'élection de ceux que nous nous trouvons engagez de choisir pour être les conducteurs des autres.

La 1. chose donc que doivent faire ceux qui se trouvent dans cet engagement de choisir & de nommer des personnes à l'Eglise pour ses Pasteurs & pour ses Ministres, c'est de prier beaucoup avant que de faire ce choix, à l'imitation des Apôtres qui élûrent Saint Matthias lorsqu'ils étoient tous rassemblez pour prier, & qu'ils étoient desoccupez de toute autre chose afin de ne s'occuper qu'à l'oraison.

Car si les moindres de nos actions ont besoin de grace, & si selon l'Evangile, Dieu ne donne qu'à ceux qui demandent ; s'il ne se laisse trouver qu'à ceux qui le cherchent, & s'il n'ouvre la porte qu'à ceux qui y frappent ; combien doivent-ils demander, chercher & frapper, c'est-à-dire, s'adresser à Dieu de tout leur cœur, & avec beaucoup d'instance, lorsqu'ils doivent faire une action qui regarde le bien de toute une Cure ou d'une Communauté Religieuse, & qui a des suites trés-importantes ?

Aussi si l'on consulte l'Ecriture pour examiner ce que Dieu desire de ceux qui sont obligez à faire ce choix, on voit dans le premier Livre des Rois, que Samuël étant envoyé de Dieu pour élire un nouveau Roy, dit à ceux de la ville de Bethléem où il devoit faire cette élection: *Je suis venu pour offrir un sacri-* FEVR. *fice au Seigneur: purifiez-vous, & venez sacrifier* 1. Reg. c. 12. *avec moy.*

Cecy nous montre dans cette élection qui est la figure de toutes les autres, que pour élire selon la parole de Dieu la personne qu'il a choisie, il faut se disposer à cette action en faisant un sacrifice à Dieu de soy-même, & en luy disant souvent ce que le Fils de Dieu dit à son Pere dans le Jardin: *Que vôtre vo-* Matth. c. 26. *lonté soit faite & non la mienne.* Et c'est en substance ce que les Disciples assemblez pour élire Saint Matthias, disent à Dieu: *Seigneur faites nous connoître celuy que vous avez choisi.*

Ainsi cette élection doit être accompagnée du sacrifice d'un cœur pur, & d'une volonté simple & soumise à Dieu: ce que Saint Gregoire Pape explique en disant: *Ceux-là s'approchent de Dieu avec un cœur pur & saint, qui dans l'élection qu'ils veulent faire, n'ont aucune pensée humaine, qui vienne de la chair & du sang.* ILLI *sanctificantur qui in electione carnale aliquid non sequuntur.* Car, selon Saint Paul, il n'y a que deux principes d'agir: Le premier est d'agir *selon l'homme,* lorsqu'on agit humainement & par des considerations basses & humaines: Le second, lorsqu'on agit *selon l'Esprit de Dieu,* qui nous éleve au dessus des sens & de nôtre raison corrompuë, & qui nous conduit par sa lumiere dans nos actions. Et le même Saint Gregoire ajoûte: *Ceux* Greg. ibid. *qui entreprennent une élection, y viennent avec un cœur pur, lorsqu'ils y apportent une intention sainte & vraiment spirituelle.* SANCTIFICARI *iis qui veniunt, & spiritualem & sanctam intentionem adducere.*

C'est donc là la premiere disposition où doivent entrer ceux qui veulent faire saintement & utilement une action si sainte par elle-même, & qui doit être si utile à l'Eglise. Ils doivent prier Dieu avec un cœur pur, & se tenir dans une sainte indifference, dans un éloignement de toute pensée & de tout raisonnement humain, pour se mettre en état d'être ce que Saint Jean disoit de luy-même: *Je ne suis que la voix de celuy qui crie.* C'est Dieu & non moy qui fait cette élection par moy.

La seconde chose que doivent observer ceux qui sont obligez de faire quelque élection aux charges de l'Eglise ou des Maisons saintes, c'est qu'après avoir invoqué par la priere l'Esprit de Dieu, qui s'appelle *un Esprit de conseil*; ils doivent ensuite consulter parmi les hommes ceux qu'ils croyent avoir plus de lumiere qu'eux, pour les aider à faire un choix si important, & pour porter avec eux un si grand fardeau. C'a été de tout temps la conduite des personnes les plus habiles; & on voit dans les premiers siécles de l'Eglise, que les Evêques mêmes consultoient dans le choix qu'ils étoient obligez de faire de quelques Pasteurs, ceux qu'ils jugeoient les plus éclairez & les plus capables de leur donner un bon conseil.

Cypr. Ep. 6. Saint Cyprien nous apprend excellemment cette verité. Etant un des plus saints & des plus sçavans Evêques de son siécle; étant Primat de l'Affrique, & ayant sous luy plus de deux cens Evêques, il dit neanmoins dans une Lettre qu'il écrit à son Clergé: Qu'il ne luy répond point sur quelques avis qu'il luy avoit demandez, parce qu'aussi-tôt qu'il avoit été élû Evêque, il avoit resolu de ne rien faire par son avis particulier, sans prendre auparavant le conseil de son Clergé, & sans avoir le consentement de son peuple: *Solus rescribere nihil potui: quando à primordio Episcopatus mei statuerim, nihil sine con-*

filio vestro & sine consensu plebis mea privata sententia gerere.

Et toute l'Eglise d'Affrique a tellement reveré en ce point la conduite si humble & si Apostolique de ce grand Saint, qu'elle en a fait une loy & un canon Ecclesiastique, ayant ordonné dans le quatriéme Concile de Carthage, où étoit Saint Augustin: *Qu'un Evêque n'éliroit aucun Clerc, sans avoir pris sur cela l'avis de son Clergé ; & que s'il ordonnoit quelque chose sans le consulter, sa sentence seroit nulle.*

Si donc ces grands Evêques ont crû qu'un Evêque, quoy qu'il doive commander aux autres en qualité de Prince de l'Eglise, ne laissoit pas neanmoins d'agir dans la liberté & dans l'autorité qui luy est propre, en consultant ses Prêtres qui sont au dessous de luy : combien plus ceux qui tiennent un rang inferieur dans l'Eglise, doivent-ils garder cette même regle ?

Aussi nous voyons que dans ces bienheureux siécles, si l'Evêque ne faisoit rien sans le conseil du Clergé & le consentement du peuple ; le Clergé & le peuple n'avoient pas un moindre soin de consulter leur Evêque, particulierement à l'égard de son successeur. On le vit dans Saint Ambroise, dont malgré les apparences qui pouvoient faire hesiter dans la personne de Simplicien, on suivit neanmoins le choix avec joye dés que Saint Ambroise eut dit de luy étant prest de mourir : *Senex est, sed bonus :* Il *est vieux, mais il est bon* ; leur marquant par là qu'il faut faire peu d'état de la foiblesse du corps, lors qu'elle est soutenuë de la force & de la solidité de l'esprit.

De même le peuple reçût avec la même joye le choix que Saint Augustin son Evêque fit d'Herade pour son successeur ; quoy que si son peuple n'eut eu autant de déference qu'il en avoit pour son Prelat, il eut aisément trouvé à redire à cette élection, où un jeune homme dont on n'a presque point oüy parler depuis dans l'Eglise, succedoit dans la chaire Episcopale au plus grand & au plus saint Docteur qu'elle ait eu aprés les Apôtres.

Tous ces exemples font voir aux personnes qui sont chargées de faire quelque élection dans l'Eglise, combien elles sont obligées d'avoir alors recours à la lumiere de ceux qu'elles croyent capables de leur donner conseil. Car si Saint Pierre aujourd'huy, quoy que le chef des Apôtres, n'ose rien déterminer par luy-même : si avant luy Samuël ce Prophete si éclairé, se trompa en choisissant un autre que David pour Roy : si les Evêques les plus éclairez dans les siécles les plus heureux de l'Eglise, n'ont osé rien faire par eux-mêmes dans aucune élection ; qui osera se croire ou plus saint ou plus sage qu'eux ; & qui n'écoutera plutôt cette parole si celebre de l'Ecriture : *Mon fils ne faites rien sans conseil ; & vous ne vous repentirez point de vôtre action ?*

<small>Tob. cap. 4.</small>

II.

Si l'Eglise suivoit aujourd'huy ces regles saintes que nous venons de marquer dans l'élection de ceux qu'elle éleve aux charges & à la conduite des ames ; on verroit plus de reglement dans ses Ministres, & nous serions dispensez d'entrer dans le second point de cette instruction. Les Fidéles n'auroient qu'à se tenir humblement dans leur état, en attendant que ceux qui veilleroient à tout les en tirassent pour leur dire : *Mon ami montez plus haut.*

<small>Luc. c. 14.</small>

Mais si on ne garde plus aujourd'huy les mêmes regles qu'autrefois pour le choix des Pasteurs des ames ; ceux qui entrent dans la conduite des peuples, doivent se souvenir neanmoins qu'encore que les circonstances & les pratiques extérieures des choses saintes puissent changer par la difference & la vicissitude des temps ; les Sacremens neanmoins & les dispositions essentielles pour les recevoir, ne sont pas sujettes à ces changemens, que le saint Esprit qui anime l'Eglise est toûjours le même, & que les regles de la verité qu'elle a reçûës de Dieu, sont immuables comme Dieu même.

Si donc ceux qui sont élevez aux charges & aux ministeres de l'Eglise, n'entrent plus comme autrefois dans les emplois saints par une vocation extérieure, qui étoit alors la plus grande consolation de ces personnes dans la pesanteur de leur charge ; puisque ce leur étoit un témoignage si sensible que Dieu les y appelloit luy-même par la voix de toute son Eglise assemblée en corps pour faire ce choix ; ils doivent tâcher de faire revivre en quelque sorte dans leurs personnes l'avantage qu'on avoit dans ces premiers siécles, en consultant avec un entier desinteressement ceux de la lumiere & de la pieté desquels ils sont assurez.

Ils doivent trouver dans les sages réponses de ces personnes qu'ils consultent, une humble confiance que c'est Dieu qui leur parle & qui les appelle, afin que leur conscience ne leur reproche point qu'ils se sont ingerez par eux-mêmes dans un si saint employ, & qu'ils ont usurpé le Sacerdoce Royal de JESUS-CHRIST, où JESUS-CHRIST n'est entré luy-même que parce que son Pere l'y a appellé. C'est cette necessité de vocation que l'on avoit établie si visiblement dans Saint Matthias, & qui depuis a été ordonnée par les Canons dans tous les siécles de l'Eglise.

Le Concile d'Aix tenu en 816. établit la necessité de la vocation par ces paroles de S. Augustin, prises de son Sermon de la vie commune des Clercs : *Je me suis séparé de ceux qui aiment le siécle ; mais je ne me suis point égalé à ceux qui conduisent les peuples. Je n'ay point recherché la premiere place dans le festin du Seigneur, mais la plus basse ; & il luy a plû de me dire : Montez plus haut.* AB iis qui diligunt sæculum secrevi me, sed iis qui præsunt populis non me coaquavi ; nec in convivio Domini mei superiorem locum elegi, sed inferiorem & abjectum, & placuit illi dicere mihi ; ascende sursum.

Aug. de vit. comm. Cleric.

Le même Concile rapporte encore cette parole si importante de S. Gregoire : *Quel conseil peut-on donner dans ces rencontres si difficiles, sinon que celuy qui a toutes les vertus necessaires au Sacerdoce, le reçoive y étant contraint, & que celuy qui ne les a pas, ne le reçoive point, quand même on l'y voudroit contraindre ?* INTER hac quid tenendum est, quid sequendum ; nisi ut virtutibus pollens coactus ad regimen veniat, virtutibus vacuus, nec coactus accedat ?

Greg. Pastor. 1. Part.

Saint Bernard dans son Livre *de vita & moribus Clericorum*, dit ces paroles admirables : *Considerez vôtre vocation, dit celuy qui avoit été appellé de Dieu pour être Apôtre. Considerons aussi tous tant que nous sommes si nous sommes venus étant appellez, & appellez de Dieu de qui cette vocation doit venir. Je ne parle pas de cette vocation commune dont le même Apôtre dit que Dieu a appellé ceux qu'il a prédestinez. Mais considerons s'il nous a appellez à l'honneur de la Clericature. Je veux interpeller la conscience de chacun, afin de parler selon le Prophete au cœur de Jerusalem. Ils ont regné, dit le Seigneur ; mais ce n'a point été de ma part. Ils ont été faits Princes ; mais je ne les ay point appellez. Lorsque ceux qui sont*

Bern. de vit. & mor. Cler. cap. 5.

Pour le jour de Saint Matthias. 665

dans les Ordres Ecclesiastiques & dans le ministere du sanctuaire, y cherchent leur propre honneur, ou les richesses, ou les plaisirs des sens, & enfin leur interest & non l'interest de Jesus-Christ, c'est une marque certaine que ce n'est point la charité qui est Dieu même, mais la cupidité qui est ennemie de Dieu & la racine de tous les maux, qui les y a fait entrer. Quelle temerité, ou plutôt quelle folie ? Où est la crainte de Dieu ; où est le souvenir de la mort ? où est l'appréhension de l'enfer, & la terrible attente du jugement ? L'Epouse n'ose entrer ny dans la chambre ny dans le celier de l'Epoux, si elle n'y est introduite ; & vous perdant tout respect, vous vous y pousserez sans y être ny appelé ny introduit ? *Tirez-moy, dit-elle, après vous & nous courrons après l'odeur de vos parfums.* Mais maintenant chacun est tiré par sa propre cupidité. Ils suivent l'odeur du gain & ils regardent les fonctions de la pieté comme une matiere de trafic & de commerce, s'acquerant ainsi une damnation assûrée.

Petr. Bles.
Ep. 152.

Ces paroles semblent avoir fait impression sur un très-sçavant homme qui suivit Saint Bernard d'assez prés, & qui parle de luy-même de cette sorte : *Jusques à cette heure j'ay differé de recevoir le Sacerdoce, parce qu'ayant consideré mes actions, j'ay été saisi de frayeur. Car qui est celuy, quelque parfait qu'il puisse être, qui ne craindra de s'ingerer dans les divins ministeres, & de se rendre Ministre du Sacrement ineffable que l'Esprit Saint produit, auquel les Anges assistent dans le plus profond respect qui joint le Ciel à la terre, & où la présence de la Majesté du Verbe divin fait une étroite union avec le corps qu'il a reçû de la Vierge ? Le Grand Baptiste tremble lorsqu'il doit imposer la main sur la tête de* Jesus-Christ. *La*

Prince des Apôtres étant étonné par la prise miraculeuse des poissons, s'écrie : Retirez-vous de moy, Seigneur, parce que je suis un homme pécheur : & le Centenier se trouvoit indigne de recevoir Jesus-Christ dans sa maison. Comment donc pourrois-je avoir tant de confiance dans mes merites & tant de hardiesse dans l'esprit, que de présumer par moy-même de toucher la vie des ames, le prix du monde, le pain des Anges ? Ne dois-je pas considerer que plus le degré de ce ministere est sublime, plus le peril qu'on y court est grand. C'est une grande misericorde de Dieu de ce que je ne suis pas consumé par le feu de sa colere. Pourquoy donc contre la défense du Sage, me chargeray-je des péchez du peuple ? Celuy-là peut approcher de l'autel terrible, dont les mains sont innocentes & le cœur pur, & qui est appellé de Dieu comme Aaron qu'il avoit luy-même choisi. *Huc accedat innocens manibus & mundo corde, vocatus à Domino tanquam Aaron quem elegit ipse.*

Toutes les personnes sages qui ont consideré ces veritez saintes, sont d'autant plus tombez dans la peur de s'approcher temerairement du Sacerdoce & des charges saintes, qu'ils ont vû par les Peres que lorsqu'on a fait en ce point une faute considerable, elle attire d'étranges suites, & qu'il est trés-difficile de la reparer ? *Que doit-on attendre*, dit Saint Bernard, *de celuy qui n'est pas entré fidellement & par* Jesus-Christ, *sinon qu'il agira infidellement & contre* Jesus-Christ ? *Sane qui non fideliter introivit, neque per Christum ; quidni infideliter agat & contra Christum ?* Aussi Saint Hildebert Evêque du Mans, & depuis Evêque de Tours, parlant d'un homme mal entré, dit : *Il est difficile que ce qui a quelque deffaut dans son principe, puisse avoir des suites fort avantageuses.* Non facilè bonos exitus in-

Pour le jour de Saint Matthias. 667
venient quæ malo sunt inchoata principio. C'eſt ce qui FEVR. a fait dire à S. Gregoire ces paroles que l'on ne ſçauroit trop peſer. Il y en a, dit-il, qui s'ingerent pour *Gregor. Reg.* s'élever aux dignitez de l'Egliſe. C'eſt de ces perſon- *lib. 5. c. 3.* nes que le Seigneur ſe plaint par le Prophete, en diſant: Ils ont regné, mais ce n'a point été de ma part. Ils ont été Princes, mais je ne les connois point. Les actions éclatantes qu'ils font dans l'Egliſe leur font croire que Dieu oubliera le vol qu'ils ont fait des dignitez Eccleſiaſtiques. Ils content leurs bonnes œuvres, & ils ſe perſuadent que Dieu récompenſera ce qu'ils ont fait ſans ſon ordre. Mais afin qu'ils ne ſe trompent pas dans cette fauſſe confiance, qu'ils conſiderent combien Saül a fait de belles actions depuis qu'il avoit été rejetté de Dieu, dont Dieu neanmoins témoigne n'avoir tenu aucun compte. *Dum quædam fortiter agunt rapinam invaſi culminis à Deo oblivioni traditam arbitrantur. Secum ſua opera numerant, & quod præter Deum agunt, à Deo remunerandum putant.*

Ces paroles qui ſont terribles, doivent nous donner de la crainte, & nous faire appréhender d'entrer dans un état ſaint par ſoy-même, ſans une vocation particuliere de Dieu, & avec une intention baſſe & intereſſée, comme cela eſt aſſez ordinaire. Saint Gregoire gemiſſoit de ces deſordres en ſon temps par ces paroles touchantes.

JESUS-CHRIST dit aux Juifs dans l'Evangile: Vous me cherchez, non parce que vous avez vû des *Greg. in Ioh.* miracles, mais parce que vous avez mangé des pains, *lib. 23.* & que vous avez été raſſaſiez. Nôtre Seigneur a marqué par là qu'il deteſte dans l'Egliſe ceux qui s'approchant de Dieu par les ſaints Ordres, ne recherchent pas dans ces Ordres le merite des vertus, mais un moyen de ſubſiſter dans la vie préſente. Ils ne conſiderent pas ce qu'ils doivent imiter pour répondre à leurs obligations, mais le profit qu'ils retireront du Sacerdoce pour être rassasiez. *Per eorum personam Dominus illos intra sanctam Ecclesiam detestatur qui per sacros Ordines ad Dominum propinquantes, non in eisdem Ordinibus virtutum merita, sed subsidia vitæ præsentis exquirunt, nec cogitant quid vivendo imitari debeant, sed quæ compendia percipiendo satientur.*

Ce sont-là les veritez saintes que l'élection de S. Matthias nous a donné lieu de marquer icy. Elles sont d'une si grande importance qu'elles meritent d'être pesées avec grand soin de tous ceux qui entrent dans les dignitez de l'Eglise, ou qui y font entrer les autres. Et il ne faut pas que ceux qui ne sont qu'au rang des simples Fidéles dans l'Eglise, croyent que ces instructions ne les regardent pas. Ils doivent se souvenir de ce que disent les Saints Peres : Que comme le salut du troupeau dépend du berger, que comme le salut du Vaisseau dépend du Pilote, & que comme le salut de toute une armée dépend de son General ; aussi tout le salut des ames dépend d'ordinaire des Pasteurs, & celuy d'une Communauté sainte du Superieur qui la conduit.

C'est ce qui a fait dire à Saint Gregoire ces paroles étonnantes : *Que l'insuffisance des Pasteurs est souvent une punition des fautes de ceux qui leur sont soumis. Car encore que ces Pasteurs ne reçoivent point de Dieu la lumiere de la science qu'ils devroient avoir, parce que leurs péchez les en rendent indignes, il arrive neanmoins par un severe jugement de Dieu, que leur ignorance est cause de la perte & de la ruine de ceux qui les suivent,* selon ce que la verité même nous apprend dans l'Evangile : *Que si un aveugle conduit un autre aveugle, ils tombent tous deux dans le précipice.*

Ecoutons ces veritez saintes ; & prions Dieu qu'il

détourne de nous ces jugemens secrets qu'il exerce contre ceux à qui il donne dans sa colere des Pasteurs qui les perdent. Tâchons de n'être point les ministres & les instrumens de sa severité sur les ames, ou en leur nommant de mauvais conducteurs, ou en devenant de mauvais conducteurs nous-mêmes. Regardons l'élection de Saint Matthias comme le modéle de toutes les élections, & voyons par les heureuses suites qu'elle eut, que Dieu benit toûjours ce qui se fait par son ordre & selon ses regles; mais qu'il ne peut benir ce qui se fait contre sa Loy.

POUR LE JOUR DE SAINT GREGOIRE. Le 12. Mars,

Ille erat lucerna ardens & lucens. Joan. 5.

Il a été une lampe ardente & luisante.

Es paroles qui ont été dites de Saint Jean Baptiste, peuvent s'appliquer parfaitement au saint Pape dont nous honorons aujourd'huy la memoire. Car on peut dire de luy, qu'aprés que Dieu l'a nourri long-temps dans le secret d'une vie particuliere, il a élevé ensuite cette lampe sur le chandelier de l'Eglise, en le faisant asseoir sur le Throne de Saint Pierre, pour éclairer tous les hommes de sa lumiere sainte, non seulement durant sa vie, mais encore aprés sa mort & jusques à la fin des siécles. C'est pourquoy pour tirer nous-mêmes quelque avantage de l'exemple

de sa vie & de l'onction de sa doctrine; nous le considererons comme le Docteur de toute l'Eglise, & comme instruisant les trois principaux Ordres des Fideles qui s'y trouvent. Nous verrons:

I. Les avis qu'il donne aux simples Fidéles qui vivent dans les engagemens du monde.

II. Nous verrons les instructions toutes saintes qu'il donne aux personnes Religieuses.

III. Nous le verrons comme instruisant tout l'Ordre Ecclesiastique, avec une lumiere, une sagesse & une autorité non seulement d'un Pape & d'un Pere de l'Eglise, mais d'un Prophete & d'un Apôtre.

I.

Pour bien comprendre la maniere toute sainte dont ce grand Pape a instruit ceux qui sont engagez dans le monde, nous n'avons qu'à considerer que la Religion Chrétienne nous apprend une chose capitale à leur égard, qui est qu'ils ne peuvent se sauver selon l'Evangile, s'ils ne vivent par l'Esprit de JESUS-CHRIST & non par celuy du monde, & s'ils ne marchent par la voye étroite qui mene seule à la vie, selon la parole formelle du Fils de Dieu.

C'est pourquoy ce saint Pape a toûjours representé à ces personnes l'obligation qu'ils avoient de fermer les yeux à la vanité de tout ce qu'ils voyoient dans le monde, & à ce torrent de la coûtume qui emporte malgré eux ceux qui ont fait les resolutions les plus fermes de ne vouloir être qu'à Dieu. Il les a excitez à jetter plutôt les yeux sur les premiers Chrétiens, & à remonter jusques à ces siecles heureux de l'Eglise, qui doivent être le modéle de tous les siécles qui les ont suivis & qui les suivront jusques à la fin du monde; afin qu'en considerant la pureté de ces premiers temps, & la com-

partant

pafant avec la corruption de celuy où ils se trouvent, ils disent en gemissant ces paroles du Prophete Job : *Quis mihi tribuat ut sim juxtà dies pristinos :* Qui me fera la grace d'imiter ces premiers Fidéles, comme les modéles que nous devons suivre, & de n'avoir que de l'horreur pour la corruption que je voy tous les jours devant mes yeux ?

Aussi selon la doctrine de ce Pape on peut dire que la plus grande persecution de l'Eglise est le relâchement de ses enfans, & cette vie déreglée si indigne de ce qu'ils sont, ou de ce qu'ils font profession d'être. Les persecuteurs autrefois édifioient l'Eglise, au lieu de la détruire par toutes les cruautez dont ils usoient envers les Fidéles. Mais cette persecution presente est d'autant plus à craindre qu'elle est interieure, & qu'elle gagne les cœurs par l'appas qui se trouve dans le vice.

Que nous peut nuire, dit ce saint Pape, un homme violent qui nous raviroit nos biens, & qui nous emporteroit ce que nous possedons dans le monde ? Un Chrétien qui a la foy, qui vit par l'Esprit de Jesus-Christ, & qui juge des choses comme l'Evangile luy apprend à en juger, sçait qu'il a un autre thresor à perdre, en comparaison duquel il estime peu toutes les richesses de la terre. Il craint comme des voleurs & comme ses plus dangereux ennemis, ceux qui par leur mauvais exemple luy veulent ravir ses vertus.

Il craint ces faux Chrétiens, ces Chrétiens de nom, ces ames de contagion & de peste, qui portent au relâchement par leur seule vûë ; & qui par la corruption d'une vie toute reprouvée, font que les plus justes se relâchent, & qu'ils perdent insensiblement ce qu'ils avoient amassé de vertu avec un grand soin & pendant plusieurs années : *Qui malis sui*

Tome II. V u

Greg. in Iob. lib. 7. c. 7. moribus & vitæ reprobæ exemplo interna sua dissipare contendunt.

C'est pourquoy, selon ce grand Docteur, les Chrétiens qui vivent dans le monde, doivent considerer l'Eglise comme étant encore dans la persecution & dans les souffrances : *L'Eglise*, dit-il, *ne peut pendant qu'elle est bannie & étrangere sur la terre, être sans peine & sans travail. Il faut qu'elle se roidisse toûjours contre les vices, & que lors même qu'elle paroît être en paix, elle fasse neanmoins la guerre. Et peut-être qu'elle est encore plus cruellement attaquée par le relâchement de ses enfans, que par le fer des étrangers.* SANCTA *Ecclesia transire sine tentationis labore non potest tempora peregrinationis. Nam contra vitia semper in acie est, & habet etiam pacis tempore bellum suum ; & fortasse gravius, cum non extraneorum, sed suorum ictibus impugnatur.*

Greg. ibid.

C'est là l'idée que doit avoir un Chrétien de toutes les personnes qui l'environnent dans le monde. Il doit les regarder comme des ennemis qui veulent tuer, non son corps, mais son ame. Il doit s'en donner de garde comme d'autant de personnes dont le démon se sert comme d'organes pour le perdre. *Carnales quique intra sanctam Ecclesiam adjutores callidi tentatoris existunt :* & comme l'engagement où il se trouve de vivre tous les jours parmy eux, fait qu'il ne peut éviter de les voir, & de sentir cette infection & cette puanteur qui ne se sent presque point dans le monde, parce que tout le monde y est infecté ; il ne peut, s'il sent le poids de cét engagement, qu'il ne gemisse vers Dieu, & qu'il ne jette comme des rugissemens dans la vûë du péril qui l'environne.

Greg. ibid.

Voilà les sentimens que ce saint Pape a eus de

Pour le jour de saint Gregoire.

ceux qui sont engagez à vivre au milieu du monde. Et l'on peut dire que tout ce qu'il a dit sur ce sujet, est encore moins que ce qu'il a fait. Car on void par l'histoire de sa vie, que sa pieté, qui fut si exemplaire dés ses premieres annés, lors qu'il n'étoit pas encore retiré de la maison de son pere, n'eut point de plus grand objet que de fonder des Monasteres, afin qu'ils fussent comme des aziles pour y mettre des ames à l'abry de la corruption du monde.

Il fut prodigue en ce point, & il sema *in benedictionibus*, comme dit saint Paul, parce qu'il voyoit le fruit qu'il en devoit recueillir. Sa compassion pour les ames luy fit comprendre qu'il ne pouvoit employer plus utilement son bien, qu'à élever des Maisons saintes, où elles pussent vivre retirées : & l'Italie & la Sicile se virent en peu de temps peuplées de divers Monasteres ; où l'on admira des personnes qui vivoient plûtôt en Anges qu'en hommes, & qui faisoient refleurir dans leur vie la pieté des premiers siecles.

Mais ce Saint n'en demeura pas là. Aprés avoir souhaitté une retraite si Chrétienne aux autres, il l'embrassa pour luy-même ; & aprés avoir vécu dans le monde d'une maniere si sainte & si édifiante ; cette idée qu'il avoit du venin qui y étoit répandu de toutes parts, & qui perdoit les personnes les plus innocentes, luy fit croire qu'il ne s'y pourroit conserver. Il ne s'assûra point sur l'experience de sa vie passée, & il ne se promit point trop legerement, comme on fait d'ordinaire, que Dieu continueroit de le conserver.

Dés qu'il se vit libre il entra dans un des Monasteres qu'il avoit fondez, pour y vivre comme un simple Religieux, & pour goûter avec une joye ineffable la difference de la vie que l'on mene dans une Maison sainte, d'avec celle que l'on peut mener dans le monde, quelque pure qu'elle paroisse aux yeux des hommes. C'est donc l'état où nous le considererons maintenant; & nous apprendrons de cette grande lumiere de l'Eglise, quels sont les avis qu'il donne aux personnes Religieuses.

I I.

Nous pouvons dire encore sur ce point ce que nous venons de dire sur le precedent, que l'exemple de ce saint Docteur est plus puissant que tout ce qu'il nous a dit. Dieu qui l'avoit suscité afin de donner ensuite par luy à toutes les ames saintes & Religieuses, des avis si particuliers pour les former dans la vie spirituelle, a voulu qu'il soûtinst & qu'il prévinst même ses paroles par ses actions, & qu'il commençât par faire luy-même, avant que d'enseigner aux autres : *Cœpit facere & docere.* Il se rendit dans la Religion un modele vivant de toutes les vertus Religieuses; & il semble que traçant après dans ses ouvrages l'image qu'on doit avoir de cette vie Angelique, il se soit dépeint luy-même, & qu'il ait écrit sur le papier ce qu'il avoit senty dans son cœur. Enfin cette lampe qui luisoit déja dans le secret, & comme sous le boisseau, força tout le monde par le vif éclat qu'elle jettoit, de la mettre sur un lieu haut, & on l'éleût pour Abbé.

Il gemit de se voir tirer de cette vie humble & particuliere où il trouvoit son repos & ses delices, & où il goûtoit avec tant de joye la douceur que Dieu renfermoit dans l'obéïssance & dans le saint assujettissement qu'il rendoit à ceux qui le conduisoient par son Esprit. Il ne vit qu'à regret qu'il cessoit d'être particulier dans l'Eglise; quoy qu'il ne prevît pas encore que Dieu ne le faisoit monter à

Pour le jour de saint Gregoire. 675

la dignité d'Abbé en le rendant chef d'une Maison MARS.
sainte, que pour le preparer peu à peu à monter sur
le thrône de saint Pierre, & pour être chef de toute
son Eglise.

Mais voyons quelles sont les instructions particulieres que ce saint Docteur donna aux ames Religieuses. La premiere chose qu'il desiroit de ces personnes, étoit qu'elles renonçassent entierement à elles-mêmes, & qu'il n'y eût rien de feint & de déguisé dans cette profession exterieure qu'elles faisoient d'embrasser la vie Religieuse.

Il disoit avec douleur qu'on voyoit tous les jours
dés son temps même, des personnes qui paroissoient *Pastor.*
touchées de componction, & qui sembloient être *part 3.*
dans un veritable desir de faire penitence, qui ne
changeoient neanmoins que d'habit & non pas de
vie, & qui se contentoient de se revêtir d'une robbe
de Religieux, sans se mettre en peine de reformer
vrayment leurs mœurs, ny de pleurer leurs pechez
passez ; & qui se glorifiant insensiblement de cét
habit qu'ils portoient, croyoient aisément qu'ils
étoient saints, parce qu'ils faisoient profession d'une vie qui les engageoit à l'être : *Videmus quosdam
quasi ex conversione compunctos habitum non animum mutasse : ita ut religiosam vestem sumerent,
sed antecta vitia non calcarent, & posteà de solo exterius habitu quem sumpserant, sanctitatis fiduciam
haberent.*

Ce grand Saint avoit bien une autre idée de la vie
Religieuse, & de ce renoncement que l'on y doit
faire à soy-même. Il voyoit par la lumiere de sa
pieté qu'on ne pouvoit s'aquitter de ce qu'on promet à Dieu en se faisant Religieux, si on ne mouroit
entierement à sa premiere vie, pour vivre d'une vie
toute nouvelle. C'est ce qui luy fait dire cette parole :

Vu iij.

Celuy-là se renonce veritablement, qui change effectivement de vie, & qui fait voir ce changement, lorsqu'il commence d'être ce qu'il n'étoit pas auparavant, & qu'il cesse d'être ce qu'il étoit. SEMETIPSUM *abnegat qui mutatur ad meliora, qui incipit esse quod non erat, & desinit esse quod erat.*

Il étoit bien éloigné de regarder cét état saint, & la profession que l'on en fait, comme une espece d'illusion ; & il appliquoit souvent à ces personnes cette parole de saint Paul : *Deus non irridetur.* On ne se mocque point de Dieu. Si vous voulez embrasser la Religion, vivez effectivement en Religieux. Ne prétendez pas vous mocquer de Dieu, comme vous pouvez vous mocquer des hommes qui ne voyent que le dehors ; & ne portez point ce nom, si vous ne renoncez veritablement à vous-mêmes. C'est pourquoy ce saint Pape ne pouvoit souffrir que les personnes Religieuses eussent d'autre soin que ce qui regarde le Ciel, & il regardoit comme une chose monstrueuse que les personnes qui avoient embrassé cette profession, eussent de l'inquietude pour les embarras & pour les affaires de ce monde. Il marque dans ses écrits que cette playe l'avoit fait souvent gemir, & qu'il voyoit avec douleur des Religieux qui paroissoient même avancez dans la pieté, qui neanmoins ne conservoient pas assez le repos dont ils pouvoient joüir, & qui se mettoient trop en peine de ce qui regardoit les amis, ou les proches qu'ils avoient dans le monde.

Qu'y a-il de plus déplorable, dit ce saint Pape, que de voir des ames qui aprés avoir détruit l'amour du monde dans elles-mêmes, réédifient ce qu'elles avoient renversé, par un amour trop indiferent qu'elles ont pour leurs parens ? *Libertatem intima quietis relinquunt & mundi studia in se jam pridem destructa reparant.*

Greg. in Iob. lib. 17. c. 17.

Il étoit si jaloux de la sainteté de ces ames, & il avoit un si grand zele qu'elles fussent aux yeux de Dieu ce qu'elles paroissoient pour être aux yeux des hommes, qu'encore qu'il n'ignorât pas qu'elles sont obligées d'avoir de l'amour pour leurs parens, & qu'elles doivent user d'une grande condescendence à leur égard, afin de tâcher de les gagner doucement à Dieu; il ne pouvoit souffrir neanmoins que cét amour nuisît à la profession sainte qu'elles avoient embrassée, & il vouloit que lors qu'elles ne pouvoient allier l'amour de leurs parens avec l'amour qu'elles doivent à Dieu, elles se souvinssent que Jesus-Christ met les parens entre les choses que nous devons aussi haïr, & que si nous sommes obligez de nous renoncer nous-mêmes, nous ne devons pas en ce point aimer nos proches plus que nous, lors qu'ils nous sont un obstacle au service de Dieu & au salut de nos ames : *Sic propinquos sicut nosmetipsos odio habere præcipimur, eorumque carnalem gratiam cum præpedit, postponere.*

Que les personnes donc que Dieu a appellez à cette vie sainte, apprennent aujourd'huy à en peser l'excellence, & qu'ils s'efforcent de rendre parfait l'holocauste qu'ils ont fait à Dieu d'eux-mêmes. Qu'ils tâchent tous les jours de se purifier de plus en plus, & de laver par les larmes d'une humble penitence les fautes où leur foiblesse les emporte. C'a été l'occupation continuelle de ce saint homme pendant qu'il étoit Religieux, & c'est ce desir de se purifier qui luy faisoit recevoir avec une humilité si profonde les maladies dont Dieu l'affligeoit, comme des châtimens qu'il recevoit de son pere, & comme des moyens qu'il luy presentoit pour satisfaire à sa justice.

Aussi lorsque toute la terre plaignoit un homme si admirable, en le voyant dans de continuelles souffrances, luy seul avoit de la joye de cette conduite qu'il plaisoit à Dieu de tenir sur luy. Son esprit s'élevoit au-dessus de la foiblesse de sa chair, pour benir la main de Dieu qui le frappoit, afin de le fléchir encore plus par son humilité en souffrant, que par ses souffrances mêmes. Et l'on peut dire que c'est cette disposition si humble au milieu de tant de maux, qui luy a donné cette penetration que l'on admire dans ses écrits, & qui luy a fait comprendre quel étoit le veritable état de cét homme divin si loüé de la bouche de Dieu même dans son Ecriture, par sa patience dans les maux que saint Gregoire a pris toute sa vie pour le sujet de ses meditations, & pour le modele qu'il avoit à imiter dans ses maladies.

III.

Mais voyons enfin S. Gregoire parler, non plus aux personnes du monde, ou aux ames Religieuses, mais aux Ecclesiastiques & aux personnes engagées dans les dignitez de l'Eglise. La premiere chose qu'il desire d'eux, est qu'ils n'entrent dans ces emplois si saints, que lors que Dieu les y appelle. Il avoit une idée si haute de cét état, qu'il ne pouvoit assez déplorer la hardiesse de ceux qui osoient s'y ingerer par eux-mêmes.

Et cependant ce soin qu'il avoit de l'Eglise, & la compassion qu'il ressentoit de tous les maux qu'il y voyoit, ne luy permettoit pas de dissimuler les desordres qui se commettoient en ce point, & luy faisoit dire que les fautes que l'on y faisoit, étoient innombrables. *On ne peut nombrer les fautes*, dit-il, *que l'on fait dans le monde & dans l'Eglise, par le desir que l'on a d'entrer dans les charges: Et cependant*

Pour le jour de saint Gregoire. 679

la première condition neceſſaire pour les exercer digne- | MARS.
ment, eſt de ne les point deſirer; & de n'y entrer qu'é-
tant contraint: NUMERARI culpa nequeunt quæ ha- | *Greg. in L.*
benda poteſtatis amore perpetrantur: *Quæ tamen ut* | *Reg.*
miniſtrari rectè valeat, oportet primum ut hanc non
cupiditas, ſed neceſſitas imponat.

C'eſt pourquoy on voit dans tous ſes Ecrits, combien ce ſaint Pere déplore l'aveuglement de ceux qui ne ſondant pas aſſez leurs forces, & qui ne conſultant pas aſſez Dieu s'engagent indiſcrettement dans des emplois qui feroient trembler les Anges. Il regarde ces perſonnes comme marchant continuellement dans des précipices: *On étend ſon pied,* dit-il, *Greg. ibid.* *pour tomber dans un précipice, lors qu'on ne ſe tient pas aſſez dans les bornes que Dieu nous avoit preſcrites.* IN præcipitia pedem porrigit, qui menſurarum ſuarum limitem non attendit.

Et ce qui luy faiſoit déplorer davantage le malheur de ces perſonnes, c'eſt que par cette hardieſſe, comme il l'appelle, ils perdoient leur vertu qui les eut rendus conſiderables devant Dieu, s'ils fuſſent demeurez laïques dans l'Egliſe. *Plerumque*, dit-il, | *Ibid.* *amittit quod poterat, qui audacter ea ad quæ porrigere non valet, accipere feſtinat.* Ils changent par leur temerité l'uſage auquel Dieu les deſtine dans l'Egliſe; & par cette uſurpation criminelle ils font que ce qui devoit être l'oreille, devient la langue, & que ce qui n'étoit que le pied, devient l'œil dans le Corps de JESUS-CHRIST. L'Egliſe auroit été ornée de leurs vertus, s'ils ſe fuſſent tenus dans la place où Dieu les avoit mis. Mais leur ambition y confond tout, & fait dans ce corps d'une admirable beauté, des renverſemens qui paroiſſent monſtrueux aux yeux de Dieu & de ſes Anges.

L'exemple de ce grand Pape en ce point eſt encore

plus puissant que tout ce qu'il a dit sur ce sujet. On sçait l'état où il se trouva, lors qu'il fut élû pour remplir la premiere dignité de l'Eglise. L'éclat de sa vertu avoit tellement frappé les yeux de tout le monde, qu'on n'eut pas de peine alors à discerner qui étoit l'homme le plus digne de remplir le trône de S. Pierre. Toute l'Eglise unanimement donna sa voix à nôtre Saint; & elle se réjoüit de trouver parmi ses enfans une personne qui meritoit si justement d'en être le Pere.

On vit alors toute Rome en joye : Il n'y eut que nôtre Saint qui fut dans la douleur, non dans une douleur feinte, mais dans une tristesse veritable, qui luy venoit de ses craintes interieures, & du péril où sa grande lumiere luy faisoit voir qu'il alloit être exposé. Il ne put se resoudre à accepter cette charge si pesante. Il avoit travaillé toute sa vie à acquerir une sainteté qui la pouvoit meriter; mais il avoit en même temps une humilité si profonde, qu'il s'en jugeoit trop indigne.

Il ne put accorder le jugement que les hommes faisoient de luy en cette rencontre, avec celuy qu'il avoit toujours fait de luy-même; & craignant que ses paroles ne fussent trop foibles pour les dissuader, & pour les porter à faire un autre choix, il eut recours à la fuite, pour se dérober au péril en fuyant cette dignité, & pour conserver dans l'obscurité d'une retraite, une vertu qu'il avoit acquise dans un état de particulier, & dans le secret d'une Maison religieuse. Il craignit de ne pouvoir trouver personne qui luy fût assez fidéle en ce point & qui pût aider à le cacher autant que sa crainte luy faisoit voir qu'il le devoit être. Il sortit de Rome comme d'un ecueil, & il s'alla cacher dans le creux d'une caverne pour y passer le reste de ses jours, si Dieu ne l'en eût retiré.

Un homme nourry dans la pieté dés son enfance, MARS. qui avoit distribué de grands biens dans le monde en des charitez trés-sages, qui s'étoit enfin retiré luy-même dans un des Monasteres qu'il avoit fondez, & qui y avoit vécu avec une telle édification, qu'il força tout le monde de le tirer de cét état de soûmission & d'obéïssance pour le faire Abbé; Aprés avoir consommé sa vie dans toutes sortes de vertus, & avoir acquis une science qui sera à jamais la gloire & l'édification de l'Eglise, fuit lorsqu'on l'éleve d'un commun consentement à une dignité Ecclesiastique : Et un si grand exemple ne touche point ceux qui y courent aujourd'huy avec toute l'ardeur de leus desirs, comme s'ils étoient assûrez de se sauver dans ce même ministere, où ce grand Saint a apprehendé avec tant de raison de trouver sa perte.

Mais ce grand homme ne se contentoit pas que les Ecclesiastiques fussent bien entrez dans l'état où ils se trouvoient engagez, il vouloit qu'ils évitassent l'erreur de ceux qui vivent ensuite negligemment, sans se mettre en peine de soûtenir un état si saint par une vertu qui y réponde. Ce grand Pape vouloit qu'on entrât dans les charges Ecclesiastiques avec une frayeur qui ne fût point passagere, mais qui continuât toujours dans l'exercice de ces charges : *Tunc solum potestas benè regitur, cum non amando, sed timendo retinetur.* Il ne vouloit pas que l'on aimât la dignité, mais qu'on la craignît, parce que si on cessoit de la craindre, on commenceroit bien-tôt à l'aimer.

Il témoigne dans ses Ecrits combien il déplore le malheur de ceux qui aprés avoir fait voir de la ferveur dans les commencemens de leur promotion à ces emplois si saints, se relâchent dans la suite ; &

qui ne font plus avec la même sainteté des choses qui doivent toûjours être faites saintement : *Ils ne se soûtiennent plus*, dit-il, *que par la vertu qu'ils ont témoignée d'abord. Ils veulent que les hommes n'en perdent point le souvenir, mais qu'ils leur témoignent toûjours de l'estime ; & s'abandonnant ensuite à la multiplicité de leurs occupations, sur lesquelles même ils s'appuyent, ils oublient insensiblement ce qu'ils étoient d'abord, & ce qu'ils devroient être encore.* De *inchoata justitia laudari appetunt, & rebus multiplicibus occupati atque ipsa occupatione confisi, qui fuerint obliviscuntur.*

Ce n'est point là la maniere dont S. Gregoire s'est conduit dans le rang où Dieu l'avoit mis. La même frayeur avec laquelle il est entré dans le Pontificat, a continué & a augmenté même pendant toute sa vie, & il n'y a que luy qui puisse exprimer quelle a été en ce point la disposition de son cœur. Il le fait d'une maniere si touchante, qu'on ne peut lire sans pleurer ce qu'il dit de luy-même ; & il faut que ceux qui sont dans les emplois Ecclesiastiques soient bien endurcis, s'ils ne sont touchez des sentimens si humbles qu'avoit ce saint Pape.

Car déplorant la necessité où il se trouvoit de parler à son peuple pour l'instruire, il ne peut s'empécher en parlant aux autres, de faire reflexion sur luy-même. Il plaint la dissipation de son esprit, lors qu'il s'appliquoit à l'utilité des autres, & ce Saint si humble avoüe, qu'encore qu'il n'ait point d'autre but en parlant, que l'édification des ames, il sent neanmoins qu'il se glisse dans son cœur quelque secrette complaisance : *Furtim se nescio quo modo intentio humanæ laudis interserit.*

Il n'a point d'autre consolation alors que d'avoüer publiquement ce qu'il sent dans le secret de son cœur, afin qu'une confusion publique repare une vanité cachée, *Omne quod in me latenter deprehendo, fraternis auribus incunctanter aperio* : Et ce saint Pere se voyant dans la necessité de parler à son peuple, demande au moins des larmes à ses enfans, afin de laver les fautes qu'il commettoit en luy parlant : *Lorsque vous recevez de ma bouche la parole qui vous nourrit ; que vos yeux répandent pour moy des larmes qui me purifient* : CUM *per me verba accipit*, dit-il à son Peuple, *pro me lachrymas fundat*.

Il deplore les autres engagemens de la charge pastorale. Il regrette sa solitude d'autrefois en ces termes : *Quand j'étois autrefois dans un Monastere, je m'abstenois de toute parole inutile* : IN *Monasterio positus valebam & ab otiosis linguam restringere*. Ce qu'en passant ceux qui font profession de cét état doivent bien remarquer. Je tenois alors, dit-il, mon esprit continuellement appliqué à la priere : *Mais depuis que je suis entré dans la charge Pastorale, mon esprit ne peut plus se recueillir, tant il est dissipé par les soins, tantôt des Eglises, tantôt des Monasteres, tantôt des particuliers. La necessité où je suis d'entretenir des personnes du monde, fait que je ne veille pas assez sur ma langue. Je voy qu'ils me fuiroient*, dit-il, *& que je ne les pourrois doucement gagner, si je me tenois dans le silence à leur égard. Ainsi je me trouve necessairement engagé à entendre leurs entretiens fort peu necessaires. Mais parce que je suis foible aussi moy-même*, dit ce Pere si humble, *je me laisse insensiblement aller à leurs discours inutiles, je commence à dire avec plaisir des choses qu'auparavant je n'écoutois qu'avec peine* : LIBENTER *ea loqui incipio qua audire cœperam invitus, & ubi tædebat cadere, libet jacere*.

A quoy ce saint homme ajoûte ces paroles si

MARS.

Ibid.

Greg. ibid.

Greg. Ibid.

humbles : *Comment puis-je donc remplir la place de sentinelle dans l'Eglise*, ce que marque le nom de l'Episcopat, *puisqu'au lieu de m'élever sur une montagne par la force d'une solide pieté, je demeure dans les vallées par le ressentiment de ma foiblesse. J'avoüe que je suis coupable. Peut-être que la connoissance & que l'humble aveu de ma faute portera mon Juge à m'en accorder le pardon.*

C'est ainsi que ce saint homme n'exerçoit qu'en tremblant un ministere où il n'étoit entré qu'avec crainte. La dignité qui l'environnoit n'avoit point changé son cœur, quoy que cela soit fort rare ; & il a appris encore plus par son exemple que par ses paroles à tous les Pasteurs de l'Eglise, que s'ils ne se plaignent pas eux-mêmes, c'est alors qu'ils sont plus à plaindre, & que s'ils ne répandent pas des larmes pour pleurer l'engagement où ils sont, c'est alors qu'ils meritent davantage d'être pleurez.

Que chacun donc s'examine dans son état & dans sa profession ; Qu'on ouvre les yeux du cœur, pour contempler cette lampe si éclatante que Dieu nous a fait luire, & qu'il a placée sur le lieu le plus élevé de son Eglise. Que tous apprennent à craindre dans leur état. Que tous gemissent des engagemens périlleux où ils se trouvent. Que tous ayent recours à la misericorde de Dieu. Apprenons tous aujourd'huy à nous humilier sous la main de Dieu par l'exemple de ce saint Pere, qui n'a point cessé d'être humble en devenant grand, & qui a sçû allier ce qu'il est si difficile de joindre ensemble, l'élevation avec la modestie ; une souveraine autorité, avec une sainte crainte, & le comble des dignitez les plus hautes avec le comble de l'humilité.

**
*

POUR LE JOUR DE SAINT JOSEPH. Le 19. Mars.

Benedicentur in semine tuo omnes gentes terræ.
Genes. 22.

Toutes les Nations de la terre seront benies en vôtre race & en vôtre Fils.

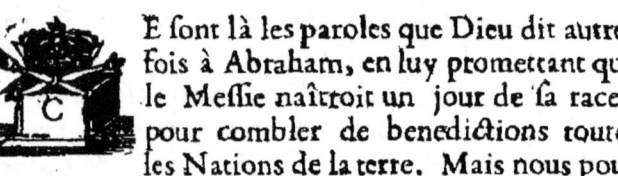
E sont là les paroles que Dieu dit autrefois à Abraham, en luy promettant que le Messie naîtroit un jour de sa race, pour combler de benedictions toutes les Nations de la terre. Mais nous pouvons dire qu'elles ne sont vrayes en sa personne, que parce qu'elles le sont beaucoup davantage en celle du grand saint Joseph, dont nous celebrons aujourd'huy la Fête, étant certain que c'est par JESUS-CHRIST que l'Evangile appelle *son Fils*, que tout le monde a reçû le salut & la grace, aprés laquelle tous les Justes soûpiroient depuis tant de siecles.

Car saint Augustin ne craint point de dire, que comme il a été vrayment l'Epoux de la Vierge, il a été aussi en un vray sens le Pere de JESUS-CHRIST, selon qu'il est appellé par la Vierge même; quoy qu'il ait été l'un & l'autre, non corporellement, mais spirituellement : *Utrumque mente, non carne.* Afin donc que nous puissions joindre les loüanges de ce grand Saint avec l'instruction qui nous est necessaire pour l'édification de nos ames, nous considererons toute la suite de la vie Chrétiennne dans les services qu'il a rendus à Jesus-Christ.

I. nous verrons dans le soin qu'il a eû de Jesus en sa naissance, comment Jesus-Christ naît dans nous & dans les autres, & le soin que nous en devons avoir.

II. Nous verrons dans le voyage qu'il a fait en Egypte, où il emmena Jesus-Christ, comment nous devons, autant que nous le pouvons, nous retirer du monde.

III. Nous verrons dans la maniere dont il a vécu ensuite avec le Sauveur, le voyant croître peu à peu & travailler avec luy dans sa maison ; comment nous devons entretenir & faire croître Jesus-Christ en nous par la priere & les bonnes œuvres.

I.

Comme Dieu fait toutes choses avec une admirable sagesse, & qu'il proportionne les qualitez éminentes de ses Saints, aux grands ouvrages dont il les veut rendre les instrumens & les ministres, il nous est aisé de juger quelle doit avoir été la vertu de saint Joseph, puisque Dieu l'a choisi pour cooperer avec luy au grand mystere de l'Incarnation, pour rendre à la sainte Vierge tous les devoirs d'un veritable Epoux, en demeurant toûjours Vierge aussi bien qu'elle, & pour rendre à Jesus-Christ toute l'assistance & toute la charité d'un pere.

Car comme nous sçavons très-certainement que la Vierge a été sans comparaison la plus sainte & la plus parfaite de toutes les creatures, parce qu'elle a eû une sainteté proportionnée à la qualité de Mere d'un Dieu, qui est une qualité toute divine,

&

& qui a quelque chose d'infini & d'incompréhensible : nous pouvons aussi juger par le même principe, quelle doit avoir été la vertu du grand Saint Joseph, puisque nul des hommes n'a eu une qualité qui approchât tant de celle de la Vierge que celle que Dieu luy a donnée.

Ainsi comme la Vierge a été la figure de l'Eglise, Saint Ambroise nous assure que Saint Joseph a été la figure des Evêques & des Pasteurs, qui sont les Epoux de l'Eglise, comme Saint Joseph l'étoit de la Vierge, & les peres de Jesus-Christ dans ses membres, comme Saint Joseph l'étoit de Jesus-Christ, entant que chef de tous les Fidéles. Il seroit aisé d'étendre plus loin cette verité, en faisant voir les qualitez d'un Pasteur Evangelique par toute la suite de ce qui nous est marqué de Saint Joseph dans l'Evangile. Mais parce que ce discours ne pourroit être utile qu'à peu de personnes, il vaut mieux considerer dans ce Saint ce qui peut servir à l'édification de tout le monde.

Car il est visible que dans le soin si particulier qu'il a eu du Sauveur en sa naissance, il ne nous a pas seulement figuré la vigilance avec laquelle les Pasteurs doivent entretenir la premiere grace par laquelle Jesus-Christ naît dans les ames, mais encore celle que chacun doit avoir sur soy, lorsque Dieu commence à le toucher, afin de conserver en soy cette même grace, qui est comme le Sauveur naissant dans nos ames.

C'est ce que l'Apôtre Saint Paul nous a marqué, lorsqu'il disoit aux Galates : *Filioli mei, quos iterum parturio donec formetur Christus in vobis* : Mes petits enfans que j'enfante de nouveau, jusques à ce que Jesus-Christ soit formé en vous. Car comme Jesus-Christ nâquit en Bethléem, dans la foiblesce de l'enfance, & dans une extrême pauvreté; ainsi il naît dans nos ames, étant extrémement foible d'abord & extrémement pauvre, parce qu'il nous trouve deſtituez de toute vertu, & dans un beſoin continuel de ſa grace.

C'eſt pourquoy comme Saint Joſeph a rendu à JESUS-CHRIST en cet état toute l'aſſiſtance qu'on peut attendre d'une parfaite charité, non ſeulement par une affection qu'un pere a naturellement pour ſon fils, mais encore par cette admirable foy par laquelle il a crû que cet enfant étoit le Fils du Dieu éternel: ainſi nous devons avoir un ſoin merveilleux pour entretenir la grace du Sauveur dans nous, ſçachant par la lumiere de la foy, que le même Sauveur que Saint Joſeph a porté ſi ſouvent entre ſes bras, vient dans nous ſous les voiles du trés-Saint Sacrement pour nourrir nos ames; avec cette difference que Saint Joſeph l'a vû de ſes yeux, étant mortel & paſſible, au lieu que nous le recevons maintenant étant immortel & impaſſible.

C'eſt pourquoy Saint Paul demande cette grace à Dieu pour les Fidéles: *Chriſtum habitare per fidem in cordibus veſtris.* QUE JESUS-CHRIST *habite dans vos cœurs par la foy*; ce qu'il ne fera point, ſi nous n'avons ſoin de l'y conſiderer & de l'y entretenir, particulierement lorſqu'il y eſt encore trés-foible, & qu'il ne commence en quelque ſorte que d'y naître.

L'ignorance de cette verité eſt cauſe ſouvent que pluſieurs perſonnes perdent la grace dont ils avoient reçû les premiers mouvemens, & qu'ils laiſſent mourir dans eux les premieres étincelles de ce feu divin que le Saint Eſprit avoit commencé d'allumer dans leur cœur, parce qu'étant encore trés-foibles il s'e considerent déja comme forts. Ainsi n'ayant pas soin de veiller sur eux-mêmes, ils s'exposent à des rencontres dangereuses, dans lesquelles ils se perdent tout d'un coup, où ils tombent peu à peu dans une vie molle & relâchée.

Comme donc nous voyons par experience qu'il faut avoir un grand soin des petits enfans, pour ne les exposer pas au grand air, pour les tenir toûjours entre les bras, de peur qu'ils ne tombent; pour ne les nourrir que de lait, comme d'une nourriture proportionnée à leur foiblesse: il faut de même avoir soin de son ame, qui renaît en JESUS-CHRIST par le renouvellement de la penitence: pour veiller sans cesse sur elle, pour la nourrir du lait de la parole divine, & pour ne l'engager point en des perils dont elle ne se puisse retirer sans se perdre ou sans s'affoiblir.

C'est pourquoy on peut bien dire à un homme qui paroît avoir reçu un mouvement de la grace, pour retourner veritablement à Dieu, & qui s'engage ensuite, ou dans les Ordres sacrez, sans sçavoir ce qu'il fait, & sans considerer la disproportion qui se trouve entre sa foiblesse & l'excellence de ce mistere; ou dans un employ du monde, où il est difficile de rendre à Dieu ce qu'on luy doit: *Miserere animæ tuæ:* AYEZ *pitié de vôtre ame.* Vous n'êtes qu'un enfant, & vous voulez agir en homme. A peine pouvez-vous vous nourrir de lait, & vous voulez manger le pain des forts.

II.

La seconde chose qui est particulierement remarquable dans Saint Joseph, c'est que peu de temps après la naissance de JESUS-CHRIST, un Ange luy apparoît durant la nuit, l'avertit qu'Herode doit envoyer chercher l'enfant JESUS pour le faire mourir, & luy ordonne de prendre avec luy l'enfant & la mere pour les mener en Egypte: ce qu'il execute avec une foy merveilleuse, en partant à la même heure. Aussi Saint Bernard releve beaucoup les obligations que tous les Chrétiens ont à ce grand Saint, de ce qu'au lieu que cet ancien Patriarche Joseph eut soin d'amasser les bleds, pour nourrir quantité de peuple durant la famine, celuy-cy a eu soin de nourrir même le Sauveur, qui est la veritable nourriture de nos ames, & le vray pain de vie.

Mais pour nous arrêter davantage à ce qui nous peut plus instruire; puisque tout ce que JESUS-CHRIST a fait ou dans sa vie, ou dans celle de ses Saints, est une image & un modéle de ce que nous devons faire; nous devons apprendre de Saint Joseph, qui emmene en Egypte le Sauveur, qui n'est encore qu'enfant, que nous devons nous assurer qu'aussi-tôt que JESUS-CHRIST sera veritablement né dans nous, le monde ne manquera pas de nous persecuter, ou visiblement, ou invisiblement. C'est pourquoy il faut penser en même temps à se separer, soit qu'on le fasse, comme JESUS-CHRIST en se retirant dans un lieu desert & favorable à l'execution des saints desirs que Dieu nous a inspirez; soit qu'on le fasse sans changer de lieu, si nôtre condition nous rend cela impossible, en nous retirant le plus que nous pouvons des compagnies, pour vivre à Dieu & à nous-mêmes.

Mais il faut bien remarquer, qu'ainsi que Saint Joseph se retira tellement de la Judée, qu'il avoit JESUS-CHRIST avec luy, & qu'il demeura toûjours prés de luy en Egypte, pour le servir & pour l'assister; nous nous devons aussi retirer d'une telle sorte des compagnies & des entretiens du monde, que nous ayons soin en même temps de nous tenir toûjours prés de Jesus-Christ comme ce grand Saint, & de nous unir à Dieu de plus en plus.

Car comme il y a une solitude spirituelle & divine, il y en a aussi une toute humaine. Comme il y a une solitude de Chrétien, il y en a aussi une de Philosophe. La solitude humaine est de fuir les hommes pour s'attacher à soy-même. La solitude divine est aprés qu'on a fuy les hommes, de se détacher de soy-même pour s'unir à Dieu.

C'est pourquoy, comme remarque trés-bien Saint Jerôme, S. Pierre ne dit pas seulement: *Ecce nos reliquimus omnia*. Seigneur *nous avons tout quitté*. Car il y a bien des Philosophes qui ont aussi quitté tout ce qu'ils avoient dans le monde: mais il ajoûte aussi-tôt: *Et secuti sumus te*. Et *nous vous avons suivi*. Ce qui est le propre des Chrétiens.

Cet avis est d'autant plus important, que comme remarque trés-bien Saint Gregoire Pape, *il n'est pas si difficile à un homme de quitter ce qui est à luy, qu'il luy est difficile de se quitter soy-même*. Non *laboriosum est homini relinquere omnia ista, sed valdè laboriosum est homini relinquere se ipsum*. Il faut donc se retirer, mais comme fit Saint Joseph, c'est-à-dire avec Jesus-Christ. Aussi David ayant dit ces paroles: *Ecce elongavi fugiens, & mansi in solitudine*. Je *me suis éloigné du monde, je l'ay fuy, & je suis demeuré dans la solitude*, il ajoûte aussi-tôt: *Expectabam eum qui salvum me fecit à pusillanimitate spiritûs & tempestate*. Je *vivois toûjours dans l'attente de celuy qui me délivre de la pusillanimité d'esprit & des tempestes qui s'élevent dans mon ame*.

Et Saint Augustin parlant de l'amour qu'on doit avoir pour la solitude, dit ces admirables paroles: *Poterat hic in solitudine deificari.* Ces personnes pouvoient non seulement être sanctifiées, mais être deifiées en quelque sorte dans la solitude. Mais pour cela il faut que nôtre solitude soit une separation d'avec les hommes, & une union avec Dieu, selon cette parole de Jesus-Christ: *Solus non sum, quia Pater mecum est. Je ne suis pas seul, encore que vous me laissiez seul, parce que mon Pere est avec moy.* Autrement, comme dit Saint Bernard, celuy qui n'est pas avec Dieu, n'est pas solitaire, mais seul. Et on peut dire de luy cette parole de l'Ecriture: *Væ soli;* Malheur à celuy qui est seul de cette sorte.

Mais comment peut-on s'établir dans cette solitude, qui est toûjours jointe avec la compagnie de Dieu? Apprenons-le de Jesus-Christ même: *Qui me misit, mecum est, & non reliquit me solum.* Celuy qui m'a envoyé, est avec moy, & il ne m'a point laissé tout seul. Et pourquoy? *Quia ego quæ placita sunt illi, facio semper.* Parce que je fais à tout moment ce qui luy est agreable.

III.

La troisiéme chose que nous pouvons remarquer dans S. Joseph, c'est qu'après avoir ramené Jesus-Christ de l'Egypte dans la Judée, il demeure avec luy dans sa maison, il le voit passer peu à peu par la succession des âges, & travailler avec luy de son mêtier de Charpentier, comme ont remarqué les anciens Peres. C'est pourquoy les Juifs le voyant prêcher, disoient par mépris: *Nonne hic est faber?* N'est-ce pas-là ce Charpentier? Ce qui nous marque premierement, qu'ainsi que ce grand Saint a vû croître le Sauveur, selon la parole de l'Evangile: *Jesus proficiebat sapientiâ & ætate & gratiâ apud*

Deum & homines: Jesus *s'avançoit en sagesse, en grace & en âge devant Dieu & devant les hommes*; il faut aussi que le Sauveur croisse par sa grace & se fortifie toûjours en nous.

Et comment peut-on s'avancer de la sorte ? Saint Augustin l'enseigne en un mot: *Semper tibi displiceat quod es, ut possis pervenire ad id quod nondum es*: Que *l'état où vous êtes vous déplaise toûjours, pour pouvoir devenir ce que vous n'êtes pas encore.*

Il faut rendre grace des biens reçûs, gemir du mal où l'on se voit encore, & desirer les biens qu'on n'a pas.

Secondement, Saint Joseph travaille avec le Sauveur, pour nous apprendre qu'il faut être toûjours occupé. Et le moyen de sanctifier son travail, c'est de l'accompagner d'une attention à Dieu, & d'un silence continuel, qui sont les vertus que l'on remarque particulierement en ce grand Saint, dont il n'est pas rapporté une seule parole dans l'Evangile. La Vierge parle peu & Saint Joseph point du tout. Il est en ce point un grand exemple aux ames penitentes qui doivent être dans l'Eglise en l'état que Saint Joseph a passé toute sa vie, c'est-à-dire, à travailler dans la vûë de Jesus-Christ, & se taire, sans avoir d'autre fin que de plaire à Dieu, que de luy obéïr, que de luy satisfaire, & d'imiter l'exemple de Jesus-Christ.

Voila en abregé les principales instructions que nous devons apprendre de S. Joseph. Il n'y a point de profession dans le Christianisme qui ne puisse le regarder comme son modéle, depuis les premieres dignitez de l'Eglise, jusques aux simples particuliers & aux personnes engagées dans le mariage, qui trouveront dans ce grand Saint l'exemple qu'ils doivent imiter dans leurs familles à l'égard de leur femme & de leurs enfans, pour conserver la chasteté dans leur mariage, & pratiquer cet avis de S. Paul : *Ut sciat unusquisque vas suum possidere in honore & sanctificatione, & non in passione desiderii.*

Les Vierges consacrées à Dieu ont aussi un grand sujet de se confier en ce Saint, qui ayant été le défenseur de la sainte Vierge, est devenu par un droit particulier le protecteur de toutes les vierges Chrétiennes, qui les défendra de tous les pieges du démon & de tous ses artifices, comme Saint Joseph sauva la Vierge & JESUS-CHRIST de la cruauté d'Herode qui nous figure le démon.

C'est pourquoy Sainte Therese témoigne dans tous ses Ouvrages la devotion qu'elle avoit pour ce grand Saint, & elle assure qu'elle a reconnu en beaucoup de rencontres combien son intercession sainte est puissante auprés de Dieu. Implorons donc aujourd'huy avec toute l'Eglise les prieres de Saint Joseph, & ne doutons point que celuy qui a porté durant sa vie la qualité de Pere de JESUS-CHRIST, ne soit trés-puissant auprés de luy aprés sa mort, pour attirer sur nous les graces qui nous sont necessaires, & que nous luy demanderons par l'intercession & par les merites d'un si grand Saint.

POUR LE JOUR
DE SAINT JOSEPH.

SECONDE INSTRUCTION.

Volo vos esse sapientes in bono, & simplices in malo. Rom. 16.

Je desire que vous soyez sages dans le bien, & simples dans le mal. Rom. 16.

E Docteur de l'Eglise le plus sublime & le plus éclairé a dit avec grande raison, que si un homme considere bien les merveilles que Dieu a répanduës dans toutes les creatures, & cet ordre admirable avec lequel il conduit le monde, son esprit se trouvera tellement surpris, & comme accablé de la multitude de ses miracles, que ne pouvant exprimer ses sentimens, il ne luy restera qu'une joye secrette, qu'il appelle *jubilation*, par laquelle étant tout rempli d'admiration & de contentement, il sentira que tout ce qu'il pourroit dire, est sans comparaison au dessous de ce qu'il pense.

Que si les hommes peuvent être tellement touchez par la seule consideration des miracles de la nature; combien le doivent-ils être davantage par ceux de la grace, tels qu'ils nous paroissent aujourd'huy dans l'admirable Saint dont nous honorons la memoire ? Afin donc de choisir dans ce grand Saint quelques vertus particulieres que nous puissions imiter; nous considererons premierement ce précepte de Saint Paul : *Je veux que vous soyez sages dans le bien & simples dans le mal*, & nous verrons comment Saint Joseph l'a parfaitement pratiqué toute sa vie.

II. Nous considererons l'humilité de Saint Joseph dans l'amour qu'il a eu pour la vie cachée.

III. Nous considererons le soin qu'il a eu d'être vraiment juste à l'égard de tout le monde, & de ne donner à personne aucun sujet de se plaindre.

I.

Cet avis du grand Apôtre, d'être *simple dans le mal & sage dans le bien*, est d'autant plus important, qu'il semble qu'il y ait quelque contrarieté & quelque opposition dans ces deux choses, & qu'il nous commande d'allier dans nous ce qui paroît d'abord incompatible & inalliable. Car il arrive souvent que ceux qui prétendent être simples & aimer la *simplicité*, donnent ce nom à une certaine negligence, & à une inconsideration avec laquelle ils suivent leur humeur, leur inclination & leur naturel, sans se mettre beaucoup en peine si ce qu'ils font, déplaît aux autres, ou même s'il choque la discretion & la bien-seance.

Il y en a d'autres aussi qui prétendent d'être *sages*, mais qui mettent leur sagesse à ne s'abandonner pas entierement à la conduite de Dieu, ny à ceux qui tiennent sa place ; mais qui veulent raisonner sur les choses, & se conduire par leur esprit & par leur propre lumiere.

Comme ces derniers ne sont point vraiment sages, ces premiers aussi ne sont point vraiment simples : parce que la simplicité pour être vraye doit être éclairée par la prudence, & la prudence pour être Chrétienne & selon Dieu, doit être temperée par la simplicité.

Afin donc de nous établir dans une pratique solide de ces vertus qui enferment toutes les autres, il est important de considerer ce que S. Paul dit ailleurs de cette simplicité qu'il demande à tous les Chrétiens. Voicy comment il en parle en écrivant aux Philippiens : *Omnia facite sine murmurationibus & hæsitationibus, ut sitis sine querela, & simplices filii Dei.* FAITES *toutes choses sans murmurer & sans hesiter, afin qu'on n'ait aucun sujet de se plaindre de vous, & que vous vous conduisiez en toutes choses dans la simplicité des enfans de Dieu.*

Ces paroles excellentes nous apprennent que la simplicité veritable, comme nous venons de dire, ne consiste pas à suivre sans reflexion nôtre naturel & nos inclinations, ainsi qu'on se l'imagine quelquefois; puisque cette maniere d'agir doit être plutôt attribuée au vice de la stupidité & de l'imprudence, qu'à la vertu de la simplicité; mais qu'elle consiste au contraire à surmonter & à vaincre de telle sorte sa propre volonté, son propre jugement & son propre esprit, que l'on soit prest de faire toutes choses non seulement sans murmurer, mais même sans hesiter.

Car alors l'ame est tellement assujettie à Dieu, & elle trouve une telle satisfaction à suivre ses loix & ses ordonnances, qu'elle se porte generalement à tout ce qu'il desire d'elle, parce qu'elle a reçû de luy, cette joye victorieuse, qui luy fait trouver du plaisir à luy obéïr en tout ce qu'il luy commande.

Que si au contraire nous jettons les yeux sur ces personnes qui paroissent simples, mais d'une simplicité fausse; nous trouverons que si on les veut un peu retirer des choses ausquelles elles se portent par leur propre inclination, elles tombent aussi-tôt dans la peine & dans le murmure; & par un renversement déplorable de la parole de S. Paul, elles deviennent sages dans le mal & simples dans le bien.

C'est pourquoy l'Apôtre remarque fort bien que cette simplicité sainte n'appartient qu'aux enfans de Dieu : *Ut sitis sine querela & simplices filii Dei.* Car cette simplicité naît de cette affection de charité, par laquelle l'ame regarde Dieu comme son Pere, comme celuy de qui elle a tout reçû, & de qui elle espere tout. Elle sçait qu'étant infiniment bon, il ne veut que nôtre bien, & qu'étant infiniment puissant, rien ne le peut empêcher d'executer cette bonne volonté. Elle se remet entierement entre ses mains. Elle se contente de luy obéïr en la personne de ceux qui tiennent sa place, avec une douceur & une simplicité d'enfant.

Car comme nous voyons que les petits enfans ne font point de reflexion sur ce que leur pere ou leur mere leur dit, mais qu'ils obéïssent simplement à ce qu'on leur commande : ainsi ces ames qui sont entrées dans la simplicité & dans l'enfance de la foy, suivent Dieu sans reflexion & sans retour, ayant ces avantages par dessus les enfans, qu'elles sçavent assurément que Dieu ne leur commande rien qui ne soit trés-saint & trés-juste, & qu'elles seront infiniment heureuses, si elles continuent à combattre leurs mauvaises inclinations pour suivre ses ordonnances, & à soumettre leur volonté pour suivre la sienne.

C'est en ce sens qu'il a été dit de JESUS-CHRIST comme chef de l'Eglise, & de chaque Chrétien, comme étant un de ses membres, cette belle parole du Pseaume : *Ipse invocabit me : Pater meus es tu, Deus meus, & susceptor salutis meæ.* Il m'invoquera dans ses prieres, & il me dira : Vous êtes mon pere, vous êtes mon Dieu, & vous êtes l'auteur & le dépositaire de mon salut. *Vous êtes mon Pere* ; c'est pourquoy vous voulez me sauver. *Vous êtes mon Dieu* ; c'est pourquoy vous le pouvez. *Vous êtes le dépositaire de mon salut* ; c'est pourquoy je remettray toute mon ame entre vos mains, n'ayant autre soin que de vous obéïr dans la simplicité de vos enfans.

C'est-là la simplicité & l'obéïssance, dont Saint Joseph que nous honorons aujourd'huy avec toute l'Eglise, nous a donné un modéle inimitable. Sa seule fuite en Egypte nous fait voir que toute la vertu chrétienne consiste à se laisser conduire de Dieu, sans le prévenir & sans ajoûter rien à ses ordres. On luy commande d'aller en ce lieu, il y va. On ne luy dit point quand il en doit revenir ; il ne s'en met point en peine. On luy ordonne d'attendre qu'on l'en avertisse ; il demeure en repos, & il attend en paix les momens de Dieu. On luy commande de se lever la nuit, & de prendre l'enfant & la mere pour les mener en Egypte. Il le fait à l'heure même : Il ne raisonne point : il ne cherche point d'excuses : il témoigne être vraiment simple comme le sont les enfans de Dieu. Il obéit ponctuellement & promptement, sans se plaindre qu'il incommodera l'enfant & la mere ; sans représenter qu'on l'envoye dans un païs d'idolâtres & d'infidéles, où il aura peine à subsister. Il pratique par avance d'une maniere admirable cet avis de Saint Paul : *Omnia facite sine murmurationibus & hæsitationibus, ut sitis sine querelâ, & simplices filii Dei.* F aites *toutes choses sans murmurer & sans hesiter, afin qu'on n'ait aucun sujet de se plaindre de vous, & que vous vous conduisiez en toutes choses avec la simplicité des enfans de Dieu.*

I I.

La 2. chose que nous devons considerer dans ce grand Saint dont toute l'Eglise célebre aujourd'huy la fête, est son humilité & l'amour qu'il a eû pour la vie cachée. Il ne s'est point élevé du choix que Dieu avoit fait de luy pour être le nourrissier de son Fils, l'Epoux de la Vierge, & le protecteur de l'un & de l'autre. Il est demeuré avec joye dans un état bas & méprisable selon le monde ; & il semble avoir eu gravées dans son cœur ces paroles de Saint Paul : *Non alta sapientes, sed humilibus consentientes.* N'AYEZ *pas de l'affection pour les choses hautes & elevées, mais plutôt pour les basses & les méprisables.*

Cecy nous explique fort bien cette premiere parole de l'Apôtre : que *nous devons être sages dans le bien* ; parce que nous devons prendre extrémement garde qu'il ne faut pas seulement éviter ce qu'il y a d'éclatant & d'élevé dans une grandeur, ou dans un employ, ou dans une reputation toute humaine & toute seculiere ; il est aisé de se garder de cet écueil. Mais nous devons même fuir, au moins autant que nous le pouvons, tout ce qu'il y a de grand & d'éclatant dans les choses mêmes les plus saintes, & embrasser au contraire avec joye tout ce qui s'y trouve de rabaissant & d'humiliant.

Une personne par exemple qui est un peu touchée de l'amour de la penitence, se porte quelquefois dans les exercices exterieurs jusques à l'excez. Mais s'il arrive quelque chose qui humilie & qui tend à faire concevoir aux autres une moindre estime de sa vertu ; il se trouve dans le trouble & dans l'inquietude ; sans considerer que la veritable humilité non seulement cache toutes les autres vertus, mais qu'elle se cache encore à elle-même, & qu'elle aime à demeurer toûjours cachée.

C'est pourquoy celuy qui est en cette disposition que veut l'Apôtre, *de s'accommoder toûjours aux choses basses*, n'a point de peine de s'appliquer à l'employ le plus bas, ou à traiter avec les personnes les plus basses, qui sont les deux sens qu'on donne d'ordinaire à ces paroles de Saint Paul. Il est content de tout, parce qu'il veut s'humilier en tout & qu'il trouve sa paix, sa joye & la guerison de son ame en tout ce qui l'humilie.

Voilà la veritable simplicité jointe avec la veritable sagesse ; & cette simplicité nous paroîtra encore plus grande, si nous considerons que l'Apôtre ne dit pas : Ne recherchez point les choses hautes, mais qu'il dit, *sed humilibus consentientes.* ACCOMMODEZ-VOUS *aux choses basses*, trouvez bon tout ce qui se rencontrera de vil & d'abjet, soit dans vous-mêmes, soit dans vôtre employ, soit dans les personnes avec qui vous traitez.

Car il est souvent dangereux de rechercher nous-mêmes des occasions de nous humilier. Nous devons craindre alors que nôtre amour propre ne s'y glisse insensiblement, & que nous ne desirions plus de montrer que d'exercer nôtre humilité & de la faire paroître aux yeux des hommes, que de la faire croître aux yeux de Dieu. L'humilité est humble à l'égard de l'humiliation même, & elle aime mieux l'attendre que la choisir & la rechercher. Mais lorsque le sujet de nous humilier vient d'ailleurs, il n'y a rien à craindre.

Par exemple une personne tombe dans quelque faute qui sera legere, mais qui offensera les hommes, & qui la rabaissera beaucoup plus dans leur esprit, que si elle en avoit commis une plus grande. La veritable humilité doit aimer ce rabaissement. L'homme humble hait sa faute : mais il aime le rabaissement qui luy revient de sa faute ; & il l'aime d'autant plus qu'il ne l'a point choisi par luy-même, mais qu'il reconnoît que Dieu l'a laissé tomber de la sorte, afin qu'il connoisse sa foiblesse, & que les autres ne fussent point trompez en concevant une estime de luy plus grande qu'ils ne doivent.

C'est dans cette disposition qu'une telle ame dit à Dieu avec le Prophete: *Bonum mihi quia humiliasti me, ut discam justificationes tuas.* Il m'est bon que vous m'ayez humilié, afin que j'apprenne à suivre vos loix. Remarquons qu'il ne dit pas: Il m'est bon de ce que je me suis humilié moy-même, mais il m'est bon que vous m'ayez humilié. Selon le même sens de Saint Paul: *Sed humilibus consentientes.* C'est l'état où a été Saint Joseph pendant toute sa vie. Il a plû à Dieu de le mettre dans un état bas selon les hommes ; il s'y est tenu avec joye. Il n'a point cherché à en sortir pour s'élever dans un employ plus considerable. Il a exercé son métier de Charpentier dans une pleine paix. Il s'est peu mis en peine de l'estime que les hommes feroient de luy. Il n'a desiré que de leur être inconnu ; & il a trouvé sa joye dans le soin que Dieu prenoit de le cacher.

A peine encore aujourd'huy sçavons-nous une action de sa vie. L'Ecriture ne nous marque que celle-là, parce qu'il n'y a que celle-là qui ait servi au mystere de l'Incarnation. Elle ne parle ny de sa naissance ny de sa mort, pour nous apprendre à ne compter de nôtre vie que ce que nous employons à servir Dieu. Dieu nous a créez pour se servir de nous, quelquefois un jour, quelquefois une heure, & pour nous laisser ensuite dans un éternel silence.

III.

La troisiéme chose que nous devons considerer dans Saint Joseph, est ce grand soin qu'il a eu de ne faire tort à personne, non pas même lorsqu'il croyoit avoir reçû les plus grands outrages ; comme cela parut en ce qui se passa entre luy & la sainte Vierge

Vierge, avant que Dieu luy eût revelé que la Vierge avoit conçû du saint Esprit. Nous sçavons quelle fut sa moderation en ce point : & nous devons en conclure quel étoit l'éloignement où étoit cét homme admirable de faire le moindre tort à personne. Ce qui luy a merité le nom *de Juste* que le S. Esprit même luy donne.

Il semble nous avoir appris par sa conduite ce que S. Paul nous a appris depuis par cét avis si important : *Sine offensione estote Judæis, & gentibus, & Ecclesiæ Dei.* PRENEZ garde de ne blesser en rien ny les Juifs, ny les Gentils, ny l'Eglise de Dieu : SICUT *& ego per omnia omnibus placeo: Comme moy-même je tâche en toutes choses de me rendre complaisant à tous.*

Ces paroles contiennent une instruction très-importante. Parce qu'il est vray qu'on verra plusieurs personnes qui sont humbles en beaucoup de choses, & qui témoignent avoir un grand desir de s'humilier en tout ; & cependant elles se conduisent avec si peu de circonspection & de prudence, que souvent elles déplaisent aux autres, elles les choquent, elles les fâchent, & les incommodent, parce qu'elles n'ont pas assez de soin de veiller sur leurs actions.

Je sçay que ces personnes font cela par inadvertance. Mais cette inadvertance n'est pas tant l'excuse de leur faute, que leur faute même. Car un serviteur qui par inadvertance offense son maître, ou un fils qui par inadvertance offense son pere, n'en est pas pour cela excusé, & ne laisse pas d'être coupable de déplaire à celuy auquel il doit s'efforcer de plaire en toutes choses.

Ainsi il ne suffit pas qu'on soit très-éloigné d'avoir dessein d'offenser son frere. Il faut outre cela avoir un grand soin de l'épargner, de le respecter, de luy complaire en tout ce qu'on peut legitimement ; puisque c'est en cela proprement que consiste la veritable humilité, l'humilité apostolique, fondée sur l'exemple du grand Apôtre qui nous donne ce precepte, & de saint Joseph, qui avant Saint Paul, l'avoit si admirablement pratiqué.

Car afin qu'on ne croye pas que cela s'étende jusqu'à se rabaisser dans une complaisance charnelle & humaine, le même Apôtre après avoir dit : *Per omnia omnibus placeo*, ajoûte aussi tôt, *non quærens quod mihi utile est, sed quod multis, ut salvi fiant.* JE ne cherche pas ce qui m'est utile à moy-même, mais ce qui est utile aux autres pour leur salut. Et c'est ce qu'il nous enseigne encore ailleurs en ces termes : *Unusquisque vestrûm proximo suo placeat in bonum, ad ædificationem.* Que chacun de vous se rende complaisant à son frere pour son bien, & pour son édification.

C'est en cette maniere que l'on allie parfaitement la sagesse avec la simplicité, & la prudence avec l'humilité, lorsque d'une part on a dessein de s'humilier en tout ce qu'on peut, & qu'on veille de l'autre par la prudence & par la discretion à n'en laisser passer aucune occasion, & à preferer toûjours les autres à nous, en suivant plûtôt leurs inclinations que les nôtres. Car si vous ne vous mettez pas en peine de cela, vous n'êtes point humble, mais superbe à leur égard, puisque c'est le propre de l'orgueil de faire peu d'état de ce qui plaît ou déplaît aux autres, & de trouver sa propre satisfaction dans soy-même.

Voilà l'humilité sage, & la simplicité discrette & considerée, dans laquelle nous pourrons nous sanctifier, & d'autant plus que l'Apôtre nous témoigne au même endroit que ç'a été là l'humilité du

Fils de Dieu, de ne se point plaire à soy-même, mais aux autres : *Etenim Christus non sibi placuit:* JESUS-CHRIST *n'a point cherché à plaire à luy même.*

Saint Joseph qui voyoit de ses yeux l'exemple que le Fils de Dieu luy donnoit en ce point, a tâché de l'imiter toute sa vie. Il n'a pensé qu'à complaire aux autres, sans rechercher ses intérêts particuliers. C'est pourquoy il n'a point consideré le rang qu'il tenoit dans cette famille toute divine, dans laquelle il tenoit lieu de chef ; & il nous a appris qu'une des plus grandes graces qu'une personne puisse recevoir de Dieu, est de ne point faire de reflexion sur les graces de Dieu & sur de plus grandes faveurs qu'il luy plaît de faire à ceux qui nous sont joints, mais d'avoir autant de joye des dons qu'il leur fait, que s'il nous les faisoit à nous-mêmes.

POUR LE JOUR DE SAINT JOSEPH.

INSTRUCTION III.

Nous avons bien sujet d'honorer ce jour consacré à la gloire du grand Saint Joseph, puisque c'est un Saint unique dans son espece, & qu'il a possedé la plus haute & la plus divine qualité qu'un homme pût posseder sur la terre. Car il a été tout ensemble l'époux de la Mere de Dieu, & le pere de Dieu même. Il a été l'un & l'autre par l'esprit, & non selon la chair, comme dit Saint Augustin : *Utrumque mente, non carne*; & neanmoins il a été d'un & l'autre trés-veritablement, puisque le mariage qui a été entre la Vierge & saint Joseph, a été d'autant plus veritable, qu'il a été plus spirituel & plus saint, comme le prouve ce saint Docteur. Ainsi ce grand Patriarche a été le pere vierge de Jesus-Christ, comme il a été l'époux vierge de sa Mere, *Casté conjux, & casté pater*.

Mais parce que nous ne devons pas honorer seulement les Saints, mais les imiter, & que le plus grand culte que nous leur puissions rendre, est l'imitation de leur vertu & de leur vie, nous n'avons qu'à jetter les yeux sur ce Saint, pour voir ce que nous avons à faire à l'avenir, afin de vivre comme de veritables Chretiens.

Considerons premierement la foy par laquelle ce saint homme a merité d'être l'Epoux de la Vierge, & ensuite comment il a joint à cette foy une humble & simple obéïssance à tous les ordres de Dieu.

I.

Pour ce qui regarde la foy de saint Joseph, nous sçavons par l'Histoire de l'Evangile, que la Vierge aprés avoir conçû nôtre Seigneur, étant allé voir sa cousine sainte Elisabeth, elle en revint environ trois mois aprés; & saint Joseph reconnut qu'elle étoit grosse. Estant juste neanmoins, c'est à dire, trés-vertueux, ne pouvant la justifier, & ne voulant pas aussi la condamner, il se resolut de se separer d'elle, mais secrettement. Sur cela Dieu luy envoya un Ange qui luy dit, qu'il ne fît point de difficulté de prendre Marie pour sa femme, parce que le fruit qu'elle portoit, étoit l'ouvrage adorable du S. Esprit.

Saint Joseph entendant ces paroles, crut ce myftere. Et pour comprendre en quelque sorte la grandeur de cette foy, nous n'avons qu'à la comparer à celle de la Vierge, qui a été sans doute la plus grande qui fut jamais. Un Ange dit à la Vierge qu'elle concevra le Fils de Dieu par le Saint Esprit, & elle le croit. Un Ange dit à saint Joseph que la Vierge a conçû le Fils de Dieu par le saint Esprit & il le croit.

En cela leur foy nous paroît égale. Mais il y a cét avantage pour la foy de saint Joseph, & ce que l'on dit à la loüange de saint Joseph, on le croit dire aussi à la loüange de la Vierge, puisque ces deux Saints sont indivisibles & inseparables & qu'on loüe la Vierge dans saint Joseph, & saint Joseph dans la Vierge ; Il y a, dis-je, cét avantage en la foy de saint Joseph, que la Foy de la Vierge est passée aussi-tôt en experience. Car elle a senty sensiblement que la parole de l'Ange étoit véritable, en se voyant grosse d'un fruit sacré, qu'elle sçavoit n'avoir été formé dans elle que par le Saint Esprit. Mais pour ce qui est de saint Joseph, il a fallu qu'il ait tout crû par la seule foy, qui luy a persuadé que la Vierge qui paroissoit grosse d'une maniere ordinaire à toutes les femmes, l'étoit neanmoins d'une maniere toute miraculeuse & toute divine.

Telle a été la foy du grand saint Joseph ; & quoy que dans sa grandeur elle paroisse inimitable, & comme inaccessible aux hommes, nous pouvons dire neanmoins, que la nôtre dans son objet & dans ses circonstances doit avoir beaucoup de rapport avec la sienne. Car comme ce Saint a crû que ce qui paroissoit humain & ordinaire dans la Vierge étoit neanmoins tout extraordinaire & tout divin ; nous devons croire aussi que l'état dans lequel nous sommes dans l'Eglise, qui paroît au dehors humain & ordinaire, eſt neanmoins tout ſpirituel & tout divin.

Comme ce Saint a crû que ce qui étoit arrivé à la Vierge, étoit l'ouvrage du Saint Eſprit, nous devons croire auſſi que la vie que nous menons, doit être un état & une opération continuelle de la grace & de l'impreſſion du même Eſprit. Ce Saint a crû qu'en recevant MARIE pour Epouſe, il étoit l'Epoux de la Mere de Dieu ; & nous devons croire auſſi qu'en recevant JESUS-CHRIST avec un amour chaſte ; nous ſommes l'Epouſe de celuy dont la Vierge a été la mere.

Voilà la maniere dont nous devons vivre dans l'état tout ſaint où Dieu nous a appellez. C'eſt pourquoy nous devons demander à Dieu, comme faint Paul diſoit aux Epheſiens : *Ut det vobis illuminatos oculos cordis veſtri : ut ſciatis quæ ſit ſpes vocationis ejus.* Qu'il nous ouvre & qu'il nous éclaire les yeux du cœur, afin de nous faire concevoir quel eſt l'objet de nos eſperances, & quelle eſt la dignité de nôtre vocation, qui paroît preſque incomprehenſible, & qu'il nous eſt difficile d'allier avec les foibleſſes que nous reſſentons, & que nous pourrons encore ſentir à l'avenir ; mais qui neanmoins eſt trés-véritable.

Voilà donc quelle a été la foy de ſaint Joſeph. Voyons maintenant comment il a vécu de la foy. Car il eſt appellé juſte par l'Evangile, *Cùm eſſet juſtus.* Et Saint Paul dit du Juſte, *Juſtus ex fide vivit.* LE *Juſte vit par la foy.* Que veut dire qu'il vit par la foy ; ſinon que ſa foy n'eſt pas ſeulement dans ſon eſprit & dans ſa penſée, comme en la pluſpart des hommes, où elle eſt ſterile & comme morte, mais qu'elle eſt vivante & agiſſante dans luy, & qu'elle eſt comme l'ame qui anime toutes les actions de sa vie. C'est ce que saint Bernard dit excellemment: *Justus ex fide vivit, sed ex fide quæ, ipsa vivat*: Le juste vit de la foy, mais d'une foy qui est vivante elle-même. Car comment ce qui ne vit pas pourroit-il nous donner la vie?

L'Ange parlant à Saint Joseph, luy dit que l'enfant conçu dans la Vierge par le Saint Esprit, seroit le Sauveur de son peuple. Saint Joseph le croit, & après cela il voit naître ce Fils de Dieu dans une étable. L'Ange luy apparoît de nouveau pour luy dire qu'il prenne la Mere & l'Enfant, & qu'il s'enfuye en Égypte, pour sauver Jesus de la fureur d'Herode.

Saint Chrysostome remarque excellemment, que si ce Saint n'eût vécu entierement par l'esprit de la foy, & que s'il eût donné le moindre lieu aux reflexions humaines, il auroit été sans doute troublé par ce nouvel ordre de Dieu, & qu'il auroit dit en luy-même: On m'assure que cét enfant est le Fils de Dieu, & cependant il s'enfuit devant un homme. On m'a ordonné de l'appeller Jesus, comme étant le Sauveur du monde, & cependant c'est moy-même qui dois être son Sauveur.

Il ne raisonne point de la sorte, parce qu'il agit par la foy. Et nous pouvons dire au contraire, qu'il a crû que cette fuite de Jesus-Christ étoit très-conforme à sa qualité de Sauveur des hommes. Car par la lumiere que Dieu luy avoit donnée, que l'orgueil étoit leur plus grande maladie, & la cause de toutes les autres, il a crû que Jesus-Christ ne pouvoit pas mieux agir en Sauveur & en medecin, qu'en leur donnant un remede souverain contre l'enflure de leur orgueil, par cette prodigieuse humilité qui le fait fuir étant Dieu devant un homme.

Ainsi il obéït avec foy, avec simplicité, avec humilité. Il croit d'abord, & ensuite il agit selon qu'il a crû. Il va en Egypte quand on luy commande d'y aller. Il y demeure jusqu'à ce qu'on luy ordonne d'en sortir. Il revient quand on luy commande de revenir. Il va demeurer à Nazareth, aprés que Dieu le luy a commandé. Il est le même dans la prosperité & l'adversité.

Comme il ne s'éléve point de l'adoration des Mages, il ne s'abbat point de la fuite en Egypte, & il conserve toûjours une merveilleuse égalité d'esprit dans cette diversité d'évenemens que Dieu fait naître dans la vie des justes, selon la remarque de saint Chrysostome. Car il leur fait éprouver par intervalles tantôt les biens, & tantôt les maux. Il les humilie par les uns & il les console par les autres, afin qu'ils ne s'élevent point dans la prosperité, & qu'ils ne s'abbatent point dans l'adversité.

Voilà une image excellente de toute la vie que nous devons mener. Saint Joseph nous dit aujourd'huy, comme S. Paul disoit aux Fidéles : *Imitatores mei estote, sicut & ego Christi.* SOYEZ *mes imitateurs, comme je le suis de* JESUS-CHRIST. Car ce n'est pas assez d'avoir commencé de vivre de la foy. Il faut continuer à vivre par la même foy, comme aprés la grande idée que l'Ange avoit donnée de JESUS-CHRIST à S. Joseph, il l'a vû dans un profond abbaissement, sans que cela l'ait ebranlé; parce qu'il agissoit par la foy. Ainsi nous trouverons quelquefois des choses humiliantes : mais la foy nous y fait trouver la consolation & la gloire de JESUS-CHRIST. *Glorietur frater humilis in exaltatione*, dit Saint Jacques, *Que celuy qui est humble, se glorifie dans son élevation* ; parce que les choses humbles sont glorieuses devant Dieu, comme la gloire des hommes n'est que bassesse devant luy.

Nous prefererons donc infiniment nôtre état à celuy de tant d'autres personnes qui suivent dans le monde les vanitez du Prince du monde, & nous rendrons graces à Dieu de ce qu'il nous aura découvert le tresor caché dans la pauvreté & dans l'humilité de Jesus-Christ. Nous aimerons l'humble obeïssance de S. Joseph, sans donner lieu aux reflexions & aux raisonnemens de l'esprit humain. Nous étoufferons tout par la simplicité Chrétienne dont il nous donne un si grand modéle, & nôtre foy rendra nôtre ame flexible à tous les mouvemens de la grace, comme l'a été ce grand Saint.

Seulement il faut vivre de cette foy qui fait qu'on voit les choses invisibles, & qu'on ne voit point les visibles, comme S. Paul dit de la foy de Moïse : *Invisibilem tanquam videns sustinuit.* Il a attendu comme s'il eût vû l'invisible. C'est ainsi que nous verrons toutes choses comme S. Joseph, avec des yeux Chrétiens, *Christianos oculos habete.* C'est ainsi que nous comprendrons que pour être vraiment spirituel, il ne faut ny être sensible aux caresses du monde, ny être ébranlé de ses menaces ; & que c'est un manque de foy, lors qu'on aime & que l'on craint les choses du monde : *Non ex fide vivit quisquis præsentia quæ videntur, vel cupit, vel timet ;* & ayant crû dans cette vie ce que nous n'avons point vû, nous verrons dans le ciel ce que nous aurons crû icy sans le voir.

POUR LE JOUR DE SAINT BENOIST.

Beatus vir qui non abiit in consilio impiorum.
Pfal. 1.

Heureux celuy qui ne s'est point laissé aller au conseil des méchans, Pfal. 1.

Ces paroles qui sont le commencement du premier de tous les Pseaumes, sont appliquées par Saint Augustin à Jesus-Christ, comme étant le chef de tous les Elûs, & elles peuvent par consequent s'appliquer aux membres du même Sauveur, & sur tout à ceux qui ont paru avec plus d'éclat dans le corps de son Eglise, tel qu'a été le grand saint Benoît ; dont nous celebrons la Fête. Car Jesus-Christ ne s'est pas contenté de venir dans le monde, pour rendre sa vie le modéle de la nôtre ; mais il a eû soin de retracer encore la même vie qu'il a menée, dans les grands Saints qu'il a donnez de temps en temps à son Eglise, afin qu'ils nous pussent dire par l'exemple de leurs actions toutes saintes, ces mêmes paroles que le grand Apôtre disoit aux Corinthiens : *Imitez-moy, comme j'imite* Jesus-Christ.

Comme donc S. Benoît a tenu un rang illustre parmy ces grands Saints, nous ferons voir dans la suite de ce discours, comment les paroles de ce

Pour le jour de Saint Benoît. 715

Pseaume, qui nous representent excellemment un homme parfait, luy conviennent d'une maniere toute particuliere, & nous y considererons;

I. Comment il ne s'est point arrêté dans la voye des pecheurs & des gens du siecle.

II. Comment il a medité jour & nuit la loy de Dieu.

III. Comment il a été semblable à un arbre planté le long des eaux, qui donne son fruit en son temps.

I.

Heureux celuy qui ne se laisse point aller au conseil des méchans. Saint Augustin, comme j'ay déja remarqué, dit que cette parole convient particulierement au Fils de Dieu, qui ne s'est point en effet arrêté dans le monde, quoy qu'il y ait passé dans sa vie mortelle; QUIA *non eum tenuit illecebra secularis*, dit ce Saint: *Tous les attraits du siécle n'ont pû faire la moindre impression sur son esprit.* Mais nous pouvons dire à la gloire de Saint Benoît, que ce qui est vray par excellence de JESUS-CHRIST, se peut dire aussi de luy trésveritablement, comme ayant agy par le même Esprit dont le Fils de Dieu étoit remply.

Car qui peut mieux faire voir que tous les plaisirs & tous les attraits du monde, qui emportent & qui asservissent les ames comme par une espece d'enchantement, ne peuvent faire aucune impression sur son esprit, que celuy qui comme on sçait, non-seulement n'a pas recherché le monde, mais qui l'a fuï d'abord comme un serpent, qui s'est enfermé dans une grotte, & qui s'est enseveli en quelque sorte tout vivant, pour vivre comme un Ange parmy les hommes, &

pour vivre fur la terre comme dans le Ciel ? C'eſt pourquoy il eſt vray de dire de luy comme du Fils de Dieu. *Non tenuit eum illecebra ſecularis.* Tous *les attraits du ſiecle n'ont eû aucun pouvoir ſur ſon eſprit :* & non ſeulement il ne l'a pas deſiré, comme étant aimable, mais il l'a eû d'abord en horreur comme le plus grand de ſes ennemis.

Mais il y a trois paroles conſiderables dans ce premier verſet, que ſaint Auguſtin a remarquées expreſſément, & qui dépeignent auſſi trés-bien la vertu de nôtre Saint. Car le Prophete Roy dit trois choſes de cét homme juſte. 1. Qu'il ne va point dans la voye des méchans. 2. Qu'il ne s'y arrête point. 3. Qu'il ne s'y aſſied point, c'eſt-à-dire, qu'il n'y etablit point ſa demeure. On ſçait auſſi par l'hiſtoire de la vie de ce Saint, combien il a été éloigné en ſa perſonne de ſe laiſſer aller aux moindres attraits du monde. Mais nous pouvons voir par cette regle toute divine qu'il nous a laiſſée, qu'il n'a pas eû moins de ſoin d'en dégager tous ceux qui voudroient ſuivre ſes traces, afin d'entrer comme luy dans la voye de JESUS-CHRIST.

Pour conſiderer donc dans ceux qui veulent être les diſciples de ce grand Saint, ces trois paroles du Prophete Roy, *abiit, ſtetit, ſedit*, nous changerons ſon ordre, & nous commencerons par la derniere, parce que David a voulu décrire par ce verſet le progrés du vice, qui ſe termine aux plus grands deſordres, au lieu que nous voulons décrire icy le progrés de la vertu, qui ſe termine à la fuite & à l'exemption des moindres défauts.

Saint Benoît donc a eû grand ſoin que ſes diſciples ne l'oubliaſſent jamais juſques à un tel point que de *s'aſſeoir dans la chaire de contagion & de peſte.*

Pour le jour de Saint Benoît 715

parce que cette chaire de contagion pour ne point parler des autres sens qu'on luy donne, & qui reviennent moins à nôtre sujet, signifie, selon saint Augustin, l'orgueil & la vanité, qui est proprement une *peste* & une maladie contagieuse, répanduë presque dans tous les hommes; *Il n'y a presque personne qui ne soit passionné pour la gloire humaine.* QUI A *non feré quisquam est qui humanam non appetat gloriam.* C'est une peste qui coule, non-seulement dans nos mauvaises actions, mais souvent même dans nos meilleures.

MARS.

Ang. in Ps.

Nôtre Saint a eû un soin tout particulier de préserver ses disciples & ses enfans de cette peste, en leur representant ces douze degrez d'humilité, qui sont comme autant de remedes contre cette maladie, si profondement enracinée dans le fond de nos ames. Et quoy qu'il soit difficile que cette présomption se rencontre dans les Religions comme elle paroît dans le monde, & dans ceux qui vivent par l'esprit du monde; neanmoins plût à Dieu qu'elle en fût veritablement bannie, & qu'on n'y vît point regner quelquefois cette peste par des actions qui sont un sujet de scandale aux foibles, & qui font gemir tous les gens de bien.

Ce n'est pas que des personnes consacrées à Dieu puissent s'emporter dans des vanitez grossieres comme les gens du monde. Mais on cherche de beaux pretextes, & on satisfait souvent sa propre gloire, sous pretexte de rechercher celle de Dieu. Et ce qui est encore plus dangereux, c'est que comme on s'assied dans cette chaire d'orgueil, c'est-à-dire, qu'on demeure dans cette maniere d'agir; on s'y plaît, & on s'y établit, & on croit que cette maladie même est une santé, parce qu'on ne veut pas avoüer qu'on soit malade.

C'est pourquoy on ne doit pas croire que cét avis que saint Benoît donne dans sa Regle de s'éloigner autant qu'on peut de la conduite & des actions du monde, soit peu important. Il seroit à souhaitter qu'il fût en effet plus utile, & que nous n'eussions point d'exemples qui nous fissent voir qu'il est sans comparaison plus aisé de quitter le monde en se retirant dans un Monastere, que de se dépoüiller dans cette retraite de toutes les affections qui sont propres à l'esprit & à la conduite du monde.

Car combien y est-on porté à parer les Eglises, afin d'allier à la pauvreté qu'on a voüée, la pompe & la magnificence des richesses ? Combien a-t-on de desir d'accroître le revenu de la Maison par de nouvelles acquisitions, & par des voyes humaines & seculieres ? Et pour descendre au particulier, combien de fois voyons-nous que des personnes retirées du monde, ou qui étant dans le monde ne veulent plus vivre par l'esprit du monde, se conduisent neanmoins dans leurs actions par ce même esprit.

Car qu'est-ce proprement que l'esprit du monde ? S. Paul dit de tous les Fidéles : *Nous n'avons point reçû l'esprit de ce monde.* Quel est cét esprit, dit S. Augustin, sinon celuy qu'on a déja marqué, l'esprit d'orgueil ? *L'esprit du monde est un esprit d'orgueil & de vanité.* Lors donc que sans y penser nous agissons par une secrette complaisance, & par un secret orgueil, nous agissons sans y penser par l'esprit du monde.

Une Dame dans le monde s'eleve par exemple de ce qu'elle est vétuë plus magnifiquement que les autres. Au contraire une personne Religieuse s'eleve de ce qu'elle est vétuë plus pauvrement que ses sœurs. Ces deux personnes ont toutes deux l'esprit du monde, c'est-à-dire, l'esprit d'orgueil. L'une

Aug. in ser. de verb. Apost.

Pour le jour de Saint Benoît. 717

s'éleve de sa magnificence ; l'autre s'éleve de sa pauvreté. Les moyens dont elles usent pour parvenir à leur but sont differens, mais leur fin est toute semblable.

MARS.

Il n'y a que cette difference, que l'orgueil de cette femme mondaine est visible & grossier, & en cela même plus aisé à guerir ; au lieu que celuy de cette personne Religieuse est subtil & tout interieur, & en cela plus incurable. L'habit de cette Dame découvre sa vanité ; & celuy de cette personne Religieuse couvre son orgueil. Ainsi l'on voit bien plus aisément les Dames du monde se convertir & renoncer à leur orgueil, que les personnes Religieuses ne renoncent à leur vanité secrette. Que ceux donc qui desirent d'imiter l'humilité de leur Pere, prennent garde à cét orgueil secret qui regne dans le monde, mais qui doit être banny des Religions, & qu'ils écoutent ce que ce grand Saint met entre les instrumens des bonnes œuvres ; *S'éloigner entierement de toutes les actions du siecle.* A SECULI *actibus se facere alienum.*

Reg. S. Bened. de grand. hom.

Car encore que Dieu leur ait fait la grace de s'éloigner dans le cœur de le vanité du monde ; neanmoins quelquefois on s'arrête, comme j'ay dit, dans la voye du monde, en faisant quelques actions qui ne peuvent venir que de son esprit. Ainsi combien de fois a-t-on des respects humains, des craintes humaines, une apprehension que le monde ne juge de nous autrement que nous ne souhaitterions. Au contraire on ressent une secrete complaisance, si nous voyons qu'il parle & qu'il juge de nous favorablement.

Ce n'est point là ce que l'on a remarqué de Saint Benoît, *Non eum tenuit illecebra sæcularis.* Il a méprisé tous les attraits du siecle. Il a dit, *Nôtre gloire*

1. Cor. c. 4.

Prov. c. 4.

n'est point dans la bouche des hommes, mais dans le témoignage de nôtre conscience. Il a suivy l'avis du Sage : *Gardez-vous bien d'estimer la voye des méchans : Fuyez-en loin, n'y passez jamais.*

Voilà l'état dans lequel il a été, & où doivent être ses vrais disciples. C'est l'état où étoit le Prophete Roy, lorsqu'il dit : *Je dressois tous mes pas & toutes mes actions selon la regle de vos preceptes. J'ay de la haine & de l'aversion de toutes les voyes qui ne sont pas droites.*

Psal. 118.

II.

Mais sa volonté, c'est-à-dire, tout son plaisir & toutes ses delices sont dans la loy de Dieu, & il la meditera jour & nuit. Il n'est pas difficile de voir le parfait rapport qu'ont ces paroles avec saint Benoît; soit qu'on le considere étant encore particulier, soit qu'on le regarde comme étant déja devenu le Pere de tant de Religieux.

Car qui peut l'avoir porté à se bannir ainsi volontairement de tout le commerce du monde, & à se cacher dans le fonds d'une solitude, où il n'étoit connu que d'un seul homme, sinon cét amour de la loy de Dieu, dans laquelle il trouvoit toutes ses delices ? Il s'entretenoit jour & nuit dans la meditation de la parole divine, & il se nourrissoit de la verité de Dieu, qui est la viande sainte dont les Anges même se nourrissent dans le Ciel, selon cette parole de S. Augustin : *Vous nourrissez les Saints dans le Ciel de vôtre verité, comme d'une viande éternelle & incorruptible.* UBI *pascis Israël in æternum veritatis pabulo.*

August. Confess. lib. 13.

Que si nous le considerons comme le maître & le pere de tant de Religieux, nous voyons aussi qu'il a eû un soin particulier de les entretenir dans l'Office divin & dans le chant des Pseaumes, & de leur

Pour le jour de Saint Benoist.

leur faire méditer la loy de Dieu jour & nuit, en faisant sur terre ce que les Anges font dans le Ciel, & en les exhortant à chanter les loüanges de Dieu, non d'un chant mort & inanimé, comme il est souvent si à craindre qu'on ne le fasse, mais avec une ferveur sainte, & un esprit toûjours élevé en Dieu.

MARS.

Mais ce que Saint Augustin dit sur ces paroles, est trés-remarquable : *Il y a bien de la difference*, dit-il, *entre avoir sa volonté dans la loy, & l'avoir sous la loy* : Et voicy la raison qu'il en donne : *Celuy qui est dans la loy agit selon la loy ; mais celuy qui est sous la loy n'agit pas tant qu'il est poussé par la loy.* C'est pourquoy il conclud : *Donc le premier est libre, & le second est esclave.* ILLE *ergo liber est, iste servus.*

Aug. in Psalm.

Et cecy nous donne une instruction trés-importante, qui est qu'ainsi que ce Saint n'a point été sous la loy, mais dans la loy de Dieu, c'est-à-dire, qu'il ne l'a pas suivie par une necessité servile, mais qu'il l'a embrassée avec une ardente volonté, comme étant la joye & les délices de son cœur : ainsi les ames saintes & religieuses à son imitation, doivent pratiquer sa Regle, qui est comme la loy qu'il a donnée à ses enfans & à ses filles, & qui n'est qu'une dérivation, & comme une explication particuliere de celle de Dieu ; non par une necessité servile à cause qu'ils s'y sont engagez par leurs vœux ; mais par un choix trés-volontaire, & par un amour qu'ils doivent porter à la justice & à la sainteté de cette loy, selon qu'il est dit excellemment dans la même Regle : *Voluntas habet pœnam, necessitas parit coronam* : LA *volonté de l'homme lors qu'elle se suit elle-même, enfante les tristesses & les peines ; mais la necessité de suivre la Loy de Dieu produit les récompenses & les couronnes.*

Et cecy nous apprend que nous n'obéïssons jamais

fidellement à la Loy de Dieu, & que nous ne pouvons nous bien acquitter des devoirs ou d'une religion particuliere, ou d'une religion publique & generale, que lorsque nous trouvons du plaisir dans cette loy, & que nous la suivons, non comme des esclaves qui craignent leur maître, mais comme des enfans qui suivent leur pere.

C'est pourquoy si on vouloit penetrer les raisons, & considerer avec quelque soin d'où vient que cette regle toute divine de Saint Benoist, & remplie de si saints avis, a fait tant de Saints durant plusieurs siécles, & qu'aujourd'huy elle en fasse si peu, quoy qu'il y ait tant de personnes religieuses de l'un & de l'autre sexe qui fassent profession de la suivre exactement ; on trouveroit que c'est parce qu'on suit plus la lettre de cette regle que l'esprit, & qu'on a plus d'égard à l'exterieur de ce qu'elle ordonne, qu'à l'interieur de la pieté. De sorte que si Saint Benoist revenoit aujourd'huy au monde, il seroit à craindre qu'il ne pût dire à plusieurs de ceux qui se glorifient d'être ses enfans, ce que le Fils de Dieu dit aux Juifs : *Ne vous ay-je pas donné une loy ? D'où vient donc que nul d'entre vous ne fait cette loy ?*

Que les disciples de ce bien-heureux Pere apprennent donc que c'est par la charité qu'ils accompliront la loy qu'il leur a prescrite, comme c'est par la charité que les Chrétiens accomplissent la loy de JESUS-CHRIST. C'est-là proprement l'effet de la grace & de l'Incarnation de JESUS-CHRIST : *Per charitatem Spiritus delectat legis esse factorem*, dit S. Augustin : *L'amour que le S. Esprit nous inspire, nous fait trouver une joye & un saint plaisir à obéir à la loy de Dieu.* C'est pourquoy l'Apôtre disoit aux Fidéles : *Vous n'êtes point sous la loy, mais sous la grace.* Comme s'il leur disoit : Vous n'êtes

plus sous la loy, dont le joug étoit pesant & insup- MARS.
portable, mais vous êtes sous la grace dont le joug
est doux & leger, parce qu'elle fait aimer & faire par
amour, ce que la loy commande de faire : *Non estis* August. de
sub lege terrente, minante, puniente ; sed sub gratia verb. Apost.
delectante, sanante & liberante. serm. 13.

III.

Et il sera comme un arbre planté le long des eaux,
qui portera son fruit en son temps. S. Benoist est d'autant plus semblable à cet arbre, que d'abord il a été
caché dans la terre, comme les arbres le sont lorsqu'on les plante. Il a été secrettement *arrosé des*
eaux du Saint Esprit en vivant d'une vie humble &
penitente, & en demeurant inconnu à toute la terre, & invisible à tous les hommes, comme la racine
des arbres ne se voit point. *Il a porté son fruit en son*
temps, remplissant presque tout le monde de ses enfans & de ses disciples. Nous pouvons remarquer
sur ces paroles ;

1. Qu'il a été comme un arbre *planté le long des*
eaux ; ce qui nous marque trés-bien la necessité continuelle que nous avons d'implorer la grace du Ciel.
Car le S. Esprit est marqué dans l'Ecriture par les
eaux ; aussi lorsque JESUS-CHRIST dit : *Que des fleu-* Jean. 6. 45
ves d'eaux vives sortiront du cœur de ceux qui croiront
en luy, S. Jean dit qu'il vouloit parler du S. Esprit.
Comme donc un arbre attire par sa racine l'humidité
de l'eau qui est proche ; aussi nous devons attirer
dans nous par la racine, c'est-à-dire, par les desirs
interieurs de nôtre cœur, l'influence du même Esprit ; *pour porter des fruits qui soient selon Dieu.* Psal. 84.

C'est ce que nous apprend David, lorsqu'il dit :
Dieu répandra sur nous la douceur de ses influences
saintes, & alors nôtre terre portera son fruit. C'est
l'état dans lequel nous devons nous considerer de-

Z z ij

vant Dieu. Nous devons luy dire avec le même Prophete : *Mon Dieu ! mon ame est devant vous comme une terre alterée*, qui attend que vous y répandiez la douceur de vos pluyes, afin qu'elle porte son fruit.

Secondement, nous pouvons remarquer en ces paroles, qu'ainsi que Saint Benoist a porté son fruit *en son temps*, c'est-à-dire, lorsque Dieu l'a tiré de sa solitude, nous ne pouvons de même porter le nôtre qu'au temps que Dieu a choisi.

Cecy devroit arrêter nôtre activité, qui souvent gâte tout, même dans nos meilleures actions, où nous n'avons pas assez de soin d'attendre les momens de Dieu, & de consulter sa volonté, pour sçavoir s'il veut de nous le bien que nous faisons au temps que nous le voulons faire. Il peut dire de nous aujourd'huy ce qu'il disoit à ses Apôtres au temps de leur imperfection : *Vôtre temps est toûjours prest ; mais pour moy mon temps n'est pas encore venu.* J'attends le temps qu'a marqué mon Pere, non seulement le temps en general, mais le moment & l'heure : *Nondum venit hora mea.*

Cependant aujourd'huy on veut porter du fruit en tout temps, & l'on peut dire parfaitement à ce sujet cette parole de JESUS-CHRIST : *Qui est le serviteur sage & fidéle à Dieu*, qui attende ses momens, qui ne veuille porter son fruit qu'en son temps ; & pour continuer cette parole de l'Evangile, qui ne veuille donner aux autres le froment spirituel que dans le temps que Dieu luy a marqué : *Ut det illis in tempore tritici mensuram ?*

On voit au contraire tous les jours qu'un pécheur qui n'est converti que d'aujourd'huy, prend demain les saints Ordres, c'est-à-dire, qu'un arbre planté aujourd'huy, pense demain à porter du fruit. Ce n'est point ainsi que s'est conduit saint Benoist. Quand MARS. il a quitté le monde, ce n'a été que dans la vûë de passer toute sa vie dans la penitence, & de n'être connu que de Dieu seul ; *Soli Deo cognitus*. C'a été là le soin de tous les Saints. Ils ont eu ces paroles de Saint Paul gravées dans le cœur : *N'ayez point de* Rom. cap. 12 *hauts sentimens de vous-mêmes, mais ne recherchez que ce qui est bon & humble.*

C'est ce qui doit confondre le faux zele de tant de personnes qui se poussent d'eux-mêmes aux Ordres sacrez, & dont selon Saint Gregoire Dieu se plaint de la sorte dans l'Ecriture : *Ils ont regné parmi mon* Ezech. c. 12 *peuple, & ce n'a point été par mon ordre : ils ont été Princes, & je n'en ay rien sçû.* Ceux-là regnent par eux-mêmes, ajoûte ce saint Pape, qui sans attendre que Dieu les appelle, *Et qui n'étant recommandables* Greg. Pastor. *par aucune vertu, mais qui étant poussez seulement* part. 3. adm. *par leur interest, ravissent plutôt les dignitez de l'E-* 9. *glise, qu'ils ne les possedent legitimement.* NULLIS *virtutibus fulti, sed suâ cupiditate incensi culmen regiminis rapiunt potiùs quàm assequuntur.*

C'est le malheur que Saint Benoist nous a appris à éviter, non seulement par son exemple, puisqu'on dit qu'il n'a jamais voulu être Prêtre ; mais encore par un miracle qu'il fit en la personne d'un Clerc. Car l'ayant délivré de la puissance du démon qui le possedoit, il luy ordonna de ne prendre jamais l'Ordre de la Prêtrise, & il le menaça s'il le faisoit, que le démon entreroit en luy de nouveau. Cet homme suivit cet avis durant quelque temps, mais il s'en lassa ensuite. Il vit avec regret que ceux qui étoient plus jeunes que luy, devenoient Prêtres, & qu'il demeuroit toûjours dans le même état. Il oublia donc ce que S. Benoist luy avoit dit. Il prit l'Ordre de la Prêtrise, & aussi-tôt il fut possedé du démon, qui le tourmenta d'une telle sorte qu'il le fit mourir. Ce qui est d'autant plus considerable, qu'il n'est point marqué que ce Clerc fût tombé dans aucun crime ny devant ny depuis sa premiere possession.

Cecy fait voir le péril qu'il y a de s'approcher des saints Ordres sans une vocation particuliere. Dieu condamne l'activité de ceux mêmes qui en pouvant être dignes, n'attendent pas neanmoins assez ses momens, pour ne porter leur fruit qu'en son temps qui est marqué par le doigt de Dieu. Apprenons donc aujourd'huy à imiter cette sagesse, & cette solidité de Saint Benoist. Ne portons des fruits que ceux que Dieu veut que nous portions; & ne les portons qu'au temps qu'il a resolu de nous les faire porter. Ne les prevenons point par une précipitation, qui ôte dans les meilleures œuvres la benediction qu'on en pourroit esperer, si on avoit attendu les momens de Dieu.

D'où croyons-nous qu'est venuë une si grande benediction de la charité de ce Saint, qui s'est répanduë dans la suite de tous les siécles ? D'où vient qu'il a donné tant de Papes au Saint Siege, tant d'Evêques aux Eglises, tant de saints Religieux & Religieuses à toute la terre, sinon de cette foy vive, & de cette humilité si profondément gravée dans son cœur, qui l'a porté à attendre toûjours les momens de Dieu, & à ne porter du fruit que dans le temps que sa providence avoit marqué ? Apprenons donc de ce grand Saint à fuïr toutes les actions & toutes les entreprises précipitées. Travaillons à devenir comme luy les instrumens de la main de Dieu. Et soyons des arbres vivans, qui jettent en terre de profondes racines, & qui s'élevant en haut par la charité, *portent leur fruit dans la patience.*

POUR LE JOUR DE SAINT BENOIST.

SECONDE INSTRUCTION.

Similabo eum viro sapienti, qui ædificavit domum suam supra petram. Matth. 7.

Il sera semblable à un homme sage, qui bâtit sa maison sur la pierre. Matth. 7.

CEs paroles ont été dites par JESUS-CHRIST de tous les Chrétiens en general, qui n'écoutent pas seulement ses divines instructions, mais qui s'en servant comme de la regle & du fondement de toute leur vie, s'établissent enfin dans une vertu solide & inébranlable, par laquelle ils resistent à toutes les tentations du monde. Mais ce qui étoit general pour tous les Fidéles, est attribué par l'Eglise pour des raisons particulieres à tous les saints Confesseurs, parce qu'ils ont pratiqué cet excellent avis du Sauveur d'une maniere beaucoup plus parfaite que tous les autres. Et on peut encore les appliquer au Saint dont nous celebrons la Fête avec un avantage tout particulier au dessus des autres Confesseurs.

Car il n'a pas seulement établi sa vertu sur JESUS-CHRIST en pratiquant ses divines instructions, mais il a même fondé sa regle, sa conduite, & tout ce qu'il a voulu que ses enfans pratiquassent dans la suite de tous les siécles, sur les fondemens inébranlables de la pieté Catholique & universelle, sur lesquels l'Eglise même est établie. C'est pourquoy nous tâcherons de faire voir combien l'esprit de Saint Benoist a été conforme à celuy de l'Eglise, tant dans ses actions, que dans ses instructions & dans sa Regle.

I. En considerant le parfait renoncement au monde qu'il a fait voir en luy-même, & qu'il a ordonné aux autres.

II. En considerant sa reconnoissance profonde & sincere de tous les dons de Dieu, de la puissance de sa grace, & de l'impuissance de l'esprit humain.

III. En considerant l'humilité non basse, mais solide & éclairée, par laquelle il a crû que tout ce qu'il dit même dans sa Regle, n'étoit qu'*un commencement de vertu*, & un secours necessaire pour les ames foibles.

I.

C'est avec grande raison que l'Eglise nous propose l'exemple des Saints, pour nous exciter dans les loüanges que nous leur donnons au jour de leur Fête, à imiter la sainteté de leur vie. Car nous pouvons dire veritablement que comme l'Evangile est le modéle de tous les Saints, les Saints aussi sont comme un tableau animé, & une representation vivante de l'Evangile. Dans l'un le saint Esprit nous paroît comme enseignant & éclairant les hommes; & dans les autres il nous paroît comme agissant & pratiquant ces divines regles, & comme étant en quelque sorte le disciple de luy-même, faisant luy-même dans les hommes ce qu'il leur a commandé de faire.

Cette verité qui se peut remarquer dans tous les Saints, éclatte d'une maniere particuliere dans Saint

Benoist. Ce Saint ayant été destiné de Dieu pour être MARS. une source feconde de benedictions & de graces, qui se devoient répandre sur ses enfans dans la suite de tous les siécles, a reçû de Dieu une impression vive de son Esprit, qui s'est répanduë dans toutes ses actions, & dans toute la conduite de sa vie.

C'est pourquoy ayant résolu de faire voir la conformité de l'esprit de ce Saint avec celuy de Dieu & de l'Eglise, & la fermeté de sa vertu & de sa doctrine établie sur ces fondemens inébranlables; nous commencerons par le desinteressement & le renoncement au siécle, qui est une chose établie si clairement dans toute l'Ecriture, qu'il est presque superflu de montrer icy combien cette vertu a été recommandée à tous les Chrétiens, étant essentielle au moins en un certain degré à tous les disciples de JESUS-CHRIST.

Car n'est-ce pas ce qui a fait dire au Sauveur, en parlant du dessein pour lequel il étoit venu dans le monde : *Je ne suis point venu donner aux hommes une fausse paix*, qui les entretienne dans la molesse & dans la negligence de leur salut, *mais je suis venu apporter cette épée tranchante de la parole divine qui sepáre l'homme d'avec l'homme même.* Car comme dit le grand Apôtre pour expliquer en quelque sorte cette parole de l'Evangile : *La parole de Dieu est une* Hebr. cap. 2. *parole vivante, agissante & efficace, qui coupe & perce plus que les épées les plus tranchantes, & qui penetre jusqu'à diviser l'esprit d'avec le corps, & l'ame d'avec elle-même.*

C'est pourquoy dans un autre Evangeliste JESUS-CHRIST dit clairement qu'il n'est pas venu apporter la paix, mais le retranchement : *Sed separationem :* qu'il est venu separer le fils d'avec le pere, le pere d'avec le fils, le frere d'avec la sœur, & apprendre aux hommes que souvent leurs amis mêmes, leurs parens & leurs plus proches, sont leurs plus grands ennemis.

Matth. c. 19.

N'est-ce pas ce qui luy a fait dire ailleurs : *Qu'on ne peut être son disciple*, c'est-à-dire Chrétien, *si on ne renonce à tout ce que l'on possede* ? N'est-ce pas ce qui a fait dire à Saint Paul ensuite : Qu'il est impossible que la prudence du monde s'accorde avec celle de Dieu, comme il est impossible que la lumiere s'accorde avec les tenebres ? Et n'est-ce pas enfin ce qui a fait dire cette parole terrible à l'Apôtre Saint

Iacob. c. 4.
v. 4.

Jacques : *Que l'amour du monde est un adultere spirituel, & que c'est se rendre ennemi de Dieu que d'aimer le monde ?*

Aussi ce sentiment qui est comme naturel à l'esprit du Christianisme, est le premier qui a paru dans la pieté éminente de Saint Benoist. Car c'est pour cette raison qu'il a renoncé d'abord à la science des lettres humaines lors qu'il n'étoit encore qu'enfant, pour éviter tout commerce avec le monde, & n'avoir pour Maistre & pour entretien que Dieu seul. Depuis étant plus avancé dans l'âge & dans la vertu, il alla se retirer, ou plutôt il alla s'ensevelir dans une grotte, pour y vivre inconnu à tout le monde, & pour n'être connu que de Dieu.

O esprit de retraite & de solitude, de renoncement & de mépris du monde, qui est proprement l'esprit de Dieu & de ses Saints, que tu es différent de l'esprit de nôtre siécle ! Car n'est-ce pas là ce qu'on appelle si souvent aujourd'huy cacher le talent, l'enfouïr dans la terre, suivre des conduites particulieres, ne s'exercer point dans les bonnes œuvres, & ne point travailler à faire charité au prochain ? Saint Benoist sçavoit parfaitement qu'il falloit avoir une grande charité pour ses freres ; mais il sçavoit aussi qu'il se la falloit faire à soy-même, avant que de penser à la faire aux autres. C'est pourquoy il ne songe qu'à fuir le monde, qu'à renoncer au monde, qu'à se cacher en Dieu, sçachant qu'il n'y a que luy qui puisse appeller les hommes pour servir les autres, lorsque les ayant remplis de ses graces, ils peuvent se répandre sans s'épuiser, & enrichir les autres sans s'appauvrir.

Et ce Saint confirmant encore ce sentiment de son cœur par sa doctrine & par ses paroles, & voulant le faire passer dans la conduite de tous ses enfans; parlant dans le premier chapitre de sa regle de certains vagabons qui prenoient faussement le nom de Religieux, pour marquer le déreglement de leur esprit, il ne les accuse point en particulier de quelques vices grossiers & scandaleux, mais de ce qu'ils s'entendent encore avec le monde, de ce qu'ils n'ont pas vraiment renoncé au monde. Voicy ses paroles: *Ils ne sont point*, dit-il, *éprouvez par aucune regle, comme l'or dans la fournaise qui y devient plus pur & plus fort, mais ils sont encore tout mols comme du plomb.* Et comment le prouve-t-il? *Parce*, dit-il, *qu'ils n'ont renoncé au monde que de bouche & par leurs paroles, mais qu'ils s'entendent encore avec luy dans leurs actions & dans leur conduite.*

Regle de S. Benoist.

Grande parole établie sur l'autorité d'un si grand Saint, qui nous apprend que les personnes qui font une profession particuliere d'avoir renoncé aux interests du monde, & de ne rechercher plus que ceux de Dieu, comme font tous les Ministres de l'Eglise & les Religieux, doivent être comme une regle d'or, qui non seulement est éclatante & précieuse, comme doit être la vertu de ces personnes; mais qui est ferme & dure, & qui ne s'amollit pas, mais qui s'endurcit & s'embellit dans le feu; pour leur apprendre qu'ils ne doivent point se relâcher par une molle condescendance, mais demeurer toûjours inflexibles comme une regle d'or, dans le point de la verité & de la justice.

Car autrement ils seroient semblables à ces faux Religieux que ce Saint condamne avec tant de force, étant comme eux semblables à une regle de plomb, que l'on courbe comme l'on veut, & à laquelle chacun peut donner la forme qu'il luy plaira ; parce, dit-il, qu'ils n'ont point vraiment renoncé au monde, *adhuc operibus servantes saeculo fidem*. Et combien donc sera-t-on coupable si on n'a pas soin dans les choses de Dieu de renoncer au monde, puisque ce Saint au contraire accuse comme d'un crime de ce qu'on ne rompt pas absolument avec le monde ? C'est pourquoy entre les moyens qu'il marque pour acquerir la vertu, il donne celuy-cy : *S'éloigner toûjours de toutes les maximes & de toute la conduite du monde.* A SÆCULI *actibus se facere alienum.*

II.

La 2. Maxime fondamentale de la pieté, en laquelle nous reconnoissons la conformité merveilleuse de l'esprit de Saint Benoist avec celuy de Dieu & de l'Eglise, c'est la reconnoissance de nôtre foiblesse, & de la puissance de la grace de Dieu en nous. C'est pourquoy le Roy Prophete ne fait presque autre chose dans ses Pseaumes, que nous porter sans cesse à cette humble reconnoissance qui est le fondement de nôtre salut. *C'est Dieu*, dit-il, *qui conduit les pas de l'homme, & c'est luy qui le fait marcher dans sa voye.*

Psalm. 36.

Il n'est pas besoin de rapporter icy plusieurs endroits de l'Écriture sur cette verité que nous devrions souhaiter être aussi pratiquée comme elle est connuë. Car que nous a voulu apprendre le Sauveur, lors-

qu'il nous dit : *Que nous ne pouvons rien faire sans* MARS.
luy : *Que nous ne pouvons non plus agir sans luy, que* Ioan. c. 15.
le sep de la vigne ne peut porter de fruit sans la racine qui le soûtient & qui le nourrit ? Et que nous a
voulu dire Saint Paul, dont les Epîtres, comme dit
Saint Augustin, enseignent par tout & diversifient
en une infinité de manieres cette verité si importante, tantôt en disant : *Que tout dépend non de l'homme* Rom. 16. v. 9.
qui veut ou qui court, mais de Dieu qui fait mise- 2. Cor. cap. 15.
ricorde ; tantôt : *Que ce n'est point luy qui a travaillé,* v. 10.
mais la grace de Dieu qui est en luy ; tantôt : *Qu'il* 2. Cor. c. 7.
faut operer son salut avec frayeur, & tremblement : v. 15.
parce que c'est Dieu qui donne la volonté même &
l'action, selon qu'il luy plaît. Que nous apprennent,
dis-je, & le Sauveur & le grand Apôtre par toutes
ces choses, sinon que le fondement de la pieté Chrétienne est de connoître que nous n'avons rien de bon
dans nous, qui ne nous vienne de la pure misericorde de Dieu ?

Aussi cette grande verité paroît avec éminence
dans la vie & dans la conduite de nôtre Saint. Elle
paroît en sa vie premierement, en ce qu'encore
qu'il eût tout quitté pour ne suivre que Dieu &
pour ne s'attacher qu'à luy comme à la source unique & inépuisable de tout le vray bien & qu'il eût
ainsi témoigné combien il reconnoissoit qu'il n'y
avoit que Dieu qui nous pût donner & nous conserver le mouvement de le servir ; neanmoins pour
luy faire connoître par la propre expérience de sa
foiblesse une verité si importante, il permit qu'une
seule pensée d'une personne qu'il avoit vûë autrefois le mît à deux doigts de sa ruine & en danger de perdre la chasteté, aprés une si longue retraite, & aprés tant d'exercices de vertu ; afin
qu'ayant cet humble sentiment de luy-même

plus imprimé dans le fond du cœur, il le pût aussi inspirer avec plus d'efficace dans le cœur de tous ses enfans.

Et c'est ce qu'il s'est efforcé de faire dés le prologue même de sa Regle, dans lequel parlant de ceux qui craignent vraiment Dieu, il dit : *Qu'ils ne s'élevent point pour leur vertu, mais que reconnoissant qu'ils n'ont pas le pouvoir de faire le bien qu'ils font, & que c'est Dieu même qui le fait dans eux, ils rendent sans cesse gloire à Dieu qui daigne agir par sa grace dans leurs ames.* Ce qu'il prouve ensuite par ces paroles de S. Paul : *C'est la grace de Dieu qui m'a fait tout ce que je suis :* GRATIA Dei sum id quod sum, & par cette autre repetée tant de fois par Saint Augustin : *Que celuy qui se glorifie, ne se glorifie qu'en Dieu seul.*

Regle de S. Benoist.

1. Cor. c. 10.

Voilà le fondement de toute la vertu chrétienne ; & c'est ce qui a fait dire à Saint Augustin : *La pieté consiste principalement dans la reconnoissance de l'ame envers Dieu, afin qu'elle ne soit point ingrate envers son souverain bien-faicteur.* PIETAS in hoc maximè consistit, ut anima Deo non sit ingrata. Et le même dit excellemment sur cette parole de David : *Seigneur, faites-nous connoître vôtre misericorde :* HEUREUX *celuy à qui Dieu a imprimé dans le cœur un veritable sentiment de la misericorde qu'il exerce sans cesse envers luy. Car tant qu'il conservera ce sentiment, il ne pourra devenir superbe.* FELIX cui ostendit Dominus misericordiam suam. Ille est qui superbire non potest.

De Trin. lib. 3.

Psalm. 84.

Aug. in Ps. 84.

III.

La 3. conformité de l'esprit de Saint Benoist avec celuy de JESUS-CHRIST & de l'Eglise, est dans la pratique de l'humilité. On passe icy plusieurs choses qu'on en pourroit dire. On pourroit représenter comment il n'a pensé qu'à mourir au monde dans sa retraite, parce qu'il se jugeoit inutile à aucun bien. On pourroit faire voir comment il s'est conduit avec tant de retenuë à l'égard de tous ses freres ; comment il a parlé si divinement de l'humilité dans les douze degrez qu'il en a faits, & qu'il a montrez aux autres aprés y avoir passé luy-même : mais ce qui est remarquable particulierement en ce saint homme ; c'est le jugement qu'il a fait de sa Regle qui a été admirée de tous les grands personnages, & ce qu'il en dit dans la conclusion. *Nous avons*, dit-il, *tracé cette regle, afin que la pratiquant nous fassions voir que nous commençons en quelque sorte à vivre dans la pieté. Mais ceux qui tendent à la perfection, la trouveront dans les écrits des saints Peres.* Par où il nous a voulu apprendre cette grande verité de la Religion Chrétienne : Qu'il ne faut jamais s'arrêter dans la voye de Dieu, mais qu'on doit s'avancer sans cesse & se perfectionner toûjours de plus en plus.

Regle de S. Benoist.

C'est ce que nôtre Saint a marqué encore luymême dans la préface de sa Regle, où il dit : *Qu'encore que nous desirions arriver au Royaume de Dieu, nous devons neanmoins être persuadez qu'à moins de nous avancer dans sa voye, d'y courir par les bonnes œuvres, nous n'y parviendrons jamais.* Il nous a exprimé excellemment toute la vie Chrétienne en nous la représentant comme une course vers Dieu, selon l'expression de Saint Paul : *J'ay achevé ma course.* Et comme le même Apôtre a marqué encore plus clairement par ces paroles : *Vous sçavez que dans la carriere tous courent, mais un seul gagne le prix : Courez de telle sorte que vous remportiez le prix de la course.*

1. Tim. c. 6.
2. Cor. c. 9.

Cette expression nous fait voir qu'ainsi qu'un

homme qui court est tout occupé à sa course, qu'il ne peut s'arrêter sans cesser de courir, & qu'il ne voit qu'en passant tout ce qui se rencontre en son chemin, nous devons de même être entierement occupez de la resolution que nous avons formée de nous donner tout à Dieu, & que nous devons nous avancer sans cesse, sans nous arrêter ny à nos tentations, ny même à nos défauts & à nos chûtes qui sont legeres, & sans arrêter nôtre vûë sur toutes les choses présentes, puisque l'œil de la foy, selon Saint Paul, ne considere point les choses temporelles, mais celles qui sont éternelles. C'est cette disposition qui a élevé Saint Benoist à ce haut comble de vertu, & qui luy a fait faire tant de miracles.

Mais le moyen, direz-vous, de courir ainsi dans la voye de Dieu? Apprenons-le du Prophete Roy: *J'ay couru*, dit-il, *dans la voye de vos commandemens, lorsque vous avez étendu mon cœur.* Qui est-ce qui nous donne cette ouverture & cette étenduë de cœur? La charité. Le cœur qui aime court sans peine: *Curramus*, dit Saint Augustin, *amemus, & ipse amor cursus est.* AIMONS Dieu, courons dans sa voye: car nôtre amour même est nôtre course. Mais à peine y marchons-nous, comment pourrions-nous y courir? Ecoutons donc la grande consolation que nous donne Saint Paulin: *C'est Jesus-Christ qui travaille dans nous pour nous faire courir*, dit ce saint Pere, *& c'est luy qui triomphe dans nous, pour nous faire parvenir où nous courons.* C'est luy qui prend toute la peine de la course, pour nous en donner tout le prix & toute la récompense. *In contentione currendi labor Christi sumus, ut in perveniendi fine, Christi triumphus esse possimus.*

Psal. 118.

Aug. in Psal. 118.

Paulin. in Epist.

POUR LE JOUR
DE SAINT BENOIST.
TROISIEME INSTRUCTION.

Non veni facere voluntatem meam. Jean. 6.

Je ne suis pas venu pour faire ma volonté. En S. Jean chap. 6.

ON ne peut rien choisir dans l'Ecriture, qui nous represente mieux l'esprit du Saint, dont nous honorons la memoire, qui a été durant sa vie si plein de graces, qu'il a sanctifié une infinité de personnes, que ces paroles que nous venons d'entendre de l'Evangile de saint Jean, où JESUS-CHRIST, declare qu'il n'est pas venu pour faire sa volonté, mais pour accomplir la volonté de son Pere. C'est pourquoy pour nous appliquer en peu de mots ces paroles divines, & pour y considerer l'esprit de Saint Benoist, nous ferons voir ;

I. Que l'obéïssance est selon luy, l'ame de la Religion, & la parfaite imitation de JESUS-CHRIST.

II. Que cette obéïssance est heureuse, & pleine d'une joye toute divine.

I.

Saint Benoist a crû tellement que l'obéïssance étoit l'ame de la vie religieuse, que marquant dans la preface de sa Regle ceux pour qui il l'a faite, & que Dieu appelle à la Religion, il dit que ce sont

Regle de S. Benoit. ceux qui veulent retourner à Dieu *par les exercices laborieux de la penitence, aprés s'en être separez par la lâcheté & la molesse de la desobéissance :* UT ad eum per obedientiæ laborem redeas, à quo per inobedientiæ desidiam recesseras.

Il nous a appris par ces paroles une grande verité, qui est que tant que le premier homme est demeuré obéïssant dans le Paradis, il y a trouvé sa felicité, & que s'il eût perseveré dans cette vertu, il auroit été éternellement heureux ; mais que par son orgueil, comme dit S. Augustin, & par la paresse qu'il témoigna de rendre graces à Dieu, comme dit S. Chrysostome, ayant secoüé le joug si doux d'une obéïssance si salutaire, il est tombé par la desobéïssance dans l'abîme de tous les maux : & qu'ainsi puisque le remede doit être contraire à la maladie, comme il s'est perdu en desobéïssant à Dieu, nous ne pouvons guerir les playes de nôtre ame qu'en nous assujettissant de tout nôtre cœur à sa volonté.

Aussi le Fils de Dieu qui étoit venu pour sauver l'homme, & pour le guerir de ses blessûres, a voulu opposer à la desobéïssance du premier homme, le comble d'une parfaite obéïssance, selon que saint Paul nous l'enseigne, lors qu'il dit : *Qu'ainsi* *Rom. c. 5.* *que la desobéïssance d'un homme seul a rendu les hommes pecheurs, ainsi l'obéïssance de* JESUS-CHRIST *seul les justifie.* SICUT per inobedientiam unius peccatoris constituti sunt multi ; ita & per unius obedientiam justi constituentur multi.

Comme donc l'Apôtre renferme tout nôtre salut & toutes les vertus du Sauveur dans la seule obéïssance, ainsi Saint Benoît étant plein de ce même esprit dont l'Apôtre étoit remply, renferme toute la vie religieuse dans cette seule vertu. C'est pour-

Pour le jour de Saint Benoît.

quoy marquant encore dans la suite ceux qui doivent être ses disciples & ses enfans; il dit que ce sont ceux qui renonçant à leur volonté, se revêtent des fortes armes de l'obéissance.

Ainsi la premiere disposition où nous devons tâcher d'entrer aujourd'huy, c'est de nous affermir dans la vertu de l'obéissance & de nous tenir heureux de faire sur la terre ce que les saints Anges ont fait dans le Ciel aussi-tôt qu'ils ont été créez, & ce qu'ils y feront éternellement ; ce qu'Adam a fait dans le Paradis tant qu'il a été heureux, & ce que le Fils de Dieu est venu faire dans le monde, pour nous rendre par son obéissance la felicité que la desobéissance d'Adam nous avoit ravie.

Et nous ne devons pas seulement considerer que nous sommes dans ce monde pour imiter l'obéissance de Jesus-Christ ; mais ce qui nous doit être une grande consolation, nous devons croire que c'est Jesus-Christ même qui nous fera faire ce qu'il nous commande, & qui obéïra luy-même dans nous : *Faciam ut faciatis.* C'est moy, dit-il, *qui vous feray faire :* Je ne vous laisseray point seuls. Je demeureray toujours avec vous & dans vous, & tant que vous serez enfans d'obéissance, je ne vous laisseray non plus seuls ; que mon Pere ne m'a laissé seul : *Non reliquit me solum ; sed semper mecum est, quia quæ placita sunt ei, ego facio semper.*

Joan. c. 8. v. 29.

C'est ce que Saint Benoît nous represente excellemment après l'avoir éprouvé luy-même dans son cœur, avant que de l'enseigner aux autres dans ses écrits. Il dit, *Que ceux qui craignent le Seigneur, ne s'élevent point de leur bonne vie, mais qu'étans persuadez que c'est Dieu même, & non pas eux, qui fait tout le bien qu'ils font, ils l'adorent comme agissans dans leur cœur, & luy en rendent*

Reg. S. Bened. Præfat.

Aaa ij

toute la gloire, comme luy étant uniquement dûë: OPERANTEM *in se Dominum magnificant.*

Et d'où ce grand Saint auroit-il appris cette verité, sinon du saint Esprit même qui l'animoit; qui luy faisoit comprendre, Que tous les enfans de Dieu sont animez par l'Esprit de Dieu, comme nôtre corps est animé par nos ames; *Filii Dei Spiritu Dei aguntur?*

Rom. c. 8.

C'est la connoissance de cette verité qui nous rendra vrayment sages. Car saint Augustin nous marquant qui sont vrayment ces Vierges sages de l'Evangile qui vont au-devant de l'Epoux avec une lampe ardente, dit que ce sont celles *qui ont dans le cœur la connoissance de la grace de Dieu, & qui sçavent qu'elles ne peuvent être vierges & chastes, que par le don que Dieu leur fait de cette vertu:* QUÆ *intelligentiam gratiæ Dei portant in cordibus suis, scientes quòd nemo possit esse continens nisi Deus det*; qui luy disent avec le Prophete: *C'est vous, mon Dieu, qui nous faites faire tout le bien que nous faisons*; & qui éprouvent dans leur cœur la verité de cette parole: *Quand le Saint Esprit habite dans le cœur, il le remplit, il l'anime, il le conduit, il le détourne du mal, & il l'excite au bien, il luy rend douce la justice, & il luy fait faire le bien par le goût qu'il y trouve, & non par la crainte du supplice.* SANCTUS *Spiritus cùm fuerit habitator implet, regit, agit, refrænat à malis, ad bona excitat. Suavem facit justitiam: ut homo benefaciat amore recti, non timore supplicii.*

Aug. epist. 88.

Is. 20. v. 12.

Aug. de Spir. & litt. c. 18.

C'est pourquoy la parole que saint Paul a dite de la vie Chrétienne en l'appellant *la vie de Dieu*, & en disant pour cette raison que les Payens étoient éloignez de cette vie, *alienati à vita Dei*, se verifie dans tous les vrais Chrétiens. Car quelle est propre-

Ephes. c. 4. v. 18.

ment leur vie, sinon la vie que JESUS-CHRIST Dieu & homme a menée sur la terre pour nous apprendre à le suivre? Et quelle est cette vie de JESUS-CHRIST, sinon la vie de l'obéïssance?

Nous avons déja appris cette grande verité de la bouche de Saint Paul, lors qu'il nous enseigne que JESUS-CHRIST n'est venu que pour obéïr, & que c'est son obéïssance qui nous a sauvez. Mais nous l'apprenons de la bouche de JESUS-CHRIST, lors-qu'il dit : *Je suis descendu du ciel, non pour faire ma propre volonté, mais pour faire celle de mon Pere qui m'a envoyé.*

C'est là la parole & la disposition que nous devons avoir toûjours dans le cœur. Nous devons dire à l'imitation de JESUS-CHRIST : Je ne suis pas venu en ce monde pour y faire ma volonté propre, mais pour y faire celle de Dieu. Car si le premier Ange dans le ciel, & le premier homme dans le Paradis, se sont perdus pour avoir voulu faire leur volonté; comment ne me perdrois-je pas en les imitant? Et si le Fils de Dieu même venant mener sur la terre une vie divine dans un corps humain, nous declare qu'il n'y est point venu faire sa volonté, mais celle de son Pere ; ne seroit-ce pas ou une extrême folie, ou une extrême présomption de vouloir vivre autrement qu'il n'a vécu, & de pretendre d'arriver au ciel par une autre voye que par celle qu'il nous a tracée par l'obéïssance & par l'humilité continuelle de sa vie & de sa mort?

Aussi Saint Benoist a tellement consideré cette conformité que nous devons avoir avec JESUS-CHRIST, en ne faisant non plus nôtre volonté que le Fils de Dieu n'a fait la sienne, comme le fondement de l'obéïssance & de la vertu Chrétienne; que c'est par cette parole du Sauveur, qu'il s'efforce d'inspirer à tous ses enfans un amour sincere de cette vertu.

Sa grande lumiere qui luy faisoit comprendre l'importance de cette verité, luy a fait declarer que c'étoit uniquement l'obéïssance qui donnoit le prix à toutes les actions que l'on faisoit dans les Maisons saintes. Il n'a point craint de reprouver & de rejetter avec horreur toutes les bonnes œuvres d'austerité & de penitence, lors qu'on les avoit entreprises par sa propre volonté. Les hommes pouvoient admirer ces actions : Elles pouvoient même éblouïr les yeux de ceux qui les faisoient. Mais ce Saint qui les voyoit soüillées par une présomption secrette, & que la permission du Superieur ne leur avoit pas imprimé ce sceau & ce caractere, qui fait que Dieu les reçoit & les regarde comme des sacrifices d'agreable odeur, avoit en abomination ce que les autres estimoient, & regardoit ces personnes comme des superbes qui ne suivoient que leur propre esprit, & qui ne cherchoient qu'à se contenter eux-mêmes. Il avoit profondement gravées dans le cœur ces paroles du grand saint Basile : *Ce qu'on fait par sa propre volonté, est propre à celuy qui le fait, & étant purement humain, il ne peut entrer dans ce culte religieux que l'on doit à Dieu. Celuy*, dit-il, *qui agit par luy-même, cherche sa propre gloire* : ce que doit fuir une ame religieuse.

II.

Aprés avoir fait voir que la vie Chrétienne & Religieuse, est selon Saint Benoît, une vie d'obéïssance, une vie divine, & la vie de Jesus-Christ même, il nous reste maintenant à representer quelle doit être cette obéïssance selon l'esprit du même Saint.

Saint Benoît parlant de l'obéïssance, dit qu'elle doit être fervente & pleine de joye, selon cette parole de l'Apôtre: *Hilarem datorem diligit Deus.* DIEU *aime celuy qui luy donne gayement.* Et S. Bernard qui avoit approfondy les moindres paroles de saint Benoît, comme de celuy qu'il respectoit comme son Pere & qu'il écoutoit comme son maître, semble avoir eû cette parole de S. Benoît dans l'esprit, lors qu'il a dit à peu prés dans le même sens: *Il n'y a que la charité & l'amour qui rende nôtre obéïssance agreable aux yeux de Dieu.* SOLA *est charitas quæ obedientiam gratam facit & acceptabilem Deo.*

1. Cor. c. 9.

Bernard. in Cant serm. 23.

C'est donc avec cét esprit que nous devons embrasser l'obéïssance. Et nous n'aurons pas de peine à nous y disposer, lors que considerant cette vie comme la vie d'un Dieu, comme la vie de JESUS-CHRIST, nous y trouverons aisément de la joye, & nous y établirons nôtre souverain bonheur.

Car c'est en cecy que nous devons reconnoître la grace que Dieu nous fait, & la lumiere qu'il nous donne, de ce qu'il nous fait goûter cette manne de l'obéïssance, qui est tellement cachée à la plûpart des hommes, qu'ils la considerent comme un joug insupportable. C'est le sentiment ordinaire des personnes du monde, d'admirer comment on peut dire qu'il y a de la joye à combatre sa volonté propre, & à s'assujettir à celle d'un autre. Ils appellent cela une grande servitude & une grande misere. Et il est aisé de voir ce qui les trompe. Car étant esclaves de leur propre volonté, & mettant toute leur joye à la satisfaire, ils s'imaginent que ceux qui s'assujettissent volontairement à l'obéïssance, y ont autant de peine qu'ils en auroient eux-mêmes en l'état où ils se trouvent.

Mais ils ne considerent pas que cette accusation,

de la vie Chrétienne & Religieuse retombe sans qu'ils y pensent sur J. C. même, & que si l'obéïssance étoit ainsi accompagnée de misere, il auroit donc mené une vie miserable sur la terre; ce qu'on ne peut penser sans horreur, & ce que Jesus-Christ a détruit puissamment luy-même dans le cœur des plus incredules, lors qu'il a dit que toute sa joye & toutes ses delices étoient renfermées dans l'obéïssance qu'il rendoit à son Pere : *Cibus meus est ut faciam voluntatem Patris mei.*

Jean. c. 4.

Ces personnes charnelles disent : C'est un assujettissement bien pénible de ne rien faire de soy-même : Et le Fils de Dieu dit de luy : *Je ne fais rien de moy-même.* Ils disent que l'on s'impose une dure necessité, puisqu'on s'ôte le pouvoir de rien faire de ce qu'on veut ; Et c'est ce que le Fils de Dieu a dit encore de luy : *Je ne puis rien faire de moy-même.* Cette impuissance étoit-elle malheureuse en Jesus-Christ ? Elle venoit au contraire de sa toute-puissance, & de la parfaite sainteté qui le rendoit impeccable : *Il y a des choses que Dieu ne peut pas,* dit Saint Augustin, *parce qu'il peut tout.* Quædam Deus ideò non potest quia omnia potest. Comme il ne peut mentir, il ne peut tromper, il ne peut desobéïr à son Pere.

Jean. 5.

Aug. ep. 90.

Ainsi un Chrétien veritable se met dans l'impuissance de faire sa volonté : Mais cette impuissance luy est glorieuse, puisqu'elle luy est commune avec Jesus-Christ. Il est dans la necessité d'obéïr ; mais cette necessité est une necessité amoureuse & volontaire que Jesus-Christ luy-même s'attribuë, & que Saint Augustin attribuë aux Anges & aux Bienheureux, en qui il se trouve *une necessité volontaire & bienheureuse d'obéïr & de plaire à Dieu.* Deo obediendi & placendi voluntaria felixque necessitas.

De Civit. Dei lib. 12. c. 12.

On aime cette necessité, & ainsi on n'y a point de MARS. peine. Car tout ce qu'on aime ne fait point de peine. Une mere qui aime passionnément un fils unique, ne peut l'éloigner d'auprés d'elle. Elle se sent dans une necessité de l'aimer: mais cette necessité luy est douce, puisqu'elle ne vient que de la grandeur de son amour.

La seule peine qu'un vray Chrétien doit avoir, c'est de n'être pas comme JESUS-CHRIST, dans une entiere impuissance de faire sa propre volonté; puisque nous n'avons pas seulement le pouvoir de resister à la grace de Dieu, lors même que nous sommes à luy; mais que nous avons encore un poids & une inclination violente dans nous qui nous éloigne d'un état si saint. Et puisque le principal devoir de tous les Chrétiens selon Saint Augustin, est de combattre cette malheureuse inclination qui nous éloigne de la vie de JESUS-CHRIST qui est celle de l'obéïssance, nous devons dire comme luy à Dieu toute nôtre vie: *Je ne suis pas venu pour faire* Ioan. c. 6. *ma volonté propre*: Et nous devons croire que c'est là le sacrifice continuel que nous devons offrir à Dieu en luy disant avec David du fond du cœur: *Voluntariè sacrificabo tibi.* JE vous *sacrifieray de* Psal. 53. *tout mon cœur.*

Ce sera cette joye que nous trouverons dans l'obéïssance, & cette volonté pleine que nous offrirons à Dieu, qui fera peu à peu mourir cette inclination naturelle que nous sentons à faire nôtre volonté propre. Si l'ardeur de nôtre charité étoit assez puissante pour vaincre en nous cette opposition de nôtre concupiscence, nous ne pecherions jamais. Nous serions dans un avancement continuel, dans un accroissement toujours égal de pieté & de vertu, & dans une suite perpetuelle de bonnes œuvres, qui ne seroit point interrompuë.

C'est la grace que nous devons demander à Dieu. Nous le devons prier qu'il nous délivre par sa miséricorde de cette resistance interieure, & de ce corps de peché, comme l'appelle saint Paul, afin que nous puissions rendre à Dieu une obéïssance tranquille, une obéïssance douce & sans murmure, & telle que David rendoit à Dieu, lors qu'il luy disoit : *Je suis devant vous comme une bête sans raison & sans resistance.* Nous devons souhaiter que nous obéïssions à Dieu, non comme un esclave qui est sous la loy, mais comme une personne libre qui est sous la grace : *Non sicut ancillam sub lege, sed sicut liberam sub gratia constitutam* ; Et qu'enfin il nous fasse la grace d'accomplir tout ce qu'il nous commande avec un amour qui y trouve sa joye & ses delices : *Det vobis Dominus ut observetis omnia hæc cum dilectione.*

POUR LE JOUR
DE SAINT BENOIST. Mars.
QUATRIEME INSTRUCTION.

Imitatores mei estote sicut & ego Christi. Gal. 5.
Imitez-moy comme moy-même j'imite Jesus-Christ,
Gal. chap. 5.

CE sont là les paroles que nous devons croire que Saint Benoît nous addresse en ce jour, que nous honorons sa memoire, puisque Dieu l'a suscité autrefois dans son Eglise, pour faire refleurir la discipline, & pour apprendre à ceux qui se convertissent sincerement, ce qu'ils doivent faire, pour se corriger veritablement & imiter l'exemple & la vie que le Fils de Dieu a menée lors qu'il vivoit parmy les hommes.

C'est pour nous aider dans ce dessein, que nous remarquerons deux choses principales dans la vie de ce grand Saint, qui ont été la source de sa pieté & comme l'abregé de ses vertus, & qui comprennent ce qu'il y a de plus utile pour nôtre instruction, & pour le reglement de nos mœurs.

I.

La premiere chose que nous remarquons dans saint Benoît, est que Dieu l'a prévenu dés son enfance. C'est une grace, que ceux qui l'ont reçuë comme luy ne peuvent assez reconnoître. Car la vertu vrayment forte & vrayment chrétienne telle qu'a été celle de Saint Benoît, est proprement celle qui est établie sur l'innocence du Batême.

C'est pourquoy Saint Gregoire dit de luy : *Que n'étant encore qu'enfant, il avoit un esprit de vieillard.* AB ipsâ pueritiâ suâ tempore cor gerens senile. Car comme selon l'Ecriture, les gens du monde sont des enfans dans leur vieillesse même, ausquels elle dit pour cette raison : *Jusqu'à quand aimerez-vous l'enfance ?* USQUEQUO *parvuli diligitis infantiam ?* On peut dire au contraire que ceux qui sont à Dieu, sont des vieillards dans leur enfance, comme l'Ecriture dit de Tobie, que quoy qu'il fût petit, *Il ne témoigna neanmoins par aucune de ses actions qu'il fût enfant,* NIHIL tamen puerile gessit in opere ; parce que ces premiers se conduisent par la raison humaine toute corrompuë qui est une veritable folie, & ceux-cy par la raison de Dieu même qui est la souveraine sagesse.

Prov. cap. 1.

C'est pourquoy nous voyons que ce Saint étant conduit par une lumiere toute divine, quitte d'abord les sciences. Et en cela nous devons admirer sans doute combien Dieu l'avoit éclairé, puisqu'il reconnut d'abord le péril qu'il y avoit dans ces exercices ; *Voyant que plusieurs ainsi se précipitoient dans tous les vices.* Cùm in eis multos ire per abrupta vitiorum cerneret. Il montroit dés lors que son ame n'étoit touchée que des choses du Ciel, puisqu'il méprisoit ces connoissances, par lesquelles on acquiert d'ordinaire l'honneur & la gloire dans l'esprit des hommes.

Ce Saint devint dés son enfance le maître des hommes, & il apprit aux peres qu'ils devoient élever de telle sorte leurs enfans dans les études, qu'ils eussent toujours neanmoins encore plus de soin de leurs mœurs, & qu'ils fussent resolus de leur faire quitter plutôt tous ces exercices, que de laisser perdre leurs enfans par ces sciences.

Il apprit de même aux personnes occupées dans l'étude des choses divines, qu'ils doivent se souvenir que la pieté est infiniment préferable à une science qui seroit separée de la vertu, & qu'ainsi ils se doivent faire le fondement d'une pieté solide, pour y pouvoir élever l'édifice de la science, puisqu'autrement ce seroit une maison bâtie sur le sable qui tomberoit en ruine, & qui les accableroit de son poids. Car la charité lors qu'elle est seule, ne laisse pas de donner de la science. C'est pourquoy elle est appellée par saint Augustin, *Luminosissima charitas* : LA *charité toute brillante de lumiere*. Mais la science seule ne donne point de charité. On peut dire au contraire qu'elle y est un grand obstacle, puis qu'elle est alors inseparable de l'orgueil, comme la charité est inseparable de l'humilité.

Saint Benoist donc n'a pas rejetté la science. Il n'a rejetté que la voye humaine & dangereuse par laquelle on y tend ; pour l'acquerir ensuite par une autre voye toute divine. C'est pourquoy S. Gregoire dit de luy qu'il étoit : *Scienter nesciens, & sapienter indoctus* ; QU'IL *devint sçavant en méprisant de sçavoir, & que son ignorance étoit sans comparaison plus éclairée que la lumiere des autres.*

Greg. Dial. lib. 2.

Le desir qu'il avoit de fuïr l'esprit d'orgueil qui regne dans le monde, le porta à renoncer à la science, quoy qu'elle pût luy être utile pour les grands desseins mêmes que Dieu avoit sur luy, en le rendant maître de tant de personnes sçavantes & éclairées. Mais ayant appris de Saint Paul, cét oracle que toutes les personnes d'étude selon l'avis de S. Augustin, devroient avoir sans cesse devant les yeux: *Scientia inflat, charitas ædificat*. LA *science enfle, & la charité édifie* : il aima mieux se donner tout entier à l'acquisition de la charité, que de se mettre en état

1. Cor. c. 8.

de la perdre dans le desir de la joindre à la science.

Aussi comme nous avons dit, en fuyant la science il l'a rencontrée, parce qu'il s'est remply de la charité, qui est le principe & la perfection de toute la science chrétienne : *Car que ne sçait point*, dit saint Augustin, *celuy qui sçait aimer Dieu ; ou que sçait celuy qui ne l'aime pas ?* QUID *enim nescit qui charitatem scit ?*

C'est là une grande instruction pour nous, & une maxime fondamentale dans laquelle nous devons travailler à nous bien établir d'abord. Car quoy que l'état de particuliers dans l'Eglise semblât même nous mettre hors de prise à ce piege dangereux, nous devons neanmoins reconnoître qu'il n'est pas impossible dans l'état même le plus bas de l'Eglise de rechercher plus les belles veritez & les connoisces qui éclattent, que la solide pieté.

Fuyons cét écueil & souvenons-nous que pour connoître Dieu il faut l'aimer, & que pour avoir quelque connoissance des mysteres de nôtre Religion, il faut commencer par les honorer. Nous devons dans les instructions qu'on nous donne, & dans nos lectures particulieres, avoir ces paroles de S. Augustin dans l'esprit : *On n'entre dans la verité que par la charité :* NON *intratur in veritatem nisi per charitatem ;* & dire avec le Sauveur du monde : *Si quelqu'un veut faire la volonté de mon Pere, il comprendra cette doctrine. Si quis voluerit facere voluntatem Patris mei, ipse cognoscet de doctrina hâc.*

Cét avis est plus important que l'on ne pense pour toutes les ames Chrétiennes. Elles doivent apprendre à travailler à devenir plus humbles que sçavantes, & à estimer moins la contemplation & la speculation des vertus, que la pratique. Elles doivent se mettre plus en peine à l'imitation de saint Benoît,

Aug. lib. 32. contr. Faust. cap. 18. Ioan. cap. 7.

Pour le jour de Saint Benoist. IV. INSTR.
de suivre Dieu que de parler de Dieu ; & elles doivent craindre de devenir spirituelles & contemplatives, si elles ne deviennent à proportion obéïssantes & mortifiées.

II.

La seconde chose que nous devons considerer dans saint Benoît, & qui nous fait reconnoître particulierement sa vertu & son esprit, c'est cette vigilance continuelle sur toutes nos actions, qui naît de la crainte de Dieu si loüée & si recommandée dans l'Ecriture. C'est pourquoy nous voyons qu'il dit dans sa Regle : *Qu'un Religieux se mettant toûjours la crainte de Dieu devant les yeux, doit repasser continuellement dans son esprit les flammes de l'enfer d'une part, & de l'autre la vie éternelle du Paradis, qui est preparée à ceux qui ont la crainte de Dieu ; afin que se gardant à toute heure des fautes & des pechez de la pensée, de la langue, des yeux, des mains, des pieds, & de sa volonté propre, il mortifie & retranche tous les desirs qui sont mauvais.*

Cét avis est d'autant plus important, que le Fils de Dieu a renfermé luy-même tout l'Évangile dans ce seul point de la vigilance, lors qu'il a dit à ses disciples : *Je dis à tout le monde ce que je vous dis : Soyez vigilans.* Car cette vigilance que le Fils de Dieu recommande en cet endroit, est la même qu'il a recommandée encore aux Apôtres un peu avant sa mort, lors qu'il leur dit : *Veillez & priez afin que vous n'entriez point en tentation ;* parce qu'ainsi que la priere sans la vigilance n'est pas une priere, aussi la vigilance sans la priere n'est point cette vigilance à laquelle nous exhorte le Fils de Dieu, mais une vigilance toute payenne & toute superbe, plus propre à attirer la colere de Dieu que ses benedictions & ses graces.

MARS.

Regle de St Benoît.

Marc. c. 14.

Matt. c. 16.

C'est en cette vigilance qui prie toûjours, & en cette priere qui veille toûjours, que consiste proprement la pieté vrayment chrétienne. Et c'est en ce point aussi qu'a éclatté la vertu de Saint Benoît; selon que l'a remarqué Saint Gregoire le Grand qui a fait l'histoire des principales actions de sa vie. Car voicy ce que ce grand Pape dit de luy sur ce sujet : *Il a demeuré seul avec luy-même aux yeux de celuy qui voit toutes choses du haut du Ciel.* SOLUS in superni spectatoris oculis habitavit secum. Voilà la solitude chrétienne jointe à la priere continuelle. Voicy maintenant la vigilance qui en est inseparable. *Il veilloit sans cesse à la garde de son cœur; il se consideroit sans cesse; il s'examinoit sans cesse.* IN sui semper custodia circumspectus, se semper aspiciens, se semper examinans.

Nous voyons par là que ce grand Saint, comme a remarqué le même Pape, n'a enseigné aux autres que ce qu'il avoit pratiqué luy-même, & que sa Regle prescrit tellement à ses disciples de quelle maniere ils doivent vivre, qu'elle est tout ensemble un tableau excellent des principales actions de sa vie: Et il est certain que si nous considerons bien ce qui se passe dans nous, nous trouverons que la principale cause de nos tiedeurs, de nos refroidissemens, de nos relâchemens, & de nos chûtes, vient de ce que nous n'avons pas assez de soin d'observer cette vigilance qui nous a été recommandée si expressément par le Fils de Dieu, & qui a été pratiquée si fidélement par ce grand Saint.

C'est pourquoy nous voyons que David remply du même Esprit qui animoit Saint Benoît, nous porte par son exemple à la pratique exacte de cette même vertu, lors qu'il dit : *Je tiens toûjours mes yeux arrestez en Dieu.* Surquoy saint Augustin s'addressant

dreſſant à David, dit excellemment: Comment dites-vous, ô ſaint Prophete! que vous élevez ſans
ceſſe vos yeux vers Dieu de peur de tomber? Car au
contraire ſi un homme regarde en haut au lieu de
regarder à ſes pieds, il tombera indubitablement:
Je ne crains pas de tomber en regardant Dieu, répond
David, *parce que celuy que je regarde eſt le ſeul qui
peut m'empêcher de tomber.* NON *timeo cadendi pericula, quoniam ille quem intueor, evellet de laqueo
pedes meos.*

Cecy nous apprend une grande verité, qui eſt que
comme il y a une veritable vigilance, qui eſt une
vigilance de foy & de confiance, il y en a auſſi une
fauſſe qui eſt une vigilance de ſcrupule & d'inquietude. Par la premiere le vray Fidèle ne regarde
point à ſes pieds, qu'il ſçait être foibles; mais il
éleve ſes yeux vers Dieu, qu'il ſçait être tout bon &
tout-puiſſant. Par la ſeconde l'ame ſcrupuleuſe &
inquiete ſe regarde toûjours elle-même; & s'abat
dans la vûë & dans l'experience de ſa foibleſſe; ce
qui fait voir que ſon humilité apparente eſt fauſſe,
puis qu'elle eſt jointe à un ſentiment préſomptueux
qu'elle a ſans y penſer, que c'eſt elle-même qui doit
ſe conduire & ſe ſoûtenir. Ainſi elle fait injure à
Dieu, doutant ou de ſa bonté pour la vouloir ſoûtenir, ou de ſa puiſſance pour le pouvoir faire.

III.

La troiſiéme choſe que nous remarquons dans
Saint Benoiſt, eſt ſa grande charité. Elle a paru avec
éclat dans toute ſa vie, & cette vertu a été dans luy
catholique & univerſelle. Il l'a exercée à l'égard
de tout le monde; & depuis que Dieu l'a tiré de la
ſolitude effroyable où il l'avoit enfermé long-temps
pour le nourrir & le fortifier dans ſon amour en ſe-

cret, toutes ses actions en suite ne furent plus qu'un enchaînement continuel de charité à l'égard de toutes sortes de personnes.

Il aima comme ses enfans & ses freres ceux que Dieu luy donna pour les former à la vie Religieuse, mais sans renfermer neanmoins sa charité dans les bornes de ses Maisons. Il la répandoit au dehors sur les personnes du monde, & principalement sur ceux qui étoient dans la misere; & c'étoit assez à ce saint homme de sçavoir que quelqu'un fût dans la necessité, pour y remedier aussi-tôt, & même ce qui est trés-rare, en se reduisant luy-même dans le besoin afin de secourir, non de son abondance ou de son superflu, mais de son indigence propre, la pauvreté des autres.

On sçait ce qu'il fit lorsque durant une grande famine, ne luy restant plus qu'un peu d'huile dans une fiole de verre, il commanda qu'on la donnât à une personne qui luy demandoit l'aumône. Le celerier qui n'avoit pas la même foy ny la même charité, ne crut pas devoir faire ce que ce saint Abbé luy ordonna, de peur qu'il ne restât rien dans le Monastere. Mais le Saint s'en fâcha, & par un zele admirable il fit jetter cette fiole par la fenêtre, afin qu'il ne demeurât rien dans sa maison qui fût souillé par la desobéïssance d'un Religieux.

Voilà un bel exemple, & bien digne d'être imité par ceux qui ont l'honneur d'être ses disciples. Ils ne doivent point craindre en ce point que leurs vases soient sans huile. Plus ils en sont vuides au dehors, plus ils seront sages; & leur cœur en deviendra plus rempli de l'huile de la grace, & de l'onction de la charité. Saint Benoist n'étoit pas dur à l'égard de ses Religieux, lorsqu'il preferoit le besoin d'un seul pauvre, au besoin de tout un Monastere ; mais il vouloit leur attirer les graces du Ciel par ces actions de charité qu'il faisoit sur la terre ; & comme dit de luy Saint Gregoire, *Il avoit resolu de donner tout ce qu'il avoit sur la terre, afin de se reserver tout pour le Ciel.* CUNCTA *decreverat in terra tribuere, ut in cœlo omnia servaret.* Greg. Dial. lib.

Aussi il est remarqué dans sa vie, que ne restant presque plus rien durant une famine dans son Monastere, & ses Religieux en paroissant tristes, il les reprit doucement de leur défiance ; & leur ayant promis que le lendemain ils auroient beaucoup de bled, on trouva en effet deux cent boisseaux de farine dans la maison, sans qu'on sçût qui les y avoit apportez.

C'est ainsi que les Saints se sont oubliez eux-mêmes pour faire charité à leurs freres, & que Dieu a pris plaisir de reconnoître aussi & de recompenser par des prodiges extraordinaires cette affection extraordinaire qu'ils ont témoignée pour le soulagement des pauvres. Si ce Saint doit trouver des imitateurs & des imitatrices de sa vertu, ce doit être au moins parmi ses enfans. Et s'ils voyent par experience que Dieu pour recompenser cette sainte profusion de leur Pere envers les pauvres, a donné à ses Religieux une si grande abondance de biens & de revenus sur la terre, il est bien juste qu'ils remontent à la premiere cause, qui a attiré ces richesses, & qu'ils dispensent avec la charité de ce Saint un bien qui n'est que la récompense de son amour pour les pauvres.

Ils doivent prendre garde à ce que dit Saint Bernard dés son temps même, qu'il y avoit peu d'enfans de Saint Benoist qui imitassent en ce point la charité si universelle & si desinteressée de leur pere, & qui eussent la même confiance en Dieu, & en cette providence qui veille sur tous ceux qui l'aiment. C'est peu d'éviter une attache grossiere au bien, qui rend ceux qui en sont possedez plus lents à soulager les pauvres, & qui fait selon Saint Gregoire, qu'en n'assistant point les pauvres ils en sont en quelque sorte les homicides : *Si non pavisti, occidisti.*

La charité de Saint Benoist doit exciter ses enfans à ne s'appuyer que sur la providence de Dieu, à fuir cette prudence humaine qui fait de grands amas & de grandes provisions qui les rendent semblables aux gens du monde, & qui pour prévenir un besoin futur, laissent quelquefois cruellement perir des biens qui se gâtent.

Apprenons donc de l'exemple de ce saint Pere à être charitables en la maniere que nous le pouvons être, & que c'est une chose monstrueuse dans l'Eglise, qu'un Chrétien qui n'a point de charité. Quand il seroit éclairé dans l'esprit & qu'il penetreroit dans les choses spirituelles avec la lumiere des Esprits celestes, s'il n'a la charité, il n'est rien. Dieu le desavoüeroit pour son serviteur, JESUS-CHRIST pour son Disciple & le Saint Esprit pour son Temple.

Voila la voye royale par laquelle Saint Benoist a marché, & par laquelle il veut que marchent particulierement ceux qui font profession de suivre sa Regle. Sa grande Regle est celle que JESUS-CHRIST nous a prescrite, c'est-à-dire, la charité : Et comme on dit de l'Ecriture Sainte, que celuy qui a la charité, la connoît & l'accomplit : *Ille tenet & quod latet & quod patet in divinis sermonibus, qui charitatem tenet in moribus* ; nous pouvons dire aussi que pour accomplir particulierement la Regle de Saint Benoist, il suffit d'être charitable. *Ama & fac quod vis.* Aimez Dieu, aimez vôtre prochain, & faites tout ce que vous voudrez.

Les prieres sont necessaires, les jeûnes sont bons, les austeritez sont des choses saintes, le travail est une occupation juste : mais Saint Benoist diroit de toutes ces choses ce que Saint Paul dit des signes & des dons exterieurs : *Recevez une voye encore plus noble & plus relevée, dont je vous ay donné l'exemple.* Imitez ma charité dont vous voyez tant de traces en toute ma vie, & dont j'ay donné tant de preuves sensibles à mes Religieux, à l'égard même des ennemis qui me persecutoient, lorsque je leur ay témoigné une si juste indignation de la joye qu'ils ressentoient de leur mort.

Car nous sçavons l'histoire d'un Prêtre barbare, qui portant envie à Saint Benoist, & qui s'étant efforcé de corrompre ses Religieux par une tentation qu'il leur suscita, ceda luy-même à Saint Benoist lorsque ce Saint vouloit ceder à sa violence & abandonner son Monastere, & qu'il tomba de sa maison & se tua.

Un si juste jugement de Dieu auroit rempli de joye une personne qui auroit eu moins de charité que Saint Benoist, & moins de compassion pour les maux des ames. Mais il en fut au contraire trés-sensiblement affligé. Il ne s'arrêta point à considerer l'injustice de ce Prêtre, ny à dire qu'il persecutoit visiblement JESUS-CHRIST dans la persecution qu'il avoit suscitée contre luy & contre ses freres. Le malheur de cet homme remplît tout son esprit. Il regarda le reste comme une penitence & comme un mal imaginaire ; & il ne vit rien de folide que la perte de ce miferable. Il s'en affligea dans le fond du cœur, & il ordonna une penitence à Saint Maur de ce qu'il avoit paru d'abord s'en réjouïr.

C'eſt l'exemple qu'il nous a donné. Il nous a appris que le cœur d'un Chrétien ne doit plus être fenfible à fes propres maux, mais feulement aux maux des autres : qu'il doit être fermé aux averfions & aux reffentimens, pour n'être ouvert qu'à l'amour & la tendreffe envers ceux mêmes qui s'en rendent le plus indignes ; & la feverité fi jufte dont il ufa envers Saint Maur, nous doit faire voir avec quel foin nous devons prendre garde de n'avoir aucun éloignement de ceux mêmes qui nous feroient du mal, de peur de nous nuire plus à nous-mêmes que ces perfonnes ne nous pourroient nuire.

POUR L'ANNONCIATION DE LA VIERGE. Le 25. Mars.

Ave gratiâ plena, Dominus tecum. *Luc.* 1.

Je vous saluë, Marie pleine de grace, le Seigneur est avec vous.

S I Saint Chrysostome a relevé avec grande raison la Fête de la Naissance du Sauveur, comme étant le principe de toutes les Fêtes, nous avons d'autant plus de sujet de relever celle-cy qu'elle est le principe de la Fête même de sa Naissance. Car comme le Fils de Dieu ne seroit point ressuscité s'il n'étoit mort, & ne seroit point mort s'il n'étoit né, il ne seroit point aussi né s'il n'avoit point été conçû dans ce grand jour. C'est pourquoy nous devons un honneur particulier à cette divine Fête, comme étant l'origine de tous les mysteres & l'accomplissement de toutes les Propheties.

Car c'est aujourd'huy proprement que cet heureux moment est arrivé, marqué tant de siécles auparavant par Moïse, par David & par tous les Prophetes, dans lequel Dieu le Pere envoye du haut du Ciel un Ange à la Vierge sainte, afin qu'elle donne son consentement à ce mystere ineffable qu'il veut operer dans elle, & qu'étant sur la terre la mere de celuy dont il est le pere dans le Ciel, elle devienne la cause seconde, comme son Fils est la cause premiere du salut du monde. Nous considererons donc aujourd'huy les premieres paroles de l'Ange, qui en abregé & en substance contiennent tout le reste, & nous verrons :

I. Dans ces paroles : *Ave gratiâ plena*, quelle a été cette plenitude de grace dans la Vierge, & en quel sens il doit y avoir dans nous une plenitude de grace.

II. Nous considererons dans ces paroles : *Dominus tecum*, la maniere excellente en laquelle Dieu étoit alors avec la sainte Vierge, & comment il doit être avec chacun de nous.

III. Nous considererons dans ces paroles : *Benedicta tu in mulieribus*, comment la Vierge a conçû le Sauveur, & comment nous le devons concevoir pour nôtre salut.

I.

La sainte Vierge, comme remarque Saint Bernard, se tenant retirée dans sa chambre de Nazareth, où elle s'occupoit dans le secret & dans le silence à une meditation continuelle des choses saintes, Dieu qui vouloit accomplir dans elle ce grand mystere de l'Incarnation de son Fils, luy envoye un Ange qui la saluë par ces paroles : *Je vous saluë, Marie pleine de grace*. Il est sans doute que cette plenitude de grace dont il parle à la Vierge, enferme la plenitude & la perfection de toutes les vertus. Mais comme d'ordinaire dans les Saints il y a une vertu qui éclatte davantage, & dont Dieu se sert comme du principe & de la source de toutes les autres, si nous voulons considerer dans la Vierge quelle a été cette vertu, nous reconnoîtrons que ç'a été son humilité.

Ainsi il est vray de dire que l'Ange la saluë *pleine de*

Pour l'Annonciation de la Vierge. 759

grace, parce qu'elle est pleine d'humilité. Et c'est en ce sens que Saint Augustin a expliqué cette parole du Fils de Dieu, lorsqu'il voulut être baptisé nonobstant le refus qu'en faisoit Saint Jean: *Laissez-moy. Car il est digne de nous d'accomplir ainsi toute justice.* Qu'est-ce-à-dire, *toute justice*, dit Saint Augustin, c'est-à-dire, *toute humilité.* Comme donc la justice qui marque d'ordinaire dans l'Ecriture, l'accomplissement de toutes les vertus, signifie l'humilité en JESUS-CHRIST; ainsi la plenitude de grace qui marque la perfection de toutes les vertus, signifie l'humilité en la sainte Vierge.

MARS.

Matth. cap. 3.

Et cecy est d'autant plus vray, que cette plenitude d'humilité a un rapport essentiel avec ce mystere. Car Dieu ayant resolu d'élever la sainte Vierge à la plus haute dignité à laquelle une simple creature pouvoit être élevée, & qui est infinie en quelque sorte, sçavoir la qualité de Mere de Dieu, il falloit necessairement qu'il luy eût donné une vertu capable de supporter le poids de cette qualité si sublime & sans comparaison élevée au dessus des Anges.

Car comme lorsqu'on veut faire un bâtiment extraordinairement élevé, il faut necessairement y faire un fondement plus profond & plus solide, afin qu'il puisse porter la pesanteur de cet édifice: ainsi Dieu voulant établir dans une simple creature cette haute qualité de Mere de son Fils, il faut necessairement qu'il luy ait imprimé dans le cœur une humilité assez profonde pour soûtenir sans s'élever, une dignité si relevée.

Et pour mieux comprendre quelle a dû être cette grace & cette humilité de la Vierge, il ne faut que considerer ce qui est arrivé au premier Ange & au premier homme. L'Ange étoit beau sans doute: l'Ecriture Sainte le décrit comme un chef-d'œuvre de la main de Dieu. Il étoit la plus belle de toutes les creatures : mais il n'avoit pas neanmoins de qualité qui le mît hors du rang ordinaire des creatures, comme étoit celle de Mere de Dieu. Et cependant parmi ces dons merveilleux de la nature & de la grace, il n'a pas eu assez de force pour supporter sa propre grandeur.

C'est encore en cette maniere qu'Adam s'est perdu. La seule vûë de sa beauté luy a éblouï les yeux ; & s'étant plû dans luy-même, il s'est perdu malheureusement en se separant de Dieu qu'il devoit plus aimer que luy-même. Il a vû sa grandeur & sa beauté. Il l'a admirée, il s'y est plû ; & par cette complaisance il est tombé dans l'orgueil, & ensuite dans la desobéïssance & dans le péché.

La Vierge étoit fille d'Adam comme nous : Elle avoit un corps, ce que n'avoit point le premier Ange ; & elle avoit un corps mortel, ce que n'avoit point le premier homme. Cependant quoy qu'elle reçoive en ce saint jour la qualité de Mere de Dieu infiniment élevée au dessus de l'état de l'un & de l'autre, elle demeure ferme, & elle est assez forte pour supporter sans s'affoiblir le comble de cet honneur.

Elle étoit pleine de grace, c'est-à-dire, elle étoit pleine d'humilité, & par consequent de charité qui en est inseparable. C'est pourquoy l'Apôtre dit : *La charité n'est point superbe.* Elle est toûjours humble, comme l'humilité est toûjours charitable. C'est ce qui a fait dire excellemment à S. Prosper : *Comme l'humilité fait une partie de la charité, ainsi la charité fait une partie de l'humilité. Sicut pars charitatis est humilitas, ita pars humilitatis est charitas.* On ne peut aimer Dieu sans être humble, ny être humble sans aimer Dieu. Et nous apprenons de cecy deux grandes veritez.

La premiere, que plus un homme est élevé par son état, plus il a besoin d'humilité pour s'y maintenir. Ainsi la qualité de Vierge consacrée à Dieu est en soy digne d'honneur. Les dignitez de l'Eglise, le Diaconat, le Sacerdoce, l'Episcopat ont quelque chose de même qui passe le ministere des Anges, comme nous l'enseignent les saints Docteurs de l'Eglise. Il ne faut donc point penser à les recevoir, qu'on n'ait assez d'humilité pour les soûtenir: *Soyez d'autant plus humble, que vous êtes plus grand.* Eccl. cap. 3. A moins de cela c'est un grand arbre sans racine, v. 20. c'est un haut édifice sans fondement: le premier vent arrachera l'un; la premiere inondation emportera l'autre.

La seconde verité que nous tirons de cet état de la Vierge, c'est qu'il faut que nôtre humilité soit pleine & entiere comme la sienne. Car il y a des humilitez pleines d'un côté & vuides de l'autre, des personnes qui s'humilient en un rencontre, & qui s'élevent en une autre. C'est pourquoy Saint Paul dit: *Cum omni humilitate & mansuetudine.* Avec toute Ephes. cap. 4. *l'humilité & toute la douceur.* v. 2.

Souvent on n'a de l'humilité & de la douceur que jusqu'à un certain point. Ces deux vertus ne sont point pleines, & ainsi on en trouve bien-tôt le fond. C'est ce que marque encore cette parole de l'Apocalypse: *Je trouve que vos œuvres ne sont pas pleines;* Apoc. cap. 3. parce que l'humilité qui étant inseparable de la charité, est la mere des bonnes œuvres, n'est point pleine en vous. Or Dieu est indivisible. Ainsi les vertus par lesquelles on le sert, sont indivisibles. Qui ne le veut avoir qu'à demi, le perd tout entier. On n'arrive pas à cet état tout d'un coup, mais il faut y tendre.

II.

Ave gratiâ plena : Dominus tecum : Le *Seigneur est avec vous.* Saint Bernard remarque trés-bien qu'il y a grande difference entre dire : Le Seigneur est dans vous, & le Seigneur est avec vous. Car Dieu est dans toutes les creatures, mais il n'est qu'avec celles qui l'honorent & qui l'aiment : *Il n'y a que dans les bons qu'il est d'une telle sorte qu'il est aussi avec eux à cause de cet amour interieur qui les tient unis avec luy.* In *solis bonis ita est, ut etiam sit cum ipsis propter concordiam voluntatis.* C'est en cette maniere excellente que Dieu étoit alors dans la sainte Vierge, par cette parfaite charité qui la rendoit soumise à luy, ainsi qu'elle a témoigné en ce grand mystere, lorsqu'aprés avoir appris que Dieu l'avoit choisie pour être la Mere de son Fils, & pour l'enfanter sans cesser d'être Vierge ; quoy que cette merveille parût entierement incroyable & incomprehensible à toutes les pensées des hommes, neanmoins elle s'est contentée de se soumettre absolument à sa divine volonté, adorant les secrets de sa sagesse qu'elle ne pouvoit penetrer, & se contentant de suivre ses ordres avec une prompte & fidéle obéïssance.

Cecy donc nous apprend que toute la pieté Chrétienne se peut renfermer dans cette seule parole, d'être avec Dieu, & que Dieu soit avec nous par l'union de cette charité qui unit ensemble Dieu avec l'homme. C'est pourquoy l'Ecriture Sainte voulant décrire la sainteté du Patriarche Henoch, qui fut si parfait, qu'il merita d'être transporté de ce monde sans mourir, étant reservé avec Elie pour être le précurseur du second avenement de Jesus-Christ ; ne dit de luy autre chose que cecy : *Il marcha avec Dieu* ; c'est à-dire, qu'il se conduisit en toutes choses par ses regles & par son Esprit.

Et voulant encore representer la vertu parfaite de MARS.
Noé, qui le rendit digne d'être reservé luy seul de
l'inondation generale du deluge ; elle la décrit en ces
termes : *Noé fut un homme juste & parfait, & il* *Ibid. cap. 6.*
marcha avec Dieu.

Ceux-là donc proprement marchent avec Dieu,
& Dieu avec eux, qui se conduisent selon ses regles,
qui soumettent leur volonté à la sienne, & qui ne se
plaisent que dans ce qui luy plaît. C'est cet état même qui donne confiance à l'ame, qui luy fait mépriser ceux qui sont contre elle, par la confiance qu'elle
met en celuy qui est avec elle. C'est ce que nous a
marqué le Prophete, lors qu'après avoir parlé de ses
ennemis, il ajoûte : *Le Seigneur est avec moy comme* *Ierem. c. 20.*
un guerrier fort, invincible. C'est ce que JESUS- *v. 11.*
CHRIST a dit luy-même : *Celuy qui m'a envoyé,* *Ioan. c. 14.*
est avec moy, & il ne m'a point laissé seul.

III.

Benedicta tu in mulieribus. Vous êtes benie entre
toutes les femmes. Et Sainte Elizabeth en ajoûte la
raison par ces paroles que l'Eglise a jointes à celles
de l'Ange : *Et benedictus fructus ventris tui :* Vous
êtes benie, parce que le fruit de vôtre ventre est beni.
L'Ange donc la saluë de la sorte, comme étant déja
prévenuë par les benedictions de la douceur & de la
grace, comme parle David pour devenir la Mere de *Psalm. 20.*
celuy qui devoit combler de benedictions toutes les
nations de la terre, selon la promesse qui en avoit
été faite à Abraham : *Benedicentur in semine tuo om-* *Genes. cap. 13.*
nes nationes terræ.

Elle est donc bien-heureuse, parce qu'elle doit
concevoir en elle le Fils de Dieu : Et comment l'a-
t-elle conçû, sinon par l'operation du Saint Esprit ?
Le Saint Esprit surviendra en vous, & la vertu du *Luc. cap. 1.*
Très-haut vous protegera de son ombre. Que signifie

cette parole, dit Saint Augustin? *La vertu du Tréshaut luy fera ombre, parce que le Saint Esprit la défendra contre la concupiscence, dont le feu brûle les autres hommes.* OBUMBRABIT *tibi: Hoc est, umbram faciet tibi. Quia defendet illam ab æstu concupiscentiæ.*

{Aug. in Psal. 67.}

Car comme dit excellemment le même Saint: *Elle a conçû son Fils plutôt dans son cœur par la Foy, que dans son sein en devenant Mere.* FILIUM *suum priùs concepit mente quàm carne.* Et quoy que cette gloire soit particuliere à la sainte Vierge, nous ne laissons pas neanmoins d'y participer en un sens veritable, si nous sommes vraiment les membres de JESUS-CHRIST.

Car il est vray qu'il n'est né spirituellement & corporellement tout ensemble que dans la sainte Vierge. Mais il naît encore tous les jours spirituellement dans chacun de ses membres, selon cette parole de Saint Paul: *Vous êtes mes petits enfans que j'enfante de nouveau, jusqu'à ce que* JESUS-CHRIST *soit formé en vous.* Afin que JESUS-CHRIST se forme dans nous, il faut qu'il y soit conçû auparavant. Et comment pouvons-nous le concevoir, sinon en la maniere que nous l'apprend le Prophete? *Nous avons conçû, & nous avons formé dans nous, & nous avons enfanté l'esprit de salut.* Quel est l'esprit de salut? C'est l'Esprit de JESUS-CHRIST. L'Esprit de JESUS-CHRIST est inseparable de JESUS-CHRIST.

{Gal. cap. 3.}

{Isai. cap. 26. v. 18.}

Si nous voulons donc voir si nous sommes vraiment Chrétiens, & si nous imitons la sainte Vierge, autant que nous le pouvons; voyons si nous avons conçû dans nous l'Esprit de JESUS-CHRIST. L'Esprit du Fils de Dieu est un esprit humble: *Je suis doux*, dit-il, *& humble de cœur.* Vous au con-

{Matth. c. 11.}

traire vous vous élevez, vous aimez la grandeur, l'éclat, la reputation. Ce n'est point là l'Esprit de Jesus-Christ qui est humble, c'est l'esprit du monde qui est superbe.

MARS.

L'Esprit de Jesus-Christ est un esprit de compassion : *Misereor super turbam* : *J'ay pitié de ce pauvre peuple.* Vous au contraire vous êtes dur aux pauvres, vous avez des entrailles de fer, au lieu d'en avoir de compassion & de misericorde. Ce n'est point là l'Esprit de Jesus-Christ, & s'il m'est permis de dire ce que Saint Augustin n'a pas craint de dire, l'ayant appris de l'Ecriture ; si vous continuez de demeurer en cet état, vous devez craindre que vous ne conceviez dans vous l'esprit du démon au lieu de celuy de Jesus-Christ.

Ioan. cap. 6.

C'est pourquoy ce grand Saint n'a pas craint de dire, que tous les hommes sont divisez en deux corps : les uns sont les vases de Dieu : *Vasa Dei* ; les autres sont les vases du démon, *vasa diaboli*. Le démon habite dans les uns, & Dieu dans les autres. Ayons horreur de ce corps, & prions Dieu de nous rendre de plus en plus les membres du corps dans lequel il habite, & qu'il anime de son Esprit. Tâchons de concevoir aujourd'huy Jesus Christ dans nous en vivant de son Esprit saint; & s'il y est déja conçû, faisons l'y croître de plus en plus. Imitons la sainte Vierge, qui depuis qu'elle a conçû aujourd'huy le Fils de Dieu dans ses entrailles sacrées, l'y a toûjours fait croître jusques à ce qu'il fût à sa derniere perfection. Et pour l'imiter en ce point qui nous est d'une grande importance, imitons son humilité, qui attire le Fils de Dieu dans nos ames, & qui fait qu'il se plaît dans nos cœurs.

POUR L'ANNONCIATION
DE LA VIERGE.
SECONDE INSTRUCTION.

Ave gratiâ plena, Dominus tecum. *Luc.* 1.

Je vous saluë, ô Vierge pleine de grace, le Seigneur est avec vous.

UNE des plus grandes marques de la majesté de Dieu, & de cette éminence souveraine qu'il possede au dessus de toutes les creatures, c'est qu'il n'agit pas seulement avec une justice inviolable & une puissance infinie, mais encore avec une sagesse incompréhensible. L'homme auroit peut-être pû s'imaginer qu'il étoit digne de la grandeur de Dieu, de l'affranchir de la tyrannie & de la domination des démons sous laquelle il gemissoit. Mais il ne se fut jamais imaginé que Dieu se fût fait homme luy-même pour sauver les hommes ; que le second Adam eût dû repater la faute du premier, & qu'au lieu que le premier étoit devenu à nôtre égard un principe de malediction & de mort ; le second devoit être en nôtre faveur un principe de benediction & de vie

Que si cette sagesse & cette proportion admirable qui reluit dans tous nos Mysteres, est la principale gloire du Sauveur, nous pouvons dire qu'il
en

en a voulu faire part à sa bien-heureuse Mere, comme étant celle qui par sa maternité divine qui l'éleve au-dessus de toutes les creatures, approche le plus de la gloire de la Divinité. Car comme Jesus-Christ a été le second Adam qui a reparé la faute du premier; ainsi la Vierge a été la seconde Eve qui a reparé la desobéïssance de la premiere. C'est ce que nous tâcherons de faire voir dans nôtre Evangile, où nous considererons:

I. Comment Eve ayant peché d'abord par sa curiosité, la Vierge au contraire a témoigné en parlant à l'Ange une parfaite simplicité.

II. Comment Eve n'ayant point eû de foy aux paroles de Dieu, la Vierge au contraire a crû d'abord le plus grand de tous les mysteres.

III. Comment Eve s'étant élevée d'orgueil, la Vierge au contraire s'est abbaissée profondément après être devenuë Mere de Dieu.

I.

Si nous considerons bien la maniere dont l'homme est tombé, nous trouverons qu'ainsi qu'Adam a peché pour s'être laissé aller aux persuasions de sa femme, Eve aussi a peché d'abord pour n'avoir pas été simple, mais curieuse. C'est ce que saint Bernard represente excellemment, lors qu'il dit en parlant à cette femme; Dieu vous permet de manger du fruit du Paradis, excepté d'un, sçavoir de celuy de la science du bien & du mal. Pourquoy donc y jettez-vous si souvent des regards inconsiderez? *Pourquoy prenez-vous plaisir à voir ce qu'il ne vous est pas permis de manger?* Quid spectare libet quod manducare non licet?

Aussi nous voyons qu'elle s'entretient avec le serpent, qu'elle raisonne sur le commandement que Dieu leur avoit fait, qu'elle est bien aise que le demon luy promette une science semblable à celle de Dieu, en connoissant le bien & le mal. Toutes ces choses font voir clairement que la premiere source du peché d'Eve a été la curiosité.

Dieu donc qui se plaît à reparer les injures qui ont été faites à sa justice ou à sa puissance, avec une proportion & une symetrie merveilleuse, a voulu que la Vierge sainte qui devoit satisfaire pour la faute d'Eve, fût aussi simple que la premiere femme avoit été curieuse.

Car premierement nous voyons que lors que l'Ange luy parloit, elle fut troublée, au lieu qu'Eve ne fut point troublée lors que le serpent luy parloit, comme étant bien aise de s'entretenir avec luy. La Vierge ne répond pas à l'Ange aussi-tôt après les paroles qu'il luy avoit dites. Elle pense en elle-même d'où pouvoit venir qu'il luy parloit de la sorte, & ce qu'elle devoit luy répondre ; ce qui marque clairement une ame recueillie en elle-même, qui n'aime point à se produire au dehors, qui ne parle que dans la necessité, & qui ne veut pas dire un seul mot qu'avec beaucoup de discretion & de sagesse.

De plus ce qu'elle dit à l'Ange, en luy demandant en quelle maniere se feroit en elle ce qu'il luy annonçoit de la part de Dieu, *Quomodo fiet istud?* étoit une question absolument necessaire afin qu'elle sçût si cet enfant qu'elle devoit mettre au monde, n'empêcheroit point qu'elle ne demeurât toujours Vierge. Mais elle ne fait point d'autres questions qu'il semble qu'elle eût pû faire avec raison.

Elle ne demande point à l'Ange si elle devoit dire ce secret à S. Joseph. Elle ne luy represente point que si elle luy disoit, peut-être il ne le croiroit pas, comme il étoit très-difficile de croire une chose si inoüye. Elle ne luy dit point que quand même elle ne luy découvriroit point ce mystere, qu'il s'en appercevroit par sa grossesse, ce qui devoit arriver necessairement, & ce qui arriva en effet. Elle fuit toute curiosité. Elle ne se met point en peine de ce que Saint Joseph pourra la croire adultere, qu'il la repudiera publiquement, & que cela l'exposera à être lapidée.

Il est aisé de voir qu'il y avoit lieu de faire à l'Ange plusieurs questions semblables, que la Vierge ne fait pas neanmoins, parce qu'elle étoit trés-simple, & qu'ayant remis entre les mains de Dieu le soin de son honneur & de sa vie, elle se contentoit de faire presentement ce qu'il luy témoignoit desirer d'elle. C'est ainsi qu'elle a accomply parfaitement la parole du Sage: *Celuy qui marche avec simplicité, marche avec confiance.* Sa simplicité l'a empéchée de se mettre en peine pour l'avenir; & sa confiance l'a preservée de la juste crainte de tous les maux.

Prov. c. 10. v. 9.

C'est donc à nous maintenant en voyant d'un côté la curiosité d'Eve, & de l'autre la simplicité de la Vierge, de suivre plûtôt la vertu que le vice, & d'imiter plutôt nôtre seconde Mere, qui est la mere de la vie & du salut; que nôtre premiere, qui a été la source du péché & de la mort. Car il est certain que la curiosité, qui est selon saint Augustin, l'une des trois branches de la concupiscence, est neanmoins aujourd'huy si inconnuë, qu'on la veut faire passer même dans plusieurs personnes pour une qualité non-seulement indifferente ou innocente, mais même loüable; comme si la folie des hommes avoit le pouvoir d'obscurcir les loix éternelles de la sagesse divine, & de faire changer de nature aux choses en transformant les vices en des vertus.

Ccc ij

C'est ce qui rend cette passion sans comparaison plus dangereuse, parceque se glissant insensiblement dans nôtre esprit, elle empoisonne l'ame avant qu'elle s'en soit apperçûë, & luy sert de piege pour la faire tomber dans le precipice.

C'est pourquoy saint Bernard parlant de la curiosité d'Eve, & s'objectant qu'elle pouvoit luy répondre que Dieu luy avoit bien défendu de manger de cet arbre, mais non pas de le regarder, luy oppose avec grande raison cette parole de l'Apôtre : *Tout m'est permis, mais tout ne m'est pas expedient.* C'est à dire, qu'il y a beaucoup de choses qui ne sont pas défenduës, qui sont telles neanmoins à nôtre égard, que si on les fait, on tombera dans d'autres qui sont défenduës.

1. Cor. c. 10.

Et saint Bernard ajoûte encore très bien, que si ces regards curieux ne sont pas une faute, ils sont neanmoins la marque d'une faute. *Car si vous employiez tout vôtre temps*, dit-il, *à veiller sur vousmême, il ne vous en resteroit point de vuide, pour le donner à vôtre curiosité. Ainsi cette passion est une preuve de la faute que vous avez déja commise, & la cause de celles que vous pourrez commettre : car le démon vous trouvant occupée ailleurs, il se glisse secrettement en vôtre cœur durant cette distraction, & vous surprend par ses déguisemens & ses flatteries.*

Voilà une excellente image de la maniere en laquelle plusieurs personnes, & particulierement ceux qui ont quelque conscience, tombent dans le mal. Car le diable est trop sage pour leur proposer d'abord des choses mauvaises. Il les porte à se relâcher un peu sous pretexte de necessité, à lire des livres inutiles pour se divertir, à chercher des compagnies seculieres pour se desennuyer, & à suspendre pour un temps leurs bons exercices à cause de quelque incommodité prétenduë.

Ainsi parceque la parole du Sage est trés-véritable : *Celuy qui méprise les petites choses, tombera peu à peu* ; on se relâche insensiblement, & on s'affoiblit ; & on se trouve en l'état d'un homme qui ayant été long-temps sans manger ne peut plus manger, parce qu'il y ressent de la peine au lieu qu'il y avoit du plaisir auparavant.

Eccli. c. 19. v. 1.

II.

La seconde chose qui a fait tomber Eve dans le peché, c'est que visiblement elle n'a point eû de foy, & qu'elle ne s'est point appuyée sur l'immobilité de la parole par laquelle Dieu les avoit menacez de mort, s'ils mangeoient du fruit défendu. Ainsi comme represente saint Augustin, ayant Dieu d'un côté & le demon de l'autre, écoutant Dieu d'une part qui luy défendoit de toucher à cét arbre, & qui la menaçoit de la mort si elle en mangeoit ; & de l'autre écoutant le démon, qui la portoit à manger du fruit de cét arbre, & qui l'assûroit que non-seulement elle ne mourroit pas, mais même qu'elle deviendroit plus heureuse & plus sçavante si elle en mangeoit, elle crut plutôt le demon que Dieu, & elle tomba dans le plus grand de tous les blasphêmes, attribuant la verité à celuy qui est le pere du mensonge, & attribuant la fausseté & la tromperie à celuy qui est la premiere & l'essentielle verité.

La Vierge donc devant reparer un si grand déreglement, a fait paroître une foy aussi rare & aussi extraordinaire, que l'infidelité d'Eve avoit été excessive & pernicieuse. Car si nous considerons les exemples de la foy des Saints & de ces grands Patriarches qui l'ont precedée, & entr'autres celle d'Abraham, qui a été loüé particulierement par l'Ecriture, nous ne trouverons rien qui approche de la foy par laquelle elle a crû cette merveille incomprehensible qui devoit s'accomplir en elle.

Si nous considerons aussi la foy des Martyrs, & des plus grands Saints qui l'ont suivie, nous ne trouverons rien encore que nous puissions comparer à la fermeté de sa foy. Car les Martyrs ont crû aprés que tous les mysteres de Jesus-Christ ont été accomplis, aprés les miracles innombrables qu'il a faits durant sa vie, aprés qu'il est ressuscité du tombeau, qu'il a envoyé du Ciel son saint Esprit, & qu'ayant formé son Eglise, il luy a fait faire encore de plus grands miracles que ceux que luy-même avoit faits, selon qu'il le dit dans l'Evangile.

Mais la Vierge sans avoir aucun exemple en ce point qu'elle pût imiter, croit avec une fermeté prodigieuse le plus grand, le premier & le plus incomprehensible de tous les mysteres, aprés la foy duquel il est aisé de croire tous les autres, puisqu'ils n'en sont que comme une suite necessaire. Car, comme dit trés-bien S. Augustin, *Lors qu'on a crû les choses les plus incroyables, on croit aisément celles qui sont plus aisées à croire.* FIT credibilior fides, incredibilioribus creditis.

Aussi lors que la Sainte Vierge va trouver sa cousine Elizabeth, aussi tôt aprés l'accomplissement de ce grand mystere que nous honorons aujourd'huy; cette femme remplie de l'esprit de Dieu, & comme transportée hors d'elle-même, ne loüe point la Vierge de cette qualité si rare & si incomprehensible qu'elle venoit d'acquerir. Elle ne luy dit point: Vous étes heureuse, parce que vous étes devenuë la Mere d'un Dieu; mais vous étes heureuse, parce que vous avez crû : *Beata quæ credidisti.*   Luc. cap. 1.

Cecy donc nous apprend que si nous voulons éviter le malheur terrible dans lequel Eve s'est précipitée avec toute sa posterité, pour n'avoir pas crû fermement ce que Dieu luy a dit ; nous devons imiter la foy de la Vierge. Que si nous considerons bien tous les déreglemens des hommes, nous trouverons qu'ils viennent presque tous de ce qu'on n'a point une veritable foy.

Car qui est l'homme, par exemple, qui voulût s'engager temerairement dans le ministere de l'Eglise, s'il croyoit fermement cette parole terrible du Sage : *Dieu jugera avec une extréme rigueur ceux qui commandent aux autres ; & les puissans seront tourmentez puissamment ?*   Sap. cap. 6. v. 6.

Qui est celuy qui ne craindroit d'avoir du bien, ou de n'en pas bien user, & qui n'aimeroit mieux donner tout ce qu'il a aux pauvres, afin de s'appauvrir volontairement luy-même, plûtôt que d'être de ce grand nombre de Chrétiens contre qui JESUS-CHRIST prononcera un jour cette sentence terrible, & à qui il donnera cette malediction éternelle : *Allez maudits au feu éternel ; car j'ay eû faim, & vous ne m'avez pas donné à manger ?*   Matth. c. 25.

Qui est celuy qui voulût commettre un peché contre la loy de Dieu, s'il croyoit qu'en le commettant, il devint veritablement esclave du demon, & coupable des feux éternels, selon cette parole du Fils de Dieu : *Le ver qui déchire l'ame des damnez ne meurt point, & le feu qui les brûle ne s'éteint jamais ?*   Marc. c. 10.
On se persuade que cela ne sera pas. On imite Eve dans son incredulité. On croit que la faute que l'on fait, est une faute pardonnable, qu'une legere confession effacera. Nous nous dissimulons à nous-mêmes le mal que nous faisons, & nous ne crai-

gnons point d'imiter l'infidelité d'Eve, lorsque nous voyons la maniere dont elle a été punie.

III.

La troisiéme chose qui a fait tomber Eve, c'est son orgueil. Car elle a crû le demon lorsqu'il luy a dit : *Vous serez semblable à Dieu.* Ainsi elle a desiré de ne dépendre plus de Dieu qui l'avoit creée, mais de devenir elle-même le principe de sa vie, de sa lumiere & de sa felicité. Ce qui est une proprieté essentielle à Dieu, & incommunicable à tout autre. La Vierge donc devant reparer une si grande faute, s'est autant abaissée par son humilité profonde, qu'Eve s'étoit élevée par son excessive presomption. Car l'humilité est d'autant plus grande qu'on s'abaisse lors qu'on a plus de sujet de s'élever, selon que l'enseigne saint Bernard.

<small>Genes. c. 1.</small>

Qui n'admirera donc l'humilité de celle qui étant devenuë la mere de son Creatour, par une dignité qui l'éleve sans comparaison au-dessus de tous les Anges, ne pense qu'à s'humilier, & se tient heureuse d'être consideréc comme sa servante ? Car comme ce Pere dit trés-bien : *Ce n'est pas une grande chose que d'être humble, lorsqu'on est dans le mépris : Mais c'est une grande & une rare vertu que d'être humble, lorsque tout le monde nous honore.* Non magnum est esse humilem in abjectione. Magna prorsùs & rara virtus, humilitas honorata.

<small>Bern. serm. de laud. Mariæ num. 9.</small>

Si nous voulons donc vraiment reverer la Vierge, souvenons-nous de ce que dit saint Augustin : *Presque toute la Religion Chrétienne se reduit à l'humilité :* Humilitas *totà penè est disciplina Christiana.* Considerons que si Jesus-Christ a dit à ceux qu'il invitoit à le suivre : *Apprenez de moy que je suis doux & humble de cœur ;* sans doute aussi que la sainte Vierge nous peut dire la même chose : *Appre-*

<small>Mtth. c. 11.</small>

nez de moy que je suis humble de cœur comme mon MARS. *Fils* ; & imitez-moy comme je l'imite. *Imitatores mei estote sicut & ego Christi.*

C'est une chose étrange, dit saint Augustin, qu'au lieu que tous les Chrétiens en voyant JESUS-CHRIST leur maître, devroient avoir une pente violente à être humbles pour suivre le modéle de sa profonde humilité, presque tous neanmoins se laissent emporter à l'orgueil. *Il n'y a presque personne qui soit exempt de la passion de dominer, & qui ne desire d'être honoré des hommes* : NON ferè quisquam est, dit ce saint Pere, *qui careat amore dominandi, & qui humanam non appetat gloriam.*

Ceux mêmes qui font le plus profession de pieté, ont ce ver secret qui leur déchire le cœur. Ils veulent qu'on défere à leurs sentimens, qu'on s'accommode à leur humeur, qu'on les loüe, & qu'on leur témoigne de l'estime. Les uns ont un secret orgueil de la maison d'où ils sont sortis, & de leur naissance dans le monde ; les autres du rang qu'ils y tiennent ; les autres des biens qu'ils y possedent ; les autres des charitez qu'ils font ; les autres du bon esprit qu'ils ont ; les autres de leurs bonnes qualitez naturelles & humaines.

Nous fuyons tous l'assujettissement. Nous avons un éloignement de la dépendance. Nous voulons que ceux qui sont au-dessous de nous, nous rendent une obéïssance ponctuelle ; & nous ne la voulons pas rendre à ceux qui sont au-dessus de nous. Enfin nous sommes sourds à la voix de Dieu, qui nous porte à être humbles. Nous sommes insensibles à l'exemple d'humilité que JESUS-CHRIST nous a donné. Nous n'envisageons pas même celle dont la Vierge nous a donné un si excellent modéle. Nous ne témoignons point en cela que nous soyons ses enfans, & que nous vivions de son esprit.

Nous laissons aisément juger que c'est plûtôt Eve qui est nôtre mere, que non pas la sainte Vierge. Ainsi en imitant son orgueil, nous nous exposons à tomber dans les maux où son élevement l'a precipitée. Elle a vû toutes choses arriver entierement contre ce qu'elle avoit esperé. Sa curiosité avoit desiré la connoissance du bien & du mal ; & elle a éprouvé au contraire un profond aveuglement dans l'esprit. Elle a voulu être semblable à Dieu par l'indépendance, & elle a été assujettie à l'homme ; & en esperant qu'en n'obéïssant pas à Dieu, elle seroit infiniment heureuse, sa desobéïssance a été aussi-tôt suivie d'une infinité de miseres. Ouvrons les yeux à un si grand exemple. Craignons l'orgueil, & aimons l'humilité, lorsque nous voyons l'orgueil si severement puny dans Eve, & l'humilité si divinement recompensée dans la sainte Vierge.

POUR L'ANNONCIATION DE LA VIERGE.

INSTRUCTION. III.

Ave gratiâ plena, Dominus tecum. Luc 1.

Je vous saluë, ô vous qui êtes pleine de grace! Le Seigneur est avec vous.

Nous pouvons appeller ce saint jour avec raison, le premier jour du second & du nouveau monde. Car c'est aujourd'huy proprement que commencent tous les mysteres. C'est aujourd'huy que sont accomplis les souhaits des Patriarches, les predictions des Propheres, les vœux de tous les Saints, dans la conception de ce Messie, qui étoit selon la parole de l'Ecriture, le desir & l'attente de toutes les Nations.

C'est aujourd'huy que se commence à traiter la paix & la reconciliation du Ciel avec la terre, aprés avoir été si contraires & si opposez l'un à l'autre durant l'espace de quatre mille ans.

Il n'y a rien qui ne nous doive animer dans ce grand mystere. Jesus-Christ s'y est incarné & s'est revêtu de nôtre nature, pour nous revêtir de sa divinité, & pour former dans nous l'homme nouveau. La vierge qui avant ce grand mystere n'étoit qu'une simple fille, devient par sa fidelité & par le consentement qu'elle donne à la volonté de Dieu sur elle, la Mere de son Fils. Et l'Ange qui la saluë, nous apprend dans l'entretien qu'il eut avec elle, l'abregé de tout ce que nous avons à faire pour être de parfaits Chrétiens. C'est pourquoy pour voir avec quelque ordre des instructions si importantes, nous considererons,

I. L'état où l'Ange a trouvé la Vierge.

II. De quelle maniere la Vierge a reçû les paroles de l'Ange.

III. Comment la Vierge a consenty à ses paroles, & comment elle s'est humiliée sous la puissante main de Dieu.

I.

Nôtre premiere consideration qui regarde l'état où l'Ange a trouvé la sainte Vierge, est tirée de ces paroles de nôtre Evangile : *Je vous saluë vous qui êtes pleine de grace.* Nous voyons d'abord dans ces paroles, comment Dieu proportionne les dispositions des personnes aux grands effets qu'il a resolu d'operer dans elles. Car ayant destiné la sainte Vierge à être la mere de son Fils, & le Temple vivant & animé du Saint Esprit, il l'a comblée auparavant de ses graces, afin qu'étant toute pleine de Dieu, elle fût en état de devenir la Mere de Dieu.

Il ne seroit pas étrange que Dieu voulant tout d'un coup élever une simple creature à la plus haute dignité dont elle soit capable, la rendît pleine de grace en la rendant sa mere, comme le Soleil rend un cristal tout brillant de lumiere lors qu'il le perce de ses rayons. Mais ce qui est de plus merveilleux, c'est comme j'ay dit, qu'avant même l'Incarnation dans laquelle il est sans doute que la Vierge a été comblée de toute la magnificence des dons celestes, l'Ange la trouve déja toute pleine de grace & d'une

Pour l'Annonciation de la Vierge. II. INST. 779
maniere si particuliere, qu'il ne luy donne point MAR.
d'autre nom que celuy-là.

Que si nous desirons sçavoir comment la Vierge étoit montée à ce comble de vertu, nous trouverons comme le remarquent les saints Peres, & particulierement saint Ambroise, que c'a été par ce grand amour qu'elle a eû pour la retraite, & par cette vie toute cachée en Dieu qu'elle a menée jusqu'au jour de ce mystere : *Elle est seule,* dit ce Saint, *dans le secret de son cabinet ; elle est seule sans aucune compagnie, & c'est en cét état qu'elle est saluée par l'Ange.* SOLA *in penetralibus : sola sine teste, ab Angelo salutatur.* Puis donc que la sainte Vierge est nôtre modéle, la premiere chose que nous devons apprendre d'elle, est l'amour de la retraite. Car la retraite est tellement essentielle à tous les Chrétiens, que toute l'Eglise a été figurée autrefois par ce desert où les Israëlites vécurent quarante ans durant; & depuis par cette parole du Prophete ; *Rendez* Luc. c. 3. *droits les sentiers de Dieu dans la solitude,* c'est-à-dire, dans l'Eglise, qui n'est autre chose qu'une separation du siecle.

Car le Fils de Dieu qui vient aujourd'huy dans le monde, n'y vient que pour faire ce que saint Paul marque par ces paroles : *Il s'est livré pour nous deli-* G il. c. 11 v. 4. *vrer de la corruption du siecle* ; & nous pouvons dire, que nous recevons un des plus grands fruits de son Incarnation, en nous separant non-seulement en esprit de la contagion du monde, comme toute l'Eglise en doit être separée ; mais aussi de corps, quand nous le pouvons, ce qui est une grace qu'il ne fait qu'à peu d'ames choisies, & qui sont bien obligées de la ménager.

C'est pourquoy l'on est engagé à faire un bon usage de la retraite sainte, quand Dieu nous fait cette miséricorde, & à éviter les défauts qui se rencontrent dans beaucoup de personnes qui se retirent. Car cette retraite ne doit point être une retraite de raison, telle qu'a été autrefois celle des Philosophes, & qu'il est encore celle de beaucoup de personnes, qui se retirent du bruit & de l'embarras du monde, parce qu'ils aiment les occupations de l'esprit, & qu'ils trouvent moyen dans leur retraite de s'appliquer plus facilement à la lecture, dont ils font tout leur divertissement. Ce qui est un malheur où l'on est aussi en danger de tomber dans les Cloîtres mêmes.

On y voit des personnes quelquefois qui recherchent une retraite dans cette retraite même. Elles y font beaucoup de lectures qui font en elles-mêmes très-saintes; & elles les font non pour l'édification de leur ame, mais avec un esprit tout seculier, pour passer le temps, pour satisfaire leur curiosité, pour mener une vie molle, & pour fuir le travail où l'obéïssance les engage.

Mais nous ne devons pas éviter seulement ce défaut dans la retraite. Nous devons encore prendre garde que nôtre solitude ne soit une solitude d'orgueil. Saint Bernard s'en plaint, & il la décrit lorsqu'il dit que ces sortes de solitaires fuyent les autres, parce qu'ils ne veulent supporter personne, & qu'ils ne s'aiment qu'eux-mêmes. Nôtre solitude doit ressembler à celle de la sainte Vierge, qui ne l'a pas empêchée de rendre tous ses devoirs à ceux à qui elle devoit les rendre, & qui n'a été qu'un entretien perpetuel avec Dieu, par lequel elle a appris aux ames chrétiennes qu'elles ne se retirent pas du monde, parce qu'elles n'y veulent supporter personne, mais parce qu'elles préferent la compagnie de Dieu à celle des hommes, & que demeurant unies à luy, elles veulent apprendre à s'aimer MARS. elles-mêmes en aimant Dieu, pour pouvoir ensuite aimer les autres autant qu'elles-mêmes.

Entrons donc dans cet esprit. Considerons la sainte Vierge comme le modéle de nôtre retraite. Que nôtre solitude ne soit point une retraite de singularité ny de chagrin, mais une retraite d'humilité, pour nous cacher aux yeux des hommes, pour être inconnus à tout le monde, & pour conserver dans le secret les graces que Dieu nous pourra faire.

I.

La seconde consideration que nous tirons de nôtre Evangile, sont les paroles que l'Ange dit à la Vierge. Il la rassure premierement dans son trouble qui étoit un trouble causé par sa pieté & par le pur amour de Dieu; au lieu que nos troubles sont presque tous causez par nôtre amour propre. Il luy dit qu'elle enfantera un Fils; que ce Fils sera grand, & qu'il sera le Fils du Trés-haut; qu'il regnera dans la maison de Jacob, & que son Royaume n'aura point de fin, *& regni ejus non erit finis*, & cependant, elle ne voit en luy que de la bassesse.

Ce que nous devons apprendre d'icy, c'est que nous ne devons plus avoir dans l'esprit que cette grandeur de la Religion Chrétienne. Nous devons considerer qu'étant entrez dans l'Eglise nous devons enfanter JESUS-CHRIST dans nous selon la parole de Saint Paul: *Donec formetur Christus in vobis*: Nous devons nous souvenir que l'Ecriture Gal. c. 3. dit que tous les Chrétiens sont les enfans du Tréshaut comme JESUS-CHRIST; & si je l'ose dire, des Dieux: *Vous êtes tous des Dieux*, dit Dieu-même par Psal. 57. son Prophete, *Vous êtes tous les enfans du Trés-haut.*

C'est pourquoy S. Augustin expliquant cette parole: *Deus Deorum Dominus*: QUE Dieu est le Sei- Psal. 49.

gneur des Dieux, dit que Dieu est le Seigneur des Dieux, parce qu'il est le Dieu des Chrétiens; & il s'écrie aussi-tôt dans l'admiration de cette grace ineffable: *Quantus Deus qui Deos facit?* COMBIEN est grand un Dieu qui fait des Dieux?

Ce sont ces pensées qui ont rendu tous les Saints si genereux, & qui ont fait dire à Saint Paulin, qu'il y avoit en eux un saint orgueil, *sancta superbia*, par lequel ils ont méprisé tout le monde, regardé la terre comme de la bouë, & ses grandeurs comme des jeux de petits enfans. Ils n'avoient dans l'esprit que ce Royaume éternel que Dieu promet aujourd'huy, ce Royaume qui n'a point de fin, *& regni ejus non erit finis*. Ils ne voyoient plus que de la bassesse dans tout le reste, & ils regardoient la bienheureuse servitude de JESUS-CHRIST, comme préferable à toutes les richesses des Rois.

Nous ne sçaurions trop occuper nôtre esprit de ces pensées, pour nous bien persuader à nous-mêmes que nous ne donnons rien à Dieu en renonçant à tout le monde; s'il étoit à nous, pour posseder un jour un si grand bonheur. Envisageons toutes ces grandeurs qu'il nous promet; mais envisageons-les comme la sainte Vierge faisoit, & avec la même foy qu'elle les a considerées dans son Fils.

Car encore qu'un Ange même l'eût assurée que l'enfant qu'elle alloit concevoir devoit être si grand & si élevé, elle n'a point été surprise neanmoins de le voir dans une si grande pauvreté, dans une si grande bassesse, contraint de fuir dans une terre étrangere, privé de tout secours & de toute assistance de la part des hommes. Ce qui eût pû étonner toute autre personne, n'étonna nullement la Vierge, parce qu'elle voyoit toutes choses par un œil qui ne considere point, comme dit Saint Paul, les choses

ses visibles, mais les invisibles ; parce que les choses visibles sont passageres & périssables, & que les invisibles au contraire sont éternelles : *Quæ enim videntur, temporalia sunt ; quæ autem non videntur, æterna sunt.*

2. Cor. c. 4.
v. 18.

Et c'est cette vie de foy que nous devons particulierement imiter en elle. Car souvent encore que nous ne doutions pas en effet que Dieu ne soit infiniment grand, neanmoins si nous faisons ou si nous quittons la moindre chose pour luy, & qu'il nous en arrive ensuite quelque mécontentement, quelque mépris, ou quelque affliction de la part du monde, toute la grandeur de Dieu disparoît aussitôt devant nos yeux, comme si nous ne le servions sur la terre que pour en recevoir nôtre récompense icy-bas : ce qui étoit proprement l'esprit des Juifs, entierement opposé à celuy des Chrétiens.

Nous considererons donc avec la Vierge, par le sentiment d'une veritable foy, Jesus-Christ vraiment grand dans sa pauvreté, grand dans ses mépris, grand dans ses souffrances ; comme nous le regarderons encore vraiment grand dans les Saints affligez, dans ses Ministres persecutez, dans ses membres, qui sont les plus pauvres, les plus méprisez, & les plus abandonnez. Il a souffert autrefois toutes ces choses dans sa personne, & il les souffre encore dans ses serviteurs pour la gloire de Dieu son Pere, & pour le salut des ames ; & il a couronné enfin toutes ses souffrances, comme il couronnera toutes celles de ses Saints par la gloire de sa Resurrection qui est infinie & éternelle, & par un royaume qui n'a point de fin. C'est ce qui nous donne une estime infinie pour la pauvreté, & pour l'obéïssance chrétienne. C'est ce qui nous remplira d'un profond respect pour tous ceux qui servent Dieu que nous regarderons comme élevez par luy à une haute dignité ; & nous prendrons plaisir à témoigner nos déferences à ceux que le Dieu que nous servons a daigné honorer de tant de graces.

III.

La troisième consideration que nous tirons de nôtre Evangile, est la maniere en laquelle la Vierge a consenti à ce mystere, & comment aprés avoir entendu de si grandes promesses de Dieu, au lieu de s'en élever, elle s'humilie profondément dans son cœur, & témoigne au dehors son humilité par ses paroles : *Ecce ancilla Domini.* VOICY *la servante du Seigneur.*

Les grandeurs du monde, sont en cela differentes de celles de Dieu, qu'on devient superbe en desirant les premieres, au lieu qu'on devient humble en possedant les secondes. Il est dit de Dieu : *Excelsus Dominus & humilia respicit.* DIEU *est élevé ; & il ne regarde que les humbles.* Ainsi aprés qu'un Chrétien s'est élevé en esprit au dessus de toutes les choses du monde, il doit se rabaisser profondément au dessous de Dieu comme la Vierge, selon cette parole de Saint Paulin : *Soûmettons-nous à celuy qui est si grand, qu'il faut être élevé au dessus de tout le monde pour être soûmis à luy.* SUBJICIAMUR *ei sub quo jacere suprà mundum stare est.* Une ame Chrétienne doit dire au fond de son cœur dans toutes les rencontres de la vie, & aussi bien dans les maux que dans les biens, comme a toûjours fait la Vierge : *Ecce ancilla Domini, fiat mihi secundùm verbum tuum :* Qu'il me soit fait selon la volonté de Dieu. Je suis la servante ; qu'il dispose de moy comme il luy plaira.

Toutes les graces donc que Dieu nous fait, ne

Psalm. 112.

doivent servir qu'à nous humilier davantage comme la Vierge; qui étant reconnuë pour Mere de Dieu par un Ange, ne laisse pas de s'appeller *la Servante du Seigneur*.

Nôtre humilité doit paroître à l'égard de Dieu; lors qu'il verra au fond de nôtre cœur comme la sainte Vierge, que nous reconnoissons que c'est Dieu seul, que c'est le Saint Esprit qui est descendu dans nous; que c'est la vertu du Trés-haut qui fait dans nous le bien que nous faisons. *C'est-là toute la science de l'homme, de reconnoître que de luy-même il n'est rien, & qu'il ne tient que de Dieu tout ce qu'il possede.* Hæc est tota scientia magna, hominem scire quia per se nihil est, & quia quicquid est, ex Deo est, & propter Deum est.

Et dans cette ferme persuasion nous nous souviendrons de ces paroles de Saint Paul; & nous ferons pour nous-mêmes ce souhait qu'il fait pour les Fidéles : *Que le Dieu de la paix vous applique à tout bien, & qu'il fasse luy-même dans vous ce qui luy doit être agreable.* Heb. cap. 13. v. 11.

Et afin de ne nous pas tromper dans cette pensée, & pour reconnoître effectivement si nous sommes humbles devant Dieu, nous verrons si nous sommes humbles à l'égard des autres. C'est encore l'exemple que nous donne aujourd'huy la Vierge. Auffi-tôt qu'elle devient la Mere de Dieu, elle oublie cette haute qualité, & elle va trouver Sainte Elizabeth, qui est surprise elle-même de cet honneur que luy fait la Vierge, & qui dit avec une profonde admiration : *D'où vient ce bonheur que la Mere de mon Seigneur vienne chez moy!* Luc. cap. 1. Voilà le modéle que nous devons imiter. Il faut que cette même ombre du S. Esprit qui voila en quelque sorte à la Vierge ce qu'elle étoit, pour l'appliquer à toutes les actions d'humilité, & pour la tenir dans un bas sentiment d'elle-même, nous voile aussi ce que nous pouvons être, & ne laisse nos yeux ouverts que pour découvrir nos défauts, afin qu'ayant été les imitateurs de la Vierge & de son humilité en ce monde, nous ayons part à sa gloire dans l'autre.

POUR L'ANNONCIATION DE LA VIERGE.

QUATRIE'ME INSTRUCTION.

Ave Maria gratiâ plena. *Luc.* 1.

Je vous saluë Marie pleine de grace.

ON ne peut assez honorer ce jour bien-heureux, où la Reine de toutes les Vierges en demeurant toûjours Vierge, est devenuë la Mere de Dieu que nous adorons. Car puisqu'il y a des jours particuliers de grace & de salut, comme dit S. Paul : *In die salutis adjuvi te*; quelle benediction doit être renfermée dans celuy-cy, qui a vû descendre du Ciel ce Sauveur attendu depuis tant de siécles dans le sein d'une fille, laquelle donnant la vie à celuy qui luy avoit donné l'être, est devenuë la Mere de son Createur ?

1. *Cor.* 6. 6.

Pour apprendre donc l'esprit & la disposition avec laquelle nous devons honorer ce saint jour, nous n'avons qu'à jetter les yeux sur la sainte Vierge, la considerant autant que nous pourrons comme la regle & le modéle de nôtre vie.

Et ne croyons pas que ce soit trop dire, en disant que nous devons être les imitateurs de celle qui a conçû aujourd'huy le Verbe de Dieu. Si nous étions dans cette pensée, nous ignorerions la dignité que possedent les ames Chrétiennes. Car Saint Ambroise ne craint pas de dire que toute ame fidele conçoit en elle le Verbe de Dieu : *Quæcumque crediderit anima, concipit Dei verbum*; pourvû seulement, dit-il, qu'elle soit pure de tous les vices, & qu'elle conserve sa chasteté : *Si tamen immaculata à vitijs sit, & castitatem custodiat.*

Ambr. lib. 1. cap. Luc.

I.

Puis donc que nous concevons dans nous le Fils de Dieu, comme la Vierge sa Mere, selon ce grand Saint; nous devons tâcher d'entrer dans les dispositions où elle étoit lorsqu'elle l'a conçû. Et la premiere est cette admiration où elle a été du choix que Dieu avoit fait d'elle, pour accomplir le mystere de la Redemption de tous les hommes. Car entr'autres causes qu'on peut apporter du trouble qu'elle ressentit, lorsque l'Ange luy dit qu'elle étoit *pleine de grace*, *que le Seigneur étoit avec elle*, *& qu'elle étoit benie entre toutes les femmes*; on peut dire qu'une des principales a été cet étonnement dont elle a été saisie, de voir que Dieu avoit pû faire ce choix d'elle pour la combler de tant de graces.

Et il semble aussi que c'est la premiere disposition où nous devons être en ce jour.

Nous devons, comme elle, entrer dans cet aneantissement devant Dieu, qui faisoit qu'elle ne trouvoit rien dans elle qui fût digne de cette haute qualité. Nous devons, comme elle, connoître que c'est Dieu qui nous prévient : que nous ne luy avons rien donné les premiers, comme dit Saint Paul : *Quis prior dedit ei, & retribuetur illi?* Qu'il n'a rien vû

Rom. c. 11.

Ddd iij

dans nous qui ne fût indigne de sa grace, & de la préférence qu'il fait de nous à tant d'autres qu'il laisse dans l'égarement & dans les vains divertissemens du monde.

Ainsi cette profonde admiration de la grace que Dieu nous fait, sera une des plus excellentes prieres que nous luy puissions faire, puisque c'est la priere des Bienheureux & des Saints dans le Ciel, qui loüent & qui benissent Dieu, dans une admiration des graces & des misericordes qu'ils ont reçûës.

Nous luy dirons dans les transports d'une humble reconnoissance, ce que les Saints luy disent dans le Ciel : *Vous êtes digne, mon Seigneur, mon Dieu, de recevoir toute gloire & toute loüange, puisque vous nous avez separez de tous les peuples & de tous les hommes du monde, pour nous délivrer, & que vous nous avez fait devenir le Royaume de nôtre Dieu.* Et dans cet aveu de la grace que Dieu nous a faite, nous luy dirons comme S. Paul : Vous ne nous avez pas fait misericorde, mon Dieu ! parce que nous vous avons été fidéles, mais vous nous avez fait misericorde, afin que nous vous fussions fidéles : *Ideò misericordiam consecutus sum ut sim fidelis.*

Apoc. cap. 5.

1. Tim. c. 1.

C'est en cela que nous imiterons particulierement la Vierge, qui n'a pas seulement admiré d'abord cette riche effusion de graces dont Dieu l'a comblée, mais qui est demeurée toûjours dans cette reconnoissance & dans ce ravissement, ainsi qu'elle le témoigna dans la visite qu'elle rendit à Sainte Elizabeth, en s'écriant : *Mon ame glorifie le Seigneur, & mon esprit ravi de joye rend graces à Dieu mon Sauveur.*

Luc. cap. 2.

Et comme Saint Ambroise veut que toutes les ames chastes se considerent comme devant concevoir Jesus-Christ, dans leur cœur, ainsi que la Vierge; il veut aussi qu'elles imitent sa reconnoissance & son admiration pleine de joye pour les faveurs qu'elle avoit reçûës de Dieu. C'est pourquoy il dit excellemment : *Que chacun ait l'ame & la disposition de Marie, afin qu'il rende comme elle à Dieu les actions de graces qui luy sont dûës. Que chacun ait l'esprit de Marie, afin qu'il mette en Dieu toute sa joye.* Sit in singulis Maria anima, ut magnificet Dominum. Sit in singulis Spiritus Maria, ut exultet in Deo.

Ambr in c. 1. Luc.

On s'imagine quelquefois, comme remarque Saint Augustin, qu'il ne faut pas penser aux graces que Dieu nous fait, de peur que cette pensée ne nous éleve. Mais ce Saint combat trés-bien cette fausse persuasion, en nous enseignant que comme ce seroit un grand orgueil de penser aux dons de Dieu pour nous les attribuer, c'est aussi un devoir & une grande humilité d'y penser souvent, pour luy en rendre toute la gloire. Ainsi la Vierge a été si éloignée de cette basse & trompeuse humilité, qui n'ose penser aux dons de Dieu de peur de s'en élever, qu'elle releve au contraire les graces que Dieu luy a faites, en disant que le Seigneur a fait *en elle de grandes choses, & qu'on la nommera bienheureuse dans la succession de tous les siecles.*

Voilà la disposition où devroient être toutes les ames reconnoissantes. Voilà ce qu'elles devroient dire à l'imitation de la sainte Vierge : *Dieu a fait en moy de grandes choses*, en considerant les dangers dont il les a délivrées, les égaremens dont il les a retirées, les précipices où il les a empêché de tomber. Elles devroient souhaitter, s'il étoit permis, que tous les hommes fussent témoins des graces que Dieu leur a faites, de ce qu'il a operé en elles, des fautes qu'il leur a pardonnées, des pieges dont il les a sauvées ; & s'écrier comme la Samaritaine : Venez avec moy admirer un homme qui m'a dit tout le mal que j'avois fait en cette vie, & qui me découvre tous les biens que je dois esperer en l'autre.

Ioan. 4.

II.

La seconde chose que nous devons imiter dans la Vierge, c'est cet aneantissement dans lequel elle entre aprés que Dieu l'a comblée de graces. Car si nous voyons ce qu'il y a des dons de Dieu en nous avec un œil superbe, cette vûë ne fait que nous élever. Mais si nous le considerons comme la Vierge, avec un œil humble tel qu'est celuy de la foy, cette vûë nous sert à nous aneantir davantage devant luy, à cause de la disproportion infinie qui nous paroît entre la grandeur du don & l'indignité de celuy qui le reçoit.

C'est ce qui se voit excellemment dans la Vierge. Un Ange luy annonce aujourd'huy qu'elle va donner au monde ce Messie attendu depuis tant de siécles, & qu'elle deviendra Mere, sans cesser d'être Vierge, & qu'elle deviendra l'Epouse du Saint Esprit pour porter dans son sein le Fils du Trés-haut. Si jamais il y a eu rien de grand, & qui pût donner des pensées de complaisance à une simple creature, c'étoient ces promesses ; & cependant non seulement elle ne s'éleve pas, mais elle devient plus humble en les écoutant : *Ecce ancilla Domini.* Vous dites que je deviendray la Mere de Dieu, & moy je suis sa servante ; qu'il dispose de moy comme il luy plaira.

C'est de ces paroles que dit la sainte Vierge aprés une si grande grace qu'elle reçoit de la part de Dieu, que nous pouvons conclure que les plus grands

Saints sont toujours les plus humbles. Comme ils ont reçû davantage sans trouver en eux rien de plus que ce qui est dans le plus grand pecheur du monde, il faut necessairement que cette comparaison qu'ils font de ce qu'ils sont par eux-mêmes avec ces graces que Dieu leur fait, les rabaisse infiniment, & leur fasse dire à Dieu avec le bien-heureux Job : *Quoy vous avez daigné, mon Dieu, ouvrir les yeux sur une si basse creature ?* DIGNUM *ducis super hujuscemodi aperire oculos tuos ?* Ils imitent en cela l'exemple de JESUS-CHRIST, qui ayant reçû plus qu'aucun homme, puisqu'il a reçû la plenitude de la divinité, a proportionné son humilité à ce qu'il avoit reçû, & a fait voir une humilité aussi infinie, que le don qu'il avoit reçû étoit infiny.

Voilà l'esprit avec lequel nous devons considerer tous les Chrétiens, en nous regardant comme leur serviteur & comme le dernier de tous : Et lorsque ce sentiment sera gravé profondément dans nôtre cœur, nous ne devons pas croire nous humilier beaucoup, puisqu'alors nous serons dans le rang où ont été les grands Evêques & les Peres de l'Eglise, comme S. Augustin, qui prend ce titre pour sa qualité: *Augustin serviteur de* J. CHRIST *& de son Eglise.*

Nous serons au rang où se sont mis les Apôtres, comme saint Paul, qui dit aux Fidéles qu'il est leur serviteur par JESUS-CHRIST, *Nos servos vestros per Jesum.* Nous serons au rang des Anges mêmes, dont S. Paul dit : *Tous les Anges sont destinez à servir ceux qui doivent être sauvez.* Nous serons au rang de la Vierge, comme nous venons de dire, qui ne prend point d'autre qualité que celle de servante du Seigneur ; Et enfin nous serons au rang de JESUS-CHRIST même, qui étant Dieu & homme, nous assûre neanmoins qu'il n'est pas venu sur la terre pour être servi, mais pour servir : *Non veni minis-trari, sed ministrare.*

Matth. c. 20. v. 28.

Aprés cela les ames qui ont quelque pieté, ne sçavent plus quelle condition elles doivent prendre pour s'humilier, puisque celle qui étoit la plus basse aux yeux des hommes, & qui étoit insupportable à leur orgueil, est devenuë si honorable, aprés que les Saints, aprés que la sainte Vierge aujourd'huy, & que Jesus-Christ même l'a daigné prendre, & que la profession que nous en faisons dans le monde, en disant que nous n'y sommes venus que pour être les serviteurs & servantes des autres, nous rend en quelque sorte semblables au Fils de Dieu.

Aussi c'est l'amour que les Saints ont eu pour cette qualité, divinisée en quelque façon par l'humilité du Sauveur, qui a excité ces saintes jalousies, & ces disputes si loüables entr'eux, à qui s'abaisseroit plus profondément les uns au dessous des autres. Lorsque toute la terre, lorsque les Payens, ou que ceux qui dans l'Eglise même imitent la vie des Payens, font tant de vains efforts pour s'élever, & qu'ils employent tout leur esprit pour tâcher de dominer sur les autres ; les vrais Chrétiens au contraire ne pensent qu'à s'abaisser ; & comme les autres ne sont point contens qu'ils ne soient les premiers de tous, ceux-cy au contraire ne sont point satisfaits qu'ils ne se voyent les derniers de tous.

C'est-là qu'ils trouvent leur repos & leur joye, selon la parole du Fils de Dieu : *Reposez-vous dans la derniere place* ; & qu'ils font voir par la paix qu'ils goûtent dans leur abaissement, que si le caractere du monde est de s'élever, le propre du Chrétien est de s'humilier. Car s'il est Chrétien, il doit être animé de l'Esprit de Jesus-Christ, qui est un

Luc. cap. 14.

esprit d'humilité : *Celuy qui n'a point l'Esprit de* MARS.
JESUS-CHRIST, *n'est point à* JESUS-CHRIST. S'il a Rom. cap. 8.
l'Esprit de JESUS-CHRIST, il n'a point l'esprit du
monde, qui est un esprit d'orgueil. *Nos autem*, dit Ibid.
S. Paul, *non spiritum hujus mundi accepimus.*

 Il écoute ce que ce grand Apôtre dit à tous les
Chrétiens, en leur representant l'humilité du Sauveur : *Ayez dans vous les mêmes sentimens que ceux* Philipp. c. 2.
que JESUS-CHRIST *a témoigné avoir.* Il s'abaisse comme JESUS-CHRIST s'est abaissé devant
son Pere ; & il se regarde en même temps au dessous
de tous les autres, *in humilitate superiores sibi invi-* Philipp. cap. 2.
cem arbitrantes. v. 3.

 Car cette humilité de la Vierge n'alloit pas seulement à être la servante du Seigneur, mais de tous les
autres encore pour l'amour du Seigneur. De plus,
cette humilité n'a pas été passagere, mais ferme dans
elle. Elle a crû toûjours au lieu de diminuer. Ce qui
est un grand avis pour des ames à qui Dieu a inspiré
le desir de se donner entierement à luy. Aussi-tôt
qu'elle conçoit Dieu, elle s'en va rendre ses assistances à sa cousine Sainte Elizabeth. Il paroît dans toutes ses actions que son humilité croît toûjours comme ces grands arbres, qui plus ils s'élevent en haut
par leurs branches, plus ils descendent profondément dans la terre par leurs racines. Et comme on
voit l'accroissement de son humilité dans ses actions,
on le voit aussi dans ses sentimens & dans ses paroles.
Elle dit d'abord à l'Ange, qu'elle est la servante du
Seigneur : *Ecce ancilla Domini* : Et elle dit dans son
Cantique, que Dieu a regardé la bassesse de sa servante : *Respexit humilitatem ancillæ suæ.* La vûë des
graces que Dieu luy faisoit ne diminuë pas, mais
augmente au contraire son humilité & ce bas sentiment qu'elle a d'elle-même.

Et ce qui eſt encore plus admirable, c'eſt que ſon humilité croît lorſque Sainte Elizabeth l'honore, en s'écriant qu'elle admire ſa qualité de Mere de Dieu, & qu'elle ſe croit indigne de la recevoir chez elle. Si elle eût été tentée de complaiſance & de vanité, elle le devoit être en cette rencontre, qui ne ſert neanmoins qu'à la rendre plus humble. *Il eſt aiſé d'être humble dans le mépris*, dit Saint Bernard, *mais c'eſt une grande vertu que d'être humble dans la gloire & dans la loüange*. NON *magnum eſt eſſe humilem in abjectione, magna & rara virtus humilitas honorata*. Imitons cet exemple, & nous aurons ſujet d'attendre d'heureuſes ſuites de cette application avec laquelle nous aurons tâché de marcher ſur les traces de celle qui a ſi parfaitement elle-même marché ſur les traces de ſon Fils.

Bern. ſerm. de laud. Mariæ num. 9.

POUR LE JOUR DE SAINT AMBROISE.

Le 4. Avril.

Vos eſtis lux mundi. *Matth.* 5.

Vous êtes la lumiere du monde.

Les Docteurs de l'Egliſe ont un rang d'honneur qui leur eſt particulier entre tous les Saints. Mais Saint Ambroiſe en a un qui luy eſt propre, & qui fait qu'il éclate même parmi les Docteurs. Il a été appellé à la dignité Epiſcopale par un miracle, & la ſainteté de ſa vie a été auſſi extraordinaire que ſa vocation à l'Epiſcopat. Il a été grand dans l'Egliſe,

Pour le jour de Saint Ambroise. 795

& grand dans le monde. Il s'est acquis une merveilleuse autorité, non seulement parmi les Evêques, mais parmi les Empereurs, ayant été reveré des uns, craint des autres & admiré de tous.

La dignité Episcopale l'a honoré, & il est vray aussi qu'il l'a honorée en la soûtenant avec une grandeur d'ame & une fermeté de cœur, qui le rendra pour jamais la gloire de l'Eglise & le modéle des plus grands Evêques. On peut ajoûter pour comble de ses loüanges, que comme le sang & les prieres de Saint Estienne ont donné Saint Paul à l'Eglise, aussi les lumieres & la pieté de Saint Ambroise luy ont donné Saint Augustin, le plus grand de ses Docteurs aprés les Apôtres. C'est pourquoy on doit juger de l'excellence du maître par la grandeur du disciple, & on peut dire que l'Eglise doit à Saint Ambroise tout ce qu'elle doit à Saint Augustin, puisqu'elle luy doit Saint Augustin même. Mais pour tirer quelque fruit de cette sainte solemnité, nous remarquerons dans un si grand Saint deux ou trois choses particulieres, qui serviront à nôtre instruction & à l'édification de nos ames.

I. Nous considererons quelle a été la vocation de Saint Ambroise à l'Episcopat.

II. Nous verrons quelle a été son humilité, & comment il a sçû l'allier avec un courage & une fermeté Episcopale.

I.

Dieu qui avoit resolu de faire de si grandes choses par Saint Ambroise, voulut qu'il n'y eût rien ny dans sa promotion à l'Episcopat, ny dans toute sa vie passée, que ses ennemis les plus emportez pussent luy objecter un jour. Il vint de Rome à Milan, pour être Gouverneur d'une Province; ce qu'il fit avec une si grande moderation, que selon la parole celebre & comme prophetique qu'on luy dit en l'envoyant, il s'y conduisît plutôt en Evêque qu'en Magistrat.

La lumiere de son esprit, la sagesse de sa conduite, la moderation dans une si grande autorité, l'amour de la justice, la compassion des miserables, & tant d'autres éminentes vertus, firent voir que s'il y a des personnes qui exercent les dignitez saintes d'une maniere toute seculiere; il y en a aussi qui exercent les dignitez civiles & humaines d'une maniere toute épiscopale, & qui font voir à ceux qui entrent dans les charges de l'Eglise, combien ils doivent travailler auparavant à s'en rendre dignes; & à meriter, comme dit Saint Paul, que tous leur rendent un bon témoignage.

Ainsi aprés tant de preuves qu'il avoit données de sa capacité à tout un peuple, il n'eut pas de peine à s'accorder dans l'élection qu'il devoit faire d'un nouvel Evêque, & dés que Dieu par une espece de miracle eut declaré sa volonté en déliant la langue d'un enfant, qui fut comme l'interprete de ses ordres, & du choix qu'il faisoit de son serviteur, le seul nom d'Ambroise que cet enfant prononça, fit dire tout d'un coup à cette Eglise assemblée, qu'ils ne vouloient point d'autre Evêque qu'Ambroise.

Il n'y eut que ce Saint qui n'y voulut point consentir. Sa resistance alla presque jusques dans l'excés; & cet excés si loüable doit confondre aujourd'huy la temerité de ceux qui entrent dans ces mêmes charges avec des dispositions bien differentes.

Comme Saint Ambroise crut que le fondement de ce choix qu'avoit fait le peuple, venoit de sa moderation ordinaire dans l'administration de sa charge; il voulut détruire dans leurs esprits cette premiere idée par une autre toute opposée qu'il tâcha de leur

donner. Il força ſon naturel. Il fit violence à ſon
cœur, & il ſuſpendit avec peine durant quelque
temps toute l'inclination qu'il avoit à la bonté, pour
donner en public par un appareil d'échaffauts, de
queſtions & de bourreaux, quelques exemples d'une
ſeverité nouvelle, pour faire retracter au peuple le
choix qu'il venoit de faire.

Qui n'admirera la conduite de ce ſaint homme,
qui bien loin d'imiter ceux qui feignent d'avoir les
vertus qu'ils n'ont pas, afin qu'on les croye dignes
des charges ſaintes qu'ils deſirent, veut faire perdre ſa réputation paſſée, & feindre quelques défauts dont il ſe ſentoit fort éloigné, afin de fuir
par cette diſſimulation ſainte, une charge dont la
ſeule penſée le faiſoit trembler? Mais le peuple
avoit trop de preuves de ſa moderation paſſée, pour
ne pas découvrir le ſujet de cette ſeverité nouvelle.
Il perſiſta plus que jamais dans ſon choix, & il reconnut que la répugnance que Saint Ambroiſe avoit
pour l'Epiſcopat, étoit ce qui l'en rendroit plus digne.

Cela l'obligea donc à avoir recours à une autre
feinte. Comme il ſçavoit que le péché d'impureté
étoit une excluſion formelle pour ces ſaintes charges,
il voulut bien ſouffrir que le peuple l'en ſoupçonnât.
Il fit venir chez luy en plein jour des femmes publiques, afin de laiſſer croire de luy des crimes honteux, que les autres ont tant de ſoin de cacher, & de
faire ainſi rougir ceux que l'on a vû quelquefois
monter à l'Epiſcopat, étant veritablement coupables de ces infamies, dont ce grand Saint croyoit
que la ſeule apparence l'en délivreroit.

Cet artifice ayant auſſi peu réuſſi à nôtre Saint
que le premier, il eut enfin recours à la fuite. Il ſe
déroba de Milan comme d'un lieu qui le pouvoit

perdre. Et comme le peuple, qui n'en sçavoit rien, ne pouvoit le retenir, Dieu agit luy-même, & jetta le trouble & la confusion dans son esprit : de sorte qu'après avoir couru toute une nuit, lors qu'il croyoit être bien loin de Milan, il trouva le lendemain qu'il n'étoit qu'aux portes, & le peuple qui découvrit son dessein, luy donna des gardes pour l'empêcher d'l'executer.

Qui n'admitera la difference de ces siécles si heureux d'avec le nôtre ? Un homme aussi saint que Saint Ambroise fuit de sa Ville, lorsque tout le peuple le choisit pour son Evêque ; & bien loin de fuir aujourd'huy ces charges saintes, on y court au contraire, & on se croit heureux lors qu'enfin on les a pû obtenir. Quoy que Dieu se déclare si visiblement l'auteur de cette élection de Saint Ambroise, il ne laisse pas de se retirer pour éviter le poids d'une charge si pesante, & on la regarde aujourd'huy comme un sujet de gloire, lors même qu'on a plus de lieu de croire que c'est plus nôtre propre ambition, que le choix de Dieu qui nous y a élevez.

II.

Aprés avoir vû l'humilité de Saint Ambroise par l'éloignement qu'il eut de l'Episcopat, voyons-la maintenant en la maniere dont il se conduisit dans l'administration de cette dignité si sainte. Car il fut bien éloigné de l'erreur de ceux qui croyent que les charges Ecclesiastiques doivent faire le même effet dans ceux qui les possedent, que font d'ordinaire les dignitez seculieres, qui inspirent presque toûjours un esprit d'orgueil & de domination dans ceux qui y sont élevez. Saint Ambroise avoit appris de JESUS-CHRIST que c'est en cela que consiste principalement la difference de ces deux sortes de char-

Luc. cap. 22. ges, lorsqu'il dit à ses disciples : *Ceux qui sont grands*
dans

dans le monde, y exercent un esprit de domination & d'empire; mais il n'en est pas ainsi de vous.

Il crut, selon la parole du Fils de Dieu, qu'il n'étoit devenu le premier dans l'Eglise de Milan, que pour s'en regarder toûjours comme le dernier; & il eut dans le cœur les sentimens si humbles qu'un grand Evêque qui l'avoit précedé, témoigne avoir eûs, lorsqu'il dit: *Il ne faut pas que nous abusions de l'honneur de l'Episcopat pour devenir superbes: mais nous devons faire ensorte par l'humble observance des commandemens de Dieu, & par l'exactitude à garder toutes ses loix, que nous soyons en effet ce que nous paroissons être.* OPORTET nos Episcopatûs honore non abuti in superbiam, sed custodiâ mandatorum Dei, & observatione diligentissimâ, hoc esse quod dicimur.

Ainsi bien loin de rien perdre de cette premiere douceur qu'il avoit témoignée dans ses charges précédentes, il augmenta au contraire, & il allia cét esprit de feu qui paroissoit dans ses prédications & dans son zéle Apostolique, avec une modération qui édifia alors toute son Eglise, & qui est encore aujourd'huy l'admiration de tous ceux qui la remarquent dans ses Ouvrages. Les évenemens les plus extraordinaires & les plus inopinez ne le surprenoient pas. Son cœur étoit tellement affermi dans l'humilité, que la préparation qu'il avoit à tout ce qui l'eût pû humilier, alloit toûjours plus loin que tout ce qui pouvoit luy arriver.

On en vit un exemple bien considérable dans la rencontre de cette fille audacieuse, qui étant remplie d'un faux zéle pour l'hérésie d'Arius, eut assez de hardiesse pour aller troubler ce Saint, lorsqu'il parloit publiquement à son peuple, & pour le vouloir faire sortir de sa chaire. Ce Saint ne s'emporta point contre cette insolence, & il n'imita point ceux qui dans une semblable rencontre couvriroient leur ressentiment d'un prétexte spécieux, ou qui cacheroient leur vengeance particuliere sous l'apparence de soutenir les intérêts de l'Eglise, & de vanger l'Episcopat de l'injure qu'on luy auroit faite.

Il imita au contraire la modération du Sauveur qu'il regardoit toûjours comme son modele, & se souvenant de la douceur avec laquelle il répondit à un serviteur impudent qui luy donna un soufflet; il crut comme il avoit receu un moindre affront, être encore plus obligé de témoigner une pareille douceur. Ainsi il se contenta de se tourner vers cette fille, & de luy dire avec une modération admirable ; Quoy que je ne sois pas digne d'être Evêque, vous devriez néanmoins respecter davantage le Sacerdoce de JESUS-CHRIST, dans une personne même qui en est indigne.

Mais quand nous parlons de l'humilité de ce Saint, nous ne devons pas oublier quelle a été sa fermeté dans les rencontres où il a cru devoir se servir pour les intérêts de l'Eglise, de la puissance que Dieu luy avoit donnée. L'alliance qu'il a faite si divinement de ces deux choses qui paroissent si contraires entre elles, nous donne lieu de remarquer une vérité bien importante, qui est que l'humilité chrétienne que Dieu demande de ceux qui sont à luy, n'est point une humilité basse & indigne de ce nom, mais une humilité pleine d'une sainte élévation, qui tient quelque chose de celle des Anges.

Les vertus ne s'entredétruisent pas. L'humilité n'est point opposée à la vérité ny à la charité ; & on peut sans cesser d'être humble, soutenir fortement la vérité contre ceux qui l'attaquent, & témoigner dans les rencontres, du zéle pour le salut & pour l'avancement des ames. Tous les Saints ont reconnu cette vérité ; & saint Ambroise a vérifié long-temps auparavant par son exemple ce que saint Bernard a dit en parlant de la Vierge ; *Que les ames humbles sont toûjours les plus généreuses.*

Aussi le même saint Ambroise qui allioit si divinement ces deux vertus, exhortoit de même son peuple à les unir dans eux-mêmes. *Fuyons l'orgueil*, dit-il, *& suivons la simplicité chrêtienne qui est humble, mais qui ne laisse pas en même temps d'être élevée. Car Dieu n'habite point dans un cœur bas & abjet : mais comme les Prophetes nous l'ont marqué, la vertu réside dans un thrône sublime, lorsqu'elle se trouve dans un homme dont la sagesse s'éleve jusqu'à la hauteße de la souveraine vérité.* FUGIAMUS *superbiam, sequamur christianam simplicitatem, quæ & in ipsa humilitate sublimis est. Non enim in abjecto corde habitat Deus, sed sicut tradiderunt nobis Prophetæ, Thronus virtutis elevatus est in eo scilicet cujus elevatur sapientia usque ad altitudines veritatis.*

Apprenons donc de ce saint homme à être humbles, mais à n'être pas timides, & à tirer de nôtre abbaissement sous la main de Dieu, ce bienheureux élevement, & ce saint orgueil, comme l'appellent les Péres, *sancta superbia*, qui nous éleve au dessus de tout le reste. C'est l'instruction que le Saint que nous honorons aujourd'huy, désiroit que son peuple apprît, lorsqu'il luy disoit si souvent ces paroles : *Apprenez à vous humilier profondement sous* JESUS-CHRIST, *afin de pouvoir être élevé au dessus de tout le monde.* DISCE *esse sub Christo; ut possis esse suprà mundum.*

Il a fait luy-même ce qu'il a dit, & on ne sçauroit gueres attribuer cette fermeté avec laquelle il a parlé & agi à l'égard de ce qu'il y a de plus grand dans le monde, qu'à cette profonde humilité que Dieu voyoit enracinée dans son cœur, & qu'il a récompensée des succés favorables qu'il a donnez à toutes ses entreprises. Il luy a assujetti tous ses ennemis. Il luy a soûmis les plus grandes puissances. Il l'a élevé toûjours en honneur, parce qu'il sçavoit que ce fidelle serviteur ne cherchoit point sa propre gloire, & qu'il n'avoit pas besoin d'être humilié pour être humble.

Ce remede dont sa bonté use si souvent envers les Saints mêmes qu'il laisse tomber dans les humiliations, afin qu'elles servent comme d'un contrepoids qui balance leurs vertus & leurs actions éclatantes, ne fut point nécessaire à l'égard de saint Ambroise. Dieu qui pénétroit tous les replis de son cœur, y voyoit toûjours un bas sentiment de luy-même; & se regardant comme un instrument mort dans la main de Dieu, il laissoit à Dieu tout ce qu'il luy plaisoit de faire par luy, sans oser prétendre à sa gloire.

Ainsi quand il vit ses ennemis à ses pieds, ses persécuteurs frappez miraculeusement de mort, les Empereurs soumis à son autorité sainte, pour recevoir de luy les loix de la pénitence. Quand il vit leur puissance Impériale ceder à la force de ses remontrances, retracter leurs premiers ordres, casser leurs arrests, & obeïr à sa voix, il ne s'attribua rien de toutes ces choses.

Il ne vit que Dieu qui parloit & qui agissoit par luy, & luy rendant humblement ce qui luy appartenoit, il ne se trouvoit plus que dans sa propre foiblesse & dans ses infirmitez, sans qu'il eust besoin d'un Ange de satan pour l'en avertir, & pour empêcher que la grandeur de ses actions n'élevât

pour le jour de saint Ambroise. 803

son cœur. De sorte qu'on peut dire qu'il pratiquoit admirablement ces paroles: *Apprenez à être soûmis à Jesus-Christ, afin de pouvoir être élevé au dessus de tout le monde.* Disce esse sub Christo ut possis esse supra mundum.

Et ce qui est encore plus difficile, se voyant élevé au-dessus de tout le monde, il ne laissa pas de se tenir encore de plus en plus assujetti à Jesus-Christ. Ainsi il fut grand sans être ébloüi de sa grandeur. Il fut extraordinairement élevé sans s'élever, & il se vit au dessus de ce qu'il y avoit de plus grand dans le monde, sans qu'il cessât de se considérer comme le dernier des hommes.

Cette conduite si sainte & si Episcopale, doit être d'une grande instruction pour ceux qui sont dans les charges Eccléstastiques, afin d'apprendre de ce saint homme comment ils en doivent soutenir la dignité. Le caractére qu'ils ont receu du sacerdoce royal de Jesus-Christ, doit remplir tout leur esprit. Ils doivent l'honneur à ceux que Dieu veut qu'ils honorent; mais ils sont obligez d'allier en même temps ce qui est dû aux puissances du monde, avec ce que demande l'éminence d'une charge qui les rend les dépositaires de l'authorité de Jesus-Christ.

Saint Ambroise sçavoit qu'il devoit honorer le grand Théodose: & cét Empereur incomparable a bien sceu marquer en effet en voyant depuis d'autres personnes qui le flattoient, qu'il n'avoit connu d'Evêque que le seul Ambroise. Ce grand Prince comprit par sa sagesse que la fermeté de ce saint homme luy fut plus utile pour son salut, que n'auroit été la mollesse d'un Prélat qui l'auroit voulu flatter; & toute la postérité a reconnu que ce saint Empereur s'est plus élevé en s'abbaissant sous son Evêque, que par toutes les autres actions les plus illustres de sa vie.

Sa pénitence a honoré Dieu : mais elle l'a honoré aussi luy-même. Il s'est humilié devant ses Autels, mais Dieu qui releve ceux qui s'abbaissent sous sa main, a changé cette humiliation en gloire, & il luy a donné dans son Eglise un nom éternel, qui est la récompense de sa pieté, & le fruit de la fermeté de saint Ambroise.

Cét exemple doit animer tous ceux qui sont appellez à ces dignitez si hautes, à ne pas laisser avilir leur caractére, & à ne devenir pas par une lâche complaisance, un sel affady, que Jesus-Christ dit n'être bon que pour être foulé aux pieds des hommes. Ils se rabbaissent au lieu de s'élever, lors qu'ils veulent emprunter leur éclat des Puissances séculiéres. Leur propre dignité les releve assez, & ce n'est point par Théodose qu'Ambroise a regné sur son peuple, mais c'est par Ambroise que Jesus-Christ a regné dans le cœur de Théodose.

Fin du second Volume.

TABLE DES MATIERES DU TOME SECOND.

A

Abandonnemens de Dieu. 143. & suiv.
Abbatement, l'éviter. 171. & 751.
Abondance de justice & de vertu, à laquelle nous sommes obligez. 141.
Abraham, nous sommes ses enfans par la foy. 271. cause de sa justification. 648.
Absolutions, pouvoir des Prêtres à les donner, & comment ils en doivent user. 294. 633. & suiv.
Abstinence, ce qu'elle doit comprendre. 14. & 21.
Actions, comment nous les devons regler. 237. 239. Dieu en doit être le principe & la fin. 650. Actions de charité, la memoire en passe dans tous les siécles 391. 392. actions des Infideles, elles ne peuvent être bonnes devant Dieu. 651.
Adam, difference des deux états d'Adam. 108. 594. 614. quelle étoit sa priere en ces deux états. 108. sa chûte, & son peché. 183. 362. 385 614. 736. & 760.
Admiration des graces que Dieu nous fait. 788.
Adoration, ce que c'est qu'adorer Dieu en esprit & en verité 253. fausses adorations des mauvais Chrétiens. 413.

Adultere invisible & spirituel. 258. femme adultere. 256. & suiv.
Affaires temporelles, avec quelle prudence on les entreprends. 301. conduite contraire pour ce qui est de l'affaire du salut. 303. raison d'une conduite si inégale. ibid.
Affections de l'esprit, comment les regler. 237. affection sincere que nous devons à nos freres. 458.
Afflictions, elles sont nôtre partage en ce monde. 36. 489. sujet de consolation dans ces rencontres. 362. 436. 437. regle essentielle dans nos afflictions. 419. les considerer comme nous venans de la main de Dieu. 425. 434. 458. 501. y être toûjours disposez. 428. les bons en sont ordinairement les plus accablez. 429. utilité de l'affliction. 437. ne point nous y plaindre, ny ne vouloir être plaints des hommes. 505.
Agneau Paschal, explication de cette figure par rapport à l'Eucharistie. 443. & suiv.
Ambition, ses desordres. 377. 378. avec quelle injustice on luy sacrifie tout. 492.
S. Ambroise 754. & suiv.
Amertumes salutaires, qui nous

Ece iiij

font revenir à Dieu. 20. 41. & 43.

Amitié, quelle en est la plus grande marque 215. amitiez veritables, fort rares. 229. surquoy elles doivent être fondées 230. 231. modele d'une amitié toute divine. 251.

Amour de Dieu, quel il doit être en nous 253. c'est le veritable culte qu'on luy doit. ibid. l'amour de Dieu produit la haine du péché. 337. voyez Charité.

Amour propre, s'en défaire entierement. 606.

Ange, sa chute. 760.

Annonciation de la sainte Vierge. 766 & suiv. dispositions pour honorer ce saint jour. 86.

Apôtres, obligation d'imiter leurs vertus. 350. 607. leur foiblesse à la passion. 367. 368. 471. 604. quel sujet de douleur elle fut à Jesus-Christ. 402. sa condescendance pour eux après sa resurrection. 607. Ce sont les fondemens & les colomnes de l'Eglise. 654. comment ils ont été appellez. ibid.

Armes de justice. 66. armes du Chrétien. 650

Assujetissement, haine qu'on en a. 183. 184. 775 c'est la source de tous les pechez. ibid. le vray repos consiste dans l'assujetissement à Dieu. 591. il faut qu'il croisse toûjours. 640.

Avancement, marque d'une ame qui avance dans la vertu. 252. Comment on doit avancer. 693. 733. & 734.

Avarice spirituelle. 170. 408. combien l'avarice rend l'homme esclave. 185. 186. 214. c'est une veritable idolatrie. 213. étranges effets de cette passion. 395. 472. c'est un levain qui corrompt toute l'ame. 578.

Avenement de Jesus-Christ l'attendre & l'aimer. 461.

Aveuglement de l'ame. 125. c'est la peine de toutes les passions déreglées. 190. combien est grand l'aveuglement où nous naissons. 279. 296. figure de l'aveuglement du pecheur. 289. Aveugle né. 279.

Aumône. 335. 356. la multiplier pendant le Carême. 6. & 7. combien nos aumônes nous consoleront à nôtre mort. 52. ne les point faire du bien d'autruy. 78. C'est Jesus-Christ qui demande en la personne des pauvres. 248. 249.

B

Baptême, à quoy il nous oblige. 48. foiblesse qu'il laisse en nous. 49. malheur de ceux qui en perdent l'innocence. 50. 288. 289. 415.

Barrabas, ingratitude & injustice des Juifs, dans la preference qu'on en fit à Jesus-Christ. 486. comment on imite leur crime. 487.

S. Benoist. 712. & suiv.

Besoins temporels, attendre avec foy que Dieu nous y soulage. 57. 166. 753.

Biens du Ciel, nous fortifier dans nos maux par leur esperance. 117. 118.

Biens d'Eglise, abus & dissipation qui s'en fait. 364. 408. 413.

Biens terrestres, danger qu'il y a de s'y attacher. 181.

Biens mal acquis, ils causent souvent la perte de grandes richesses. 578.

Blasphemes, contre ceux qui blasphement. 6.

Bonnes œuvres, leur necessité pour le salut. 78. elles sont toutes des dons du saint Esprit. 127. 651. comment considerer les bonnes œuvres des personnes de pieté. 393. ne pas les entreprendre par sa propre volonté. 740.

Buisson ardent, ce qu'il figuroit. 26.

C

Calomnies, combien elles sont penibles à ceux qui les souffrent. 66. & 69. comment on s'y doit conduire. 312. procédé ordinaire des calomniateurs. 483. 484.

Cananée. 97. rapports entre cette femme & l'Eglise. 98. son humilité. 109. & suiv.

Carême, pourquoy institué. 1. 276. 396. condescendance de l'Eglise sur ce point. 2. avec quelle disposition il faut y entrer. 3. 4. 5. 20. Ne pas le regarder comme un temps penible. 9. & 22. avantages qu'on y trouve. *ibid.* quel en doit être le jeûne. 8. 47. 117. 216. sujet que nous avons de rougir à cette occasion. 60. & 61. unions des fideles en ce saint temps pour attirer la misericorde de Dieu. 60. contre ceux qui ne jeûnent point. *ibid.* ne se rejoüir quand il s'écoule que du fruit qu'on y fait. 276. 277. 396. conserver ce fruit dans le temps de Pâque. 538. 556. 571.

Cene. 438.

Centenier, son humilité. 13. comment nous la devons imiter. *ibid.* son obeïssance. 17.

Chair, resister à ses inclinations. 130. 131.

Chaire, de contagion, ce que c'est. 715.

Changement de cœur & de vie. 19. 21. 281.

Charges Ecclesiastiques ou seculieres, où l'on pousse des enfans, faute considerable là-dessus. 83. 178. on s'y engage d'ordinaire trop indiferemment. 409. 410. 679. Dieu seul peut rendre digne des charges de l'Eglise. 634. attendre qu'il nous y appellent. 635. 664. & 678. les exercer avec une frayeur continuelle. 68. humilité qu'elles inspirent. 798.

Charité, nous la devons à tous. 37. quel en est le propre effet. *ibid.* & 207. defaut de charité comment puni. 73. sa necessité pour le salut. 74. 754. nous ne pouvons blesser la charité que nous devons avoir pour nos freres, sans offenser encore plus Dieu. 144. à quoy cette charité nous oblige. 215. 225. 562. surquoy elle doit être fondée. 230. 431. en quoy consiste la vraye charité. 254. jusqu'où nous devons porter la charité pour nos freres. 264. 267. 458. 627. on s'en excuse souvent injustement. 265. la charité est inseparable de l'humilité. 410. 760. modele parfait de charité. 547. la charité est le principe & la perfection de la science Chrétienne. 748.

Chasteté, en quoy consiste celle de l'ame. 457. *voyez*, Pureté.

Châtimens, tout Chrétien y doit passer. 489.

Cheveux, ce qu'ils nous marquent. 335.

Chrétien, à quoy cette qualité nous oblige. 36. 110. 792. image du vray Chrétien. 167. devoir de la vie Chrétienne. 254. Chrétiens relâchez. 671. ennemis de la Croix. 384. mauvais Chrétiens, outrages qu'ils font à Jesus-Christ. 411. Ils ont succedé à ses persecuteurs. 413. leur crime est même plus grand que celuy des Juifs. 416. premiers Chrétiens, ce sont les modeles que nous devons suivre. 671. dignité des Chrétiens. 781. 787.

Ciel, soupirer & tendre sans cesse vers cette bien-heureuse patrie. 43. 320. 539.

Circonspection, avec laquelle nous devons nous conduire. 703.

Cœur, le purifier par les bonnes œuvres. 14. combien il est difficile d'en connoître les replis. 100. cœur partagé. 125. regler

le fond du cœur. 239. cœur endurci. 313. cœur droit. 420.
Colere, moyen de l'étouffer. 619.
Combats du Chrétien. 618. & 622.
Commandemens de Dieu, leur difference d'avec ceux des hommes. 12. ils sont pour nous une grande grace. 29.
Communion, dispositions pour bien communier. 442. 445. 446. 449. 576. 578. & suiv. Communions frequentes, à quoy en juger. 448. sentimens avec lesquels les penitens doivent communier. 449. regle de nos communions. 450. 451. marques d'une communion sainte & vrayment Chrétienne. 455 les pécheurs s'en doivent separer. 102. 171 440. desir qu'ils en doivent conserver. 103. Communions indignes, imitation du crime de Judas. 369. 424. 441 470 on y est coupable du sang de Jesus-Christ. 415. malheurs qui les suivent 441. & 442.
Communion des Saints, Dieu en exauce les priéres dans la conversion des pechez. 191.
Compagnies dangereuses, les éviter. 145 481 comment nous separer des compagnies du monde. 691
Compassion, pour nos freres dans les fautes où ils tombent. 259. ce qui nous y doit exciter. 260. Compassion humaine des souffrances de Jesus-Christ. 400. & 414.
Complaisance pour nos freres, quelle elle doit être. 704.
Concupiscence, éviter tout ce qui la peut fortifier 49. 582. 583 c'est la racine de l'impureté. 111. 238.
Confession de ses péchez. 167 elle ne suffit pas pour la conversion. 201. 568 Confessions mal faites. 566. crimes spirituels dont on ne s'y accuse point. 378.
Confiance en Jesus Christ. 44. 621. sujet de confiance. 54. 593.

612. joindre ensemble la confiance & l'amour. 383.
Confusion, elle guerit souvent les pécheurs. 160.
Conscience, l'interroger sur nos passions. 41. paix d'une bonne conscience. 69. sujet de crainte quoiqu'on sente sa conscience innocente. 73. troubles, remords de conscience, c'est la prémiere peine des pécheurs. 188. 189.
Constance Chrétienne à soutenir les interests de Dieu & de la verité. 427. constance dans le bien. 556. 568.
Conversations, comment nous y conduire. 581. & suiv.
Conversion, ce qu'elle renferme. 18. 19. 101. c'est Dieu qui l'opere. 18. 531. 563. quatre effets de la misericorde de Dieu dans la conversion d'une ame. 19. on ne doit pas prétendre de retourner à luy avec la même facilité avec laquelle on l'a abandonné en péchant. 99. 127. 336 623 conversion à la mort quelle. 152. 200. 515. état d'une ame que Dieu commence à toucher. 193. 248. 532. 563. conversions imparfaites. 194. 590. ordre & progrez de la conversion. 201. 248. 291. 347. 532. sujet de craindre & de veiller sur soy aprés qu'on est converti. 103. 389. marques d'une veritable conversion. 182. 331. 362. 568. defaut ordinaire qui se rencontre dans les conversions. 352. on est porté par un plaisir celeste à se convertir. 550. 639.
Correction fraternelle. 215. 225. de combien de manieres on y manque. 226.
Coûtume, combien elle est forte. 23. 670.
Crainte, ne rien craindre que de perdre Dieu. 35. sujets de crainte à la veuë des jugemens de Dieu. 72. 150. 153. craintes imparfaites. 76. travailler à

nôtre salut avec crainte. 148.

Créatures, on cherche à s'y reposer quand on ne se repose point en Dieu. 191. plus on en joüit plus on s'y attache. 192. misere à laquelle cét amour nous reduit. ibid.

Croix de Jesus-Christ comment nous la devons considerer 345. 433. 500. elle est glorieuse aux yeux de la foy 522. en quoy consiste proprement à nôtre égard le mystere de la Croix. 566. il ne suffit pas de l'adorer si on ne l'a dans le cœur. 384. sentimens qu'elle nous doit inspirer. 389. porter chacun sa Croix. 498.

Cry du cœur, c'est la veritable priére. 98. comment il est propre & indispensable aux fidéles. 107.

Culte raisonnable & spirituel. 117. culte Chrêtien en quoy il consiste. 253.

Curiosité vaine & dangereuse. 581. la curiosité a été la prémiere source du peché d'Eve. 767. & 768. jugement erroné qu'on fait aujourd'huy de cette passion. 769. ses mauvaises suites. 770.

D

David, comment nous devons considerer & imiter ses expressions. 109.

Découragement à la vuë de ses fautes, quel mal. 54. 169. mauvais prétexte de découragement. 114.

Defauts, facilité qu'on pourroit avoir à s'en corriger par des habitudes contraires. 22. ne pas s'emporter contre les defauts des autres. 260. 261. 459. les suporter & excuser. 609. combattre ses defauts sans cesse 574. 619.

Défiance, ce qui y conduit 56.

Dégoût des choses saintes & de la verité. 304.

Deicide, quel crime horrible. 340.

Demon, ses efforts pour nous perdre sont sans relâche. 40. il regne en paix dans ceux qui vivent par l'esprit du monde. 58. Jesus-Christ l'a vaincu pour nous. ibid. & 523. 622. comment nous le devons vaincre à son exemple. 57. & suiv. c'est le demon qui nous tourmente dans nos maladies interieures. 111. puissance du demon. 198. 200. combien il est redoutable. 198. il se sert de l'homme même pour le combatre. 199. ames en qui il l'emporte sur Jesus-Christ, 101 ce que c'est que luy ravir ses armes, & distribuer ses dépoüilles. 202. ses adresses pour rentrer dans une ame dont il a été chassée. 203. son empire sur les pécheurs. 348. il entre dans le cœur de ceux qui communient indignement. 441. ne point tenir lieu de demons à nos freres. 582.

Deréglemens, ils viennent presque tous de ce qu'on n'a point une veritable foy. 773.

Desert, comment s'y retirer pour être instruits de Jesus-Christ, & nourris de sa parole. 268.

Desespoir, quel crime énorme. 56.

Desirs dereglez. 143 motifs pour nous encourager dans nos bons desirs. 609.

Desseins, ce qu'on doit considerer avant que d'entreprendre les desseins les plus saints. 239. desseins qui partent de la concupiscence. 238.

Devotion mal reglée. 82. 83. devotion inégale. 452.

Dieu, le regarder comme nôtre unique tresor. 16. sa patience pour les hommes. 17. luy rapporter tout ce qui nous arrive de biens & de maux. 32. 33. 425. avoir une ferme foy en luy. 57. luy rendre la gloire de tout ce qu'on fait de bien. 65. 738. 785. le consulter dans nos entreprises avec fidelité. 81. en vain l'on croit en Dieu si on ne l'invoque. 110. modele du culte souverain que nous luy devons. 115. sa conduite envers ses enfans, lorsqu'il differe de les exaucer. 116. 557. ses traitemens differens à l'égard des pécheurs. 148. ce qui l'oblige le plus à s'en retirer. 150. ses promesses consolent, & ses menaces épouvantent. ibid. & 151 deux manieres de le chercher. 151 comment on le cherche en vain 172. ce que c'est que le chercher veritablement. 539. 541. 601. il méprise dans l'affliction ceux qui l'ont méprisé dans la prosperité, 52. pourquoy les gens de bien mêmes n'obtiennent point de Dieu ce qu'ils demandent, 164. comment on abandonne Dieu. 183. vengeance qu'il en tire, 86. &suiv. imiter Dieu, c'est l'abregé de toute la vertu, 106. double obligation que nous avons de le faire, 107. en quoy consiste cette imitation, ibid. & 208. être contens de Dieu, 152. comment nous devons l'aimer, 253. ne pas devancer & prevenir ses momens, 327. 619. 722. pensées de Dieu, infiniment différentes des nôtres, 597. dépendre de luy en toutes choses, 639 ce que c'est que croire en Dieu, 643. merveilles qu'il a repanduës dans les créatures, quel sujet d'admiration, 695. être avec Dieu, & que Dieu soit avec nous, 761.

Dignitez Ecclesiastiques, ce qu'on doit considerer avant que de s'y engager, 237. 410. 796. 411. 664. nous éloigner de toutes les dignitez relevées. 638. voyez *Charges*.

Directeurs, n'en pas chercher de complaisans. 241.

Discours libres & peu honnestes, s'en abstenir entierement, 268.

discours vains qui seduisent les ames, 112. discours corrompus, 381.

Discretion que nous devons avoir pour nos freres, 629. 704. discretion fausse, 333.

Divertissemens, contre ceux qui ne pensent à rien outre, 108. & suiv.

Doctrine Chrétienne, ses sources, 234. 270. dispensateurs de la doctrine sainte à qui comparez, 450.

Dons de Dieu, reconnoissance que nous en devons avoir 252.

Douceur, c'est le caractere d'une ame vrayment Chrétienne, 65. 259 elle doit venir du S.Esprit, ibid. grand exemple de douceur en Jesus Christ, 476. 607. fausse douceur de la vie, 300.

Dureté de cœur, 18. 460. 531. elle a été inflexible dans les Juifs. 313

E.

EAu de la grace, elle rassasie l'ame pleinement, 251. eau du monde, 250

Ecclesiastiques avares, ils sont les imitateurs de Judas, 369. 408. 423. regles pour les Ecclesiastiques, 678. & suiv.

Ecriture sainte, erreur des heretiques à son occasion, 234. c'est l'Eglise qui en est la veritable interprete, ibid. docilité que nous devons avoir pour elle, 269.

Edifice spirituel, quel en doit être le fondement, 180. 207

Eglises, lieux de prières, 80. trafic honteux qui s'y fait des choses saintes, 85. & suiv. contre ceux qui les profanent, 321

Eglise, quelle peine c'est d'être retranché de sa Communion, 228. figures de l'Eglise, 175. 247. 273. 330. 548. ses prières obtiennent la conversion des pécheurs, 291. l'Eglise est une solitude divine. 270. 779. sa condescendance pour ce qui est de discipline. 2. & 461. J. C. l'a plus aimée que son corps naturel. 561. elle est toûjours dans la persécution & les souffrances. 672.

Elections aux Charges Ecclésiastiques, regles qu'on y doit observer, 654. & suiv. Importance de cette action, 657.

Emplois, on s'y engage trop indiscretement, 409. 679. ce qu'il en arrive, 410. Emplois saints, comment y entrer. 634. 635. 678. ne pas s'y relâcher, 681. 682.

Endurcissement des pécheurs quelle peine c'est pour eux, 189. difficulté de le vaincre. 531.

Enfans, régle de l'amour & déférence qu'ils doivent à leurs parens. 324.

Enfant prodigue. 182.

Engagemens, combien peu l'on y consulte Dieu. 82. 83. ce qu'on doit craindre en y manquant 217. 409. tout dépend du principe par lequel on s'engage dans les emplois. 655. Voyez emplois & Charges.

Ennemis, les aimer. 31. peu s'acquittent de ce précepte. ibid. dans quel esprit nous les devons regarder. 32. & suiv. ils ne sont que les instrumens de Dieu. ibid. source de nos ressentimens contre nous. 35. bons offices par lesquels nous devons les prévenir. 37. ils nous sont quelquefois plus utiles que nos amis. 38. leur faire du bien. 107. souffrir pour eux. 108. trois sortes d'ennemis que nous avons à combattre. 59. comment J. C. les surmonte en nous. 61.

Entreprises quel crime c'est de vouloir que Dieu favorise nos entreprises quoique tout humaines. 84.

Entretiens, comment nous les devons régler, pour les rendre véritablement Chrétiens. 580.

fautes qui s'y commettent ordinairement. 581. 582.

Envie, quelle en est la source. 218. 309. combien elle est injuste & dangereuse, en attaquant ceux qui soutiennent la vérité. 218. 255. 304. 340. dans quel abîme de maux elle conduit 314. elle est à craindre aux ames mêmes qui craignent Dieu. 221. comment la déraciner. 224.

Espérance, sa nécessité pour le salut. 55. comment le démon tâche de l'affoiblir en nous. ibid.

Esprit saint, il est le principe de nos bonnes œuvres. 12. plaisir qu'il nous y fait trouver. ibid. comment l'attirer & l'entretenir en nous 65. 721. & 764.

Etat, ce que nous devons croire de l'état où Dieu nous a mis dans l'Eglise. 707. 708.

Etudes vaines. 296. perils qu'il y a dans ces exercices. 745.

Evangile, contre ceux qui le rendent méprisable devant les hommes. 271. combien ses paroles sont mystérieuses quoique basses en apparence. 246. les Saints sont un tableau vivant de l'Evangile. 726.

Eucharistie, son institution. 438. & suiv. dispositions pour en approcher. v. Communions

Eve, causes de sa chute. 767. 771. 774.

Evêques, modele d'un grand desintéressement pour eux. 795. & suiv. fermeté épiscopale. 802.

Exemples, se proposer ceux des anciens Péres. 460. des premiers Fideles 670. contagions des mauvais exemples. 671.

F.

FAIM, s'y résoudre plû. & que de blesser l'ordre de Dieu dans nos besoins. 58.

Fautes légéres, ne pas s'en inquiéter. 54. regarder avec compasfion les fautes d'autruy. 258. 607. aimer le rabaissement qui nous vient de nos fautes. 701.

Félicité fausse des mondains. 639.

Femmes, avis pour celles qui font profession de piété. 334. éloignement qu'elles doivent avoir pour les ajustemens du corps. *ibid.* & 335. des femmes qui accompagnoient J. C. à sa passion. 413.

Fermeté Chrétienne. 371.

Fêtes, toute cette vie en est une. 575.

Fidelles, ils sont la maison de Dieu. 81. à quoy cette qualité les oblige. *ibid.* image du vray fidéle. 281 282.

Fiévre figure du péché. 240 241. chacun a la fiévre de sa passion. 241.

Flatteries, leur mauvais effet. 88.

Foiblesse à servir Dieu 126. pourquoi Dieu nous laisse toûjours quelque foiblesse. 144 245. foiblesse soutenuë de Dieu, elle est plus forte que tous les hommes. 368. reconnoissance de nôtre foiblesse, c'est le fondement de nôtre salut. 730.

Foibles, sujet de consolation pour eux. 365. 419. 581 612. s'affoiblir avec eux par charité. 366. 608. les tolérer. 548. 562.

Forts, quelle en est la plus grande vertu. 366. ils ne doivent point en prendre avantage au dessus des foibles. 419. fort armé, qui c'est. 198.

Fortune, on luy sacrifie tout. 492. 494.

Foy, Vivre & nous conduire par la foy. 9. 87. 710. elle rend tout possible. 12. ne pas nous soustraire de son assujetissement. 29. envisager les choses par l'esprit de la foy. 34. 60. 644. 781. & suiv. comment nous sommes sanctifiez par la foy. 81 Défaut de foy, c'est la cause de nos impatiences, & de nos refroidissemens. 110. pourquoy nos actions sont si dissem-

blables à nôtre foy. 109. 110. cōment le juste vit de la foy. 110. 708. nous la négligeons dans ce qui nous regarde. 287. elle doit être générale & universelle. 188. 650. d'où procede le consentement de l'esprit aux connoissances de la foy. 298. J. C. n'est venu au monde que pour établir la foy. 640. ses effets. 641. 648. cause du peu de foy qu'il y a parmi les Chrétiens. 642. la foy sans les œuvres est semblable à celle des démons. *ibid.* difference entre cette foy des démons & celle des Chrétiens. 643. la vraye foy suppose l'amour *ibid.* elle renverse & regle tous les jugemens de hommes. 644. 645. foy morte & inutile. 647. 648. quel est le principal exercice de la foy. 652.

Frayeur naturelle qui tombe dans l'esprit des plus forts 63.

Froideur mauvaise à servir Dieu. 129.

G.

GAin des ames, renonce à tout autre gain pour celuy-là. 217.

Générosité chrétienne. 609. 620. différence entre cette générosité, & celle qui est purement humaine. 465. générosité des Martyrs, J. C l'a surpassée par l'humilité avec laquelle il a souffert. 365. 366. 418.

Gloire humaine, c'est un exercice de vertu. 66. la fuïr & la méprifer 322. 435. la vraye gloire ne s'acquiert que par les souffrances. 326. 327. 429. 437. fausse gloire du monde, à quoy comparée. 271.

Goût des choses du Ciel. 539. 551. 572.

Grace, besoin que nous en avons même pour les actions saintes. 9. puissance de la grace. *ibid.* & 11. 201. 331. ne la pas recevoir en vain. 62. elle nous est donnée pour chaque action. 82. nous la demandons ordinairement tres-mal. 113. Ce que nous devons craindre du mauvais usage que nous en faisons. 179. le desir de la grace en est une. 250. continuer toûjours à rechercher les graces de Dieu 557. soin que nous devons avoir de la conserver. 687. Grace prévenante. 745.

Grandeurs du monde, les mépriser. 781. combien elles sont différentes de celles de Dieu. 784.

S. *Grégoire*. 669. *& suiv.*

Guérison de l'ame, en demander à Dieu le desir & la grace. 25. 26. 240. modéle de ceux qui la veulent véritablement obtenir. 98. 99. 126. combien cette volonté est rare. 128. 242. pourquoy Dieu ne nous accorde pas toûjours une guérison prompte & parfaite. 244.

H.

HABITUDES mauvaises, les combattre, principalement en jeûnant. 15. 22.

Haine que nous devons avoir des méchans. 259. haine du monde la préférer à son estime. 329. haine pour la vérité, quel mal. 378.

Hommes, ils sont moins que des bêtes sans la grace. 343. vieil homme, ce que c'est. 567. s'en dépoüiller. 352. 447. à quoy cette obligation nous engage. 353.

Honneurs mondains, c'est la plus grande peste de la pieté. 390.

Honte, ignominie, la mépriser. 390. 435.

Humilité, en quoy consiste la véritable humilité. 619. 704. l'établir au fond du cœur. 14. pourquoy nous la perdons si souvent *ibid.* quelle est la plus grande preuve de l'humilité. 27. la vraye humilité n'inquiete jamais. 55. sujets d'humilité pour les justes. 75. le défaut d'humilité vient de manque de foy 100. modele excellent d'humilité. 114. 115. 700. 774. états principaux d'humilité où nous devons nous mettre. 118. souffrir que les autres nous humilient. 119. 120. les estimer beaucoup plus que nous-mêmes. 629. reconnoître nôtre bassesse. 180. 288. comment J. C. nous a appris à être humbles. 123. 385. 503. 525. différence entre son humilité & celle des plus grands Saints 387. fuïr ce qu'il y a de grand même dans les choses saintes. 700. il est souvent dangereux de rechercher nous-mêmes des occasions de s'humilier. 701. nôtre humilité doit être pleine & entiere 761 les graces que Dieu nous fait, ne doivent servir qu'à nous humilier davantage. 782. être humble à l'égard des autres, marque qu'on l'est devant Dieu. 785 nous regarder comme les serviteurs & les derniers de tous. 791

J.

JALOUSIE, elle naît d'orgueil. 218. motif qui nous doit porter à l'étouffer en nous 223 224. être jaloux de la gloire de Dieu 312.

Idolâtrie des passions. 105. 211. 213.

JESUS-CHRIST, sa vie est le modele de la nôtre. 8. 9. 47. 732. son entrér au desert. 9. & 48. il ne repose que dans les humbles. 17. 351. regard & desir continuel où nous devons être de J. C 42. pourquoy il a permis au démon de le tenter. 54. son humilité prodigieuse. 123. 385. comment nous la pouvons apprendre de luy. 123. pourquoy il a voulu montrer sa gloire à ses Apôtres durant sa vie. 137. nous devons l'écouter dans ceux qui nous instruisent 156. 584. il est la pierre angulaire & le fondement de nôtre édifice. 180. comment il doit être le seul maître des hommes. 234. à quoy nous sommes obligez pour mériter d'en être instruits & guaris. 268. son amour pour les pécheurs. 292. 432. il est la lumiére du monde. 295. comment nous le devons suivre. 297. 298. sa modération dans les injures, 312. 475. 489. chair de J. C. 316. son Sacerdoce & son Sacrifice. *ibid.* & 317. 635. il est le médiateur de la nouvelle alliance. 319. ses actions miraculeuses & extraordinaires. 340. comment nous devons compatir à ses souffrances. 343. 400. 415. nos péchez sont la véritable cause de sa mort. 343. son entrée dans Jérusalem. 347. tempérament divin dont il a usé pour paroître Dieu & homme durant sa vie. 346. comment honorer sa royauté. 357. ses souffrances 358. *& suiv.* comment il a pû en être saisi d'appréhension. 361. ses peines intérieures ont été plus grandes que celles de dehors. 372. 402. 412. pourquoy il a voulu racheter l'homme par tant de douleurs. 379. 380. 431. ses divers anéantissemens à sa passion. 381. opposition admirable entre J. C. & le premier homme. 385. 665. son exemple est un remede contre toutes les passions. 389. Il n'a rien souffert que de juste. 430. comment nous devons participer à ses peines. 433. l'honorer de la maniere dont il désire. 389. porter son sang au dehors & au dedans de nous. 445. différence entre son intercession & celle des hommes 510. sa satisfaction dans ses souffrances. 520. vie cachée en J. C. 543. éminence de la gloire où il est entré par sa résurrection. 545. sa puissance. 546. son humilité même en cét état. 551. 552. ce que nous apprennent ses apparitions. 555. le chercher par la foy pour le toucher de même. 559. ses seuls regards excitent en nous la douleur de nos péchez. 481. l'invoquer sans cesse. 652. vivre par son esprit. 670. comment le conserver naissant en nous, 688. imiter son obéïssance 737. *& suiv.*

Jeûne du Carême, en quoy il differe de ceux des Religieux. 8. respect avec lequel nous le devons recevoir. 9. contre ceux qui le considérent comme une peine insupportable. *ibid.* en juger par la foy, & non par les sens. 10. avantages & effets du jeûne. 11. il aide & soutient la priére. *ibid.* & 14. 59. 117. conditions qui doivent l'accompagner. 13. 20. quel fruit nous en devons tirer. 216. 397. 441. ce fruit ne peut bien se remarquer pendant qu'on jeûne encore. 177

Ignorance de deux sortes. 111. quelle peut excuser le péché. *ibid.*

Impatience dans nos priéres. 100. 113.

Impénitence du cœur. 18. quel sujet de douleur l'impénitence des peuples est à leurs Pasteurs. 91. comment ils en peuvent être la cause. 93. quel mal c'est que l'impénitence. 95

Imperfections, rendre graces de celles que nous retranchons en nous. 354. comment regarder celles de nôtre prochain. 459

Impostures, quelle impression elles font en nous. 66

Impudence sainte. 331

Impureté, son énormité. 143. quelle en est la source. 111. & 208.

Inadvertance, elle n'excuse point. 703

Inclinations mauvaises, les mortifier. 22. comment nous en devons

DES MATIERES.

vons couper la racine, 354. 619. surmonter nos inclinations naturelles quand elles s'apposent à nôtre vray bien, 649.

Independance, le desir qu'on en a est cause de tous les desordres, 183. 775.

Indifference mauvaise dans ce qui regarde les interêts de Dieu, 371.

Infidelité, quelle en est la principale cause, 641.

Ingratitude, elle est inexcusable dans l'homme aprés ce que J. C. a souffert, 379. 380.

Injures, douceur à les supporter, 312. 370. n'être touchez que de celles qu'on fait à Dieu & à son Eglise, 371. la vie de J. C. a été une suite continuelle d'injures, 435. 46.

Injustices, on ne s'en lave pas comme on croit, 496.

Inquietudes de l'ame, peine du peché, 189. inquietude de ses fautes, quel piege c'est, 54. & suiv. ne point s'inquieter, 610.

Insensibilité dans nôtre misere, 109. 143. c'est une de nos plus grandes playes, 286.

S. *Ioseph*, 685. & suiv.

Joye, les vrais Chrétiens en goûtent même dans leurs maux, 68. leur joye doit être continuelle, 579. joye particuliere aux ames saintes, 322. d'où elle doit naître, ibid. & 593. fausse joye du monde & des pecheurs, 593. la joye suit la veritable paix, 639. joye Paschale, ce qu'il faut pour la ressentir veritablement, 549.

Iudas, son crime, 368. 405. 422. 470. quelle en a été la cause, 421. comment on l'imite d'une maniere même plus énorme, 369. 405. 406. 423. 424. 470. son endurcissement, 394. 440. combien J. C. a été touché de sa trahison, 405.

Iugement, on pense trop peu au jugement dernier, 71. 72. sujets qu'on a de le craindre, 72.

Tome II.

& suiv. juges qui s'y éleveront contre nous, 89. 93. confusion où les pecheurs se trouveront au jour du jugement, 508. comment J. C. a prevenu en la Croix, ce qu'il fera en ce jour, 514.

Iugement de Dieu sur tous les pecheurs, combien profonds & redoutables, 148. n'attendre pas à la mort à les craindre, 152.

Iugement des hommes, nous en mocquer, 68. 649. reformer nos jugemens, 41. juger des gens de bien par leurs actions, 284.

Iuges, fermeté & autres qualitez qu'ils doivent avoir, 377. & suiv.

Iuifs, traitez bien plus durement que les Chrétiens, 15. 26. leur endurcissement, 92. 313. source de leur reprobation, 175. enormité de leur attentat contre J. C. 340. culte Judaïque, 255.

Iustice divine, comment acquittée dans l'ouvrage de nôtre salut, 380. 581. 430.

Iustification, quel en est le commencement, 337.

L

*L*ANGUEUR de l'ame, à quoy elle nous oblige, 49.

Larmes saintes, 20. 563. larmes humaines, 414. les larmes sont d'ordinaire la premiere marque que Dieu touche une ame, 598. quelles doivent être ces larmes, ibid. & 599. sujet de larmes pour les personnes saintes, 415. bis.

Lazares, 167. & 286.

Levain, nous purifier sans cesse du vieux levain, 574.

Liberté Chrétienne, 274. 639. elle nous a été acquise par J. C. 275. 618. à quoy cette grace nous engage, 276. ne point nous tromper par l'amour d'une fausse liberté, 590.

Fff

TABLE

Libertinage, quelles en sont les premieres sources, 642.
Lait de douleur, ce que c'est, 130
Livres mauvais, ils ruinent la pureté. 145.
Loüanges des hommes, fausse estime qu'on en fait, 645.
Loy, difference de l'état de l'ancienne loy d'avec la nouvelle, 25. 26. dureur de la loy Evangelique, 261. figures de l'une & de l'autre, 269. 273. dessein de J. C. en nous affranchissant du joug de la loy, 276. quatre loix violées par le Chrétien qui peche, 289. loy de la foy, c'est elle qui nous justifie, 652. loy de Dieu, la mediter & la suivre, 718. 719. le faire avec amour, *ibid.* & 720.
Lumiere de Dieu, la demander pour connoître nos miseres, 25. 26. fausses lumieres qui combattent la lumiere divine, 28. fruit de la lumiere, 213. en quel état nous devons être pour recevoir la lumiere de la grace, 280. 285. 295.
Luxe, ce qu'on en doit craindre, 165. 623.

M

MAGDELAINE, sa conversion, 330. sa ferveur & son amour pour J. C. 598. sa perseverance, 601.
Mal, l'éviter, c'est le premier degré de la conversion, 5. 19. 141. ne nous point abbattre dans nos maux, 44. pourquoy Dieu nous les envoye, 45. les embrasser avec joye, 69. soûmission avec laquelle on peut demander à Dieu qu'il nous en délivre, 365. 467. aller au devant des maux, 367. ce qu'on doit faire dans l'apprehension de quelque grand mal, 403. 469. être sensible aux maux des autres, 756.
Maladies de l'ame, les reconnoître pour nous affermir dans l'humilité, 25. difference entre les maladies interieures & spirituelles, & les maladies corporelles, 111. 141. haïr nos maladies, 141. la maladie la plus incurable est de n'en point avoir de sentiment, 242. trois sortes de maladies qui figurent tous les Chrétiens, 125.
S. Matthias, 654. & suiv.
Médisances, combien l'on y est sensible, 67.
Mepris de Dieu & des hommes, nous en reconnoître dignes, 35. 36. 391.
Méchans, ils ont toûjours dressé des embûches aux bons, 257.
Ministres de l'Eglise, qualitez requises pour le devenir, 337. 527. quelle est la doctrine dont ils doivent nourrir les peuples, 170. reflexion terrible pour les Ministres de la loy nouvelle, 376. Ministres de l'Eglise mal entrez, 85. comment ils vendent les fonctions de leur ministere, 36. c'est Dieu qui en fait le discernement, 656.
Misere, reconnoître la grandeur de nôtre misere interieure, 24. 25. 27. 113. sentimens d'une ame Chrétienne à cette occasion, 98. 108. la misere est la suite du peché, 187. 251. 415. comble de cette misere, 190.
Misericorde de Dieu, combien elle est grande envers les pecheurs, 17. quatre degrez de cette misericorde, 19. elle n'est point lâche, & molle, 195.
Mollesse dangereuse de la vie, 300.
Monde, état de quelques personnes du monde, comparé avec celuy des personnes retirées & plus parfaites, 30. obligation de se separer du monde, 51. 106. 268. 690. 727. 779. il ne suffit pas d'en sortir, si nous ne travaillons à le faire sortir de nôtre cœur, 107. combien le commerce du monde est dangereux, 166. 672. ce que c'est que le quitter veritablement, 194. 506. faux biens & faux plaisirs

du monde, 250. ils nous font haïr la verité, 303. 305. étonnement des gens du monde au sujet de ceux qui l'abandonnent, 268. leur aveuglement, 300. amour du monde, ses impressions dangereuses, 303. le monde hait & persecute ceux qui sont à J. C. 329. craindre d'en être estimé, 355. on ne peut allier Dieu & le monde, 452. les amateurs du monde, reconnoissent souvent leur misere sans en diminuer leurs dereglemens, 631. être insensible aux menaces & aux caresses du monde, 711. esprit du monde, ce que c'est, 716.

Mort, regret qu'on aura pour lors de ne s'être pas separé du monde, 52. penitence à la mort, quelle, 152. 200. 515. sujet de consolation pour les ames saintes dans la frayeur qu'elles ont de la mort, 363. comment J. C. a vaincu la mort, 523. effet de cette victoire, 524. mort heureuse, 154. mort seconde des pecheurs, 153. mourir au peché, 537. 538.

Mort de l'ame. 191. 288. & suiv. difficulté qu'il y a d'en sortir, 290. 293.

Mortification, l'exercer sans cesse, 618.

Mysteres de nôtre Religion, comment on les connoît, 748.

N

NECESSITEZ, comment nous y conduire, 57. & 58. necessitez fausses qu'on se fait, 58. necessité heureuse de l'obeïssance, 742.

Negligence, état d'une ame qui y tombe, 205. negligences sur nous-mêmes, 178. 581. ne pas se negliger dans les emplois saints, 681.

Ninivites, leur penitence, 94. comment ils condamneront nôtre dureté au jour du jugement, 26.

Nôtre-Dame de pitié, 339. 341.
Nouvelles, éviter de s'en entretenir, 582.

O

OBEISSANCE, 736. & 737. c'est la plus grande preuve de l'humilité, 17. elle fait tout le bonheur de l'homme, 18. 741. peine que l'on trouve à obeïr, ibid. obeïssance d'amour, 458. c'est l'ame de la vie religieuse, 735.

Occasions dangereuses, les éviter, 19. 20. 481.

Odeur de vie, odeur de mort, 529. 530.

Oeuvres mortes, ce que c'est, 317. 318.

Offenses, les pardonner, 206. être alors plus touché du mal que nôtre frere s'est fait, que de celuy que nous en avons receu, 227. avec quelle sagesse on doit éviter d'insulter à son peché, 228. comment nous conduire quand c'est nous qui avons offensé nôtre prochain. ibid.

Onction de la grace, elle adoucit les choses les plus penibles, 13.

Ordres, comment se preparer à les recevoir, 83. 667. 689. 712. nous tenir dans l'ordre de Dieu, 615. 625.

Orgueil, 28. il est cause que Dieu ne nous exauce pas, 113. 114. il hait toute dépendance, 184. 775. c'est la cause du retour du demon dans ceux dont il avoit été chassé, 103. 104. comment il est défini, 218. orgueil des Pharisiens, ses suites funestes, 309. orgueil du premier homme, à quoy il a obligé Dieu pour le guerir, 386. 490. l'orgueil est nôtre plus grande playe, 490. sa contagion s'étend jusques dans les Religions, 755. differentes passions qui en naissent, 775. saint orgueil, 781.

Outrages, à quoy l'on en mesure

F ff ij

l'excez, 372. 412. exemple de patience que J.C. nous a donné, 475. 490.

P

PAINS azimes, pureté qu'ils nous marquent, 576.
Paix, elle accompagne toûjours la vraye vertu, 55. fausse paix formée par le demon, 199. 243. état funeste où elle reduit l'homme, 200. tous desirent la paix, 587. 611. paix que J. C. donne, 588. 613. elle est precedée de la justice, 588. & 591. en quoy consiste la veritable paix, 591. 594. 615. 625. comment elle s'acquiert, 617. la procurer aux autres, 617. paix d'orgueil & d'aveuglement, 589. paix de negligence & de paresse, 590. paix animale, 612. 625. nulle paix pour les méchans, 616. paix du monde, elle cache une misere invisible, 626. joindre la paix interieure avec l'exterieure, 627. comment demander à Dieu la paix temporelle, 627.
Paralysie de l'ame, 25.
Pardon des offenses, 206. 207.
Parens, combien dangereux aux personnes de pieté, 312. 676. regle de l'amour que nous leur devons, 324 & 677. ne point se conduire par eux dans les ministeres de l'Eglise, ibid. & 325.
Paresse, elle est contraire au vray repos, 591. serviteur paresseux, 74.
Parfums, usage qu'on en doit faire, 335. 395. 396. 558. & 561.
Parole de Dieu, elle seule rassasie le cœur, 172. pourquoy comparée à une épée, 649. 727.
Paroles de J. C. dans sa Passion & à la Croix, 417. 510. & suiv.
Parures mondaines, leur dangereux effet, 334.
Pasque, quelle doit être nôtre joye dans cette solemnité, 396. 575. 549. & suiv.
Passion de J. C. 358. 398. 464. sentimens de reconnoissance qu'on en doit avoir, 359. 400. 416. fruit principal que nous en devons tirer, 367. elle est toûjours presente, 399. 415 bis. comment on l'honore veritablement, 404. nous la devons accomplir en nous, 520.
Passion, combien il est dangereux de s'y laisser emporter, 374. à quel procedé injuste elle porte les hommes, 483. 492.
Passions, examiner celles qui nous dominent davantage, 15. nous dégager de leurs liens, ibid. passions secrettes, quel en est le remede, 59. les combattre sans cesse, 592. 618.
Pasteurs, quel en doit être la principale fonction, 90. sujet de douleur pour leur zele, 91. leur discretion & douceur à l'égard de ceux qui se convertissent, 99. quels ils doivent être pour meriter cette qualité de Pasteurs, 139. 634. ce qu'ils doivent enseigner aux peuples, 140. 170. on doit considerer Dieu même dans les Pasteurs, 116. les respecter quoyque leurs mœurs soient peu reglées, 161. compassion qu'ils doivent porter aux pecheurs, 261. 262. ils n'ont point la force de toucher le cœur, 531. ils doivent être envoyez de Dieu, 355. pourquoy ils sont appellez le sel de la terre, 450. 533. c'est contre eux que le demon est toûjours plus animé, 472. secours que nous leur devons dans leurs besoins, 473. 474. idée excellente d'un veritable Pasteur, 527. ce qu'il faut observer dans le choix des Pasteurs, 655. & suiv.
Pasteurs mauvais qui font trafic de leur ministere, 85. 86. leur indulgence fausse pour les pecheurs, 86. 140. 242. Pasteurs qui veulent dominer dans l'Eglise, 176. contre ceux qui conduisent

DES MATIERES.

duisent les ames par des regles & des inventions humaines, 255. l'insuffisance des Pasteurs est souvent la punition des peuples, 608.

Patience, c'est le fondement des autres vertus, 64. elle doit être universelle, ibid. grand exemple de patience, 172. 454. 475. la patience n'est rien sans la douceur, 476.

S. Paul, sa vocation par Jesus-Christ ressuscité, 536.

Pauvres, à quel point nous devons les aimer, 16. Dieu nous traite comme nous les traitons, 7. mépris des pauvres, comment il sera puni au jour du jugement, 77. demander à Dieu ses graces en pauvre, 113. pauvre superbe, indigne de compassion, 124. l'amour pour les pauvres est souvent le premier pas de la conversion des riches, 248. difference entre les pauvres & nous à l'égard de Dieu, 249. fausse compassion des pauvres, 547. comment Dieu recompense la charité qu'on a pour eux, 753.

Pauvreté, la supporter avec patience, 172. quel est l'esprit de la veritable pauvreté, ibid. & 173. reconnoître nôtre pauvreté, 167. 168. erreur des hommes au sujet de la pauvreté, 645.

Peché, ce que c'est, 18. en combattre le principe & la racine, 14. ce que doit produire en nous le souvenir de nos pechez, 35. tout peché doit être puni, 186. 187. comment il l'est à tout moment même en cette vie, 188. image de l'état malheureux où le peché nous reduit, 240. 318. on est d'ordinaire plus touché des pechez du corps que de ceux de l'esprit, 257. effets du peché, 289. difficulté qu'il y a de s'en retirer, 290. détruire en nous le corps du peché, 567. enormité du peché, en ce qu'il n'a pû être gueri que par la mort d'un Dieu, 431. combien nous le devons haïr, ibid. souffrir pour nos pechez, 432. nous ne pouvons les voir sans les lumieres de la grace, 481. punir le peché soy même, si on veut que Dieu ne le punisse, 187.

Pecheurs, modele de la maniere dont ils doivent s'humilier, 102. 103. comment Dieu les punit par un accroissement de pechez, 147. image du pecheur dans sa chûte, 183. 188. son retour en luy-même, 193. prier & pleurer pour les pecheurs, 243. 244. 291. distinguer en eux l'homme d'avec le pecheur, 259. travailler à leur salut quoy qu'ils n'en profitent pas, 394. efficacité de la mediation de Jesus-Christ pour les pecheurs, 510.

Peines inseparables du peché, 188. & suiv. peines qui accompagnent la vie des méchans, 251.

Penitence, toute la vie du Chrétien doit être une penitence continuelle, 1. condescendance de la discipline presente de l'Eglise sur la penitence, 2. ordre de la penitence, 4. 483. contre ceux qui veulent en acheter la grace de la reconciliation, 87. la penitence est le principal sujet à quoy l'on doit porter les peuples, 90. on vit comme si l'on n'en avoit aucun besoin, 94. modele parfait de penitence, 330. & 513. la penitence est fondée dans l'amour, 338. à quoy doit tendre toute nôtre penitence, 362. obligation de faire penitence, 509. penitence à la mort, quelle, 515.

Penitens, image d'une ame vraiment penitente, 102. 196. 331. 336.

Perfection, elle consiste dans l'humilité, 111. on doit travailler sans cesse à se perfectionner, 753.

Perils qui nous environnent dans le monde, les comprendre mieux que nous ne faisons, 39. & 60. perils qu'on peut éviter legitimement, 323.
Persecutions, elles sont le partage des Chrétiens, 174. avantages qu'on en retire, 68. 275. comment les souffrir & les recevoir, 329. 501. s'y fortifier par l'exemple de Jesus-Christ, 378. cas qui y demandent de la fermeté, aussi-bien que de la moderation, 427. quelle est la plus grande persecution de l'Eglise, 671.
Perseverance, 130. 536. 602.
Perte du souverain bien c'est la plus grande peine du peché, 191.
Peste interieure, 111. 318. 715.
Peuple, il embrasse souvent avec joye les choses saintes tandis que des personnes spirituelles les combattent, 374.
Pharisiens, reflexion importante sur leur conduite envers Jesus-Christ, 307.
Philosophes payens, ce n'étoient que des guides aveugles, 233.
S. Pierre, sa chûte & son renoncement, 408. 409. 479. sa conversion, 183. 481. amour de Jesus-Christ pour luy, 548. 562.
Pieté, fondement de la pieté Chrétienne, 731.
Pieté vaine, 82. 306. degrez de la pieté, 250. en quoy elle consiste, 253. 306. quel en est le plus bas degré, 365. pretextes de pieté, comment on en abuse, 375. 487. voye toute humaine que l'on s'y forme, 305. 306.
Pilate, son procedé injuste dans la condamnation de Jesus-Christ, 376. 495.
Piscine, 124.
Plaisir, c'est ce qui nous emporte en tout, 550. plaisir que Dieu inspire, 639.
Plantes, nous sommes necessairement les plantes de Dieu ou du demon, 256.
Politique fausse; ses pernicieuses maximes, 425.
Precipitation, l'éviter, 610. 722.
Predicateurs, ils doivent principalement porter à la penitence, 90. vûës humaines dont ils doivent se défaire, ibid. sujet qu'ils ont de se consoler du peu de fruit de leurs predications, 91. ils doivent les soutenir de leurs exemples, ibid. 159. 160. combien cette union de leur vie avec leur voix seroit avantageuse, 160. il faut les considerer comme les Vicaires de Jesus-Christ, 156. respecter leurs instructions sans s'arrester à leurs déreglemens, 161. leur doctrine doit venir de Dieu, 236. regles qu'ils doivent suivre dans leurs predications, 309. 310. 450.
Prêtres, leur pouvoir pour la remission des pechez, & comment ils en doivent user, 294. 349. 533. 632. comment se disposer à la Prêtrise, 636. mauvais Prêtres, 405. 445. & 471.
Priere continuelle, la joindre à la retraite & au jeûne, 59. 133. quelle elle doit être, ibid. & 93. 113. la priere est le premier fruit de la foy, 80. 110. combien elle est necessaire à chaque Chrétien, 81. prieres publiques de l'Eglise, 82. ne pas nous rebuter dans nos prieres, 112. ce qui les rend d'ordinaire si languissantes, ibid. Dieu ne laisse pas de les agréer quoy qu'il ne nous en donne pas des marques sensibles, 116. regle principale de la priere, 134. 135. à quoy juger si elle est veritable, 136. priere interieure desir continuel, 168. 653. l'amour de la priere, est le second degré de la conversion, 249. prier avec humilité 364. 404. & avec larmes, 500. joindre l'action à la priere, 601.

DES MATIERES.

Priere de Jesus au jardin, modele des nôtres, 364. 404. 467.
Providence, nous reposer sur elle, 34. 57. 266. 754.
Prudence de la chair, opposée à la loy de Dieu, 307. prudence Chrétienne, 696. comment l'allier avec l'humilité, 704.
Pureté, moyen de l'acquerir, 143. objets & occasions qui y sont contraires, 144. 145. 208. le demon cherche moins à corrompre la pureté du corps que celle de l'esprit, 258. la pureté est inutile sans la douceur de l'esprit, 269. quelle doit être la pureté du Chrétien, 313. 496. conserver celle de l'esprit aussi-bien que du corps, 457.
Pusillanimité d'où elle naist, 55. 281. quel piege c'est, 56.

R.

Railleries, s'en abstenir, comme indignes des Chrétiens, 208. combien elles sont dangereuses, 210.
Rebuts, ne pas nous rebutter de ceux qu'on a pour nous, 99. 100. 114.
Rechutes, elles nous rendent pires, 63. 203.
Reconnoissance des graces reçeuës, moyen d'en attirer de nouvelles, 171. 788.
Redemption, deux choses à y considerer, 381.
Regards curieux, quel mal, 770.
Relaschement, on s'y laisse aller insensiblement, 556. 770. c'est le plus grand ennemy du Christianisme, 671. quelle en est la principale cause, 750.
Religion, des enfans qu'on y pousse, ou qu'on empêche d'y entrer, 83. personnes du monde qui peuvent surpasser en vertu les personnes Religieuses, 221. devoir des personnes Religieuses, 675. 715. & suiv. faux Religieux, 729.
Religion Chrétienne, surquoy fondée, 107. en avoir toûjours la grandeur dans l'esprit, 781.
Remission des pechez, c'est par l'amour qu'on l'obtient, 337. sans elle on n'a point la paix, 631. pouvoir des Prêtres à l'accorder, voyez Prêtres.
Renaissance des Chrétiens, ce qui s'y passe, 274.
Renoncemens à soy-même & au siecle, 590. 675. 727.
Repos, on n'en trouve point de vray qu'en se soûmettant humblement, 590. faux repos des méchans, 616.
Reputation, se glorifier & se servir de la bonne & de la mauvaise pour faire croître sa vertu, 662.
Respects humains, les mepriser, 332.
Resurrection de l'ame, Dieu l'accorde aux prieres de l'Eglise, 291. combien elle est difficile, 293. c'est Dieu seul qui l'opere, 532. quelles en sont les marques, 534.
Resurrection de Jesus-Christ, comment nous devons y avoir part, 537. & suiv. trois sortes d'états qui conviennent aux personnes ressuscitées, 542. puissance & gloire de Jesus à sa resurrection, 544. & suiv. voyez Jesus-Christ.
Retraite de l'ame en elle même, 34. necessité de la retraite, 205. 268. 690. 779. combien nous la devons aimer, 48. 52. 549. les pecheurs en ont encore plus besoin que les autres, 49. 50. y joindre les bonnes œuvres, 52. retraite de Jesus-Christ, modele des Ecclesiastiques, 53. la retraite est d'ordinaire accompagnée de tentations, ibid. & 54. il faut la consacrer par la priere, 133. disposition pour suivre Jesus-Christ dans la retraite, 265. 270. 591. comment on y est rassasié de sa parole, 271. fautes qu'on doit éviter dans la retraite, 780.
Retranchemens necessaires dans

TABLE

nos contritions, 252. 254.
Richesses, abus terrible qu'on en fait, 88. on se peut perdre dans les richesses sans commettre de crimes, 164.
Riches, sujet qu'ils ont de trembler, 167. bel avis pour eux, 315. Mauvais Riche, quel a été le sujet de sa perte, 165.
Ris, ils ne sont point pour les Chrétiens en cette vie, 209.
Royaume de Dieu, il n'est point de ce monde, 428. 485. en quoy il consiste, 485. & 588.

S

SACERDOCE, quel crime c'est que de l'usurper, 85. 635. comment on en vend les fonctions, 86. 87. dispositions necessaires au sacerdoce, 636. 637. 64. & suiv.
Sacremens, comment y mettre sa confiance, 127.
Sacrifices au demon, 637.
Sagesse humaine, 696. elle trouve des pretextes specieux pour les entreprises les plus détestables, 340. elle n'est qu'un guide aveugle, 233.
Sagesse divine, combien differente de celle du monde, 316. 695. & suiv. comment l'allier avec la simplicité, 704.
Salive, ce que signifie le mélange que Jesus-Christ en fit avec de la terre dans la guerison de l'aveugle né, 279.
Salut, n'en negliger aucun moyen, 14. soin & desir que nous devons avoir pour le salut des autres, 225. 243. 244.
Samaritaine, 246. & suiv.
Satisfaction, la faire pour nos pechez passez, 19. rapport qu'il doit y avoir entre la satisfaction & nos pechez, 314. comment Jesus-Christ a gardé cette proportion dans la reparation du peché d'Adam, 351. 385. satisfaire à Dieu dans le fond du cœur aussi-bien que par les penitences exterieures, 363.

Saül, quel a été le principe de sa reprobation, 140.
Science necessaire aux Ministres de l'Eglise, 119. science vaine, 296. 297. avis important pour ceux qui font profession de science, 309. la science doit être fondée sur la vertu, 747.
Service de Dieu, en quoy il consiste, 610.
Servitude des vices, 185 servitude où le demon tient les ames, 198. 200. 341.
Simplicité sainte ce que c'est, 696. & suiv.
Solitude, amour qu'on en doit avoir, voyez Retraite, solitude effroyable à la mort, 525. solitude humaine & divine, leur difference, 691. 780.
Soufflet, comment Jesus-Christ nous a appris à supporter cet outrage, 190. 940.
Souffrances, s'y soutenir par l'esperance de la gloire, 137. les souffrir avec joye, 68. 69. 434. comment nous devons y disposer, 364. & suiv. considerations importantes sur les souffrances, 389. 432. grandeur de Jesus Christ dans ses souffrances & dans celles de ses serviteurs, 783.
Soumission parfaite aux ordres de Dieu, 115. & 615. soumission d'esprit où doit être un pecheur converti, 351. nous soumettre plus par charité que par necessité, 590.
Spectacles, combien dangereux à la pureté, 144.
Stupidité des pecheurs, 25. 41. c'est leur plus grande peine, 189.
Superflu, obligation de le donner aux pauvres, 356. ce qu'on y doit comprendre, 335.

T

TEMPESTES, difference entre les tempêtes visibles & les

DES MATIERES

tempêtes des ames, 40. comment nous y conduire, 41. & suiv. pourquoy Dieu les permet, 43.

Temps favorable pour le salut, le menager, & quel est ce temps, 63. 603. porter son fruit en son temps, 9.2.

Tendresse de charité, à quoy elle nous oblige, 129. 138. & 269.

Tenebres, prier Dieu qu'il éclaire celles qui regnent en nous, 26. tenebres causées par le peché, 231. 296. 298.

Tentations, Dieu donne la force d'y resister, 20. pourquoy elles sont communes aux personnes retirées, & non aux personnes du monde, 51. sujets de confiance dans les tentations, 54. moyens de les repousser, 57. n'y point raisonner, 59. quels nous devons être pour pouvoir resister aux grandes tentations, 411. nous y preparer par la vigilance & la priere, 489.

Testament, rapports qu'il y a entre celuy de Jesus-Christ & ceux des hommes, 317.

Tiedeur, combien Dieu la hait, 245. 415. la froideur luy est preferable, 308. d'où elle naist, 750.

Traditions humaines, aveuglement des hommes à s'y attacher, 212.

Traittemens fâcheux, dans quel esprit les recevoir, 30.

Tranquillité des gens de bien, d'où elle naist, 615.

Transfiguration de Jesus-Christ, 131. & suiv.

Travail, moyen de le sanctifier, 693.

Triomphe du Sauveur en nous, 353.

Tristesse, ce que c'est, 403. tristesse de Jesus-Christ au jardin des olives, 360. 401. 418. 464. raisons de cette tristesse, 361. 401. 465. elle a été toute volontaire, 360. 464. ce qu'elle nous apprend, 418. 419. tristesse selon Dieu, qui produit la penitence, 550. tristesse charnelle, 414. 507. tristesse mauvaise, 20. *Troubles* heureux necessaire pour la conversion, 293. troubles mauvais, l'humilité les calme, 95. le demon s'en sert pour perdre beaucoup d'ames, 16.

V

Vanité, n'en tirer ny de nos vertus, ni de nos avantages, 583. 184. vanité du monde, fausse estime qu'on en a, 64. vanité particuliere aux Religieux, 74. 76.

Verité, avoir de la veneration pour elle, 201. Dieu en est le seul principe, 288. 310. disposition necessaire pour meriter d'en recevoir les lumieres, 268. 295. 748. comment on la cherche en vain, 296. abus & mépris qu'on fait de la verité en ce qui est du salut, 297. 301. trois manieres dont on s'oppose d'ordinaire à la verité de Dieu, 302. envie, aversion contre ceux qui l'annoncent, & la soutiennent, 304. 312. 485. 495. maniere injuste dont on cherche les condamner, 495. haine de la verité divine, c'est une malice consommée, 328. état de trois sortes de personnes qui l'entendent differemment, 511. c'est trahir Jesus-Christ que de manquer à rendre témoignage à la verité, 427.

Vertu Chrétienne, en quoy elle consiste, 34. 142. 205. 206. 254. honorer la vertu dans ceux en qui elle éclatte, 1 où nous rejouir si elle est plus grande que la nôtre, 223. 314. étouffer les vices par des vertus contraires, 353 erreur des hommes au sujet de la vertu, 529. bonne odeur qu'elle doit repandre, ibid. à quoy se reduit toute la vertu, 550. la vertu ne

G gg iij

TABLE DES MATIERES.

s'acquiert que peu à peu, 610. n'en pas juger par l'exterieur, 646. ce que peut une fausse vertu jointe à des interêts secrets, 373.

Vestemens de l'ame dont nous devons être parez, 175.

Vices, les combattre & les crucifier sans cesse, 568. 619.

Vie presente, combien pleine de perils, 39. 40. à quoy nous devons employer le temps de la vie, 109 s'y considerer comme en un lieu de combats, *ibid.* 595. & 618 vie sans tache, quelle en est la marque la plus excellente, 64. vie des méchans, peines qui l'accompagnent, 151. vie nouvelle en quoy elle consiste, 547. 566. 568. vie cachée, l'aimer, 700. 728. vie Chrétienne comparée à une course, 733.

Sainte Vierge, son état à la passion de son fils, 341. 342. 515. la regarder comme nôtre mere, 345. 516. quelle a été la plenitude de grace qu'elle a euë, 758. son humilité, *ibid. & suiv.* sa simplicité merveilleuse, 768. sa foy, 771.

Vierges folles pourquoy rejettées, 74. 88. sujet de crainte pour les vierges, 121. vierges sages, 738.

Vigilance, combien elle est necessaire, 204. 401. 404. 480. quelle doit être cette vigilance, 410. & 749. vigilance fausse, 751.

Vigne du pere de famille, ce qu'elle figure, 175. avec quel soin on la doit cultiver, *ibid. & suiv.* en combien de manieres en la laisse déperir & ravager, 178.

Visage de l'ame, ce que c'est que le laver, 14. & 135

Visites des femmes, dangereuses à la pureté, 145. fuïr les visites de ceux dont les discours ne nous portent pas à Dieu. 386.

Uniformité de vie, 568.

Union des fideles, quelle elle doit être, pour faire trouver Jesus-Christ au milieu d'eux, 229.

Vocation, sa necessité pour les emplois Ecclesiastiques, 85. 635. 663. 678.

Volonté, deux sortes de volonté dans ceux qui desirent guerir de leurs maladies spirituelles, 118 ce que c'est que le vouloir veritablement, *ibid.* la bonne volonté nous rend tout facile, 145. volonté charnelle, elle combat celle de l'esprit, 420. 421. renoncer à nôtre volonté propre, 530. 606. 749. nous soumettre parfaitement à celle de Dieu, 365. 419. 468. 521. 648. 784.

Voyageurs, comment nous devons en exprimer l'état en nous, 461.

Voye étroite, necessité d'y marcher, 670.

Z

ZELE, pour ce qui regarde les interests de Dieu & sa verité, 312. 113. 427. 428. 478. comment on le doit temperer, 417. faux zele, 256. 260. 409. 487.

Fin de la Table du second Tome.

www.ingramcontent.com/pod-product-compliance
Lightning Source LLC
Chambersburg PA
CBHW071419300426
44114CB00013B/1307